CRÍTICA
da
RAZÃO PURA

Dados Internacionais de Catalogação na Publicação (CIP)
(Câmara Brasileira do Livro, SP, Brasil)

Kant, Immanuel, 1724-1804.
 Crítica da razão pura / Immanuel Kant ; tradução Lucimar A. Coghi Anselmi, Fulvio Lubisco. — 3ª edição. — São Paulo : Ícone, 2011. — (Coleção fundamentos do direito)

Título em francês: Critique de la raison pure.
ISBN 978-85-274-0927-8

1. Causalidade 2. Conhecimento - Teoria 3. Filosofia alemã 4. Kant, Immanuel, 1724-1804 5. Razão I. Título. II. Série.

07-1190   CDD-193

Índices para catálogo sistemático:

1. Filosofia alemã   193

IMMANUEL KANT

CRÍTICA
da
RAZÃO PURA

Tradução
Lucimar A. Coghi Anselmi
Fulvio Lubisco

3ª Edição
Brasil – 2011

© Copyright 2011.
Ícone Editora Ltda.

Coleção Fundamentos do Direito

Traduzido da Edição Francesa
Critique de la Raison Pure
Presses Universitaires de France
1971

Tradução
Lucimar A. Goghi Anselmi
Fulvio Lubisco

Revisão de Tradução
Saulo Krieger

Diagramação
Meliane Moraes
Andréa Magalhães da Silva

Revisão
Jaci Dantas de Oliveira
Rosa Maria Cury Cardoso

Proibida a reprodução total ou parcial desta obra,
de qualquer forma ou meio eletrônico, mecânico,
inclusive através de processos xerográficos,
sem permissão expressa do editor
(Lei nº 9.610/98).

Todos os direitos reservados pela
ÍCONE EDITORA LTDA.
Rua Anhanguera, 56 – Barra Funda
CEP 01135-000 – São Paulo – SP
Tel./Fax.: (11) 3392-7771
www.iconeeditora.com.br
e-mail: iconevendas@iconeeditora.com.br

INTRODUÇÃO

I. Da distinção entre conhecimento puro e conhecimento empírico

Podemos afirmar que todos os nossos conhecimentos têm origem em nossa experiência. Se fosse ao contrário por meio do que a faculdade de conhecimento[1] deveria ser exercitada[2] senão por objetos que tocam nossos sentidos e em parte produzem por si mesmos representações, em parte colocam em movimento a atividade do nosso entendimento para compará-las, reuni-las ou separá-las e, dessa maneira, proceder à elaboração da matéria informe das impressões sensíveis até um conhecimento das coisas, o que se denomina experiência?

Portanto, no tempo nenhum conhecimento antecede a experiência; todos começam por ela.

Porém, nosso conhecimento empírico é formado pelo que recebemos das impressões e pelo que a nossa faculdade de conhecer lhe adiciona, estimulada pelas impressões dos sentidos; aditamento que somente distinguimos por longa prática que nos capacite a separar esses dois elementos.

Eis aí uma questão que merece reflexão: existe mesmo um conhecimento que não depende da experiência e das impressões dos sentidos?

---

[1] (Erkenntnissvermoögen)

[2] (Zur Ausubung erweckt)

Esses conhecimentos são chamados "a priori" e diferem dos empíricos, cuja origem é "a posteriori", ou seja da experiência.

Mas há conhecimentos que surgem indiretamente da experiência, isto é, de uma regra geral obtida pela experiência e que não podem ser chamados de conhecimentos "a priori".

Citamos como exemplo de conhecimento empírico: escavando os alicerces de uma casa "a priori" esperar-se-á que ela caia, sem haver necessidade de olhar a experiência da sua queda, porque já se sabe que todo corpo abandonado no ar, sem sustentação, cai ao impulso da gravidade.

Assim, dizemos que conhecimento "a priori" é o adquirido independentemente de experiências e o conhecimento empírico é o que só é possível "a posteriori" (por meio de experiência).

Portanto, afirmamos que o conhecimento "a priori" é oposto ao conhecimento empírico.

Ainda, os conhecimentos "a priori" se dividem em puros e impuros. O conhecimento "a priori" puro é o que precisa, de fato, da empiria.

Como exemplo, "toda mudança tem uma causa" é um princípio "a priori" e impuro, pois a conceituação de mudança apenas pode ser formada, tirada da experiência.

II. O senso comum não dispensa certos conhecimentos "a priori"

Deve-se descobrir o que distingue o conhecimento empírico do puro.

Quando se encontra uma proposição que precisa ser pensada, ela será um juízo "a priori".

Será absolutamente "a priori" se não for derivada, e apenas é concebida como valendo por si mesma como necessária.

A experiência fornece juízos com uma generalidade suposta e relativa por indução, podendo se dizer que não se notou, até então, uma exceção a algumas leis. O que não admite exceção, não deriva da experiência e não tem valor absoluto "a priori" é um juízo pensado com rigorosa universalidade.

Conclui-se que a universalidade empírica é uma extensão arbitrária de validade, porque se trata de uma validade correspondente à maior parte dos casos, ao que corresponde a todos eles, como por exemplo: "Todos os corpos são pesados".

Já uma rigorosa universalidade é essencial em um juízo, quando indica uma faculdade de conhecer "a priori" – fonte especial de conhecimento.

As características evidentes de um conhecimento "a priori", que são a necessidade e a precisa universalidade, estão unidas e são inseparáveis. Na prática é mais difícil mostrar a contingência nos juízos do que a limitação empírica de um conhecimento. Também é menos evidente a necessidade absoluta do que a universalidade ilimitada. Com tudo isso, convém fazer uso separadamente desses dois critérios, pois cada um é infalível por si mesmo.

No conhecimento humano existem mesmo juízos de um valor necessário e na mais rigorosa significação universal, sendo juízos puros, "a priori" e fáceis de demonstrar. Exemplo na ciência: todas as proposições da matemática. Exemplo no bom senso: a proposição de que cada mudança tem uma causa.

A definição de causa, no último exemplo, contém a de necessidade de enlace com um efeito e a rígida generalidade da lei, a qual desapareceria de uma só vez se quiséssemos derivá-la da associação do que segue com o que precede e do hábito de unir certas representações.

Para provar a existência de princípios "a priori" em nosso conhecimento, poder-se-ia demonstrar que não são dispensáveis para uma experiência idêntica; seria uma demonstração "a priori".

Se todas as regras que empregasse fossem sempre empíricas e contingentes, a experiência não teria em que basear a sua certeza.

Raramente são aceitos como primeiros princípios os que possuem esse caráter.

Ainda para exemplificar, podemos afirmar ter manifestado aqui o uso puro de nossa faculdade de conhecer de uma maneira efetiva bem como as características que lhe são próprias.

Nos conceitos, como nos juízos, encontramos por vezes uma origem apriorística.

Na verdade, retirei do conceito empírico de um corpo tudo o que ele possui de empírico: cor, dureza, moleza, peso e a própria impenetrabilidade, permanecendo o espaço que ele ocupava, não podendo este ser subtraído.

Ao separarmos as propriedades que a experiência ensina de alguns conceitos empíricos de um objeto, corpóreo ou não, não podemos tirar-lhe aquela pela qual o pensamos como substância ou como aderente a uma substância (esclarecendo que esse conceito de substância contém maior determinação do que a de um objeto em geral).

A necessidade com que esse conceito se impõe é devida à sua existência, "a priori", na faculdade de conhecimento; isso é o que precisamos reconhecer.

III. A necessidade da Filosofia é ter uma ciência que defina tudo de todos os conhecimentos "a priori"

Existe um fato mais significativo do que todo o precedente: certos conhecimentos saem do campo das experiências possíveis e parecem estender o círculo de nossos juízos acima dos limites da experiência mediante conceitos aos quais em parte alguma pode ser dado um objeto correspondente na experiência.

É justamente nos conhecimentos que ultrapassam o mundo sensível que a experiência não serve de guia nem de retificação, que surgem as investigações de nossa razão, as quais parecem superiores e mais sublimes a tudo que a experiência pode apreender no mundo dos fenômenos; essas investigações são importantíssimas e não podem ser abandonadas de modo algum.

Deus, liberdade e imortalidade são os temas da razão pura. A metafísica é a ciência que estuda essas questões. Seu procedimento é dogmático, a princípio; ela assume confiantemente a sua execução sem um exame prévio da capacidade ou incapacidade de nossa razão para tão grande empreendimento.

Entretanto, parece natural que ao abandonar o solo da experiência não se construa de imediato um prédio com conhecimentos adquiridos sobre saber como ou sobre o crédito de princípios de origem desconhecida, e sem haver assegurado, mediante cuidadosas investigações que antes se tenha levantado a pergunta sobre como o entendimento pode chegar a todos esses conhecimentos "a priori" e que âmbito, validade e valor eles podem ter.

Realmente, nada é mais natural se entendermos a palavra natural como o que deve acontecer, porém se por essa palavra se entende aquilo que habitualmente sucede, então nada é de novo mais natural e concebível do que o fato que essa investigação por muito tempo teve de deixar de se realizar.

De fato, parte de nossos conhecimentos, como a matemática, é há muito detentora de credibilidade, favorecendo a expectativa para outros conhecimentos, mesmo sendo de natureza diferente.

Além disso, deixando de lado o círculo da experiência, ficariam certos de não ser contestados por ela. A vontade de ampliar nossos conhecimentos é grande a ponto de só ser detida em sua caminhada por contradição evidente; contudo, ficções do pensamento podem evitar esses tropeços, se forem ajeitadas com cautela, mesmo que não deixem de ser ficções.

A matemática é um ótimo exemplo do que poderíamos realizar nos conhecimentos "a priori" independentemente da experiência. A matemática trabalha com objetos e conhecimentos que podem ser representados pela intuição; todavia, essa circunstância é fácil de ser reparada, pois a intuição de que se trata pode se dar "a priori" por si mesma e raramente é distinguida de um simples conceito puro.

O impulso para aumentar os conhecimentos é forte a ponto de só ser detido em seu caminho por uma clara contradição da razão. Uma pomba, num voo, agitando o ar do qual sente a resistência, poderia imaginar que tudo aconteceria mais facilmente sem ele.

Da mesma maneira, Platão deixou o mundo sensível, porque este fixa limites estreitos ao entendimento e se aventurou no espaço vazio do entendimento puro, sem avaliar que por meio de seus esforços não conseguia nada, pois não tinha onde se apoiar para empregar suas forças para que o entendimento saísse do lugar.

Na maioria das vezes, este é o caminho que a razão humana percorre na especulação: acaba o quanto antes a sua obra e não procura mais acompanhá-la, depois de um tempo.

Quando chega nesse ponto, acha pretextos pela ausência de solidez, ou rejeita, por vontade própria, o tardio exame.

A maior parte do trabalho da nossa razão é a análise de conceitos já formados a respeito dos objetos; isso é o que nos livra de todo medo e precaução na construção de nossa obra e também nos ludibria pela aparente solidez. Dá-nos, ainda mais, inúmeros esclarecimentos do que foi pensado em nossos conceitos, mesmo de modo confuso; entretanto, são tidos como novas luzes, pelo menos quanto à sua forma, por mais que não aumentem a matéria nem o conteúdo de nossas definições, porque são preparados e ordenados de maneira simples.

Já que esse processo concede um conhecimento real "a priori", que toma um incentivo seguro, a razão, sem o perceber, consegue afirmações de natureza totalmente diferente e estranha ao conceito dado "a priori", sem que se saiba como chegar a isso e sem deixar que lhe apareça igual questão.

Assim, trataremos da distinção entre esses dois tipos de conhecimentos.

IV. Distinção entre juízo analítico e sintético

A relação de um sujeito com um predicado (considerando apenas os juízos afirmativos) é viável de duas maneiras: ou o predicado B pertence ao sujeito A como algo contido nele, ou B é estranho ao conceito A, mesmo junto dele. Chamo o primeiro caso de juízo analítico, e o segundo de sintético. Portanto, juízos analíticos (afirmativos) são aqueles em que a conexão do predicado com o sujeito for pensada por identidade; juízos sintéticos são aqueles em que essa conexão for pensada sem identidade. Os primeiros poderiam também ser chamados de juízos explicativos e os segundos, de juízos extensivos. Os primeiros, por meio do predicado, nada acrescentam ao conceito do sujeito, apenas o separam por desmembramento em seus conceitos parciais, já pensados nele; os segundos acrescentam ao conceito do sujeito um predicado que de maneira alguma era pensado nele e que não seria obtido por nenhuma decomposição.

No exemplo: "todos os corpos são extensos", trata-se de um juízo analítico, pois não se tem de sair do conceito de corpo para encontrar nele a extensão entrelaçada e apenas precisa tornar-se consciente da variedade que pensamos sempre no conceito para achar o predicado: trata-se de um juízo analítico. Já no exemplo: "todos os corpos são pesados", o predicado é totalmente diferente do que geralmente se pensa na elementar definição de corpo. No caso, trata-se de um juízo sintético, porque por ele se tem somado tal atributo.

Os juízos da experiência como tais são todos sintéticos.

Não seria possível existir um juízo analítico na experiência, pois para montá-lo não é necessário sair do meu conceito, e por isso não preciso testemunho da experiência. No exemplo: "um corpo é extenso" não se trata de um juízo da experiência, mas sim de uma proposição "a priori", porque primeiramente já tenho em meu conceito todas as condições do juízo antes de me dirigir à experiência; sobra-me, de acordo com o princípio de contradição, extrair o predicado e, também, tornar-me cônscio da necessidade do juízo, essa que jamais a experiência me ensinaria.

Do contrário, embora eu não tire do conceito de corpo em geral o predicado "pesado", indica uma parte da experiência total à qual ainda posso acrescentar outra parte da mesma experiência como pertencente a ela.

Analiticamente, posso reconhecer antes o conceito de corpo pelas características da extensão, impenetrabilidade, forma, etc., todas pensadas nesse conceito. Porém, se estendo meu conhecimento e observo a experiência, da qual extraí esse conceito de corpo, encontro sempre conectada com as características mencionadas a característica de peso, que acrescento sinteticamente como predicado àquele conceito.

V. São sintéticos os juízos matemáticos

Embora incontestavelmente certa e de suma importância em sua consequência, essa proposição parece ter passado despercebida até hoje, às indagações dos que analisam a razão humana, parecendo exatamente oposta às suas conjeturas.

Observou-se que os raciocínios dos matemáticos tinham origem no princípio de contradição (e tal é exigido pela natureza de cada certeza apodítica); então, acreditava-se que também os princípios seriam conhecidos a partir do princípio de contradição. Nisso se enganaram, porque uma proposição sintética pode, com certeza, ser entendida segundo o princípio de contradição, mas isto só é possível pressupondo-se outra proposição sintética de que possa ser deduzida.

Primeiramente, o que se deve notar é que as proposições matemáticas não são juízos empíricos: são, isto sim, juízos "a priori", pois implicam necessidade, a qual não pode ser obtida pela experiência.

No entanto, se não se desejar conceder isto, limito minha proposição às matemáticas puras, cujo conceito engloba apenas conhecimentos "a priori".

I – Realmente poderíamos acreditar, a princípio, que a proposição 7 + 5 = 12 é puramente analítica e, conforme o princípio de contradição, resultado do conceito de uma adição de 7 e 5. Contudo, se a considerarmos com mais cuidado, notaremos que o conceito de soma de 7 e 5 contém somente a união dos dois números em um só, o que não faz imaginar o número único que compreenda aos outros dois. O conceito de 12 não é percebido apenas pelo pensamento da junção de 5 e 7 e, também, pode-se decompor todo conceito dessa adição, como se quiser, sem achar o número 12.

Faz-se necessário transcender esse conceito, lançando mão da intuição equivalente a um dos dois números, talvez usando os cinco dedos da mão ou (como Segner em sua Aritmética) cinco pontos e, em seguida, aditar ao conceito 7 as cinco unidades encontradas pela intuição.

A princípio, toma-se o número 7 e, com a ajuda dos dedos como intuição para o conceito de 5, adiciona-se ao número 7 as unidades que apareceram para formar o 5, surgindo, então, o número 12.

É certeza que pela adição de 7 e 5 temos ideia desta soma de 7 mais 5, mas não que essa é igual a 12. Portanto, sempre a proposição aritmética é sintética: se são tomados números maiores, entende-se como maior evidência, porque ficou claro que, por mais que mexamos e coloquemos nosso conceito, jamais acharemos a soma por meio da simples decomposição de nossos conceitos e com a ajuda da intuição.

Qualquer princípio da Geometria pura também não é analítico.

Como o meu conceito de reta contém qualidade e não quantidade, trata-se de uma proposição sintética que a linha reta, entre dois pontos, é a mais curta.

O conceito de mais curta é totalmente aditado e de modo algum provém da decomposição do conceito de linha reta.

Para que seja possível a síntese, faz-se necessário recorrer à intuição.

Na verdade são analíticas e apoiam-se no princípio de contradição poucas proposições fundamentais que os geômetras pressupõem; também apenas servem como proposições idênticas ao encadeamento do método. Exemplo: a = a (o todo é igual a si mesmo), (a+ b) > "a" (o todo é maior que a parte).

São representados em intuição, sendo então admitidos nas matemáticas esses axiomas, mesmo valendo como simples conceitos.

O que, de um modo geral, nos faz acreditar que o predicado de tais juízos apodíticos já existe em nossos conceitos, sendo o juízo analítico, é a ambiguidade da expressão.

Temos de acrescentar predicado a um conceito dado; essa necessidade já pertence aos conceitos. A questão é o que realmente pensamos no conceito dado, mesmo que obscuramente, e não o que devemos acrescentar nele com o pensamento.

Chegamos à conclusão de que, necessariamente, o predicado se junta ao conceito mediante uma intuição (que a ele deve se unir) e não como concebido nele.

II – A Física contém, como princípios, juízos sintéticos "a priori". Como exemplo, citarei duas proposições: Nas alterações do mundo corpóreo a quantidade de matéria continua sempre a mesma, ou, nas comunicações de movimento, ação e reação precisam ser sempre iguais.

Observamos, nos dois exemplos, tratarem-se proposições sintéticas e de origem "a priori".

No conceito de matéria, penso somente em sua presença no espaço que ocupa, e então vou além do conceito de matéria para atribuir-lhe algo "a priori" que não havia concebido nele.

A proposição é concebida sinteticamente, mesmo que "a priori"; isso ocorre com as outras proposições da parte pura da Física.

III – Na Metafísica deve haver conhecimentos sintéticos "a priori" (mesmo que ela seja considerada aqui como uma ciência em ensaio, porém não dispensável à natureza da razão humana), de modo algum lhe cabe somente assim desmembrar conceitos que fazemos "a priori" de coisas e por meio disso elucidá-los analiticamente, porém desejamos aumentar o nosso conhecimento "a priori"; para isso precisamos servir-nos dos princípios que ao conceito dado adicionam alguma coisa não contida nele e que por meio de juízos sintéticos "a priori" talvez possamos ir tão longe que a própria experiência nos acompanhe. Exemplo: o mundo deve ter um primeiro início.

Dessa maneira, a Metafísica, pelo menos conforme seu objetivo, consiste em simples proposições sintéticas "a priori".

VI. O problema geral da razão pura

Muito foi adiantado, como o fato de se poder submeter grande quantidade de questões à fórmula de um só problema. Com isso, não apenas é facilitado o próprio trabalho, determinando-o exatamente, mas também o juízo de qualquer pessoa que desejar examinar se foi ou não realizado a contento o nosso propósito. O verdadeiro problema da razão pura está contido na questão: como os juízos sintéticos "a priori" são possíveis? Se a Metafísica continuou até hoje numa situação vacilante entre incertezas e contradições, deve-se atribuir somente à causa de não se ter pensado nisso antes e tampouco na diferença entre juízo analítico e sintético.

A ascensão ou queda da Metafísica repousa na solução desse problema ou em uma prova satisfatória de que realmente não acontece a possibilidade explicada que a Metafísica exige saber. Dentre os filósofos, Hume é o que mais chegou perto desse problema, porém distante de determiná-lo o suficiente e não o pensou em toda a sua universalidade; deteve-se apenas na proposição sintética da relação de causa e efeito; acreditou estabelecer que tal "proposição "a priori" fosse totalmente impossível; conforme suas deduções, o que chamamos de Metafísica descansaria em simples ilusão de uma pretensa compreensão racional daquilo que realmente foi tomado de empréstimo da experiência e que pelo costume se revestiu da aparência de necessidade.

Se o seu autor tivesse abordado esse problema em toda a sua universalidade, essa afirmação (destruidora de toda Filosofia pura) jamais teria sido emitida, porque se teria entendido que, conforme o seu argumento, também não existiria a Matemática pura, pois ela, com certeza, contém princípios sintéticos "a priori", e nesse caso o seu bom senso quiçá o teria preservado de tal afirmação.

Na solução do problema precedente está incluída a possibilidade de o uso puro da razão iniciar e levar adiante todas as ciências, as quais possuem um conhecimento teórico "a priori" de objetos, a saber, responder às questões:

Como a Matemática pura é possível?

Como a ciência pura da natureza é possível?

Como essas ciências são reais, o que parece implicitamente se pode interrogar como são possíveis, porque pela sua realidade já é provado que são possíveis.

Quanto à Metafísica, em razão de seu pequeno progresso e da distância em relação à sua principal finalidade, pode-se dizer que toda ela tem sido vã, e com isso também se explica a incerteza de sua possibilidade e existência.

Todavia, essa espécie de conhecimento também pode ser tida como dada em algum sentido e, mesmo não como ciência, a Metafísica é entretanto real como disposição natural. Não sendo alimentada pela simples vaidade da erudição, porém impelida pela sua própria necessidade, a razão humana progride demais até questões que não se pode responder por nenhum uso da razão na experiência nem por princípios daí tomados de empréstimo, e desse modo sempre houve alguma Metafísica e permanecerá existindo verdadeiramente, e nos seres humanos, quando a razão se estender neles até a especulação. Agora convém a seguinte pergunta: como disposição natural, de que modo a Metafísica é possível? Ou seja: Como surgem da razão humana universal essas perguntas que a razão pura faz e que se sente impulsionada a solucionar por necessidade própria?

Já que em todas as tentativas feitas para responder essas questões naturais, como por exemplo: se o mundo tem um início ou se é eterno, etc. são achadas sempre contradições inevitáveis, não se pode então aceitar para a Metafísica a simples disposição natural, e isso quer dizer, com a própria faculdade da razão pura, da qual o resultado é sempre alguma Metafísica, senão que deve ser possível ir com ela a uma certeza ou ignorância dos objetos e poder afirmar alguma coisa sobre os objetos dessas perguntas da potência ou impotência da razão e aumentar a credibilidade de seu poder ou colocá-la em limites firmes e seguros.

Esta última pergunta, decorrente do problema geral precedente, poderia ser: como ciência, como é possível a Metafísica?

Logo, a crítica da razão leva necessariamente à ciência, o uso dogmático da razão sem crítica leva a afirmações sem fundamentos, a que se pode contrapor outras aparentes, o que conduz ao ceticismo.

Essa ciência também não pode ter uma extensão excessiva por não se ocupar dos objetos da razão (cuja variedade é sem fim), porém meramente da razão própria de problemas que surgem em seu seio e que lhes são apresentados não pela natureza das coisas que diferem dela, senão pela sua própria.

Conhecendo bem a sua própria faculdade em relação com os objetos que pode lhe fornecer a experiência, tem de se facilitar o firmar total e seguramente o âmbito e os limites do seu tentado uso acima de todos os limites da experiência.

Logo, todas as tentativas para realizar dogmaticamente uma metafísica devem e precisam ser encaradas como se não tivessem acontecido, pois o que nelas existe de analítico, isto é, a decomposição simples de conceitos que "a priori" se acham em nossa razão é apenas um meio preliminar da Metafísica (e não seu fim geral), cujo objeto é aumentar nossos conhecimentos científicos "a priori".

A análise é ineficaz para isso, porque somente mostra o que se encontra dentro de ditos conceitos e não como foi adquirido "a priori" para poder depois firmar o seu uso válido com relação aos objetos de todo o conhecimento em geral.

O abandono de todas essas pretensões também requer pouca abnegação, visto que há contradições (que não se pode negar nem evitar) da razão consigo mesma no procedimento dogmático e que privaram há tempos de sua reputação toda Metafísica precedente.

Maior firmeza será necessária para que a dificuldade intrínseca e a resistência externa não nos afastem de finalmente promover, por abordagem totalmente contrária a que é seguida até então, o desenvolvimento fecundo de uma ciência tão importante à razão humana, da qual se pode tirar cada ramo despontado, porém sem as raízes.

*VII. Ideia e divisão de uma ciência especial sob o nome
de uma crítica da razão pura*

A ideia de uma ciência particular: crítica da razão pura surge de tudo o que precede, porque a razão é a faculdade que proporciona os princípios de conhecimento "a priori".

Por isso a razão pura é a que contém os princípios para conhecer algo absolutamente "a priori". Um órganon da razão pura seria um conjunto daqueles princípios mediante os quais todos os conhecimentos puros "a priori" podem ser adquiridos e totalmente estabelecidos. A aplicação em detalhes de tal órganon proporcionaria um sistema da razão pura. Porém como isso é solicitar demais e como não se sabe quando seria possível uma ampliação do nosso conhecimento, podemos encarar uma ciência do mero julgamento da razão pura, de suas fontes e de seus limites, como a propedêutica ao sistema da razão pura.

Deveria, tal ciência chamar-se crítica da razão pura (e não doutrina); sua utilidade seria somente negativa com respeito à especulação, servindo para a purificação da nossa razão (não para a ampliação) e para mantê-la livre de erros, o que já é muito.

Transcendental eu denomino todo conhecimento que em geral se ocupa da maneira que temos de conhecer os objetos, tanto quanto possível, "a priori". Filosofia transcendental é um sistema de tais conceitos. Porém ela é demasiada para iniciar, pois deve conter todo o conhecimento e se estenderia muito além do nosso plano.

Apenas devemos tratar da análise quando imprescindivelmente necessária para notar em toda a sua extensão os princípios da síntese "a priori" (o que constitui o nosso único assunto). Não podemos denominar essa investigação de doutrina, somente crítica transcendental, pois sua finalidade é a retificação de nossos conhecimentos (e não seu aumento), devendo fornecer a pedra de toque que decide sobre o valor ou desvalor de todos os conhecimentos "a priori", que é do que nos ocupamos agora.

No entanto, a crítica é uma preparação para um órganon e, se este não tiver êxito, pelo menos para um cânone dos conhecimentos "a priori", segundo o qual possa, talvez, ser apresentado o sistema inteiro da Filosofia da razão pura, na ampliação ou na simples limitação de seu conhecimento (analítica e sinteticamente).

Já que tal sistema tem por objeto o entendimento (não a natureza das coisas, inesgotável) que julga sobre a natureza das coisas e esse entendimento considerado apenas em relação aos seus conhecimentos "a priori", pode-se supor que o sistema é possível e não tão vasto que se não possa esperar o seu termo.

Não precisamos procurar esse objeto externamente, nem ele pode ficar oculto para nós; também não parece que tenha de ser tão vasto que não se possa alcançá-lo em seu certo preço. Deve esperar-se menos ainda que este livro seja uma crítica aos outros publicados sobre sistemas da razão pura; trata-se somente de uma crítica da faculdade da razão pura.

Baseando-se apenas nessa crítica, consegue-se uma pedra de toque segura para estimar o valor das obras filosóficas antigas e atuais; sem ela o historiógrafo e o juiz, sem competência, condenam as afirmações de outros, tendo-as como não fundamentadas em seu próprio nome, visto não terem elas melhor alicerce.

A Filosofia transcendental é a ideia de uma ciência para a qual a crítica da razão pura fará o plano total, de um modo arquitetônico, ou seja, por princípios e com perfeição segura e garantia dos princípios da razão pura.

A crítica não pode se denominar Filosofia transcendental, pois não contém uma análise pormenorizada dos nossos conhecimentos "a priori" para ser um sistema completo. Na verdade, nossa Crítica, com certeza, precisa colocar diante dos olhos também uma total enumeração dos conceitos primitivos que perfazem o mencionado conhecimento puro. Mas é concedido à Crítica abster-se da análise minuciosa desses conceitos e também da completa recensão de seus derivados, e isso por duas razões: a) esse desdobramento não seria conveniente por não apresentar a dificuldade encontrada na síntese, em vista da qual propriamente se tem Crítica completa; b) contraria a unidade do plano ocupar-se com a responsabilidade da completude de tal análise e derivação, da qual se poderia estar dispensado no que tange ao nosso objetivo.

Essa completude do desdobramento e da derivação dos conceitos "a priori" a serem dados no futuro é, contudo, fácil de totalizar, contanto que esses conceitos estejam como princípios detalhados da síntese e que nada falte a respeito dessa finalidade essencial.

Portanto, à crítica da razão pura pertence tudo o que constitui a Filosofia transcendental, e ela é a ideia total da Filosofia transcendental, porém não essa própria ciência, pois a crítica avança na análise somente o requerido para o julgamento completo do conhecimento sintético "a priori".

O principal objetivo, na separação dessa ciência, é não introduzir conceitos que contenham algo de empírico, isto é, que o conhecimento "a priori" seja totalmente puro. Por isso, ainda que os princípios superiores e os conceitos fundamentais da moralidade sejam conhecidos "a priori", eles não farão parte da Filosofia transcendental porque eles próprios na realidade não tomam como fundamento de seus preceitos os conceitos de prazer ou dor, de desejo ou inclinação, os quais são de origem empírica; entretanto, na formação do sistema da moralidade pura necessitam envolvê-los no conceito de dever, como obstáculo a ser dominado ou como estímulo que não deve ser alterado por razão.

Conclui-se que a Filosofia transcendental é a Filosofia da razão pura meramente especulativa, pois todo o concernente à prática, que contém motivos, trata de sentimentos pertencentes às fontes empíricas do conhecimento.

Estabelecendo a divisão dessa ciência desde o ponto de vista geral de um sistema, temos:

a) teoria elementar da razão pura;

b) teoria do método da razão pura. Cada uma dessas partes teria sua subdivisão cujas razões não serão expostas. É bom recordar que o conhecimento humano tem duas origens e que ambas devem proceder a uma mesma raiz, mas desconhecida. São elas: a sensibilidade e o entendimento; pela primeira os objetos nos são dados e, pela segunda, pensados.

A sensibilidade pertenceria à Filosofia transcendental, se contivesse representações "a priori", as quais perfazem a condição sob a qual nos são dados objetos. A teoria transcendental da sensibilidade deve fazer parte da primeira parte da ciência, e deve-o igualmente porque as condições sob as quais se dão os objetos ao conhecimento humano precedem àquelas sob as que são pensados esses próprios objetos.

I

TEORIA TRANSCENDENTAL DOS ELEMENTOS

PRIMEIRA PARTE

ESTÉTICA TRANSCENDENTAL

[§ 1]

Intuição é a relação imediata de um conhecimento com os objetos e que serve de instrumento a todo pensamento (1). Ela só acontece quando o objeto nos for dado, e ao ser humano isso somente é possível porque o objeto afeta a mente de certo modo. *Sensibilidade* é a receptividade de conseguir representações de como somos afetados pelos objetos. Logo,

---

(1) Nota A – Intuição é a representação de um objeto, que é feita imediatamente. O conhecimento de um objeto não precisa ser imediato sempre, porque pode-se conseguir o seu conhecimento sem contemplá-lo imediatamente.

Exemplificando, peguemos o Pacaembu como um objeto. Pode-se conhecê-lo, representando-o em seus elementos e pelas explanações dadas, obtendo, assim, dele um conhecimento quase perfeito. Esse conhecimento será sempre imediato, pois interferiram nele várias representações despertadas em mim pelas informações de quem me descreveu o Pacaembu.

Porém, essa não é a única forma de conhecer. Sem mediadores, pode-se ver o Pacaembu. Neste caso, trata-se de uma representação imediata, ou seja, uma representação do objeto e não uma representação de representações como anteriormente. Portanto, intuição é uma representação imediatamente relacionada com o objeto. Trata-se de conhecimento imediato; o primeiro conhecimento é mediato: através de conceitos

objetos nos são dados pela sensibilidade, e *intuições* nos são fornecidas por ela; mas os objetos são pensados pelo entendimento e também por ele são originados os conceitos. Contudo, todo pensamento direta ou indiretamente, por meio de alguns caracteres, precisa fazer referências a intuições e também à sensibilidade, porque não há outra maneira de como um objeto nos é dado.

Sensação é o efeito que um objeto causa na capacidade de representação, quando o mesmo objeto nos afeta. A *intuição* é chamada de *empírica* quando, mediante sensação, refere-se ao objeto. *Fenômeno* é o objeto indeterminado de uma intuição empírica. *Matéria* é o que no fenômeno corresponde à sensação. *Forma* é o que faz que o múltiplo do fenômeno, em determinadas relações, deva ser ordenado. Como aquilo mediante o qual as sensações são ordenadas e suscetíveis de obter determinada forma não pode ser a sensação, infere-se que a matéria de todo fenômeno é dada "a posteriori" para nós, mas a sua forma precisa estar à disposição "a priori" na mente e considerada separada de toda sensação.

Puras no sentido transcendental são as representações nas quais não é achado nada que pertence à sensação. Em consequência disso, a

---

e imagens. Conclui-se que a intuição é um elemento importantíssimo de nosso conhecimento. É a primeira e a mais rápida relação que se pode manter com o objeto. De sorte que um conceito que necessite de intuição que lhe corresponda não pode oferecer conhecimento imediato. Essa observação, deve se ter na memória desde então, a fim de acompanhar Kant no desenrolar de seus primeiros preceitos. Devemos lembrar, também, que todo pensamento se propõe como instrumento de intuições e que quando um pensamento precisa de intuição, tal se deve não ter objeto a que se referir de imediato, então é vão, e os conceitos produzidos, vazios, sem conteúdo, porque este apenas pode ser fornecido pela intuição. O conceito desta classe terá um objeto, contudo será outro conceito, e estaremos no mesmo caso se necessita de intuição ou de uma imagem da fantasia, ou seja, somente uma intuição da imaginação. Conceitos desse modo, sem objeto, são vazios e simples negações, de forma nenhuma conceitos reais; não dizem o que uma coisa é, dizem o que ela não é, porque apenas o conceito que possui um objeto é um *ens reale*. Depois, o resultado de tudo isto é que não podemos conhecer a Deus, pois Deus jamais nos é apresentado pela intuição. Sem dúvida, teremos o seu conceito, todavia não o seu conhecimento imediato, porque Deus não é um objeto sensível, um fenômeno, ao qual a intuição nos dê acesso. Será negação o que se afirme de Deus no conhecimento, e ao dizer que é infinito será entendido não é finito, etc. Portanto, o essencial é não esquecer que não há conhecimentos propriamente ditos sem intuições e intuições sem objetos, objetos sem fenômenos.

forma pura de intuições sensíveis em geral, na qual o múltiplo dos fenômenos é dado pela intuição, em algumas relações, será achada na mente "a priori". *Intuição pura* é a forma pura da sensibilidade. Quando tiro da representação de um corpo o que o entendimento pensa a respeito, como substância, força, divisibilidade, etc., também daquilo que faz parte da sensação, como impenetrabilidade, dureza, cor, etc. ainda resta algo dessa intuição empírica: a extensão e a figura, que pertencem a intuição pura, que mesmo sem um objeto real dos sentidos ou da sensação acontece "a priori" na mente como uma forma de sensibilidade.

Estética transcendental (2) é uma ciência de todos os princípios da sensibilidade "a priori". No entanto, é necessário que haja uma ciência que perfaça a primeira parte da doutrina transcendental dos elementos, oposta à que contém os princípios do pensamento puro e chamada lógica transcendental.

Na Estética transcendental, primeiramente iremos separar a sensibilidade, tirando tudo o que nela o entendimento pensa por seus conceitos, de modo que reste apenas a intuição empírica. Depois, ainda isolaremos tudo o que pertence à sensação, para restar somente a intuição pura e a simples forma dos fenômenos (o que a sensibilidade nos dá "a priori"). Dessa pesquisa resultará que existem duas formas puras da intuição sensível, como princípios do conhecimento "a priori": o espaço e o tempo, de cuja avaliação ocupar-nos-emos agora.

---

(2) Os alemães são os únicos a empregar atualmente a palavra Estética para indicar aquilo que outros denominam Crítica do gosto. Esse nome deve-se à arruinada esperança do notável pensador analítico Baumgarten, que acreditou poder diminuir a princípios racionais o juízo crítico do belo e promover as suas regras à categoria de ciência. Porém esse esforço é vão. Com efeito, essas regras ou critérios são empíricos em suas origens essenciais, e consequentemente jamais poderiam ser utilizados como leis "a priori" próprias a controlar o nosso juízo de gosto porque é este que constitui a pedra de toque da correção das primeiras. Portanto, é sensato desistir dessa denominação e deixá-la para aquela doutrina que é verdadeira ciência ou bem usá-la em conjunto com a Filosofia especulativa e entender a palavra Estética ou em sentido transcendental, ou em significado psicológico.

PRIMEIRA SEÇÃO

Do espaço

[§ 2]. *Exposição metafísica deste conceito*

Representamos os objetos como estando fora de nós e postos no espaço através da propriedade de nosso espírito que é o sentido externo. Lá são fixadas sua figura, grandeza e relações de reciprocidade. O sentido interno, através do qual o espírito se percebe a si próprio com intuição, ou nota o seu estado interior, não nos concede intuição alguma da alma ela própria como objeto; entretanto, existe uma certa forma pela qual é possível do seu estado interno a intuição e, conforme ela, tudo que pertence às suas determinações internas é representado por relações temporais. Exteriormente o tempo não pode ser notado, assim como em nós não se pode considerar o espaço como alguma coisa interior. Portanto, tempo e espaço o que significam? Entidades verdadeiras? Determinações ou meras relações? Essas relações seriam de tal natureza que eles não deixariam de existir, mesmo quando não percebidos como objeto da intuição?

Ou são os que apenas pertencem à forma da intuição e à qualidade subjetiva de nosso espírito e, sendo assim, esses predicados nunca seriam atribuídos a nada?

Para responder, começaremos expondo o conceito de espaço. Exposição é uma ótima representação (mesmo não sendo longa) do que seja um conceito; ela é metafísica contendo aquilo que o conceito apresenta como dado "a priori".

1º – O espaço não se trata de conceito empírico, derivado de experiências exteriores. Deve haver de antemão a representação do espaço para que eu possa referir certas sensações a toda coisa exterior a mim (a qualquer coisa posta em lugar do espaço diferente daquele que estou ocupando) e, para que as coisas possam ser representadas como de fora e ao lado umas das outras e por consequência como não sendo apenas diversas, porém postas em lugares diferentes. Essa representação não pode surgir por experiência das relações dos fenômenos exteriores, pois elas só são possíveis mediante sua prévia existência.

2º – Trata-se o espaço de uma representação necessária "a priori", a qual serve de fundamento às intuições externas. Não é possível aceitar que o espaço não exista, mesmo que se pense que não haja nada nele. Não é considerado como representação dependente dos fenômenos, mas sim como a condição da possibilidade; trata-se de uma representação "a priori", a qual é o fundamento dos fenômenos externos.

3º – O espaço é uma instituição pura, não é um conceito discursivo ou universal das relações das coisas. Não se pode representar mais que um só espaço; quando se fala de muitos, fica entendido apenas que se refere às partes do próprio espaço. Essas partes só são concebidas no espaço uno e omnicompreensivo (as partes não podem preceder o espaço como se fossem seus elementos). O espaço tem por essência a unidade; a variedade que encontramos nele e o conceito universal de espaço em geral acabam sendo limitados. A base para todos os conceitos que se tem de espaço é uma intuição "a priori", que não é empírica. Isso também ocorre com os princípios geométricos; por exemplo: a soma de dois lados de um triângulo é maior que o terceiro, cuja certeza apodíctica origina-se de uma intuição "a priori" e não dos conceitos gerais de linha e triângulo.

4º – O espaço é representado como uma dada grandeza sem fim. É preciso considerar todo conceito como uma representação contida em uma série infinita de representações diferentes, das quais é expressão comum, porém nenhum conceito como esse contém uma série infinita de representações. Assim, concebe-se o espaço, porque todas as suas partes coexistem no infinito. A primeira representação do espaço não é um conceito, mas sim uma intuição "a priori".

[§ 3]. *Exposição transcendental do conceito de espaço*

Exposição transcendental é a aplicação de um conceito como princípio que mostra a possibilidade de outros conhecimentos sintéticos "a priori". Isso supõe que:
- emanem verdadeiramente do conceito tais conhecimentos;
- esses conhecimentos só sejam possíveis sob a suposição de uma maneira de explicação dada e subtraída desse conceito.

A Geometria é uma ciência que delimita sinteticamente as propriedades do espaço e, por conseguinte, "a priori". Para que tal conhecimento seja possível, o que deve ser, então, a representação do espaço? Primeiramente, deve ser uma intuição, pois não é possível extrair de um conceito proposições que o ultrapassem, conforme se pode ver em Geometria (Int. V).

Todavia, essa intuição deve ser encontrada "a priori" em nós, ou seja, anterior a toda percepção de um objeto e, portanto, não ser empírica e sim pura.

De modo efetivo, as proposições geométricas implicam a consciência de uma necessidade como o exemplo: o espaço não possui mais que três dimensões, sendo todas apodíticas; porém essas proposições não podem ser julgamentos empíricos, tampouco da experiência nem derivar deles (Introdução, 11).

A que conclusão podemos chegar a respeito de como se encontra no espírito uma intuição externa anterior aos mesmos objetos e na qual o conceito desses objetos pode ser determinado "a priori"? Isso só ocorre sob a condição de ela ter como sede o sujeito, com a capacidade formal que ele possui de ser atingido por objetos e assim de receber uma representação imediata, ou seja, uma intuição, por consequência como forma do sentido exterior em geral.

O que faz com que seja compreensível a possibilidade da Geometria como ciência sintética é apenas essa nossa explicação. Outra explicação, que não apresenta essa tal vantagem, pode ser assim dela distinguida, por maior semelhança que haja entre uma e outra.

Consequências dos conceitos anteriores

a) O espaço não representa nenhuma propriedade das coisas, acatadas em si próprias ou nas relações entre si, isto é, nenhuma determinação que necessite dos objetos e que continue neles se se faz abstração das condições subjetivas da intuição; porque nenhuma das determinações (absolutas ou relativas) são perceptíveis anteriormente à existência das coisas a que pertencem e, portanto, "a priori".

b) O espaço é a forma dos fenômenos dos sentidos externos, ou seja, a única condição subjetiva da sensibilidade, diante da qual a intuição externa é possível a nós. É fácil compreender que a forma dos fenômenos pode ser encontrada no espírito antes da percepção real e, portanto, "a priori", porque a propriedade do sujeito de ser abalada pelas coisas é anterior às intuições dessas coisas. Porém, ela pode conter os princípios de suas relações anteriormente a toda experiência, por ser uma intuição pura, onde os objetos são determinados.

Somente do ponto de vista humano podemos falar de espaço, de seres extensos, etc. Se saímos da condição subjetiva, única sob a qual podemos receber a intuição externa, sendo abalados pelos objetos, a representação do espaço não significa nada.

Esse predicado só convém às coisas enquanto aparecem a nós; explica-se: enquanto são objetos da sensibilidade. Sensibilidade é a forma constante dessa receptividade, é a condição necessária em todas as relações, em que os objetos são intuídos como exteriores a nós; trata-se de uma intuição pura, se essa dita forma for abstraída dos objetos, denominando-se Espaço. Porque as condições particulares da sensibilidade não são iguais às das possibilidades das coisas mesmas, (apenas as de seus fenômenos), afirmamos que o espaço abrange as coisas que nos são mostradas exteriormente porém não todas as coisas em si mesmas, sendo percebidas ou não e por quem for, pois não poderemos jamais julgar as intuições de outros, sem saber se estão sujeitas às mesmas condições que restringem as nossas intuições e que têm valor comercial para nós.

Nosso juízo tem valor absoluto ou incondicionado, se somamos um juízo limitado ao conceito do sujeito. A proposição: "Todas as coisas estão juntas no espaço" tem valor quando tais coisas são consideradas objetos da nossa intuição sensível. Acrescentando a condição ao conceito e dizendo: Todas as coisas, como fenômenos externos, estão juntas no espaço: essa regra terá valor universalmente e sem restrições.

Ao examinarmos o espaço, veremos a sua realidade, isto é, o seu valor objetivo relativamente a tudo o que pode ser mostrado como objeto; também a idealidade do espaço relativamente às coisas consideradas em si mesmas pela razão, ou seja, não atendendo à natureza de nossa sensibilidade.

Podemos afirmar a realidade empírica do espaço em relação a toda experiência externa possível; também reconhecemos sua idealidade transcendente, a saber, a sua não existência, desde quando deixamos as condições de possibilidade de toda experiência e acreditamos que ele seja algo útil às coisas em si.

Com exceção do espaço, não há representação subjetiva que se refira a qualquer coisa externa e que é objetiva "a priori", pois de nenhuma delas são derivadas proposições sintéticas "a priori", como as que vêm da intuição no espaço. Com exatidão, nenhuma idealidade lhes corresponde, mesmo tendo em comum com o espaço a sua dependência somente da constituição subjetiva da sensibilidade, por exemplo: da visão, da audição, do tato; contudo, as sensações de cores, dos sons, do calor, puras sensações e não intuições, não fazem qualquer objeto por si próprias (pelo menos "a priori").

O objetivo dessa observação é apenas evitar que seja explicada a idealidade dada ao espaço por exemplos errôneos, como as cores, o sabor, etc., os quais são considerados, com razão, não como propriedade das coisas, mas sim como mudanças do indivíduo e que podem ser diferentes como os indivíduos.

No último caso, o que é um fenômeno originariamente, por exemplo: uma rosa tem (no sentido empírico) o valor de uma coisa em si, mas quanto à cor, aparece diferente aos olhos que não são iguais. O conceito transcendental dos fenômenos no espaço indica a nós essa observação crítica, de que nada do que é intuído no espaço é coisa em si; também que o espaço não é uma forma das coisas acatadas em si mesmas, porém que os objetos não são conhecidos em si mesmos e o que chamamos de objetos exteriores são representações de nossa sensibilidade cuja forma é o espaço, mas cujo real correspondente, a coisa própria, continua "não conhecida" e não pode ser conhecida, e por ela a experiência nunca indagou.

SEGUNDA SEÇÃO

Do tempo

[§ 4]. *Exposição Metafísica do conceito de tempo*

1º Como a simultaneidade ou a sucessão são percebidas e a representação "a priori" do tempo lhes serve de fundamento, podemos dizer que o tempo não é um conceito empírico derivado de nenhuma experiência. Somente mediante essa hipótese podemos nos representar que uma coisa seja simultânea (ao mesmo tempo que outra), ou sucessiva (em tempo diferente).

2º O tempo, por servir de base às intuições, é uma representação necessária. Mesmo que separemos muito bem os fenômenos em geral do tempo, não se pode eliminar do tempo os fenômenos; o tempo é dado "a priori", toda realidade dos fenômenos só nele é possível. O tempo mesmo, como condição geral de sua possibilidade, não pode ser retirado; os fenômenos podem desaparecer.

3º Nessa necessidade "a priori" funda-se também a possibilidade dos princípios apodícticos, das relações ou axiomas do tempo em geral, por exemplo: o tempo como uma dimensão; os diferentes tempos não são simultâneos, porém sucessivos; já os espaços diferentes são simultâneos e não sucessivos. Porque a experiência não pode dar uma estrita universalidade, nem uma certeza apodítica, ela não deduz esses princípios.

Poderíamos apenas dizer: assim a observação em geral o ensina e não: isto deve ser deste modo. Portanto, esses princípios têm valor como regras, as quais tornam geralmente possível a experiência não sendo ela que nos revela as regras, porque as regras é que nos proporcionam o conhecimento da experiência.

4º O tempo é uma forma pura da intuição sensível, não um conceito discursivo ou geral. Tempos diferentes são partes de um mesmo tempo. Trata-se uma intuição, uma representação que apenas pode ser dada por um objeto.

Não se deriva de um conceito geral a proposição: tempos diferentes não podem ser simultâneos. Ela não pode derivar só de conceitos; é uma proposição sintética; na intuição e representação do tempo está contida.

5º A natureza infinita do tempo significa que toda quantidade fixa de tempo apenas é possível pelas limitações de um só tempo, no qual é fundamentada. Logo, deve ser dada como sem limites a representação primitiva do tempo. Quando as partes próprias e quantidades todas de um objeto só podem ser representadas e fixas através de uma limitação, então não pode ser dada por conceitos toda a representação desse objeto (nos conceitos só estão contidos representações parciais), devendo fundamentar-se numa intuição parcial.

[§ 5]. *Exposição transcendental do conceito de tempo*

Para este ponto ser explicado, referir-me-ei ao número 3, onde apresentei o que é transcendental, sob o título de exposição metafísica. Agora, adiciono apenas que os conceitos de mudanças e de movimento (como mudança de lugar), somente são possíveis por e na representação do tempo e, se essa representação não fosse uma intuição "a priori", nenhum conceito poderia deixar compreendida a possibilidade de uma mudança, ou seja, a possibilidade de função de predicados opostos num único objeto, por exemplo: que uma única coisa esteja e não esteja em um lugar.

Essas duas determinações contraditórias e opostas numa única coisa só podem ser achadas no tempo, na sucessão. Nosso conceito de tempo explica, portanto, a possibilidade de tantos conhecimentos sintéticos "a priori", conforme diz a ciência geral do movimento, a qual é bem abundante.

[§ 6]. *Resultados destes conceitos*

a) O tempo não se mantém por si, nem faz parte das coisas como determinação objetiva que continue na coisa mesma, quando as condições subjetivas de sua intuição são afastadas. No primeiro caso, o tempo, sem coisa real, seria sem proibição, algo real. No segundo caso, sendo uma ordem superior das coisas mesmas, ou uma ordem fixa, não antecederia os objetos com sua distinção nem seria conhecido e notado "a priori" por proposições sintéticas. Entretanto, tem lugar se o tempo não é mais que a distinção subjetiva sob a qual as intuições são possíveis em nós; pois essa forma da intuição interna é representada "a priori" e precedente aos objetos.

b) O tempo é a forma de nossa intuição e de nosso estado interior e, sendo assim, não pode ser determinação dos fenômenos externos, não se referindo nem a uma figura, nem a uma posição.

Devido ao fato de essa intuição interior não formar nenhuma figura, supriremos tal ausência pela analogia e reproduzimos o sucedimento do tempo por uma linha que continua até o infinito, cujas partes formam uma série de apenas uma dimensão, e descendemos das propriedades dessa linha às do tempo, com exceção de uma: as partes das linhas são simultâneas e as do tempo são sucessivas. Chegamos à dedução também que a representação do tempo é uma intuição, pois as suas relações são manifestas por intuição exterior.

c) O tempo é a distinção formal "a priori" dos fenômenos em geral. O espaço apenas é condição "a priori" para os fenômenos exteriores, por ser forma pura de todas as intuições externas. O tempo (uma distinção "a priori" dos fenômenos em geral) é a distinção imediata dos fenômenos de nossa alma e a distinção mediata dos fenômenos externos, isso porque todas as reproduções, (tendo ou não por objeto coisas exteriores), fazem parte de um estado interno (não obstante, por si próprias, como determinações de espírito) e, por estar nesse estado, sob a condição formal da intuição interna, pertence ao tempo.

Afirmo (em um sentido geral e partindo do princípio do sentido interno) que os fenômenos em geral, ou melhor, os objetos dos sentidos estão no tempo e necessariamente sujeitos às relações do tempo, porque digo "a priori" que os fenômenos exteriores estão no espaço e são fixos "a priori" conforme as relações do espaço.

Se abstraímos o nosso modelo de intuição interna da maneira conforme entendemos as intuições exteriores na nossa faculdade de reproduzir, diante dessa intuição, e pegamos os objetos como são, então o tempo é um pensamento vazio. Como os fenômenos são objetos de nossos sentidos o tempo tem valor objetivo apenas em relação aos fenômenos; porém no abstraimento da sensibilidade de nossa intuição (por conseguinte, dessa espécie de reprodução, a qual já temos), quando falamos de coisas em geral, perde esse valor objetivo.

O tempo não é nada fora do sujeito e considerado em si mesmo, pois é uma condição subjetiva de nossa intuição geral (sensível sempre, ou melhor apenas reage quando os objetos nos afetam). Todavia, é objetivo em relação aos fenômenos e às coisas que pode nos oferecer a experiência. Como na definição de coisas em geral, é feito o abstraimento de modo de intuição dessas coisas, e, como esta é a condição pela qual o tempo pertence à reprodução dos objetos, não podemos afirmar que existem no tempo todas as coisas.

Esse princípio tem o seu correto valor objetivo e a sua universalidade "a priori" se essa condição é acrescentada à definição e afirma-se: todas as coisas, como fenômenos (objetos da intuição sensível) existem no tempo.

As nossas reflexões manifestam o valor objetivo do tempo (sua realidade empírica) relativamente aos objetos que possam se oferecer aos nossos sentidos. Por ser a nossa intuição sempre sensível, jamais dá a nós um objeto na experiência, não sujeito às condições do tempo.

Questionamos toda aspiração de realidade absoluta do tempo: a que o observa, não atendendo à nossa intuição sensível, como absolutamente inerente às coisas, ou seja, como distinção ou propriedade. Essas propriedades, as quais fazem parte das coisas em si, nunca podem ser dadas pelos sentidos. Admitimos a idealidade transcendental do tempo, no sentido de que se as condições subjetivas da intuição sensível são abstraídas, não é nada não sendo atribuída nem às coisas em si (sem a sua relação com a nossa intuição).

Entretanto, não devemos comparar essa idealidade (igual à do espaço) com os dados subjetivos das sensações, pois se supõe aqui que o fenômeno a que essas características são ligadas tem uma realidade objetiva; a realidade que falta completamente aqui, a não ser que se julgue apenas empiricamente, ou seja, a título de substância, a título de qualidade. Deve-se ler a observação da primeira seção.

[§ 7]. *Explicação*

Homens sábios levantaram uma questão contra essa teoria, a qual aceita a realidade empírica do tempo, contestando a sua realidade objetiva e transcendental. Tal questão parece estar entre os leitores que não estão acostumados com esses assuntos. A questão é a seguinte: existem mudanças reais (o que é demonstrado pela sucessão de nossas reproduções, desejando-lhe negar os fenômenos externos e suas mudanças); então, o tempo é algo real, pois a mudança das reproduções só é possível no tempo.

A resposta é fácil: admito todo o argumento. Não se tem dúvida de que o tempo é algo real; é a forma real da intuição interna. Possui uma realidade subjetiva em relação à experiência interna, isto é, verdadeiramente tenho a reprodução do tempo e de minhas próprias determinações nele.

Em consequência, o tempo não é real como objeto. Porém, se eu mesmo ou outra pessoa me notasse sem essa condição da sensibilidade, as mesmas determinações que nós nos reproduzimos no momento como mudanças nos concederiam um conhecimento em que não existiriam mais a reprodução do tempo nem a de mudança. Continua como distinção de nossas experiências a sua realidade empírica. Contudo, não se pode dar ao tempo a realidade absoluta, conforme vimos.

Ele é a forma de nossa intuição interna. Quando a condição especial de nossa sensibilidade é tirada dessa intuição, também desaparece o conceito de tempo, pois essa forma não faz parte dos objetos, e sim do sujeito, o qual os nota.

Entretanto, a causa pela qual tal questão é elaborada tão harmoniosamente entre aqueles que não têm o que opinar contra a idealidade do espaço, é esta: É que não supunham que demonstrariam apodicticamente a realidade absoluta do espaço, intimidados pelo idealismo, segundo o qual a realidade dos objetos exteriores não é capaz de demonstração rígida, e a do objeto do nosso sentido interno (de mim mesmo e de meu estado) rapidamente lhes parecia evidente pela consciência.

Aqueles poderiam ser aparentemente simples; no entanto, a seu juízo, este é inegavelmente qualquer coisa real. Mas, as pessoas que têm tal opinião esquecem que esses dois tipos de objetos, não precisando lutar contra sua realidade como reproduções, fazem parte apenas do fenômeno, que tem sempre dois aspectos: um, quando o objeto é observado em si próprio (dispensando o modo de notá-lo, cuja natureza continuará sempre apresentando problemas); outro, quando se examina a forma da intuição desse objeto, a qual não deve ser buscada no objeto em si, porém no sujeito, a quem aparece e que faz parte do fenômeno que esse objeto manifesta. Portanto, tempo e espaço são duas fontes de conhecimentos das quais diferentes conhecimentos sintéticos podem derivar-se "a priori", conforme mostra o exemplo das matemáticas puras sobre o conhecimento do espaço e de suas relações.

Ambos são formas puras da intuição sensível, as quais possibilitam as proposições sintéticas "a priori". Todavia, estas fontes do conhecimento "a priori", por igual razão de que são somente meras condições da sensibilidade, fixam o seu limite, quando dão referência aos objetos, observados como fenômenos e não reproduzem coisas em si. O valor "a priori" das fontes mencionadas é limitado aos fenômenos; não há aplicação objetiva fora deles.

A realidade formal do tempo e do espaço mantém inalterada a segurança do conhecimento experimental, pois estamos convictos desse conhecimento, quer essas formas estejam necessariamente ligadas às coisas em si ou apenas à nossa intuição das coisas.

Já os que mantêm a realidade absoluta do espaço e do tempo, seja como subsistentes por si próprios, seja como pertencentes nos objetos, encontram-se em contradição com os princípios da experiência. Optando pelo primeiro e tomando como subsistentes por si próprios espaço e tempo (o que os físico-matemáticos seguem), precisa-se considerar dois sonhos (espaço e tempo), eternos e infinitos, os quais apenas existem (mesmo não sendo coisa concreta) para entender em seu âmago o que é real.

Se escolherem o segundo princípio (do qual fazem parte alguns metafísicos da natureza), espaço e tempo lhes valendo como relações (coexistentes ou sucessivas) dos fenômenos separados da experiência e apesar disso confusamente reproduzidas naquele abstraimento, necessitando, neste caso, questionar a validade ou a certeza apodítica das doutrinas matemáticas "a priori" relativas a coisas reais (por exemplo no espaço) na proporção em que esta certeza de maneira nenhuma acontece "a posteriori".

De acordo com esse princípio, os conceitos "a priori" de espaço e tempo são simples coisas da imaginação, cuja origem precisa ser procurada na experiência; das relações separadas da experiência, a imaginação formou algo que realmente contém o geral das referidas relações, porém que não acontece sem as limitações juntadas a essas relações pela natureza.

Os primeiros possuem a grande vantagem de liberar o campo dos fenômenos para as proposições matemáticas. Ao contrário, por meio dessas condições, muitos são confundidos quando o entendimento quer sair desse campo.

Os segundos, com relação aos últimos, têm a vantagem das reproduções de espaço e tempo não invadirem seu caminho quando desejam julgar os objetos não como fenômenos, porém somente na relação com o entendimento; todavia, não podem nem dar um fundamento da possibilidade de conhecimentos matemáticos "a priori" (na proporção em que lhes falta uma intuição "a priori" real e válida objetivamente) nem conduzir proposições da experiência a uma afinidade necessária com aquelas colocações.

Em nossa teoria a respeito da real constituição dessas duas formas vindas da sensibilidade, ambas as dificuldades se resolvem. Enfim, é evidente que a Estética transcendental não pode conter mais que estes dois elementos: espaço e tempo, visto que os outros conceitos, que fazem parte da sensibilidade, mesmo o de movimento, que engloba os dois elementos mencionados, implicam algo empírico, pois o movimento supõe a percepção de algo móvel.

O espaço acatado em si mesmo não tem nada móvel: por conseguinte, o que se move tem de ser algo encontrado no espaço apenas pela experiência, logo um dado empírico. Da mesma maneira, a estética transcendental não pode conter o conceito de mudança entre os seus dados "a priori", porque o próprio tempo não muda, mas sim algo que existe no tempo. Por isso, para tanto se necessita a percepção de algo existente e do sucedimento de suas determinações, por conseguinte, da experiência.

[§ 8]. *Observações gerais
sobre a Estética Transcendental*

I – Com a finalidade de evitar todo mal-entendido sobre este assunto, é preciso explicar minuciosamente qual a nossa opinião sobre a natureza fundamental do conhecimento sensível em geral.

Queremos provar que as nossas intuições são apenas reproduções de fenômenos, que não percebemos as coisas como são em si mesmas, nem as suas relações são como apresentadas a nós e que, se tirássemos o nosso sujeito ou somente a formação subjetiva dos sentidos em geral, desapareceriam toda a constituição, todas as relações dos objetos no espaço e no tempo, e mesmo espaço e tempo, pois tudo isso, como fenômeno, não pode existir em si, porém apenas em nós.

Permanece-nos totalmente desconhecido o que há com os objetos em si e desligados dessa receptividade da nossa sensibilidade. Somente conhecemos deles o modo que temos de notá-los; modo que nos é especial e não tem de concernir necessariamente a todo ser, mas sim a todo homem.

É com esse modelo de percepção que temos a ver unicamente.

Tempo e espaço são as formas puras dessa percepção e, a sensação em geral, a sua matéria. Podemos conhecer aquelas apenas "a priori", ou seja, antes da percepção verdadeira e por isso são chamadas intuição pura; a última, contudo, é aquilo que em nosso conhecimento a faz chamar-se conhecimento "a posteriori", querendo dizer intuição empírica. Aquelas fazem parte da nossa sensibilidade de maneira absolutamente necessária, e seja de que tipo forem nossas sensações, estas podem ser bem variadas.

Mesmo se pudéssemos elevar essa nossa intuição ao grau supremo de clareza, não chegaríamos mais perto da natureza dos objetos em si: pois em todo caso apenas conheceríamos inteiramente o nosso modelo de intuição, ou seja, nossa sensibilidade, e esta sempre sob as condições de tempo e espaço originariamente ligados ao sujeito.

O conhecimento mais perfeito dos fenômenos que conseguirmos nunca nos dará o conhecimento dos objetos em si.

Os conceitos de sensibilidade e de fenômeno são desnaturados inutilizando e esvaziando a doutrina do conhecimento, quando se deseja que a nossa sensibilidade seja apenas a reprodução desordenada das coisas, contendo tudo o que elas são em si, mesmo que sob a forma de um conglomerado de características e reproduções parciais, que não diferenciamos conscientemente umas das outras.

A diferença entre uma reprodução confusa e uma clara é simplesmente lógica e não se reporta ao conteúdo.

Com certeza, o conceito de direito empregado pelo bom senso contém exatamente o mesmo que a mais delicada exploração pode desenvolver a seu respeito, com a diferença que no uso comum e prático não se está consciente das várias reproduções nesse pensamento. Porém não se pode falar que o conceito comum seja sensível e contenha um simples fenômeno; pois o direito não seria um objeto de percepção, porque o seu conceito existe no entendimento e reproduz uma qualidade (a moral) das ações, as quais elas têm em si.

Já a reprodução de um corpo na intuição não contém nada que pudesse ser atribuído a um objeto em si, porém somente o fenômeno de algo e o modo como somos afetados por ele.

Essa receptividade de nossa capacidade de conhecimento é chamada de sensibilidade, a qual continua infinitamente diferente do conhecimento do objeto em si, mesmo que se penetrasse até o fundo do fenômeno. As filosofias de Leibniz e Wolf indicaram um ponto de vista totalmente incorreto a respeito da natureza e a origem dos nossos conhecimentos na proporção em que acataram como simplesmente lógica a diferença entre a sensibilidade e o entendimento.

Essa diferença é, evidentemente, transcendental e não se reporta apenas à forma da clareza ou enigma, porém à origem e ao conteúdo dos conhecimentos; através da sensibilidade não conhecemos obscuramente a natureza das coisas em si, entretanto; nem sequer a conhecemos e, assim que eliminamos a nossa formação subjetiva, em nenhuma parte se achará nem se poderá achar o objeto reproduzido com as propriedades que a intuição sensível lhe concedia na proporção em que essa formação subjetiva estabelece a forma de tal objeto como fenômeno.

De resto, sabemos bem diferenciar nos fenômenos o que faz parte da intuição de tais fenômenos, e vale geralmente para o sentido humano, daquilo que faz parte da intuição de maneira acidental e que não vale para toda relação em geral da sensibilidade, mas apenas para a posição particular ou organização deste ou daquele sentido. Diz-se do primeiro conhecimento que ele reproduz o objeto em si; do segundo, todavia, que reproduz somente o seu fenômeno. Entretanto, essa diferença é empírica apenas. Se se persiste nela (como ocorre geralmente) e não é considerada de novo aquela intuição empírica (como deveria acontecer) conforme um simples fenômeno, de maneira a não se poder achar nela nada que conte sobre qualquer coisa em si, então a nossa distinção transcendental some e, nesse caso acreditamos conhecer coisas em si, mesmo que apenas possamos nos ocupar de fenômenos nas mais profundas investigações do mundo sensível.

Desse modo, por exemplo, se falarmos do arco-íris que é um puro fenômeno ao ensejo de uma chuva entremeada de sol, porém que esta chuva é a coisa em si mesma, o que também é certo na proporção em que entendemos o conceito de chuva só fisicamente como algo que num experimento geral, conforme as variadas situações dos sentidos, é no entanto determinado assim e não de outro modo na intuição.

Tomemos, entretanto, esse empírico em geral e, não nos preocupando com a sua concordância com todo o sentido humano, questionemos se ele também reproduz um objeto em si (não as gotas de chuva, que já são objetos empíricos, assim como os fenômenos); nesse caso, a questão da referência da reprodução ao objeto é transcendental, e não somente essas gotas são puros fenômenos, mas mesmo o seu desenho arredondado e também o espaço em que caem nada são em si, porém formam meras modificações ou fundamentos da nossa intuição sensível, e a nós o objeto transcendental continua desconhecido.

O segundo quesito importante da nossa Estética Transcendental é que não ache favor algum apenas como hipótese plausível, no entanto seja tão segura e indubitável conforme sempre se pode exigir de uma teoria que deve ser útil como órganon. Para evidenciar totalmente tal certeza, vamos escolher um caso qualquer a partir do qual a validade de um tal órganon possa ficar palpável e ajudar a esclarecer o que foi dito no parágrafo 3.

Supondo, pois, que espaço e tempo sejam, em si próprios objetivos e distinções da possibilidade das coisas em si, então disso, em primeiro lugar, se segue que dos dois derivam "a priori" muitas proposições apodíticas e sintéticas, também do espaço, que por tal razão será investigado aqui como exemplo.

Visto que as proposições da Geometria são conhecidas de maneira sintética "a priori" e com certeza apodíctica, faço a pergunta: de onde tirais tais proposições e onde tem apoio o nosso entendimento para chegar nessas verdades tão necessárias e universalmente reconhecidas?

Os conceitos e as intuições são os únicos instrumentos para elas e nos são dados "a priori" ou "a posteriori".

Quanto aos conhecimentos empíricos e à intuição empírica na qual se fundamentam, jamais podem nos dar proposição sintética alguma, a não ser que também seja simplesmente empírica, a saber, uma proposição de experiência, que nunca pode conter a necessidade e universalidade absoluta, características das proposições geométricas.

O outro instrumento se basearia em atingir esses conhecimentos com simples conceitos ou intuições "a priori"; porém procede que de simples conceitos não se pode obter conhecimento sintético algum, porque apenas admitem conhecimentos analíticos. Por exemplo, peguemos a proposição: com duas linhas retas não se pode encerrar nenhum espaço, também não sendo possível nenhuma figura, e tentemos derivá-la do conceito de linhas retas e do número dois. Outro exemplo seria: a proposição de que a partir de três linhas retas é possível uma figura e tentemos iniciando por esses conceitos somente.

É vão todo o nosso esforço, e seríamos forçados a buscar apoio na intuição, conforme a Geometria sempre faz.

Portanto, dai-nos um objeto na intuição; de que tipo é esta, uma intuição pura "a priori" ou uma intuição empírica? Se se tratasse da última, nunca procederia disso uma proposição válida universalmente, e menos ainda uma proposição apodítica, porque a experiência não pode fornecer proposições semelhantes. Logo, teremos de nos dar o objeto "a priori" na intuição e sobre ele iniciar a nossa proposição sintética em uma faculdade de intuir "a priori"; se essa condição "a priori" não fosse (segundo a forma) simultaneamente a condição universal "a priori" sob a qual é possível o objeto desta intuição externa; se o objeto (o triângulo) fosse alguma coisa em si sem referência a nosso sujeito: como poderíamos afirmar que o que necessariamente está situado em nossas condições subjetivas para fazer um triângulo também precisa ser dado necessariamente ao triângulo em si?

Pois não poderíamos adicionar aos nossos conceitos (de três linhas) nenhuma novidade (a figura), que em consequência teria de ser encontrada necessariamente no objeto, visto que este é dado antes e não por meio do nosso conhecimento.

Se o espaço (e também o tempo) não fosse, pois, mera forma da nossa intuição possuindo condições "a priori" somente sob as quais coisas podem ser para nós objetos externos que sem estas condições subjetivas não são em si nada, não poderíamos resolver alguma coisa, "a priori" e sinteticamente, sobre objetos externos. Logo, é sem dúvida correto e não só possível ou provável que espaço e tempo, conforme as condições necessárias da experiência (externa e interna), são condições simplesmente subjetivas da nossa intuição em relação às quais, portanto, os objetivos são meros fenômenos e não coisas dadas por si dessa maneira.

Devido a isso, pode-se dizer muitas coisas a respeito dos fenômenos no que se refere à sua forma, contudo não se pode dizer nada sobre a coisa em si mesma que talvez esteja por baixo desses fenômenos.

II – Para confirmar esta teoria da idealidade tanto do sentido externo como do interno e, consequentemente, de todos os objetos dos sentidos como meros fenômenos, pode-se entretanto observar que tudo aquilo que faz parte da intuição em nosso conhecimento (com exceção dos sentimentos do prazer e do desprazer, e vontade, que de maneira nenhuma são conhecimentos) e contém simples relações de lugares numa intuição (extensão), de mudança de lugares (movimento) e de leis que determinam essa mudança (forças motoras).

No entanto, não está dado na intuição aquilo que está no lugar ou aquilo que atua nas coisas mesmas fora da mudança de lugar. Ora, diante de meras relações não é conhecida uma coisa em si: portanto, pode-se bem julgar que, porque pelo sentido externo só se nos dão meras reproduções de relações, este também só pode conter em sua reprodução a relação de um objeto ao sujeito e não o elemento interior, que diz respeito ao objeto em si.

Com a intuição interna ocorre o mesmo. Além das reproduções do sentido externo formarem nela a real matéria com que ocupamos a nossa mente, também o tempo, no qual colocamos essas reproduções e que antecede a sua consciência na experiência e que como condição formal está por baixo da maneira como colocamos as reproduções na mente, contém já relações de sucedimento, de simultaneidade e do que é simultâneo com o sucedimento (o permanente). Ora, aquilo que como reprodução pode anteceder a ação de pensar algo é a intuição e, se contém relações, é a forma da intuição. Visto que nada representa a não ser na proporção em que alguma coisa é posta na mente, esta forma pode ser a maneira como a mente é atingida pela própria atividade, isto é, por este colocar sua reprodução e por si mesma; a saber, conforme sua forma, só pode ser um sentido interno.

Fenômeno é tudo aquilo que é reproduzido por um sentido. Um sentido interno ou não necessitaria ser aceito ou o sujeito (que é seu objeto) poderia ser reproduzido por esse mesmo sentido interno apenas como fenômeno, não como julgaria sobre si mesmo se sua intuição fosse mera atividade intelectual. A dificuldade está em saber como um sujeito pode ser percebido intuitivamente por si mesmo; no entanto, trata-se de uma dificuldade comum a todas as teorias.

A consciência de si mesmo (apercepção) é a mera representação do eu e, se somente por essa forma todo o múltiplo fosse dado espontaneamente no sujeito, seria intelectual a intuição interna. No ser humano essa consciência pede percepção interna do múltiplo antes fornecido ao sujeito, e a maneira como esse múltiplo é fornecido sem naturalidade na mente necessita chamar-se sensibilidade, em razão dessa distinção.

Se a faculdade de conscientizar-se deve procurar (apreender) o que se acha na mente, então precisa atingi-la; assim produzirá uma intuição de si e cuja forma, antecipadamente subjacente na mente, determina na reprodução do tempo a maneira como o múltiplo coexiste na mente. Ora, então tal faculdade intui a si mesma conforme a maneira como é atingida internamente (não como reproduziria a si rápida e naturalmente) e em consequência não como é, mas como aparece a si.

III – Ao dizer que no espaço e no tempo a intuição dos objetos externos e a da própria mente reproduzem ambos conforme a maneira como atingem os nossos sentidos, a saber, como aparecem, não quero com isso dizer que sejam uma mera ilusão esses objetos: isto sustentamos, pois no fenômeno os objetos e as propriedades que lhe atribuímos são sempre acatados como alguma coisa dada de fato, apenas porque essas qualidades dependem unicamente do modo da intuição, do sujeito em sua relação com o objeto fornecido, este objeto, como manifestação de si, sendo diferente do que ele é em si.

Desse modo, não afirmo que os corpos parecem estar fora de mim meramente ou que minha alma parece ser dada somente em minha própria consciência enquanto digo que a qualidade do espaço e do tempo – segundo a qual, como condição da sua existência, coloco os dois – jaz não nestes objetos em si, mas em meu modo de intuir. Se eu modificasse por mera ilusão o que deveria atribuir ao fenômeno, seria minha própria culpa (3).

Isto não acontece, contudo, conforme o nosso princípio da idealidade das nossas intuições sensíveis; bem antes, se é atribuída a realidade objetiva àquelas formas de reprodução, não se pode evitar que por meio disso tudo seja alterado por mera ilusão. Ora, se são considerados o espaço e o tempo propriedades que conforme a sua possibilidade teriam que ser achadas em coisas em si e se reflete em que despropósitos se incide então na proporção em que duas coisas infinitas – as quais não precisam ser substâncias, porém algo existente e inclusive condição necessária da existência das coisas – sobram se tirando as coisas que existem: nesse caso não se deve censurar ao bom Berkeley por ter reduzido os corpos a uma mera ilusão; até mesmo a nossa própria existência, que dessa maneira tornar-se-ia dependente da realidade de um não entre subsistente por si, como o tempo, tal teria que se alterar por simples ilusão: um disparate de que até então nenhuma pessoa quis comprometer-se.

IV – Na teologia natural, onde se pensa um objeto que nem para nós pode ser um objeto da intuição, nem para si, de maneira alguma, pode ser um objeto da intuição sensível, com cuidado leva-se em conta retirar as condições do tempo e do espaço de sua intuição (porque o seu conhecimento precisa ser desta espécie e não pensamento, o qual apresenta limites sempre).

---

(3) Os predicados do fenômeno podem ser dados ao próprio objeto em relação ao nosso sentido, por exemplo, à rosa a cor vermelha ou o odor. A ilusão, no entanto, nunca pode ser dada como predicado ao objeto, pois dá ao objeto em si o que se refere a este somente em relação aos sentidos ou em geral ao sujeito, por exemplo os dois anéis que a princípio se atribuíam a Saturno. O fenômeno é o que de maneira alguma pode achar-se no objeto em si, porém sempre na sua relação com o sujeito, sendo inseparável da reprodução do primeiro. Dessa forma, os predicados do espaço e do tempo são com justiça atribuídos aos objetos dos sentidos como tais, e nisso não existe ilusão. Ao contrário, se atribuo à rosa em si o vermelho, a Saturno os anéis ou aos objetos com o sujeito e não limitando meu juízo a isso, aí a princípio ocorre a ilusão.

Porém, com que direito se procede desse modo, visto que espaço e tempo são considerados como formas dos objetos em si, e formas tais que subsistiriam como condições "a priori" da existência das coisas, embora estas sumissem? Devem ser também condições da existência de Deus, já que são condições da existência em geral.

Se daquelas formas não se quiser fazer formas objetivas das coisas, o que sobra é alterá-las para formas subjetivas da nossa maneira de intuição tanto externa quanto interna. Afirmamos de tais intuições a sua qualidade de sensíveis, pois não são originárias, ou seja, porque não são tais que por si sós produzam a existência verdadeira do objeto (cuja maneira de intuição acreditamos que somente pode fazer parte do ser supremo), no entanto depende da existência do objeto e apenas são possíveis quando a faculdade representativa do sujeito é afetada.

Tampouco é necessário que limitemos o modelo de intuição no espaço e no tempo à sensibilidade do homem, e é de supor que todo ser pensante finito tem nisso que conformar necessariamente com o ser humano (e nada possamos resolver a respeito); apesar dessa validade universal, nem por isso deixa de ser sensibilidade, por ser derivada (*intuitus derivatus*) e não originária (*intuitus originarius*), não sendo, pois, intuição intelectual.

Pela razão apresentada há pouco, esta última parece atribuível apenas ao ser originário e nunca a um ser dependente tanto naquilo que diz respeito à sua existência como a sua intuição (a qual fixa a sua existência com referência a objetos dados); no entanto, a última observação à nossa teoria estética precisa ser acatada não como argumento, mas como esclarecimento.

Conclusão da estética transcendental

Temos aqui uma das partes exigidas para a solução do problema geral da filosofia transcendental: como proposições sintéticas "a priori" são possíveis? — isto é, intuições puras "a priori", espaço e tempo, nos quais, se no juízo "a priori" quisermos sair do conceito dado, achamos o que pode ser encontrado "a priori" não no conceito, mas na intuição adequada e ser atado sinteticamente àquele. Por esta razão, esses juízos nunca chegam além de objetos dos sentidos e apenas podem valer para objetos de uma experiência possível.

SEGUNDA PARTE

LÓGICA TRANSCENDENTAL

INTRODUÇÃO

IDEIA DE UMA LÓGICA TRANSCENDENTAL

I

Da lógica em geral

Nosso conhecimento tem duas origens principais na mente, a primeira é a de receber as reproduções (a receptividade das impressões) e a segunda, a faculdade de conhecer um objeto por essas reproduções (espontaneidade dos conceitos). Pela primeira um objeto nos é fornecido, pela segunda é pensado em relação com essa reprodução (como pura determinação da mente).

A intuição e os conceitos são formados pelos elementos do nosso conhecimento de tal maneira que não existe conhecimento por conceitos sem a adequada intuição ou por intuições sem conceitos. Os dois são puros ou empíricos; empíricos, se neles está contida uma sensação, a qual presume a presença verdadeira do objeto; puros, se não é mesclada nenhuma sensação na reprodução. A sensação pode ser matéria do conhecimento sensível.

Logo, a intuição pura contém somente a forma pela qual algo é percebido e o conceito puro, a forma de pensamento de um objeto em geral. Apenas as intuições e conceitos puros são possíveis "a priori"; os empíricos só o são "a posteriori".

Se damos o nome de sensibilidade à capacidade que nosso espírito tem de receber representações (receptividade), quando é abalado de qualquer maneira, ao contrário, terá o nome de entendimento a faculdade que temos de produzir nós próprios representações ou a espontaneidade do conhecimento.

A nossa natureza é tal que a intuição só pode ser sensível, quer dizer, contém apenas a maneira como nos afetam os objetos. Pelo contrário, o entendimento é a faculdade de pensar o objeto da intuição sensível. Nenhuma dessas propriedades é preferível à outra. Sem sensibilidade, nenhum objeto nos seria dado e, sem entendimento, nenhum seria pensado. São vazios pensamentos sem conteúdo; são cegas intuições sem conceitos.

Por conseguinte, é preciso tornar sensíveis os conceitos (fornecer-lhes o objeto dado na intuição), também tornar compreensíveis as intuições (pô-las sob conceitos). Não podem mudar de funções essas duas faculdades ou capacidades. O entendimento nada pode intuir e os sentidos nada pensar. O conhecimento só pode surgir da união dos dois.

Por essa razão, não se deve confundir a contribuição de ambos; todavia existem boas razões para separar e distinguir um do outro com cuidado. Em semelhante distinção, encontra-se a base para diferenciar também a Estética (ciência das regras da sensibilidade em geral), da Lógica (ciência das leis do entendimento em geral).

A Lógica pode ser acatada num duplo propósito: lógica do uso geral ou lógica do uso particular do entendimento. A primeira contém as regras necessárias do pensar, sem as quais não há uso do entendimento; portanto, encara esta faculdade independentemente da variedade dos objetos aos quais possa estar dirigido. A segunda contém as regras para pensar corretamente um determinado tipo de objetos.

A primeira pode ser Lógica elementar; a segunda é o órganon de tal ou qual ciência. Nas escolas, esta última é, na maioria das vezes, adiantada como propedêutica das ciências, se bem que, conforme o caminho da razão humana, forme o último estádio, primeiramente alcançado por esta, quando a ciência já se acha terminada há tempo e só precisa do último retoque para sua correção e perfeição. Mas, é necessário que se conheça muito bem os objetos, para que se possa dar as regras de como se pode formar uma ciência deles.

A Lógica geral é pura ou aplicada. Na primeira, prescindimos das condições empíricas sob as quais se exercita o nosso entendimento, pelo exemplo da influência dos sentidos, do jogo da imaginação, das leis da memória, do poder do hábito, da inclinação, etc., por consequência também das fontes dos preconceitos e, de uma maneira geral, das causas das quais nós aparecem determinados conhecimentos ou às quais estes possam ser imputados, já que elas se referem só ao entendimento sob certas particularidades de sua aplicação e que, para conhecer estas, se exige experiência.

A Lógica geral e pura precisa lidar apenas com princípios "a priori" e é um cânone do entendimento e da razão, porém somente em relação à parte formal de seu uso, seja qual for o seu conteúdo (empírico ou transcendental). Denominamos aplicada uma Lógica geral, quando se dirige às regras do uso do entendimento, debaixo das condições empíricas subjetivas, as quais aprendemos por meio da Psicologia. Logo, possui princípios empíricos, se bem que seja geral na proporção em que concerne ao uso do entendimento sem distinguir objetos. Não é, pois, em um cânone do entendimento em geral, nem um órganon de ciências particulares, porém simplesmente um catártico do entendimento comum.

Na Lógica geral, pois, a parte que deve formar a teoria pura da razão tem de ser desligada totalmente daquela que constitui a Lógica aplicada (ainda que sempre geral).

É propriamente ciência apenas a primeira, ainda que breve e árida, como o solicita a apresentação escolástica de uma doutrina elementar do entendimento. Nesta, precisam os lógicos sempre ter presentes duas regras:

1) Como Lógica geral, prescinde do conteúdo do conhecimento do entendimento e da variedade dos seus objetos, ocupando-se apenas com a simples forma do pensamento.

2) Como Lógica pura, nenhum princípio possui, logo nada tira (segundo se estava às vezes persuadido) da Psicologia, que não possui, pois, nenhuma influência sobre o cânone do entendimento. Tudo nela tem de ser determinado de maneira totalmente "a priori", porque ela é uma doutrina demonstrada.

A que chamo Lógica aplicada (contra a significação comum desta palavra, conforme a qual precisa conter determinados exercícios para os quais a Lógica pura dá a regra) é uma reprodução do entendimento e das regras do seu uso necessário "in concreto", isto é, sob as condições acidentais do sujeito as quais possam evitar ou contribuir com esse uso e que nunca são fornecidas "a priori". Trata da atenção, dos seus empecilhos e consequências, da origem do erro, do estado de dúvida, de escrúpulo, de convicção, etc.

Relaciona-se com a Lógica geral e pura da mesma maneira que com a moral pura, a qual contém somente as leis morais necessárias de uma vontade livre em geral; também possui relação com a teoria das virtudes, que expõe essas leis sob os obstáculos dos sentimentos, inclinações e paixões aos quais os homens estão como que submetidos, nunca podendo gerar uma ciência real e demonstrada por precisar, como à lógica aplicada, de princípios empíricos e psicológicos.

II

Da lógica transcendental

Como já vimos, a Lógica geral faz abstraimento do conteúdo do conhecimento, isto é, das referências desse conteúdo ao objeto, e só acata a forma lógica na relação dos conhecimentos entre si, ou seja, a forma do pensamento em geral. Porém, já que existem intuições puras e empíricas (segundo a Estética transcendental), assim também poderia ser achada uma diferença entre pensamento puro e empírico dos objetos.

Neste caso, existiria uma Lógica na qual não se faria abstraimento de todo o conteúdo do conhecimento, que aquela que contivesse as regras do pensamento puro de um objeto iria excluir os conhecimentos de conteúdo empírico. Também referir-se-ia à fonte de nossos conhecimentos de objetos na proporção em que tal fonte não pode ser dada aos objetos; ao contrário, a lógica geral não tem a ver com esta fonte do conhecimento, todavia acata as reproduções de acordo com as leis conforme as quais o entendimento, quando pensa, as emprega umas em relação às outras. Interessa-lhe pouco que essas reproduções tenham sua fonte "a priori" em nós ou que sejam dadas empiricamente; apenas se ocupa da forma que o entendimento pode dar-lhes, não importando suas origens. Devo deixar aqui registrada uma observação deveras importante para o que vem a seguir, a qual não podemos esquecer um só momento.

A palavra "transcendental" não é adequada a todo conhecimento "a priori", somente àquele diante do qual conhecemos que determinadas reproduções (intuições ou conceitos) só são aplicados ou possíveis "a priori" e de que modo o são (porque esta palavra indica a possibilidade do conhecimento ou de seu emprego "a priori"). Nem o espaço e nenhuma determinação geométrica "a priori" do espaço são reproduções transcendentais; apenas o conhecimento da origem não empírica dessas reproduções e do modo com que podem aludir "a priori" a objetos da experiência é que se pode chamar transcendental.

Dessa maneira, também, a aplicação do espaço aos objetos em geral será transcendental, empírica, quando se restringe apenas a objetos dos sentidos. Faz parte da crítica dos conhecimentos a diferenciação do transcendental e do empírico e não acata a relação desses conhecimentos com seus objetos.

Na pretensão de que existem conceitos que são possíveis de se relacionar "a priori" com os objetos como atos de pensamento puro (não como intuições puras ou sensíveis) e que portanto são conceitos, porém de fonte nem empírica nem estética, imaginamos antecipadamente a ideia de uma ciência do entendimento puro e do conhecimento racional, por meio da qual pensamos os objetos totalmente "a priori". Lógica transcendental deverá ser chamada tal ciência que especifique a origem, a extensão e o valor objetivo desses conhecimentos, pois simultaneamente ao se ocupar com as leis do entendimento e da razão, só se referiria com os objetos "a priori" e não, com os conhecimentos empíricos ou puros sem diferenciação, como a Lógica geral.

III

Divisão da Lógica geral em Analítica e Dialética

O que seria a verdade? Através desta velha e importante questão, acreditavam pôr em situação difícil os lógicos, forçando-os a recair na mais censurável discussão sobre a origem de uma palavra, ou a admitir a sua falta de conhecimento e, portanto, a transitoriedade de sua arte. Já está reconhecido e se tem como hipotético neste livro o significado da palavra verdade, como sendo o ajustamento do conhecimento ao objeto. Porém, o que se quer saber é o critério geral e correto de todo conhecimento.

Conhecer o que se deve perguntar logicamente, mostra abundância de entendimento e sabedoria; pois sendo a questão tola, que pede respostas improdutivas, além de desacreditar de quem a faz, produz a imprudência de levar ao absurdo o que responde sem pensar e, desta maneira, oferece a cena infeliz de duas pessoas que, como falam os idosos, um tira o leite da vaca e, o outro o recipiente fica segurando.

A verdade, sendo o ajustamento de um conhecimento com seu objeto, este deve, por isso mesmo, ser diferente dos outros; porque um conhecimento não é verdadeiro se diverge do objeto ao qual se refere, por mais que de outra maneira inclua alguma coisa que seja útil para outros objetos. Desse modo, um critério geral da verdade seria válido para todos os conhecimentos de seus objetos.

No entanto, como se faria abstraimento do conteúdo do conhecimento (de sua referência com o objeto) e a verdade necessariamente se relaciona a esse conteúdo, é evidente não ser possível ressaltar uma característica satisfatória e universal da verdade.

Porque anteriormente chamamos ao conteúdo do conhecimento sua matéria, deve-se dizer: por ser contraditório em si mesmo, não se pode pedir nenhum critério geral da verdade do conhecimento da matéria. Ao que se faz referência ao conhecimento acatado puramente na forma (abstraimento feito ao conteúdo), sabe-se que uma lógica, apresentando as regras universais e necessárias do entendimento, concede critérios da verdade nessas mesmas regras. O que for contrário a essas leis não é verdadeiro, pois o entendimento se coloca em oposição a si mesmo, ou seja, às regras gerais de seu pensamento. Porém, esses critérios apenas respeitam à forma da verdade, ou seja, ao pensar em geral, e se esses conceitos já sem exatidão são insuficientes mesmo que um conhecimento esteja totalmente de acordo com a forma lógica, (não se contradiga em si), até ocorre a contradição com o objeto.

O critério puramente lógico da verdade (o ajustamento de um conhecimento com as leis universais e formais do entendimento e da razão) será a condicional indispensável, isto é, negativa, da verdade; a Lógica não vai além, falta-lhe uma pedra de toque, pela qual mostre o erro, que chegue ao conteúdo e não à forma.

Portanto, a Lógica geral analisa em seus elementos a obra formal do entendimento da razão, mostrando-os conforme princípios do julgamento lógico do nosso conhecimento. Analítica é chamada esta parte da Lógica, e a pedra de toque da verdade é desse ramo, embora negativa, já que controla e avalia as formas do conhecimento de acordo com suas regras, anteriormente ao exame do conteúdo, a fim de perceber se em relação ao objeto existe certa verdade positiva. Contudo como não é suficiente de maneira alguma para decidir a respeito da verdade material (objetiva) do conhecimento, a forma pura de tal conhecimento, por mais que se ajuste às leis lógicas, pessoa alguma pode se arriscar só com a Lógica a avaliar objetos, nem a afirmar coisa alguma, sem antecipadamente encontrar e sem dela depender, demonstrações profundas exceto pedir em seguida as leis lógicas em uso e conexão em um todo sistemático, ou seja, subordiná-los puramente a essas leis. Entretanto, existe algo que encanta na posse desta arte definida que se baseia em conceder aos nossos conhecimentos a forma do entendimento, por desprovido e escasso que seja o seu conteúdo, que esta Lógica geral, a qual somente é um cânone do juízo, transforma-se em determinada maneira um órganon que usa para tirar afirmações objetivas, pelo menos aparentemente, praticando desse modo, um verdadeiro descomedimento. Dialética é chamada a Lógica geral por órganon.

Os antigos davam a essa palavra significado diferente do nosso, mas mesmo assim, podemos, sem impedimento, chegar à conclusão da utilização que eles realmente faziam, de que apenas a Lógica da aparência, para eles, era a dialética; ou seja, uma arte que emprega sofismas, própria para oferecer a sua ignorância e o verniz da verdade aos seus artifícios concebidos de antemão, imitando o método fundamental que determina a Lógica em geral e ajudados pela Tópica para conceder cursos aos mais insignificantes alegados. Porém é conveniente repetir, e é um aviso seguro e útil que a Lógica geral, acatada como órganon, é uma Lógica de aparência sempre, isto é, dialética.

Pelo fato de não nos ensinar nada a respeito do conteúdo do conhecimento e apenas se limitar a apresentar as condições formais da concordância do conhecimento com o entendimento, condições que são, por outro lado, totalmente indiferentes aos objetos, resulta que a pretensão de utilizar essa Lógica como instrumento (órganon) para esticar e aumentar os seus conhecimentos somente pode levar a um simples parolamento, pelo qual se afirma ou se nega o que se quer com igual aparência de razão. Esse ensinamento é completamente oposto à dignidade da Filosofia. É justo, por esse fato, ao aplicar o nome de Dialética à Lógica, entender também que se trata de uma Crítica da aparência dialética. Aqui a entendemos dessa forma.

IV

Divisão da Lógica Transcendental em Analítica e Dialética Transcendental

Nós isolamos o entendimento na Lógica transcendental (como na Estética transcendental o fazemos com a sensibilidade) e só pegamos do nosso conhecimento a parte do pensamento que tem sua fonte unicamente no entendimento. No entanto, antes existe, na utilização desse conhecimento puro, uma condição que é suposta: que os objetos que possa aplicar se nos tenham sido dados na intuição, pois sem intuições o nosso conhecimento precisa de objetos e está totalmente vazio.

A Analítica transcendental é a parte da Lógica transcendental que apresenta os elementos do conhecimento puro do entendimento e as bases sem as quais nenhum objeto em geral pode ser pensado. Uma Lógica da verdade ela é simultaneamente.

Com efeito, nenhum conhecimento pode estar em contestação com esta Lógica sem perder o seu conteúdo rapidamente, isto é, toda relação com algum objeto, e portanto toda verdade.

Entretanto, por ser muito convidativo, muito encantador utilizar esses conhecimentos e preceitos puros do entendimento sem observar a experiência, ou saindo dos extremos da experiência, única, que nos dá a matéria à qual são empregados esses conceitos puros, o entendimento arrisca-se a fazer, através de raciocínios ilusórios, uma utilização material dos preceitos simplesmente formais do entendimento puro e de proferir vagamente a respeito de objetos que não nos são dados e que acaso não o serão de modo algum.

Se a Lógica não pode ser mais que um campo útil somente para julgar o uso empírico dos conceitos do entendimento, trata-se de real descomedimento desejar fazê-la passar por um órganon com utilização universal e sem limite e se arriscar, só com o entendimento puro, a exprimir apreciações sintéticas a respeito de objetos em geral e resolver falar alguma coisa sobre eles. Nesta situação, é dialética a utilização do entendimento puro.

Portanto, a segunda parte da Lógica transcendental deve ser uma crítica dessa aparência dialética; e se leva o nome de Diálética transcendental é como crítica do entendimento e da razão em sua utilização hiperfísica, que tem por objetivo desvendar a falsa aparência que oculta suas ilusórias intenções e além de restringir essa aspiração, que se envaidece de encontrar e aumentar o conhecimento somente através de leis transcendentais, e avaliar e dominar apenas o entendimento puro e preveni-lo contra as ilusões sofísticas, e não como arte de provocar dogmaticamente essa aparência (infelizmente, arte muito divulgada pela fantasmagoria filosófica).

LÓGICA TRANSCENDENTAL

PRIMEIRA DIVISÃO

ANALÍTICA TRANSCENDENTAL

Trata-se, esta analítica, da análise do nosso conhecimento "a priori" nos elementos do conhecimento puro do entendimento. Devemos considerar: primeiro que os conceitos não sejam empíricos, mas puros; segundo, que eles não façam parte da intuição e da sensibilidade, porém do pensamento e do entendimento; terceiro, que sejam conceitos simples diferenciados dos derivados ou daqueles que são compostos; quarto, com quadro completo, abrangendo o campo inteiro do entendimento puro.

Não pode ser aceita com total segurança essa precisão de uma ciência, se ela não for mais que um aglomerado composto por simples tentativas: ela somente é possível através de uma ideia de todo o conhecimento "a priori" devida ao entendimento, e pela divisão exata, por essa razão, dos conceitos que a formam, em uma palavra, através de sua ligação em um sistema. O entendimento puro se diferencia de todo elemento empírico e de toda sensibilidade. Ele constitui uma unidade que existe por si, subsiste em si e na qual nenhum elemento externo pode ser adicionado.

Portanto, o conjunto de seu conhecimento constituirá um sistema que se pode compreender e determinável, sob uma única ideia e cuja soma e estrutura são usadas para demonstrar a legitimidade e significância dos elementos que formam o conhecimento. Contudo esta parte da Lógica transcendental é dividida em dois livros: um contém os conceitos, e outro, os preceitos do entendimento puro.

LIVRO PRIMEIRO

ANALÍTICA DOS CONCEITOS

Analítica dos conceitos é a análise, pouco empreendida ainda, da faculdade do entendimento, para examinar a possibilidade dos conceitos "a priori" buscados apenas no entendimento e na sua origem, e acatar em geral, a aplicação pura dessa faculdade; não é a análise de conceitos ou o método, em geral aplicado nas buscas filosóficas, que consiste em analisar os conceitos apresentados para deixar claro o seu conteúdo. O objetivo da Filosofia transcendental é a Analítica dos conceitos, o que resta é o estudo lógico dos conceitos, como é utilizado na Filosofia.

Serão seguidos os conceitos puros até as suas raízes ou suas primeiras noções, na compreensão humana, onde existiam anteriormente, esperando a experiência para que se desenvolvessem e libertos, por esse entendimento, das condições empíricas pertencentes a eles, sejam apresentados em toda a sua perfeição.

Capítulo Primeiro

ORIENTAÇÃO PARA A DESCOBERTA DOS CONCEITOS PUROS DO ENTENDIMENTO

Em certas circunstâncias, exercitando a faculdade de conhecer, conceitos diferenciados são expostos, os quais mostram a existência dessa faculdade e podendo ser exibidos em uma lista grande, conforme a sua observação (insistente e profunda). Com segurança, não se pode assinalar o termo dessa busca, cujo procedimento é mecânico.

Também há conceitos, que são descobertos apenas eventualmente e que não estão em uma ordem dada nem em uma unidade sistemática. Somente pode ser feita a ordenação desse conceito diante de determinadas analogias e do valor de seu conteúdo, partindo do simples ao composto; mesmo que tenha sido realizada metodicamente, essa série não tem nada de sistemático.

A Filosofia transcendental tem a vantagem e a incumbência de pesquisar estes conceitos, conforme um preceito, pois descendem do entendimento puro e não são mesclados, como de uma unidade absoluta; portanto, devem ser compostos entre si sob um conceito ou ideia. Porém essa composição oferece uma regra, conforme a qual, o lugar de cada conceito puro do entendimento e a inteireza de seu conjunto podem ser determinados "a priori", porque dependeriam do capricho, ou, em caso contrário, do azar.

PRIMEIRA SEÇÃO

Do uso lógico do entendimento em geral

Antes, o entendimento foi definido de um modo totalmente negativo: uma faculdade de conhecer insensível. O entendimento não é uma faculdade intuitiva, porque não podemos ter nenhuma intuição independente da sensibilidade. Contudo fora da intuição, só existe outro modo de conhecer: por conceitos. Portanto, o conhecimento do entendimento, pelo menos o humano, é um conhecimento por conceitos, ou seja, discursivo e não intuitivo.

Enquanto sensíveis, as intuições são apoiadas nas afeições, todavia supõem funções os conceitos. Função é a unidade de ação para arranjar representações diferenciadas sob uma comum a elas todas. Por conseguinte, os conceitos são fundados no pensamento espontâneo, da mesma maneira que as intuições sensíveis na receptibilidade das impressões. O entendimento só se utiliza desses conceitos para analisar por seu intermédio.

Porque a intuição e mais nenhuma outra representação se reporta imediatamente ao objetivo, um conceito jamais se reportará imediatamente a um objeto, somente a outra qualquer representação desse objeto (ou intuição, ou conceito). Portanto, o juízo é o conhecimento indireto de um objeto e também a representação de uma representação do objeto. Existe em todo juízo um conceito que pode ser aplicado a muitas coisas e que sob essa multiplicidade inclui também uma representação dada, que se reporta imediatamente ao objeto. Desse modo, por exemplo, no juízo: os corpos são divisíveis, o conceito de divisibilidade se reporta também a outros, entre os quais aqui é feita uma lista especial para a definição de corpo, atribuída, por seu turno, a determinados fenômenos que são oferecidos a nossa vista. Assim, por conseguinte, estes objetos são representados pelo conceito de divisibilidade.

Os juízos são funções da unidade entre as nossas representações, que em vez de uma representação direta, substitui outra superior que inclui em seu âmago esta e muitas outras e que é útil para o conhecimento do objeto, reunindo, desta maneira, em um só, muitos conhecimentos possíveis. Todavia, podemos resumir as operações do entendimento em juízos, de maneira que o entendimento em geral pode ser representado como a faculdade de analisar, porque, conforme o que antecede, é uma faculdade de pensar.

O pensamento se trata do conhecimento por definições. Contudo, as definições se relacionam com predicados de juízos possíveis com uma representação qualquer de um objeto não certo ainda. Dessa maneira, a definição de corpo denota alguma coisa, por exemplo, um metal que pode ser conhecido diante daquela definição. Logo, apenas é conceito quando se encontram contidas nele outras representações, diante das quais é possível reportar a objetos. Portanto é o predicado de um juízo possível, por exemplo, deste: o metal é um corpo. As funções do entendimento podem ser encontradas se são expostas com certeza as funções de unidade no juízo. A próxima seção mostrará que isto pode ser realizado com perfeição.

SEGUNDA SEÇÃO

[§ 9]. Da função lógica do entendimento no juízo

Se for separado o conteúdo de um juízo em geral e apenas considerarmos a pura forma do entendimento, vamos achar que a função do pensamento no juízo pode ser compreendida sob quatro títulos que contêm cada um três movimentos, respectivamente. De forma fácil podem ser representados no quadro a seguir:

1
Quantidade dos juízos:
Universais
Particulares
Singulares

2
Qualidade
Afirmativos
Negativos
Indefinidos

3
Relação
Categóricos
Hipotéticos
Disjuntivos

4
Modalidade
Problemáticos
Assertórios
Apodíticos

Como essa divisão parece desviar-se em certos pontos, mesmo que essenciais, da técnica habitual dos lógicos, serão importantes as observações a seguir para que não ocorra mal-entendido algum.

1) Os lógicos afirmam que, no uso dos juízos em silogismos, os juízos singulares podem ser tratados como os universais. Como eles não têm extensão, seu predicado não pode ser referido apenas a uma parte do que está contido no conceito do sujeito e ser excluído do resto. Portanto, o predicado vale sem exceção para aquele conceito, como se este fosse um conceito universal que tivesse uma extensão de cujo inteiro significado o predicado valesse. Se comparamos simplesmente como conhecimento, conforme a quantidade, um juízo singular com um universal, o conhecimento do primeiro se relaciona com o do segundo como a unidade com a infinidade, sendo pois na essência diferente do conhecimento do segundo. Logo, se examino juízo singular conforme a sua validade interna, e também como conhecimento em geral, segundo a quantidade que tal juízo possui comparado com outros conhecimentos, então, com certeza, diferencia-se

de juízos universais e merece um lugar especial numa tábua completa dos movimentos do pensamento em geral (embora não o mereça seguramente, na lógica limitada apenas ao uso dos juízos entre si).

2) Da mesma forma, numa lógica transcendental, juízos infinitos têm de ser distinguidos de juízos afirmativos, se bem que na lógica geral sejam incluídos com justiça entre os segundos e não formam um membro particular da divisão. Com efeito, a lógica geral abstrai de todo o conteúdo do predicado (mesmo se este for negativo) e só cuida se o predicado for atribuído ou oposto ao sujeito.

Pelo contrário, a primeira acata também o juízo quanto à matéria ou conteúdo dessa afirmação lógica, feita diante de um predicado meramente negativo, e examina o que esta afirmação representa para o conhecimento em geral. Se eu tivesse dito que a alma não é mortal, através de um juízo negativo teria pelo menos evitado um erro. Com a proposição: a alma é não mortal, segundo a forma lógica realmente afirmei alguma coisa na proporção em que coloco a alma na extensão ilimitada dos entes imortais. Porém, já que o mortal constitui uma parte de extensão de seres possíveis e o imortal a outra, desse modo minha proposição afirma que a alma é uma dentre o número infinito de coisas restantes quando ilumino totalmente o mortal.

Contudo, a esfera indefinida de tudo aquilo que é possível foi limitada só enquanto se separou dela tudo quanto é mortal e a alma foi colocada na parte que sobrou. Todavia, esse espaço continua sempre indefinido, e muitas partes poderiam ser suprimidas sem que por este conceito de alma aumentasse num mínimo e pudesse ser determinado afirmativamente. Esses juízos indefinidos em relação à extensão lógica são meramente limitativos quanto à matéria do conhecimento em geral, e nessa medida não devem ser excluídos da tábua transcendental dos momentos dos pensamentos dos juízos, porque a função exercida pelo entendimento a esse propósito quiçá possa ser importante no campo do seu conhecimento puro "a priori".

3) Todas as relações do pensamento nos juízos são a) do predicado como o sujeito, b) da razão com a consequência, c) do conhecimento dividido e dos membros reunidos da divisão entre si.

Na primeira espécie de juízo somente são considerados os conceitos, na segunda os juízos, na terceira mais juízos em relação recíproca. A proposição hipotética: se há uma justiça perfeita, então quem persiste no mal é punido, contém propriamente a relação de duas proposições: "há uma justiça perfeita" e "quem persiste no mal é punido". Aqui continua indeciso se as duas proposições são em si verdadeiras. Apenas a consequência é pensada por esse juízo.

Por fim, o juízo disjuntivo contém uma relação de duas ou mais proposições entre si; não de derivação, mas de oposição lógica à medida que a esfera de uma exclui a de outra e, não obstante, uma relação ao mesmo tempo de comunidade na proporção em que aquelas proposições em conjunto completam a esfera do conhecimento próprio. Portanto, uma relação entre as partes da esfera de um conhecimento, uma vez que a esfera de cada uma dessas partes é a complementar da outra relativamente ao conjunto do conhecimento, por exemplo: "O mundo existe ou por uma causa acidental, ou por uma necessidade interna, ou por uma causa externa".

Cada proposição ocupa uma parte da esfera do conhecimento possível entre a existência de um mundo em geral, e juntas preenchem a esfera. Excluir o conhecimento de uma dessas esferas é pô-lo numa das restantes; ao contrário, pô-lo numa esfera é tirá-lo das restantes. Existe, pois, no juízo disjuntivo, certa comunidade de conhecimentos que se baseia no fato de se excluírem mutuamente e, contudo, determinarem no todo o conhecimento verdadeiro na proporção em que, pegos em conjunto, perfazem o conteúdo de um só conhecimento dado. Essa é a única observação que vejo necessária aqui tendo em vista o que se segue.

4) A modalidade dos juízos é uma função totalmente particular de tais juízos, que têm o caráter distintivo de não colaborar com o conteúdo do juízo (porque além da quantidade, qualidade e relação não há mais o que forme o conteúdo de um juízo), porém de referir-se somente ao valor da cópula com referência ao pensamento em geral. Juízos problemáticos são aqueles em que se aceita a sua afirmação ou negação, apenas como possíveis (arbitrárias); assertóricos são aqueles acatados como reais (verdadeiros); apodíticos são os encarados como necessários. Desse modo, os dois juízos, cuja relação forma o juízo hipotético e cuja ação recíproca (membros da diferença) forma o juízo disjuntivo, são apenas problemáticos.

No exemplo acima, a proposição: há uma justiça perfeita, não é dita assertoricamente, todavia só pensada como um juízo qualquer do qual é possível que seja admitido por alguma pessoa, sendo assertórica somente a consequência, pois tais juízos podem ser manifestamente falsos e no entanto, pegos problematicamente, serem condições do conhecimento da verdade. Dessa maneira, o juízo: "o mundo existe por cego acaso" é, no juízo disjuntivo, de significação simplesmente problemática, ou seja, alguém pode aceitar essa proposição por um momento, e é útil todavia (como indicação do caminho falso no número de todos aqueles que se pode seguir) para achar a proposição verdadeira.

A proposição problemática é aquela que expressa uma possibilidade lógica (que não é objetiva), a saber, uma livre escolha de deixar valer uma certa proposição, uma acolhida simplesmente voluntária de tal proporção no entendimento. A proposição assertórica fala da realidade lógica ou verdade, tal como por exemplo em um raciocínio hipotético no qual o antecedente ocorre na premissa maior como problemático e na premissa menor como assertórico e mostra que a proposição está ligada ao entendimento conforme suas leis.

A proposição apodítica explica a proposição assertórica como determinada por estas mesmas leis do entendimento, e portanto como afirmando "a priori", manifesta, desse modo, necessidade lógica. Porque aqui tudo se une ao entendimento de tal maneira que primeiro se julga algo problematicamente, depois se admite assertoricamente como verdadeiro e, finalmente, como unido inseparavelmente ao entendimento, ou seja, afirma-o como necessário e apodítico, e então essas três funções da modalidade podem ser chamadas "outros tantos momentos do pensamento em geral".

TERCEIRA SEÇÃO

[§ 10]. Dos conceitos puros do entendimento ou categorias

Como já dissemos, a Lógica geral abstrai a matéria do conhecimento e, espera que, em outra parte qualquer, lhes sejam dadas representações para primeiramente transformá-las em conceitos, analiticamente. Pelo contrário, a Lógica transcendental possui uma variedade de elementos sensíveis "a priori", apresentada pela Estética transcendental para ser útil como matéria aos conceitos puros do entendimento, sobre o qual a Lógica precisaria de objeto, sendo, portanto, totalmente vazia.

O espaço e o tempo, com certeza, contêm uma variedade de elementos da intuição pura "a priori"; porém, fazem parte das condições da receptividade da nossa mente, unicamente sob as quais esta pode acolher representações de objeto que, portanto, também têm sempre de afetar o conceito desses objetos. Contudo, a espontaneidade de nosso pensamento exige, para fazer dessa variedade um conhecimento, que primeiramente tenha sido percorrida, acolhida e ligada de certo modo. Síntese é o nome dessa ação.

Síntese, em sentido mais amplo, é a operação de acrescentar várias representações umas às outras e de gerar a sua multiplicidade num conhecimento. Ela é pura se o múltiplo não for dado empiricamente, porém "a priori" (como o múltiplo no espaço e no tempo). As nossas representações têm de nos ser dadas antes de sua análise e, conforme o conteúdo, nenhum conceito pode nascer analiticamente.

Todavia, a síntese de um múltiplo (seja dado empiricamente ou "a priori") produz primeiro um conhecimento que pode ser a princípio inculto e confuso, necessitando, então, da análise; no entanto, é a síntese que coleta propriamente os elementos em conhecimentos e os reúne num determinado conteúdo, sendo, pois, o primeiro a que devemos prestar atenção se desejarmos analisar a origem do nosso conhecimento.

A síntese em geral, conforme veremos proximamente, é a simples obra da imaginação, uma função cega, embora indispensável da alma, sem a qual de maneira nenhuma teríamos um conhecimento, porém da qual raramente somos conscientes. Entretanto, é uma função que faz parte do entendimento sendo a única que cabe ao entendimento, e pela qual nos proporciona pela primeira vez o conhecimento em sentido próprio.

A síntese pura, representada de modo universal, dá o conceito puro do entendimento. Síntese pura é a que se fundamenta em um preceito da unidade sintética "a priori". Desse modo, nossa numeração (o que se observa melhor ainda em números maiores) é, conforme conceitos, uma síntese, pois tem lugar como um preceito comum de unidade (por exemplo, o decimal). Sob esse conceito é necessária a unidade na síntese do múltiplo. Diferentes representações podem ser submetidas mediante análise a um só conceito, assunto da Lógica geral. Pelo contrário, a Lógica transcendental ensina a submissão aos conceitos da síntese pura das representações (não das representações).

A variedade de elementos da intuição pura é o que primeiramente nos deve ser dado "a priori" para facilitar o conhecimento dos objetos; o segundo, mesmo que, no entanto, não gere conhecimento nenhum, é a síntese dessa variedade pela imaginação. A terceira condição para o conhecimento de um objeto e que assenta no entendimento são os conceitos que dão unidade a esta síntese pura e que se baseiam inicialmente na representação dessa unidade sintética necessária.

A mesma função que num juízo dá unidade às várias representações também dá, numa intuição, unidade à simples síntese de várias representações: tal unidade, expressa de maneira geral, denomina-se conceito puro do entendimento. Desse modo, o mesmo entendimento, e isto por meio das mesmas ações pelas quais realizou em conceitos a forma lógica de um juízo por meio da unidade analítica, realiza também um conteúdo transcendental em suas representações através da unidade sintética do múltiplo na intuição em geral. Essas representações, por essa razão, são denominadas conceitos puros do entendimento, que se reportam "a priori" a objetos, o que a lógica geral não pode efetuar. Assim nascem precisamente tantos conceitos puros do entendimento, que se reportam "a priori" a objetos da intuição em geral, quantas eram na tábua anterior as funções lógicas nos juízos possíveis. Com efeito, por meio dessas funções, o entendimento é totalmente esgotado, e sua faculdade, completamente medida. Chamaremos categorias, de acordo com Aristóteles, esses conceitos, na proporção em que nossa intenção, em princípio, se ajusta com a de Aristóteles, embora dele se distancie bem na realização.

TÁBUA DAS CATEGORIAS

1
DA QUANTIDADE
Unidade
Pluralidade
Totalidade

2
DA QUALIDADE
Realidade
Negação
Limitação

3
DA RELAÇÃO
Substância e acidente
Causalidade e dependência
(*Causa e efeito*)
Comunidade
(*Reciprocidade entre agente e paciente*)

4
DA MODALIDADE
Possibilidade — Impossibilidade
Existência — Não-existência
Necessidade — Contingência

Essa é a classificação dos conceitos puros originários da síntese que o entendimento contém em si "a priori" e apenas devido aos quais ele é, além disso, um entendimento puro, na proporção em que somente por esses conceitos pode entender alguma coisa sobre o múltiplo da intuição, quer dizer, pensar um objeto dela. Essa divisão é sistematicamente produzida a partir de um preceito comum, a saber: da faculdade de analisar, que equivale à faculdade de pensar. Essa divisão não é uma rapsódia que se origina de uma busca casual e desordenada dos conceitos puros de cuja perfeição não se pode estar certo, por ter sido constituída por indução, sem pensar que, procedendo desta maneira, não se sabe jamais porque esses conceitos, e não outros, são inerentes ao entendimento puro. A procura desses conceitos fundamentais formou um plano digno de homem elevado como o foi Aristóteles. No entanto, por não ter nenhum preceito, pegou-os como se lhe apresentavam, primeiramente reunindo dez, que chamou de categorias (predicamentos). Depois, acreditou ter achado ainda mais cinco conceitos que adicionou, com o nome de pós-predicamentos. Mas a sua tábua permanecia diferente.

Por outro lado, nela são encontrados alguns modos da sensibilidade pura (quando, "ubi, situs", o mesmo que "prius, simil") e inclusive um empírico ("motus"); nenhum faz mais parte desse índice genealógico do entendimento; também existem conceitos derivados enumerados entre os conceitos originários ("actio, passio"), faltando alguns dos conceitos primeiros.

É necessário notar, quanto aos conceitos originários, que as categorias como conceitos realmente essenciais do entendimento puro também têm os seus derivados não menos puros e que devem se manifestar em um sistema completo de filosofia transcendental. Todavia limito-me a citá-los neste ensaio meramente crítico.

Seja-me permitido chamar esses conceitos puros, mas derivados do entendimento, predicáveis do entendimento puro (em oposição aos predicamentos). Quando se tem os conceitos originários e primitivos, os derivados e subalternos podem ser adicionados com facilidade, e a árvore genealógica do entendimento puro imaginada completamente. Porque não tenho em vista aqui a completude do sistema, porém apenas os preceitos para um sistema, e com isso complementação para um outro trabalho.

Pode-se alcançar esse objetivo relativamente se se recorrer aos manuais de Ontologia e se subordinar à categoria da causalidade os predicáveis de força, ação, paixão; à categoria de comunidade os predicáveis de presença, resistência; aos predicamentos da modalidade os predicáveis de nascimento, perecimento, mudança, etc. As categorias oferecem grande número de conceitos "a priori" derivados, ligados aos modos da sensibilidade pura ou entre si. Embora sua enumeração fosse um esforço útil e não desagradável, no entanto, aqui é dispensável.

Neste tratado, dispenso-me, e de propósito, da definição dessas categorias, ainda que bem o pudesse a fazer. Mais adiante, desmembrarei esses conceitos até o ponto em que for suficiente com referência à doutrina do método que organizo. Uma exigência dessas definições seria justa num sistema da razão pura, mas aqui só levaria a tirar os olhos do ponto capital da investigação na proporção em que surgiram dúvidas e contestações que podem ser adiadas para outro trabalho, sem prejudicar o objetivo principal.

Conclui-se que, do pouco que tenho dito, é possível e não difícil formar um dicionário completo dos conceitos puros com as explicações necessárias. Já existem as divisões, bastando só preenchê-las: e uma tópica sistemática como a atual indica facilmente o lugar conveniente especialmente a cada conceito e ao mesmo tempo, e com facilidade notar o lugar que está vazio ainda.

[§11]

Sobre essas tábuas das categorias podem ser feitas considerações interessantes que quiçá possam ter importantes consequências para a forma científica dos conhecimentos racionais. Com efeito, não é difícil entender que tal tábua é muito útil para a parte teórica da Filosofia e não é dispensável para o plano completo de uma ciência, enquanto esta consiste em preceitos "a priori" e destinados a dividi-la matematicamente conforme preceitos determinados.

Para se convencer disso, basta pensar que esta tábua contém inteiramente os conceitos elementares do entendimento e a forma do sistema de tais conceitos, na inteligência humana; portanto, indica-nos os momentos de uma ciência especulativa projetada desse modo como também sua ordenação, conforme já provei em outro lugar. Algumas observações aqui estão:

Primeira observação: Esta tábua, que contém quatro classes de conceitos do entendimento, primeiramente pode se decompor em duas divisões, no que a primeira se refere a objetos da intuição (pura ou empírica) e a segunda à existência desses objetos (em referência uns aos outros ou ao entendimento).

A primeira classe chamo de categorias matemáticas, a segunda, de categorias dinâmicas. Apenas a segunda classe tem correlativos; a primeira precisa deles. Deve ter uma razão na natureza do entendimento dessa diferença.

Segunda observação: É sempre igual o número das categorias em cada classe, a saber três. Isso impele da mesma maneira à reflexão, porque, aliás, tem de ser uma dicotomia toda divisão "a priori" por meio de conceitos. Ainda pode ser aditado a isso que a terceira categoria sempre vem da união da primeira com a segunda de sua classe.

Desse modo, a totalidade é a multiplicidade acatada como unidade; a limitação é a realidade unida à negação; a comunidade é a causalidade de uma substância em determinação recíproca com outra substância, e a necessidade é a existência dada pela própria possibilidade. Porém, não se ache por isso que a terceira categoria é um conceito meramente derivado do entendimento puro e que não seja um conceito primitivo do entendimento puro, pois a união da primeira e da segunda categoria para gerar a terceira requer um ato particular do entendimento que é diferente dos que têm lugar na primeira e na segunda.

Assim, o conceito de um número (que faz parte da categoria da totalidade) não é possível sempre onde os conceitos de multiplicidade e de unidade são encontrados (por exemplo, na representação do infinito); ou, pelo fato de eu unir os conceitos de causa e substância, não pode ainda ser entendida imediatamente a influência, quer dizer, como uma substância pode se tornar causa de algo em outra substância. Vê-se, com clareza, que para tanto se requer um ato particular do entendimento; nos demais casos acontece a mesma coisa.

Terceira observação: Apenas uma categoria: a de comunidade, a qual está sob o terceiro título, não apresenta uma concordância tão clara como as demais com a forma de um juízo disjuntivo que lhe corresponde na tábua das funções lógicas.

Para se firmar nessa concordância, é preciso observar que nos juízos disjuntivos a esfera (o conjunto do que está contido no juízo) é exibida como um todo dividido em partes (os conceitos subordinados); porém, como nenhuma dessas partes se encontra contida nas outras, devem ser entendidas como coordenadas e não como subordinadas, de tal maneira que sejam determinadas entre si, não unilateralmente como numa série, mas reciprocamente como em um agregado (se um membro da divisão é posto, os outros são eliminados, e assim inversamente).

Ora, semelhante ligação é compreendida num todo de coisas onde uma, enquanto efeito, não depende da outra, enquanto causa da sua existência, porém simultânea e reciprocamente é independente das outras coisas como causa no que se refere à sua determinação (por exemplo, num corpo cujas partes se atraem e se repelem mutuamente). Esse enlace é diferente do que se encontra na mera relação de causa e efeito (de fundamento e consequência) no qual a consequência não determina reciprocamente o preceito, e então não constitui um todo com ele (como o criador com o mundo).

Quando se apresenta a esfera de um conceito dividido, o processo do entendimento é igual àquele de quando pensa uma coisa como divisível: e como, da mesma maneira que no primeiro caso, os membros da divisão eliminam-se uns aos outros, embora estejam, entretanto, reunidos numa esfera, se apresentam as partes de uma coisa divisível, como tendo cada uma (como substâncias) uma existência coordenada às outras, e, no entanto, reunidas em um todo.

[§ 12]

Na Filosofia transcendental dos antigos também é encontrado um capítulo que contém conceitos puros do entendimento, que, ainda que não fossem incluídos entre as categorias, eram tidos como devendo ter o valor de conceitos "a priori" de objetos.

Contudo, se isso fosse desse modo, o número das categorias seria aumentado, o que não pode ser. Por esta proposição tão famosa entre os escolásticos, tais conceitos são expressos: *quod libetens est unum, verum, bonum.*

Se bem que o uso deste preceito visando inferências (que forneciam proposições claramente tautológicas) tenha tido um resultado bastante miserável, a ponto de na época moderna ser mencionado na metafísica quase só por deferência, não obstante um pensamento conservado por tão longo tempo, por vazio que pareça, tem sempre direito a uma investigação de sua fonte e prova a hipótese que tem o seu próprio fundamento em alguma regra do entendimento que, conforme acontece frequentemente, teria sido apenas falsamente traduzidas. Esses pretendidos predicados transcendentais das coisas são exigências e critérios lógicos do conhecimento das coisas em geral e colocam como fundamento de tal conhecimento as categorias da quantidade, isto é, da unidade, da pluralidade e da totalidade.

Tais categorias, as quais devem ser acatadas com um valor material como condições para a possibilidade das coisas, eram exclusivamente usadas pelos antigos formalmente como exigências lógicas do conhecimento, sendo convertidos esses critérios do pensamento em propriedades das coisas, inconsequentemente.

No conhecimento de um objeto existe unidade do conceito, que pode ser chamada de unidade qualitativa na proporção em que nela é pensada apenas a unidade do enfeixamento do múltiplo dos conhecimentos, tal como aproximadamente a unidade do tema num drama, num discurso, numa fábula. Em segundo lugar, existe nele verdade em relação às consequências. Quanto mais consequências verdadeiras de um conceito dado, tantas mais características de sua realidade objetiva. Isso poderia ser denominado pluralidade qualitativa dos signos que fazem parte de um conceito comum (não sendo pensados como quantidades).

Por fim, em terceiro lugar, é necessário ter em conta a perfeição, que se baseia em que a pluralidade se refira à unidade do conceito e que esteja de acordo total e unicamente com ele, o que pode denominar integridade qualitativa (totalidade). Disso se segue que estes critérios lógicos da possibilidade do conhecimento em geral aqui transformam as três categorias da quantidade, nas quais a unidade na produção do quantum precisa ser sempre admitida homogênea, com a finalidade única de enlaçar na consciência elementos heterogêneos do conhecimento por meio da qualidade de um conhecimento como princípio.

Desse modo, o critério da possibilidade de um conceito (não do objeto) é a definição na qual a unidade do conceito, a verdade de tudo o que possa imediatamente ser derivado dele e a completude do que foi tirado dele atingem o requerido para a produção do inteiro conceito. Também assim, o critério de uma suposição se resume na compreensibilidade do fundamento explicativo aceito, ou na unidade desse fundamento (sobre suposição mediadora), na verdade (concordância consigo mesmo e com a experiência) das consequências daí deriváveis e na completude do fundamento explicativo dessas consequências que deixam no mesmo estado o que se tomou como hipótese e fornecem de novo analiticamente "a posteriori" o que fora pensado sinteticamente "a priori", concordando com tal.

Portanto, através dos conceitos de unidade, verdade e perfeição, a tábua transcendental das categorias não é de maneira alguma completada como se fosse defeituosa, porém à medida que a relação desses conceitos a objetos é colocada totalmente de lado, apenas o procedimento com esses conceitos é submetido a regras lógicas universais da concordância do conhecimento consigo mesmo.

Capítulo Segundo

DEDUÇÃO DOS CONCEITOS PUROS DO ENTENDIMENTO

PRIMEIRA SEÇÃO

[§ 13]. Dos princípios de uma dedução transcendental em geral

Num processo jurídico, quando falam de faculdades e usurpações, os juristas diferenciam a questão sobre o que é de direito (*quid juris*) da que se refere aos fatos (*quid facti*), e à medida que exigem provas dos dois pontos, a primeira prova é denominada dedução, a qual deve revelar a faculdade ou também o direito.

Sem oposição alguma, servimo-nos de muitos conceitos empíricos e, mesmo sem dedução, consideramo-nos autorizados a lhes atribuir um sentido imaginado, porque temos sempre à mão a experiência para demonstrar a sua realidade objetiva.

Há, por outro lado, conceitos adquiridos com fraude como os de destino, entre outros, que circulam com uma aquiescência quase geral, contra os quais às vezes ocorre perguntar: "quid juris", sendo grande o espetáculo que oferece ao deduzi-los, visto que não se pode mencionar nenhum preceito evidente de direito, que justifique o seu uso (nem a partir da experiência, nem a partir da razão).

Entretanto, dentre os conceitos diversos que formam o muito mesclado tecido do conhecimento humano existem alguns determinados ao uso puro "a priori" (completamente independente de toda experiência). Essa faculdade sempre requer uma dedução, pois para a legitimidade desse uso são insuficientes provas da experiência, porém se precisa saber de que modo estes conceitos podem se referir a objetos que não tiram de nenhuma experiência.

Dedução transcendental é a explicação da maneira como os conceitos podem se referir "a priori" a objetos. Diferencio-a da dedução empírica que mostra a maneira como um conceito foi adquirido mediante experiência e reflexão sobre ela, portanto diz respeito ao fato pelo qual a posse ocorreu, não à legitimidade. Já possuímos duas espécies bem distintas de conceitos que, no entanto, concordam entre si ao referir-se totalmente "a priori" a objetos, a saber, os conceitos de espaço e tempo como formas da sensibilidade e as categorias, como conceitos do entendimento.

Desejar procurar neles uma dedução empírica fora intenção vã, pois sua característica diz respeito aos seus objetos sem ter tomado da experiência nenhum elemento para a sua representação. Se uma dedução desses conceitos é necessária, ela deve sempre ser transcendental. Mas, desses conceitos, como de todo conhecimento, pode-se buscar na experiência, na ausência do preceito da sua possibilidade, os motivos ocasionais de sua produção: as impressões dos sentidos nos fornecem a primeira razão para desenvolver nossa faculdade de conhecer e para formar as experiências.

A experiência contém dois elementos bastante diferentes: uma matéria para o conhecimento, que fornece os sentidos e determinada forma ordenadora dessa matéria, originária da fonte interna da intuição e do pensamento puro, a qual produz os conceitos motivada somente pela primeira. É extremamente útil investigar os primeiros esforços da nossa faculdade de conhecer para alçar-nos das percepções particulares a conceitos gerais.

O famoso Locke foi o primeiro a perscrutar esse caminho. Porém não é possível obter por esse meio uma dedução de conceitos puros "a priori", porque não está de maneira nenhuma nesse caminho, pois em relação ao seu uso futuro, que deve ser inteiramente independente da experiência, precisam apresentar outro ato de nascimento que o que o faz derivar da experiência. Eu chamei de explicação da posse de um conhecimento puro essa tentativa de derivação fisiológica, a qual não é uma dedução propriamente dita, pois se refere a uma questão de fato. Portanto, é evidente que só pode haver desses conceitos uma dedução transcendental, e de modo algum uma dedução empírica, e que esta é, em relação aos conceitos puros "a priori", uma vã tentativa, de que só pode se ocupar quem não entendeu a natureza própria desse tipo de conhecimento.

Contudo, embora não haja mais que um só modo possível de dedução do conhecimento puro "a priori", seja o transcendental, disso não resulta que ela seja tão necessária. Anteriormente acompanhamos os conceitos de espaço e tempo até as suas origens por uma dedução transcendental e fixamos e explicamos "a priori" seu valor objetivo; todavia, a Geometria segue os seus passos seguros por conhecimentos puramente "a priori", sem precisar pedir um certificado à Filosofia para a legítima origem de seu conceito fundamental de espaço.

No entanto, nesta ciência o uso do conceito chega apenas ao mundo exterior sensível, de que o espaço é a forma pura de sua intuição. Todo conhecimento geométrico tem, portanto, uma existência imediata, pois ela se fundamenta em uma intuição "a priori" e os objetos são dados "a priori" (quanto à forma) na intuição pelo conhecimento.

Pelo contrário, os conceitos puros do entendimento brotam em nós uma indispensável necessidade de buscar sua dedução transcendental e a do espaço. Porque os predicados que aqui são fornecidos aos objetos não são os da intuição e da sensibilidade, mas os do pensamento puro "a priori", esses conceitos se relacionam a objetos em geral, independentemente das condições da sensibilidade; e como não se fundam na experiência, não podem apresentar na intuição "a priori" algum objeto em que se fundamente a sua síntese anterior a toda experiência.

O resultado disso é que fazem com respeito ao seu valor objetivo e aos limites de sua aplicação e também convertem em duvidoso o conceito de espaço por inclinar-se em utilizá-lo além das condições da intuição sensível. Logo, é necessária a presente dedução transcendental do referido conceito. O leitor precisa estar convencido da real necessidade de semelhante dedução transcendental antes de se aproximar no campo da razão pura; pois, de outra maneira agiria cegamente e, depois de ter ido de um ponto a outro, retornaria à ignorância de onde iniciara. No entanto, é também necessário que esteja atento às suas reais dificuldades a fim de não reclamar depois da obscuridade em que o assunto está envolvido e para não esmorecer cedo demais ante os empecilhos a enfrentar, pois é uma renúncia completa de toda pretensão referente à razão pura, em seu campo mais interessante: fora dos limites de toda experiência possível, levando esta busca crítica à sua total perfeição.

Foi-nos fácil fazer entender como os conceitos do espaço e do tempo, embora conhecimentos "a priori", têm de necessariamente se referir a objetos, e como possibilitam um conhecimento sintético de tais objetos, independentemente de experiências. De modo efetivo, como só mediante essas formas puras da sensibilidade pode se nos oferecer um objeto (ou seja, ser objeto da intuição empírica), o resultado é que o espaço e o tempo são intuições puras que contêm "a priori" as condições de possibilidade dos objetos como fenômenos, e possui a síntese nas mesmas intuições um valor objetivo.

As categorias do entendimento não representam as condições sob as quais os objetos são dados na intuição; por conseguinte, objetos podem chegar a nos aparecer sem necessitar se referir a funções do entendimento e este conter, pois, as condições "a priori" dos objetos. Logo, aqui aparece uma dificuldade que não achamos no campo da sensibilidade, a de saber como as condições subjetivas do pensamento devem possuir validade objetiva, quer dizer, oferecer condições da possibilidade do conhecimento dos objetos: porque sem funções do entendimento fenômenos podem certamente ser dados na intuição.

Por exemplo, pego o conceito de causa, que significa uma maneira particular de síntese, visto que com base em algo A é colocado, como uma regra, algo bem diferente de B. Não é evidente "a priori" porque fenômenos deveriam conter algo parecido (com efeito, não são alegadas experiências como provas porque a validade objetiva deste conceito precisa ser demonstrada "a priori"), e logo é "a priori" duvidoso se um conceito de certa espécie não é porventura vazio e não encontra um objeto entre os fenômenos em parte alguma. É claro que os objetos da intuição sensível devem se conformar com as condições formais da sensibilidade, existentes "a priori" em nosso espírito, porque de outro modo não seriam objetos para nós: porém não é fácil conceber, pois esses objetos devem além disso concordar com as condições que o entendimento precisa para a compreensão sintética do pensar.

Poderia existir fenômenos formados de determinada maneira que o entendimento não os encontrasse como as condições de sua unidade, e tudo se achasse em certa confusão que, por exemplo, na sucessão da série dos fenômenos nada fosse oferecido capaz de dar uma regra de síntese e, logo, correspondesse ao conceito de causa e efeito, sendo esse conceito, com isso, totalmente nulo e sem significado.

Nem por isso os fenômenos deixariam de fornecer objetos à nossa intuição, porque esta de nenhum modo necessita das funções do pensamento.

Pensando em evitar o trabalho destas investigações sendo dito que a experiência mostra sem parar exemplos desse tipo de regularidade nos fenômenos, que oferecem suficientemente a ocasião de tirar delas o conceito de causa e reforça simultaneamente o valor objetivo do mesmo conceito, esquece-se que o conceito de causa não pode ser produzido de maneira alguma dessa forma e que, ou deve encontrar-se fundamentado inteiramente "a priori" no entendimento, ou ser abandonado completamente como simples sonho. Pois esse conceito exige necessariamente que A seja de tal tipo que B o acompanhe mediante uma regra absolutamente universal.

Os fenômenos fornecem casos a partir dos quais é possível uma regra conforme a qual algo acontece costumeiramente e, porém, sendo o resultado nunca necessário: a partir disso, à síntese de causa e efeito inere uma dignidade que não pode absolutamente ser expressa empiricamente, isto é, que o efeito não é somente acrescido à causa, mas é colocado por ela e dela resulta.

A rigorosa universalidade da regra também não é absolutamente uma propriedade de regras empíricas, que não podem obter pela indução senão uma universalidade comparativa, ou seja, uma utilidade extensa. O uso dos conceitos puros do entendimento seria inteiramente alterado se se quisesse manejá-los somente como produtos empíricos.

[§ 14]. Passagem à dedução transcendental das categorias

Dois casos somente são possíveis em que a representação sintética e seus objetivos podem coincidir, referir-se necessariamente um ao outro e como que se encontrar: ou quando somente o objeto deixa possível a representação ou quando apenas torna possível aquele. No primeiro caso, a relação é somente empírica e a representação é impossível "a priori": tal é o caso dos fenômenos relativamente àqueles dos seus elementos pertencentes à sensação. No segundo caso, embora a representação em si mesma (porque aqui não se trata da sua causalidade por meio da vontade) não produza o seu objeto conforme a existência, todavia a representação é "a priori" determinante no tocante ao objeto quando somente por ela é possível conhecer algo como um objeto.

Há, no entanto, duas condições unicamente sob as quais o conhecimento de um objeto é possível: primeira, intuição, pela qual é dado o objeto, porém apenas como fenômeno; segunda, o conceito, pelo qual é pensado um objeto correspondente a essa intuição. Todavia é evidente, conforme o que é dito, que a primeira condição, aquela sob a qual não podemos notar por intuição os objetos, é útil em realidade "a priori" no espírito de fundamento aos objetos quanto à sua forma. Todos os fenômenos concordam, pois, necessariamente com esta condição formal da sensibilidade, porque apenas mediante esta aparecem, quer dizer, são percebidos e dados empiricamente.

Ora, pergunta-se se conceitos "a priori" não são também antecedentes como condições unicamente sob as quais algo, ainda que não percebido, é entretanto pensado como objeto em geral; com efeito, então todo conhecimento empírico dos objetos é necessariamente segundo esses conceitos porque, sem a sua pressuposição, nada é possível como objeto da experiência. Ora, além da intuição dos sentidos pela qual algo é dado, toda a experiência ainda contém um conceito de um objeto que é dado na intuição ou aparece; portanto, conceitos de objetos em geral subjazem a todo conhecimento experimental como condições "a priori".

Por isso, o valor objetivo das categorias, como conceitos "a priori" repousa no fato de que a experiência (como a forma do pensamento só é possível) por seu intermédio. Com efeito, então as categorias se referem necessariamente e "a priori" a objetos da experiência, pois apenas mediante elas pode chegar a ser pensado um objeto qualquer da experiência.

Logo, a dedução transcendental dos conceitos "a priori" possui um princípio ao qual a investigação precisa se dirigir, quer dizer, que eles têm de ser conhecidos como condições "a priori" da possibilidade da experiência (ora da intuição, que é achada nela, ora do pensamento). São necessários, justamente por isso, conceitos que fornecem o fundamento objetivo da possibilidade da experiência.

O desenvolvimento da experiência onde eles se encontram não é a sua dedução (mas sim seu conhecimento), porque de outra maneira seriam somente acidentais. Não poderia ser compreendida a relação desses conceitos com um objeto qualquer sem essa primitiva relação com uma experiência possível, na qual os objetos de conhecimento são apresentados.

O famoso Locke, por não ter feito essa observação encontrou na experiência conceitos puros do entendimento, que fez derivar da própria experiência, e foi, pois, deveras inconsequente, porque buscou conhecimentos que ultrapassam os limites da experiência.

David Hume reconheceu que, para isso ser possível, esses conceitos precisavam ter sua origem "a priori". Contudo, uma vez que absolutamente não sabia explicar como é possível que o entendimento tinha de pensar necessariamente ligados no objeto aqueles conceitos que em si não são ligados no entendimento, e já que não lhe veio à mente que mediante esses conceitos o próprio entendimento possa quiçá ser autor da experiência em que seus objetos são achados, comprimido pela necessidade derivou-os então da experiência (ou seja, de uma necessidade subjetiva ocorrida mediante uma constante associação na experiência e que termina por ter erradamente como objetiva, em uma palavra, do hábito).

Porém, depois se revelou consequente, considerando não ser possível sair dos limites da experiência com conceitos dessa natureza ou com os preceitos a que dão lugar. Por outro lado, a derivação empírica de que ambos tiveram ideia, não pode ser colocada conforme a realidade dos conhecimentos científicos "a priori" que temos, isto é, da matemática pura e da ciência universal da natureza, sendo logo contestada pelo fato.

Locke abriu as portas à extravagância da fantasia pois a razão, quando uma vez tem direitos a seu lado, não se deixa mais aprisionar por vagos conselhos de moderação; Hume mergulhou totalmente no ceticismo, pois acreditou ter descoberto uma ilusão tão geral, e tida como razão, da nossa faculdade de conhecimento. Assim, chegamos ao ponto de ver se podemos ensaiar a condução da razão humana por entre esses dois obstáculos e planejar se podemos demonstrar seus determinados limites, mantendo, no entanto, aberto o campo de sua autêntica atividade. Quero previamente relembrar apenas a definição das categorias.

As categorias são conceitos de um objeto em geral mediante os quais a sua intuição é considerada determinada no que se refere a uma das funções lógicas de juízo. Assim, a função do juízo categórico era a da relação do sujeito com o predicado, por exemplo, todos os corpos são divisíveis. No que diz respeito ao uso simplesmente lógico do entendimento, continuou todavia indeterminado a qual dos conceitos se deseja dar a função de sujeito e a qual de predicado.

Com efeito, pode ser dito também: alguma coisa divisível é um corpo. Entretanto, se lhe submeto o conceito de corpo, mediante a categoria de substância, fica determinado que sua intuição empírica precisa ser considerada na experiência sempre sujeito, nunca simples predicado; o mesmo acontece nas outras categorias.

SEGUNDA SEÇÃO

Dedução transcendental dos conceitos puros do entendimento

§ 15. *A possibilidade de uma síntese em geral*

A variedade das representações pode ser dada numa intuição simplesmente sensível, ou seja, que tem receptividade, podendo a forma dessa intuição residir "a priori" em nossa faculdade de representação sendo, unicamente, o modo como o sujeito é atingido. Contudo, a ligação de uma variedade em geral nunca pode nos resultar dos sentidos e, portanto, também não estar simultaneamente contida na forma pura da intuição sensível; porque essa ligação é um ato da espontaneidade da capacidade de representação, e já que se precisa nomear esta de entendimento para distingui-la da sensibilidade, toda ligação – talvez possamos ser conscientes dela ou não, talvez seja uma ligação da variedade da intuição ou de diversos conceitos e, na primeira, de uma intuição sensível ou não – é um ato do entendimento, que denominaremos de síntese para, mediante isso, simultaneamente observar que não podemos nos representar nada ligado no objeto sem o termos nós mesmos unido anteriormente, sendo dentre as representações a ligação a única que não pode ser dada por objetos, porém formada somente pelo próprio sujeito por ser uma ação espontânea. Não é difícil observar aqui que este ato tem de ser originariamente uno e equivalente para toda a ligação e que a decomposição, a análise, que parece ser seu oposto, a supõe sempre; porque onde o entendimento não ligou nada, ela não saberá desligar, pois é apenas por seu intermédio que pôde dar-se como ligado o que foi dado como tal à faculdade representativa.

Porém, além do conceito de variedade e de sua síntese, o conceito de ligação traz também consigo o conceito da unidade dela. Ligação é a representação da unidade sintética da variedade. Portanto, a representação desta unidade não pode acontecer da ligação; bem antes, por ser adicionada à representação da variedade, a representação dessa unidade primeiramente possibilita o conceito de ligação. Essa unidade, que precede "a priori" os conceitos de ligação, não é aquela categoria da unidade (§10), porque as categorias são fundadas sobre funções lógicas em juízos, entretanto nestes já é pensada a ligação e também a unidade de conceitos dados.

Logo, a categoria já pressupõe a ligação. Por conseguinte, temos de buscar esta unidade (como qualitativa, §12) mais acima ainda, isto é, no que propriamente contém o fundamento da unidade de vários conceitos em juízos, por conseguinte da possibilidade do entendimento, até mesmo em seu uso lógico.

§ 16. *Da unidade sintética originária da apercepção*

O *Eu penso* precisa acompanhar todas as minhas representações; do contrário, seria representado em mim algo que não poderia de maneira nenhuma ser pensado; é o mesmo que dizer que a representação seria impossível, ou não seria nada, para mim, pelo menos. Intuição é o nome da representação que pode ser dada, anteriormente ao pensamento. Logo, toda a variedade da intuição possui uma referência necessária ao *eu penso*, no mesmo sujeito em que essa variedade é encontrada. No entanto, essa representação é um ato de espontaneidade, ou seja, não pode ser considerada pertencente à sensibilidade.

Ela é chamada de apercepção pura para diferenciar-se da empírica, ou apercepção originária por ser aquela autoconsciência que ao gerar a representação *eu penso* que precisa acompanhar as restantes e é uma e igual em toda consciência, não pode nunca ser acompanhada por outra.

Chamo sua unidade de unidade transcendental da autoconsciência, para designar a possibilidade do conhecimento "a priori" a partir dela. Com efeito, as várias representações que são dadas numa determinada intuição não seriam todas representações minhas se não se reportassem a uma autoconsciência, ou seja, como representações minhas (visto que eu não seja consciente delas como tais) têm de se conformar à condição somente e sob a qual podem reunir-se numa autoconsciência universal, porque do contrário não me pertenceriam sem exceção. Muitas coisas podem ser deduzidas dessa ligação originária.

Essa identidade completa da apercepção de uma variedade dada na intuição contém uma síntese de representações, e apenas é possível pela consciência dessa síntese; a consciência empírica que acompanha representações diferenciadas é em si desordenada e sem referência à identidade do sujeito. Essa relação não acontece por eu acompanhar com consciência toda representação, mas por eu adicionar uma representação à outra e de ser consciente da sua síntese.

Por conseguinte, só pelo fato de que posso, numa consciência, unir uma variedade de representações dadas é possível que eu mesmo me represente, nessas representações, a identidade da consciência; quer dizer: a unidade analítica da apercepção somente é possível na suposição de qualquer unidade sintética (1).

Este pensamento de que: "estas representações dadas na intuição se referem a mim" significa, concordando com isso, que as reúno numa autoconsciência ou que posso reuni-las nela, já que esse pensamento não é ainda a consciência da síntese das representações, mas pressupõe a possibilidade desta última, ou seja, só por eu poder gerar numa consciência a variedade das representações chamo-as de minhas representações, porque ao contrário teria um eu mesmo tão multicolor e diversificado quanto tenho representações das quais sou consciente.

---

(1) A unidade analítica da consciência é inerente aos conceitos comuns como esses, por exemplo, quando penso o vermelho em geral, represento-me por meio disso uma propriedade achada (como característica) em algum lugar ou que pode estar unida a outras representações; logo, somente pelo fato de uma previamente pensada unidade sintética possível posso representar a unidade analítica. Uma representação que deve ser pensada como comum a várias outras é considerada pertencente a representações essas que tenham, além dela, alguma coisa variada; portanto, tem que ser antecipadamente pensada em unidade sintética com outras representações (se bem que só possíveis) antes de eu pensar nela a unidade analítica da consciência, que a faz um *conceptus communis*. Desse modo, a unidade sintética da apercepção é o ponto mais alto ao qual se precisa fixar o uso do entendimento, mesmo a Lógica inteira e, depois dela, a Filosofia transcendental; essa faculdade é o próprio entendimento.

A unidade sintética da variedade das intuições, enquanto dada "a priori", é, pois, o fundamento da identidade da própria apercepção, que antecede "a priori" o meu pensamento determinado. No entanto, a ligação não é encontrada nos objetos e talvez não pode ser extraída de tais objetos pela percepção, e dessa maneira recebida primeiramente no entendimento, porém é só uma operação do entendimento, que é a faculdade de ligar "a priori" e de submeter a variedade das representações dadas à unidade da apercepção. Esse é o princípio mais elevado do conhecimento humano.

Na verdade, é idêntico este princípio da unidade necessária da apercepção, logo ele é uma proposição analítica, e todavia anuncia como necessária uma síntese da variedade dada numa intuição, síntese sem a qual aquela identidade completa da autoconsciência não pode ser pensada.

Com efeito, nenhuma variedade é dada mediante o eu como representação simples; apenas pode ser dada na intuição, a qual é diferente do eu, e por ligação pode ser pensada numa consciência. Um entendimento, em que a variedade fosse simultaneamente dada pela autoconsciência, intuiria; o nosso somente pode pensar e tem de buscar a intuição nos sentidos. Portanto, tenho a consciência de mim mesmo idêntico com referência à variedade das representações dadas a mim numa intuição, porque as chamo minhas, as representações em conjunto que completam uma só.

Ora, isso é o mesmo que dizer: eu sou consciente de uma síntese necessária delas "a priori", que é chamada de unidade sintética originária da apercepção, sob a qual são encontradas as representações dadas a mim, mas sob a qual foram colocadas por uma síntese.

§ 17. *A proposição fundamental da unidade sintética da apercepção é o princípio supremo do uso do entendimento*

O princípio mais elevado da possibilidade da intuição com referência à sensibilidade, conforme a Estética transcendental, era: toda variedade da intuição está sujeita às condições formais do espaço e do tempo. O princípio mais elevado dessa possibilidade com referência ao entendimento é o de que toda variedade da intuição se encontra sujeita às condições da unidade sintética originária da apercepção. (*)

Na proporção em que nos são dadas, as variedades da intuição estão sujeitas ao primeiro preceito; na proporção em que precisam ser unidas numa consciência, essas representações estão sujeitas ao segundo preceito. Sem isso nada pode ser pensado ou conhecido, porque as representações dadas não teriam em comum o ato da apercepção *eu penso*, e, dessa maneira, numa mesma consciência não seriam reunidas. De modo geral, entendimento é a faculdade de conhecimentos. Estes se baseiam na referência fixa de representações dadas a um objeto. No entanto, objeto é aquilo em cujo conceito é reunida a variedade de uma intuição dada. Ora, toda reunião de representações exige a unidade da consciência na síntese delas.

A unidade da consciência é, portanto, o que apenas forma a relação das representações a um objeto, isto é, seu valor objetivo; esta é a que forma conhecimentos dessas representações e é, pois, a própria possibilidade do entendimento.

Consequentemente, o primeiro conhecimento puro do entendimento, sobre o qual se fundamentam suas outras aplicações e que, em paralelo, é totalmente independente das condições da intuição sensível, é o preceito da unidade sintética originária da apercepção. Assim a simples forma da intuição sensível externa, o espaço, ainda não é absolutamente um conhecimento; somente dá a variedade da intuição "a priori" para um conhecimento possível.

No entanto, para conhecer uma coisa qualquer no espaço, por exemplo, uma linha, é necessário que eu a trace, e logo, faça sinteticamente uma ligação fixa da variedade, de tal maneira que a unidade desse ato seja simultaneamente a unidade da consciência (no conceito de uma linha), e por meio disso um objeto (um espaço fixo) é primeiramente conhecido.

A unidade sintética da consciência é, pois, uma condição objetiva do conhecimento, de que necessito para conhecer um objeto, contudo

---

(*) O espaço, o tempo e as suas partes são intuições, logo representações singulares com a variedade que contêm em si (ver a Estética transcendental). Não são, pois, meros conceitos pelos quais precisamente a mesma consciência esteja como que contida, em muitas representações, contudo muitas representações são achadas como contidas numa única e na consciência desta, portanto como compostas; donde se segue que a unidade da consciência é achada como sintética, porém mesmo desse modo como originária. É importante na aplicação essa sua singularidade (ver § 25).

sob qual a intuição precisa querer tornar-se objeto para mim, porque de outro modo e sem essa síntese a variedade não se reuniria numa consciência.

Conforme foi dito, esta última proposição é analítica, se bem que faça da unidade sintética a condição de todo pensamento; com efeito, mostra que as minhas representações, dadas a uma intuição qualquer, devem se submeter à condição pela qual só posso conferi-las a um eu idêntico e então, ligá-las sinteticamente em uma única apercepção e entendê-las na expressão universal *eu penso*.

Porém, esse preceito não o é, entretanto, para o entendimento possível em geral, senão exclusivamente para aquele por cuja apercepção pura não se deu ainda nada de variado na representação: eu sou. Um entendimento cuja consciência lhe oferecesse simultaneamente a variedade da intuição, cuja representação fizera existir os objetos dessas representações, não precisaria uma ação privada da síntese da variedade para conseguir a unidade da consciência como aquilo que pede o entendimento humano, que pensa meramente, e todavia necessita o poder da intuição. É indispensável para o entendimento humano o primeiro preceito, de tal maneira que não pode ser constituído da mesma ideia de outro entendimento, que é fundamentado em intuição sensível; ele é, apesar disso, de tipo diferente do que tem seu preceito no tempo e no espaço.

§ 18. *Natureza da unidade objetiva da autoconsciência*

A unidade transcendental da percepção é aquela através da qual a variedade dada em uma intuição é reunida em um conceito do objeto. Em vista disso, é denominada objetiva e precisa ser diferenciada da unidade subjetiva da consciência, a qual é uma determinação do sentido interno, por meio da qual a variedade da intuição se dá empiricamente para ser reunida dessa maneira. Depende de circunstâncias ou de condições empíricas se posso ser empiricamente consciente da variedade como simultânea ou sucessiva.

Refere-se a um fenômeno e é contingente, pela união das representações, a unidade empírica da consciência. Já a forma pura da intuição no tempo, como intuição em geral englobando vários elementos dados, é somente pela relação necessária da variedade da intuição a um só *eu penso*, e portanto pela síntese pura do entendimento que é útil como fundação "a priori" à síntese empírica.

Somente aquela unidade é válida objetivamente; a unidade empírica da apercepção, que não consideramos aqui e que além disso só é derivada da primeira sob condições dadas em concreto, tem validade apenas subjetiva. Usam uns a representação de certa palavra com uma coisa, outros com outra; a unidade da consciência no que é empírico diz respeito ao que é dado e não é válida necessária e universalmente.

§ 19. *A forma lógica dos juízos consiste na unidade objetiva da apercepção dos conceitos contidos neles*

Jamais pude me satisfazer com a explicação que os lógicos dão sobre um juízo geral: como dizem, o juízo é a representação de uma relação entre dois conceitos. Sem debater aqui com eles o caráter defeituoso da explicação, quer dizer, que atende quando muito aos juízos categóricos, todavia não aos hipotéticos e disjuntivos (que como tais contêm uma relação de juízos e não de conceitos), farei observar apenas (sem atender às consequências inconvenientes que esse erro proporcionou à lógica) (*) que sua definição não determina em que se baseia essa relação.

Buscando fixar com mais exatidão a relação dos conhecimentos dados em cada juízo, e diferenciando essa relação, própria do entendimento, do que faz conforme a lei da imaginação reprodutora (a qual apenas tem valor subjetivo) vejo que um juízo é uma forma de levar conhecimentos dados à unidade objetiva da apercepção. Nos juízos, a partícula relacional "é" visa diferenciar a unidade objetiva de representações dadas da unidade subjetiva.

Com efeito, essa palavrinha designa a referência dessas representações à apercepção originária e à sua unidade necessária, ainda que o próprio juízo seja empírico e, logo, contingente, por exemplo: os corpos são pesados.

(*) A prolixa doutrina das quatro figuras subjetivas diz respeito somente aos silogismos categóricos. Se bem que passe de um subterfúgio para, mediante ocultamento de conclusões rápidas sob as premissas de um silogismo puro, conseguir a aparência de muitos tipos de consequências que não existem na primeira figura, não teria logrado só por meio disso nenhuma sorte particular se não tivesse conseguido aumentar os juízos categóricos a uma autoridade exclusiva como os que precisam ser referíveis os demais, o que contudo, conforme o § 9, não é verdadeiro.

Não quero dizer com isso que essas representações se relacionam necessariamente umas com as outras na intuição empírica, porém que se relacionam entre si na síntese da intuição, através da unidade necessária da apercepção, ou seja, conforme os preceitos da determinação objetiva das representações, pela qual podem resultar conhecimentos e preceitos, porque são derivados da unidade transcendental da apercepção.

Desse modo, dessa relação pode surgir um juízo, isto é, uma relação que possui um valor objetivo e que é diferenciada suficientemente da relação dessas representações, cujo valor é meramente subjetivo, por exemplo: segundo as leis da associação. Conforme estas diria apenas: quando eu tenho um corpo, tenho a impressão de seu peso; porém não diria: o corpo é pesado, o que seria igual expressar que essas duas representações estão unidas com o objeto, ou o que equivaleria a dizer que não são dependentes do estado dos sujeitos e não estão meramente unidas na apercepção (por mais que também possa ser repetida).

§ 20. *As intuições sensíveis são submetidas às categorias como as únicas condições sob as quais o que há nelas de variedade pode reunir-se à consciência una*

A variedade fornecida numa intuição sensível está submetida necessariamente à unidade sintética originária da apercepção, porque só por esta é possível a unidade da intuição (§17).

Porém o ato do entendimento, pelo qual a variedade de representações dadas (intuições ou conceitos) é sujeita a uma apercepção em geral, é a função lógica dos juízos (§19).

Logo, toda variedade, enquanto é verificada numa só intuição empírica, é determinada com relação a uma das funções lógicas do juízo, através da qual se conduz essa variedade à consciência una. Todavia, as categorias são as mesmas funções dos juízos, enquanto a variedade de uma intuição fornecida é determinada por relação a essas funções.

Portanto, numa intuição dada, a variedade está necessariamente sob categorias.

§ 21. Observação

Uma variedade contida numa intuição que chamo minha é representada pela síntese do entendimento como pertencente à unidade necessária da autoconsciência, e isso ocorre mediante a categoria. (*)

Esta indica, portanto, que a consciência empírica da variedade dada em uma intuição se encontra submetida a uma consciência pura "a priori", da mesma maneira que uma intuição sensível pura, que acontece igualmente "a priori". Na proposição acima deu-se, então, início a uma dedução dos conceitos puros do entendimento na qual, visto que as categorias aparecem somente no entendimento independente da sensibilidade, ainda necessito abstrair da maneira como a variedade é dada a uma intuição empírica, a fim de acatar apenas a unidade que o entendimento adiciona à intuição por meio das categorias.

Posteriormente (§ 20), a partir do modo como a intuição empírica é dada na sensibilidade será explicado que a sua unidade é a que a categoria, conforme o anterior (§ 20), prescreve à variedade dada em geral, e que pela explicação da validade "a priori" das categorias no que se refere aos objetos dos nossos sentidos é, pela primeira vez, o propósito da dedução conseguido plenamente. Porém existe algo de que não poderia abstrair na demonstração anterior: é que os elementos vários da intuição devem ser dados anteriormente à síntese do entendimento e independentemente dessa síntese, se bem que fique aqui não determinada a razão.

Se eu desejasse pensar um entendimento que intuísse ele mesmo (exemplo: um entendimento divino, que não fossem representados objetos dados, no entanto mediante cuja representação os próprios objetos fossem simultaneamente dados ou produzidos), então as categorias não teriam significação no que se refere a um certo conhecimento. São só regras para um entendimento cuja total faculdade resume-se no pensar, ou seja, no ato de levar à unidade da apercepção a síntese da diversidade dada. Logo, num entendimento que por si não conhece nada, contudo somente une e ordena a matéria do conhecimento, a intuição, que lhe necessita ser oferecida pelo objeto. Querer demonstrar o motivo pelo qual nosso

---

(*) A prova se fundamenta na unidade representada da intuição pela qual um objeto se dá e que sempre inclui em si uma síntese da variedade dada numa intuição e contém já a relação dessa variedade com a unidade da apercepção.

entendimento não alcança unidade da apercepção, só mediante as categorias, conforme seu número preciso, a dificuldade é igual a explicar porque temos essas funções do juízo e não outras, ou porque o espaço e o tempo são formas exclusivas das nossas possíveis intuições.

§ 22. Para o conhecimento das coisas, a categoria é utilizada em sua aplicação a objetos da experiência

Pensar um objeto e conhecer um objeto não é, pois, o mesmo. O conhecimento pede dois elementos: primeiro o conceito pelo qual geralmente um objeto é pensado (a categoria), e em segundo, a intuição pela qual é dado. Se ao conceito não pudesse ser dada uma intuição correspondente, seria um pensamento segundo a forma, entretanto sem nenhum objeto, por meio dele não sendo possível conhecimento nenhum, pois por mais que eu soubesse, nenhuma coisa existiria, nem poderia existir à qual pudesse meu pensamento ser aplicado.

§ 23

A proposição antecedente é de tamanha importância, pois fixa os limites do uso dos conceitos puros do entendimento em relação com os objetos, da mesma maneira que a Estética transcendental fixou os limites do uso da forma pura de nossa intuição sensível. Enquanto condições da possibilidade como objetos podem nos ser dados, espaço e tempo valem para objetos dos sentidos, por conseguinte da experiência. Espaço e tempo não representam nada além desses limites, porque estão só nos sentidos, e fora destes não têm nenhuma realidade.

Os conceitos puros do entendimento não sofrem essa limitação e se prolongam até os objetos da intuição em geral, seja esta parecida com a nossa ou não, desde que seja sensível e não intelectual. Todavia, não nos é útil para nada essa extensão dos conceitos além da nossa intuição sensível. Trata-se, então, de conceitos vazios de objetos dos quais não podemos de nenhuma maneira analisar, mediante esses conceitos, se são alguma vez possíveis ou não; são limitados a ser meras formas de pensamento sem realidade objetiva, porque não dispomos de nenhuma intuição a que possa ser aplicada a unidade sintética da apercepção, que somente contém os conceitos, e que é desse modo que eles podem determinar um objeto. Nossa intuição sensível e empírica pode conceder-lhes sentido e significado.

Logo, admitindo-se um objeto de uma intuição não-sensível como dado, muito bem se pode representá-lo por meio dos predicados que jazem já na pressuposição de que nada pertencente à intuição sensível lhe diga respeito: portanto, que não seja extenso ou que não esteja no espaço, que a sua duração não seja temporal, que nele nenhuma mudança seja encontrada (sucessão de determinações no tempo), etc. Porém, dizer o que não é a intuição de um objeto, omitindo o que contém não constitui propriamente um conhecimento.

Com efeito, então de maneira alguma representei a possibilidade de um objeto para o meu conceito puro do entendimento, pois não pude dar nenhuma intuição correspondente a esse conceito, contudo somente pude dizer que a nossa não vale para ele. No entanto, aqui o principal é que as categorias não possam ser aplicadas a coisas parecidas, isto é, ao conceito de substância, que só existe como sujeito, jamais se figura como mero predicado. A esse respeito, de maneira alguma sei se poderia existir uma coisa que correspondesse a essa determinação do pensamento se a intuição empírica não me oferecesse ocasião para aplicação. Dessa questão, ocuparnos-emos a seguir.

§ 24. *Aplicação das categorias aos objetos dos sentidos em geral*

Os conceitos puros intelectuais relacionam-se meramente por intermédio do entendimento com os objetos da intuição em geral, sem especificar se esta é nossa ou alheia, desde que seja sensível, e por isso são meras formas do pensamento, com auxílio das quais não conhecemos ainda nenhum outro objeto fixo. A síntese ou ligação da variedade nesses conceitos se relaciona somente com a unidade da apercepção, e é dessa maneira o princípio da possibilidade do conhecimento "a priori", ao passo que ele descansa no entendimento e, portanto, é transcendental e puramente intelectual.

Todavia, como existe em nós "a priori" determinada forma da intuição sensível que repousa sobre a receptividade de nossa capacidade representativa (da sensibilidade), então o entendimento pode, como uma espontaneidade, determinar o sentido interno, conforme a unidade sintética da apercepção pela variedade das apercepções dadas e gerar "a priori" a unidade sintética da apercepção do que existe de variado na intuição sensível, como condição à qual precisam ser submetidos objetos da nossa (humana) intuição.

Portanto, dessa maneira, como meras formas do pensamento, recebem uma realidade objetiva, ou seja, uma aplicação aos objetos que nos podem ser oferecidas na intuição, porém apenas como fenômeno, pois somente com relação a eles podemos ter intuição "a priori".

Essa síntese da variedade da intuição sensível, "a priori" possível e necessária, pode se denominar figurada a fim de diferenciá-la da que seria gerada pela relação da variedade de uma intuição em geral com as meras categorias e que se chama síntese intelectual; ambas são transcendentais, pois portam-se "a priori" e fundamentam a possibilidade de outros conhecimentos "a priori".

No entanto, quando a síntese figurada refere-se somente à unidade sintética originária da apercepção, isto é, a esta unidade transcendental que é concebida nas categorias, deve chamar-se para sua diferenciação da síntese meramente intelectual, síntese transcendental da imaginação. A imaginação é a faculdade de representar na intuição um objeto, se bem que não esteja presente. Contudo, como a nossa intuição é sensível, a imaginação pertence à sensibilidade devido a essa condição subjetiva que apenas lhe permite oferecer a um conceito do entendimento uma intuição correspondente. Mas, enquanto sua síntese é uma função da espontaneidade, que é determinante e não somente, como os sentidos, determinável, e que, portanto, ela pode determinar "a priori" a forma do sentido segundo a unidade da apercepção, a imaginação é sob esse título um poder de determinar "a priori" a sensibilidade; e a síntese a que ela sujeita as suas intuições, conforme as categorias, é a síntese transcendental da imaginação.

Essa síntese é um efeito do entendimento na sensibilidade e a primeira aplicação de tal entendimento, (a qual é a um tempo o início das outras) a objetos de uma intuição para nós possível.

Enquanto figurada, essa síntese diferencia-se da intelectual, sem capacidade da imaginação e apenas pelo entendimento. Imaginação produtora é aquela que é espontânea, cuja síntese está sujeita meramente a leis empíricas, ou seja, às leis da associação e que, portanto, não contribui em nada para a explicação da possibilidade do conhecimento "a priori". Por isso, faz parte da Psicologia e não da Filosofia transcendental.

Esse é o lugar da explanação do paradoxo que deve ter dado na vista de qualquer um durante a exposição da forma do sentido interno (*).

Esse paradoxo consta em dizer que o sentido interno nos mostra, à nossa consciência, não como somos em nós mesmos, mas como nos aparecemos, pois nos notamos como temos sido internamente abalados; isso parece contraditório, à medida que teríamos de nos comportar como passivos diante de nós mesmos; por isso, nos sistemas de Psicologia costuma-se fazer o sentido interno passar por idêntico à faculdade de apercepção (que diferenciamos com cuidado).

O que determina o sentido interno é o entendimento e a sua faculdade originária de unir a variedade da intuição, ou melhor, de submetê-la a uma apercepção (como aquilo em que se fundamenta a sua próxima possibilidade). No entanto, por ser o entendimento humano uma faculdade de intuição (a sensibilidade não poderia, apesar disso, apropriar-se dela para ligar a variedade da sua própria intuição); sua síntese, considerada em si mesma, é apenas a unidade da ação da qual como tal é consciente, mesmo sem a ajuda da sensibilidade, porém por meio dela pode definir internamente a sensibilidade em relação à variedade que possa conceder-lhe na forma de sua intuição.

Denominando síntese transcendental da imaginação, o entendimento exerce no sujeito passivo, ao qual é uma faculdade, aquela ação de que dizemos que o sentido interno é abalado por ela. A apercepção e a unidade sintética com o sentido interior são bem distintas, tanto que a primeira como origem da associação reporta-se, sendo chamada de categorias, à variedade das intuições em geral, e anteriormente à intuição sensível dos objetos; já o sentido interno contém apenas a mera forma da intuição, sem ligação da variedade que existe nela e que, portanto, não contém intuição determinada.

Esta somente é possível por meio da consciência da determinação desse sentido pela ação transcendental da imaginação (a interferência sintética do entendimento no sentido interno) que denomina síntese figurada; é o que sempre notamos em nós mesmos. Não podemos entender uma linha sem traçá-la no pensamento, nenhum círculo sem descrevê-lo, nem representar as três dimensões do espaço sem tirar de um ponto três linhas perpendiculares entre si.

(*) O movimento de um objeto no espaço não faz parte de uma ciência pura nem da Geometria, pois não se sabe "a priori", somente pela experiência, que algo seja móvel. Contudo, o movimento como descrição de um espaço é um ato simples da síntese sucessiva da variedade na intuição externa em geral pela imaginação produtiva, e faz parte da Geometria e da Filosofia transcendental.

Não poderíamos nem ao menos representar o tempo sem tirar uma linha reta (a qual deve ser a representação externa figurada do tempo) e considerar a ação da síntese do múltiplo, pelo qual definimos ao mesmo tempo o sentido interno, e por meio desta a sequência desta determinação que nele se insere.

O conceito de sucessão é logo produzido pelo movimento como ação do sujeito, não como determinação de um objeto e, portanto, a síntese da variedade no espaço, quando é feita abstração deste para atender à ação pela qual definimos o sentido interno quanto à sua forma.

Por conseguinte, o entendimento não encontra tal ligação do múltiplo no sentido interno, senão que ao ser atingido por este o produz. De que modo o "eu penso" pode ser diferenciado do eu que se nota (podendo ainda representar-me intuições de outro tipo, ao menos como possíveis) sem deixar de ser com este um único e mesmo sujeito? Como direi que eu, como inteligência e sujeito pensante, conheço-me enquanto objeto pensado, doando-me à intuição como os outros fenômenos, isto é, não como sou ante o entendimento, porém como me apareço?

Essa questão é tão difícil quanto aquela de verificar como eu posso ser para mim mesmo um objeto e também um objeto de intuição e de percepções internas. Não é difícil comprovar que isso deve ser desse modo mesmo, quando se reconhece que o espaço é uma simples forma dos fenômenos dos sentidos externos e que o tempo (o qual não se trata de um objeto da intuição externa) apenas é representável no formato de uma linha que façamos, sem cujo esquema não podemos conhecer a unidade de sua medida. Da mesma maneira, temos de tomar sempre para a definição de um período ou para a das percepções internas aquilo que nos é fornecido de mutável pelas coisas externas; portanto, as determinações do sentido interno devem ser ordenadas precisamente enquanto fenômenos no tempo, do mesmo modo que no espaço são ordenadas as determinações dos sentidos externos.

Quando se reconhece, por conseguinte, que estes não dão conhecimento de objetos somente enquanto somos abalados externamente, também é necessário aceitar com relação ao sentido interno que apenas nos notamos internamente, por meio desse sentido, segundo formos nós mesmos abalados por nós mesmos, ou seja, no que diz respeito à intuição interna só conhecemos nosso próprio sujeito como fenômeno, não como coisa em si (*).

§ 25

Já sou consciente de mim mesmo na síntese transcendental da variedade das representações em geral, por conseguinte da unidade sintética originária da apercepção, não conforme me apareço, nem como sou em mim mesmo, porém somente como consciente de que eu sou. Essa representação não é uma intuição, mas sim um pensamento. Contudo, como para o conhecimento de nós mesmos é requerido, além da ação de pensar que constitui a variedade da intuição possível na unidade da apercepção, um tipo determinado de intuição que oferece essa variedade, minha própria existência não é em realidade um fenômeno (nem ao menos mera aparência).

A determinação de minha existência (**) somente pode se inserir como a forma do sentido interior e como o modo particular em que o múltiplo que eu associo está dado na intuição interna e, portanto, não me conheço como sou, todavia meramente como ante mim apareço.

Embora as categorias formem o pensamento de um objeto geral pela ligação da variedade em uma apercepção, a autoconsciência não é o conhecimento de si próprio. Assim, como para o conhecimento de um

---

(*) Não entendo a dificuldade de aceitar que o sentido interno é abalado por nós mesmos. Toda ação da atenção pode nos fornecer um exemplo. Nesta, o entendimento sempre define o sentido interior segundo a associação que ele compreende para constituir uma intuição interna correspondente à variedade da síntese do entendimento. Cada um pode notar em si como o espírito é, com frequência, percebido desse modo.

(**) O *eu penso* exprime a ação de determinar minha existência. Através disso, pois, a existência já é dada, mas por meio de tal ainda não é dado o modo pelo qual devo determiná-la, quer dizer, colocar em mim a variedade que faz parte dela. Para tanto requerer-se-a auto-intuição à qual subjaza uma fórmula dada "a priori", ou seja, o tempo, que é sensível e faz parte da receptividade do determinável.

Portanto, se não tenho outra auto-intuição que dê o determinante em mim, de cuja espontaneidade apenas sou consciente, é isso antes da ação da determinação do mesmo modo como o tempo fornece o determinável, então não posso definir minha existência como um ser espontâneo, porém apenas me represento a espontaneidade de meu pensar.

Ou melhor, minha ação de determinação e minha existência são determináveis apenas sensivelmente, quer dizer, como existência de um fenômeno. No entanto, esta espontaneidade faz com que eu me denomine inteligência.

objeto diferenciado de mim preciso, além do pensamento de um objeto geral (na categoria), uma intuição pela qual defino esse conceito geral, desse modo também para o conhecimento de mim mesmo preciso, além da consciência de que eu penso, uma intuição da variedade que há em mim por meio da qual defino esse pensamento.

Logo, eu existo como inteligência que tem consciência somente de sua faculdade sintética, no entanto, em relação ao múltiplo que deve sintetizar, encontra-se submetida a uma condição restritiva denominada sentido interno e que pode deixar perceptível essa associação somente conforme as relações do tempo, que não conhecidas pelos conceitos próprios do entendimento. Donde se segue que, esta inteligência pode ser conhecida por si mesma apenas como é aparecida em uma intuição particular (que não pode ser intelectual e dada pelo entendimento) e não seria conhecida se sua intuição fosse intelectual.

§ 26. *Dedução transcendental do uso experimental geralmente possível dos conceitos puros do entendimento*

Na dedução metafísica foi evidenciada a origem das categorias "a priori" em geral, por seu pleno acordo com as funções lógicas gerais do pensamento; na dedução transcendental, vimos sua possibilidade como conhecimentos "a priori" de objetos de uma intuição em geral (§§20 e 21). Agora deve ser explicada a possibilidade de conhecer "a priori", por meio dessas categorias, os objetos que podem ocorrer só aos nossos sentidos e segundo a forma de sua intuição, porém nas leis de sua ligação, portanto a possibilidade de prescrever a lei à natureza e até mesmo torná-la possível. Com efeito, sem essa prestabilidade das categorias não se compreenderia como tudo o que venha a ocorrer aos nossos sentidos precise estar sob as leis que têm origem "a priori" somente do entendimento.

Em primeiro lugar, observarei que entendo por síntese da apreensão a composição da variedade em uma intuição empírica, pela qual a percepção, ou seja, a consciência empírica dessa intuição (como fenômeno) é possível.

Nas representações de espaço e tempo temos formas "a priori" da intuição externa e interna. A síntese da apreensão da variedade do fenômeno deve sempre concordar com elas, pois apenas pode ser efetuada de conformidade com essas formas. Todavia, espaço e tempo são representados como formas da intuição sensível e também como intuições (que contêm uma variedade), portanto com a determinação da unidade dessa variedade neles "a priori" (ver Estética transcendental) (*).

Com (não em) tais intuições já estão dadas "a priori" como condição da síntese da apreensão, a unidade da síntese da variedade que é encontrada em nós ou fora de nós e portanto também uma união (*Verbindung*), com a qual deve conciliar tudo o que tem de ser representado definidamente no espaço e no tempo. Essa unidade sintética é a da união em uma consciência primitiva da variedade de uma intuição dada em geral, porém aplicada, conforme as categorias, somente à nossa intuição sensível. Por conseguinte, está submetida às categorias toda síntese pela qual a percepção é possível e, porque a experiência é um conhecimento por percepções ligadas, as categorias são as condições da possibilidade da experiência e, portanto, valem "a priori" para os objetos empíricos. Por exemplo, quando faço da intuição empírica de uma casa uma percepção da apercepção das várias partes dessa casa, a unidade necessária do espaço e da intuição sensível exterior em geral me é útil como fundamento e, então, faço o desenho da forma dessa casa conforme a unidade sintética das várias partes do espaço. Entretanto, essa mesma unidade sintética, se faço abstração da forma do espaço, inserindo-se no entendimento, é a categoria da síntese do homogêneo em uma intuição em geral, ou melhor, a categoria de quantidade, com a qual deve, portanto, configurar a síntese da apreensão, quer dizer, a percepção (**).

(*) Apresentado como objeto (como realmente se requer na Geometria), o espaço contém além da simples forma da intuição, a composição da variedade dada em uma representação intuitiva, conforme a forma da sensibilidade, de modo que a forma da intuição dá apenas a variedade, e a intuição formal, a unidade da representação.

Na Estética, enumerei essa unidade meramente como pertencente à sensibilidade para somente observar que antecede todo o conceito, não obstante pressuponha uma síntese que não faz parte dos sentidos, mas por meio da qual todos os conceitos de espaço e tempo se tornam possíveis. Visto que por meio dessa síntese (à medida que o entendimento determina a sensibilidade) o espaço ou o tempo são pela primeira vez dados como intuições, e então a unidade dessa intuição "a priori" faz parte do espaço e do tempo e não do conceito do entendimento (§ 24).

(**) Desse modo, comprova-se que a síntese da apreensão, que é empírica, deve estar de acordo, necessariamente, com a síntese da apercepção, que é intelectual, incluída plenamente "a priori" na categoria. A associação da variedade da intuição é gerada por uma única e igual espontaneidade, ali denominada imaginação e, aqui, entendimento.

Outro exemplo: quando percebo a congelação da água, conheço os estados líquido e sólido, os quais estão como tais, respectivamente, numa relação temporal. Contudo, no tempo que eu, como intuição interna, ponho por fundamento ao fenômeno, represento-me necessariamente a unidade sintética da variedade, e sem ela esta relação não poderá ser oferecida definidamente numa intuição (com respeito à sucessão).

Essa unidade sintética (como condição "a priori" sob a qual associo o múltiplo de uma intuição em geral e abstraio a forma constante de minha intuição interna, do tempo) é a categoria de causa, por meio da qual determino, aplicando-a à sensibilidade, tudo o que ocorre segundo a sua relação em geral com o tempo.

A apreensão, pois, nessa ocorrência, e por consequência a própria ocorrência, são achadas relativamente à possível percepção, submetidas ao conceito da relação de causa e efeito e, a mesma coisa, em outros acontecimentos. As categorias são conceitos que prescrevem "a priori", leis aos fenômenos, portanto à natureza, acatada como conjunto dos fenômenos. Agora se deve saber como essas categorias não sendo derivadas da natureza e não se comparando como seu modelo (pois de outra maneira seriam meramente empíricas), pode ser compreendido que a natureza é quem se rege por elas, isto é, como podem definir "a priori" a associação da variedade da natureza sem pegá-la da mesma natureza? Aqui está a solução desta questão.

Há semelhança entre a conformidade das leis dos fenômenos na natureza com o entendimento e com a sua forma "a priori" (ou melhor, com a faculdade de associar a variedade em geral) e aquela que os fenômenos têm com a forma "a priori" da intuição sensível. Como há leis relativamente no homem (e os fenômenos dependem dele), quando tem entendimento, os fenômenos não são coisas em si, existem unicamente no mesmo homem, quando possui sentidos.

Embora não existisse um entendimento que as conhecera, as coisas em si também estariam necessariamente submetidas às leis. Porém, os fenômenos são apenas representações de coisas, as quais são desconhecidas naquilo que em si podem ser. Como meras representações, não estão submetidas à outra lei de uma associação que a prescrita pela faculdade de associar.

A imaginação é a faculdade que une os elementos vários da intuição sensível, que depende do entendimento pela unidade de sua síntese intelectual e da sensibilidade pela variedade da apreensão. No entanto, porque a percepção possível depende da síntese da apreensão e esta síntese empírica da síntese transcendental e, portanto, das categorias, conclui-se que todas as percepções são possíveis. Também tudo aquilo que pode chegar à consciência empírica, isto é, os fenômenos da natureza, quanto a sua associação, estão submetidos às categorias das quais a natureza depende (meramente acatada como natureza em geral) como do motivo originário de sua legitimidade necessária.

Todavia, a faculdade do entendimento puro não pode prescrever "a priori" outras leis aos fenômenos por meras categorias que são úteis como fundamento a uma natureza em geral, como legitimidade dos fenômenos em tempo e espaço. Não podem as leis privadas, referindo empiricamente a fenômenos definidos, originar-se apenas das categorias do entendimento, apesar de que todas estão sujeitas a essas categorias.

Portanto, é preciso que a experiência interfira para conhecer estas últimas leis, porém somente as primeiras nos dão "a priori" ensinamentos da experiência em geral e do que pode ser conhecido como objeto de tal experiência.

§ 27. *Resultado desta dedução dos conceitos do entendimento*

Não podemos imaginar um objeto sem as categorias, não podemos conhecer um objeto imaginado sem as intuições que correspondem a esses conceitos. Entretanto, as nossas intuições são sensíveis e o conhecimento é empírico, quando o objeto é oferecido.

No entanto, o conhecimento empírico é experiência. Por consequência, é impossível o conhecimento "a priori" a não ser o de um objeto de uma experiência possível (*).

Esse conhecimento não deriva ele todo da experiência (limitado meramente aos objetos empíricos), porque as intuições puras e os conceitos

---

(*) Para que não nos oponhamos apressadamente às arriscadas consequências dessa proposição, prevenirei que as categorias no pensamento não são limitadas pelas condições de nossa intuição sensível; no entanto, têm um campo indefinido, e o conhecimento que pensamos ou a determinação do objeto necessita da intuição; contudo faltando esta, o pensamento do objeto pode ter suas consequências verdadeiras e úteis relativamente ao uso da razão que o homem faz, porém não como se trata aqui da determinação do objeto, e portanto do conhecimento, mas também da do sujeito e de sua vontade, ora, tal uso ainda não pode ser exposto aqui.

puros do entendimento são elementos do conhecimento que são encontrados em nós "a priori". Ora é a experiência que possibilita os conceitos, ora são os conceitos que possibilitam a experiência, a fim de gerar a conformidade necessária da experiência com os conceitos de seus objetos.

Como as categorias são conceitos "a priori" e, por isso não são dependentes da experiência (atribuir-lhes uma origem empírica seria aceitar um tipo de *generatio aequivoca*), então a primeira explicação acima não pode convir às categorias (nem à intuição sensível pura).

Por isso, resta a segunda explicação (que é como o sistema da epigenese da razão pura), a saber, que as categorias contêm do lado do entendimento os princípios da possibilidade da experiência em geral. Contudo, elas tornam possível a experiência. Quais princípios da possibilidade da experiência elas oferecem em aplicação aos fenômenos?

A resposta à questão será apresentada no capítulo a seguir, a respeito do uso transcendental do julgamento.

Uma suposição fácil de contestar é a que se constitui, admitindo um caminho intermediário entre as duas que mencionamos e, afirmando que as categorias não são primeiros preceitos "a priori" do nosso conhecimento, espontaneamente formados, nem gerados pela experiência a que e que Deus regulou de tal modo, que seu uso está de acordo exatamente com as leis da natureza, conforme as quais é formada a experiência (que seria como um tipo de sistema de pré-formação da razão pura).

Além de, nessa suposição, não se ver termo à hipótese de disposições pré-definidas para os juízos posteriores, há contra esse novo meio imaginado um argumento decisivo, e é que em caso semelhante, as categorias precisavam da necessidade, que é essencialmente inerente aos seus conceitos.

Por exemplo: como o conceito de causa, que exprime a necessidade de consequência, sob uma condição suposta, não seria verdadeiro se apenas se fundasse em uma necessidade subjetiva, arbitrativa inata em nós, de associar certas representações empíricas, conforme uma regra de relação.

Não poderia dizer: o efeito está associado com a causa no objeto (isto é, necessariamente), porém: sou dessa natureza que não posso gerar essa representação mais do que unida com outra; isto precisamente é o que o cético deseja, porque então nosso saber pelo pretendido valor objetivo de nossos juízos não seria mais do que pura experiência, e não faltaria tampouco quem negasse essa necessidade subjetiva (que deve ser sentida).

Pelo menos não se poderia discutir com ninguém sobre o que dependesse somente da organização de seu sujeito.

RESUMO DESTA DEDUÇÃO

É a apresentação dos conceitos puros do entendimento (e com eles do conhecimento teórico "a priori") como princípios da possibilidade da experiência, entretanto tendo a esta como a determinação dos fenômenos em tempo e espaço em geral e enfim extraindo-a do princípio da unidade sintética originária da apercepção, como da forma do entendimento em relação com o espaço e tempo, como formas originárias da sensibilidade.

Acreditei até aqui ser necessária a divisão em parágrafos, pois tratamos de conceitos elementares, porém agora desejamos expor o uso de tais conceitos e, a apresentação poderá acontecer numa contínua concentração, sem deles ter a necessidade.

LIVRO SEGUNDO

ANALÍTICA DOS PRINCÍPIOS

O entendimento, o juízo e a razão são divisões das faculdades superiores do conhecimento que correspondem, exatamente, ao plano da construção da Lógica geral. Essa ciência trata, portanto, em sua analítica, de conceitos, juízos e raciocínios, e é comumente compreendida, conforme as funções e ordem dessas faculdades do espírito, sob a denominação de entendimento.

A Lógica puramente formal se ocupa somente da forma do pensamento em geral (do conhecimento discursivo) e faz abstração de todo conteúdo do conhecimento (da questão de saber se ele é puro ou empírico). Com isso, se autoriza a encerrar, também em sua parte analítica, um cânone para a razão, porque se pode aperceber "a priori", uma decomposição dos atos da razão em seus momentos, sem a necessidade de prender-se à natureza especial do conhecimento que aí é utilizado.

No entanto, a Lógica transcendental não poderia acompanhar a primeira em sua divisão porque ela está restrita a um conteúdo definido, ou seja, somente ao conhecimento puro "a priori". Com isso, o uso transcendental da razão não pertence à Lógica da verdade, ou seja, à analítica, e não tem valor objetivo. Já sob a Lógica da aparência, ocupa um lugar especial no edifício escolástico, com a denominação de Dialética transcendental.

O entendimento e o juízo pertencem à parte analítica da Lógica transcendental, pois encontram nela o cânone de seu emprego objetivamente válido, ou seja, de sua utilização verdadeira.

Com a intenção da razão de decidir "a priori" alguma coisa referente a certos objetos e ampliar o conhecimento para além dos limites da experiência possível, ela então é dialética, e suas afirmações ilusórias não concordam com um modelo como o que deve conter a analítica.

Sendo um cânone para o julgamento, a analítica dos princípios ensina a aplicar aos fenômenos os conceitos do entendimento que contêm a condição das regras "a priori" do entendimento. Este trabalho se utilizará da doutrina do julgamento pela designação mais exata a que se propõe.

INTRODUÇÃO

DO JUÍZO TRANSCENDENTAL EM GERAL

Entendimento é a faculdade das regras, e o juízo é a faculdade de subsumir sob regras, ou seja, de definir se uma coisa entra ou não numa regra estipulada (*casus datae legis*). Por fazer abstração de todo conteúdo do conhecimento, a lógica geral não contém nem pode conter normas para o juízo. Cabe a ela, portanto, com o que define as regras formais de todo uso do entendimento, apenas mostrar em separado e, por via de análise, a simples forma do conhecimento em conceitos, juízos e raciocínios.

Somente por meio de uma regra poder-se-ia subsumir essas regras, ou seja, decidir se algo entra ou não. Só que essa regra, sendo uma regra, exigiria uma nova orientação por parte do juízo. Com isso, conclui-se que o entendimento pode instruir-se e formar-se por regras, mas o juízo, não. Ele é um dom individual que não pode ser aprendido, mas que se exerce.

Sendo assim, nenhuma escola pode deixar de suprir o que se denomina bom senso, que é o caráter distintivo do julgamento. Para limitação do entendimento, pode-se buscar certas regras e impor certos conhecimentos: no entanto, faz-se necessário que a faculdade de servir-se exatamente venha do próprio indivíduo, só que não há regra que seja capaz de preservá-lo de abuso se não houver esse dom da natureza (*).

Como exemplo, profissionais como um médico, um juiz ou um político, que têm em suas mentes regras patológicas, jurídicas ou políticas que sejam excelentes, dando a entender conhecedores com profundidade de uma ciência, podem simplesmente falhar ao utilizar essas regras, mesmo tendo o entendimento, por faltar-lhes a capacidade de julgar natural. Isso pode acontecer, pela falta de exercícios nesse tipo de julgamento por exemplos e negócios reais, se eles veem bem o geral "in abstracto", e não conseguem decidir se um caso está aí contido "in concreto".

Os exemplos servem para exercer o juízo, porque no que se refere à exatidão e à precisão dos conhecimentos do entendimento, eles são infaustos, e raramente preenchem a condição da regra de modo satisfatório (como *casus in terminis*). E mais, no geral, a tensão necessária ao entendimento para aperceber as regras em toda sua generalidade e independente das circunstâncias particulares da experiência, é debilitada por esses exemplos, chegando a empregá-los costumeiramente como fórmulas e não como princípios.

O juízo toma esses exemplos como muleta para inválido, não podendo abrir mão àquele que não possuir essa faculdade natural. Já com a Lógica transcendental, ao contrário da Lógica geral, não acontece de não poder dar normas ao juízo. Aliás, sua função é corrigir e garantir o juízo através de regras definidas na utilização do entendimento puro. E, voltar à filosofia será inútil e também perigoso se for dar extensão ao entendimento na área do conhecimento puro "a priori", pelos poucos ou quase nada de avanços conseguidos apesar de inúmeras tentativas. O valor da filosofia acontece não quando a tomamos como doutrina, e sim como crítica na prevenção de passos falsos do juízo (*lapsus judicii*) ao utilizarmos os conceitos puros intelectuais dentro de nossa limitação de conhecimento.

Nessa situação, mesmo que a utilização da filosofia seja negativa, ela se mostra com toda sua penetração e habilidade de exame. É característica

---

(*) Estupidez é o nome que se dá à falta de capacidade de julgar e não existe remédio para ela. É suscetível de instrução e de erudição uma cabeça obtusa ou limitada, que apenas precisa do grau que convém de inteligência e de conceitos próprios.

da filosofia transcendental poder, ao mesmo tempo, indicar, "a priori", em que situação a regra deve ser aplicada, como também, a regra (ou condição geral das regras) que está dada no conceito puro do entendimento.

Ao mesmo tempo em que a filosofia tem superioridade sobre todas as outras ciências que dão instruções, com exceção da matemática, apoiando-se em abordar conceitos que se referem "a priori" aos seus objetos, e cujo valor objetivo, em consequência, não pode demonstrar-se "a posteriori", ela precisa mostrar através de signos gerais e suficientes as condições de como se dar objetos em conformidade com esses conceitos. Sem isso, inexistiria conteúdo e, portanto, conceitos puros do entendimento, limitando-se a puras formas lógicas.

Esta doutrina transcendental do juízo será dividida em dois capítulos: um deles abordará a condição sensível com a qual é unicamente possível empregar os conceitos puros do entendimento, ou seja, do esquematismo do entendimento puro; o outro, dos juízos sintéticos que saem "a priori" sob estas condições dos conceitos puros do entendimento e que vão servir para fundamentar a todos os outros conhecimentos "a priori", ou seja, de princípios do entendimento puro.

Capítulo Primeiro

DO ESQUEMATISMO DOS CONCEITOS PUROS DO ENTENDIMENTO

Em toda subsunção de um objeto a só um conceito, a representação do primeiro deve ser homogênea àquela do segundo. Isso significa dizer que o conceito deve conter o que é representado no objeto a ser subsumido a ele. É isso que se entende quando se diz que um objeto está contido em um conceito.

Desse modo, o conceito empírico, por exemplo, de um prato tem algo parecido com o conceito puramente geométrico de um círculo, já que a forma redonda, que no primeiro se pensa, é consebida no segundo. Todavia, os conceitos puros do entendimento, se comparados com as intuições empíricas (ou sensíveis em geral), são totalmente heterogêneas, diferentes, e não se encontram jamais em nenhuma intuição.

Será, então, possível a subsunção dessas intuições que estão submetidas a esses conceitos e, em consequência, a aplicação das categorias aos fenômenos, já que não é possível dizer dessa categoria: a causalidade é perceptível pelos sentidos e está contida no fenômeno?

Essa questão, tão natural e tão relevante faz com que uma crença transcendental do julgamento seja necessária para explicar como os conceitos puros do entendimento podem ser aplicados aos fenômenos em geral. Nas demais ciências, os conceitos pelos quais o objeto é pensado de maneira geral não são essencialmente distintos dos que representam esse objeto *in concreto*, da forma como é apresentado, e a orientação para a utilização do conceito é desnecessária.

Por isso é evidente que deve existir um terceiro termo que seja parecido em uma parte à categoria e em outra ao fenômeno. Essa representação mediadora deve ser pura (não apresentar nenhum elemento empírico), e por isso é preciso que ela apresente um lado intelectual e outro sensível.

Assim é o esquema transcendental.

O conceito do entendimento contém a unidade sintética pura da variedade em geral. O tempo, como condição formal das várias representações dos sentidos internos, e portanto, de sua ligação, possui uma variedade "a priori" na intuição pura. Uma determinação transcendental do tempo é homogênea, parecida com a categoria (que faz a unidade) enquanto é universal e se baseia numa regra "a priori".

Contudo, também é homogênea ao fenômeno, já que o tempo também está presente nas representações empíricas da variedade. Com isso, a utilização da categoria aos fenômenos é possível através da determinação transcendental do tempo. E essa determinação, por sua vez, possibilita a subsunção dos fenômenos à categoria como esquema dos conceitos do entendimento.

É esperado que não haja dúvida, após o estabelecimento da dedução das categorias, a respeito da questão de conhecer se a utilização desses conceitos puros do entendimento é meramente empírica ou é transcendental, ou seja, se não há relação entre eles "a priori". Há a possibilidade de ser ou como fenômenos, como condição de uma possível experiência, ou eles podem estender-se, como condição da possibilidade das coisas em geral, aos objetos em si (sem se restringir à nossa sensibilidade).

Os conceitos, como foram vistos até então, não são possíveis ou necessitam de sentido se um objeto não é fornecido, seja a esses próprios conceitos, seja ao menos aos elementos de que eles se constituem, e que, por conseguinte, eles não podem aplicar-se a coisas em si (sem levar em consideração se e como elas podem ser fornecidas). Foi apresentado como a única possibilidade existente para que os objetos nos sejam fornecidos a transformação de nossa sensibilidade. E, finalmente, foi visto que os conceitos puros "a priori" devem conter "a priori" tanto a função do entendimento na categoria, como algumas condições formais da sensibilidade (especialmente do sentido interno). São unicamente essas condições que possibilitam a utilização das categorias a um dado objeto.

Esta condição formal e pura da sensibilidade, que dá limitação de uso desse conceito do entendimento, do esquema desse conceito e do procedimento do entendimento desses esquemas, será denominada esquematismo do entendimento puro.

O esquema é em si mesmo sempre um produto da imaginação, no entanto, como a síntese desta não tem por finalidade nenhuma intuição particular a não ser só a unidade na determinação da sensibilidade, faz-se necessário não haver confusão entre esquema e imagem. Se cinco pontos são colocados numa sequência, é feita uma imagem do número cinco, mas quando penso um número em geral, seja cinco ou cem, esse pensamento é antes a representação de um método que é utilizado para representar em uma imagem uma quantidade (por exemplo), conforme um conceito que não é essa mesma imagem. Isso, aliás, seria até fácil de fazer se desejasse percorrê-las com os olhos e fazer uma comparação com o conceito apresentado.

A representação de um processo geral da imaginação que é utilizada para dar sua imagem a esse conceito é o que se chama de esquema de um conceito.

De fato, os conceitos sensíveis puros não têm por fundamento imagens de objetos, mas esquemas. Jamais uma imagem de um triângulo poderá adequar-se ao conceito de um triângulo em geral. Com efeito, não há imagem que possa atingir o conceito no geral, que possa fazer com que aquele se aplique igualmente a todos os triângulos, retângulos, ângulos e polígonos, etc., isso porque ela é sempre restrita a uma parte dessa esfera. O esquema do triângulo só existirá no pensamento, e significa uma norma da síntese da imaginação relativamente a algumas figuras puras (criadas pelo pensamento puro) no espaço.

Muito menos ainda, alcança o conceito empírico um objeto da experiência ou uma imagem desse objeto; no entanto, aquele mantém uma relação sempre imediata ao esquema da imaginação como a uma regra que é utilizada para definir nossa intuição conforme um conceito geral. Exemplificando, o conceito de cor denomina uma regra segundo a qual minha imaginação pode se representar de um modo geral a figura de um quadrúpede, sem se restringir a uma figura em especial da experiência, nem a nenhuma imagem possível que "in concreto" possa representar-me.

Esse esquematismo do entendimento, relativo aos fenômenos e à sua simples forma, é uma arte que está escondida nas profundidades da alma humana, dificultando seu conhecimento em sua natureza e em seu segredo. Não é mais possível afirmar que a imagem é um produto da faculdade empírica da capacidade criadora da imaginação, e que os esquemas dos conceitos sensíveis (como de figuras no espaço) é um produto e de alguma maneira um monograma da imaginação pura "a priori", mediante o que e pela qual são só possíveis as imagens, e que essas imagens não podem atar-se ao conceito a não ser através do esquema que nomeiam, se não estão nelas mesmas perfeitamente adequadas.

O esquema de um conceito do entendimento é, por outro lado, alguma coisa que não pode ser reduzida a nenhuma imagem; há apenas a síntese pura operada de acordo com uma regra de unidade, conforme os conceitos em geral e manifestada pela categoria. É um produto transcendental da imaginação, que é a definição do sentido interno em geral, de acordo com as condições de sua forma (do tempo), em relação a todas as representações, enquanto devem juntar-se "a priori" em um conceito em conformidade com a unidade da apercepção.

Sem a preocupação de uma análise prolongada e detalhada como a exigem os esquemas transcendentais dos conceitos puros do entendimento, aqui serão mostrados de uma maneira melhor de acordo com a ordem das categorias e em relação a elas.

O espaço é a imagem pura de todas as quantidades (*quantorum*) para o sentido externo, e o tempo, a de todos os objetos dos sentidos em geral. Por outro lado, o esquema puro da quantidade (*quantitatis*) como conceito do entendimento é o número, que é uma representação que compreende a adição sucessiva de um a um (homogêneos em si). O número não é, portanto, senão a unidade de síntese do diverso de uma intuição homogênea em geral ao introduzir eu o tempo mesmo na apreensão da intuição.

Uma realidade é aquilo que corresponde a uma sensação em geral no conceito puro do entendimento; consequentemente, os objetos como fenômenos, o que neles corresponde à sensação, é a matéria transcendental de todos os objetos como coisas em si (a realidade). Mas qualquer sensação possui um grau ou uma quantidade com a possibilidade de encher mais ou menos o tempo, quer dizer, o sentido interno, até a redução a zero com a mesma representação de um objeto (=o=*negatio*).

O que torna representável a realidade como quantidade é a existência, portanto, de uma relação e de um encadeamento, ou seja, uma ligação entre a realidade e a negação. E o esquema dessa realidade, como quantidade de algo que enche o tempo, é exatamente essa contínua e uniforme produção da realidade no tempo, a partir do momento que, cronologicamente, se desce da sensação, que tem um determinado grau, até que haja seu total desaparecimento, ou quando se sobe, sucessivamente, da negação da sensação até sua quantidade.

O esquema da substância é a permanência do real no tempo; isso significa que se representa o real como um substrato da determinação empírica do tempo, geralmente substrato permanente, enquanto tudo o mais se modifica. O tempo, nele, não passa, e sim a existência do mutável. Ao tempo, portanto, que em si é permanente e imutável, corresponde no fenômeno o imutável na existência; ou seja, a substância. E é na substância que podem determinar-se a sucessão e a simultaneidade dos fenômenos em relação ao tempo.

O esquema da causa e da causalidade de uma coisa em geral é o real; este, uma vez colocado, há a necessidade de estar sempre seguido de alguma outra coisa. Baseia-se, portanto, na sucessão da diversidade à medida que se sujeita a uma regra.

O esquema da reciprocidade ou da mútua causalidade de substância em relação com seus acidentes é a simultaneidade das determinações de uma com as de outras, de acordo com uma norma geral. O esquema da possibilidade é a conformidade da síntese de representações diferenciadas com as condições do tempo em geral, por exemplo: não pode haver a existência do contrário ao mesmo tempo, mas sucessivamente. Em consequência, a determinação da representação de uma coisa em um tempo apresentado.

O esquema da realidade é a existência num tempo definido.

O esquema da necessidade é a existência de um objeto em todo o tempo.

Tudo o que foi visto até então mostra o que contém e significa o esquema de cada categoria: o da *quantidade*, a produção (a síntese) do tempo até, também, na apreensão sucessiva de um objeto; o da *qualidade*, a síntese da sensação (da percepção com a representação do tempo ou ocupação do tempo); o de *relação*, a união das percepções em todo tempo (isto é, de acordo com uma regra de determinação do tempo); e, por fim, o esquema da *modalidade* e de sua categoria, o próprio tempo, para ver a maneira e se este objeto faz parte do tempo.

Os esquemas são, portanto, determinações "a priori" do tempo feitas regras e, conforme a ordem das categorias, têm a série do tempo como objeto, o intervalo do tempo e, finalmente, o conjunto do tempo no tocante a todas as coisas possíveis.

O resultado de tudo isso é que o esquematismo do entendimento, pela síntese transcendental da imaginação, tem uma tendência somente à unidade dos vários elementos da intuição no sentido interno, e ainda assim, mesmo que de maneira indireta, à unidade da apercepção, por ser função que se relaciona ao sentido interno (a sua forma de recepção). Os esquemas dos conceitos puros do entendimento são, portanto, as únicas e verdadeiras condições em que estes conceitos podem colocar-se em relação com objetos e dar-lhes consequentemente, um significado.

Definitivamente, as categorias somente têm possibilidade de uma utilização empírica, pois só são úteis para submeter os fenômenos às regras gerais da síntese, através de princípios de uma unidade imprescindível "a priori" (por motivo do enlace necessário de toda consciência em uma só apercepção primitiva), e transformar, dessa maneira, os fenômenos possíveis de um elo universal em uma experiência. Apesar disso, é no conjunto das possibilidades de experiências que residem todos os nossos conhecimentos e a verdade transcendental que antecipa a empírica, e torna possível a relação geral do espírito com essa experiência.

É claro que se os esquemas da sensibilidade realizam prioritariamente as categorias, também as limitam, ou seja, reduzem-nas em estado tal deixando-as excluídas do entendimento (ou seja, na sensibilidade). Dessa maneira, o esquema é somente o fenômeno no conceito sensível de um objeto de acordo com a sua categoria.

NUMERUS *est quantitas phoenomenon*, SENSATIO *realitas phoenomenon*, CONSTANS *et perdurabile rerum substantia phoenomenon*, AETERNITAS, NECESSITAS, *phoenomenna*, etc., etc. Se suprimirmos uma condição restrita, estendemos, ao que parece, o conceito anteriormente limitado.

Se forem levadas em consideração as categorias em sua significação pura e independente das condições da sensibilidade, terão validade, nessa situação, para os objetos em geral do modo mesmo como eles são, e, por outro lado, os seus esquemas os representam unicamente da maneira que eles nos são expostos, dando às categorias um valor que independe de todo esquema e de uma extensão muito ampla.

Os conceitos puros do entendimento, por conseguinte, é sabido que preservam sempre um determinado sentido, mesmo após feita a retirada de toda condição sensível, mas é um sentido simplesmente lógico; ou seja, o da simples unidade das representações, mesmo estas não possuindo uma finalidade determinada, motivo pelo qual esses conceitos necessitam de significação, já que não têm um objetivo por referência.

Se a substância for separada da determinação sensível da permanência, por exemplo, vai significar somente que uma coisa pode fazer-se como sendo sujeito (mesmo não sendo o predicado de outra coisa). Só que não há a possibilidade de se fazermos nada com essa representação por não conhecermos as regras que deve ter a coisa para se chegar ao título do primeiro sujeito. Assim, as categorias sem esquemas somente são funções do entendimento relativas aos conceitos sem que representem nenhum objeto. Sua significação tem origem na sensibilidade que realiza o entendimento, ao tempo que o restringe.

Capítulo Segundo

SISTEMA DE TODOS OS PRINCÍPIOS DO ENTENDIMENTO PURO

No capítulo anterior, observamos a faculdade transcendental de julgar apenas a partir do ponto de vista das condições gerais necessárias à aplicação dos conceitos puros do entendimento aos juízos sintéticos. Em ordem sistemática, mostraremos aqui os julgamentos que o entendimento forma "a priori" quando submetido a essa reserva crítica. Para tanto, nossa tabela de categorias garantir-nos-á, sem sombra de dúvida, um guia natural e seguro.

Dessa forma, exatamente a relação dessas categorias com a experiência possível é a que deve constituir "a priori" todos os conceitos puros do entendimento e, em consequência, a sua relação com a sensibilidade geral que nos fará conhecer totalmente, e à maneira de um sistema, todos os princípios transcendentais do uso do entendimento.

Não é apenas porque contêm em si os fundamentos de outros juízos que os princípios "a priori" recebem essa denominação, mas além disso, porque estão baseados em conhecimentos mais elevados e gerais. Essa propriedade, no entanto, não os dispensa sempre de uma prova.

Ainda que essa prova não possa ser estabelecida de maneira mais precisa e seja útil antes como fundamento ao conhecimento do seu objeto, não impede que seja possível e até necessário extraí-la das fontes subjetivas que possibilitam o conhecimento de um objeto em geral. De outra forma, pois, fica o princípio exposto à grave suspeita de ser uma afirmativa meramente sub-reptícia.

Assim, vamos nos limitar simplesmente aos princípios que se referem às categorias. Prescindiremos, no campo das nossas investigações, dos princípios da Estética transcendental, segundo os quais tempo e espaço são as condições da possibilidade de todas as coisas como fenômeno e também da restrição desses princípios de que não podem aplicar-se às coisas em si mesmas. Também não fazem parte desse sistema os princípios matemáticos, pois provêm da intuição e não dos conceitos puros do entendimento.

Sendo, porém, juízo sintético "a priori", a sua possibilidade encontrará aqui certamente um lugar, não apenas para demonstrar sua exatidão nem a certeza apodítica, o que é desnecessário, mas unicamente para poder compreender e deduzir a possibilidade de tal espécie de conhecimentos evidentes "a priori".

Também vamos falar do princípio dos juízos analíticos em oposição aos juízos sintéticos, com os quais temos mesmo de nos ocupar, uma vez que, contrapondo-os livrar-nos-emos dos equívocos na teoria dos últimos e tornaremos mais visível sua própria natureza.

PRIMEIRA SEÇÃO

Do princípio supremo de todos os juízos analíticos

Constitui a condição universal, mesmo que puramente negativa, de todos os nossos juízos em geral, seja qual for o conteúdo do nosso conhecimento e a maneira que estiver em relação com o objeto, a de não entrarem em contradição entre si ou, do contrário, são tais juízos por si mesmos nulos (independentemente do objeto). Mesmo que no nosso juízo não haja qualquer contradição, que junte os conceitos de maneira contrária ao objeto e que não se baseie em fundamentos "a priori" e "a posteriori" e, portanto, mesmo que seja falso ou mal fundamentado, sem conter nenhuma contradição interior, ainda assim um juízo pode ser falso ou sem fundamento.

Chama-se "princípio da contradição" esse conceito, pelo qual um predicado está em contradição com uma coisa que não lhe convém. É um critério universal da verdade, apesar de meramente negativo, pelo que pertence apenas à Lógica em virtude de se aplicar aos conhecimentos considerados somente como conhecimentos em geral e independentemente do seu conteúdo, limitando-se a declarar que a contradição o destrói por completo.

Todavia, é possível disso fazer um uso positivo, isto é, não apenas para acabar com o erro (embora se baseie em uma contradição), mas também para conhecer a verdade. Porque se o *juízo é analítico*, sendo afirmativo ou negativo, poderemos conhecer sempre, com perfeição, a verdade através do princípio de contradição. Realmente, o contrário do que já está contido como conceito ou do que é gerado no conhecimento do objeto será negado todas as vezes com razão, e necessariamente afirma-se esse conceito, pois o contrário a ele estaria contradizendo o objeto.

Assim, devemos dar valor ao princípio de contradição como princípio universal e suficiente para todo conhecimento analítico, mas vai até aí somente esse valor para ser usado como critério suficiente da verdade. Esse preceito é a condição "sine qua non" de nossos conhecimentos, pois nenhum deles pode ser oposto sem se destruir por si mesmo, se bem que não se pode destruir o preceito que determina a verdade do nosso conhecimento.

Como iremos nos ocupar agora somente da parte sintética do nosso conhecimento, teremos o cuidado de não ir contra esse inviolável preceito, ainda que nada possamos esperar dele que nos clareie para a verdade em tal tipo de conhecimentos.

Há uma fórmula desse importante princípio, se bem que meramente formal, que contém uma síntese que, indevida e desnecessariamente, passou com o próprio princípio. É a seguinte: É impossível que uma coisa seja e não seja simultaneamente. Além de aplicar aqui a certeza apodíctica (pelo uso da palavra "impossível") de um modo irrelevante, pois ela mesma se subentende pela proposição, fica afetada pela condição do tempo.

Então, diz-se: uma coisa=A, que é algo=B, não pode simultaneamente ser *não* B. O que não impede que sucessivamente possa ser ambas as coisas (B igual que *não* B). Exemplificando: o homem que é moço não pode ser simultaneamente velho; mas ele mesmo pode ser jovem num tempo e em outro, *não jovem*, ou seja, velho.

Entretanto, o princípio de contradição, sendo unicamente lógico, não deve limitar suas afirmativas às relações de tempo, uma vez que essa fórmula é completamente contrária a essa finalidade. A confusão é proveniente do seguinte: depois que separamos um predicado de uma coisa, do conceito desta, une-se em seguida a esse predicado seu contrário. O que não resulta nunca numa contradição com sujeito, mas apenas com o predicado que lhe foi anexado sinteticamente. E é uma contradição que só se apresenta quando se põe o primeiro e o segundo predicados simultâneos.

Ora, se digo: um homem que é ignorante não é culto, tenho de acrescentar a condição: "ao mesmo tempo", mesmo porque o ignorante numa época pode ser instruído em outra, mas se eu afirmar: nenhum homem ignorante é culto, a proposição então é analítica, pois o caráter da ignorância constitui aqui o conceito do sujeito resultando imediatamente nessa proposição negativa do princípio da contradição, sem ser necessário acrescentar a condição *ao mesmo tempo*.

Troquei, por isso, a fórmula desse princípio, e assim o caráter analítico da proposição está claramente exposto.

SEGUNDA SEÇÃO

Do princípio supremo de todos os juízos sintéticos

A explicação da possibilidade dos juízos sintéticos em geral é uma questão, com a qual a Lógica geral nada tem que ver. Na verdade, não necessita nem saber seu nome. No entanto, não é desse modo na lógica transcendental, em que o assunto mais relevante, e digamos o único, funda-se na investigação da possibilidade dos juízos "a priori", suas condições e extensão de seu valor; pois só após ter realizado esse feito é que estará em condições de cumprir, de forma consistente, seu objetivo, isto é, definir a extensão e os limites do entendimento.

Nos juízos analíticos posso me ater ao conceito dado para dizer algo sobre esse conceito. Se o juízo for afirmativo, junto ao conceito somente o que nele estava já pensado; mas se for negativo, excluo do conceito seu oposto.

Já nos juízos sintéticos é necessário que eu saia do conceito oferecido para considerar sua relação com algo do que nele se pensava; portanto, essa relação jamais é uma relação de identidade nem de contradição e, por isso mesmo, não pode o juízo mostrar nem erros, nem verdades.

Quando se admite, então, que é preciso sair de um conceito fornecido a fim de compará-lo sinteticamente com outro, teremos também de aceitar um terceiro termo no qual possa ter lugar a síntese dos dois conceitos.

O que será, pois, esse terceiro termo, que é como o centro dos juízos sintéticos? Poderá ser apenas um conjunto no qual estejam presentes as nossas representações; ou seja, o sentido interno e a sua forma "a priori", ou tempo. A síntese da representação consolida-se na imaginação, mas sua unidade sintética (exigida pelo juízo), baseia-se na unidade da apercepção.

Aqui se deve procurar a possibilidade dos juízos sintéticos, e visto que também esses três termos têm fontes de representações "a priori;" a possibilidade dos juízos sintéticos puros; os quais, a partir disso, serão mesmo fundamentais, quando necessitarmos constituir um conhecimento das finalidades que se baseie somente na síntese das representações.

Ora, para que um conhecimento possa ter uma realidade objetiva, ou seja, referir-se a um objeto e encontrar nele seu valor e seu significado, é preciso que o objeto possa ser dado de alguma forma. Do contrário, os conceitos são inúteis e qualquer coisa que assim for gerada será como se nada tivesse sido feito, mas só brincado com representações. Dar um objeto, se isto por sua vez não for entendido apenas mediatamente, mas representar imediatamente na intuição, é somente relacionar sua representação com a experiência (verdadeira ou possível).

São certamente espaço e tempo conceitos puros de todo elemento empírico e, por isso, representados "a priori" em nosso espírito; todavia, ainda assim precisariam do valor objetivo e significação se a sua aplicação não fosse demonstrada nos objetos da experiência.

A própria representação é só um esquema que sempre reporta-se à imaginação produtiva, a que suscita as finalidades da experiência, sem as quais não teriam nenhuma significação, e, assim ocorre com todos os conceitos, sem diferenciação.

A "possibilidade de experiência" é, portanto, o que dá realidade objetiva aos nossos conhecimentos "a priori". No entanto, a experiência apoia-se na unidade sintética dos fenômenos, quer dizer, na síntese do objeto dos fenômenos em geral, e conforme conceitos, síntese sem a qual a experiência nem os conhecimentos seriam senão como uma rapsódia de percepções sem conformidade entre si, de acordo com as regras de uma só consciência (possível), e, desse modo, não prestariam para a unidade transcendental necessária da apercepção.

Logo, a experiência tem por fundamento preceitos determinantes de sua forma "a priori", ou seja, regras gerais que formam a unidade na síntese dos fenômenos, cuja realidade objetiva e possibilidade na experiência sempre podem mostrar, como condições necessárias. Sem isto, as proposições sintéticas "a priori" são inteiramente impossíveis, pois lhes falta um terceiro termo, quer dizer, um objeto puro no qual a unidade sintética dos seus conceitos possa definir a sua realidade objetiva.

Ainda que conheçamos, do espaço em geral e das figuras que nele a imaginação produtiva descreve "a priori" muitas coisas através de juízos sintéticos, sem precisarmos para isso da experiência, esse conhecimento seria somente uma ilusão inútil se o espaço não fosse admitido como condição de fenômenos que formam a matéria da experiência exterior.

Os juízos sintéticos puros reportam-se, então, se bem que de uma maneira mediata, à experiência possível, isto é, à sua própria possibilidade e nisso, somente, estabelecem o valor objetivo da sua síntese.

A experiência como síntese empírica em sua possibilidade é, portanto, a única forma de conhecimento que realiza a outra síntese e esta, como conhecimento "a priori", não é verdadeira (em desarmonia com o objeto), somente quando não contém mais que o que é necessário à unidade sintética da experiência em geral.

O preceito superior dos juízos sintéticos é, portanto, que todo objeto está submetido às condições necessárias à unidade sintética da variedade da intuição numa experiência possível.

São possíveis, dessa forma, os julgamentos sintéticos "a priori", quando relatamos condições formais da intuição "a priori", a síntese da imaginação e a sua unidade necessária numa apercepção transcendental a um conhecimento experimental possível em geral e podemos dizer: as condições da "possibilidade da experiência" são simultaneamente as da "possibilidade dos objetivos da experiência", e é por isso que têm um valor objetivo num juízo sintético "a priori".

TERCEIRA SEÇÃO

Representação sistemática de todos os princípios sintéticos do entendimento puro

Se há normalmente princípios, atribui-se isso unicamente ao entendimento puro. O que não significa apenas a faculdade de gerar regras em relação, que se sucede, mas também a fonte mesma dos preceitos pelos quais tudo (o que somente pode nos ser apresentado como objeto) é sujeito a regras, pois sem elas não poderíamos nunca aplicar aos fenômenos os conhecimentos de seu objeto correspondente. Quando são acatadas as mesmas leis da natureza como preceitos do uso empírico do entendimento, implicam então um caráter de necessidade, e, portanto, a presunção pelo menos de que estão determinadas por preceitos que têm valor "a priori", e anteriores a toda experiência. Porém, todas as leis da natureza sem diferenciação, estão submetidas a preceitos superiores do entendimento, conquanto não são mais que suas aplicações a casos privados do fenômeno.

Consequentemente, apenas esses princípios dão a regra e, de certa maneira, o expoente de uma regra em geral; simultaneamente, a experiência dá o caso que se deve sujeitar à regra.

Não haverá problemas aqui se tomarmos preceitos meramente empíricos por preceitos do entendimento puro, ou vice-versa; pois a necessidade intelectual ontológica que caracteriza os preceitos do entendimento puro e cuja falta não é difícil de notar nos preceitos empíricos, por gerais que sejam, podem sempre impedir essa confusão. Existem, entretanto, princípios puros "a priori", que propriamente não posso conceder ao entendimento puro, pois não têm origem em conceitos puros (mesmo que por mediação do entendimento), quando o entendimento é a faculdade de conceitos.

Os princípios das matemáticas se encaixam nessa situação; sua aplicação, entretanto, à experiência, e, portanto, seu valor objetivo e até a possibilidade mesma do conhecimento sintético "a priori" desses princípios (sua dedução) tomam assento sempre no entendimento puro. Assim, não colocarei entre meus preceitos os das matemáticas, mas somente aqueles em que é fundamentada sua possibilidade e seu valor objetivo "a priori", e que, por isso, devem ser acatados como os preceitos desses preceitos, porque procedem dos conceitos à intuição e não da intuição aos conceitos.

Tem sua síntese um uso matemático ou dinâmico, na aplicação dos conceitos puros do entendimento à experiência possível, pois se reporta meramente em parte à intuição e em parte à existência de um fenômeno em geral. Todavia, as condições "a priori" da intuição são totalmente necessárias em relação a uma experiência possível; já as da existência de objetos de uma intuição empírica possível são por si próprias incertas. Os preceitos do uso matemático serão, portanto, inteiramente necessários; ou seja, apodícticos, e os de uso dinâmico somente terão o caráter de necessidade "a priori" sob a condição de um pensamento empírico na experiência, isto é, apenas de uma maneira mediata e indireta.

Por esse motivo, não terão a evidência imediata que é especial aos primeiros (mas, sem prejuízo, de sua certeza em relação à experiência universal). Tudo isso será muito melhor entendido no fim deste sistema de preceitos.

A tábua de categorias nos fornece, de modo natural, o plano dos princípios, uma vez que estes são as próprias regras de uso objetivo das categorias. Então, os princípios do entendimento são:

<blockquote>
I
AXIOMAS
DA INTUIÇÃO

II
ANTECIPAÇÕES
DA PERCEPÇÃO

III
ANALOGIAS
DA EXPERIÊNCIA

IV
POSTULADOS
DO PENSAMENTO EMPÍRICO EM GERAL
</blockquote>

Essas denominações, eu as escolhi com cuidado para colocar em relevo as diferenças que há sob os olhos da experiência e da prática. Adiante se advertirá que no que concerne à evidência e à determinação "a priori" dos fenômenos, conforme as categorias da quantidade e qualidade, (levando-se em conta apenas a forma desses fenômenos), os princípios dessas categorias diferem e muito dos das outras duas; uma vez que os primeiros têm uma certeza intuitiva e, os demais, meramente discursiva, por mais que uns e outros sejam capazes de uma plena certeza. Por isso, chamo aos primeiros princípios matemáticos e, aos outros, dinâmicos (*).

(*) Toda ligação (*conjuctio*) é ou composição (*compositio*) ou conexão (*nexus*). A primeira é a síntese da variedade cujos elementos não pertencem necessariamente um ao outro; por exemplo, os dois triângulos de um quadrado dividido pela diagonal não pertencem por si necessariamente um ao outro. O mesmo sucede com a síntese do homogêneo em tudo o que possa ser acatado matematicamente (esta síntese pode ser dividida na da agregação e da coalização, reportando-se a primeira a quantidades extensivas e a segunda a quantidades intensivas). O segundo tipo de ligação (*nexus*) é a síntese da variedade na proporção em que cada elemento pertence necessariamente um ao outro, e desse modo, por exemplo, o acidente em relação com qualquer substância ou a causa em relação com o efeito, ainda que representados como heterogêneos, são entretanto representados como ligados "a priori". Por não ser arbitrária, denomino esta ligação de dinâmica, pois concerne à ligação da existência da variedade (e pode ser dividida entre a ligação física dos fenômenos entre si e a metafísica na faculdade "a priori" de conhecimento).

Considere-se que aqui não atendo mais aos princípios matemáticos num caso, nem os da dinâmica geral (física) em outro, porém apenas aos do entendimento puro em sua relação com o sentido interno (sem diferenciar as representações que nele ocorrem). Denominando-as desse modo, faço-o mais em virtude da sua aplicação que do seu conteúdo, e empreendo agora sua avaliação de acordo com a ordem em que são mostrados na tábua.

I. *Axiomas da intuição*

Princípio: Todas as intuições são quantidades extensivas

Prova

Segundo sua forma, todos os fenômenos compreendem uma intuição no espaço e no tempo que lhes é útil como fundamento "a priori". Eles não podem ser assimilados, ou seja, recebidos na consciência empírica, somente através desta síntese do múltiplo, pela qual são produzidas as representações de um espaço ou de um tempo definidos, isto é, pela composição de seus elementos homogêneos e pela consciência da unidade sintética desses elementos vários (homogêneos). Contudo, a consciência da variedade homogênea na intuição em geral, ao mesmo tempo que a representação de um objeto apenas desse modo é possível, baseia-se no conceito de uma quantidade (*quanti*).

Mesmo a percepção de um objeto como fenômeno, portanto, somente é possível através dessa unidade sintética do múltiplo na intuição sensível, unidade pela qual a da decomposição do homogêneo diverso é gerada no conceito de uma quantidade; ou seja, os fenômenos são quantidades, e quantidades extensivas, pois são representados indispensavelmente como intuições no espaço ou no tempo, mediante a mesma síntese pela qual se definam em geral espaço e tempo.

Nomeio quantidade extensiva aquela na qual a representação das partes possibilita a do todo (a que necessariamente antecede). Não posso representar-me uma linha, por pequena que seja, sem traçá-la em pensamento; isto é, sem reproduzir sequencialmente todas as partes de um ponto a outro, e sem formar a intuição com essa plástica. Ocorre a mesma coisa com qualquer parte do tempo, por pequena que seja. Eu só posso gerá-la através de uma progressão sucessiva que parte de um momento a outro e, da soma dessas partes de tempo, breve resultará uma quantidade de tempo definida.

Sendo o espaço ou o tempo a intuição pura em todos os fenômenos, todo fenômeno é uma quantidade extensiva, enquanto intuição, pois somente pode ser conhecido através de uma síntese sucessiva (de parte a outra) que a apreensão confere. Todos os fenômenos, portanto, são notados primeiramente como agregados (como porção de partes fornecidas anteriormente), o que não acontece sempre em todas as classes de quantidades, mas apenas nas que representamos e aprendemos como extensivas.

Nesta síntese sequencial da imaginação produtiva na criação de figuras é que são fundamentadas as matemáticas da extensão (Geometria) com seus axiomas, que denotam as condições da intuição sensível "a priori", que são as únicas que tornam possível o esquema de um conceito puro da intuição externa, por exemplo, que entre dois pontos não cabe mais que uma linha reta possível, ou que duas linhas retas não contêm um espaço, etc. São esses axiomas que não se relacionam propriamente senão as quantidades, "quanta" enquanto tais.

No tocante à quantidade (*quantitas*), ou seja, à questão de saber qual é o tamanho de uma coisa, a respeito disso não há axiomas no verdadeiro sentido da palavra, por mais que muitas destas proposições sejam sintéticas e imediatamente certas (*indemonstrabilia*). Porque, que o par aditado ao par ou tirado do par dê o par, são estas proposições analíticas, mesmo que tenho consciência imediatamente da identidade da produção de uma quantidade com a outra. Os axiomas, pelo contrário, devem ser princípios sintéticos "a priori".

Assim, as proposições evidentes que exprimem as relações numéricas são sintéticas, pelo que não merecem o nome de axiomas, mas o de fórmulas numéricas. A proposição que $7+5=12$ não é analítica de maneira alguma. Eu não penso o número 12 nem na representação de 7, nem na de 5, mas na da união desses dois números (que eu concebo necessariamente na soma dos dois, ainda que aqui não seja essa questão adequada, pois em uma proposição analítica não se trata de saber se eu concebo, de fato, o predicado na apresentação do sujeito).

Embora sintética, essa proposição é particular. Enquanto aqui só consideramos a síntese das quantidades homogêneas (das unidades), esta apenas de um modo pode ser realizada, por mais que depois seja geral o uso desses números.

Caso eu diga que um triângulo é construído com três linhas, em que duas juntas podem ser maiores que a terceira, somente há nisso pura função da imaginação produtiva, que pode traçar linhas mais ou menos grandes e fazer com que formem toda classe de ângulos.

O número 7, ao contrário, é possível de um único modo, e assim também o 12, produzido pela síntese do primeiro com 5. Tais proposições, portanto, não podem ser chamadas axiomas (pois do contrário haveria um número infinito delas), e sim fórmulas numéricas.

Este princípio transcendental da ciência da matemática dos fenômenos amplia em muito o nosso conhecimento "a priori", pois apenas a ele as matemáticas puras podem ser aplicadas com sua precisão aos objetos da experiência, e sem ele não só não seria clara por si mesma sua aplicação, como também daria margem a determinadas contradições. Os fenômenos não são coisas em si. A intuição empírica é possível somente pela intuição pura (de tempo e espaço); o que a geometria diz deste é aplicado àquele.

A partir daí não poderia protestar que os objetos dos sentidos não devem conformar-se às leis da construção no espaço (por exemplo, com a infinita divisibilidade das linhas ou dos ângulos); pois desse modo se negaria simultaneamente todo valor objetivo ao espaço, e com ele a todas as matemáticas, não mais se sabendo porque e até que ponto são estas aplicáveis aos fenômenos.

A síntese de espaços e tempos é o que torna possível, como formas fundamentais de toda intuição, a apreensão do fenômeno, e, consequentemente, toda experiência externa e todo o conhecimento de objetos da experiência. E tudo o que a matemática prova em sua aplicação pura àquela síntese vale também indispensavelmente para a experiência.

Todas as objeções contrárias são apenas argúcias de uma razão pouco ilustrada que erroneamente acredita que pode libertar aos objetos da condição formal de nossa sensibilidade e que os representa como objetos em si oferecidos ao entendimento, embora não sejam mais do que fenômenos. Se assim fosse, seguramente nada deles poderia ser conhecido "a priori", e, portanto, mediante os conceitos puros do espaço e a ciência que as determina, a geometria não seria possível.

II. *Antecipações da percepção*

Princípio: Em todos os fenômenos, o real, que é um objeto da sensação, tem uma qualidade intensiva, isto é, um grau.

Prova

A percepção é a consciência empírica, quer dizer, a consciência em companhia da sensação. Assim, enquanto objetos da apercepção, os fenômenos não são intuições puras (simplesmente formais) como o espaço e o tempo (que não podem ser percebidos em si mesmos). Eles contêm, portanto, além da intuição, a matéria de qualquer objeto em geral (pelo qual é representada qualquer coisa de existente no espaço ou no tempo), ou seja, o real da sensação, acatado como uma representação meramente subjetiva de que se pode ter consciência apenas enquanto o sujeito é abalado, e que se relaciona este com um objeto qualquer.

É possível, porém, ter lugar uma transformação gradual da consciência empírica em pura, em que o real da primeira desapareça totalmente, restando uma consciência meramente formal "a priori" da variedade contida no espaço e no tempo; portanto, é também possível uma síntese da produção da quantidade de uma sensação depois de seu começo, a intuição pura$=0$, até uma quantidade arbitrária dela. E já que a sensação não é por si mesma uma representação objetiva, não se encontrando nela nem intuição do espaço nem do tempo, ela não tem quantidade extensiva, embora tenha uma quantidade (através da sua apreensão, onde a consciência empírica pode aumentar em um determinado tempo depois do nada até um grau oferecido), e por isso ela tem uma quantidade intensiva, à qual deve corresponder também em todos os objetos da percepção, enquanto esta contém uma sensação, isto é, um grau de influência nos sentidos.

Chamar-se-á antecipação a todo conhecimento pelo qual posso conhecer e definir "a priori" o que faz parte do conhecimento empírico, e essa é certamente a significação que dava Epicuro. Como, porém, há nos fenômenos algo que nunca é conhecido "a priori", e que forma, assim, a diferença real entre o empirismo e o conhecimento "a priori", e que esse algo é a sensação (como material da percepção), segue-se que o que realmente não pode ser antecedido é a sensação. Ao contrário, poderemos chamar de antecipações de fenômeno as determinações puras no espaço e no tempo, tanto com relação à figura quanto à quantidade, porque representam "a priori" o que sempre pode se dar "a posteriori" na experiência.

Imaginemos que há algo que possa ser conhecido "a priori" em cada sensação, acatada como uma sensação em geral (sem que uma sensação particular se tenha dado); esse algo mereceria também ser chamado antecipação, se bem que em sentido extraordinário. Digo extraordinário, pois é bem estranho, sem dúvida, antecipar a experiência naquilo que diz respeito exatamente à sua matéria e que só pode ser tirado dela. Todavia é isto o que aqui ocorre.

A apreensão pela simples sensação preenche só um instante (a saber, se não considero a sucessão de várias sensações).

Enquanto ela é no fenômeno algo cuja apreensão não é uma síntese sequencial que antecede indo das partes à representação total, essa apreensão, portanto, precisa de quantidade extensiva; a falta de sensação no mesmo instante representá-lo-ia como vazio, como igual a zero. O que corresponde à sensação na intuição empírica é, por conseguinte, realidade (*realiter phaenomenon*); e o que corresponde à falta da sensação é a negação. Além disso, toda sensação é suscetível de diminuição, tanto que, insensivelmente, ela pode diminuir e desaparecer.

Portanto, existe entre a realidade no fenômeno e a negação uma cadeia contínua de sensações intermediárias possíveis, entre as quais sempre há menos diferença que entre a sensação oferecida e o zero ou a total negação. Isto é a mesma coisa que dizer que o real em um fenômeno tem sempre uma quantidade, porém que essa quantidade não se acha na apreensão, se bem que esta se verifica no momento através da simples sensação e não por uma síntese sequencial de muitas sensações, não procedendo, pois, das partes ao todo. Por conseguinte, tem uma quantidade, que todavia não é exterior.

A essa quantidade, que só como unidade se apreende, e em que a pluralidade apenas pode ser representada por aproximação à negação, chamo-a quantidade intensiva. Toda realidade no fenômeno tem, portanto, uma quantidade intensiva, isto é, um grau. Quando se acata essa realidade como causa (seja da sensação ou de outra realidade no fenômeno, por exemplo, de uma mudança), denominamo-la um momento, por exemplo, o momento da gravidade, e isto devido ao grau apenas designar a quantidade cuja apreensão não é sucessiva, mas momentânea. Refiro-me a isto brevemente, porque ainda não vou tratar da causalidade.

Assim sendo, toda sensação e toda realidade no fenômeno, por pequena que seja, tem um grau; ou melhor, uma quantidade intensiva que no entanto pode ser diminuída, havendo entre a realidade e a negação uma série contínua de realidades e de percepções possíveis, cada vez menores. Uma cor qualquer, como o vermelho, possui um grau que por pequeno que seja jamais é o último menor possível; também assim sucede com o calor, com o momento da gravidade, etc.

A propriedade das quantidades segundo a qual nenhuma de suas partes pode ser a menor possível nelas (nenhuma parte é simples) é o que se denomina sua continuidade. Espaço e tempo são quantidades contínuas (quanta contínua), pois nenhuma de suas partes pode ser dada sem estar contida em limites (pontos e instantes), e sem que essa mesma parte não seja um espaço ou um tempo. O espaço, então, é composto de espaços, e o tempo, de tempos.

Os pontos e os instantes não limitam o espaço e o tempo, ou seja, apenas marcam os lugares de sua circunscrição. E esses lugares supõem sempre intuições que os limitam ou definem, e nem espaço nem tempo podem conceber-se como compostos de simples lugares de partes integrantes que são supostas fornecidas anteriormente. Essa classe de quantidades, podemos chamá-las de quantidades fluentes, pois a síntese (da imaginação criadora) as produz por uma progressão no tempo, cuja continuidade se designa em geral com a palavra fluir.

Dessa forma, todos os fenômenos em geral são quantidades contínuas, por sua intuição, ao ser quantidades extensivas, e também por sua simples percepção (sensação e, portanto, realidade) como quantidades intensivas. Quando é interrompida a síntese da variedade dos fenômenos, essa variedade não é, pois, um fenômeno como "quantum", entretanto meramente um agregado de diversos fenômenos, produto da repetição de uma síntese sempre interrompida, em vez de sê-lo pela mera progressão da síntese geradora de um tipo dado. Ao dizer que 13 táleres representam determinada quantidade de dinheiro, utilizo-me de uma expressão precisa se com isso assimilo um marco de prata fina.

Esse marco é certamente uma quantidade contínua na qual não há parte que seja a menor possível, e onde cada parte podia constituir uma moeda que conteria sempre matéria para outras menores. No entanto, se entendo por aquela expressão 13 táleres redondos, ou melhor, 13 moedas (qualquer que seja o seu valor), será impróprio que a isso eu chame de uma quantidade de táleres; tenho de chamá-lo um agregado, ou seja, um número de moedas. E como em todo número é necessária uma unidade que seja útil como fundamento ao fenômeno, como unidade é um "quantum" e, portanto, sempre um contínuo.

Considerando então que todos os fenômenos, tanto como extensivos ou como intensivos, são quantidades contínuas, a proposição de que toda mudança (passagem do estado de uma coisa para outro) é contínua, poderia ser demonstrada aqui com facilidade e com evidência matemática se a causalidade de uma mudança em geral não estivesse completamente fora dos limites da filosofia transcendental e não supusesse preceitos empíricos. Pois, que possa haver uma causa que altere o estado das coisas, isto é, que as defina em um sentido contrário a determinado estado oferecido, a esse respeito o entendimento nada nos diz "a priori", porque não vê a possibilidade (o que nos falta na maior parte dos conhecimentos "a priori"), e também porque a mutabilidade atinge apenas certas determinações dos fenômenos que só a experiência pode nos demonstrar, enquanto a causa continua no imutável.

Por dispormos aqui somente dos conceitos puros, fundamentais de toda experiência possível, e nos quais nada de empírico deve haver, não podemos, sem quebrar a unidade do sistema, antecipar nada da Física geral, construída em cima de determinados preceitos da experiência.

Apesar disso, não faltam provas que demonstrem a grande influência de nosso princípio na antecipação das percepções, e até suprindo-as também, de sorte que evita as falsas conclusões que daí poderiam ser tiradas.

Se na percepção toda realidade tem um grau, entre esse grau e a negação há uma série infinita de graus sempre menores, assim, cada sentido deve ter um certo grau de receptividade para as sensações. Portanto, não há percepção nem experiência que prove imediata, ou mediatamente (qualquer escolha que se opte para chegar a essa conclusão), a ausência absoluta de toda realidade no fenômeno; que da experiência não se pode tirar a prova de um espaço ou de um tempo vazios.

Para começar, a ausência absoluta de realidade na intuição sensível não pode sequer ser percebida; depois, tampouco, ser deduzida de nenhum fenômeno particular, nem da diferença de seus graus de realidade, nem pode ser admitida jamais para a explicação dessa realidade. Efetivamente, embora toda intuição de um espaço e de um tempo determinado seja totalmente real, ou melhor, que nenhuma parte desse espaço ou tempo esteja vazio, entretanto, como toda realidade tem o seu grau, que pode diminuir de acordo com uma infinidade de graus inferiores até o nada, sem que a grandeza extensiva do fenômeno deixe de ser a mesma, deve existir uma infinidade de graus diferentes preenchendo o espaço e o tempo, e a grandeza intensiva nos vários fenômenos deve poder ser menor ou maior, mesmo que a grandeza extensiva da intuição continue igual. Exemplificaremos.

Ao perceberem uma grande diferença na quantidade de matéria contida em um mesmo volume em corpos de diversas espécies (pelo peso ou pela resistência oposta a outras matérias em movimento), os físicos pensaram que esse volume (quantidade extensiva do fenômeno) deve conter o vazio em todas as matérias, mesmo que em proporções diferentes. Quem havia de pensar que esses naturalistas, em sua maioria matemáticos e mecânicos, fundamentam sua conclusão em uma mera suposição metafísica, que deveras pretendem evitar?

Todavia é isso o que fazem ao admitir que o real no espaço (não digo aqui impenetrabilidade ou peso, pois são conceitos empíricos) é em todas as partes idêntico, e que não pode distinguir-se mais do que pela quantidade extensiva, ou seja, pela pluralidade. A essa hipótese, que não tem nenhum fundamento na experiência e que é totalmente metafísica, eu oponho uma prova transcendental, que de fato não explica a diferença no modo como o espaço é preenchido, porém que suprime completamente a pretensa necessidade de supor que essa diferença só pode ser explicada admitindo os espaços vazios, e que, pelo menos, tem a vantagem de permitir ao espírito que a conceba de qualquer outra forma, se a explicação física exige aqui qualquer suposição.

Dessa forma, se espaços iguais podem perfeitamente ser ocupados por matérias diferentes, de tal sorte que em nenhum deles haja um ponto em que a matéria esteja ausente, mas todo real da mesma quantidade tem seu grau (de resistência ou gravidade) que pode ir decrescendo, sem que a quantidade extensiva ou a pluralidade decresçam ou desapareçam no vazio. Assim, uma dilatação que preenche um espaço, por exemplo, o calor ou qualquer outra realidade (fenomênica), pode ir escasseando por graus até o infinito, sem por isso deixar vazia a menor parte do espaço, ocupando-o com esses graus inferiores, o mesmo que encheria com o outro fenômeno com graus mais elevados.

Aqui não tenho intenção de afirmar que seja este o motivo da diferença das matérias quanto ao seu peso específico, no entanto quero apenas demonstrar por um preceito do entendimento puro que a natureza de nossas percepções possibilita essa explicação, e que é um erro considerar o real do fenômeno como igual quanto ao grau, e que difere somente por sua agregação e sua quantidade extensiva, e também acreditar que afirma isso "a priori" por um preceito do entendimento.

Para um estudioso acostumado às considerações transcendentais, e por isso circunspecto, essa antecipação de percepção é algo impressionante, e não pode deixar de articular alguma dúvida sobre a faculdade do entendimento de antecipar uma proposição sintética, como a de grau de toda realidade nos fenômenos, e portanto a possibilidade da diferença intrínseca da sensação mesma, abstração feita de sua qualidade empírica. Por conseguinte, é uma questão importantíssima a de como o entendimento pode aqui decidir "a priori" e sinteticamente sobre fenômenos e antecipá-los no que é própria e meramente empírico; ou melhor, no que diz respeito à sensação.

A qualidade da sensação é sempre puramente empírica, portanto não pode ser representada "a priori" (por exemplo pela cor, pelo gosto, etc.). Contudo o real que corresponde às sensações em geral, por oposição à negação, somente representa algo cujo conceito contém em si uma existência e significa a síntese em uma consciência empírica em geral. Com efeito, a consciência empírica pode, no sentido interno, elevar-se do nada até um grau superior qualquer, de maneira que a mesma quantidade extensiva da intuição (que seja equivalente a uma superfície iluminada) pode provocar uma sensação tão intensa como outras muitas reunidas (superfícies menos iluminadas).

É possível realizar, portanto, uma completa abstração da quantidade extensiva do fenômeno e representar-se, todavia, em um instante apenas na sensação uma síntese da graduação uniforme que se eleva do nada até uma consciência empírica dada. As sensações estão, pois, como tais, oferecidas só "a posteriori". Porém, a propriedade que possuem de ter um grau pode ser conhecida "a priori".

Percebemos assim que não podemos conhecer "a priori" nas quantidades em geral mais que uma só qualidade, a saber, a continuidade, e em toda qualidade (no real do fenômeno) sua quantidade intensiva, ou seja, a propriedade que ela tem de possuir um grau. O restante faz parte da experiência.

III. *Analogias da experiência*

Princípio: a experiência só é possível pela representação de uma ligação necessária das percepções

Prova

Um conhecimento empírico, isto é, um conhecimento que determina seu objeto por meio das percepções, é a própria experiência. Esta é, portanto, uma síntese de percepções que não está contida nessas percepções, contudo encerra a unidade sintética de sua variedade no seio de uma consciência, unidade que forma o essencial de um conhecimento dos objetos dos sentidos, ou seja, da experiência (não apenas da intuição ou da sensação dos sentidos). As percepções não têm, na experiência, um relacionamento umas com as outras, a não ser que isso ocorra de modo acidental, de tal forma que das percepções mesmas não decorre nem pode resultar entre elas qualquer vinculação necessária. A apreensão, com efeito, é uma composição do múltiplo da intuição empírica, e não se dá nela nenhuma representação da necessidade da união de fenômenos que ela forma em espaço e tempo.

Visto que, todavia, a experiência é um conhecimento de objetos através de percepções, e que a relação na existência do múltiplo deve, portanto, representar-se na experiência, não como esse múltiplo está formado no tempo, porém tal como é objetivamente o tempo; e como, de outra parte o tempo mesmo não pode ser percebido, considere-se que se pode determinar a existência de objetos no tempo somente como o tempo é objetivamente; e como de outra parte o tempo mesmo não pode ser percebido, segue-se que não se pode estabelecer a existência de objetos no tempo pela sua união no tempo em geral, ou seja, através de conceitos que os vinculem "a priori".

Como esses conceitos vão, portanto, sempre acompanhados da necessidade, não existe possibilidade da experiência, a não ser que ocorra uma representação da ligação necessária das percepções.

A permanência, a sucessão e a simultaneidade são os três modos do tempo. São três leis que regulam as relações cronológicas dos fenômenos, e segundo as quais a existência de cada um deles pode ser definida em relação à unidade de todo tempo. Essas leis precedem toda experiência que elas possibilitam. O preceito geral dessas três analogias toma assento sobre a unidade necessária da apercepção relativamente a toda consciência empírica possível (da percepção) em cada tempo, e portanto como essa unidade é um fundamento "a priori", sobre a unidade sintética de todos os fenômenos sob o ponto de vista de sua relação no tempo.

De modo efetivo, a apercepção originária se relaciona com o sentido interno (ao conjunto de todas as representações) e "a priori" com sua forma, ou melhor, com a relação dos elementos diversos da consciência empírica no tempo. Ora, todos esses elementos diversos devem ser unidos, de acordo com suas relações de tempo, na apercepção originária, pois é isso que exprime a unidade sob a qual entra tudo quanto deve pertencer ao meu conhecimento (isto é, de meu próprio conhecimento), e, portanto, tudo quanto pode ser um objeto para mim.

Esta unidade sintética na relação cronológica das percepções, que é determinada "a priori", é a lei que faz com que as determinações empíricas do tempo estejam sujeitas às regras da determinação geral do tempo, e que as analogias da experiência, a que vamos nos ater, estejam também no mesmo caso. Esses preceitos não se ocupam de fenômenos nem da síntese de sua intenção empírica, mas apenas de sua existência e de sua relação entre si com relação a essa existência. No entanto, o modo de como algo é apreendido no fenômeno pode definir-se "a priori" para que a regra de sua síntese possa subministrar essa intuição "a priori" em cada caso empírico dado; isto é, realizá-la através dessas mesmas sínteses.

A existência dos fenômenos, porém, não pode ser conhecida "a priori", e embora avancemos por esse caminho a dizer algo a respeito de alguma existência, nós não a conheceríamos de uma forma definida, ou seja, não poderíamos antecipar em que sua intuição empírica não se diferencia de outra qualquer. Os dois preceitos antecedentes, a que chamei matemáticos, pois nos autorizam à aplicação das matemáticas aos fenômenos, reportavam-se a fenômenos sob o aspecto de sua mera possibilidade e nos ensinavam como esses fenômenos podem ser produzidos segundo as regras de uma síntese matemática, não só quanto à sua intuição como quanto ao real em sua percepção. Por esse motivo pode empregar-se em outro caso as quantidades numéricas e com elas, por conseguinte, determinar o fenômeno como quantidade. Desse modo, por exemplo, eu posso determinar "a priori" e formar o grau da sensação da luz solar com cerca de 200 mil iluminações lunares.

Portanto, podemos chamar esses princípios de *constitutivos*. Bem diferente há de ser com os preceitos que submetem a existência dos fenômenos a regras "a priori". Porque, devido esta não pode constituir-se, resulta que esses princípios alcançam apenas uma relação de existência, e só podem ser princípios reguladores. Nem axiomas nem antecipações podem ser buscados aqui; trata-se unicamente de saber quando uma percepção nos é dada em uma relação de tempo com outra (embora indeterminada), qual é essa outra percepção e qual a sua quantidade, e sim como está enlaçada necessariamente com a primeira, quanto à existência nesse modo do tempo.

Na Filosofia, as analogias possuem um significado bem distinto daquele que oferecem na matemática. Nesta, são fórmulas que exprimem a igualdade de duas relações de quantidade e são sempre constitutivas, e de tal sorte que, quando dois membros da proposição estão dados, por si mesmos se dá o terceiro, ou seja é, construído.

Pelo contrário, na Filosofia, a analogia não é a igualdade de duas relações de quantidades, mas de duas relações de qualidade, pelo que, dados três membros não posso conhecer e determinar "a priori" mais do que sua relação com um quarto, porém não esse mesmo quarto membro. Apenas tenho uma regra para buscá-lo na experiência e um signo para encontrá-lo.

Portanto, a analogia da experiência não é mais do que uma regra conforme a qual a unidade da experiência (não a percepção mesma como intuição empírica em geral) deve resultar de percepções e é aplicada aos objetos (fenômenos) meramente como preceito constitutivo. Desse modo, ocorre com os postulados do pensamento empírico em geral, que se reportam simultaneamente à síntese da simples intuição (da forma do fenômeno), à da percepção (da matéria do fenômeno) e à da experiência (da relação dessas percepções).

Têm o mesmo valor que o de princípios reguladores e se diferenciam dos preceitos matemáticos, os quais são constitutivos, não exatamente pela certeza, que é solidamente determinada "a priori" nuns e noutros, porém pela natureza da evidência, ou seja, pelo seu lado intuitivo (e, portanto, também, pela demonstração).

Em todos os princípios sintéticos, entretanto, o que se tem advertido e que aqui deve agora denotar-se especificamente é que essas analogias têm seu valor e significado como preceitos do uso empírico do entendimento e não como o uso transcendental, e que, portanto, apenas sob esse título podem ser apresentados. Os fenômenos, por consequência, não podem subsumir-se às categorias, apenas, no entanto, aos esquemas. Porque, se os objetos a que devem ser reportados esses preceitos fossem coisas em si, seria totalmente impossível ter deles "a priori" algum conhecimento sintético. Contudo, são fenômenos, e a experiência possível, o conhecimento perfeito desses fenômenos, na qual encerram, de maneira definitiva, todos os princípios "a priori".

Podem esses princípios, portanto, ter por objeto somente as condições da unidade do conhecimento empírico na síntese dos fenômenos. Esta unidade, entrementes, apenas é gerada no esquema do conceito puro do entendimento, visto que, como síntese em geral, encontra na categoria uma função que não limita nenhuma condição sensível.

Desse modo, estamos autorizados por esses preceitos a formar os fenômenos só na analogia com a unidade lógica e geral dos conceitos; e, portanto, se no princípio mesmo nos utilizamos da categoria, na realização (aplicação dos fenômenos) substituiremos o preceito com o esquema da categoria, como sendo a chave de sua utilização; ou, melhor ainda, poremos a seu lado esse esquema como condição restritiva, denominada fórmula do princípio.

A — Primeira analogia

Princípio da permanência da substância

A substância é permanente em todas as mudanças dos fenômenos e sua quantidade nem aumenta nem diminui na natureza.

Prova

Estão no tempo todos os fenômenos e somente no tempo a *simultaneidade* e a *sucessão* podem ser representadas como *substratum* (ou forma permanente da intuição interna). O tempo, portanto, onde toda mudança de fenômenos deve ser pensada, continua e não se altera; e a sucessão ou simultaneidade podem ser representadas apenas nele e conforme suas determinações. Ora, em si mesmo o tempo não pode ser percebido. Por conseguinte, é nos objetos da percepção, ou melhor, nos fenômenos, que cumpre buscar o *substratum*, que representa o tempo em geral, e onde pode ser notado na apreensão, através da relação dos fenômenos com ele, toda mudança e toda sucessão.

No entanto, o substrato de tudo o que é real, quer dizer, de tudo o que faz parte da existência, pode ser pensado apenas como determinação. Portanto, essa qualquer coisa de permanente em relação à qual as relações dos fenômenos no tempo são obrigatoriamente determinadas, é a substância do fenômeno, ou seja, aquilo que há nele de real, e aquilo que continua sempre o mesmo, como *substratum* de toda mudança. E porque essa substância não pode ser modificada em sua existência, sua quantidade na natureza não pode nem aumentar nem diminuir.

Nossa apreensão, dos elementos diversos do fenômeno, é sempre sucessiva e, portanto, sempre mutável. Por conseguinte, é impossível que possamos nunca determinar através desse único meio se esta variedade, como objeto da experiência, é simultânea ou sucessiva, a menos que não se fundamente em algo que sempre esteja, algo durável, permanente, de que toda mudança e toda simultaneidade sejam outros tantos modos de ser (*modi*). Logo, apenas no permanente, são possíveis as relações do tempo (pois a simultaneidade e a sucessão são simples relações de tempo); isto é, o permanente, para a representação empírica do tempo mesmo, é o *substratum*, que só possibilita toda determinação do tempo.

A permanência expressa geralmente o tempo como o correlativo constante da existência de fenômenos, de toda mudança e de toda simultaneidade. A mudança, com efeito, não se reporta ao tempo em si, todavia apenas aos fenômenos no tempo (da mesma forma que a simultaneidade não é um modo do tempo mesmo), no qual não há partes simultâneas, porém somente sucessivas.

Caso se atribuísse ao tempo uma sucessão, seria necessário conceber novamente outro tempo, em que fosse possível essa sucessão. Apenas pelo permanente, a existência recebe nas diferentes partes da série sucessiva do tempo, uma quantidade, denominada duração. Assim, pois, na mera sucessão, a existência aparece e desaparece sem cessar, não tendo nunca a menor quantidade. Todavia, como o tempo não pode ser percebido em si mesmo, esse permanente nos fenômenos é o *substratum* de toda determinação do tempo, e também, a condição da possibilidade de toda unidade sintética das percepções, ou melhor, da experiência. E toda existência, toda mudança no tempo, não deve ser considerada mais do que um modo do que dura e não muda.

Nos fenômenos, então, o permanente é o objeto mesmo, isto é, a substância (*phaenomenon*); contudo o que muda ou pode mudar é só o modo de existência desta substância, ou melhor, suas determinações. Eu vejo que em todo tempo, tanto os filósofos, como também o vulgo, acatam esta permanência como um *substratum* de toda mudança de fenômenos e seguirão sempre supondo-o como coisa inquestionável.

Os filósofos vão apenas expressar isso com um pouco mais de precisão, ao dizer: em meio a todas as mudanças que ocorrem no mundo, a substância permanece; só o acidente varia. No entanto, não encontro em parte alguma a menor hipótese de apresentar essa proposição sintética, e até apenas raramente a vejo figurar em seu lugar, nas obras, à frente dessas leis puras e inteiramente "a priori" da natureza. Afirmar, na verdade, que a substância é permanente, é uma expressão tautológica. Porque essa permanência é o único motivo pelo qual aplicamos aos fenômenos a categoria de substância, e seria preciso provar que em todos os fenômenos há algo permanente, cuja existência é determinada pelo variável.

Tal prova, entretanto, não pode ser fornecida dogmaticamente, isto é, por meio de conceitos, porque ela se reporta à proposição sintética "a priori" e como nunca ninguém pensou que semelhantes proposições têm valor apenas em relação com a experiência possível, e portanto só podem ser provadas por meio de uma dedução da possibilidade da experiência, não tem nada de particular que, ainda colocando essa proposição sintética como fundamento de toda experiência (pois é indispensável no conhecimento empírico) ela jamais tenha sido demonstrada.

Foi perguntado a um filósofo qual era o peso do fumo, e ele respondeu: "Tirai do peso da lenha queimada o peso da cinza e restará o peso do fumo". Por conseguinte, ele supunha, como coisa inegável, que a matéria (a substância) nada no fogo perdia, e que só a sua forma alterava. Também a proposição nada não sai do nada, é outra consequência do princípio da permanência, melhor dizendo, da existência sempre subsistente do sujeito próprio dos fenômenos. Porque, se o que é chamado substância no fenômeno há de ser propriamente o *substratum* de toda determinação de tempo, é preciso que toda existência, tanto passada como futura, esteja única e somente estabelecida nele.

Portanto, denominamos um fenômeno de substância, pois supomos sua existência em todo tempo, e isso não exprime bem o termo permanência, que mais parece referir-se ao futuro.

Mas como a necessidade interior, de ser permanente, é inseparável de tê-lo sido sempre, pode seguir-se mantendo essa expressão. *Gigni de nihilo nihil, in nihilum nil posse reverti*, eram duas proposições que os antigos juntavam intimamente e que hoje indevidamente se separam algumas vezes, supondo que são aplicadas a coisas em si, e que a primeira é contrária à ideia de que o mundo depende de uma causa suprema (embora quanto a sua substância). Esse tema é infundado, pois só se trata aqui de fenômenos no campo da experiência, cuja unidade jamais seria possível se admitíssemos que acontecem coisas novas (quanto à substância). Com efeito, neste caso, desapareceria o que só pode representar a unidade do tempo, ou melhor, a identidade do *substratum*, no qual unicamente toda mudança encontra a sua completa unidade. Essa permanência, de qualquer modo, não é mais que a maneira de nos representar a existência das coisas (no fenômeno).

As determinações de uma substância, as que apenas são modos de sua existência, denominam-se acidentes. Reais elas são sempre, pois concernem também à existência da substância (as negações somente são determinações que exprimem a não existência de algo na substância). Quando se atribui uma existência particular a essas determinações reais na substância (por exemplo, ao movimento acatado como um acidente da matéria), então denomina-se a essa existência inerência, a fim de diferenciá-la da substância que é chamada de subsistência. Como resultam disto muitas confusões errôneas, falar-se-ia com maior exatidão e precisão, designando somente por acidente a forma como a existência de uma substância foi satisfatoriamente estabelecida.

Considerando-se as condições a que está sujeito o uso lógico de nosso entendimento, é impossível isolar o que pode mudar na existência de uma substância, enquanto a substância permanece, e de acatá-lo em sua relação com o que é realmente permanente e radical. Por isso, esta categoria entitula-se relações; mais como condição dessas relações do que como contendo em si uma relação. Nessa permanência também é fundamentada a legitimidade do conceito de mudança. O nascimento e a morte não são mudanças do que nasce e falece. A mudança é um modo de existência que ocorre a outro modo de existência do mesmo objeto. Tudo o que muda é, então, permanente e apenas o seu estado é que varia. E como essa mudança não é mais que das determinações que podem acabar ou começar, pode dizer-se, embora pareça paradoxal, que só o permanente (a substância) muda e que o mutável não sofre alteração, havendo porém somente uma vicissitude, uma vez que certas determinações param e outras iniciam.

Dessa forma, a mudança só pode ser percebida nas substâncias, e não há percepção possível do nascer e do morrer, se não enquanto são meras determinações do permanente, pois exatamente é esse permanente que torna possível a representação da passagem de um estado a outro, e do não ser ao ser, e empiricamente só podem conhecer-se como determinações variáveis daquilo que permanece.

Para supor que uma coisa começa a ser absolutamente, é preciso admitir um momento em que não existia. No entanto, em que ligar esse momento, se não com o que já existiu? Porque um tempo vazio anterior não pode ser objeto de percepção. Porém, se é enlaçado esse nascimento com coisas que já antes existiram e que perduraram até este momento esse nascimento, foi apenas uma modificação do que já existia, isto é, do permanente. E da mesma forma com o perecimento de uma coisa: isso pressupõe a representação empírica de um tempo onde um fenômeno cessa de ser.

As substâncias (nos fenômenos) são os *substratuns* das determinações de tempo. O surgimento de umas e o fim de outras suprimiriam até a única condição da unidade empírica do tempo, e os fenômenos se relacionariam então como duas classes de tempo cuja existência decorreria ao mesmo tempo, o que é um absurdo.

Isso justifica não haver mais que um tempo em que todos os outros tempos não estão simultânea, mas necessariamente. A permanência é, portanto, uma condição necessária, a única pela qual determinam-se os fenômenos como coisas ou objetos em uma experiência possível. Mas, a seguir, percorreremos o caminho na busca do critério empírico dessa permanência necessária, e também o da substancialidade dos fenômenos.

B – Segunda analogia

Princípio da sucessão no tempo, segundo a lei da causalidade:

Todas as mudanças acontecem conforme a lei do enlace de causas e efeitos.

Prova

(O princípio precedente mostrou que a totalidade dos fenômenos da sucessão no tempo são apenas mudanças, ou seja, uma existência e não existências sucessivas de determinações da substância que permanece e que, consequentemente, não se admite que uma existência da mesma substância vá atrás de sua não-existência ou uma não-existência de sua existência; ou, de certa maneira, um início ou um fim da substância mesma. Esse princípio poderia ser formulado da seguinte maneira: toda sucessão de fenômenos é apenas uma mudança, isso porque o início ou o fim da substância não são mudanças da mesma, já que o conceito de mudança supõe o mesmo sujeito existente com duas determinações contrárias e, por isso, permanente. Depois de observada essa advertência, segue-se a prova.)

Minhas observações me permitem afirmar que os fenômenos acontecem uns após os outros, isto é, que um determinado estado de coisas acontece em um certo momento, enquanto o contrário tinha existência no estado anterior. Reúno, portanto, propriamente falando, duas percepções no tempo. Só que essa ligação é produto de uma faculdade sintética da imaginação que determina o sentido interno relativamente às relações do tempo e não é obra apenas do sentido nem da intuição.

Esses dois estados são unidos entre si através desta faculdade, de modo que um ou outro precedeu no tempo, porque o tempo em si não pode ser notado, mas apenas na relação com ele há a possibilidade de determinar no objeto o que precede e o que segue, e isto de maneira empírica. Estou consciente, portanto, apenas de que imaginação põe a um primeiro e a outro depois, mas não estou de que no objeto um estado precede ao outro. Falando de outro modo, a mera percepção não determina a relação objetiva dos fenômenos que acontecem uns após outros.

Isso vai ser conhecido de maneira determinada, se a relação entre os dois estados for concebida de tal modo que a ordem na qual devem ser postas se encontre determinada como necessária, ou seja, um primeiro e o outro depois, e não de maneira contrária. Só que o conceito que leva consigo a importância da unidade sintética não pode ser senão um conceito puro do entendimento, e que não pode encontrar-se na percepção. O conceito aqui é de relação, de causa e efeito, ou seja, de uma relação cujo primeiro termo determina o segundo como sua consequência, e não apenas como alguma coisa que poderia preceder na imaginação (ou não ser percebido de modo algum).

Toda mudança à lei de causalidade é possível à experiência mesma, ou seja, o conhecimento empírico de seus fenômenos, porque submetemos a sucessão de fenômenos. Consequentemente, só por essa lei são estes possíveis como objetos da experiência.

É sempre sucessiva a apreensão da diversidade do fenômeno. As representações dos acontecimentos se sucedem umas às outras. E quanto a saber se também nos objetos se sucedem, é este, agora, um segundo ponto de exame que não se apresenta no primeiro. É certo que a toda coisa e mesmo a qualquer representação de que tenhamos conhecimento, há a possibilidade de denominar objeto; no entanto, se se pergunta o significado dessa palavra em relação aos fenômenos, levando-se-lhe em consideração não como objetos (representações) e, sim, como apenas denominando um objeto, esta reflexão exige profundidade mais ampla. Enquanto são meramente consideradas como representações, objetos de consciência, não se diferencia da apreensão, ou seja, da ação que consiste em incluí-las na síntese da imaginação, e, consequentemente, pode afirmar-se que o que existe de diverso nos fenômenos foi sempre produzido no espírito.

Caso os fenômenos fossem coisas em si, não haveria a possibilidade de ninguém explicar, pela sucessão das representações do que têm de diverso, como esta diversidade está enlaçada no objeto. Isso porque nós outros só temos relação com as nossas representações; e está excluída, por completo, da esfera de nossos conhecimentos o saber o que podem ser as coisas em si (independentemente) consideradas das representações com que nos afetam. Porém, ainda que os fenômenos não sejam coisa em si e sejam, todavia, a única coisa de que possamos ter conhecimento, devo, portanto, deixar evidente a ligação que convém no tempo à diversidade dos fenômenos mesmos, até quando a representação dessa diversidade for sempre sucessiva na apreensão.

Dessa maneira, por exemplo, a apreensão do que existe de diverso no fenômeno de uma coisa, colocada perante mim, é sucessiva. No entanto, se se pergunta se são também sucessivas em si as diversas partes dessa coisa, nenhuma pessoa terá com segurança uma resposta positiva. Agora, colocando mais acima meus conceitos, de um objeto sob a ótica transcendental, observo que a coisa é só um fenômeno, e não um objeto em si; ou seja, uma representação, cujo objeto transcendental é desconhecido; que é, portanto, o que eu entendo por esta questão, a saber, como o que existe de diferenciado no fenômeno mesmo (que, no entanto não é nada em si) pode ser ligado? Neste momento, leva-se em conta o que se encontra na apreensão sucessiva enquanto representação; mas o fenômeno que me é apresentado, mesmo sendo só um conjunto de representações, é considerado como objeto dessas mesmas representações, como um objeto que deve ser concordante com o conceito que tirei das representações da apreensão.

De imediato há a advertência de que, como a concordância do conhecimento com o objeto é a verdade, não se permite buscar nessa definição senão as condições formais da verdade empírica, e que o fenômeno por oposição às representações da apreensão só se permite ser representado como objeto distinto dessas representações, enquanto a apreensão está sujeita a uma norma que a diferencia de toda outra, tornando necessária uma espécie de elo, de síntese, de sua diversidade. O objeto é o que inclui no fenômeno a condição dessa regra necessária da apreensão.

Partamos agora ao nosso próprio assunto. Que uma coisa suceda, ou seja, que uma coisa ou um estado, que antes não existia, agora exista, não se poderia notar empiricamente, se antes não existisse um fenômeno que contivesse esse estado; pois uma realidade que sucede a um tempo vazio, por conseguinte um início que não precede a um estado de coisas, não há a possibilidade de para nós outros haver melhor apreensão que o tempo mesmo vazio.

Qualquer apreensão de um evento é uma percepção que sucede a outra. Só que, como em toda síntese da apreensão acontece o que anteriormente mostrei com a apreensão de uma coisa, esse é o motivo pelo qual não se diferencia ainda das outras. E, também, observarei que, se em um fenômeno contendo um acontecimento chamo A ao estado anterior da percepção e B ao seguinte, B não pode seguir A na apreensão, e a percepção A não pode seguir B, mas apenas precedê-la. Como exemplo, vejo um navio descer o curso de um rio. Minha percepção do lugar que ocupo mais abaixo acompanha ou sucede a do que mais acima existia, e é dessa maneira mesmo impossível que na apreensão desse fenômeno possa ser percebido o barco primeiro mais abaixo e logo após mais acima. Há aqui uma determinação da ordem sucessiva das percepções na apreensão e que depende dele mesmo.

Podem minhas percepções, no exemplo dado anteriormente da apreensão de uma casa, iniciar pelo teto da casa e terminar pelos alicerces, ou começar por baixo e acabar por cima, como também começar a apreender pela direita ou pela esquerda os elementos diversos da intuição empírica. Na série dessas percepções não existia, portanto, uma sequência definida que obrigasse a começar por este ou outro ponto para ligar empiricamente os diferentes elementos de minha apreensão.

É por essa regra que deve sempre achar-se na percepção do que acontece e tornar necessária a ordem das percepções sucessivas (na apreensão desse fenômeno). Derivarei, portanto, na situação que estamos expondo, a sucessão subjetiva da apreensão, da sucessão objetiva dos fenômenos, já que a primeira sem a segunda estaria absolutamente indeterminada e não diferenciaria um fenômeno de outro. Ela não nos prova nada por si só no que se refere à ligação do diverso no objeto, pois é totalmente arbitrária.

Portanto, a segunda consistirá na ordem da diversidade do fenômeno, na qual a apreensão de um (que acontece) segue, segundo uma regra, à de outro (que precede). É dessa maneira que posso dizer do fenômeno mesmo, e não apenas de minha apreensão, que há neles sucessão; isso indica que não posso estabelecer a apreensão a não ser dentro dessa sucessão.

De acordo com esse princípio, é, então, no que precede em geral a um evento que se encontra a condição da regra pela qual esse evento tem continuidade sempre e de maneira sucessiva; mas não há a possibilidade de trocar a ordem partindo do evento e determinar (pela apreensão) o que precede, pois fenômeno algum volta do momento seguinte ao que o precede (mesmo que todo fenômeno se refira sempre a algum momento anterior), pelo contrário, a um determinado tempo acontece sucessivamente outro tempo determinado. E, se existe alguma coisa que segue, é de todo ponto importante que eu o refira a algo que preceda e a quem siga, conforme uma regra, quer dizer, necessariamente; de tal modo que o evento, que está condicionado, nos leve com certeza a uma condição que o determina.

Vamos supor que um evento não esteja precedido de nada, a que deva obedecer segundo uma regra; qualquer sucessão, portanto, da percepção, não existiria a não ser na apreensão, e isso quer dizer que o que propriamente precederia e que o que seguiria nas percepções seria apenas determinado de um modo subjetivo e de nenhum modo objetivamente.

Assim, só teríamos um jogo de representações, que não fariam referência a nenhum objeto. Isso quer dizer que, por nossa percepção, um fenômeno não apresentaria nenhuma distinção de outro, sob a relação de tempo, pois é sempre idêntica a sucessão no ato de apreensão e, consequentemente, nada se apresenta no fenômeno que determine essa apreensão de tal modo que torne necessária certa sucessão. Não direi, portanto, então, que dois estados se seguem no fenômeno, mas apenas que uma apreensão acompanha a outra, o que é puramente subjetivo e não determina nenhum objeto, e não pode, por conseguinte, equivaler ao conhecimento de um objeto (nem mesmo no fenômeno).

É comum supormos, quando vemos que algo sucede, que alguma outra coisa a precedeu, a quem segundo uma regra seguiu. De outra forma eu não poderia dizer do objeto que segue; posto que a simples sucessão em minha apreensão, se não está determinada por uma regra, representa algo que precedeu, e não prova uma sucessão no objeto.

Portanto, é sempre, relativamente a uma regra pela qual são os fenômenos determinados em sua sucessão, ou seja, do mesmo modo como se dão, pelo estado precedente, que dou à minha síntese subjetiva (da apreensão) um valor objetivo; e apenas sob essa suposição é possível a mesma experiência de algo que sucede. Ao que tudo indica, isto certamente contradiz quaisquer observações feitas no caminho do nosso entendimento. De acordo com aquelas observações, apenas através da percepção e comparação de vários eventos que se observam sucessivamente de uma maneira uniforme, com fenômenos antecedentes, é-nos permitido descobrir uma regra, pela qual alguns eventos obedecem sempre a certos fenômenos e de fazermos formar o conceito de causa.

Dessa maneira, esse conceito seria puramente empírico e a regra que dá, a saber, que tudo que sucede tem uma causa, seria tão contingente como a própria experiência; sua universalidade e sua necessidade seriam, portanto, meramente fictícias, não possuindo valor algum, pois não se fundam "a priori", mas na indução. Acontece aqui o mesmo que com outras representações puras "a priori" (por exemplo, espaço e tempo) que podemos tirar da experiência em estado de conceitos claros, porque são colocados nela nós mesmos, e fazemo-lo através dela mesmo.

Só que, se essa representação de uma regra que determina a série de eventos não pode conseguir a claridade lógica de um conceito de causa, a não ser no momento que a empregamos na experiência, o conhecimento dessa regra, como condição da unidade sintética dos fenômenos no tempo, é o fundamento da própria experiência e por consequência a precede "a priori".

Um exemplo é necessário para que na experiência mesma nunca atribuamos ao objeto a sucessão (que nos representamos em um evento quando alguma coisa acontece que antes não existia) e que a distinguimos de nossa apreensão subjetiva, como se uma regra feita princípio nos obrigasse a observar esta ordem de percepção de preferência a outra, até o ponto que é exatamente essa necessidade que possibilita a representação de uma sensação no objeto.

Podemos também ter consciência de representações que possuímos em nós mesmos. Mas por extensa, exata e precisa que essa consciência possa ser, essas não são mais do que representações, ou seja, determinações interiores de nosso espírito, nesta ou em alguma outra relação de tempo. Como, portanto, é que as supomos um objeto ou lhes atribuímos, além da realidade subjetiva que como modificações possuem, não sei que espécie de realidade objetiva? O valor objetivo não pode consistir na relação com outra representação (como aquela do que se atribuiria ao objeto) pois, caso contrário, apresenta-se novamente a questão de saber como sai esta representação de si mesma, além do subjetivo que lhe é próprio como determinação do estado de espírito.

Se encontramos que uma qualidade adita a relação com um objeto a nossas representações e que é a importância que tiram, pensamos que somente tem utilidade para tornar necessário o vínculo das representações em certo sentido e colocá-la sob uma regra, e que reciprocamente conseguem um valor objetivo apenas por ser necessária uma ordem entre elas sob a relação de tempo

Na síntese dos fenômenos, o múltiplo das representações é sucessivo sempre. Não há objeto que se representa com isso; porque por esta sucessão, que é comum a todas as apreensões, não se diferencia nada de nada. Mas desde que percebo ou suponho nesta sucessão uma relação com um estado precedente, que resulta na representação conforme uma regra, não me apresento então algo como acontecimento ou como o que sucede; isto é, que conheço um objeto que devo colocar no tempo em certo ponto determinado, e que, dado o estado anterior, não pode ser mais do que esse.

Quando noto, portanto, que alguma coisa acontece, essa representação implica, a princípio, que há um precedente, pois é exatamente por relação a este algo anterior que o fenômeno entra no tempo, ou seja, que se representa sua existência após um período de tempo anterior ao qual não existia. Só que, nessa relação, não recebe seu lugar de tempo determinado a não ser na suposição em um estado ao qual ele sucede sempre, isto é, segundo uma regra. Disso resulta um primeiro termo, que não pode inverter a série pondo o que ocorre antes do que precede; e, em segundo lugar, que, dado o estado precedente, o evento determinado tem lugar indispensável e infalivelmente. Segue-se daqui que há determinada ordem em nossas representações, conforme o que o presente (como sucedido) indica um estado precedente como correlativo, mesmo que não seja determinado, do evento dado, ligado a este como a sua consequência e necessariamente ligado na série do tempo.

Sendo, portanto, uma lei necessária de nossa sensibilidade e, consequentemente, uma condição formal de todas as percepções, que o tempo que precede determina necessariamente o que segue (pois só posso chegar a este passando por aquele), é por sua vez também uma lei essencial da representação empírica, da sucessão no tempo, que os fenômenos do tempo quando determinam todas as existências do tempo que segue e que estas não tenham lugar, como eventos, senão enquanto os primeiros determinam sua existência no tempo, isto é, fixam-nos, de acordo com uma regra. Não podemos conhecer empiricamente essa continuidade no encadeamento do tempo a não ser nos fenômenos. Qualquer experiência supõe a compreensão, e esta constitui sua possibilidade e a primeira coisa que se faz para isso não é achar a representação de um objeto, mas apenas tornar possível a representação de um objeto em geral.

Não pode, portanto, chegar-se a isto a não ser levando a ordem do tempo aos fenômenos e a sua existência, isto é, dando a cada um, considerado como consequência, um lugar definido no tempo, em relação aos fenômenos precedentes, lugar sem o qual não haveria concordância com o tempo mesmo, que é o que determina "a priori" o lugar das suas partes. Porém, essas determinações dos lugares não pode proceder da relação dos fenômenos com um tempo absoluto (pois não é um objeto de percepção); é necessário, ao contrário, que os fenômenos se determinem reciprocamente seus lugares no tempo e os façam necessários na ordem do tempo, ou seja, que o que segue ou sucede deva obedecer uma lei geral ao que estava contido no estado precedente.

Acontecem, então, vários fenômenos que por meio do entendimento produzem e tornam necessárias precisamente a mesma ordem, o mesmo encadeamento contínuo na série de percepções possíveis, que o que é encontrado "a priori" na forma da intuição interna (no tempo), onde todas as percepções devem ter seu posto.

O evento de alguma coisa é, portanto, uma percepção que faz parte de uma experiência possível e que é real, a partir do momento que percebo o fenômeno como determinado no tempo, quanto ao seu lugar e, por consequência, como um objeto que pode sempre ser encontrado de acordo com uma regra no encadeamento das percepções. Entretanto, essa regra, que é útil para definir algo na série do tempo, consiste em que a condição que faz com que o evento sempre continue (ou seja, de uma maneira necessária) se encontra no que precede. O preceito de razão suficiente é, portanto, o preceito de qualquer experiência possível, isto é, do conhecimento objetivo dos fenômenos, sob o aspecto de sua relação na sequência do tempo.

Essa proposição só pode ser comprovada nas considerações seguintes. Todo conhecimento empírico supõe a síntese do múltiplo operada pela imaginação, que é sempre sucessiva, isto é, que nela (a imaginação) estão sempre sucessivas as representações. Contudo, a ordem de sucessão (o que deve anteceder e o que deve seguir) não está de maneira alguma determinada na imaginação, e a série das representações que se seguem pode tornar-se o mesmo do que segue ao que antecede que do que antecede ao que segue. Todavia, se essa síntese é uma síntese da apreensão (da variedade de um fenômeno fornecido), a ordem então está determinada no objeto, ou, mais precisamente, existe na síntese sucessiva que determina um objeto, uma ordem, conforme a qual um algo tem indispensavelmente que anteceder, e uma vez esse algo colocado, outro algo deve segui-lo impreterivelmente. Para que minha percepção contenha o conhecimento de um evento ou de algo que realmente acontece é, portanto, urgente, que seja um juízo empírico, donde eu conceba que a sucessão está determinada, ou seja, que esse acontecimento supõe no tempo outro fenômeno, a que segue necessariamente, segundo uma regra.

Caso contrário, se, dado o antecedente, o evento não o obedecesse necessariamente, ser-me-ia necessário que eu o considerasse como um jogo simplesmente subjetivo de minha imaginação e ter como um sonho o pudera supor como objetivo. A relação em razão da qual nos fenômenos (acatados como percepções possíveis) a existência do que segue (que ocorre) está indispensavelmente, e conforme uma norma, determinado no tempo por alguma coisa que antecede, em uma palavra, a relação de causa e efeito é a condição do valor objetivo de nossos juízos empíricos relativamente à serie de percepções, portanto, de sua verdade empírica, ou seja, da experiência.

O preceito da relação de causalidade na série de fenômenos tem, portanto, também um valor que antecede a todos os objetos da experiência (à mercê das condições da sucessão), já que ele mesmo é o preceito que torna possível essa experiência.

No entanto, aqui se mostra uma dificuldade que tem urgência de resolução. O princípio da conexão causal entre os fenômenos limita-se, em nossa fórmula, à séries sucessivas, enquanto na utilização desse preceito se vê que também a sua concomitância, e que causa e efeito podem ser simultâneos. Por exemplo, num quarto faz um calor que não existe ao ar livre. Procuro a causa e encontro uma lareira acesa. Logo, essa lareira é, como causa, ao mesmo tempo que seu efeito, isto é, o calor do quarto; não existe, nesse caso, sucessão no tempo entre a causa e o efeito, porque são simultâneos; mas, nem por isso deixa de ser menos aplicável a lei. A maior parte das causas eficientes da natureza existe simultaneamente aos seus efeitos, e a sucessão destes consiste somente em que a causa não pode produzir o seu efeito completo num momento.

Entretanto, no momento em que o efeito é produzido, é sempre coetâneo da causalidade da sua causa; porque se tivesse acontecido o desaparecimento dessa causa, momentos antes o efeito não se teria produzido. É importante frisar que aqui estamos abordando apenas da *ordem* do tempo e não do seu *curso*; a relação, portanto, permanece, mesmo que não tenha decorrido tempo algum.

O tempo entre a causalidade da causa e seu efeito imediato pode desaparecer (e por isso serem os dois simultâneos); mas a relação de um para o outro permanece sendo sempre determinável no tempo. Se uma bola colocada sob uma almofada, fofa, por exemplo, produz uma ligeira depressão, essa bola, considerada como causa, está simultaneamente ao seu efeito. No entanto, distingo-os um do outro pela relação de tempo que há na sua união dinâmica.

Com efeito, no momento em que eu coloco a bola sob a almofada, a depressão desta sucede à forma lisa que tinha na sua superfície, porém, se a almofada já possuía outra depressão (causada não importa por qual motivo), então não produz o efeito anteriormente dito.

Por isso, a sucessão é, absolutamente, o único critério empírico do efeito na sua relação com a causalidade da causa que antecede. O copo é a causa da elevação da água sobre sua superfície horizontal, mesmo que ambos os fenômenos se verifiquem simultaneamente. Com efeito, quando eu tirar água com um copo de uma vasilha maior, há a mudança da posição horizontal existente na vasilha maior pela mesma posição que toma dentro do copo.

Essa causalidade leva ao conceito de ação, este ao conceito de força e por este ao de substância. Como não há a intenção de misturar no meu trabalho crítico (que somente é dirigido às fontes do conhecimento sintético "a priori") a análise de conceitos que objetiva unicamente a sua explicação (e não a sua extensão), deixo o exame detalhado para um futuro sistema da razão pura. No entanto, esta análise existe em grande parte nas obras clássicas que abordam essas matérias. No entanto, não posso deixar de mencionar o critério empírico de uma substância, no momento em que esta se manifesta, não pela permanência do fenômeno, porém melhor e mais facilmente pela ação.

A substância está onde existe a ação, e por conseguinte a atividade e a força, e é nessa substância que devemos buscar o assunto daquela, que são as fontes fecundas dos fenômenos. Pois bem, mas se for preciso explicar o que é entendido por substância e não cairmos num círculo vicioso, a resposta, agora, já não se apresenta com tanta facilidade.

Como concluirmos imediatamente a ação, a *permanência* do agente, o que é, no entanto, uma norma essencial própria da substância (*phaenomenon*)? Mas, depois do que foi verificado por nós, a questão não tem nada de complicado, mesmo sendo insolúvel, se for mostrada de modo simples (o de tratar analiticamente nossos conceitos). A ação apresenta-nos a vinculação do sujeito da causalidade com o efeito.

E uma vez que todo efeito resulta de alguma coisa que aconteceu e, por consequência, em algo transformável que o tempo caracteriza pela sucessão, o último sujeito desse efeito é, portanto, o permanente, acatado como *substratum* de toda transformação, ou seja, a substância.

De acordo com o princípio da causalidade, as ações são sempre o fundamento inicial que ocasiona os fenômenos, e por conseguinte não podem estes encontrar-se num sujeito que mude por si mesmo, porque então teríamos de aceitar outras ações e outro sujeito que definissem essa mudança.

A ação, por esse preceito, é um critério empírico suficiente para comprovar a substancialidade, sem a necessidade de buscar a permanência do sujeito pela comparação de percepções, não havendo a possibilidade de ser realizado por esse caminho apontado com o cuidado que exigem a grande importância e absoluta universalidade do conceito.

Com efeito, que o primeiro sujeito da causalidade do que nasce e morre não pode ele mesmo nascer nem morrer (no campo dos fenômenos), é essa uma conclusão precisa que nos leva à necessidade empírica e à permanência na existência e, por consequência, ao conceito de uma substância como fenômeno.

Quando algo acontece, o próprio acontecimento, abstração feita da sua natureza, é por si próprio um objeto de investigação. A passagem da não existência de um estado para o estado atual, mesmo que este não contenha nenhuma qualidade fenomenal, é por si mesma coisa que deve ser investigada.

Esse fato, como já foi apresentado no número A, não faz referência à substância (porque esta não nasce), a não ser ao estado da substância. Portanto, não é mais do que uma mera mudança e não origem de algo que vem do nada.

Quando é considerada essa origem como efeito de uma causa estranha, é denominada criação. Uma criação não pode ser considerada como sucesso porque, se isso acontecesse, essa possibilidade quebraria a unidade da experiência.

No entanto, levando em consideração todas as coisas, não como fenômenos mas como coisas em si e como objetos unicamente do Entendimento, podem então se fazer uma estimativa, conquanto substância, como dependendo quanto à sua existência, de uma coisa estranha. Tudo isso, contudo, supõe outra significação nas palavras e não se deixa aplicar aos fenômenos como objeto possível da experiência.

De que maneira, então, alguma coisa pode se alterar, e como um estado que acontece num determinado momento pode acontecer em outro a outro estado contrário? Disso não temos a menor noção "a priori". Para tanto, precisamos conhecer as forças reais, por exemplo, das forças motrizes, ou, o que é o mesmo, de determinados fenômenos menos sucessivos (como movimento) que mostrem essas forças, o que pode acontecer apenas empiricamente.

Entretanto a forma de toda mudança, condição única para que possa ser efetuada, como sucesso resultante de outro estado (independente de sua matéria, ou seja, de qual for o estado mudado), e, portanto, a sequência dos mesmos estados (a coisa que ocorre) pode, no entanto, ser considerado "a priori" de acordo com a lei da causalidade e as condições do tempo. No momento em que uma substância passa de um estado "a" a outro "b", o momento do segundo é diferente do primeiro, e o segue. Ainda assim, o segundo estado, como realidade (no fenômeno) é distinto do primeiro, onde essa realidade não existia, como "b" de "zero", ou seja, que se o estado "b" se diferencia do estado "a" somente pela quantidade, a mudança é, então, o acontecimento "b-a", que não se encontrava no estado antecedente e em relação ao qual esse estado é = 0.

Trata-se, portanto, de ver a possibilidade de uma coisa passar de um estado = "a" a outro estado = "b". Entre dois momentos há sempre um tempo, e entre dois estados nesses momentos existe sempre uma distinção que possui uma quantidade (pois todas as partes dos fenômenos são, também, quantidades). Toda passagem de um estado ao outro, portanto, acontece sempre num espaço de tempo entre dois momentos, donde o primeiro define o estado que a coisa deixou, e o segundo no que ela é transformada.

Dessa maneira, os dois são os limites do tempo de uma transformação e, portanto, de um estado intermediário entre dois estados, fazendo parte como tais da mudança integral. Mas, qualquer alteração tem uma origem que mostra a sua causalidade no período em que se verifica.

Esta causa não é, de repente, responsável por sua mudança (num instante indivisível) mas, sim, num tempo de tal maneira, que do mesmo modo como o Tempo cresce desde o primeiro momento "a" até a sua integridade "b", também assim a quantidade da realidade ("b"-"a") é produzida pelos graus inferiores compreendidos entre o primeiro e o segundo momentos.

É possível, portanto, qualquer mudança, apenas por uma ação contínua da causalidade, que por sua uniformidade se denomina um momento. A transformação não é composta desses momentos, mas é o resultado do seu efeito.

Assim é a lei da continuidade de toda mudança. Essa lei traz como princípio o seguinte: nem o tempo, nem o fenômeno em tempo se compõe de partes que sejam as menores possíveis, e, não obstante, a coisa em sua mudança não chega ao seu segundo estado a não ser passando por todas essas fases assim como por outros tantos elementos. Não há nenhuma distinção no real do fenômeno como na quantidade de tempos que seja a menor possível.

E o novo estado da realidade passa, saindo do primeiro, onde não havia, pelos graus infinitos dessa mesma realidade, entre os quais as distinções são menores que a que há entre o "0" e "a".

Não há a necessidade aqui de pesquisar para que serve esse princípio na investigação da Natureza. Mas, ficamos curiosos em examinar como esse princípio, que tanto parece aumentar os nossos conhecimentos, seja possível "a priori" na sua completude, mesmo tendo verificado imediatamente que é real e legítimo, e que, por consequência, não é necessário explicar como é possível.

No entanto, como quase sempre necessitam de fundamento as pretensões de aumentar os nossos conhecimentos pela razão pura, é conveniente, como medida, desconfiar muito dessa situação; não acreditar nem aceitar nada mesmo com os argumentos dogmáticos mais evidentes, sem os documentos que nos proporcionem uma dedução positiva e firme.

Qualquer acréscimo de conhecimento, todo avanço da percepção, é somente uma extensão da determinação do sentido interno; isto é, uma progressão no tempo, sejam quais forem, portanto, os objetivos, fenômenos ou intuições puras. Essa progressão no tempo determina tudo e em si fica indeterminada, ou seja, que as partes estão necessariamente no tempo e que são sondadas pela síntese do tempo, mas não antes dela.

Por esse motivo, toda passagem da percepção é algo que não se acaba, é uma determinação do tempo, que acontece pela produção dessa percepção, e, como essa determinação é sempre e em todas as suas partes uma quantidade, representa ele a produção que passa, como quantidade, com os graus em que nenhum deles é o menor, desde zero até o seu grau definido.

É claro que com isso podemos conhecer "a priori" a lei das mutações no que se refere à sua forma. Apenas antecipamos nossa própria apreensão, cuja condição essencial deve necessariamente poder ser conhecida "a priori", já que reside em nós, anteriormente a todo fenômeno.

Do mesmo modo que o tempo contém a condição sensível "a priori" da possibilidade de uma progressão contínua daquilo que existe àquilo que deve seguir, do mesmo modo também o entendimento, através da unidade da apercepção, contém a condição "a priori" da determinação possível de todos os momentos dos fenômenos no tempo, através da série de causas e efeitos, em que as primeiras conduzem necessariamente à existência dos segundos, concedendo, dessa maneira, valor em cada tempo (no geral), portanto, com objetividade, o conhecimento empírico das relações de tempo.

C — Terceira analogia

*Princípio da simultaneidade segundo a lei
da ação e reação ou da reciprocidade*

Todas as substâncias, enquanto possam ser percebidas no espaço, estão numa ação recíproca geral.

Prova

As coisas são simultâneas quando a intuição empírica da percepção de uma e de outra podem seguir reciprocamente (o que não é possível com os fenômenos como vimos no segundo princípio). Dessa maneira, posso iniciar pela percepção da Lua e passando à da Terra, ou, de modo recíproco, iniciar pela da Terra e ir para a da Lua; e, exatamente, porque as percepções desses objetos podem seguir-se reciprocamente, podemos afirmar, por essa razão, que existem ao mesmo tempo.

A simultaneidade é, portanto, a existência de coisas distintas no mesmo tempo. Mas não pode perceber-se o tempo em si mesmo para uma dedução de que as coisas estão num mesmo tempo e que as percepções possam ir avante reciprocamente.

A síntese da imaginação na apreensão apontaria somente que cada uma dessas representações está no sujeito quando a outra não está nele e, reciprocamente; mas, não que os objetos estejam simultaneamente; isto significa dizer que quando um existe o outro também existe no mesmo tempo e que isso é preciso para que possam as percepções serem seguidas reciprocamente.

É, portanto, necessário um conceito intelectual da sucessão da reciprocidade das determinações dessas coisas que existem simultaneamente umas fora das outras para poder afirmar que a sucessão recíproca das percepções fundamenta-se no objeto e para representar-se também a simultaneidade como objetiva.

A relação das substâncias, no entanto, em que uma contém determinações cuja causa, por sua vez, se contém na outra, essa relação, frisamos, é a relação de influência, e na reciprocidade a segunda contém a causa das determinações da primeira: é quando se percebe a relação de reciprocidade ou da ação recíproca.

A simultaneidade das substâncias no espaço só pode ser conhecida na experiência supondo sua ação recíproca, e esta suposição é, ao mesmo tempo, portanto, a condição da possibilidade das próprias coisas como objetivo da experiência.

São simultâneas as coisas enquanto existem num mesmo e único tempo. Todavia, como saber que estão num mesmo e só tempo, quando a ordem na síntese da apreensão disto é indiferente, ou seja, quando pode ir do mesmo modo de A a E por B, C, D, ou reciprocamente de E a A?

Pois se essa ordem fosse sucessiva no tempo (na ordem que começa por A e termina por E), seria impossível começar por E a apreensão na percepção e voltar até A, já que A pertenceria ao tempo passado e não poderia, desta maneira, ser um objetivo de apreensão.

Admitindo que em uma variedade de substâncias consideradas como fenômenos estiver cada uma perfeitamente separada, ou seja, que nenhuma tenha ação sobre a outra e sofra influência recíproca, afirmaremos assim que "a sua simultaneidade" não pode ser objeto de nenhuma percepção possível e que a existência de uma não poderia levar, por modo nenhum da síntese empírica, à da outra.

Sendo assim, se pensarmos que estão separadas por um espaço totalmente vazio, a percepção que vai de uma a outra no tempo determinaria, sem dúvida, a existência desta através de uma percepção ulterior, porém não haveria a possibilidade de verificarmos se o fenômeno segue à primeira objetivamente ou se lhe é simultâneo.

É possível que exista, portanto, além da mera existência, algo pela qual A determine a B o seu lugar no tempo e, reciprocamente, também, B o seu lugar a A; então, apenas reconhecendo a substância sob essa condição há a possibilidade de serem representadas empiricamente como "existindo simultaneamente". Apesar disso, apenas o que é a causa de uma coisa ou das suas determinações, podem determinar o seu lugar no tempo.

Portanto, toda substância (já que não pode ser consequência apenas pela relação às suas determinações) deve conter em si a causalidade de certas determinações nas outras substâncias, e concomitantemente os efeitos da causalidade das outras substâncias, isto é, que todas devem estar imediata ou mediatamente em comunidade ativa para que haja a possibilidade de conhecer na experiência a simultaneidade.

Tudo isso, entretanto, sem o que a própria experiência dos objetos em questão não seria possível, é preciso, todavia, para estas mesmas finalidades. Portanto, é mister a todas as substâncias, enquanto consideradas como fenômenos, à medida que simultâneas, permanecerem em comunidade geral de ação recíproca.

A palavra "comunidade" em nossa língua possui significação dupla e tanto equivale a "communio" (comunidade) em latim, como a "commercium" (comércio). Nós a utilizamos aqui como nomeando uma comunidade dinâmica, sem a qual a comunidade local "communio spatii" em si, não poderia ser conhecida empiricamente.

Não é difícil perceber em nossas experiências que as influências contínuas em todas as partes do espaço podem por si transportar nosso sentido de um objetivo a outro; que a luz que brilha em nossos olhos e os corpos celestes produzem um comércio mediato entre nós e esses corpos, o que mostra desse modo a sua simultaneidade que não podemos alterar empiricamente de posição (perceber essas mudanças) sem que de todas as formas a matéria nos possibilite a percepção dos lugares que ocupamos e que é unicamente através da sua influência recíproca que pode ser comprovada sua simultaneidade, e, então, (mas só mediatamente), a coexistência dos objetos desde os mais distantes até os mais próximos.

Não havendo comunidade, qualquer percepção (do fenômeno no espaço) está isolada das outras, e a corrente de representações empíricas, ou seja, a experiência, iniciaria de novo em cada objeto sem que a antecedente estivesse relacionada no mais mínimo ou pudesse estar com ela numa relação de tempo.

Não cogito com isso refutar a ideia de um espaço vazio; pois pode sempre estar ali onde não há percepções e onde, por conseguinte, não existe o conhecimento empírico da simultaneidade; mas, neste caso, não poderia ser um objeto para nossa possível experiência.

O que vem a seguir serve para dar maior clareza.

Os fenômenos, enquanto contidos numa experiência possível, estão em espírito na comunidade (*communio*) de apercepção; e para que haja a possibilidade de os objetos serem representados como entrosados, será preciso que determinem reciprocamente os seus lugares no tempo constituindo assim um todo. Todavia, para que essa comunidade subjetiva possa ter por base um princípio objetivo ou ser relacionada com fenômenos como substâncias, é necessário que a percepção de um, como princípio, torne possível a do outro, e reciprocamente, com a finalidade de que a sucessão, que está sempre nas percepções, como apreensões, não seja atribuída aos objetos, a não ser que possam estes representar como existentes em conjunto.

Isso, contudo, é a reciprocidade da influência, ou seja, um comércio real de substâncias, sem o qual a relação empírica da simultaneidade não poderia ser encontrada. É através deste comércio que os fenômenos, mesmo sendo externos uns aos outros, e ainda assim entrosados, formam um composto (*compositum reale*), do qual pode existir um número muito grande de espécies. As três relações dinâmicas de que resultam as demais são, portanto, de inerência, de consequência e de composição.

São essas as três analogias da experiência. Não são senão princípios que servem para determinar a existência dos fenômenos no tempo, de acordo com seus três "modos", ou seja, segundo a relação com o tempo mesmo, como quantidade (quantidade, existência ou duração), conforme a relação no tempo como série (sucessão), e segundo o tempo como conjunto de todas as existências (simultaneidade).

Essa unidade da determinação do tempo é inteiramente dinâmica, ou seja, que o tempo não pode ser considerado como aquilo em que a experiência determina logo de imediato a cada instante seu lugar, o que não é possível pois no tempo absoluto não se tem um objeto de percepção onde os fenômenos pudessem manter um elo entre si; no entanto, a regra do entendimento, a que somente pode dar à existência dos fenômenos uma unidade sintética fundada nas relações de tempo, determina a cada um deles o seu lugar no tempo, e por consequência, a determina "a priori" e sendo válida para todos os tempos e para cada tempo.

Por natureza (no sentido empírico) entendemos o encadeamento de fenômenos entrosados, quanto à sua existência, por normas necessárias, ou seja, por leis. São portanto, certas leis e leis "a priori" que tornam possível, antes de tudo, uma natureza; as leis empíricas não podem acontecer nem ser descobertas a não ser através de uma experiência, mas segundo essas leis primitivas. Sem elas, a experiência não seria possível em si.

Nossas comparações mostram, portanto, propriamente a unidade da natureza no seu entrosamento dos fenômenos sob determinados "expoentes", que apenas exprimem a relação do tempo (enquanto abranger toda a existência) com a unidade da apercepção, unidade esta que só poderá existir numa síntese com base em regras.

Dessa maneira, os três possuem esta significação: todos os fenômenos residem numa natureza, e dessa maneira deve ser, pois sem a presença desta unidade "a priori", toda a unidade da experiência, por consequência, toda determinação de objetivos na experiência não seria possível.

Porém, há uma advertência que necessitamos fazer sobre a prova que apresentamos dessas leis transcendentais da natureza e sob a peculiaridade dessa mesma natureza, sendo também esta observação extraordinária, importante ao mesmo tempo, como prescrição para qualquer outra tentativa de provar "a priori" proposições intelectuais que são ao mesmo tempo sintéticas.

Caso desejássemos demonstrar dogmaticamente, ou seja, por conceitos, essas comparações, como seja: que tudo o que existe apenas se encontra em algo que permanece e que todo acontecimento traz como suposição alguma coisa num estado precedente, a quem segue de acordo com uma norma e, finalmente, que na diversidade das coisas simultâneas, os estados estão ao mesmo tempo relacionados uns com os outros, de acordo com uma norma (em comércio recíproco), com isso, então, nosso trabalho teria sido inútil. Por que não podemos ir de um objetivo e da sua existência à existência de outro ou ao seu modo de existir, por meros conceitos dessas coisas não importando a maneira como forem avaliados. O que nos caberia após isso?

A possibilidade da experiência, como conhecimento em que em último termo podem ser-nos fornecidos todos os objetivos, caso sua representação tenha para nós realidade objetiva. Contudo, no intermédio dessa situação, em que a forma principal consiste na "unidade" sintética da apercepção dos fenômenos, encontramos condições "a priori" da determinação cronológica, necessária e permanente de toda existência no fenômeno, sem as quais a determinação empírica do tempo não seria em si possível, tendo dessa maneira descoberto as regras da unidade sintética "a priori", através das quais há a possibilidade de anteciparmos a experiência.

Na ausência desse método e na falsa persuasão das proposições sintéticas que o uso experimental do entendimento orientava como princípios, aconteceu que sempre foi buscado, mas em vão, algo que atestasse o princípio da razão suficiente. Ninguém pensou nas outras duas analogias, mesmo se servindo sempre dela sem percebê-lo. E, por não pensarem nisso, sucedeu que lhes faltava o fio condutor das categorias, aquele que pode descobrir e tornar sensíveis todas as lacunas do entendimento, seja nos conceitos, seja nos preceitos.

IV. Postulados do pensamento empírico em geral

1º – Tudo que está de acordo com as condições formais da experiência (com referência à intuição e aos conceitos) é "possível".

2º – Tudo que está de acordo com as condições materiais da experiência (da sensação) é "real".

3º – Tudo que, de acordo com o real está determinado conforme as condições gerais da experiência, é "necessário" (existe necessariamente).

Explicação

As categorias da modalidade contêm em si algo de particular: como determinação do objetivo não aumentam em nada o conceito a que se unem como predicado a não ser que somente exteriorizem a relação com a faculdade de conhecer.

Quando o conceito de algo já é perfeito, permito-me ainda perguntar se essa coisa é meramente possível, ou se é real, e, neste último caso, se além disso é também necessária. Não pensamos com isso nenhuma determinação com referência ao próprio objeto, porque apenas tratamos de saber qual é a relação desse objeto (e das suas determinações) com o entendimento e a sua utilização empírica, com o juízo empírico e com a razão (na sua aplicação à experiência).

Justamente por esse motivo os princípios da modalidade não são senão explicações da possibilidade, da realidade, e da necessidade em seu uso empírico, e simultaneamente, a restrição das categorias apenas ao uso empírico, sem permiti-las nem admiti-las pela utilização transcendental.

Se apresentam, na realidade, somente um valor lógico e limitam-se a exprimir analiticamente a forma do "pensamento", a não ser que se reportem a "coisas", à sua possibilidade, realidade ou necessidade, é preciso que sejam aplicadas à experiência possível e à sua unidade sintética, em que apenas entram os objetivos do conhecimento.

O postulado da possibilidade das coisas cobra que o seu conceito esteja dentro das condições formais da experiência em geral; mas esta, ou seja, a forma objetiva da experiência em geral, contém toda a síntese esperada para o conhecimento de objetivos.

Deve ser considerado vazio um conceito que encerrar uma síntese, e como se não referindo a nenhum objetivo, se essa síntese não fizer parte da experiência, tanto extraída dela, e nesta situação seu conceito se chama "conceito empírico", quanto como condição "a priori" da experiência em geral (como sua forma), sendo, então, um conceito puro, que pertence à experiência, pois apenas nesta seu objetivo tem a possibilidade de ser encontrado.

Realmente, de onde extrair o caráter da possibilidade de um objetivo idealizado por um conceito sintético "a priori", a não ser da síntese que constitui a forma de conhecimento empírico dos objetivos?

É também uma condição lógica, extremamente necessária, que não deva existir nenhuma contradição nesse conceito. Só que tal está muito distante de ser o suficiente para formar a realidade objetiva do conceito, isto é, um objetivo possível do modo como é idealizado pelo conceito.

Assim, não há contradição alguma no conceito de uma figura contida entre duas linhas retas, pois o conceito de duas linhas retas e do seu encontro não contêm a negação de figura alguma. A impossibilidade não está, portanto, no próprio conceito, mas na sua construção no espaço, ou seja, nas condições do espaço e de suas determinações, condições estas que têm realidade objetiva, isto é, têm relação com coisas possíveis pois contêm "a priori" a forma da experiência em geral.

Mostraremos, agora, toda a utilidade e toda a influência desse postulado da possibilidade. Quando eu represento uma coisa que é permanente, de modo que, quando existe nela uma transformação, esta pertence, apenas, ao seu estado, e não posso somente por esse conceito saber se essa coisa é possível.

Do mesmo modo, quando penso em alguma coisa que é de tal natureza que uma vez posta em algum lugar, outra segue-a de imediato, posso considerá-la sem contradição, só que não poderia por esse motivo julgar se uma propriedade dessa espécie (como causalidade) é encontrada em algum objeto possível.

Por fim, posso imaginar coisas (substâncias) diversas, de tal modo formadas, que o estado de uma provoque uma consequência no de outra, e reciprocamente; contudo, de acordo com essas conclusões que somente têm por base uma síntese arbitrária, não posso deduzir se uma relação desse tipo pode pertencer também às coisas.

Apenas enquanto esses conceitos expressam "a priori" as relações das percepções em cada experiência, é como se conhecêssemos a sua realidade objetiva, ou seja, a sua verdade transcendental, e isto, em verdade, não depende da experiência, mesmo sem ter relação com a forma de uma experiência em geral e com a unidade sintética na qual apenas podem ser conhecidos empiricamente os objetos.

Porém, se tivermos a intenção de formular conceitos inteiramente novos de substâncias, de forças, de ações recíprocas, com a matéria que a percepção nos apresenta sem subtrair da experiência referida o exemplo da sua relação, cairíamos tão-somente em utopias e não reconheceríamos a possibilidade dessas incríveis concepções através de um determinado critério, porque não foi tomada como norteadora a experiência, nem surgiram dela.

Esses conceitos imaginários não podem receber "a priori", como as categorias, o caráter da sua possibilidade, como condições de que há dependência em toda experiência, a não ser apenas "a posteriori", como fornecidos pela própria experiência. Dessa forma, sua possibilidade deve ser conhecida "a posteriori" e empiricamente, ou então não há a possibilidade de sê-lo.

Uma substância que estiver permanentemente no espaço, mas sem enchê-lo (tal qual esse intermediário que alguns quiseram introduzir entre a matéria e o ser pensante), ou uma particular faculdade que possuísse nosso espírito de "prever" o que está por vir (sem deduzi-lo) ou, por fim, a faculdade que teria esse espírito de comungar esse pensamento com outros homens por muito distantes que possam estar, são todos eles conceitos, a qual para ser possível demanda inteira necessidade de fundamento pois não pode ser fundada na experiência nem nas suas leis já conhecidas, sem o que somente são um conjunto arbitrário de pensamentos, e mesmo sem nenhuma contradição, de maneira alguma podem ter a pretensão de uma realidade objetiva, nem por conseguinte à possibilidade de objetivos tais como nesse caso foram pensados de início.

No que tange à realidade, não é necessário dizer que não há a possibilidade de ser concebida tal como "in concreto" sem irmos atrás da experiência, em virtude do que apenas pode ser colocada em relação com a sensação como matéria da experiência e não com a forma da relação, com a qual o espírito melhor poderia arguir suas ficções.

Mas, ponho à parte aquilo cuja possibilidade só pode ser deduzida da realidade na experiência para reportar-me aqui à possibilidade de coisas que se baseiem em conceitos "a priori". Continuo a sustentar que desses conceitos apenas, não se pode extrair jamais as próprias coisas, a não ser só enquanto forem condições formais e objetivas de uma experiência em geral.

Parece, é verdade, que a possibilidade de um triângulo poderia ser conhecida em si mesma através de seu conceito que, na realidade, independe da experiência; porque, com certeza, podemos dar-lhe um objetivo inteiramente "a priori", isto é, construí-lo.

Porém, como essa construção é a forma somente de um objeto, o triângulo seria apenas um produto da imaginação, cuja finalidade só teria uma possibilidade duvidosa, pois faltar-lhe-ia, para ser de outro jeito, algo a mais, ou seja: que essa figura fosse pensada somente sob as condições em que repousam todos os objetos da experiência.

Contudo, somente o que acrescenta a esse conceito a representação da possibilidade de tal objeto, é que o espaço é uma condição formal "a priori" de experiências externas, e que esta mesma síntese figurativa pela qual construímos um triângulo da imaginação é absolutamente igual à que produzimos na apreensão de um fenômeno para formarmos dele um conceito experimental.

Assim, a possibilidade das quantidades contínuas e até a das quantidades em geral, pois, seus conceitos são todos sintéticos, é o resultado desses conceitos por si mesmos, apenas enquanto forem acatados como condições formais da determinação de objetivos na experiência em geral.

Ora, os objetivos correspondentes aos conceitos podem ser encontrados apenas na experiência, que é a única maneira de recebermos os objetos? Podemos, com certeza, sem experiência anterior, conhecer e caracterizar a possibilidade das coisas, mas só em relação às condições sob as quais algo em geral é determinado na experiência como objetivo; sendo-o, por conseguinte, "a priori", contudo sempre em relação à experiência e dentro dos seus limites.

O postulado para o conhecimento da "realidade" das coisas exige uma percepção, ou seja, uma sensação acompanhada de consciência (ainda que não imediata) do próprio objeto cuja existência devemos conhecer; porém, é necessário também que esse objetivo seja concordante de alguma percepção real conforme as analogias da experiência, as que patenteiam o entrosamento real na experiência possível.

Não há característica da existência de uma coisa que possa, de qualquer forma, ser encontrada em seu "simples conceito". Porque, mesmo sendo esse conceito tão completo, sem faltar nada para imaginar uma coisa com as suas determinações internas, a existência, sem impedimento, nada tem de comum com todas essas determinações; a questão fica restrita somente a sabermos se uma coisa nos é dada de maneira que a sua percepção possa preceder sempre ao conceito.

O conceito, precedendo a percepção, significa a simples possibilidade da coisa; a percepção que dá ao conceito a matéria é estritamente o caráter da realidade. Mas, podemos também conhecer a existência de algo antes de percebê-lo, por conseguinte, de maneira relativa "a priori", mas somente se estiver unida a determinadas percepções, de acordo com os princípios da sua união empírica (as analogias).

É fato que a existência da coisa está conectada com as nossas percepções na possibilidade de uma experiência, e podemos, acompanhando o fio dessas analogias, ir da nossa percepção real até a coisa na série de percepções possíveis.

É dessa maneira que conhecemos, pela percepção da agulha de ferro imantada, que existe uma matéria magnética nos corpos, mesmo não nos sendo possível a percepção imediata dessa matéria pela natureza dos nossos órgãos; porque, pelas leis da sensibilidade e *contextus* de nossas percepções poderíamos chegar, numa experiência, a ter a intuição imediata dessa matéria caso os nossos sentidos fossem mais delicados; contudo, o limite desses sentidos não acrescenta nada à forma da experiência possível em geral.

Até onde alcança a percepção e o que dela depende, conforme leis empíricas, é também aonde chega o nosso conhecimento da existência das coisas; se não iniciarmos pela experiência ou se não procedermos de acordo com as leis do encadeamento empírico dos fenômenos, será em vão a nossa pretensão de adivinhar ou conhecer a existência das coisas.

O idealismo faz sérias objeções à essas regras da demonstração mediata da existência, e por esse motivo esta é a ocasião de negá-lo.

Refutação do idealismo

O idealismo (o mesmo que o material) é a teoria que afirma a existência de objetos exteriores no espaço como duvidosa e não passível de demonstração, como falsa e impossível. O primeiro ensinamento é o idealismo "problemático de Descartes", que aceita apenas como irrefutável esta asserção empírica: "eu sou"; a segunda é o idealismo dogmático de Berkeley, que acata o espaço com todas as coisas das quais é inseparável como algo impossível em si, e portanto, como vãs ilusões as coisas que são produzidas nele.

Não dá para evitar o idealismo dogmático quando se faz do espaço uma propriedade pertinente às coisas em si; pois ele e tudo o que o condiciona é um nada.

No entanto, na Estética transcendental derrubamos todos os princípios deste idealismo. O idealismo problemático, que nada acrescenta a esse particular, porém que dá sustentação só a nossa falta de potência para demonstrar pela experiência imediata uma existência que difere da nossa, é guiado pela razão e demonstra uma investigação filosófica e imprescindível, que não permite formular um juízo decisivo a não ser depois de ter encontrado uma prova suficiente.

É necessário, portanto, demonstrar que não somente nos "imaginamos" as coisas externas, mas que possuímos também a "experiência", o que apenas obteremos demonstrando que nossa experiência interna, sem dúvida para Descartes, só é possível sob a suposição da experiência externa.

TEOREMA

A simples consciência, embora empiricamente determinada, da minha própria existência, prova a existência de objetos fora de mim no espaço

Prova

Estou consciente da minha existência como determinada no tempo. Toda determinação pressupõe alguma coisa "permanente" na percepção. Porém, esse permanente não pode ser algo em mim, exatamente pelo motivo de que a minha existência só pode ser determinada no tempo pelo permanente. A percepção desse permanente apenas através de uma "coisa" existente fora de mim e não meramente pela representação de uma coisa externa a mim.

Por isso, a determinação da minha existência no tempo somente é possível pela existência de coisas reais que percebo externas a mim. Só que essa consciência no tempo está indispensavelmente conectada à consciência da possibilidade desta determinação do tempo, e daí se segue que também está indispensavelmente conectada com a existência das coisas fora de mim, como à condição da determinação do tempo; ou seja, que a consciência da minha própria existência é simultaneamente uma consciência imediata da existência de outras coisas exteriores.

PRIMEIRA OBSERVAÇÃO – Na prova precedente, será notado que rebatemos o jogo do idealismo com as suas próprias armas e que nos deu um resultado contrário ao esperado para ele. Este aceitava que a interna era a única experiência imediata e que daí só era deduzida a existência das coisas exteriores; porém, isto na incerteza, como é comum quando se deduz de efeitos dados causas "determinadas", e porque a causa das representações pode ser encontrada também em nós, podendo suceder atribuí-las, de modo falso, a coisas externas.

Foi demonstrado por nós, contudo, que a experiência externa é propriamente imediata e que apenas através desta não a consciência da nossa própria existência, todavia sim a determinação dessa existência no tempo, ou seja, a experiência interna.

É certo que a representação "eu sou", que exprime a consciência que pode acompanhar todo pensamento, é o que encerra imediatamente em si a existência de um sujeito, mas nenhum "conhecimento", por consequência, nenhum conhecimento empírico, ou seja, nenhuma experiência.

Com efeito, além do pensamento de algo existente, a intuição, e aqui a intuição interna, em cuja relação, ou seja, ao tempo, deve o sujeito ser determinado o que apenas através de objetos externos pode realizar-se, de tal modo, que a própria experiência só será possível mediatamente e por meio da experiência externa.

SEGUNDA OBSERVAÇÃO – Tudo o que dissemos está exatamente conforme todo uso experimental da nossa faculdade de conhecer na determinação do tempo. Não apenas não podemos perceber nenhuma determinação do tempo a não ser pela mudança nas relações exteriores (o movimento) relativo ao permanente do espaço (por exemplo, o movimento do Sol, com relação aos objetos da Terra), a não ser termos coisa alguma permanente que possamos submeter como intuição ao conceito de uma substância, exceção feita a "matéria".

E veja que essa permanência não foi extraída de maneira alguma da experiência externa, senão suposta "a priori", como condição necessária de toda determinação de tempo e, também, por consequência, como determinação do sentido interno com vinculação à nossa própria existência pela existência das coisas externas.

Na representação Eu, a consciência de mim mesmo não é de maneira nenhuma uma intuição, mas é sua representação simplesmente intelectual da espontaneidade de um sujeito que pensa. Esse Eu não possui, portanto, o menor predicado da intuição que, como permanente, possa ser útil como correlativo à determinação do tempo no sentido interno, por exemplo, a impenetrabilidade da matéria como intuição empírica.

TERCEIRA OBSERVAÇÃO – A necessidade da existência de objetos exteriores para possibilitar a consciência determinada de nós mesmos não indica que toda representação intuitiva de coisas externas contenha simultaneamente a sua existência, porque essa representação pode simplesmente ser tão-somente a consequência da imaginação (como acontece nos sonhos e na loucura); contudo, ela só é manifestada pela reprodução de velhas percepções, as que, como já apresentamos, apenas são possíveis pela "realidade" de objetos "externos".

Portanto, foi suficiente demonstrar que a experiência interna em geral só é possível através da experiência externa em geral. Através das suas determinações particulares e dos critérios de toda experiência real é que teremos certeza de que tal ou qual pretendida experiência não é um mero brinquedo da nossa imaginação.

Por fim, o terceiro postulado se reporta à necessidade material na existência e não à simplesmente formal e lógica no entrosamento de conceitos. Porém, como nenhuma existência de objetivos dos sentidos pode ser inteiramente conhecida "a priori", a não ser relativamente, ou seja, pela relação a outro objeto já conhecido, que jamais poderá fazer referência mais que a uma existência compreendida de alguma maneira no todo da experiência, da qual a percepção dada faz parte; jamais pode ser conhecida a necessidade da existência por conceitos, senão pelo entrosamento que a liga no que pode ser percebido de acordo com as leis gerais da experiência.

Por outro lado, como a só existência que pode ser reconhecida como imprescindível sob a condição de outro fenômeno é a dos efeitos resultantes de causas fornecidas pela lei da causalidade, não é da existência de coisas (substâncias) a não ser apenas da de seus estados que poderemos conhecer a necessidade, e isso em virtude das leis empíricas da causalidade, por meio de outros estados conhecidos na percepção.

Parte-se daí, que o critério da necessidade se estabelece somente nesta lei da experiência possível, a saber, que tudo o que ocorre está definido "a priori" no fenômeno por sua causa.

Temos conhecimento somente da necessidade de "efeitos" naturais, cujas causas nos foram dadas; o caráter da necessidade na existência não vai além do limite da experiência possível, e entretanto nesse espaço não é aplicada a existência de coisas como substâncias, posto ser impossível que elas sejam consideradas como efeitos empíricos ou como algo que é e que não nasce.

A necessidade, portanto, refere-se apenas às relações de fenômenos conforme a lei dinâmica da causalidade e à possibilidade, fundamentada por nós, de deduzir "a priori" de uma existência oferecida (uma causa) outra existência (o efeito).

Por hipótese, tudo o que acontece é necessário. É este um princípio que submete a mudança no mundo a uma lei, ou seja, a uma norma da existência necessária, sem a qual não poderia existir a própria Natureza.

Por essa razão, o princípio: nada acontece por acaso *in mundo non datur casus*, é uma lei *a priori* da Natureza. A mesma coisa ocorre com este outro: só existe na Natureza uma necessidade cega, condicional, e por consequência inteligente *non datur fatum*.

Ambos os princípios são leis que submetem o jogo de mudanças a uma "natureza" de coisas (como fenômenos), isto é, à unidade intelectual, na qual apenas pode pertencer à experiência acatada como unidade sintética de fenômenos. Os dois são dinâmicos.

Do princípio de causalidade (sob as analogias da experiência), o primeiro é propriamente uma consequência. O segundo faz parte dos princípios da modalidade, que adiciona à determinação causal o conceito de necessidade, todavia necessidade sujeita, sem restrições, a uma norma do entendimento.

O princípio da continuidade torna impossível qualquer salto *in mundo non datur saltus* na série de fenômenos (das mudanças), e simultaneamente toda lacuna ou vazio entre dois fenômenos no conjunto das intuições empíricas no espaço *(non datur hiatus)*.

Este princípio pode enunciar-se da seguinte maneira: não existe nada na experiência que prove um *vacuum* nem que apenas o permita como uma parte da síntese empírica. Isso porque esse vazio, que pode ser concebido externamente ao campo da experiência possível (do mundo) não está dentro da jurisdição do entendimento somente, o qual unicamente se reporta às questões relativas ao uso dos fenômenos dados em relação ao conhecimento empírico e, mais ainda, sendo um problema para a razão idealista, que escapa da esfera duma experiência possível para avaliar o que circunda e limita essa mesma esfera.

Portanto, esta é uma questão a ser examinada na dialética transcendental.

Facilmente representaríamos esses quatro princípios *in mundo non datur hiatus, non datur saltus, non datur casus, non datur fatum*, como todos os outros princípios de origem transcendental, na sua ordem, aceitando a ordem das categorias, escolhendo para cada um o seu lugar, porém, o leitor experiente fá-lo-á por si próprio ou terá facilidade para encontrar o caminho que conduz a isso.

Confirmam esses princípios todos que não aceitam nada na síntese empírica que possibilite alcançar o entendimento e ao encadeamento contínuo de todos os fenômenos; ou seja, à unidade de seus conceitos. Porque o entendimento é aquele em que é possível a unidade da experiência onde as percepções vão encontrar o seu lugar.

É mais amplo o campo da possibilidade e o da realidade, e o desta é maior que o da necessidade? Estas questões são extremamente interessantes e exigem uma solução sintética, mas que entram nos foros da razão, pois equivalem quase a questionar se as coisas como fenômenos fazem parte do conjunto e do todo de uma única experiência da qual toda percepção indicada é apenas uma parte, e portanto não poderia unir-se a outros fenômenos, ou então se as minhas percepções podem fazer parte (no seu encadeamento geral) de algo mais que a uma única experiência possível.

Geralmente, a experiência não nos é apresentada "a priori" pelo entendimento, mas somente a regra, de acordo com as condições subjetivas e absolutas da sensibilidade e da apercepção, as únicas que tornam possível essa experiência. Entretanto, houve a possibilidade de outras formas de intuição (espaço e tempo), ou outras formas do entendimento (a forma discursiva do pensamento ou a do conhecimento pelos conceitos), seria impossível concebê-las e compreendê-las e, se houvesse a possibilidade, não pertenceria sempre à experiência como único conhecimento no qual os objetivos nos foram oferecidos.

Como devem haver mais percepções que as que em geral formam o todo da nossa experiência possível, e pode, portanto, haver outro campo diferente da matéria? Sobre isto nada pode dizer o entendimento, que somente se atém à síntese do que está oferecido.

E mais ainda, é tão evidente que a pobreza dos nossos raciocínios comuns com os quais criamos o grande império da possibilidade, do qual toda coisa real (todo objetivo de experiência) é somente uma mínima parte. É tão certo que salta aos olhos.

Há a possibilidade em tudo o que é real; o que resulta, naturalmente, de acordo com as leis lógicas da inversão, e esta proposição particular: algumas coisas possíveis são reais. O que também significa: há muitas coisas possíveis que não são reais.

Parece, certamente, que há a possibilidade de pôr o número do possível muito acima do real, porque é necessário acrescentar alguma coisa para que dê isso como resultado. Porém, não conheço essa adição ao possível, pois o que seria necessário acrescentar seria impossível. A única possibilidade de acréscimo, no meu entender, à conformidade com as condições normais da experiência é o entrosamento com uma percepção, e o que está entrosado com uma percepção, conforme as leis empíricas, é real, mesmo não sendo percebido de imediato.

Porém, não podemos deduzir pelo que é dado, e menos ainda se nada nos foi apresentado (porque nada, absolutamente nada, pode ser pensado sem matéria), que no entrosamento universal, com o que nos é dado na percepção, possa existir outra série de fenômenos e, por consequência, seja possível mais de uma experiência, a única que tudo compreende.

O que é possível somente sob as próprias condições meramente possíveis não o é sob "todas as relações". E sem restrição, a questão deve ser observada sob essa ótica geral quando há o interesse de sabermos se a possibilidade das coisas se estende além da experiência.

Essas questões foram levantadas somente para não deixar qualquer dúvida no que pertence, segundo a opinião geral, aos conceitos do entendimento. Contudo, na realidade, a possibilidade absoluta (que é a que vale sob todos os conceitos) não é meramente conceito do entendimento e não pode ter uso empírico algum; pertence, unicamente, à razão, que supera toda utilização empírica possível do entendimento.

Essa é a razão pela qual nos demos por satisfeitos com uma pequena observação crítica, deixando as coisas no mesmo estado em que estavam até que no futuro façamos delas uma análise detalhada. Antes de encerrarmos este quarto número e com ele o sistema de todos os preceitos do entendimento puro, devo esclarecer porque chamei de postulados os princípios da modalidade.

Não estou levando aqui em consideração essa palavra no sentido que lhe deram alguns filósofos modernos contra a teoria dos matemáticos, aos quais propriamente pertencem; ou seja, como significando uma proposição que foi apresentada como imediatamente certa, contudo, sem justificá-la nem demonstrá-la.

Isso porque, se aceitarmos que deve conceder-se um assentimento absoluto de imediato e sem dedução das proposições sintéticas por evidentes que estas sejam, destrói-se com isso toda crítica do entendimento. Como não faltam pretensões absurdas às quais a fé comum é recusada (sem ser uma autoridade), nosso entendimento ficaria exposto a todas as opiniões sendo impossível negar sua aceitação a proposições que, mesmo não sendo legítimas, sobre elas pesaria a exigência de serem aceitas como verdadeiros axiomas.

Dessa maneira, portanto, uma determinação *a priori*, ao ser acrescida sinteticamente ao conceito de uma coisa, precisa ligar-se obrigatoriamente a uma proposição desse tipo, senão uma prova, pelo menos uma dedução da legitimidade dessa asserção.

Só que os princípios da modalidade não são objetivamente sintéticos, isto porque os predicados da possibilidade, da realidade e da necessidade, não estendem sequer o conceito a que são aplicados, ao adicionar alguma coisa à representação do objetivo. E, mesmo sendo sempre sintéticos, o são, entretanto, apenas subjetivamente, ou seja, aplicam ao conceito de uma coisa (do real), do qual nada mais dizem, a faculdade de conhecer onde se origina e se baseia.

Se esse conceito é igual no entendimento, com as condições formais da experiência, chama-se então como possível ao seu objetivo; porém, se estiver encadeado com a percepção (com a sensação como matéria dos sentidos) e determinado por ela mediante o entendimento, chama-se real ao seu objetivo, e se, por fim, está determinado pelo entrosamento das percepções conforme conceitos, então é necessário o seu objetivo.

Os princípios da modalidade não manifestam, pois, com referência a um conceito, não mais que o ato da faculdade de conhecer que o produz. Contudo, são denominados postulados em Matemática às proposições práticas que apenas possuem a síntese através da qual conseguimos um objeto e produzimos o conceito; com a apresentação de uma linha fazer a descrição de um círculo de um ponto determinado numa superfície.

Não há a possibilidade de demonstrar uma proposição semelhante porque o procedimento exigido é exatamente aquele pelo qual produzimos primeiramente o conceito dessa figura.

Do mesmo modo podemos, portanto, postular os princípios da modalidade, visto que não estende seu conceito das coisas (*) senão que se limitam a expor o modo como esse conceito geralmente está vinculado à faculdade de conhecer.

Observação geral sobre o sistema dos princípios

É algo digno de nota que não há a possibilidade de apercebermos pela categoria somente se alguma coisa é possível, mas que tenhamos sempre necessidade de uma intuição para descobrir a realidade objetiva do conceito do entendimento.

Peguemos como exemplo as categorias de relação.

Como primeiro, qualquer coisa pode existir como sujeito e não como mera determinação de outra coisa; isto é, como pode ser substância; ou, segundo, porque um algo é, outro também deve ser; por consequência, como alguma coisa em geral pode ser causa; ou, terceiro, como quando muitas coisas são, porque uma existe, algo nas outras a acompanha, e reciprocamente, e como um comércio de substâncias pode, desse modo, ser estabelecido.

A indicação disso não pode ser feita através de simples conceitos.

É dessa maneira que acontece com todas as outras categorias. Por exemplo, como algo pode ser idêntico a muitos, ou seja, como pode ser uma quantidade, etc. Assim, enquanto há falta de intuição, não se sabe se pelas categorias um objeto é imaginado, nem se geralmente pode convir-lhes um objeto; por onde se nota que por si mesmos não são conhecimentos, mas

---

(*) A "realidade" de uma coisa afirma com mais segurança de uma coisa que a sua possibilidade, porém não mais "na coisa"; pois a coisa não pode conter nunca na realidade mais do que estava contido na sua possibilidade completa. Mas como a possibilidade era somente uma "posição" da coisa em relação ao entendimento (na sua utilização empírica), a realidade é, simultaneamente, o encadeamento da coisa com a percepção.

meras formas de pensar, que são utilizadas para transformar as intuições oferecidas em conhecimentos. Justamente por isso, a partir de simples categorias também não se pode formar nenhuma proposição sintética.

Ao dizer, por exemplo, que em toda existência há uma substância, isto é, alguma coisa que somente como sujeito pode existir e não como mero predicado, ou que algo é um quantum, em tudo isso não há nada que nos sirva para deixar de lado um conceito fornecido e ligá-lo a outro. Dessa forma, portanto, jamais se pôde comprovar por meros conceitos puros do entendimento uma proposição sintética; como este exemplo: tudo que existe por acidente tem uma causa. Quanto nisto se tem feito é mostrar que, sem essa relação, não haveria a possibilidade de compreendermos a existência acidental; ou seja, que não podemos conhecer "a priori", pelo entendimento, a existência dessa coisa.

Porém não advém daí que essa relação seja a condição da possibilidade da coisa mesma. Se formos buscar na memória nossa prova do princípio de causalidade, que tudo que acontece (todo evento) supõe uma causa, advertir-se-á que não há a possibilidade de a realizarmos mais do que em relação aos objetos da experiência possível e como princípio da possibilidade da experiência, por consequência como princípio do conhecimento de um objeto fornecido na intuição empírica e não apenas por conceitos.

Não é possível, contudo, negar-se que esta proposição: "todo acontecimento tem uma causa", não seja óbvia para todos por meros conceitos; porém então o conceito de acidente está já entendido de tal modo que contém, não a categoria de modalidade (como alguma coisa cuja não existência pode ser concebida), mas a de relação (como alguma coisa que somente pode existir como consequência de outra coisa); e neste caso, a proposição é completamente idêntica a esta outra: tudo o que não pode existir a não ser como consequência tem seu motivo. É verdade que recorremos sempre à mudança e não a simples possibilidade de conceber o contrário quando queremos dar exemplos de existência acidental(*).

(*) Facilmente há a possibilidade de conceber a não existência da matéria e, no entanto, os antigos não a tiveram por contingente. Porém, a vicissitude mesma do ser e do não ser de um estado oferecido de uma coisa, em que toda mudança consiste, não comprova em nada a contingência desse estado de uma forma indireta ou pela realidade de seu contrário; por exemplo, o repouso de um corpo que ocorre ao movimento desse corpo, por ser o repouso o oposto do movimento.

Mudança, contudo, é sucessão, e, assim, não há mais a possibilidade a não ser por uma causa, e cuja não existência, portanto, em si é possível. Há o reconhecimento dessa maneira da contingência em que não pode existir a não ser como efeito de uma causa. Quando se admite, portanto, uma coisa como contingente, é uma proposição analítica afirmar que há uma causa.

Contudo, nota-se melhor que para compreender a possibilidade de coisas pelas categorias, e, por consequência, para expor a realidade objetiva destas, tenhamos sempre necessidade, não apenas de intuição, mas também de intuições exteriores. Usemos como exemplo os conceitos puros de relação e encontramos:

1º – para dar ao conceito de substância na intuição alguma coisa de fixo que corresponda (provando dessa maneira a realidade objetiva desse conceito), há a necessidade de uma intuição no espaço (da intuição da matéria), pois somente o espaço define frequentemente, enquanto o tempo, e por consequência tudo quanto se encontra no sentido interior, transcorre sem parar;

2º – para expor a mudança como intuição correspondente ao conceito de causalidade, obrigamo-nos a utilizar o movimento como exemplo, como mudança no espaço; e apenas dessa maneira podemos fazer-nos perceptíveis mudanças cuja possibilidade não pode assimilar nenhum entendimento puro.

Mudança é união de determinações contrárias, opostas entre si na existência de uma única e mesma coisa. Porém, como agora é possível que de um estado oferecido siga, na mesma coisa, outro estado que lhe seja contrário? Coisa é esta que não apenas pode compreender nenhuma razão sem exemplos, não podendo ser inteligível sem uma intuição. Essa intuição é a do movimento de um ponto no espaço, cuja existência em lugares diversos (como consequência de terminações contrárias) nos faz notar a mudança; pois, ainda para que possamos gerar mudanças internas, é preciso que nos representemos o tempo de uma forma figurada, como forma do

---

Pois esse contrário aqui não se opõe ao outro a não ser na lógica, e não no real. Na prova da contingência do movimento, haveria a necessidade de provar que, em vez de estar em movimento no momento precedente, haveria a possibilidade que o corpo estivesse então em repouso; não é suficiente que o tivesse sido em seguida, porque então os dois contrários podem coexistir perfeitamente.

sentido interno, por uma linha, a mudança interior pelo traçado dessa linha (pelo movimento), e, por consequência, nossa existência sucessiva em diferenciados estados por uma intuição exterior.

A razão consiste em toda mudança como alguma coisa fixa na intuição, mesmo que para ser percebido precise supor como mudança e que não seja encontrada no sentido interno nenhuma intuição fixa;

3º – finalmente, a categoria de reciprocidade não pode ser compreendida, se possível ou não, apenas pela razão; e portanto, a realidade objetiva desse conceito não pode ser apercebida sem intuição, e intuição exterior no espaço. Assim, como aceitar a possibilidade de que, na existência de muitas substâncias, da existência de uma resulte alguma coisa (como efeito) na da outra, e reciprocamente; e que, por consequência, pela razão de que existe algo na primeira que apenas pela existência da segunda pode compreender-se, deva acontecer outro tanto com a segunda com referência à primeira?

Para que exista reciprocidade isto é necessário; porém que não se pode compreender de coisas que subsistem umas de outras por sua substância, isoladas por completo que estão. Dessa maneira, Leibnitz, atribuindo ainda uma reciprocidade às substâncias do mundo, porém às substâncias tais como as gera apenas o entendimento, teve necessidade de pedir ajuda à intervenção divina, pois viu com motivo que esse comércio de substâncias não era compreensível apenas por sua existência.

Nós podemos, por outro lado, fazer-nos admissível a possibilidade dessa reciprocidade de substâncias como fenômenos, representando-as no espaço, por consequência na intuição exterior; pois no espaço há "a priori" relações formais exteriores como condições da possibilidade de relações reais em si na ação e na reação, portanto na reciprocidade. Mesmo assim, há facilidade de se provar que a possibilidade de coisas como quantidades, e, por conseguinte, a realidade objetiva da categoria de quantidade, não pode ser exposta senão na intuição exterior, nem tampouco aplicada depois ao sentido interno a não ser através dessa intuição. Para evitar me prolongar, deixo os exemplos aos cuidados do leitor.

Tudo o que foi observado até agora é de suma importância, não apenas para confirmar nossa antecedente refutação do idealismo, e também ainda para, quando se tratar do conhecimento em si a mera consciência interna, e a determinação de nossa natureza sem a ajuda de intuições empíricas, levar-nos a perceber os estreitos limites da possibilidade de tal conhecimento.

O que foi apresentado já é a última consequência de toda esta seção. Todos os princípios do entendimento puro são apenas princípios "a priori" da possibilidade da experiência; todos os princípios sintéticos "a priori" se relacionam com esta unicamente, e sua possibilidade radica totalmente nessa relação.

Capítulo Terceiro

DO PRINCÍPIO DA DISTINÇÃO DE TODOS OS OBJETOS EM GERAL EM FENÔMENOS E NÚMENOS

Conseguimos então percorrer o país do entendimento puro, examinando cada parte cuidadosamente, assim como conseguimos medir e colocar as coisas em seus devidos lugares. Mas esse país é uma ilha que a natureza encerra dentro de limites imutáveis. É o país da verdade (palavra sedutora), cercado de um oceano vasto e tempestuoso, verdadeiro império da ilusão, onde muitas neblinas espessas, bancos de gelo frágeis e a ponto de derreter oferecem o aspecto traiçoeiro de novas terras e, por meio de esperanças vãs, constantemente atrai o navegador que sonha com novas descobertas e o envolvem em aventuras às quais ele jamais sabe se furtar, mas que, no entanto, jamais consegue levar a cabo. Antes de nos arriscarmos a explorar esse mar em toda a sua extensão e assegurarmo-nos se nele existe alguma expectativa, é aconselhável examinar mais uma vez o mapa do país que abandonaremos e perguntarmo-nos se, por acaso, não poderíamos nos satisfazer com o que está nele encerrado ou se não deveríamos forçosamente aceitá-lo, no caso em que não exista outra terra onde pudéssemos nos estabelecer. Além disso, que direito temos de possuir esse país e como podemos nos defender contra todas as pretensões inimigas? Apesar de termos respondido suficientemente a essas perguntas no transcorrer da Analítica, uma revisão sumária das soluções que nos foram apresentadas pode ainda reforçar a nossa convicção, focalizando as várias considerações em um só ponto.

De fato, vimos que tudo que o entendimento deriva de si mesmo, sem que ele nada se empreste da experiência, só pode lhe ser útil na prática da própria experiência. Os princípios do entendimento puro, sejam eles constitutivos *a priori* (como os princípios matemáticos) ou simplesmente reguladores (como os princípios dinâmicos), só encerram o que poderia ser chamado de esquema puro para a possível experiência, pois esta só consegue derivar sua unidade da unidade sintética da imaginação em relação à percepção, unidade com a qual é preciso que todos os fenômenos, como a informação para um possível conhecimento, já estejam afinados e em harmonia *a priori*. Portanto, mesmo que essas regras do entendimento não sejam verdadeiras somente *a priori*, elas constituem também a fonte de toda verdade, isto é, da concordância do nosso conhecimento com os objetos (Objekten), pelo próprio fato de conterem o princípio da possibilidade da experiência, considerada o conjunto de todo conhecimento onde os objetos (Objekte) possam ser-nos fornecidos; entretanto, parece que não é suficiente expor simplesmente o que é verdadeiro, mas é necessário ainda expor o que se deseja saber. Portanto, se por meio desta pesquisa crítica nada mais aprendermos do que nós mesmos já praticamos na simples prática empírica do entendimento e sem qualquer investigação tão sutil, o que se aproveita desta investigação não parece corresponder aos gastos investidos e aos preparativos. No entanto, é verdade ser possível dizer que nenhuma temeridade é mais prejudicial na extensão do nosso conhecimento, do que a de sempre querer conhecer o proveito das pesquisas antes de empreendê-las e antes de poder ter a mínima ideia desse proveito, mesmo que fosse evidente diante dos nossos olhos. E no entanto, há uma vantagem que pode ser percebida e ao mesmo tempo fazer com que o menos hábil e o menos entusiasta discípulo assuma com afinco uma investigação transcendental desse gênero: é que o entendimento, ocupado que está com sua prática empírica de não querer pensar sobre as fontes de seu próprio conhecimento, pode, é verdade, funcionar bem, mas sem ser capaz de definir seus próprios limites quanto à prática e ao saber do que pode ser encontrado dentro ou fora de toda a sua esfera, pois para isso seriam necessárias as pesquisas profundas que instituímos. Mas se ele não puder distinguir se certas questões fazem ou não parte de seu horizonte, nunca terá certeza de seus direitos e de sua propriedade, e só pode esperar ser repreendido vergonhosamente, vez por outra, caso ultrapasse os limites (como é inevitável) de seu domínio, perdendo-se em erros e ilusões.

Se a afirmação de que o entendimento possa utilizar os seus vários princípios *a priori* e os seus vários conceitos unicamente em uma prática empírica e nunca em uma prática transcendental, é um princípio que poderia levar a importantes consequências, se pudermos chegar a conhecê-lo com certeza. A prática transcendental de um conceito dentro de um princípio qualquer consiste em relacioná-lo às coisas *em geral e em si mesmo**, enquanto a prática empírica o aplica simplesmente aos fenômenos, ou seja, a objetos de uma experiência possível. Portanto, é fácil ver que somente essa última prática é desejável. Todo conceito exige inicialmente a forma lógica de um conceito (do pensamento) em geral e depois, a possibilidade de lhe proporcionar um objeto com o qual se relacionar. Sem o objeto, ele não faz sentido e é totalmente vazio de qualquer conteúdo, apesar de sempre poder conter a forma lógica que tem por objetivo derivar um conceito a partir de certos dados. Logo, um objeto só pode ser dado a um conceito através da intuição e, mesmo assim, uma intuição pura (sensível) seria possível (para nós) *a priori* anteriormente ao objeto; essa mesma intuição pode adquirir o seu objeto e portanto, uma validade objetiva, somente pela intuição empírica da qual ela é a simples forma. Portanto, todos os conceitos, assim como todos os princípios, desde que possam ser *a priori*, relacionam-se com as intuições empíricas, ou seja, com os dados para a experiência possível. Sem isso, eles não têm nenhuma validade objetiva, mas são simplesmente um jogo da imaginação ou do entendimento com suas respectivas representações. Tomemos, por exemplo, somente os conceitos da Matemática e primeiro os consideremos todos em suas intuições puras: o espaço tem três dimensões, mas entre dois pontos só é possível traçar uma linha reta, etc. Apesar de todos esses princípios e de a representação do objeto inerente a essa ciência serem produtos totalmente *a priori* do pensamento (*Gemuth*), eles nada significariam se não pudéssemos demonstrar o significado dentro dos fenômenos (nos objetos empíricos). É indispensável também *tornar sensível* um conceito abstrato, ou seja, demonstrar na intuição um objeto (*Objekt*) que lhe corresponda, pois do contrário o conceito não teria qualquer *sentido*, i.e., qualquer significado. A Matemática preenche essa condição pela construção da figura que é um fenômeno presente aos sentidos (produzido *a priori*). O conceito

---

* KANT explica que, com isso, devemos entender "os objetos que não nos são supridos pela intuição, por conseguinte, os objetos não sensíveis".

da quantidade nessa mesma ciência procura seu suporte e seu sentido nos números, e isso fazendo contas com os dedos ou com instrumentos de calcular, ou pelos traços e pontos apresentados. O conceito permanece sempre um produto *a priori*, com princípios ou fórmulas sintéticas que resultam desses conceitos, mas sua utilidade e sua aplicação a pretendidos objetos definitivamente são encontradas tão-só na experiência da qual constituem a possibilidade *a priori* (quanto à forma).

Mesmo assim, em todas as categorias e em todos os princípios formados, o que ressalta claramente é o fato de que não podemos dar a qualquer dessas categorias uma definição [*real*], [ou seja, de fazer compreender *(verständlich machen)* a possibilidade de seu objeto *(Objekts)*], sem nos referirmos logo às condições da sensibilidade e, por conseguinte, à forma dos fenômenos às quais devem ser restringidas, assim como aos seus únicos objetos particulares; se, de fato, tirarmos dessa condição qualquer validade, ou seja, qualquer relacionamento com o objeto *(Objekt)* desaparece e não existe mais um exemplo que possa se tornar compreensível, o que é adequadamente pensado sob tais conceitos. Ao elevarmos a tabela das categorias, dispensamo-nos de defini-las umas após outras, pois nosso objetivo limitado que é a sua prática sintética não produz essas necessárias definições e não devemos, ao empreender coisas inúteis, nos expor a responsabilidades que podem ser dispensadas. Não se trataria de uma falsa fuga, mas de uma regra de prudência muito importante, pela qual é preciso não se arriscar a uma definição de imediato e não procurar simular a perfeição ou a precisão na determinação do conceito, quando podemos nos satisfazer com tal ou qual característica desse conceito, sem precisar para isso uma enumeração completa de todas as características que perfazem o conceito total. Mas é possível enxergar agora que o motivo desse cuidado ainda é mais profundo, pois não poderíamos ter definido as categorias mesmo que quiséssemos; (*) pois caso se descartem todas as condições da sensibilidade que as apontam como conceitos de uma prática empírica possível e que se assumam como

---

(*) Entendo aqui, a definição real ((não aquela)) que se limita simplesmente a acrescentar ao nome de uma coisa, outras palavras mais claras, mas aquelas que contêm uma *marca* tão evidente pela qual é possível sempre reconhecer, com certeza, o *objeto (definitum)* e que torna possível a aplicação desse conceito definido. A explicação real seria então a que não somente esclarece um conceito, mas que ao mesmo tempo torna possível captar a *realidade objetiva*. As definições matemáticas que mostram dentro da intuição o objeto conforme ao conceito são desse último tipo.

conceitos das coisas em geral (a partir da prática transcendental), nada pode ser feito a seu respeito a não ser considerar a função lógica nos juízos como condição da possibilidade das próprias coisas, sem por isso nada poder mostrar de onde possam ser aplicadas nem o seu objeto (*Objekt*) e, por conseguinte, tampouco considerar como possam ter qualquer significado e uma validade objetiva no entendimento puro sem a ajuda da sensibilidade.

Nada pode definir o conceito da grandeza em geral, a não ser que se diga, por exemplo, que seja a determinação de algo que permite pensar quantas vezes a unidade é contida nessa coisa. Mas essa quantidade baseia-se na necessária repetição e, por conseguinte, no tempo e na síntese (do homogêneo) dentro do tempo. Somente é possível definir a realidade pela oposição à negação, concebendo um tempo (como o conjunto de toda a existência) que é repleto de realidade, ou então está vazio. Ao fazer uma abstração da permanência (que é uma existência a todo o momento), só me resta para formar o conceito da substância a representação lógica do sujeito, representação que creio realizar ao apresentar algo que só pode ser admitido como sujeito (sem ser o predicado de alguma coisa). Entretanto, não somente desconheço condições que permitam essa prerrogativa lógica de convir adequadamente a alguma coisa, como também não há outra coisa a fazer, sem poder aproveitar qualquer consequência, pois que dessa forma não se determina qualquer objeto (*Objekt*) da prática desse conceito e, portanto, não é possível saber se esse conceito realmente signifique algo. Quanto ao conceito de causa (se faço abstração do tempo dentro do qual algo acontece com outra coisa, de acordo com uma regra), não encontrarei na categoria pura nada além do fato de saber que há algo pelo qual é possível chegar à conclusão da existência de outra coisa, e não somente a causa e o efeito poderiam ser assim distinguidos uma do outro, mas ainda, como esse poder de inferir logo exige condições que desconheço; o conceito não teria uma determinação que lhe permitisse aplicar-se a algum objeto (*Objekt*). O presumido princípio: Todo contingente tem uma causa, apresenta-se, é verdade, com bastante gravidade, como se tivesse em si mesmo sua própria dignidade. Mas se eu lhes perguntasse o que entendem por contingente e me respondessem: é aquilo cuja não-existência é possível, gostaria de saber como pretendem reconhecer essa possibilidade da não-existência, se vocês não representarem a si mesmos uma sequência da série de fenômenos e nessa sequência uma existência que segue uma não-existência (ou reciprocamente) e, por conseguinte, uma mudança; pois dizer que a não-existência de alguma coisa não seja contraditória, é fazer um apelo impotente a uma condição lógica que, se ela for verdadeiramente necessária ao conceito, está longe de ser relativamente suficiente para a possibilidade real; portanto, posso, de fato, suprimir pelo pensamento todas as substâncias existentes sem me contradizer, mas não saberia inferir o objetivo contingente de sua existência, ou seja, a possibilidade de sua própria não-existência. No que diz respeito ao conceito da comunidade, é fácil compreender que (as categorias puras da substância bem como aquelas da causalidade, não sendo suscetíveis de qualquer definição que determine o objeto [*Objekt*]), a causalidade recíproca não é mais tão suscetível na relação das substâncias entre si mesmas (*commercium*). Ninguém ainda conseguiu definir a possibilidade, a existência e a necessidade, senão pela tautologia manifesta, todas as vezes que se procurou tratar da definição unicamente pelo entendimento puro. Pois, substituir a possibilidade lógica do *conceito* (possibilidade que ocorre quando o conceito não contradiz a si mesmo) pela possibilidade transcendental (real) das *coisas* (que acontece quando o conceito corresponde a um objeto), é uma ilusão que só pode enganar e satisfazer os pensamentos não experimentados.(*)

Há algo estranho e até mesmo paradoxal em dizer que é preciso ter um conceito que deve ter um significado, mas que, no entanto, não seria suscetível de qualquer explicação. É aqui que se encontra a característica particular de todas as categorias que podem ter só um sentido determinado e uma relação a um objeto através da *condição sensível* universal. Esta condição não é suprida pela categoria pura, pois essa categoria só pode conter a função lógica que consiste em juntar a diversidade em um conceito. Logo, esta função sozinha, isto é, a forma do conceito nada pode nos fazer conhecer nem nos permitir distinguir com que objeto se relaciona, devido precisamente à própria característica abstrata da condição sensível com a qual, de forma geral, os objetos podem se relacionar com ela. Portanto, as próprias categorias ainda precisam, além do conceito puro do entendimento, de uma determinação de sua aplicação à sensibilidade em

---

(*) [*Resumindo, nada pode justificar todos esses conceitos e sua possibilidade real tampouco pode ser demonstrada, caso seja feita uma abstração de toda intuição sensível (a única que possamos ter), e só nos resta a possibilidade lógica: – ou seja, que o conceito (o pensamento) seja possível – que não é o caso, pois trata-se de saber se o conceito se relaciona com um objeto* (Objekt) *e se, por conseguinte, ele significa alguma coisa. Essa parte foi acrescida na segunda edição.*]

geral (de um esquema), sem o qual elas não são conceitos pelos quais um objeto poderia ser conhecido e distinguido dos outros, mas tão-somente maneiras de pensar um objeto para possíveis intuições e proporcionar-lhe (sob condições ainda requeridas) o seu significado, de acordo com uma função qualquer do entendimento, isto é, *de defini-lo;* portanto, elas mesmas não podem ser definidas. Quanto às funções lógicas dos juízos em geral, unidade e pluralidade, afirmação e negação, sujeito e predicado, não seria possível defini-las sem estar dando voltas, pois a própria definição deveria ser um juízo e, por conseguinte, já conter essas funções. Mas as categorias puras não são outra coisa senão representações das coisas em geral, desde que a diversidade da intuição dessas coisas deva *(muss)* ser concebida por uma ou outra dessas funções lógicas: a quantidade é a determinação que só pode ser concebida por um juízo de quantidade *(judicium commune)*; a realidade, aquela que só pode ser concebida por um juízo afirmativo; a substância, aquela que em relação à intuição deve ser o último sujeito de todas as outras determinações. Portanto, o que permanece totalmente indeterminado, são as coisas em relação às quais é preciso fazer uso de uma função em lugar de outra; por conseguinte, sem a condição da intuição sensível cuja síntese elas contêm, as categorias não se relacionam absolutamente com qualquer objeto determinado; elas não podem definir qualquer objeto e, portanto, não possuem em si mesmas a validade de conceitos objetivos.

Dessa forma, a consequência incontestável é que a prática dos conceitos puros do entendimento *nunca* pode ser *transcendental,* mas é *sempre empírica* e somente através da relação com as condições gerais de uma experiência possível é que os princípios do entendimento puro podem se relacionar com os objetos dos sentidos, sem jamais se relacionarem (sinteticamente) a coisas em geral (sem levar em consideração a forma pela qual podemos intuí-las).

Portanto, a Analítica transcendental tem esse importante resultado de mostrar que o entendimento, em geral, unicamente pode *a priori* antecipar a forma de uma experiência possível, e o que não é um fenômeno e por conseguinte, não podendo ser um objeto da experiência, nunca pode ultrapassar os limites da sensibilidade dentro dos quais somente os objetos nos são dados. Esses princípios são simplesmente princípios da exposição dos fenômenos, e o título enfático de uma ontologia que pretende dar às coisas em geral um conhecimento sintético *a priori* em uma doutrina sistemática, (por exemplo, o princípio da causalidade) deve dar lugar ao título modesto de uma simples analítica do entendimento puro.

O pensamento é a ação que consiste em relacionar a um objeto uma determinada intuição. Se a natureza dessa intuição não é suprida de alguma forma, o objeto é simplesmente transcendental, e o conceito do entendimento não tem outra utilidade senão a da prática transcendental, ou seja, ele só exprime a unidade do pensamento de um diverso (de uma intuição possível) generalizado. Através de uma categoria pura onde é feita abstração de todas as condições da intuição sensível, a única que nos seja possível, nenhum objeto é então determinado (e por conseguinte nada é conhecido), mas, segundo diversas formas, exprime-se somente o pensamento de um objeto generalizado. Para fazer uso de um conceito, ainda é necessária uma função do juízo, indispensável para agregar um objeto e por conseguinte, a condição, pelo menos formal, de subordinar algo que possa ser dado pela intuição. Se essa condição do juízo (o esquema) vier a faltar, toda inclusão desaparece, pois nada mais é dado que possa ser subordinado ao conceito. Portanto, a simples prática transcendental das categorias, no caso, de nada serve (para conhecer alguma coisa),* e não possui um objeto determinado, nem mesmo determinável quanto à forma. Donde se conclui: que a categoria pura também não é suficiente para formar um princípio sintético *a priori*; que os princípios do entendimento puro somente têm uma prática empírica, mas nunca uma prática transcendental e que fora do campo de uma experiência possível não pode haver de forma alguma um princípio sintético *a priori*.

---

* No entanto, no fundo, existe aqui uma ilusão difícil de evitar; as categorias não se baseiam, quanto à sua origem, na sensibilidade – como acontece com as *formas da intuição*, espaço e tempo, e parecem assim autorizar uma aplicação que se estende além de todos os objetos dos sentidos. Só que elas são somente, por sua vez, *formas do pensamento* encerrando simplesmente o poder lógico de unir *a priori* em uma consciência o diverso que é passado na intuição, e, dessa forma, quando se retira a única intuição que nos seja possível, elas ainda podem ter menos sentido que essas formas sensíveis puras pelas quais um objeto (*Objekt*) nos é passado, enquanto uma maneira adequada ao nosso entendimento de ligar o diverso, não significa mais nada, se não se acrescenta a intuição pela qual esse diverso pode ser passado. – No entanto, quando dizemos que certos objetos são dos sentidos (*Sinnenwesen*) (*phaenomena*), no que diz respeito aos fenômenos, ao distinguir a nossa maneira de intuí-los já está em nós a ideia de nos opormos a eles, por assim dizer, a título de objetos, simplesmente pensados pelo entendimento, ou esses mesmos objetos considerados conforme o ponto de vista dessa própria essência, e com isso não haveríamos de intuí-los nesse mesmo ponto de vista, ou ainda, outras coisas possíveis que de forma alguma são objetos (*Objekte*) dos nossos sentidos, e chamá-los de estados do entendimento (*noumena*). Portanto, a questão é saber se os nossos conceitos puros do entendimento não têm sentido em relação a esses últimos objetos e se não podem ser um tipo de conhecimento.

Mas aqui, logo se apresenta um equívoco que pode causar um grande erro; é que, de fato, o entendimento, ao chamar de fenômeno um objeto apreendido de uma certa relação, elabora simultaneamente fora dessa relação uma outra representação de um *objeto em si*, e por conseguinte se convence que também pode criar *conceitos* de objetos desse tipo, e, posto que o entendimento não fornece outros conceitos senão as categorias, o objeto, pelo menos nesse último sentido, deve *(muss)* poder ser pensado através desses conceitos puros do entendimento; dessa forma ele é levado a apreender o conceito completamente *indeterminado* de um estado do entendimento, considerado como alguma coisa em geral fora de nossa sensibilidade, para um conceito *determinado* de um estado que poderíamos conhecer, de alguma forma, pelo entendimento.

Se por número entendemos uma coisa *que não seja um objeto (Objekt) de nossa intuição sensível*, ao fazermos abstração da forma como a intuímos, essa coisa é então um número no sentido *negativo*. Mas se ao contrário o entendermos como *objeto (Objekt) de uma intuição não sensível* estaremos admitindo uma forma particular de intuição, ou seja, a intuição intelectual que, no entanto, não é a nossa e da qual não podemos nem sequer considerar a possibilidade; e este seria então o número no sentido *positivo*.

Portanto, a teoria da sensibilidade é, ao mesmo tempo, a teoria dos númenos no sentido negativo, isto é, das coisas que o entendimento deva pensar independentemente dessa relação com a nossa forma de intuição, como consequência e não simplesmente como fenômenos, mas como coisas em si, compreendendo simultaneamente que nessa abstração, não saberia, relativamente a essas coisas, fazer qualquer uso de suas categorias ao considerá-las dessa forma, pois as categorias só têm sentido com relação à unidade das intuições no espaço e no tempo, e que só podem determinar *a priori* esta mesma unidade, devido à simples idealidade do espaço e do tempo, por meio de conceitos gerais de conexão. Ali onde essa unidade de tempo não pode se encontrar, ou seja, dentro do número, é que as categorias perdem toda sua utilidade e todo seu significado, pois a própria possibilidade das coisas que devem corresponder às categorias não se deixam entrever; nesse respeito, eu somente pude me reportar ao que transmiti no início da observação geral do capítulo precedente. A possibilidade de uma coisa nunca pode ser comprovada simplesmente pelo fato de que o conceito dessa coisa não se contradiz; ao contrário, somente é possível comprová-la apoiando o conceito em uma intuição que lhe corresponda. Portanto, se quiséssemos aplicar as categorias a objetos que não são considerados como fenômenos, deveríamos tomar como base uma outra intuição e não a intuição possível, e então o objeto seria um número de *sentido positivo*. Ora, como essa outra intuição não tem nenhum poder de conhecer, o uso das categorias não pode, de forma alguma, estender-se para além dos limites dos objetos da experiência; e pode ser que aos nossos estados dos sentidos correspondam, sem dúvida, estados de entendimento com os quais o nosso poder sensível de intuição não se relacione absolutamente; mas os nossos conceitos intelectuais, sendo simples formas de pensamento para a nossa intuição sensível, não podem, absolutamente, ser aplicados a tais estados. Portanto, tudo que denominamos de númenos, deve ser entendido unicamente no sentido *negativo*.

Portanto, pode ser sábio exprimir-se desta forma: as categorias puras, sem as condições formais da sensibilidade, possuem simplesmente um sentido transcendental, mas não têm uma prática transcendental, pois tal prática é impossível em si mesma por faltar-lhe todas as condições de uma prática qualquer (nos juízos); quero me referir à subordinação a esses conceitos de qualquer objeto pretendido. (A título simplesmente de categorias puras), como elas não devem ter uma prática empírica e também não podem ter uma prática transcendental, consequentemente não possuem qualquer utilidade quando são isoladas de toda sensibilidade, isto é, elas não podem mais ser aplicadas a qualquer objeto pretendido; elas são antes a forma pura da prática do entendimento em relação aos objetos em geral e ao pensamento, sem que se possa só com elas pensar ou determinar qualquer objeto (*Objekt*).

As imagens sensíveis (*Erscheinungen*), desde que se pense nelas a título de objetos segundo a unidade das categorias, denominam-se fenômenos (*Phaenomena*). Mas se admito que coisas sejam simplesmente objetos do entendimento e que no entanto, como tais, podem ser passadas, a uma intuição, sem todavia poder sê-lo na intuição sensível (por conseguinte, *coram intuitu intellectuali*); essas coisas deveriam ser chamadas de númenos (*intelligibilia*).

É preciso pensar que o conceito dos fenômenos, limitado pela Estética transcendental, já fornece por si só a realidade objetiva dos númenos e justifica a divisão dos objetos em fenômenos e númenos, por conseguinte a divisão mundo em mundo dos sentidos e em mundo do entendimento (*mundus sensibilis et intelligibilis*), no sentido de que a diferença não se apresente aqui na forma lógica do conhecimento obscuro ou distinto de uma ou da mesma coisa, mas na maneira diversa pela qual os objetos podem ser passados originalmente ao nosso conhecimento e pela qual eles mesmos se distinguem uns dos outros quanto ao gênero. De fato, quando os sentidos nos apresentam alguma coisa simplesmente como ela parece ser, é preciso que essa coisa também seja em si mesma um objeto de uma intuição não sensível, ou seja, do entendimento, isto é, deve possuir um conhecimento possível onde não se encontre nenhuma sensibilidade e que tenha sozinha uma realidade totalmente objetiva, no sentido de que por meio dela os objetos nos sejam apresentados *como eles são*, quando, ao contrário, na prática empírica de nosso entendimento, as coisas nos são conhecidas somente *como elas parecem ser*. Haveria também, além da prática empírica das categorias (prática limitada a condições sensíveis), uma outra prática pura e, portanto, objetivamente válida, e não poderíamos mais afirmar tudo o que já vimos até aqui, que os nossos conhecimentos puros do entendimento nunca seriam mais do que princípios da exposição dos fenômenos (da síntese do diverso), e que também não seguem *a priori* além da possibilidade formal da experiência, pois aqui se abriria à nossa frente um campo totalmente diferente, um mundo concebido no pensamento (talvez até completamente intuído) que poderia ocupar o nosso entendimento puro da mesma forma que o seu campo, e até mesmo mais nobremente.

Todas as nossas representações são, no caso, relacionadas a algum objeto *(Objekt)* pelo entendimento e como os fenômenos são somente representações, o entendimento os relaciona a alguma coisa apreendida como objeto da intuição sensível; mas essa coisa, nessa relação, (em qualidade de objeto de uma intuição generalizada), é tão-somente o objeto *(Objekt)* transcendental. Através desse objeto é preciso entender que alguma coisa = x, e dela nada sabemos e em geral (de acordo com a constituição atual de nosso entendimento) nada podemos saber; mas esta pode, a título de correlativo da unidade da percepção, servir para unificar o diverso na intuição sensível, operação pela qual o entendimento liga esse diverso ao conceito de um objeto. Esse objeto transcendental não deve nunca estar separado dos dados sensíveis, pois nada restaria que servisse para concebê-lo. Portanto, ele não é um objeto do conhecimento em si, mas somente a representação dos fenômenos no conceito de um objeto em geral, determinável pelo diverso dos fenômenos.

É precisamente por esse motivo que em vez de representar um objeto *(Objekt)* particular passado sozinho para o entendimento, as categorias servem somente para determinar o objeto *(Objekt)* transcendental (o conceito de alguma coisa em geral) pelo que é passado na sensibilidade, e para reconhecer empiricamente os fenômenos segundo os conceitos de objetos.

Quanto ao motivo pelo qual, não estando ainda satisfeito do substrato da sensibilidade, atribuiu-se aos fenômenos, númenos que somente o entendimento puro pode imaginar, baseia-se unicamente sobre o que segue. Com a sensibilidade, assim como o seu domínio, quero me referir ao campo dos fenômenos, sendo eles mesmos limitados pelo entendimento, de tal forma que não se estendem às próprias coisas, mas somente à maneira pela qual as coisas nos parecem, devido à nossa constituição (*Beschaffenheit*) subjetiva. Esse foi o resultado de toda a Estética transcendental; e dessa mesma forma segue naturalmente o conceito de um fenômeno em geral que alguma coisa que não é por si um fenômeno deva lhe corresponder, pois o fenômeno nada pode ser por si só e fora de nosso modo de representação. Por conseguinte, se quisermos evitar um círculo vicioso, a palavra fenômeno já indica uma relação com alguma coisa cuja representação imediata é, sem dúvida, sensível, mas que por si só, mesmo sem essa constituição de nossa sensibilidade (sobre a qual se baseia a forma de nossa intuição), deve ser alguma coisa, ou seja, um objeto independente da sensibilidade.

Na verdade, disso resulta o conceito de um número, conceito que de forma alguma é positivo e não significa um conhecimento determinado de uma coisa qualquer, mas somente o pensamento de alguma coisa em geral onde faço abstração de toda forma de intuição sensível. Para que um número signifique um objeto verdadeiro, distinto de todos os outros fenômenos, não é suficiente que eu *liberte* o meu pensamento de todas as condições da intuição sensível, ainda preciso ter uma razão de *admitir* outra forma de intuição que não seja do modo sensível, para a qual um objeto desse tipo possa ser passado, caso contrário minha mente estaria vazia, apesar de estar livre de contradições. Sem dúvida, não conseguimos provar mais além de que a intuição sensível seja a *única* intuição possível em geral, mas provamos que é a única *para nós*, e não conseguimos também provar que exista outra forma de intuição possível; e mesmo que a nossa mente possa fazer abstração de toda sensibilidade, a questão que permanece é sempre a de saber se o nosso pensamento não é, no caso, a simples forma de um conceito e se, depois dessa separação, ainda permanece em algum lugar um objeto *(Objekt)*, (uma intuição possível).

O objeto *(Objekt)* ao qual relaciono o fenômeno em geral é o objeto transcendental, isto é, o pensamento totalmente indeterminado de qualquer coisa em geral. Esse objeto não pode ser chamado de *númeno*, pois desconheço o que ele é em si mesmo e não tenho absolutamente nenhum conceito a respeito, senão simplesmente aquele de um objeto de uma intuição sensível em geral que, por conseguinte, é idêntico em todos os fenômenos. Não posso pensá-lo através de nenhuma categoria, pois essas categorias somente são válidas para a intuição empírica que elas servem, para referir-se a um conceito do objeto em geral. Uma prática pura das categorias diz respeito à verdade (logicamente) possível, sem contradição, mas não tem uma validade objetiva, pois a categoria não se relaciona com nenhuma intuição que lhe proporcione a unidade de um objeto (*Objekts*); de fato, a categoria é uma simples função do pensamento pela qual nenhum objeto me é dado, mas pela qual é somente pensado, o que pode ser transmitido pela intuição.

Se eu elimino um conhecimento empírico de todo pensamento (operado pelas categorias), nenhum conhecimento de um objeto qualquer permanece, pois pela simples intuição nada mais é pensado a respeito, e daquilo que essa inclinação de minha sensibilidade produz em mim nenhuma relação será consequência dessas mesmas representações de um objeto (*Objekt*) qualquer. Se eu, ao contrário, elimino toda intuição, ainda permanece a forma do pensamento, isto é, a maneira de designar um objeto ao diverso de uma intuição possível. As categorias também se estendem para além da intuição sensível quanto ao que elas pensam dos objetos (*Objekte*) em geral, sem considerar a maneira particular (da sensibilidade) pela qual podem ser fornecidas. Mas elas não determinam por isso uma grande quantidade de objetos, pois não é possível supor que objetos dessa espécie possam ser dados, sem presumir a possibilidade de outra forma de intuição além da sensível e para a qual não temos absolutamente nenhuma autoridade.

Chamo de problemático um conceito que não encerre qualquer contradição e que, como limitação de conceitos dados, se conecte a outros conhecimentos, mas cuja realidade objetiva não pode, de forma alguma, ser conhecida. O conceito de um *númeno*, isto é, de uma coisa em si (unicamente por um entendimento puro), não é de todo contraditório, pois não é possível afirmar que a sensibilidade seja a única forma possível de intuição. Além disso, esse conceito é necessário para que não se estenda a intuição sensível para as coisas em si e, por conseguinte, para que se limite a validade objetiva do conhecimento sensível (pois os outros conhecimentos que não atingem essa validade objetiva são precisamente chamados de números, a fim de mostrar com isso que essa espécie de conhecimento não pode estender seu domínio além do que pensa o entendimento). Definitivamente, não é possível perceber a possibilidade desses númenos e, fora da esfera dos fenômenos, só existe uma extensão vazia (para nós), ou seja, temos um entendimento que se estende *problematicamente* além dessa esfera, mas não possuímos intuição, nem mesmo conceito de uma intuição possível que possa nos fornecer objetos fora do campo da sensibilidade, permitindo ao entendimento ser utilizado *afirmativamente* além da sensibilidade. Portanto, o conceito de um númeno é simplesmente um *conceito limitativo* que tem por objetivo restringir as pretensões da sensibilidade, sem todavia poder estabelecer algo de positivo fora do campo da sensibilidade.

A distinção dos objetos em fenômenos e númenos, e de mundo em mundo dos sentidos e mundo do entendimento, não pode então ser admitida [de forma positiva], embora seja possível, incontestavelmente, admitir a divisão dos conceitos em sensíveis e inteligíveis, pois não é possível designar-lhes um objeto nem, consequentemente, dar-lhes uma validade objetiva. Quando nos afastamos dos sentidos, como podemos tornar compreensível que nossas categorias (que seriam os únicos conceitos que ainda restariam para os númenos) signifiquem ainda algo mais do que a unidade do pensamento, e quero dizer que além disso deva ser passada para uma intuição possível onde as categorias poderiam ser aplicadas? O conceito de um númeno apreendido simplesmente como problemático não é menos admissível, mas até mesmo inevitável a título de conceito que impõe limites à sensibilidade. Mas então esse númeno não é mais, para o nosso entendimento, um sujeito inteligível de tipo particular; pode-se dizer, ao contrário, que um entendimento ao qual pertenceria, é ele mesmo um problema que volta a saber como esse entendimento conheceria seu objeto discursivamente pelas categorias, mas intuitivamente em uma intuição não sensível, enquanto da possibilidade desse tal objeto é, para nós, impossível fazer a mínima representação. Ora, dessa forma, o nosso entendimento recebe uma extensão negativa, ou seja, não é limitado pela sensibilidade, mas, ao contrário, é ele que a limita denominando númenos as coisas em si (apreendidas diferentemente dos fenômenos). Mas imediatamente, ele se impõe a si mesmo limites que lhe impedem de conhecer essas coisas pelas categorias e, consequentemente, obrigam-no a unicamente concebê-las sob o nome de alguma coisa desconhecida.

Entretanto, encontro nos escritos modernos um emprego bem diferente das expressões de mundo sensível e de mundo inteligível,(*) num sentido totalmente diferente do sentido dos anciãos que, na realidade, não oferece nenhuma dificuldade, mas onde se encontra nada mais que um simples jogo de palavras. De acordo com esse sentido, algumas pessoas gostaram de chamar o conjunto de fenômenos, desde que seja intuído, de mundo dos sentidos e, desde que o encadeamento desses fenômenos seja conhecido segundo as leis gerais do entendimento, de mundo do entendimento. A astronomia teórica que se limita a expor a descrição do céu estrelado representaria a primeira hipótese, e a astronomia contemplativa, ao contrário (explicada, por exemplo, segundo o sistema de Copérnico ou segundo as leis da gravidade de Newton), representaria a segunda, ou seja, um mundo inteligível. Mas essa inversão de termos é um subterfúgio sofístico ao qual se recorre para evitar uma pergunta difícil em determinar o sentido dessa questão aleatoriamente. Em comparação aos fenômenos, existe incontestavelmente uma prática do entendimento e da razão, mas é preciso saber se ainda possuem alguma utilidade quando o objeto não é um fenômeno (mas um número); e é nesse sentido que se apreende esse objeto, quando ele é concebido em si como simplesmente inteligível, ou seja, dado unicamente ao entendimento e nunca aos sentidos. A pergunta que então se coloca é a de saber se, fora da prática empírica do entendimento, (mesmo na representação newtoniana do mundo), uma prática transcendental ainda seria possível de ser aplicada tanto a um número como a um objeto? A esta pergunta demos uma resposta negativa.

Então, quando dizemos que os sentidos nos apresentam os objetos tal *como se parecem* e os do entendimento tal *como eles são,* é preciso interpretar essa última expressão simplesmente num sentido empírico e não num sentido transcendental; isto é, ela designa os objetos como realmente devem ser representados, objetos da experiência, no encadeamento universal dos fenômenos e não segundo o que podem ser, independentemente de sua relação com uma experiência possível e, por conseguinte, com os sentidos

---

(*) [Não se deve substituir esta expressão por aquela de um mundo *intelectual,* como é costume fazer de forma comum nas obras alemãs, pois somente os *conhecimentos* são intelectuais ou sensitivos. O que somente pode ser um objeto de tal ou qual forma de intuição – por conseguinte, os objetos (*Objekte*) – deve ser chamado (apesar da severidade do nome) de inteligível ou sensível]. Acrescido na segunda edição.

em geral, ou seja, como objetos do entendimento puro. De fato, isso para nós permanecerá sempre desconhecido, mesmo até o ponto de não se saber mais se esse conhecimento transcendental (extraordinário) é realmente possível, pelo menos no sentido de conhecimento submetido às nossas categorias ordinárias. É somente através da *união* que *o entendimento* e a *sensibilidade* podem determinar os objetos em nós. Se os separarmos, teremos intuições sem conceitos, ou conceitos sem intuições e, nos dois casos, representações que não podemos relacionar com qualquer objeto determinado.

Se depois de todos esses esclarecimentos, alguém hesitar ainda em renunciar à prática simplesmente transcendental das categorias, que tente servir-se dela para alguma afirmação sintética. De fato, uma afirmação analítica não leva o entendimento muito longe, e como o entendimento não se preocupa com o que já é pensado no conceito, ela (a afirmação analítica) deixa indecisa a questão de saber se o conceito em si se relaciona com objetos ou se ele significa somente a unidade do pensamento em geral (a qual faz abstração total da maneira pela qual um objeto pode ser dado); basta-lhe saber o que está contido em seu conceito e é-lhe indiferente saber com o que o próprio conceito possa se relacionar. Portanto, que se faça essa tentativa sobre qualquer princípio sintético e pretendido transcendental, como o seguinte: Tudo o que está, existe como substância, ou como determinação inerente à substância. Ou ainda: Todo contingente existe como efeito de uma outra coisa, isto é, de sua causa, etc. Ora, pergunto, como poderíamos fazer uso dessas propostas sintéticas, quando os conceitos não devem valer em virtude de uma relação com uma experiência possível, mas fazer valer coisas em si (númenos)? Onde está o terceiro termo (a intuição intermediária), que é sempre exigida numa proposta sintética para unir umas às outras, no mesmo conceito, coisas que não têm nenhuma relação lógica (analítica)? Nunca se demonstrará uma tal proposta, e além disso não se poderá jamais justificar a possibilidade de uma afirmação pura desse tipo, sem recorrer à prática empírica do entendimento e sem renunciar completamente ao juízo puro e independente dos sentidos. Dessa forma, o conceito (positivo, o conhecimento possível) de objetos puros simplesmente inteligíveis é totalmente vazio de todos os princípios que servem para aplicá-los, pois não se pode imaginar como esses objetos poderiam ser dados; e o pensamento problemático que, no entanto, lhes deixa o espaço aberto, somente serve como um espaço vazio para restringir os princípios empíricos, sem entretanto encerrar nem indicar qualquer outro objeto do conhecimento fora da esfera desses últimos.

APÊNDICE

Da anfibologia dos conceitos da reflexão que resulta da confusão da prática empírica do entendimento com sua prática transcendental.

A *reflexão* (*reflexio*) não trata dos próprios objetos para adquirir conceitos diretamente, mas é o estado de espírito onde nós nos preparamos antes, para descobrir as condições subjetivas que nos permitam chegar aos conceitos. Ela é a consciência do relacionamento de representações fornecidas às nossas diferentes fontes de conhecimento, relacionamento único que pode determinar sua relação umas com as outras. A primeira questão que se apresenta antes de qualquer estudo de nossa representação é esta: A que poder de conhecimento pertencem todas as nossas representações? Seria pelo entendimento ou pelos sentidos aos quais são ligadas ou comparadas? Existem muitos juízos que se admitem por hábito ou que são ligados por tendência, e como nenhuma reflexão os preceda ou, pelo menos, não os siga para criticá-los, são considerados juízos cuja origem se encontra no entendimento. Todos os juízos não precisam de um *exame*, isto é, sua atenção é dirigida para os princípios de sua verdade, pois, quando há uma certeza imediata, por exemplo: entre dois pontos só pode haver uma linha reta, nenhuma crítica pode ser apresentada quanto à sua verdade mais imediata do que aquela que a exprime. Mas todos os juízos, e até mesmo todas as comparações, precisam de uma *reflexão*, ou seja, que se distinga a faculdade de conhecimento à qual pertencem os conceitos dados. A ação pela qual eu aproximo a comparação das representações em geral da faculdade de conhecer onde elas se colocam, e pela qual as distingo como pertencendo ao entendimento puro ou à intuição sensível, é que são comparáveis entre si; esta ação eu a denomino de *reflexão transcendental*. Ora, as relações onde os conceitos podem conectar-se uns com os outros num estado de espírito são aqueles da *identidade* e da *diversidade*, de *conveniência* e de *inconveniência*, de *interno* e de *externo*, enfim de *determinável* e de *determinação* (de matéria e de forma). A exata determinação dessa relação consiste em saber em qual faculdade de conhecimento eles se conectam *subjetivamente* uns com os outros, se é na sensibilidade ou no entendimento. De fato, a diferença dessas faculdades constitui uma grande diferença na forma pela qual os conceitos devem ser pensados.

Para pronunciar juízos objetivos, comparamos os conceitos a fim de chegar à IDENTIDADE (de várias representações sob um único conceito) em vista de juízos *universais*, ou da DIVERSIDADE dessas representações para produzir juízos *particulares*, da CONVENIÊNCIA pela qual podem resultar juízos *afirmativos*, ou da INCONVENIÊNCIA que dá lugar a juízos *negativos*, etc. Por conseguinte, parece que deveríamos chamar os conceitos em questão de conceitos de comparação *(conceptus comparationis)*. Mas como as coisas podem ter uma dupla relação com o nosso poder de conhecimento, ou seja, com a sensibilidade e com o entendimento, quando não se tratar da forma lógica, mas do conteúdo dos conceitos, isto é, da questão de saber se as próprias coisas são idênticas ou diferentes, se elas são convenientes entre si ou não, etc.; e como a maneira pela qual se conectam umas com as outras depende do espaço que elas ocupam em uma ou outra dessas maneiras, a reflexão transcendental, isto é, a relação de representações fornecidas para uma ou outra forma de conhecimento, que exclusivamente poderá determinar sua relação entre elas; e a questão de saber se as coisas são idênticas ou diferentes, se são convenientes entre si ou não, não poderá ser decidida de imediato pelos próprios conceitos através de uma simples comparação *(comparatio)*, mas somente pela distinção do modo de conhecimento ao qual pertençam, através da reflexão transcendental. Poderíamos então dizer, sem dúvida, que a *reflexão lógica* é uma simples comparação, pois uma total abstração é feita da faculdade de conhecer à qual pertencem as representações fornecidas, e dentro deste critério devem ser consideradas homogêneas quanto ao seu espaço no espírito; mas a *reflexão transcendental* (que se relaciona com os próprios objetos) contém o princípio da possibilidade da comparação objetiva das representações entre si, e portanto ela é diferente da outra, pois a faculdade de conhecimento à qual elas pertencem não é a mesma. Essa reflexão transcendental é um dever do qual ninguém pode abrir mão se quiser conseguir *a priori* algum julgamento sobre certas coisas. Vamos agora tratar disso e conseguiremos esclarecer a determinação da função *(Geschäfts)* própria do entendimento.

1 – *Identidade e diversidade.* – Quando um objeto se nos apresenta várias vezes, mas cada vez com as mesmas determinações internas (qualidade e quantidade) ele é então, se o apreendermos como um objeto do entendimento puro, sempre o mesmo e não vários, mas *uma* coisa só *(numérica identitas)*; mas se ele for um fenômeno, então não se trata mais de

comparar conceitos, pois alguma analogia que tudo pode ser nessa comparação, a diversidade dos espaços que este fenômeno ocupa em um mesmo tempo é, no entanto, um princípio suficiente da *diversidade numérica* do próprio objeto (dos sentidos). Dessa forma, em duas gotas d'água, é possível fazer abstração de toda diversidade interna (da qualidade e da quantidade) e é suficiente intuí-las ao mesmo tempo nesses espaços diferentes para considerá-las numericamente distintas. LEIBNIZ interpretava os fenômenos como coisas em si e, por conseguinte, como *intelligibilia*, ou seja, por objetos do entendimento puro (apesar de designá-las com o nome de fenômenos por causa da confusão de sua representação) e seu princípio dos indiscerníveis *(principium identitatis indiscernibilium)* era incontestavelmente inatacável; mas como são objetos da sensibilidade e que o entendimento a eles relacionados não pode ter qualquer prática pura, mas simplesmente uma prática empírica, a pluralidade e a diversidade numéricas já são fornecidas pelo próprio espaço como condições dos fenômenos externos. De fato, uma parte do espaço, apesar de ser totalmente parecido e igual a outra parte, no entanto, está fora dela, e ela é precisamente por isso uma parte distinta da primeira e que a ela se agrega para constituir um espaço maior; por conseguinte, é preciso que ocorra o mesmo para tudo o que exista num mesmo tempo, em lugares diversos do espaço, alguns parecidos e outros iguais a isso podendo realmente existir em outras partes.

2 – *Conveniência e inconveniência.* – Quando a realidade somente nos é apresentada pelo entendimento puro *(realitas noumenon)* é impossível imaginar uma inconveniência entre as realidades, ou seja, uma relação de tal natureza que ao se conectarem com um mesmo sujeito, elas suprimam reciprocamente suas consequências, onde $3 - 3 = 0$. Ao contrário, a realidade nos fenômenos *(realitas phaenomenon)* pode incontestavelmente estar em oposição a si mesma e caso se reúnam várias realidades em um mesmo sujeito, os efeitos de uma podem anular total ou parcialmente os *efeitos da outra;* por exemplo, duas forças motrizes agindo sobre uma mesma reta, enquanto puxam ou empurram um ponto em direções opostas, ou ainda um prazer que sirva de contrapeso à dor.

3 – *O interno e o externo.* – Em um objeto do entendimento puro, o único interno é aquele que não possui qualquer relação (existência) com outra coisa qualquer que não seja ele mesmo. Ao contrário, as determinações internas de uma *substantia phaenomenon* no espaço são unicamente relações, e essa própria substância, na verdade, nada mais é que um simples

conjunto de relações puras. Só chegamos a conhecer a substância no espaço pelas forças que agem nesse espaço, tanto para atrair outras forças (atração), como para impedi-las que as penetrem (repulsão e impenetrabilidade); desconhecemos outras propriedades que constituam o conceito da substância que aparece no espaço e que denominamos matéria. Por outro lado, como objeto do entendimento puro, toda substância deve ter determinações internas e forças que se relacionem com a realidade interna. Mas o que posso imaginar como acidentes internos, senão aqueles que me são apresentados pelo meu sentido interno, para saber o que nele mesmo é *pensamento* ou análogo ao pensamento? É assim que LEIBNIZ fazia com todas as substâncias, até mesmo com todos os elementos da matéria – porque ele as representava para si mesmo como números, após ter-lhes tirado pelo pensamento tudo o que podia significar uma relação externa e, por conseguinte, também a *composição* – de simples sujeitos dotados da faculdade representativa, em uma só palavra: MÔNADAS.

4 – *Matéria e forma.* – Aqui estão dois conceitos que servem de princípios para qualquer outra reflexão, inseparavelmente ligados e a serviço do entendimento. O primeiro significa o determinável em geral; o segundo, sua determinação (tanto um como o outro no sentido transcendental, pois que se faz abstração de toda diversidade do que é dado e da forma pela qual é determinado). Antigamente, os lógicos chamavam a matéria de gênero, e a forma, a diferença específica. Em todo juízo, pode-se chamar de matéria lógica (do julgamento) os conceitos dados, e forma do juízo, a relação desses conceitos (através da cópula). Em todos os seres, os elementos constitutivos (*essentialia*) são a matéria, a maneira pela qual esses elementos são ligados em uma coisa é a forma essencial. Além disso, com relação às coisas em geral, a realidade ilimitada era considerada a matéria de toda possibilidade, e a limitação da realidade (sua negação) a forma pela qual uma coisa se distingue das outras segundo os conceitos transcendentais. De fato, o entendimento exige antes que alguma coisa seja dada ou fornecida (pelo menos no conceito) para poder determiná-lo de certo modo. Dessa forma, no conceito do entendimento puro, a matéria precede a forma e é por isso que LEIBNIZ admite antes as coisas (as mônadas) e depois, internamente, uma faculdade representativa dessas coisas para poder fundar sobre ela a relação externa das coisas e a comunhão de seus estados (ou seja, das representações). Portanto, o espaço e o tempo somente seriam possíveis: o espaço pela relação das substâncias; o

tempo pela ligação de suas determinações entre elas, como princípios e consequências. De fato, deveria ser assim se o entendimento puro pudesse se relacionar imediatamente a objetos, e se o espaço e o tempo fossem determinações de coisas em si. Mas se eles forem somente intuições sensíveis nas quais determinamos todos os objetos unicamente a título de fenômenos, a forma da intuição (como constituição subjetiva da sensibilidade) precede portanto toda matéria (as sensações) – por conseguinte, o espaço e o tempo precedem todos os fenômenos e todos os dados da experiência – e torna então essa matéria primeiramente possível. A Filosofia intelectualista não podia suportar que a forma precedesse as próprias coisas e que ela devesse determinar a possibilidade; aqui estava uma observação totalmente justa, pois admitia que intuímos as coisas como elas são (apesar de que seja por representação confusa). Mas como a intuição sensível é uma condição subjetiva totalmente particular, que serve *a priori* de base para todas as percepções e cuja forma é original, a forma em si é dada por ela mesma; e é preciso que a matéria (ou as próprias coisas que aparecem) deva servir de base (como deveria julgar-se segundo simples conceitos), a possibilidade a presume antes como dado da intuição formal (tempo e espaço).

Observação sobre a anfibologia dos conceitos da reflexão

Permitam-me chamar *local transcendental* o lugar que designamos a um conceito, seja na sensibilidade, seja no entendimento puro. Dessa forma chamaríamos de *tópico transcendental* a determinação do local que convém a cada conceito segundo a diversidade de sua prática e a maneira de determinar, segundo regras, esse lugar para todos os conceitos; seria a doutrina que nos preservaria fundamentalmente das surpresas do entendimento puro e das ilusões dele decorrentes, pois ela distinguiria sempre a que faculdade de conhecimento pertencem propriamente os conceitos. Podemos chamar de *local lógico* todos os conceitos, todos os tópicos, que encerram vários conhecimentos. É baseado nisso que se fundamenta o *tópico lógico* de ARISTÓTELES, do qual os retóricos e os oradores se serviam para buscar, sob certos títulos do pensamento, o que convinha mais à matéria proposta que seria raciocinada sutilmente e discutida extensivamente com uma ilusão de profundidade.

O tópico transcendental, ao contrário, nada mais contém do que os quatro títulos precedentes de toda comparação e de toda distinção, e esses títulos se distinguem das categorias no que eles representam em toda sua diversidade, e não o objeto segundo o que constitui o seu conceito (quantidade, realidade), mas somente a comparação das representações que precedem o conceito das coisas. Mas esta comparação exige, antes de mais nada, uma reflexão, isto é, uma determinação do lugar ao qual pertencem as representações das coisas que são comparadas, com o objetivo de saber se elas seriam pensadas pelo entendimento puro ou se seriam dadas pela sensibilidade no fenômeno.

É possível comparar logicamente os conceitos sem por isso se preocupar em saber ao que pertencem os objetos (*Objekte*), se pertencem ao entendimento como númenos, ou à sensibilidade como fenômenos. Mas se com esses conceitos, quisermos chegar aos objetos, uma reflexão transcendental é antes necessária para demonstrar para qual faculdade eles devem ser objetos, se seria para o entendimento puro ou para a sensibilidade. Sem essa reflexão, faço desses conceitos uma prática muito incerta e dali nascem os pretendidos princípios sintéticos que a razão crítica não saberia reconhecer e que se baseiam unicamente em uma anfibologia transcendental, ou seja, em uma confusão do objeto (*Objekts*) do entendimento puro com o fenômeno.

Por falta desse tópico transcendental e, por conseguinte, pela anfibologia dos conceitos de reflexão, o célebre LEIBNIZ edificou um *sistema intelectual do mundo,* ou melhor, acreditou reconhecer a natureza interna das coisas, comparando todos os objetos unicamente com o entendimento e os conceitos formais abstratos de seu pensamento. A nossa tabela dos conceitos da reflexão nos proporciona a vantagem inesperada de apresentar o caráter distinto de sua doutrina em todas as suas partes e, ao mesmo tempo, o princípio que conduz a essa maneira particular de pensar que só se baseava em um equívoco. Ele comparava todas as coisas entre si mesmas, simplesmente através de conceitos e, é claro, ele não encontrava outras diferenças senão aquelas pelas quais o entendimento distingue, uns dos outros, seus conceitos puros. Ele não considerava como originais as condições da intuição sensível que trazem consigo suas próprias diferenças, pois para ele a sensibilidade era simplesmente uma forma confusa de representação e não uma fonte particular das representações; para ele, o fenômeno era a representação da *coisa em si,* mas uma representação distinta do ponto de vista da forma lógica do conhecimento pelo entendimento, pois, de fato, por falta habitual de análise, ela introduz no conceito da coisa uma certa mistura de representações assessoras que o entendimento sabe diferenciar. Em uma palavra, LEIBNIZ *intelectualizava* os fenômenos, assim como LOCKE tinha *sensificado* todos os conceitos do entendimento com seu sistema de *noogonia* (se me é permitido usar esta expressão), ou seja, os considerou como conceitos empíricos ou conceitos de reflexão abstratos. Em vez de procurar no entendimento e na sensibilidade duas fontes totalmente diferentes de representações que somente conectadas podem julgar as coisas de uma maneira objetivamente válidas, cada um desses grandes homens ateve-se unicamente a uma dessas duas fontes, àquela que segundo sua opinião se relacionava de imediato com as próprias coisas, enquanto a outra só confundia ou ordenava as representações da primeira.

Portanto, LEIBNIZ comparava entre si os objetos dos sentidos somente no entendimento, como coisas em geral:

1º – desde que fossem por ele julgados idênticos ou diferentes. Por conseguinte, como ele só tinha diante dos olhos os conceitos desses objetos e não seus lugares na intuição, na qual somente os objetos podem ser dados, e como prescindiu totalmente de sua análise quanto ao lugar transcendental desses conceitos (a questão de saber se o objeto (*Objekt*) deve ser considerado entre os fenômenos ou entre as coisas em si), só lhe restava, no mínimo, estender aos objetos dos sentidos (*mundus phaenomenon*) seu princípio do indiscernível que é válido simplesmente para os conceitos das coisas em geral, e acreditar que dessa forma havia proporcionado ao conhecimento da natureza uma extensão considerável (*keine geringe Erweiterung*). É claro que se eu reconheço segundo todas as suas determinações internas uma gota d'água como uma coisa em si, não posso deixar que se admita que uma gota d'água seja diferente de outra. Mas se a gota é um fenômeno no espaço, seu lugar não está simplesmente no entendimento (sob conceitos), mas na intuição externa sensível (no espaço); e, neste caso, os lugares físicos são totalmente indiferentes com relação às determinações internas das coisas, e um lugar $= b$ pode, da mesma forma, receber uma coisa que é absolutamente parecida e igual a outra situada em um lugar $= a$, como se ela fosse intrinsecamente diferente da segunda. A diversidade dos lugares, sem outras condições, representa a pluralidade e a distinção dos objetos como fenômeno não somente possíveis por si mesmos, mas também necessários. Portanto, essa lei aparente não é uma lei da natureza, mas é unicamente uma regra analítica da comparação de coisas através de simples conceitos.

2º – o princípio de que as realidades (como simples afirmações) nunca se opõem logicamente umas em relação às outras, é uma proposta completamente verdadeira quanto à relação dos conceitos, mas que não tem o menor significado seja com relação à natureza, ou em relação a qualquer coisa em si (da qual não temos nenhum conceito). De fato, a oposição real se encontra em todas as partes, onde A – B = 0, ou seja, em qualquer lugar em que uma realidade seja ligada a outra em um mesmo sujeito e onde o efeito de uma suprima o efeito da outra; coisas que todos os obstáculos e todas as reações na natureza manifestam continuamente; entretanto, por se basearem em forças, devem ser chamadas de *realitates phaenomena*. A mecânica geral pode até mesmo mostrar em uma regra *a priori* a condição empírica dessa contradição ao considerar a oposição das direções, e eis aí uma condição da qual o conceito transcendental da realidade nada sabe a respeito. Apesar de LEIBNIZ não ter proclamado essa proposta com toda a pompa de um princípio novo, ele no entanto, a usou para novas afirmações, e seus sucessores a introduziram expressamente em seu sistema leibniz-wolfiano. Segundo esse princípio, todos os males, por exemplo, nada mais são que consequências dos limites das criaturas, isto é das negações, porque as negações são a única coisa que se opõe à realidade (o que é realmente verdadeiro no simples conceito de uma coisa em geral, mas não nas coisas consideradas como fenômenos). Assim mesmo, os discípulos de LEIBNIZ não somente acham possível, mas até natural, reunir em um ser toda a realidade sem se chocar com qualquer oposição, por somente conhecerem aquela da contradição (pela qual o próprio conceito de uma coisa desaparece) e por desconhecerem a do dano recíproco que ocorre quando um princípio real destrói o efeito de outro, pois é somente na sensibilidade que se encontram as condições para se representar tal oposição.

3º – a *Monadologia* de LEIBNIZ não tem outro princípio senão aquele em que esse filósofo representava a distinção do interno e do externo simplesmente em relação ao entendimento. As substâncias em geral devem ter alguma coisa de *interno* que seja independente de todos os relacionamentos externos e, por conseguinte, também da composição. Portanto, o simples é o fundamento do interno das coisas em si, mas o interior de seu estado não pode se manter no lugar, figura, contato ou movimento (todas determinações das relações externas), e não podemos atribuir às substâncias qualquer outro estado interno senão aquele pelo qual nós mesmos determinamos interiormente o nosso sentido, ou seja o *estado das representações*. É assim que ele constituiu as mônadas que devem formar a matéria prima de todo o universo, cuja força ativa, portanto. subsiste somente nas representações pelas quais elas são ativas, e, falando propriamente, somente em si mesmas.

Mas, pelo mesmo motivo, seu princípio da *comunhão* possível das *substâncias* entre si, deveria ser uma *harmonia preestabelecida*, não podendo ser uma influência física. Portanto, pelo fato de que toda coisa se ocupa do interior, ou seja, de suas representações, o estado das representações de uma substância não poderia absolutamente estar em uma união ativa com aquele de outro substrato, mas precisava uma terceira causa que influísse em todas as substâncias juntas, para tornar seus estados correspondentes entre si, e não mediante uma assistência ocasional e introduzida em cada caso particular (*systema assistentiae*), mas pela unidade da ideia de uma causa válida para todos os casos e pela qual elas deveriam receber todas juntas, segundo leis gerais, sua existência e sua permanência e, por conseguinte, também sua correspondência mútua.

4º – o famoso *sistema* de LEIBNIZ sobre *o tempo e o espaço,* que consistia em intelectualizar essas formas da sensibilidade, provinha unicamente dessa mesma ilusão da reflexão transcendental. Se eu quisesse que os relacionamentos externos das coisas se me apresentassem pelo simples entendimento, isso só poderia ocorrer mediante um conceito de sua ação recíproca, e se eu devesse unir o estado de uma coisa com outro estado, isso só ocorreria na ordem dos princípios e das consequências. É dessa forma que LEIBNIZ concebeu o espaço como uma certa ordem na comunhão das substâncias e o tempo como a série dinâmica de seus estados. Mas o que ambos parecem conter de peculiar e de independente das coisas, ele os atribuía à *confusão* desses conceitos que fazia considerar o que é uma simples forma de relações dinâmicas como uma própria intuição, existindo por si mesma e precedendo as próprias coisas. O espaço e o tempo eram, portanto, a forma inteligível da ligação das coisas em si (das substâncias e de seus estados). Mas as coisas eram substâncias inteligíveis (*substantiae noumena*). Contudo, ele queria fazer passar esses conceitos por fenômenos, por não conceder à sensibilidade nenhum modo próprio de intuição e porque buscava no entendimento todas as representações, até mesmo as representações empíricas dos objetos, e só deixava para os sentidos a miserável função de confundir e de deformar as representações do entendimento.

Mas assim mesmo poderíamos dizer sinteticamente alguma coisa *das coisas em si* pelo entendimento puro (o que, no entanto, é impossível); isso não poderia se aplicar de nenhuma forma aos fenômenos que não apresentem coisas em si. Então, nesse último caso, eu só deveria, na reflexão transcendental, comparar os meus conceitos de acordo com as condições da sensibilidade e, dessa forma, o espaço e o tempo não serão representações de coisas em si, mas fenômenos. O que essas coisas em si podem ser, eu não sei e não preciso saber, porque uma coisa jamais pode me ser apresentada no fenômeno.

É assim que eu me comporto também com respeito aos outros conceitos da reflexão. A matéria é *substantia phaenomenon;* procuro o que lhe convém interiormente em todas as partes do espaço que ocupa e em todos os efeitos que produz e que, seguramente, somente podem ser fenômenos dos sentidos exteriores. Portanto, nada tenho que seja absolutamente interior, mas somente alguma coisa que o é relativamente, e que por sua vez se compõe de relações externas. Mas o que na matéria seria absolutamente interior, segundo o entendimento puro, é uma simples ficção, pois a matéria em nenhum lugar é um objeto para o entendimento puro; quanto ao objeto transcendental, que pode ser a base desse fenômeno que chamamos de matéria, é simplesmente alguma coisa que nem sequer compreenderíamos o que é, mesmo se alguém nos pudesse dizê-lo. De fato, somente podemos compreender o que é implicado na instituição, alguma coisa que corresponda às palavras das quais nos servimos. Quando nos queixamos de não perceber o interior das coisas e quisermos simplesmente fazer entender que não é pelo entendimento puro que apreendemos o que as coisas que nos aparecem possam ser em si, essas queixas são completamente injustas e irracionais, pois gostaríamos de poder, sem a ajuda dos sentidos, reconhecer as coisas e, em seguida, institucionalizá-las e, consequentemente, gostaríamos de ter um poder de conhecimento totalmente diferente daquele do homem, não somente quanto ao grau, mas também quanto à intuição e quanto à natureza; não gostaríamos mais de ser homens, mas seres que nem podemos dizer se são possíveis e, muito menos, o que eles mesmos são. No interior da natureza penetram a observação e a análise dos fenômenos, e não se pode jamais saber quão longe poderão ir com o tempo. Quanto a essas questões transcendentais que vão além da natureza, apesar de tudo isso, não conseguiremos nunca resolvê-las, mesmo que a natureza inteira nos fosse desvelada, pois não nos é dado a observar o nosso espírito com uma intuição senão aquela do nosso sentido interno. De fato, é nele que reside o segredo da origem de nossa sensibilidade. A relação dessa sensibilidade para com um objeto e o que é o princípio transcendental dessa unidade, sem dúvida, são ocultados muito profundamente para que nós, que só nos conhecemos pelo sentido interno e, por conseguinte, como fenômenos, possamos utilizar uma ferramenta de investigação tão pouco apropriada, para encontrar nada mais que fenômenos cuja causa não sensível gostaríamos muito de conhecer.

A utilidade que ainda nos apresenta a crítica das conclusões extraídas dos simples atos da reflexão é a de mostrar claramente a nulidade de todos os raciocínios feitos sobre os objetos ao compará-los unicamente entre si no entendimento e, ao mesmo tempo, confirmar um ponto sobre o qual temos insistido particularmente, a saber: que apesar dos fenômenos não serem compreendidos como coisas em si entre os objetos do entendimento puro, entretanto, são as únicas coisas das quais o nosso conhecimento pode ter uma realidade objetiva, ou seja, quando uma intuição corresponda aos conceitos.

Quando a nossa reflexão é simplesmente lógica, comparamos unicamente nossos conceitos entre si, no entendimento, para saber se dois conceitos conteriam a mesma coisa; se seriam ou não contraditórios; se alguma coisa estaria intrinsecamente contida no conceito ou se lhe seria agregada; qual dos dois seria dado e também qual deles só teria validade como maneira de pensar o conceito dado. Mas quando aplico esses conceitos a um objeto em geral (no sentido transcendental) sem determiná-lo mais especialmente, sem dizer se seria um objeto da intuição sensível ou da intuição intelectual, logo se manifestam restrições (para nos impedir de sair desse conceito) que impedem toda prática empírica e provam através disso que a representação de um objeto como coisa em geral não é simplesmente *insuficiente,* mas que sem uma determinação sensível desse objeto, e fora de uma condição empírica, também é *contraditória* em si – necessitando *(muss),* portanto, fazer abstração de todo objeto (dentro da lógica), ou, ao admitir um objeto, pensá-lo pelas condições da intuição sensível – que, por conseguinte, o inteligível exigiria uma intuição totalmente peculiar que não temos e a qual nada pode substituir para nós; por outro lado, elas provam que os fenômenos também não podem ser objetos em si. De fato, se eu conceber simplesmente coisas em geral, a diversidade das relações externas seguramente não pode constituir uma diversidade das próprias coisas, mas ela, no entanto, a pressupõe; e se o conceito de uma não diferir intrinsecamente do conceito da outra, eu só estou colocando uma e a mesma coisa dentro de relações diversas. Além disso, acrescentando uma simples afirmação (realidade) a outra, o positivo é aumentado e nada lhe é tirado ou cortado; consequentemente, o real dentro das coisas em geral não pode ser contraditório, etc.

Como demonstramos, os conceitos da reflexão têm, pelo efeito de certa confusão, uma tal influência no uso do entendimento, que chegaram a levar um dos mais penetrantes de todos os filósofos a um suposto sistema de conhecimento intelectual que se propõe a determinar seus objetos sem a intervenção dos sentidos. É justamente por isso que a revelação das causas enganadoras da anfibologia, onde falsos princípios envolvem esses conceitos, é de grande utilidade para determinar com precisão e segurança os *limites* do entendimento.

Sem dúvida, é preciso dizer que o que convém a um conceito ou o contradiz, também convém e contradiz a tudo o que é particular e compreendido sob esse conceito (*dictum de omni el nullo*), mas seria absurdo modificar esse princípio lógico de maneira a fazer com que dissesse que tudo o que não é contido num conceito universal também não seja contido nos conceitos particulares que ele encerra, pois estes são precisamente conceitos particulares por conter mais do que é pensado no conceito universal. Ora, todo o sistema intelectual de LEIBNIZ baseia-se, no entanto, realmente nesse último princípio; portanto esse princípio é derrubado assim como todo o equívoco que resulte dele na prática do entendimento.

O princípio dos indiscerníveis se baseava adequadamente nessa suposição de que se no conceito de uma coisa em geral não se encontra uma certa distinção, ela também não pode ser encontrada nas próprias coisas e, por conseguinte, todas as coisas que não se distingam umas das outras em seus conceitos (quanto à qualidade e quantidade) são perfeitamente idênticas (*numero eadem*). Mas como no simples conceito de uma coisa qualquer é feita abstração de várias condições necessárias à intuição, acontece que, por uma singular precipitação, considera-se aquilo do qual se fez abstração como qualquer coisa não encontrada em lugar algum e que não se concede à coisa nada além do que está encerrado em seu conceito.

Não importa o quanto e como penso nele, o conceito de um pé cúbico de espaço é em si idêntico. Mas dois pés cúbicos, no entanto, somente são distinguidos no espaço pelos seus lugares *(numero diversa)*; esses lugares são as condições da intuição onde o objeto desse conceito é dado e que não pertencem ao conceito, mas a toda a sensibilidade. Da mesma forma, não há nenhuma contradição no conceito de uma coisa quando nada de negativo é ligado a alguma coisa de afirmativo, e os conceitos afirmativos não podem, ao se unir, produzir qualquer negação. Mas na intuição sensível onde a realidade (por exemplo: o movimento) é dada, encontram-se condições (direções opostas) das quais, no conceito do movimento em geral, se faz abstração, e tornam possível uma contradição que, sem dúvida, não é lógica, pois efetivamente consistem em fazer de um dado simplesmente positivo, um zero = 0; portanto, não poderíamos dizer que todas as realidades concordem entre si somente porque não exista nenhuma contradição em seus conceitos.(*) Do ponto de vista dos simples conceitos, o interior é o substrato de todas as relações ou determinações externas. Portanto, se eu faço abstração de todas as condições da intuição e que me atenho unicamente ao conceito de uma coisa em si, posso também fazer abstração de toda relação externa e, portanto, é preciso que me reste um conceito de uma coisa em geral que não signifique uma relação, mas simplesmente determinações internas. Ora, parece então resultar disso que em toda coisa (substância) exista alguma coisa que é absolutamente interna e que precede todas as determinações externas, pois primeiramente, as torna possíveis e, por consequência, igualmente resulta que esse substrato seja alguma coisa que não contém mais uma relação externa e, portanto, é *simples* (pois as coisas corpóreas nada mais são que relações, pelo menos de suas próprias partes); e por conhecermos somente como determinações absolutamente internas as do sentido íntimo, resulta que esse substrato não somente é

(*) Se quiséssemos aqui recorrer ao habitual subterfúgio dizendo que no mínimo as *realitates noumena* não podem estar em oposição umas com as outras, deveríamos, contudo, citar um exemplo desse tipo de realidades puras e independentes dos sentidos, para que compreendêssemos se elas representam em geral alguma coisa ou absolutamente nada, senão o conceito que só encerra afirmações, nada contendo de negativo, proposta da qual nunca duvidamos.

simples, mas que também é (segundo a analogia do nosso sentido interno) determinado por *representações*, isto é, que todas as coisas melhor seriam *mônadas*, seres simples dotados de representações. Tudo isso também seria justo se alguma coisa além do conceito de uma coisa em geral não pertencesse às condições sob as quais somente podem ser-nos dados objetos da intuição externa e das quais o conceito puro faz abstração. De fato, é possível ver então que um fenômeno permanente no espaço (a extensão impenetrável) pode conter simples relações, e de interno absolutamente nada, e, no entanto, ser o primeiro substrato de toda percepção externa. Mediante simples conceitos não posso, seguramente, sem alguma coisa de interior, imaginar nada de exterior pelo mesmo fato de que conceitos de relação supõem coisas absolutamente dadas e de que eles sem estas, não são possíveis. Mas como na intuição existe alguma coisa que não se encontra de nenhuma forma no simples conceito de uma coisa em geral, e uma vez que essa coisa qualquer nos forneça o substrato impossível de ser reconhecido através de simples conceitos, ou seja, um espaço que, com tudo que ele encerre, consiste de relações puramente formais ou até mesmo reais, eu não pude dizer: devido ao fato de que sem alguma coisa absolutamente interna, nenhuma coisa possa ser representada através de *simples conceitos*, não existe nas próprias coisas contidas nesses conceitos, ou em sua *intuição*, nada de externo. Efetivamente, se fizermos abstração de todas as condições da intuição, nada evidentemente nos resta no simples conceito senão o interior em geral e a relação de suas partes entre si (*das Innere überhaupt und das Verhältnis desselben unter einander*), pelas quais somente é possível o exterior. Mas essa necessidade, que só se baseia na abstração, não encontra lugar nas coisas, contanto que elas sejam dadas na intuição com determinações que exprimem simples relações, sem ter por fundamento alguma coisa de interior, justamente porque elas não são coisas em si, mas unicamente fenômenos. A única coisa que conhecíamos da matéria são puros relacionamentos (o que denominamos suas determinações internas é somente comparativamente interno); mas entre essas relações existem as independentes e as permanentes, pelas quais um objeto determinado nos é dado. Quando, fazendo abstração dessas relações, nada mais tenho para pensar, isso não elimina o conceito de uma coisa como fenômeno, nem mesmo o conceito de um objeto *in abstracto*, mas sim, toda possibilidade de um objeto determinável por simples conceitos, ou seja, de um número. Seguramente, é surpreendente ouvir dizer que uma coisa deva consistir completa e totalmente nos relacionamentos; mas também, essa mesma coisa nada mais é que um simples fenômeno e não pode, de forma alguma, ser pensada por categorias puras; ela mesma consiste de simples relações de alguma coisa em geral com os sentidos. Da mesma forma, ao começar com simples conceitos, é possível imaginar as relações das coisas *in abstracto* unicamente supondo que uma seja a causa na outra; pois este é o nosso conceito intelectual das próprias relações. Mas como fazemos abstração de toda intuição, também desaparece todo um método segundo o qual o diverso pode determinar reciprocamente o lugar de seus elementos, ou seja, a forma da sensibilidade (o espaço) que precede, portanto, toda causalidade empírica.

    Se por objetos simplesmente inteligíveis entendermos as coisas que viemos a conceber por categorias puras (que conhecemos), sem nenhum esquema da sensibilidade, objetos desse gênero são então impossíveis. De fato, a condição da prática objetiva de todos os conceitos de nosso entendimento é simplesmente a maneira de nossa intuição sensível pela qual objetos nos são dados, e, se fizermos abstração desta maneira, esses conceitos não teriam mais qualquer relação com um objeto qualquer. E, além disso, se quiséssemos supor outra forma de intuição da intuição sensível, as funções de nosso pensamento não teriam mais qualquer significado com respeito a essa intuição. Mas se entendermos com isso unicamente objetos de uma intuição não sensível, para os quais nossas categorias não podem se aplicar, e do qual consequentemente não possam jamais ter qualquer conhecimento (nem intuição, nem conceito), é preciso (*muss*) admitir incontestavelmente os númenos nesse sentido simplesmente negativo, pois então não significam alguma coisa, senão que a intuição não se aplica a todas as coisas, mas somente aos objetos dos nossos sentidos – consequentemente, que sua validade objetiva é limitada – e, por conseguinte, ainda há espaço para qualquer outra forma de intuição, como também para coisas, desde que sejam objetos (*Objekte*) dessa intuição. Mas então, o conceito de um número é problemático, isto é, ele é a representação de uma coisa da qual não podemos dizer que ela seja ou não possível, pois desconhecemos qualquer outra espécie de intuição que não seja a nossa, a intuição sensível, assim como nenhuma outra espécie de conceito sem ser as categorias, e nenhuma das duas é adequada a um objeto sensível. Portanto, não podemos ampliar o campo dos objetos de nosso pensamento de uma maneira positiva para além das condições de nossa sensibilidade, nem admitir fora dos fenômenos objetos do pensamento puro, ou seja, dos númenos, já que esses objetos não possuem nenhum sentido positivo que possa ser demonstrado. Efetivamente, deve-se reconhecer que as categorias sozinhas não são suficientes para o conhecimento das coisas em si e que sem os dados da sensibilidade elas seriam simples formas subjetivas da unidade do entendimento, mas sem nenhum objeto. Com efeito, o pensamento não é em si um produto dos sentidos e, dessa forma, também não é limitado por eles, mas não possui de imediato a sua própria e pura prática sem a ajuda da sensibilidade, porque então ela estaria sem objeto *(Objekt)*; nem é possível chamar esse tal *objeto (Objekt)* de númeno, pois este termo designa precisamente o conceito problemático de um objeto para uma intuição e para um entendimento completamente diferentes dos nossos, e, por conseguinte, ele mesmo é um problema. O conceito de um númeno não é portanto o conceito de um objeto *(Objekts)*, mas o problema inevitável ligado à limitação de nossa sensibilidade, que é o de saber se objetos completamente independentes dessa intuição não possam ser dados; questão que só pode ser revolvida de uma forma indeterminada, pois, já que a intuição não se aplica a todas as coisas sem distinção, há espaço para muitos outros objetos; esses objetos não podem então ser absolutamente negados, mas, por falta de um conceito determinado (posto que nenhuma categoria lhe seja aplicável), também não podem ser afirmados como objetos do nosso entendimento.

O entendimento limita, pois, a sensibilidade sem por isso ampliar o seu próprio campo e, advertindo-a para não pretender se aplicar a coisas em si, mas unicamente a fenômenos, ele concebe um objeto em si, mas somente como um objeto *(Objekt)* transcendental que é a causa do fenômeno e, por conseguinte, não é ele mesmo um fenômeno, que não pode porém ser concebido como quantidade, realidade, substância, etc. (porque esses conceitos exigem sempre formas sensíveis pelas quais determinam um objeto). É por isso que não sabemos se este objeto pode ser encontrado em nós ou fora de nós, se ele desapareceria ao mesmo tempo que a sensibilidade, ou se, admitindo que se suprimisse a sensibilidade, ele ainda subsistiria. Se quisermos, temos a liberdade de chamar esse objeto de númeno, porque a representação não lhe é sensível. Mas como não podemos aplicar-lhe nenhum dos conceitos do nosso entendimento, esta representação para nós é vazia e serve somente para indicar os limites do nosso conhecimento sensível e para deixar um espaço vazio que não podemos preencher nem pela experiência possível nem pelo entendimento puro.

A crítica desse entendimento puro não permite portanto que criemos um novo campo de objetos além daqueles que podem lhe ser apresentados como fenômenos; também não permite que nos aventuremos em mundos inteligíveis nem tampouco em seus conceitos. O erro que nos leva a assumir esse risco de uma maneira capciosa, e que pode muito bem ser uma desculpa, embora não possa ser justificada, consiste no fato de que a prática que o entendimento empreende contrariamente à sua vocação torna-se transcendental, e os objetos, ou seja, as intuições possíveis devem se adequar aos conceitos e não vice-versa, os conceitos às intuições possíveis (como condições sobre as quais baseia-se a sua validade objetiva). Por sua vez, o erro se deve ao fato de que a apercepção – e junto com ela o pensamento – antecede toda a ordenação determinada das representações. Consequentemente, o que fazemos é pensar alguma coisa em geral e, por um lado, a determinamos de uma maneira sensível, e de outro, distinguimos o objeto geral e representado *in abstracto* dessa maneira de intuí-lo. O que nos resta então é uma maneira de determinar o objeto somente pelo pensamento que, sem dúvida, é uma simples forma lógica sem conteúdo, mas que, no entanto, nos parece ser um modo de existência do objeto (*Objekt*) em si (*númeno*), independentemente da intuição que é limitada aos nossos sentidos.

Antes de deixar a Analítica transcendental, precisamos ainda acrescentar alguma coisa que sem ter em si mesma uma importância extraordinária poderia, no entanto, parecer indispensável à perfeição do sistema. O mais alto conceito por onde costumamos começar a Filosofia transcendental é geralmente a divisão em possível e impossível. Mas como toda divisão supõe um conceito dividido, é preciso que um conceito ainda mais alto seja dado, e este conceito é o de um objeto em geral (apreendido de uma maneira problemática sem determinar se ele seria alguma coisa ou se não seria nada). Como as categorias são os únicos conceitos que se relacionam aos objetos em geral para distinguir se um objeto é alguma coisa ou se não é nada, será preciso seguir a ordem e a divisão das categorias.

1 – Ao conceito de tudo, muito e um, opõe-se aquele que suprime tudo, isto é, aquele de *nenhum*, e o objeto de um conceito ao qual não corresponde absolutamente nenhuma intuição que se possa indicar é igual a nada, ou seja, trata-se de um conceito sem objeto (*ens rationis*), como números, que não podem ser contados entre as possibilidades, ou como certas forças novas que concebemos sem contradição, mas também sem exemplo derivado da experiência e que, por conseguinte, não devem ser contados entre as possibilidades.

2 – A realidade é *alguma coisa*, a negação é *nada*, ou seja, ela é um conceito da falta do objeto, como a sombra, o frio (*nihil privativum*).

3 – A simples forma da intuição, sem substância, não é um objeto em si, mas uma simples condição formal desse objeto (como fenômeno), como o espaço puro, o tempo puro que, mesmo sendo alguma coisa em qualidade de formas da intuição, não são eles mesmos objetos da intuição (*ens imaginarium*).

4 – O objeto de um conceito que se contradiz (ele mesmo) é nada, porque o conceito nada é impossível: como é, de certa forma, a figura limitada por dois lados direitos (*nihil negativum*).

A tabela desta divisão do conceito do *nada* (pois a divisão paralela do *alguma coisa* segue o mesmo curso) deverá ser assim disposta:

NADA

como:

1. Conceito vazio sem objeto,
ens ationis.

2. Objeto vazio de um conceito,
nihil privativum.

3. Intuição vazia sem objeto,
ens imaginarium.

4. Objeto vazio sem conceito,
nihil negativum

É possível ver que o ser de razão (n° 1) se distingue do não-ser (n° 4), de sorte que o primeiro não pode ser contado entre as possibilidades, porque é uma simples ficção (apesar de não contraditória), enquanto o segundo é oposto à possibilidade, já que o conceito se autodestrói. Mas os dois são conceitos vazios. Ao contrário, o *nihil privativum* (n° 2) e o *ens imaginarium* (n° 3) são dados vazios para os conceitos. Se a luz não fosse dada aos sentidos, a escuridão não poderia ser representada, e se os seres percebidos não estivessem estendidos, nenhum espaço poderia ser representado. A negação, e a simples forma da intuição sem nada de real não são objetos *(Objekte)*.

LÓGICA TRANSCENDENTAL

SEGUNDA DIVISÃO

DIALÉTICA TRANSCENDENTAL

INTRODUÇÃO

I

Da ilusão transcendental

Nas páginas anteriores denominamos a dialética em geral uma *lógica da ilusão*. Isto não quer dizer que seja uma teoria da *verossimilhança*, pois ela é uma verdade, mas uma verdade conhecida por princípios insuficientes; o conhecimento dessa verdade, mesmo defeituosa, não é por isso enganadora e, por conseguinte, ela não deve *(muss)* ser separada da parte analítica da lógica. Além disso, é preciso cuidar para não considerar idênticos o *fenômeno (Erscheinung)* e a *ilusão (Schein)*. De fato, a verdade ou a ilusão não estão no objeto, por ele ser intuído, mas no juízo desse, por ele ser pensado. Portanto, o ser possível dizer justamente que os sentidos não se enganam, não o é objeto porque sempre julgam justamente, mas porque eles absolutamente não julgam. Consequentemente, a verdade assim como o erro e, por conseguinte, também a ilusão por induzir ao erro, encontram-se somente no juízo, ou seja, na relação do objeto com o nosso entendimento. Num conhecimento que concorde totalmente com as leis do entendimento não existe erro. Em uma representação dos sentidos (por não conter nenhum juízo), também não existe erro. Nenhuma força da natureza pode por si mesma divergir de suas próprias leis, nem tampouco o entendimento por si só (sem a influência de outra causa); como também os sentidos por si mesmos não saberiam se enganar; o entendimento não pode se enganar porque, agindo simplesmente de acordo com suas leis, o efeito (o juízo) deve necessariamente concordar com essas leis. É na concordância com as leis do entendimento que consiste o formal de toda verdade. Nos sentidos não existe absolutamente nenhum juízo, nem verdadeiro nem falso. Ora, como não dispomos de outras fontes de conhecimentos sem ser essas duas (verdadeiro/falso), resulta que o erro só é produzido pela influência desapercebida da sensibilidade sobre o entendimento; essa influência faz com que os princípios subjetivos do juízo se confundam (*zusammenfliessen*) com os princípios objetivos e os desviem de sua verdadeira função,(*) como um corpo em movimento: por si só ele seguiria sempre em linha reta na direção que se inclina em um movimento curvilíneo quando outra força age simultaneamente sobre ele seguindo numa outra direção. Para distinguir a ação própria do entendimento da força que nele se mescla será então necessário considerar o juízo errôneo como a diagonal entre duas forças que determinam o juízo seguindo duas direções diferentes, formando juntas como que um ângulo, e resolver esse efeito composto de dois efeitos simples, em simples ações do entendimento e da sensibilidade. É o que precisa ser feito em juízos puros *a priori*, mediante a reflexão transcendental que (como já foi mostrado) designa a cada representação o seu lugar na faculdade do conhecimento que lhe corresponda e, por conseguinte, distingue também a influência que a sensibilidade tem sobre o entendimento.

    Nosso objetivo aqui não é tratar da ilusão empírica (por exemplo, das ilusões de ótica) que apresentam em sua prática empírica, regras aliás justas do entendimento e onde o juízo é levado pela influência da imaginação; senão que temos de tratar, ao contrário, da *ilusão transcendental* que influi sobre princípios cuja prática nunca é aplicada à experiência – e

---

    (*) A sensibilidade submetida ao entendimento e considerada como o objeto ao qual este aplica a sua função, é a fonte dos conhecimentos reais; mas essa mesma sensibilidade, enquanto influência sobre a própria ação do entendimento que lhe determine julgar, é o princípio do erro.

nesse caso teríamos ao menos uma referência para verificar sua validade – mas que leva a nós mesmos, apesar de todas as advertências da Crítica, completamente fora da prática empírica das categorias e nos seduz com a ilusão de uma ampliação do entendimento puro. Denominaremos *imanentes* os princípios cuja aplicação se mantém absolutamente dentro dos limites da experiência possível, e *transcendentes* aqueles que ultrapassam esses limites. Não entendo por essa denominação a prática ou o abuso transcendental das categorias, simples erro em que recai o juízo (*Urtheilskraft*) cuja Crítica não segura suficientemente as rédeas e que não presta muita atenção aos limites do terreno onde o entendimento puro tem permissão de exercitar-se; pretendo falar dos princípios reais que nos incitam a derrubar essas barreiras e nos arrogarmos a um domínio completamente novo, no qual não se conheça qualquer demarcação. Portanto, o *transcendental* e o *transcendente* não são a mesma coisa. Os princípios do entendimento puro que expusemos anteriormente devem ter simplesmente uma prática empírica e não uma prática transcendental, isto é, que exceda os limites da experiência. Mas um princípio que rejeite e até ordene que se ultrapassem esses limites denomina-se *transcendente*. Se a nossa crítica puder chegar a descobrir a ilusão desses pretendidos princípios, então aqueles cuja prática seja simplesmente empírica poderão ser chamados, por oposição a esses últimos, princípios *imanentes* do entendimento puro.

  A ilusão lógica que consiste na simples imitação da forma racional (a ilusão dos paralogismos), resulta unicamente de um defeito de atenção à regra lógica. Mas ela desaparece por completo no momento em que essa regra é justamente aplicada ao caso precedente. A ilusão transcendental, ao contrário, não cessa, mesmo depois que foi descoberta e que a Crítica transcendental demonstrou sua nulidade (por exemplo, a ilusão que encerra esta proposição: o mundo deve ter um início no tempo). A causa está em que existe em nossa razão (considerada subjetivamente, ou seja, como uma faculdade do conhecimento humano) regras fundamentais e axiomas relativos à sua prática que possuem toda a ilusão de princípios objetivos e que fazem com que se tome a necessidade subjetiva de uma ligação de nossos conceitos, exigida pelo entendimento, por uma necessidade objetiva da determinação das coisas em si. Aí está uma *ilusão* impossível de evitar, da mesma forma que não está em nosso poder evitar que o mar no horizonte nos pareça mais alto do que à beira da praia porque, no primeiro caso, nós o vemos através de raios de luz mais elevados, ou ainda, da mesma forma que o astrônomo não poderia evitar que a Lua lhe pareça maior ao nascer, apesar de ele não se deixar enganar por essa ilusão.

A Dialética transcendental se limitará então a descobrir a ilusão dos juízos transcendentes e ao mesmo tempo evitar que ela nos engane; mas que essa ilusão (como a ilusão lógica) também se desfaça e cesse de ser uma ilusão, é o que a dialética jamais poderá conseguir. De fato, estamos diante de uma *ilusão natural* e inevitável que se baseia, ela mesma, em princípios subjetivos que ela dá como objetivos, enquanto a dialética lógica, na solução dos paralogismos, só precisa mostrar um erro na aplicação dos princípios ou uma ilusão artificial em sua imitação. Portanto, existe uma dialética natural e inevitável da razão pura; não quero absolutamente falar daquela que confunde um ignorante (*ein Slümper*), alguém com falta de conhecimento, nem da que certos sofistas fabricaram engenhosamente para enganar as pessoas mais cultas, mas da que é inseparavelmente ligada à razão humana e que, mesmo depois de termos descoberto a ilusão, continua ainda a enganá-la e a forçá-la incessantemente a erros momentâneos que precisam constantemente ser remediados.

II

Da razão pura como sede da ilusão transcendental

A – DA RAZÃO EM GERAL

Todo o nosso conhecimento começa pelos sentidos, passa deles para o entendimento e termina na razão, acima da qual nada há em nós de mais elevado para elaborar a matéria da intuição e para restabelecê-la à mais alta unidade do pensamento. Como preciso aqui dar uma definição dessa faculdade suprema do conhecer, encontro-me em certo embaraço. Assim como no entendimento, existe dessa faculdade uma prática simplesmente formal, isto é, lógica, onde a razão faz abstração de todo o conteúdo do conhecimento; mas também existe uma prática real, contanto que ela mesma contenha a fonte de certos conceitos e de certos princípios que não apreende nem dos sentidos nem do entendimento. A primeira dessas faculdades foi, certamente, definida há muito tempo pelos lógicos, e é a faculdade de raciocinar indiretamente (para ser distinguida das consequências imediatas, *consequentiis immediatis*); mas a segunda que cria ela mesma conceitos ainda não é explicada dessa forma. Ora, já que a razão se apresenta aqui dividida em duas faculdades, uma faculdade lógica e outra transcendental, é preciso buscar dessa fonte de conhecimento um conceito superior que se sobreponha às duas outras e as compreenda; entretanto, por analogia podemos, com os conceitos do entendimento, esperar que o conceito lógico nos dê também a chave do conceito transcendental e que o quadro das funções dos conceitos lógicos nos forneça ao mesmo tempo a tabela genealógica dos conceitos da razão.

Na primeira parte de nossa lógica transcendental, definimos o entendimento como a faculdade das regras; distinguiremos aqui a razão do entendimento, denominando-a *faculdade dos princípios (Principien)*.

A palavra "princípio" é ambígua e significa normalmente um conhecimento que pode ser utilizado como princípio (*als Princip*) sem ser um princípio (*principium*) por si mesma e segundo sua própria origem. Toda proposição universal, mesmo aquela extraída da experiência (por indução) pode servir de premissa maior em um raciocínio; mas ela nem por isso é um princípio. Os axiomas matemáticos (por exemplo: entre dois pontos somente pode haver uma linha reta) são conhecimentos universais *a priori* e portanto são chamados princípios com razão, relativamente aos casos que possam ser assim subsumidos. No entanto não posso dizer que conheço por princípios, em geral e em si, essa propriedade das linhas retas; ao contrário, somente a conheço na intuição pura.

Portanto, denominarei de conhecimento por princípios (*aus Principien*) aquele pelo qual conheço por conceitos o particular no geral. Consequentemente, todo raciocínio é uma forma de derivação que é extraída de um conhecimento a partir de um princípio. De fato, a premissa maior sempre proporciona um conceito que faz com que tudo que é subsumido sob a condição deste conceito seja conhecido graças a ele, segundo um princípio. Ora, como todo conhecimento universal pode servir de premissa maior em um raciocínio e como o entendimento fornece *a priori* proposições universais semelhantes, essas proposições podem então receber também o nome de princípios, em consideração à prática que lhes é possível.

Mas se considerarmos esses princípios do entendimento puro em si mesmos e em suas origens, nada menos seriam que conhecimentos por conceitos. De fato, nem seriam possíveis *a priori*, se não introduzíssemos neles a intuição pura (como na Matemática) ou as condições de uma experiência possível em geral. É totalmente impossível concluir que tudo que acontece tem uma causa, a partir do conceito daquilo que acontece em geral; de certa forma, é este princípio que nos mostra como é possível ter, do que acontece, um conceito de experiência determinado.

O entendimento não saberia portanto procurar-nos conhecimentos sintéticos através de conceitos, e são precisamente esses conhecimentos que denomino absolutamente princípios, embora todas as proposições universais em geral possam ser relativamente chamadas de princípios.

Há um antigo desejo – e este desejo, quem sabe algum dia, se cumprirá – de poder enfim descobrir, em lugar da infinita variedade de leis civis, os princípios dessas leis, pois é nisso que pode consistir o segredo para a simplificação da legislação. Mas aqui, as leis só impõem à nossa liberdade condições restritivas que fazem com que ela concorde inteiramente consigo mesma; por conseguinte, elas se relacionam a alguma coisa que é totalmente a nossa própria obra e da qual nós mesmos podemos ser os autores (*die Ursache*) através desses mesmos conceitos. Mas exigir que os objetos em si, a natureza das coisas, sejam submetidos a princípios e devam ser determinados segundo simples conceitos é pedir algo impossível, ou pelo menos alguma coisa bem estranha. Independentemente do que seja (pois ainda se trata de uma pesquisa a ser feita), pelos menos está claro que o conhecimento por princípios (em si) é absolutamente outra coisa que o simples conhecimento do entendimento: pois o conhecimento, apesar de ele também poder preceder outros conhecimentos na forma de um princípio, no entanto, não se baseia em si mesmo (enquanto é sintético) sobre o simples pensamento e não contém alguma coisa de universal por conceitos.

Sendo o entendimento a faculdade de restabelecer os fenômenos à unidade mediante regras, é preciso dizer da razão que ela é a faculdade de restabelecer à unidade as regras do entendimento mediante princípios. Portanto, ela jamais se relaciona imediatamente nem com experiência e nem com qualquer objeto, mas com o entendimento, a fim de procurar *a priori*, e por conceitos aos vários conhecimentos dessa faculdade, uma unidade que podemos chamar de racional e que é totalmente diferente daquela que o entendimento possa fornecer.

Tal é o conceito geral da faculdade da razão, tanto que é possível torná-lo compreensível na ausência total de exemplos (que serão dados mais tarde).

B – DA PRÁTICA LÓGICA DA RAZÃO

Uma distinção é feita entre o que é imediatamente conhecido e o que só é conhecido pelo raciocínio. Reconhecemos imediatamente que numa figura limitada por três retas há três ângulos, mas somente deduzimos que a soma desses ângulos seja igual à soma de dois ângulos retos. Como sempre temos necessidade de raciocinar e uma vez, que por esse motivo isso se tornou um hábito, acabamos por não mais notar essa distinção e frequentemente, como acontece nas chamadas ilusões dos sentidos, acreditamos perceber de imediato o que somente foi deduzido. Em todo raciocínio há *uma* proposição que faz o papel de princípio, e *uma* outra que é extraída dessa, a saber, a conclusão e enfim a dedução (*die Schlussfolge-Consequenz*), segundo a qual a verdade da segunda é indissoluvelmente ligada à verdade da primeira. Se o juízo inferido já está contido no primeiro, de forma a que possa ser extraído sem a intermediação de uma terceira representação, a consequência é chamada então de imediata (*consequentia immediata*); de minha parte, prefiro mais chamá-la de raciocínio do entendimento. Mas se além do conhecimento que serve de base, ainda é preciso outro juízo para operar a conclusão, o raciocínio então se chama raciocínio da razão. A proposição *todos os homens são mortais* já contém as proposições: alguns homens são mortais, alguns mortais são homens, nada do que é imortal é homem, e essas proposições são portanto consequências imediatas da primeira. Ao contrário, a seguinte proposição: todos os sábios são mortais, não está contida no juízo em questão (pois a ideia de sábios não está de todo incluída) e ela só pode ser extraída mediante um juízo intermediário.

Em toda inferência racional, primeiro penso numa *regra* (*major*) pelo entendimento; em seguida *subsumo* um conhecimento na condição da regra (*minor*) através da *faculdade do juízo*. Enfim, *determino* meu conhecimento pelo predicado da regra (*conclusio*) e, por conseguinte, *a priori* pela *razão*. Assim pois, a relação que representa a premissa maior, como regra, entre um conhecimento e sua condição, constitui as diversas espécies de inferências racionais. Portanto, existem – exatamente outras tantas espécies de juízos em geral, segundo a maneira pela qual eles exprimem a relação do conhecimento no entendimento – três tipos de raciocínios, a saber: os *categóricos*, os *hipotéticos* e os *disjuntivos*.

Se, como acontece frequentemente, a conclusão for apresentada como juízo, para ver se ele é deduzido de outros juízos já dados e pelos quais um objeto diferente é criado, procuro no entendimento a afirmação dessa conclusão, a fim de ver se ela não se encontraria antes no entendimento, sob certas condições, segundo uma regra geral. Ou se vou descobrir uma condição desse gênero e se o objeto da conclusão se deixar subsumir sob a condição dada, essa condição é então derivada da regra *que também se aplica a outros objetos do conhecimento*, pela qual podemos ver que a razão busca no raciocínio reduzir a um número bem pequeno de princípios (de condições gerais) a grande variedade de conhecimentos do entendimento e daí realizar a mais alta unidade.

C – Do uso da razão

É possível isolar a razão? E uma vez realizada essa operação, a razão continua sendo uma fonte adequada de conceitos e de juízos que só se originam dela e pelos quais ela se relaciona com os objetos? Ou então ela não seria uma faculdade subalterna destinada a fornecer uma certa forma a conhecimentos dados, a forma lógica, e que tem por função coordenar entre si os conhecimentos do entendimento e subordinar as regras inferiores a regras mais elevadas (cuja condição engloba em sua esfera a condição das precedentes), que pode ser efetuada comparando-as entre si? Essa é a questão da qual precisamos nos ocupar preliminarmente. De fato, a diversidade das regras e a unidade dos princípios são exigências da razão para colocar o entendimento perfeitamente em concordância consigo mesmo, da mesma forma que o entendimento submete a conceitos o diverso da intuição, para assim efetuar a conexão. Mas tal princípio não estabelece nenhuma lei aos objetos (*Objekten*) e não contém o fundamento da possibilidade de conhecê-los e de determiná-los como tais em geral. Ao contrário, ele é simplesmente uma lei subjetiva da economia da riqueza do nosso entendimento, que tende a reduzir por comparação, a prática geral dos conceitos do entendimento, sem que por isso seja lícito exigir dos próprios objetos uma unidade bem favorável à conveniência e à extensão do nosso entendimento e ao mesmo tempo atribuir a essa máxima uma validade objetiva. Resumindo, trata-se de saber se a razão em si, isto é, a razão pura, conteria *a priori* princípios *(Grundsätze)* e regras sintéticas, e em que esses princípios *(Principien)* podem consistir.

O procedimento formal e lógico da razão na inferência racional nos fornece já uma indicação suficiente para encontrar o fundamento sobre o qual deverá basear-se o princípio *(Principium)* transcendental dessa faculdade, no conhecimento sintético pela razão pura.

Em primeiro lugar, a razão dentro de seus raciocínios *(der Vernunftschluss)*, não se aplica a intuições para submetê-las a regras (assim como age o entendimento com suas categorias), mas, ao contrário, a conceitos e juízos. Portanto, se a razão pura se relaciona também com os objetos, no entanto, ela não tem relação imediata nem com eles nem com sua intuição, mas somente com o entendimento e seus juízos que se aplicam imediatamente aos sentidos e à sua intuição para determinar o objeto. Portanto, a unidade racional não é a unidade de uma experiência possível; ao contrário, ela é essencialmente distinta, pois essa última é a unidade intelectual. "Tudo o que acontece tem uma causa", não é absolutamente um princípio conhecido e prescrito pela razão. Ele torna possível a unidade da experiência e nada empresta à razão que, sem essa relação com a experiência possível, não poderia, fundamentando-se em simples conceitos, estabelecer uma semelhante unidade sintética.

Em segundo lugar, a razão procura em sua prática lógica a condição geral de seu juízo (da conclusão) e o próprio raciocínio não é outra coisa senão um juízo que formamos subsumindo sua condição a uma regra geral (a premissa maior). Ora, como essa regra por sua vez é submetida à mesma busca da razão e precisa, dessa forma, procurar (mediante um prosilogismo) a condição da condição o mais longe possível, é possível ver que o próprio princípio da razão em geral (em sua prática lógica) é encontrar para o conhecimento condicionado o incondicionado com o qual se completa a unidade.

Mas essa máxima lógica somente pode ser um princípio da *razão pura* com a condição de que se admita que, se o condicionado for dado, também o seja (contida no objeto e em sua conexão) toda a série das condições subordinadas, série que é em si incondicionada.

Um semelhante princípio da razão pura é manifestamente *sintético*, pois o condicionado se relaciona, sem dúvida, analiticamente com alguma condição, mas não ao incondicionado. Também deve derivar diversas proposições sintéticas desconhecidas pelo entendimento puro que só deve ocupar-se dos objetos de uma experiência possível à qual o conhecimento e a síntese são sempre condicionados. Mas o incondicionado, quando realmente se verifica, pode ser examinado (*erwogen*) particularmente em todas as determinações que o distingam de todo condicionado e, por conseguinte, deve proporcionar estofo a várias proposições sintéticas *a priori*.

As proposições fundamentais que decorrem desse princípio supremo da razão pura serão *transcendentes* com relação a todos os fenômenos, ou seja, jamais se poderá fazer desse princípio uma prática empírica que lhe seja adequada. Ele se distinguirá portanto, inteiramente de todos os princípios do entendimento (cuja prática é completamente *imanente*, por não ter outro tema que não a possibilidade da experiência). Para investigar se esse princípio, cuja série de condições (na síntese dos fenômenos, ou até mesmo no pensamento das coisas em geral) ascende até o incondicionado, tem ou não uma validade objetiva e quais consequências derivariam dele para a prática empírica do entendimento, ou seja, se não houver absolutamente qualquer princípio racional desse gênero dotado de validade objetiva, mas, ao contrário, uma prescrição simplesmente lógica que nos empurre na ascensão para condições cada vez mais elevadas, aproximando-nos da integralidade dessas condições e, desta forma, levar ao nosso conhecimento a mais alta unidade racional possível para nós; portanto, investigar se essa necessidade da razão, em razão de um equívoco, foi interpretada como um princípio transcendental da razão pura exigindo temerariamente essa integralidade absoluta da série de condições nos próprios objetos, e, neste caso, perguntar-se quais os erros e as ilusões que podem se infiltrar nos raciocínios cuja premissa maior é extraída da razão pura (e talvez, seja melhor uma petição em vez de um requerimento) e que se elevam da experiência para as suas condições: este será o nosso objeto da dialética transcendental que, a partir de agora, passaremos a desenvolver, partindo de suas fontes profundamente ocultas na razão humana. Ela será dividida em duas partes principais: a primeira tratará dos *conceitos transcendentais* da razão pura e a segunda de seus *raciocínios* transcendentes e *dialéticos*.

LIVRO PRIMEIRO

DOS CONCEITOS DA RAZÃO PURA

Seja o que for da possibilidade dos conceitos extraídos da razão pura, esses conceitos não somente são refletidos, mas concluídos. Os conceitos do entendimento também são pensados *a priori* antes da experiência e em vista da experiência, mas eles não contêm nada mais que a unidade da reflexão sobre os fenômenos, contanto que estes devam pertencer necessariamente a uma consciência empírica possível. Somente eles tornam possíveis o conhecimento e a determinação de um objeto. Eles fornecem portanto, a matéria prima para o raciocínio *(zum Schliessen)* e antes deles não há nenhum conceito *a priori* de objetos pelo qual pudessem ser concluídos. Ao contrário, sua realidade objetiva se baseia unicamente sobre o que, constituindo a forma intelectual de toda experiência, precisa sempre que sua aplicação na experiência possa ser demonstrada.

Mas a única expressão do conceito racional nos mostra por antecipação que este conceito não se deixa encerrar nos limites da experiência, pois ele se relaciona com um conhecimento do qual todo conhecimento empírico é somente uma parte (e, talvez, toda experiência possível ou de sua síntese empírica), conhecimento ao qual, sem dúvida, uma experiência real nunca é alcançada completamente, apesar de sempre lhe pertencer. Os conceitos racionais servem para *compreender (begreifen)* como os conceitos intelectuais servem para *entender* (as percepções). Por conterem o incondicionado, eles se relacionam com alguma coisa à qual toda experiência está subordinada, mas ela mesma nunca é um objeto da experiência; alguma coisa para a qual a razão nos conduz para as conclusões que ela deriva da experiência, e pela qual ela estima e mede o grau de sua prática empírica, mas que jamais constitui um membro da síntese empírica. Se, no entanto, esses conceitos tiverem uma validade objetiva, podem ser chamados de *conceptus ratiocinati* (conceitos precisamente concluídos); caso contrário, eles são conseguidos, no mínimo, ilicitamente por uma dedução ilusória e podem ser chamados de *conceptus ratiocinantes* (conceitos sofísticos). Mas como isto somente pode ser explicado pela parte dedicada aos raciocínios dialéticos da razão pura, não podemos ainda levá-lo em consideração. Entretanto, por antecipação, como chamamos de categorias os conceitos do entendimento puro, designaremos por um novo nome os conceitos da razão pura: nós os chamaremos de ideias transcendentais. E agora vamos explicar e justificar essa denominação.

PRIMEIRA SEÇÃO

Das ideias em geral

Apesar da grande riqueza de nossa língua, o pensador frequentemente se encontra com falta de expressões que reflitam com precisão seu pensamento; devido a essa falta, ele não consegue se expressar de maneira bem inteligível nem para os outros nem para si mesmo. Forjar palavras novas é uma pretensão a legislar nos idiomas, e essa pretensão raramente é bem sucedida. Antes de recorrer a esse meio extremo, é preciso ter o cuidado de vasculhar algumas línguas mortas e sábias, e tentar descobrir essa ideia com a conveniente expressão; e então, mesmo que o uso antigo dessa expressão tenha-se tornado incerto por culpa de seu autor, ainda é melhor consolidar o sentido que lhe era próprio (mesmo que seja necessário deixar duvidosa a questão de saber se anteriormente lhe cabia exatamente o mesmo sentido) do que perder tudo que se escreveu para torná-lo compreensível.

Por isso, se para expressar certo conceito, não mais do que uma palavra é encontrada, a qual em sua acepção já recebida seja exatamente adequada a esse conceito que é de grande importância distinguir de outros conceitos análogos, é prudente não ser pródigo e não usá-la simplesmente como variação de suas expressões como sinônimo de outros termos, mas de lhe conservar cuidadosamente o significado particular, pois do contrário, aconteceria facilmente o fato de que a expressão, em vez de ocupar especialmente a atenção, perder-se-ia em uma quantidade de outros sentidos bem diferentes, perdendo, ao mesmo tempo, o pensamento que somente a expressão pode salvaguardar.

PLATÃO serviu-se da palavra *ideia* de tal forma que é possível ver que ele entendia com isso algo que não somente nunca provém dos sentidos, mas que transcende até os conceitos do entendimento pelos quais ARISTÓTELES se interessou, pois nada é encontrado na experiência que corresponda a esse conceito. Para ele, as ideias são arquétipos das próprias coisas e não simples chaves para experiências possíveis, como as categorias. Em sua opinião, elas provêm da razão suprema de onde são passadas para a razão humana, que já não está mais em seu estado original, mas, ao contrário, veem-se na necessidade de dar-se ao trabalho de lembrar por um processo de reminiscência (chamada Filosofia) suas antigas ideias, hoje bastante obscurecidas. Não quero aqui me envolver em uma pesquisa literária para determinar o sentido que o grande filósofo queria dar à sua expressão. Eu só preciso observar que não é incomum, ao comparar os pensamentos que um autor expressa com respeito ao seu assunto, tanto em conversação como em escritos, achar que o compreendemos muito melhor do que ele próprio se compreendeu. Como ele não determinou suficientemente o seu conceito, algumas vezes deve ter falado e até pensado em oposição ao seu próprio ponto de vista.

PLATÃO notava que a nossa faculdade de conhecimento sente uma necessidade muito maior do que aquela de simplesmente expor os fenômenos segundo as leis da unidade sintética para poder interpretá-los como experiência. Ele sabia que a nossa razão se exalta naturalmente em formas de conhecimento que transcendem demais os limites da experiência de forma que nenhum objeto empírico dado possa jamais lhes corresponder, mas que apesar disso possuem reconhecidamente sua própria realidade e de forma alguma são meras ficções do cérebro.

PLATÃO encontrava suas ideias principalmente em tudo que é prático,(*) ou seja, naquilo que se baseia sobre a liberdade que, de seu

---

(*) Ele estendia também, é verdade, o seu conceito aos conhecimentos especulativos, desde que fossem puros e dados totalmente *a priori*, e também à Matemática, embora ela não tivesse o seu objeto em outro lugar, mas na experiência possível. Não consigo segui-lo nisto, não mais do que na dedução mística dessas ideias, ou nas exagerações pelas quais ele fazia, de alguma forma, certas hipóstases; entretanto, a linguagem sublime da qual ele se servia nessa área, é perfeitamente suscetível de uma interpretação mais moderada e de acordo com a natureza das coisas.

lado, faz parte dos conhecimentos que são produto próprio da razão. Quem quisesse derivar da existência os conceitos da virtude, ou (como muitos fizeram realmente) quisesse converter em modelo e fonte de conhecimento o que somente pode servir de exemplo, este faria da virtude um fantasma (*ein Unding*) suspeito e variável segundo os tempos e as circunstâncias, e incapaz de jamais servir de regra. Ao contrário, todos temos a convicção de que o verdadeiro original do modelo de virtude está em nossa própria mente, e se alguém nos é apresentado como tal, compararemos esse suposto modelo só para julgá-lo segundo o nosso original. Ora, este original que encontramos em nós mesmos é a ideia da virtude com respeito ao qual todos os objetos possíveis da experiência servem de exemplo (provas de que aquilo que o conceito da razão exige é realizável dentro de certa medida), mas não de arquétipos. Um homem que nunca agisse de maneira adequada ao que contém a ideia pura da virtude não provaria que há nessa noção qualquer coisa de ficção. De fato, isso não impede que todo juízo sobre a validade ou a falta de validade moral somente seja possível mediante essa ideia; por conseguinte, ela serve necessariamente de base a todo progresso para a tão distante perfeição moral, da qual somos mantidos afastados pelos obstáculos que encontramos na natureza humana, assim como é impossível determinar-lhe o grau.

A *República* de PLATÃO tornou-se proverbial como exemplo pretendido e com um tom de perfeição imaginária que somente pode ter a sua sede no cérebro de um pensador ocioso e BRUCKER acha ridícula a afirmação do filósofo de que "um príncipe nunca governa bem se ele não participa das ideias". Mas melhor seria ligar-se mais a essa ideia e (lá onde esse homem eminente nos abandona sem amparo) trazê-la à luz graças a novos esforços, do que rejeitá-la como inútil, com o pretexto miserável e vergonhoso de que ela é irrealizável. Uma constituição cujo objetivo é *a máxima liberdade humana*, fundada sobre leis que permitiriam *à liberdade individual coexistir com a liberdade dos demais* (não estou falando da maior felicidade possível, pois ela decorreria de si mesma); aqui está, pelo menos, uma ideia necessária que deve servir de base não somente para o esboço de uma constituição civil, mas para todas as leis, e nisso é preciso fazer abstração, desde o começo, dos obstáculos atuais que resultam talvez menos inevitavelmente da natureza humana do que do desprezo das ideias verdadeiras em matéria de legislação. De fato, nada pode haver de mais prejudicial e de mais indigno num filósofo do que chamar de vulgar uma suposta experiência contraditória, quando essa experiência nem sequer teria existido, caso tivessem sido estabelecidas a tempo essas instituições segundo as ideias, e se em lugar dessas ideias, conceitos grosseiros, precisamente por terem sido tirados da experiência, não tivessem sobrevivido para aniquilar todo bom propósito. Quanto mais conformes com essa ideia fossem a legislação e o governo, tanto mais raras seriam as penas; e é totalmente racional afirmar (como o faz PLATÃO) que se a legislação estivesse plenamente de acordo com essas ideias, não teríamos necessidade de qualquer pena. Apesar de jamais poder acontecer, a ideia, entretanto, é tão justa que usa esse *maximum* como arquétipo e nele se baseia para aproximar cada vez mais a constituição legal dos homens da maior perfeição possível. De fato, qual seria o mais alto grau pelo qual a humanidade deveria parar e quão grande poderia ser, por conseguinte, a distância que necessariamente existe entre a ideia e sua realização, ninguém pode nem deve determiná-la, precisamente porque se trata da liberdade que pode superar todos os limites determinados.

    Não é simplesmente nas coisas onde a razão humana demonstra uma verdadeira causalidade e onde as ideias tornam-se causas eficientes (das ações e de seus objetos), e refiro-me aqui ao domínio moral, mas também é na própria natureza que PLATÃO enxerga, com razão, provas que demonstram claramente que as coisas extraem sua origem das ideias. Uma planta, um animal, a ordenação regular do mundo (sem dúvida, também toda ordem da natureza) mostram claramente que tudo isso só é possível através das ideias; sem dúvida, nenhuma criatura individual, sob as condições individuais de sua existência, se enquadra inteiramente com a ideia da maior perfeição de sua espécie (não mais do que o homem que não está adequado à ideia da humanidade que, na verdade, ele tem em sua alma, como arquétipo de suas ações); mas que, no entanto, essas ideias são determinadas individual, imutável e universalmente pelo entendimento supremo; que elas são as causas originais das coisas, e que somente o conjunto que forma sua ligação no Universo é absolutamente adequado à ideia que nós temos. Considerando à parte o que há de exagerado na expressão, a ação pela qual o espírito desse filósofo elevou-se da contemplação textual da ordem física do mundo para a ligação arquitetônica dessa ordem do mundo, segundo certas finalidades, ou seja, segundo as ideias, esta ação é um esforço que merece respeito e é digna de ser imitada. Mas com relação ao que diz respeito aos princípios da Moral, da legislação e da religião, onde as ideias tornam antes possível a própria experiência (do bem), apesar de nunca poderem ser inteiramente expressas, essa ação tem um mérito particular que não reconhecemos porque o julgamos segundo as mesmas regras empíricas que devem perder sua validade como princípios, justamente devido às próprias ideias. De fato, com respeito à natureza, é a experiência que nos fornece a regra e que é a fonte da verdade; mas, com respeito às lei morais, é a experiência (infelizmente) que é a mãe da ilusão, e é a tentativa mais condenável de querer adotar leis a respeito do que *se deve fazer* a partir *do que se faz,* ou ainda, querer reduzi-las.

Em lugar de todas essas considerações cujo conveniente desenvolvimento é, de fato, a própria glória da Filosofia, ocupemo-nos agora de um trabalho menos brilhante, mas que, no entanto, não é desprovido de mérito, que consiste em nivelar e preparar o terreno para erigir o majestoso edifício da Moral, terreno onde se encontra toda espécie de buracos de toupeira que a razão, em busca de tesouros, cavou sem proveito algum, apesar de suas boas intenções e que ameaçam a solidez do edifício a ser construído. A prática transcendental da razão pura, seus princípios e suas ideias, é o que nos importa conhecer agora com precisão, para poder determinar e apreciar justamente a influência e a validade da razão pura. Entretanto, antes de terminar essa introdução liminar, peço àqueles que apreciam a Filosofia (pois grande é o número daqueles que pretendem apreciá-la), no caso em que se convençam com o que acabo de dizer e com o que seguirá, de guardar e proteger a palavra "ideia" em seu sentido primitivo, para que doravante não o confundamos com as outras palavras usadas habitualmente para designar toda espécie de representações, sem qualquer ordem específica e com grande prejuízo para a ciência. Entretanto, não nos faltam termos perfeitamente apropriados para cada espécie de representação, sem necessidade de invadir território alheio. Aqui está a escala graduada. O termo genérico é aquele de *representação* em geral (*respraesentatio*) que, acompanhada de consciência (*perceptio*), é uma espécie. Uma *percepção* que se relacione unicamente ao sujeito, como modificação de seu estado, é *sensação (sensatio);* uma percepção objetiva é *conhecimento (cognitio).* Este pode ser *intuição* ou *conceito (intuitus vel conceptus).* A intuição se relaciona imediatamente ao objeto e é singular; o conceito se relaciona indiretamente, mediante um sinal que pode ser comum a várias coisas. O conceito é empírico ou puro, e o conceito puro, contanto que tenha sua origem unicamente no entendimento (e não em uma imagem pura da sensibilidade) é chamado de *noção*. Um conceito extraído de noções e que supera a possibilidade da experiência é a *ideia* ou conceito racional. Uma vez acostumados a essas distinções, não será mais possível suportar ouvir chamar de ideia a representação da cor vermelha que tampouco deve ser chamada de noção (conceito do entendimento).

SEGUNDA SEÇÃO

Das ideias transcendentais

A Analítica transcendental nos deu um exemplo da maneira pela qual a simples forma lógica do nosso conhecimento pode conter a fonte de conceitos puros *a priori* que, antes de qualquer experiência, representam objetos, ou melhor, que manifestam a unidade sintética, a única que pode tornar possível um conhecimento empírico dos objetos. A forma dos juízos (transformada em conceito da síntese das intuições) produziu categorias que dirigem, na experiência, toda a prática do entendimento. Também podemos esperar que a forma dos raciocínios, se aplicada à unidade sintética das intuições, segundo a regra das categorias, conterá a fonte de conceitos particulares *a priori*, que podemos chamar de conceitos puros da razão ou *ideias transcendentais* e que determinam, segundo princípios, a prática do entendimento no conjunto da experiência inteira.

A função da razão em suas conclusões consiste na universalidade do conhecimento por conceitos, e o próprio raciocínio é um juízo determinado *a priori* em toda a extensão de sua condição. Esta proposição: "Caio é mortal", também poderia ser tirada da experiência simplesmente pelo entendimento. Mas procuro um conceito que contenha a condição sob a qual o predicado (asserção em geral) desse juízo (quero me referir aqui ao conceito do homem) é dado e, após ter subsumido sob essa condição, tomada em toda a sua extensão (todos os homens são mortais), determino consequentemente o conhecimento de meu objeto (Caio é mortal).

É por isso que na conclusão de um silogismo restringimos o predicado a um objeto, depois de tê-lo pensado antes, na premissa maior, em toda a sua extensão sob uma certa condição. Essa quantidade absoluta da extensão em relação a uma tal condição denomina-se *universalidade* (*universalitas*). A esta corresponde, na síntese das intuições, *a totalidade* (*universitas*) das condições. Dessa forma, o conceito racional transcendental nada mais é que o conceito da *totalidade* das condições para um condicionado dado. Ora, como o *incondicionado* somente torna possível a totalidade das condições e que inversamente a totalidade das condições é sempre ela mesma incondicionada, um conceito racional puro em geral pode ser definido pelo conceito do incondicionado, contanto que contenha o princípio da síntese do condicionado.

Portanto, quantas relações são representadas pelo entendimento por meio das categorias, tantos haverá de conceitos puros da razão, e deveremos então buscar ANTES um *incondicionado* da síntese *categórica num* sujeito, e DEPOIS um *incondicionado* da síntese *hipotética* dos membros de uma *série*; ENFIM, um *incondicionado* da síntese *disjuntiva* das partes em um *sistema*.

De fato, aqui estão exatamente as diversas espécies de raciocínios que tendem, cada uma, ao incondicionado mediante pró-silogismos: a primeira, a um sujeito que em si mesmo não é mais um predicado; a segunda, a uma suposição que não supõe nada de mais; a terceira, a um agregado dos membros da divisão que nada mais exige para completar a divisão de um conceito. Os conceitos racionais puros da totalidade na síntese das condições são portanto necessários, pelo menos como problemas que servem para impelir ao máximo possível a unidade do entendimento até o incondicionado, e têm seu fundamento na natureza da razão humana; embora esses conceitos transcendentais não tenham provavelmente *in concreto* uma utilidade de acordo com sua natureza e, por conseguinte, não possuem outra senão aquela de impelir o entendimento em uma direção onde sua utilidade, estendendo-se ao máximo, permanece sempre em perfeita concordância consigo mesmo.

Mas ao falar aqui da totalidade das condições e do incondicionado como de um título comum a todos os conceitos racionais, eis que novamente tropeçamos em uma expressão da qual não saberíamos prescindir e que, no entanto, a ambiguidade sofrida por um longo abuso nos impede de usá-la com segurança. A palavra *absoluto* faz parte de um pequeno número de palavras que em sua acepção primitiva assumia um conceito que não representava, nessa época, o significado correspondente a qualquer outra palavra da mesma língua, e cuja perda, ou o uso impreciso, leva necessariamente à perda do próprio conceito que, ocupando completamente a razão, não saberia fazer-lhe falta sem causar um grande prejuízo a todos os juízos transcendentais. Atualmente, utiliza-se muito a palavra *absoluto* para dizer simplesmente que alguma coisa é *considerada em si* e, por conseguinte, uma *validade intrínseca*. Nesse sentido, a expressão *absolutamente possível* significaria o que é possível em si *(interno)*, e isto é efetivamente *o mínimo* que se pode dizer de uma coisa. Por outro lado, também é utilizada para designar que alguma coisa é válida sob todos os aspectos (de uma forma ilimitada) (por exemplo, o poder absoluto), e a expressão *absolutamente possível* significaria, neste sentido, o que é possível para todos os pontos de vista, *em todos os relacionamentos,* e isso é *o máximo* que eu posso dizer da possibilidade de uma coisa. É verdade que esses dois sentidos muitas vezes são encontrados juntos. Por exemplo, o que é intrinsecamente impossível é impossível de todos os pontos de vista e, consequentemente, absolutamente impossível. Mas na maioria dos casos eles estão infinitamente afastados um do outro e daquilo que uma coisa seja possível em si, não podendo eu, de forma alguma, concluir que ela seja por isso mesmo possível sob todos os aspectos e, por conseguinte, absolutamente possível. Além disso, mostrarei a seguir que a necessidade absoluta não depende de modo algum e em todos os casos da necessidade intrínseca e que, portanto, nunca deve ser considerada como equivalente a ela. Uma coisa cujo oposto é intrinsecamente impossível evidentemente tem por oposto uma coisa impossível sob todos os aspectos e, por conseguinte, ela mesma é absolutamente necessária; mas a recíproca não é verdadeira: daquilo que uma coisa seja absolutamente necessária não tenho o direito de inferir a impossibilidade *intrínseca* de seu oposto, ou seja, é-me proibido de inferir que a *absoluta* necessidade das coisas seja uma necessidade *interna*, pois essa necessidade interna, em alguns casos, é uma palavra completamente vazia, à qual não saberíamos agregar o mínimo conceito; enquanto a necessidade de uma coisa em todos os pontos de vista (relativamente a todo o possível) implica determinações totalmente particulares. Visto que a perda de um conceito de grande aplicação na Filosofia especulativa nunca pode ser indiferente ao filósofo, espero que ele não ignore com indiferença o cuidado que temos ao precisar e ao conservar a expressão ligada a este conceito.

Nesse sentido mais amplo, eu me servirei portanto da palavra *absoluto* e a colocarei em oposição ao que só tem validade relativa e sob um aspecto particular, pois o relativo é restrito a condições, enquanto o absoluto é válido sem restrições.

Pois bem, o conceito racional transcendental somente se aplica à totalidade absoluta na síntese das condições e só termina no que é absolutamente incondicionado, ou seja, sob todos os aspectos. De fato, a razão pura abandona ao entendimento tudo o que se relaciona imediatamente aos objetos da intuição, ou melhor, à sua síntese na imaginação. Ela se reserva unicamente a totalidade absoluta na prática dos conceitos do entendimento e procura transportar a unidade sintética, que é pensada na categoria, até o absolutamente incondicionado. Podemos então chamar essa totalidade de *unidade racional* dos fenômenos, assim como podemos chamar de *unidade intelectual* aquela que exprime a categoria. E assim, a razão somente se relaciona com a prática do entendimento, e não enquanto contém o princípio de uma experiência possível (pois a totalidade absoluta das condições não é um conceito utilizável em uma experiência, porque nenhuma experiência é incondicionada), mas para lhe estabelecer uma direção para uma certa unidade cujo entendimento não possui nenhum conceito, mas que tende a juntar em um *todo absoluto* todos os atos do entendimento com relação a cada objeto. A prática objetiva dos conceitos puros da razão é sempre *transcendente*, enquanto a prática dos conceitos puros do entendimento, segundo sua natureza, deve ser sempre *imanente*, pois se limita simplesmente à experiência possível.

Entendo por ideia um conceito racional necessário para o qual nenhum objeto que lhe corresponda pode ser dado nos sentidos. Os conceitos puros da razão que estamos considerando neste momento são ideias *transcendentais*. São conceitos da razão pura, pois consideram todo conhecimento experimental como determinado por uma totalidade absoluta das condições. Não são formados arbitrariamente, mas, ao contrário, são dados pela própria natureza da razão e se relacionam necessariamente com toda prática do entendimento. Enfim, eles são transcendentes e superam os limites de toda experiência onde, por conseguinte, nenhum objeto adequado à ideia transcendental jamais saberia se apresentar. Quando se nomeia uma ideia, diz-se *muito* com relação ao objeto (*Objekt*) (como objeto do entendimento puro), mas se diz *muito pouco* com relação ao sujeito (relativamente à sua realidade sob condições empíricas), precisamente porque a ideia, como conceito de um *maximum*, nunca pode ser dada *in concreto* de maneira adequada. Aqui está todo o objetivo que a razão propriamente persegue em sua prática simplesmente especulativa e, no caso de somente nos aproximarmos de um conceito sem nunca poder alcançá-lo na execução, seria como errar o conceito por completo; dizem que um conceito desse gênero é tão somente uma ideia. Sendo assim, podemos dizer que a totalidade absoluta de todos os fenômenos *nada mais é do que uma ideia*, pois, como nunca poderemos realizá-la numa imagem *(im Bilde entwerfen)*, ela permanece um *problema* sem solução. Ao contrário, como somente se trata, no uso prático do entendimento de uma execução segundo regras, a ideia da razão prática pode sempre ser dada realmente, embora só parcialmente *in concreto* e sendo ela mesma a condição indispensável de todo uso prático da razão. A execução dessa ideia é sempre limitada e defeituosa, mas em limites determináveis, e por conseguinte ela está sempre sob a influência do conceito de uma perfeição absoluta. Portanto, a ideia prática é sempre bem fértil e indispensavelmente necessária com relação às ações reais. Nela, a razão pura tem a causalidade necessária para produzir realmente o que o seu conceito encerra; é por isso que não se deve dizer da sabedoria, com certo desdém, *que nada mais é do que uma ideia;* mas ao contrário, assim como ela é a ideia da unidade necessária de todos os objetivos possíveis, ela deve servir de regra para toda prática, em qualidade de condição originária e pelo menos restritiva. Embora devêssemos dizer dos conceitos racionais transcendentais *que nada mais são do que ideias*, no entanto, não iremos até o ponto de considerá-los supérfluos e inúteis. De fato, se algum objeto (*Objekt*) não pode ser determinado por eles, entretanto, no fundo e sem que seja notado, podem servir ao entendimento de cânon (da regra) que lhe permite ampliar seu uso e torná-lo uniforme; por esse cânon, sem dúvida, ele não conhece nenhum outro objeto além daqueles que conheceria segundo seus conceitos; no entanto, ele é melhor dirigido e conduzido mais adiante nesse conhecimento. Não acrescento ainda que, talvez, essas ideias possam promover um trânsito dos conceitos físicos aos conceitos práticos e fornecer assim, às próprias ideias morais, um suporte e uma ligação com os conhecimentos especulativos da razão: a explicação de tudo isto virá mais tarde.

De acordo com o nosso plano, deixamos de lado as ideias práticas e só consideramos a razão em sua prática especulativa e, mais estritamente ainda, só apreendemos dessa prática o lado transcendental. É preciso que aqui sigamos a mesma marcha que seguimos anteriormente na dedução das categorias, ou seja, que examinemos a forma lógica do conhecimento racional e vejamos se, por acaso, a razão não seria também uma fonte de conceitos que nos faça olhar objetos (*Objekte*) em si mesmos, como sinteticamente determinados *a priori* com relação a tal ou qual função da razão.

Considerada como o poder de certa forma lógica do conhecimento, a razão é o poder de inferir, ou seja de julgar indiretamente (subsumindo a condição de um juízo possível sob a condição de um juízo dado). O juízo dado é a regra geral (premissa maior, *major*). A subsunção da condição de outro juízo possível sob a condição da regra é a premissa menor (*minor*). O juízo real que proclama a afirmação da regra *no caso subsumido* é a conclusão (*conclusio*). De fato, a regra exprime alguma coisa de geral sob certa condição. A condição da regra se encontra em um caso dado. Portanto, o que é válido universalmente sob esta condição deve também ser considerado como válido no caso dado (que encerra essa condição). Vê-se facilmente que a razão chega a um conhecimento mediante ações do entendimento que constituem uma série de condições. Se eu chegar na proposição: "Todos os corpos são mutáveis", partindo somente desse conhecimento mais afastado (onde não se encontra ainda o conceito de corpo, mas que no entanto encerra a condição): "Todo composto é *mutável*", para ir dessa proposição para outra mais próxima que está sob a condição da primeira: "Os corpos são compostos", e para passar desta segunda para uma terceira que liga doravante o conhecimento afastado (a palavra: mutável) ao conhecimento presente, e por conseguinte, à proposição "Os corpos são mutáveis", chego então através de uma série de condições (de premissas) a um conhecimento (a uma conclusão). Ora, toda série cujo expoente é dado (aquele dos juízos categóricos ou hipotéticos) pode ser prosseguida e, por conseguinte, o mesmo procedimento da razão conduz ao *ratiocinatio prosyllogistica*, que é uma série de raciocínios que pode ser perseguida indefinidamente, tanto por parte das condições (*per prosyllogismos*), como por parte do condicionado (*per episyllogismos*).

Mas observa-se logo que a corrente ou a série dos pró-silogismos, ou seja, dos conhecimentos prosseguidos do lado dos princípios ou das condições de um conhecimento dado ou, em outros termos, que a *série ascendente* dos raciocínios, no entanto, deva comportar-se frente à razão de forma diferente da *série descendente,* ou seja, diferente da progressão que a razão faz através de epi-silogismos do lado do condicionado. De fato, visto que no primeiro caso o conhecimento *(conclusio)* somente é dado como condicionado, não se saberia alcançá-lo, mediante a razão, a não ser que supuséssemos que fossem dados todos os componentes da série do lado das condições (a totalidade na série das premissas): é somente nessa suposição que o juízo em questão é possível *a priori;* ao contrário, do lado do condicionado ou das consequências, somente se concebe uma série *a vir a ser* e não uma série já *inteiramente* suposta ou *dada,* e, por conseguinte, uma progressão virtual. Portanto, se um conhecimento é considerado como condicionado, então a razão é forçada a considerar a série das condições segundo uma linha ascendente como terminada e dada em sua totalidade. Mas se o mesmo conhecimento for ao mesmo tempo considerado como condição de outros conhecimentos segundo uma linha descendente, a razão pode se manter indiferente quanto ao que é preciso saber até onde se estende a progressão *a parte posteriori* e se a totalidade dessa série for de fato possível *(gar überall... möglich)*; efetivamente, ela não precisa de uma série dessa espécie para a conclusão que se lhe apresenta, pois essa conclusão já é suficientemente determinada e assegurada por seus princípios *a parte priori.* Portanto, é possível que do lado das condições a série de premissas tenha um *ponto de partida* como condição suprema, ou não o tenha e que, consequentemente, ela seja sem limites *a parte priori;* ela deve, no entanto, englobar sempre a totalidade da condição, supondo até que não possamos nunca chegar a apreendê-la; é preciso que a série inteira seja absolutamente verdadeira para que o condicionado, que é considerado como uma consequência, possa ser considerado como verdadeiro. É o que exige a razão que apresenta seu conhecimento como determinado *a priori* e como necessário, tanto em si mesmo, e nesse caso não há necessidade de qualquer princípio, tanto no caso em que ela seja derivada como componente de uma série de princípios que, por sua vez, é absolutamente verdadeira.

TERCEIRA SEÇÃO

Sistema das ideias transcendentais

Não tratamos aqui de uma dialética lógica que faz abstração de todo o conteúdo do conhecimento e que se limita a descobrir a falsa ilusão na forma dos raciocínios, mas de uma dialética transcendental que deve conter absolutamente *a priori* a origem de certos conhecimentos extraídos da razão pura e de certos conceitos inferidos, cujo objeto jamais pode ser dado empiricamente e que estejam portanto totalmente fora do poder do entendimento puro. Pela relação natural que a prática transcendental dos nossos conhecimentos deva ter com a prática lógica, tanto nos raciocínios como nos juízos, concluímos que só existam três espécies de raciocínios dialéticos que se relacionam com as três espécies de raciocínios pelas quais a razão pode, a partir de certos princípios, chegar a certos conhecimentos e que o objetivo da razão é o de se elevar da síntese condicionada à qual o entendimento permanece sempre ligado, para a síntese incondicionada que nunca pode alcançar.

Todas as relações que as nossas representações possam ter são:

1. A relação com o sujeito;

2. A relação com os objetos (*Objekte*), que sejam antes fenômenos, ou objetos do pensamento em geral.

Ao juntarmos esta subdivisão à anterior, resultará que toda relação das representações da qual podemos nos fazer um conceito ou uma ideia se divide em três:

a. A relação ao sujeito;

b. A relação ao diverso do objeto no fenômeno;

c. A relação a todas as coisas em geral.

Todos os conceitos puros em geral têm a ver com a unidade sintética das representações; mas os conceitos da razão pura (as ideias transcendentais) se ocupam da unidade sintética incondicional de todas as ideias transcendentais em *três classes*, no que a PRIMEIRA contém *a unidade absoluta (incondicionada) do sujeito pensante;* a SEGUNDA, *a unidade absoluta da série das condições do fenômeno;* e a TERCEIRA, a *unidade* absoluta da *condição de* todos os objetos do pensamento em geral.

O sujeito pensante é o objeto da *Psicologia;* o conjunto de todos os fenômenos (o mundo), é o objeto da *cosmologia,* e o que contém a condição suprema da possibilidade de tudo aquilo que possa ser pensado (do ser de todos os seres), é o objeto da *teologia.* A razão pura nos fornece então a ideia de uma Psicologia transcendental *(psychologia rationalis),* de uma cosmologia transcendental *(cosmologia rationalis)* e, enfim, de uma teologia transcendental *(theologia transcendentalis).* O simples esboço de uma ou de outra das ciências não provém do entendimento, que nem saberia traçá-la mesmo com o auxílio do concurso da mais elevada prática lógica da razão, ou seja, de todos os raciocínios imagináveis para se elevar de um de seus objetos (do fenômeno) a todos os outros, e até os membros mais afastados da síntese empírica; esse esboço é unicamente um produto puro e verdadeiro, ou um problema da razão pura.

Quais são os *modos* dos conceitos puros da razão que se enquadram nesses três títulos de todas as ideias transcendentais? O próximo capítulo apresentará a respeito uma exposição de maneira completa. Eles seguem o fio das categorias. De fato, a razão pura nunca se relaciona diretamente aos objetos, mas aos conceitos do entendimento desses objetos. De resto, somente depois de uma interação de todo este trabalho é que poderemos ver com clareza como, unicamente pela prática sintética dessa mesma função da qual ela se serve nos raciocínios categóricos, a razão pode chegar necessariamente ao conceito da unidade absoluta do *sujeito pensante;* como o procedimento lógico, nos raciocínios hipotéticos, deve necessariamente levar a ideia do absolutamente incondicionado para uma *série* de condições dadas e, finalmente, como a simples forma do raciocínio disjuntivo denomina o conceito racional supremo de *ser de todos os seres,* que, à primeira vista, parece ser um pensamento paradoxal de nível máximo.

Para essas ideias transcendentais não é propriamente possível falar de *dedução objetiva,* como aquela que pudemos dar às categorias, pois, na realidade, elas não têm relação com qualquer objeto *(Objekt)* que possa lhe ser dado como correspondente, e é justamente por esse motivo que são somente ideias. O que podíamos fazer era tentar inferilas subjetivamente da natureza de nossa razão, e é o que fizemos no presente capítulo.

Vê-se facilmente que o único objetivo da razão é a totalidade absoluta da síntese, *do lado das condições* (de inerência, ou de dependência, ou de concorrência) e que *do lado do condicionado* ela não precisa se preocupar com a integridade absoluta. De fato, ela só precisa da primeira para supor a série total das condições e para dá-la assim ao entendimento. Mas uma vez que uma condição seja integralmente (e incondicionalmente) dada, não precisa mais de um conceito racional para prosseguir com a série, pois o entendimento desce por si mesmo da condição para o *condicionado*. Dessa forma, as ideias transcendentais só servem para *elevar-se* na série das condições até o incondicionado, ou seja, até o princípio. Mas no que se refere a *descer* para o condicionado, existe, sem dúvida, uma prática lógica bem ampla que a nossa razão faz das leis do entendimento, sem que haja uma prática transcendental e se nós (nos) fizermos uma ideia da absoluta totalidade de uma tal síntese (do *progressus*), por exemplo da série inteira de todas as mudanças *futuras* do mundo, este então será tão-somente um ente de razão (*ens rationis*) que só concebemos de maneira arbitrária e não suposto necessariamente pela razão. De fato, a possibilidade do condicionado supõe a totalidade de suas condições, mas não de suas consequências. Por conseguinte, um conceito desse gênero não é uma ideia transcendental, que é a única com a qual devemos nos ocupar aqui.

Finalmente, percebe-se também que entre as próprias ideias transcendentais se manifestam certa harmonia e certa unidade e que, mediante essas ideias, a razão pura transforma todos os conhecimentos em um sistema. Elevar-se do conhecimento de si mesmo (da alma) ao conhecimento do mundo, e por meio deste ao do Ser Supremo (*Urwesen*), é um progresso tão natural que parece análogo ao procedimento lógico da razão que passa das premissas para a conclusão.(*) Ora, será que aqui existe realmente

---

(*) A Metafísica tem por objetivo próprio de suas pesquisas três ideias: *Deus, liberdade* e *imortalidade*, de tal forma que o segundo desses conceitos combinado com o primeiro deve levar ao terceiro, como consequência necessária. Tudo que é tratado por esta ciência lhe serve de meio para chegar a essas ideias e à sua realidade. Ela não precisa delas para constituir a ciência da natureza, mas para superá-la. O perfeito conhecimento dessas três ideias tornaria a *teologia*, a *moral* e, pela união das duas, a *religião*, ou seja, os mais elevados objetivos de nossa

uma analogia oculta parecida com aquela que existe entre o procedimento lógico e o procedimento transcendental? Esta ainda é uma questão cuja resposta deve aguardar a continuação destas investigações. Com isto, o nosso objetivo está provisoriamente alcançado, pois conseguimos tirar de seu equívoco os conceitos transcendentais da razão que os filósofos em suas teorias habitualmente misturam com outras, sem jamais distingui-las adequadamente dos conceitos do entendimento – que nós demos com sua origem, seu número determinado, sobre o qual não pode haver outros – e que representamos em um encadeamento sistemático, balizando e delimitando o campo particular da razão pura.

---

existência, dependentes unicamente do poder especulativo da razão, e de nada mais. Em uma representação sistemática dessas ideias, a ordem exposta seria, como *ordem sintética*, a mais conveniente; mas no trabalho que deve ser feito antes dela, *a ordem analítica*, o inverso do precedente será mais de acordo com o nosso objetivo, que é de nos elevarmos com o que a experiência nos fornece imediatamente, ou seja, da *Psicologia* à *cosmologia,* e desta ao conhecimento de *Deus,* para dessa forma executar o nosso grande plano.

LIVRO SEGUNDO

DOS RACIOCÍNIOS DIALÉTICOS DA RAZÃO PURA

É possível dizer que o objeto de uma ideia puramente transcendental seja alguma coisa da qual não se tem qualquer conceito, embora a razão tenha produzido necessariamente essa ideia segundo suas leis originárias. É que, na realidade, de um objeto que seja adequado às exigências da razão, nenhum conceito intelectual é possível, ou seja, um conceito que possa ser mostrado e tornado suscetível de ser intuído em uma experiência possível. Contudo, melhor seria dizer – e o risco de ser mal entendido seria mínimo – que do objeto (*Objekt*) que corresponda a uma ideia não podemos ter nenhum conhecimento, embora possamos ter um conceito problemático.

Pois bem, a realidade transcendental (subjetiva) dos conceitos puros da razão se baseia no fato de que somos conduzidos a tais ideias por um raciocínio necessário. Portanto, existem raciocínios que não contêm premissas empíricas e por meio dos quais concluímos, de alguma coisa que conhecemos, outra coisa qualquer da qual não temos nenhum conceito e à qual assim mesmo atribuímos a realidade objetiva, por uma ilusão inevitável. Tais raciocínios em relação ao seu resultado merecem mais o nome de *sofismas* do que aquele de raciocínios, embora devido à sua origem eles possam adotar esse último nome, pois em lugar de nascer de uma forma fictícia ou fortuita, eles são extraídos da natureza da razão. São sofismas, não do homem, mas da própria razão pura, dos quais o mais sábio dos homens não saberia livrar-se; talvez, depois de muito esforço, ele conseguisse evitar o erro, sem no entanto, nunca poder se livrar completamente da ilusão que o persegue e o limita constantemente.

Existem pois, três espécies de raciocínios dialéticos, assim como ideias que levam à suas conclusões. No raciocínio da PRIMEIRA classe, concluo do conceito transcendental do sujeito que não contém qualquer diverso, a absoluta unidade desse mesmo sujeito do qual não tenho, desta maneira, absolutamente nenhum conceito. A essa conclusão dialética chamarei de *paralogismo* transcendental. A SEGUNDA classe de conclusões sofísticas se baseia no conceito transcendental da totalidade absoluta da série das condições para um fenômeno dado em geral, e do qual sempre tenho um conceito contraditório da unidade sintética incondicionada, de um lado da série, e concluo com a legitimidade da unidade do lado oposto, do qual, no entanto, nem sequer tenho um conceito. Chamarei o estado da razão nessas conclusões dialéticas de *antinomia* da razão pura. Enfim, na TERCEIRA espécie de raciocínios sofísticos, concluo com a totalidade das condições necessárias para imaginar objetos em geral, desde que nos possam ser dados, a unidade sintética absoluta de todas as condições da possibilidade das coisas em geral, ou seja, de coisas que não conheço segundo seu simples conceito transcendental, infiro um ser de todos os seres que conheço ainda menos, por um conceito transcendente e da necessidade incondicionada, do qual não posso formar nenhum conceito. A esse raciocínio dialético darei o nome de *ideal* da razão pura.

Capítulo Primeiro

DOS PARALOGISMOS DA RAZÃO PURA

O paralogismo lógico consiste na falsidade da forma de um raciocínio, qualquer que seja seu conteúdo. Mas um paralogismo transcendental tem um princípio transcendental que nos faz inferir falsamente quanto à forma. Dessa maneira, um tal raciocínio viciado tem seu fundamento na natureza da razão humana e levará consigo uma ilusão inevitável, mas não insolúvel.

Chegamos agora a um conceito que não colocamos na lista geral dos conceitos transcendentais, mas que no entanto deve ser incluído, sem que por este motivo a tabela precise ser modificada nem ser declarada incompleta. Quero falar do conceito ou, se preferirmos, do juízo: *eu penso*. É fácil ver que esse conceito é o veículo de todos os conceitos em geral e, por conseguinte, também dos conceitos transcendentais, no qual está sempre incluído e que, consequentemente, é tão transcendental quanto eles, sem que no entanto, possa ter um título específico, pois somente serve para apresentar todo pensamento como pertencendo à consciência. Entretanto, por mais puro que seja de todo empirismo (de toda impressão dos sentidos), ele serve para distinguir duas espécies de objetos segundo a natureza de nossa faculdade de representação. "Eu mesmo", como pensante, sou um objeto do sentido interno e me chamo alma. Um objeto dos sentidos externos tem o nome de corpo. Portanto, a palavra "eu", como ser pensante, já indica o objeto da Psicologia que pode ser chamada ciência racional da alma, quando só quero saber nada mais da alma que aquilo que pode ser inferido deste conceito "eu", contanto que ele se apresente em todo pensamento e independentemente de toda experiência (que me determina mais particularmente e *in concreto*).

A Psicologia racional é realmente um empreendimento desse gênero, pois se o menor elemento empírico do meu pensamento, se alguma percepção particular do meu estado interno, se mesclassem aos princípios do conhecimento dessa ciência, ela não seria mais uma Psicologia racional, mas uma Psicologia empírica. Temos então à nossa frente uma suposta ciência construída sobre a única proposição: *eu penso*, e da qual podemos aqui, convenientemente de uma maneira conforme com a natureza de uma Filosofia transcendental, procurar o fundamento ou a falta dele. Não devemos nos deter diante da dificuldade da proposição "tenho uma experiência interna", que exprime a percepção de si mesma, e querer que, consequentemente, a Psicologia racional que é construída sobre essa proposição nunca seja pura, mas que em parte se baseie num princípio empírico, pois essa percepção interna nada mais é que a simples apercepção: *eu penso*, que torna possíveis todos os conceitos transcendentais, donde se diz: eu penso a substância, a causa, etc. De fato, a experiência interna em geral e sua possibilidade, ou a percepção em geral e sua relação com outra percepção não podem ser consideradas como conhecimentos empíricos, se alguma distinção particular ou alguma determinação não for dada empiricamente, mas devem ser consideradas como conhecimentos do empírico em geral, e isso na busca da possibilidade de toda experiência, busca essa que é absolutamente transcendental. O menor objeto (*Objekt*) da percepção (por exemplo, o prazer ou a dor) que se incluiria à representação geral da consciência de si mesma mudaria a Psicologia racional em uma Psicologia empírica.

Portanto, *eu penso* é o texto único da Psicologia racional de onde ela deve derivar toda a sua ciência. É fácil ver que se esse pensamento deve se relacionar a um objeto (a mim mesmo), ele não pode conter outra coisa senão predicados transcendentais desse objeto, pois o menor predicado empírico faria desaparecer a pureza racional e a independência dessa ciência em relação a toda experiência.

Mas aqui temos de seguir simplesmente o fio condutor das categorias; só que, como nesse caso, uma coisa nos é dada antes: o "eu", como ser pensante, sem mudar a ordem das categorias e mantendo-a como foi exposto anteriormente em sua tabela, começaremos aqui com a categoria da substância pela qual é representada uma coisa em si mesma, e seguiremos a série de trás para frente. O tópico da Psicologia racional, de onde deve ser deduzido tudo o que ela possa conter é, portanto, o seguinte:

1.
A alma é *substância*

2.
Simples

3.
numericamente idêntica, ou seja, *unidade* (não pluralidade), quanto aos diferentes tempos, onde ela existe.

4.
Em relação
com seus objetos *possíveis* no espaço (*)

(*) O leitor que não entendesse tão facilmente o sentido psicológico dessas expressões em sua abstração transcendental e que se perguntasse porque o último atributo da alma pertence à categoria da existência, encontrará isto suficientemente explicado e justificado pelo que segue. De resto, se ao me servir de expressões latinas, que nesta seção como no livro todo, foram inseridas em lugar de termos alemães que possuem o mesmo sentido, eu tenha contrariado o gosto e o bom estilo, posso alegar como desculpa que preferi sacrificar um pouco a elegância da linguagem ao ter de me expor e tornar mais penoso o trabalho das escolas em consequência de uma menor falta de clareza.

Desses elementos nascem todos os conceitos da Psicologia pura, unicamente por sua composição e sem que haja o mínimo para reconhecer outro princípio. Essa substância da qual falamos *(diese Substanz)*, considerada simplesmente como objeto do sentido interno, dá o conceito da *imaterialidade*; como substância simples, aquele da *incorruptibilidade*; sua identidade, como substância intelectual, dá a *personalidade*, e da união desses três conceitos fornece a *espiritualidade*; sua relação com os objetos no espaço dá a *comunhão* com o corpo; ela representa, portanto, a substância pensante como o princípio da vida na matéria, ou seja, como alma *(anima)* e como princípio de *animalidade*; essa última, encerrada dentro dos limites da espiritualidade representa a *imortalidade*.

Disso, quatro paralogismos se referem a uma Psicologia transcendental que é falsamente considerada uma ciência da razão pura que diz respeito à natureza do nosso ser pensante. Não podemos dar-lhe outro fundamento que não seja a representação simples, por si mesma totalmente vazia de conteúdo: "eu", do qual não podemos nem dizer que seja um *conceito* e que somente é uma simples consciência que acompanha todos os conceitos. Através desse "eu", "ele", ou "essa coisa" *(das Ding)* que pensa, estamos nos representando nada mais do que um sujeito transcendental dos pensamentos = X, e somente pelos pensamentos que são seus predicados é que conhecemos esse sujeito, do qual nunca podemos ter, separadamente, o menor conceito. Portanto, aqui giramos num círculo perpétuo, pois somos sempre obrigados a nos servir antes da representação do "eu" para ter do "ele" algum juízo; e isso é um inconveniente inseparável dele, pois a consciência em si é menos uma representação que distingue um objeto *(Objekt)* particular, do que uma forma da representação em geral, contanto que ela receba o nome de conhecimento, pois é da representação unicamente que posso dizer que através dela eu penso alguma coisa.

Mas desde a abordagem, deve parecer estranho que a condição sob a qual eu penso em geral e que, por conseguinte, é uma simples propriedade de meu sujeito, deva ser ao mesmo tempo válida para tudo que pensa, e que nós possamos pretender basear em uma proposição que parece empírica, um juízo apodíctico (evidente) e universal, por exemplo: tudo que pensa é constituído como declara em mim a voz da autoconsciência. A razão reside, porém, no fato de que temos de atribuir é necessariamente às coisas todas as propriedades que constituem as condições sob as quais unicamente as pensamos. Ora, eu não posso ter a menor representação de um ser pensante através de qualquer experiência externa, mas simplesmente pela consciência de mim mesmo. Tais objetos então nada mais são que a transferência de minha consciência para outras coisas, e é somente assim que eu me represento outras coisas a título de seres pensantes. Mas a proposição: *Eu penso*, só é considerada aqui num sentido problemático; não olhamos se lhe é possível conter a percepção de uma existência (como o faz a proposição: *cogito, ergo sum* de DESCARTES); nós a consideramos unicamente do ponto de vista de sua possibilidade, a fim de verificar quais propriedades possam decorrer de uma tão simples proposição relativamente ao seu sujeito (quer este sujeito possa existir ou não).

Se o conhecimento racional puro que nós tivermos dos seres pensantes em geral tinha por fundamento alguma coisa além de *cogito*, se nós nos ajudássemos também com observações que podemos fazer sobre o jogo de nossos pensamentos e sobre as leis naturais do próprio princípio pensante que podem ser derivadas deles, resultaria uma Psicologia empírica que seria uma espécie de *fisiologia* do sentido interno e que talvez servisse para explicar os fenômenos, mas nunca para descobrir propriedades que não pertencessem absolutamente à experiência possível (como aquelas da simplicidade), nem tampouco para nos ensinar *apoditicamente* de um ser pensante em geral alguma coisa que dissesse respeito à natureza; portanto, ela não seria uma Psicologia racional.

Ora, como a proposição *"eu penso"* (apreendida problematicamente) contém a forma de todo juízo do entendimento em geral e que ela acompanha todas as categorias a título de veículo, é claro que as conclusões a que se chega, só podem conter uma prática simplesmente transcendental do entendimento que exclui toda mistura da experiência e do sucesso do qual, segundo o que já foi demonstrado anteriormente, não saberíamos fazer-nos, de antemão, qualquer conceito vantajoso. Vamos segui-lo com olho crítico através de todos os predicamentos da Psicologia pura.[1]

---

1. A partir deste ponto, o presente capítulo continua como está na segunda edição:

Entretanto, para sermos mais breves, procederemos a esta análise sem interromper a trama do nosso desenvolvimento.

E antes de mais nada, aqui está uma observação geral capaz de atrair ainda mais a nossa atenção sobre esse tipo de raciocínio. Não é simplesmente porque penso conhecer um objeto (*Objekt*) qualquer, ao contrário, é só determinando uma intuição dada relativamente à unidade da consciência – e é nisso que consiste todo pensamento – que posso conhecer um objeto qualquer. Portanto, não é unicamente pela consciência do "eu" como ser pensante, que eu me conheço, mas se eu tiver consciência da intuição de mim mesmo, como uma intuição determinada em relação à função do pensamento. Todos os *modos* da consciência de si no pensamento, ainda não são em si conceitos intelectuais de objetos *(von Objekten)* (das categorias), mas simples funções lógicas que não fazem conhecer ao pensamento absolutamente nenhum objeto e, consequentemente, fazem com que eu também não seja reconhecido como objeto. O que constitui o *objeto (das Objekt)*, não é a consciência do "eu" *determinante*, mas somente a do "eu" *determinável*, ou seja, de minha intuição interna (contanto que o diverso possa estar a ela ligado de acordo com a condição geral da unidade da apercepção no pensamento).

1) - Ora, em todos os juízos, eu sou sempre o sujeito *determinante* da relação que constitui o juízo. Mas o "eu" que pensa deve sempre, no pensamento, ter a validade de um *sujeito* e possa ser considerado como alguma coisa que não esteja ligada ao pensamento simplesmente como predicado, é uma *proposição* apodítica e até mesmo *idêntica*; mas ela não significa que eu seja, como *objeto (Objekt)*, um ser *subsistente* por mim mesmo, ou uma *substância*. Esta proposição vai bem longe e é por isso que ela exige também dados que não se encontram, de forma alguma, no pensamento, e talvez (contanto que eu confronte o ser pensante como tal) ela vá até longe demais para que possa encontrá-las.

2) – Que o "eu" na percepção e, por conseguinte, o "eu" em todo pensamento seja alguma coisa de *singular* que não possa ser resolvido em uma pluralidade de sujeitos, e que, por conseguinte, designe um sujeito logicamente simples, é o que já está no conceito do pensamento e, por conseguinte, uma proposição analítica; mas isto não significa que o "eu" pensante seja uma *substância simples*, o que seria uma proposição sintética. O conceito da substância se relaciona sempre a intuições e as intuições em mim só podem ser sensíveis; consequentemente, elas se encontram inteiramente fora do campo do entendimento e fora do meu pensamento, do qual se trata aqui exclusivamente, quando se diz que o "eu" no pensamento é simples. De resto, seria estranho que aquilo que exige tantos cuidados em outros lugares, para distinguir o que é apresentado pela intuição do que nela é substância e, mais ainda, para distinguir se esta substância também é simples (o que acontece nas partes da matéria), eu disse que seria estranho porque isso me foi dado aqui como por uma espécie de revelação, de maneira direta, e isso na mais pobre de todas as representações.

3) – A proposição da identidade do meu "eu" em toda diversidade da qual tenho consciência é igualmente contida nos próprios conceitos e, consequentemente, é uma proposição analítica; mas esta identidade do sujeito, da qual posso ter consciência em todas as suas representações, não diz respeito à intuição do sujeito na qual ele é dado como objeto *(Objekt)* e, portanto, não pode significar a identidade da pessoa, pela qual entende-se a consciência da identidade de sua própria substância como ser pensante, em todas as mudanças de estado. Não se chegaria a prová-lo pela simples análise da proposição: "eu penso", mas precisaria para isso diversos juízos sintéticos estabelecidos sobre a intuição dada.

4) – Dizer que distingo minha própria existência, como a de um ser pensante, das outras coisas que estão fora de mim (e das quais o meu corpo também faz parte), também é uma proposição analítica; pois as *outras coisas* são aquelas que percebo como *distintas* de mim. Mas essa consciência de mim mesmo é absolutamente possível sem as coisas fora de mim pelas quais representações me são dadas, e, consequentemente, poderia eu existir simplesmente como um ser pensante (sem ser homem)? É o que realmente não sei.

A análise da consciência de mim mesmo não me proporciona qualquer utilidade no pensamento geral, em relação ao conhecimento de mim mesmo como objeto *(Objekt)*. O desenvolvimento lógico do pensamento em geral é confundido com uma determinação metafísica do objeto *(Objekt)*.

Seria um grande obstáculo, e provavelmente o único contra toda a nossa Crítica, se fosse possível provar *a priori* que todos os seres pensantes são em si substâncias simples e que, por conseguinte, (o que é uma continuação do mesmo argumento), eles comportam junto e inseparavelmente a personalidade, e que têm consciência de sua existência separada de toda matéria. Pois dessa forma teríamos dado um passo para fora do mundo sensível, entrando no campo dos *númenos*. E que ninguém nos conteste o direito de nos estendermos ainda mais nele, de construir e de tomar posse, cada um na medida da sorte que o favorece. De fato, a proposição: "todo ser pensante, como tal, é uma substância simples", é uma proposição sintética *a priori*, pois ela supera o conceito que lhe serve de princípio e que ela agrega ao pensamento o *modo de existência*, e que em seguida, ela junta a esse conceito um predicado (aquele da simplicidade) que não pode ser dado em nenhuma experiência. Portanto, as proposições sintéticas *a priori* não são, como afirmamos, praticáveis e admissíveis, simplesmente com relação aos objetos da experiência possível e à verdade, como princípios da possibilidade dessa própria experiência; e essa consequência acabaria com a nossa Crítica e nos obrigaria a voltar ao método antigo. Mas o perigo não é tão grande, quando se considera a coisa mais de perto.

O procedimento da Psicologia racional é dominado por um paralogismo que é representado pelo silogismo seguinte:

"O que só pode ser percebido como sujeito, também existe somente como sujeito e, por conseguinte, é substância".

"Ora, um ser pensante considerado simplesmente como tal somente pode ser percebido como sujeito".

"Portanto ele não existe também como tal, ou seja, como substância".

Na premissa maior, trata-se de um ser que, em geral, pode ser percebido sob todos os relacionamentos e, por conseguinte, de maneira que possa ser dado na intuição. Mas na premissa menor, não é questão do mesmo ser que enquanto ele mesmo se considera como sujeito somente em relação ao pensamento e à unidade da consciência, mas não, ao mesmo tempo, em relação à intuição, pela qual ele é dado como objeto (*Objekt*) ao pensamento. Portanto, a conclusão é *conseguida per sophisma figurae dictionis*, e, por conseguinte, por um raciocínio capcioso. (*)

Que seja totalmente correto resolver dessa forma o famoso argumento em um paralogismo, é o que veremos claramente se quisermos nos referir aqui à observação geral sobre a representação sistemática dos princípios e à seção dos númenos, onde comprovamos que o conceito de uma coisa que possa existir em si como sujeito, mas não como simples predicado, não comporta qualquer realidade objetiva, ou seja, não é possível saber se nele pode haver um objeto que de alguma forma lhe corresponda, pois não se percebe a

---

(*) O pensamento é apreendido nas duas premissas em sentidos totalmente diferentes; na premissa maior, ele se aplica a um objeto (*Objekt*) em geral (e desta forma ele pode ser dado na intuição), enquanto na premissa menor ele somente confronta esse objeto através de sua relação com a consciência de si mesmo, e portanto não há mais aqui um objeto (*Objekt*) concebido, mas limitamo-nos a nos representar a relação em si como um sujeito (a título de forma do pensamento). Na primeira, é uma questão das coisas que somente podem ser entendidas como sujeitos; na segunda, não se trata mais das *coisas*, mas do *pensamento* (por que fazemos abstração de todos os objetos) no qual o "eu" serve sempre de sujeito à consciência; também não é possível deduzir esta conclusão: "Eu só posso existir como sujeito", mas somente esta: "No pensamento de minha existência, somente posso me servir de mim como de um sujeito do juízo", que é uma proposição idêntica que nada explica quanto ao modo de minha existência.

possibilidade de um tal modo de existência e da qual, no entanto, não resulta absolutamente nenhum conhecimento. Para que esse conceito designe sob o nome de substância um objeto *(Objekt)* que possa ser dado para que se torne um conhecimento, é preciso que tenha como fundamento uma intuição constante como condição indispensável da realidade objetiva do conceito, ou seja, como único meio para que o objeto seja dado: ora, não temos na intuição interior absolutamente nada de permanente, pois o "eu" é tão-somente a consciência do meu pensamento; se nos ativermos simplesmente ao pensamento, falta-nos então a condição necessária para aplicar ao "eu", como ser pensante, o conceito da substância, ou seja, de um sujeito existente por ele mesmo, e a simplicidade da substância que nele está ligada desaparece por completo com a realidade objetiva desse conceito, para se transformar em uma unidade simplesmente lógica e qualitativa da consciência de si, no pensamento em geral, quer o sujeito seja composto quer não.

Refutação da prova de Mendelsohn *a favor da permanência da alma*

Este aguçado filósofo logo notou que o argumento habitual pelo qual se procura provar que a alma, se for admitido que ela seja um ser simples, não possa deixar de existir por meio da *dissolução*, é insuficiente para o seu propósito, aquele de provar a necessária perenidade da alma, pois poderia ser suposto que ela deixaria de existir pela *extinção*. Por meio de seu livro *Phaedon*, ele procurou provar que a alma não pode estar sujeita a esse processo de extinção, pois seria um verdadeiro aniquilamento, demonstrando que um ser simples não pode deixar de existir.

O seu argumento era que como a alma não pode ser diminuída nem, por conseguinte, perder aos poucos um tanto de sua existência, de maneira a ser reduzida insensivelmente a nada (como não tem partes, também não possui multiplicidade em si mesma), não haveria um lapso de tempo entre o momento em que *ela existe* e aquele em que *ela deixa de existir*, o que é impossível. Entretanto, ele deixou de observar que mesmo que se admitisse a natureza simples da alma, ou seja, que ela não contém partes componentes externas que se relacionem entre si e portanto, nenhuma quantidade extensiva, no entanto, não podemos negar-lhe, assim como para qualquer outra existência, uma quantidade intensiva, isto é, um grau de realidade com respeito a todas as suas faculdades e até mesmo, em geral, com respeito a tudo que constitui a sua existência e que esse grau de realidade possa diminuir através dos infinitos graus menores. Dessa forma, a pretensa substância (a coisa cuja permanência ainda não foi comprovada) pode se reduzir a nada unicamente pela decomposição, pelo menos por perda gradual de suas forças *(remissio)* ou por definhamento, se me for permitido servir-me dessa expressão. De fato, a própria consciência sempre tem um grau que permite a diminuição;(*)

(*) A clareza, segundo os lógicos, não é a consciência de uma representação, pois um certo grau de consciência, um grau fraco demais para dar lugar à lembrança, deve encontrar-se até em muitas das representações obscuras, devido ao fato de que se não houvesse nada de consciência, não faríamos nenhuma diferença na ligação das representações obscuras, o que, no entanto, podemos fazer para o caráter de inúmeros conceitos (como aqueles do direito e da equidade, e como aqueles que o músico associa quando, agrupa diversas notas em uma fantasia). Mas uma representação é clara quando a consciência que temos é suficiente para que tenhamos também CONSCIÊNCIA DA DIFERENÇA que a distingue das outras. Mas se é suficiente para a distinção e não para a consciência dessa distinção, a representação deve ainda ser chamada de representação obscura. Existe então um número infinito de graus na consciência até a extinção.

por conseguinte, isto também acontece com o poder de ter consciência de si e de todos os outros poderes. A permanência da alma considerada simplesmente como objeto do sentido íntimo não é demonstrada e também não é demonstrável, muito embora essa permanência na vida onde o ser pensante (como homem) é ao mesmo tempo um objeto dos sentidos externos seja clara em si mesma; mas isso não é suficiente para o psicólogo racional que se empenha em provar por simples conceitos a absoluta permanência da alma além desta vida. (*)

Portanto, se apreendermos as nossas proposições anteriores como formando um encadeamento *sintético*, – aliás, é assim mesmo que precisam ser apreendidas, pois são válidas para todos os seres pensantes, na Psicologia racional considerada como sistema, – e se, partindo da categoria da relação com esta proposição, "todos os seres pensantes são, como tais, substâncias", percorreremos a série das categorias até fechar o círculo, e enfim chegaremos à existência desses seres. Nesse sistema, não somente eles têm consciência dessa existência, independentemente das coisas externas, mas podem ainda determiná-la por si mesmos (em relação à permanência que pertence necessariamente ao caráter da substância). Mas segue-se que o *idealismo* é a consequência inevitável nesse sistema racionalista, pelo menos o idealismo problemático, e que, se a existência das coisas externas

---

(*) Aqueles que para apresentar uma nova possibilidade, imaginam já ter feito bastante ao desafiar-nos a mostrar uma contradição em suas hipóteses (como fazem todos aqueles que acreditam perceber a possibilidade do pensamento depois do término desta vida, embora só encontrem exemplos nas intuições empíricas da vida atual), esses podem ser colocados em grande embaraço por outras possibilidades que não são menos ousadas. Tal é a possibilidade da divisão de uma *substância simples* em diversas substâncias e, reciprocamente, a reunião (coalisão) de várias substâncias em uma simples. De fato, embora a divisibilidade suponha um composto ela, no entanto, não exige necessariamente um composto de substâncias, mas simplesmente de graus (de diversos poderes) de uma só e mesma substância. Ora, da mesma forma que é possível imaginar todas as forças e todos os poderes da alma, até mesmo os da consciência, reduzidos à metade, de tal maneira que nela sempre permaneça uma substância, é possível também representar, sem contradição, essa metade apagada como conservada não na alma, mas somente fora dela; e, como aqui, tudo que nela seja real e, consequentemente, tudo que tenha um grau, por conseguinte, toda a existência da alma tenha sido reduzida à metade sem que nada faltasse, resultaria então uma substância particular fora dela. De fato, a pluralidade que foi dividida já existia antes, não como pluralidade das substâncias, mas como pluralidade de realidades próprias a cada uma (das substâncias) e formando nelas o quantum da existência, e a unidade da substância somente era uma maneira de existir que só pôde ter sido mudada em uma pluralidade de substâncias através dessa divisão. Da mesma forma, várias substâncias não poderiam, por sua vez, se reunir em uma só onde nada pereceria, senão a pluralidade da subsistência, pois essa única substância conteria o grau de realidade de todas as precedentes juntas. Talvez as substâncias simples que nos deem o fenômeno de uma matéria (sem dúvida, não graças a uma influência mecânica ou química recíproca, mas por uma influência a nós desconhecida, cujo grau unicamente constituiria o fenômeno), produzam as almas das crianças por uma semelhante divisão *dinâmica* das almas de seus pais, consideradas como *grandezas intensivas*, que repararião sua perda ao unir-se com uma nova matéria da mesma espécie. Estou longe de admitir a mínima importância a essas fantasias, como também aos princípios estabelecidos anteriormente na Analítica que nos convenceram suficientemente a não fazer das categorias (como aquela da substância) nenhum outro uso sem ser o uso empírico. Mas se o racionalista for suficientemente ousado para fazer do simples poder que possui de pensar num ser subsistente por si mesmo, sem nenhuma intuição permanente pela qual um objeto lhe é dado e simplesmente porque a unidade da apercepção no pensamento não lhe permite nenhuma explicação pelo composto, então seria melhor que confessasse não saber explicar a possibilidade de uma natureza pensante; por que o *materialista*, embora não pudesse mais invocar a experiência como suporte dessas possibilidades, não teria ele também o direito de mostrar a mesma ousadia e fazer de seu princípio um uso contrário, conservando sempre a unidade formal do primeiro?

não for solicitada para a determinação de nossa própria existência no tempo, ele será gratuitamente admitido sem nunca poder apresentar provas.

Se, ao contrário, não seguirmos o procedimento *analítico*, onde tomamos por fundamento o "eu penso" como uma proposição já contendo em si uma existência que consideramos como um dado, e, por conseguinte, partindo da modalidade, se decompormos essa proposição para conhecer-lhe o conteúdo e saber se e como esse "eu" determina sua existência no espaço e no tempo, então as proposições da Psicologia racional não partirão do conceito de um ser pensante em geral, mas de uma realidade, e é dessa maneira pela qual a entendemos, depois de ter feito abstração de tudo que nele há de empírico, é que se inferirá o que convém a um ser pensante em geral, assim como é demonstrado no seguinte quadro:

1. *Eu penso,*

2. *Como sujeito,*   3. *Como sujeito simples,*

4. *Como sujeito idêntico,*
em cada estado do meu pensamento.

Ora, como aqui não se decide, na segunda proposição, se eu posso existir somente como sujeito e não como predicado de um outro sujeito, o conceito de um sujeito é apreendido aqui de maneira simplesmente lógica, e permanece indeterminado se for preciso com isso entender ou não uma substância. Mas na terceira proposição, a unidade absoluta da apercepção, o "eu" simples, torna-se por si mesma importante na representação à qual se relaciona toda ligação ou separação que constitui o pensamento, embora não tenha decidido nada sobre a essência ou a subsistência do sujeito. A apercepção é alguma coisa de real e sua simplicidade já está implicada em sua possibilidade. Ora, nada há de real no espaço que seja simples, pois os pontos (que constituem a única coisa simples no espaço) são somente limites e não alguma coisa que serve, como parte, para constituir o espaço. Disso segue então a impossibilidade de uma explicação da natureza do "eu", considerado como um sujeito simplesmente pensante pelos princípios do *materialismo*. Mas como na primeira proposição minha existência é considerada como dada, pois não significa que todo ser pensante exista (o que exprimiria, ao mesmo tempo, uma necessidade absoluta desses seres, e, consequentemente, diria muito), mas na verdade que *eu existo* pensando, esta proposição é empírica e só pode determinar minha existência em relação às minhas representações no tempo. Por outro lado, como primeiramente preciso aqui de alguma coisa de permanente, e que nada de semelhante, enquanto eu penso, me é dado na intuição interna, não me é possível determinar através dessa consciência do simples "eu", a maneira pela qual eu existo, se é como substância ou como acidente. Portanto, se o *materialismo* for insuficiente para explicar minha existência, o *espiritualismo* também o é, e a consequência é que não podemos conhecer de nenhuma maneira o que seja da essência de nossa alma a respeito da possibilidade de sua existência separada em geral.

De resto, como seria possível mediante a unidade da consciência, que só conhecemos por ela ser indispensável à possibilidade da experiência, como nos seria possível sair da experiência (de nossa existência atual) e, consequentemente, estender o nosso conhecimento também à natureza de todos os seres pensantes em geral por meio dessa proposição empírica, mas indeterminada com relação a toda espécie de intuição: eu penso?

Não existe então nenhuma Psicologia racional, como *doutrina*, que acrescente alguma coisa ao conhecimento de nós mesmos. Mas como *disciplina*, ela fixa neste campo limites insuperáveis à razão especulativa; ela lhe impede, de um lado, de se jogar no seio do materialismo que nega a alma, e, de outro, de se perder com extravagância num espiritualismo que, para nós, não possui qualquer fundamento na vida; além disso, ela nos adverte para considerar essa recusa que faz a nossa razão em dar uma resposta que satisfaça essas curiosas questões que superam os limites desta vida, como um sinal que ela nos dá para não procurar nos conhecermos a nós mesmos através de uma especulação transcendental infrutífera, mas de aplicar a esse conhecimento de nós mesmos um uso prático, o único que é fértil. Esse uso, embora somente se aplique aos objetos da experiência, possui uma consideração mais elevada de seus princípios (*Principien*), e regula também a nossa conduta, como se o nosso destino se estendesse infinitamente além da experiência e, por conseguinte, além desta vida.

Com tudo isso, podemos ver que a Psicologia racional extrai sua origem de um simples mal-entendido. A unidade da consciência que serve de fundamento às categorias é considerada aqui como uma intuição do sujeito enquanto objeto e a categoria da substância é nela aplicada. Mas ela é somente a unidade no *pensamento* e através dela unicamente, nenhum objeto é dado; por conseguinte, a categoria da substância, que supõe sempre uma *intuição* dada, não se aplica a essa unidade, e esse sujeito não pode ser conhecido. Portanto, o sujeito das categorias não pode receber um conceito de si mesmo como de um objeto (*Objekt*) das categorias, pois, para pensá-las, ele deve (*muss*) tomar por base a consciência pura de si mesmo que, no entanto, precisou ser explicada. Do mesmo modo, o sujeito dentro do qual a representação do tempo tem originalmente o seu fundamento não pode com isso determinar sua própria existência no tempo, e se essa última coisa não for possível, a primeira, ou seja, a determinação de si mesmo (como ser pensante em geral), também não pode ocorrer mediante categorias. (*)

(*) Já dissemos que "eu penso" é uma proposição empírica e encerra a proposição "eu existo". Mas não posso dizer: "Tudo que pensa existe", pois então a propriedade do pensamento faria de todos os seres que a possuam, seres necessários. Também minha existência não pode ser considerada, assim como acreditou DESCARTES, como deduzida desta proposição: "eu penso" (pois do contrário esta premissa maior: "Tudo que pensa existe" deveria precedê-la), porém lhe é idêntica. Ela exprime uma intuição empírica indeterminada, ou seja, uma percepção (por conseguinte, ela demonstra que a sensação pertencente à sensibilidade serve de base a esta proposição de existência), mas ela precede a experiência que deve determinar o objeto (*Objekt*) da percepção mediante a categoria, com relação ao tempo. Aqui, a existência ainda não é uma categoria, pois a categoria não se relaciona com um objeto dado de maneira indeterminada, mas com um objeto do qual se tem um conceito e do qual se quer saber se existe ou não fora deste conceito. Uma percepção indeterminada significa aqui alguma coisa de real que é dada, mas somente pelo pensamento em geral e não como fenômeno nem como coisa em si (número), mas como alguma coisa que existe de fato e que seja designada como tal na proposição "eu penso". De fato, deve-se observar que, embora eu tenha chamado a proposição "eu penso" de proposição empírica, não quero dizer com isso que o "eu", nesta proposição, seja uma representação empírica, mas uma representação puramente intelectual (*rein intellectuel*), pois ela pertence ao pensamento em geral. Mas, sem uma representação empírica que dê a matéria ao pensamento, a ação "eu penso", no entanto, não ocorreria, e o elemento empírico somente seria a condição da aplicação ou da prática do poder intelectual puro.

E assim, um conhecimento que se busca além dos limites da experiência possível e que seja do mais alto interesse para a humanidade, tanto que o perguntamos à Filosofia especulativa, se resolve em uma esperança ilusória. Entretanto, a severidade que a crítica aqui comprova, pelo próprio fato que ela demonstra a impossibilidade de decidir dogmaticamente alguma coisa a respeito de um objeto da experiência, fora dos limites da experiência, ao mesmo tempo, proporciona à razão um serviço que é importante para o interesse que a preocupa, assegurando-a igualmente contra todas as afirmações possíveis do contrário. Ela só pode fazê-lo de duas maneiras: demonstrando apoditicamente a sua proposição ou, caso não seja bem-sucedida, buscando as causas dessa impotência; e se essas causas residirem nos limites necessários de nossa razão, então elas devem submeter todo oponente à mesma lei de renúncia em relação a todas as pretensões a uma afirmação dogmática.

Entretanto, o direito e até a necessidade de admitir uma vida futura segundo os princípios do uso prático da razão, ligado a um uso especulativo, não são por isso perdidos: pois a prova simplesmente especulativa nunca pôde ter a mínima influência sobre a razão comum dos homens. Ela se baseia numa ponta de cabelo, de tal forma que a própria escola somente pôde mantê-la tanto tempo fazendo-a girar sem parar sobre si mesma como um pião e, aos olhos da escola, ela não fornece uma base sólida sobre a qual é possível elevar alguma coisa. As provas que são de uso mundial conservam aqui, ao contrário, toda a sua validade e ganham em clareza e em precisão natural ao afastar essas pretensões dogmáticas e ao colocar a razão em seu próprio domínio, isto é, na ordem dos objetivos, que é, ao mesmo tempo uma ordem da natureza. Mas então, como poder prático em si mesma, sem estar limitada às condições dessa segunda ordem, ela está no direito de estender o primeiro, e com ele a nossa própria existência, além dos limites da experiência e da vida. A julgar por *analogia com a natureza* dos seres viventes no mundo, para os quais a razão deve necessariamente admitir, em princípio, que não é encontrado nenhum órgão, nenhum poder, nenhuma propensão e, por conseguinte, nada de inútil ou de desproporcionado com seu uso, e, por conseguinte, nada de contrário ao objetivo, mas que tudo, ao contrário, é exatamente apropriado ao seu destino na vida, e no entanto, o homem, o único que pode conter o objetivo derradeiro de todas essas coisas, deveria ser a única criatura que fizesse exceção. Pois as disposições de sua natureza, e não falo simplesmente de seus talentos e das inclinações que o levam a fazer-lhe uso, mas principalmente da lei moral que ele carrega, estão tão acima da utilidade e das vantagens das quais ele poderia se aproveitar nesta vida, que ele aprende a estimar excessivamente o simples conhecimento da honestidade de sentimentos a prejuízo de todos os bens e até dessa sombra que é a fama, e o homem se sente internamente chamado a tornar-se digno através de sua conduta neste mundo, desprezando muitas outras vantagens, para tornar-se cidadão de um mundo melhor do qual ele tem a ideia (*die er in der Idee hat*). Essa prova poderosa e sempre irrefutável, que é acompanhada de um conhecimento continuamente crescente da finalidade que se manifesta dentro do que enxergamos diante de nós, uma visão que nos é aberta da imensidão da criação, acompanhada também da consciência à qual não saberíamos colocar certos limites à extensão possível dos nossos conhecimentos, assim como à tendência que lhe corresponda, esta prova subsiste sempre, e mesmo assim deveríamos desesperar de perceber, pelo conhecimento simplesmente teórico de nós mesmos, a duração de nossa existência.

Conclusão da solução do paralogismo psicológico

A ilusão dialética na Psicologia racional baseia-se na confusão de uma ideia da razão (a ideia de uma inteligência pura) com o conceito indeterminado de um ser pensante em geral. Eu mesmo me penso, em vista de uma experiência possível, fazendo abstração de toda experiência real, e concluo que posso ter consciência de minha existência fora da experiência e de suas condições empíricas. Confundo então a *abstração* possível de minha existência, empiricamente determinada, com a pretensa consciência de uma existência possível do meu "eu" pensante, *isolado do resto*, e creio conhecer o que há em mim de substancial como sujeito transcendental, tendo ao mesmo tempo no pensamento somente a unidade da consciência, que serve de base para toda ação de determinação considerada como uma simples forma do conhecimento.

O problema que tem por objetivo explicar a comunhão da alma com o corpo não pertence propriamente a esta Psicologia aqui em questão, pois ela tem por objetivo demonstrar a personalidade da alma fora desta comunhão (depois da morte), e por isso é *transcendente* no próprio sentido da palavra, embora ela se ocupe de um objeto (*Objekt*) da experiência, mas somente quando cessa de ser um objeto da experiência. Entretanto, é possível, segundo a nossa doutrina, dar a essa questão uma resposta que satisfaça. A dificuldade que este problema levantou consiste na pretensa falta de conformidade do objeto do sentido interno (da alma) com os objetos dos sentidos externos, pois o primeiro implica somente o tempo e os outros, além do tempo, o espaço, como condição formal de sua intuição. Mas caso se pense que essas duas espécies de objetos não diferem aqui intrinsecamente, que se distingam contanto que um *apareça* externamente ao outro e que, por conseguinte, aquilo que serve de base ao fenômeno (*Erscheinung*) da matéria como coisa em si, poderia talvez não ser de natureza heterogênea, essa dificuldade desaparece e somente permanece aquela de saber como uma comunhão das substâncias é possível; ora, a solução desta questão está totalmente fora do campo da Psicologia e, como o leitor julgará facilmente segundo o que já foi dito na Analítica das formas constitutivas e dos poderes, ela está, sem nenhuma dúvida, fora do campo de todo conhecimento humano.

Observação geral a respeito da transição
da Psicologia racional para a cosmologia

A proposição "eu penso", ou "eu existo pensando", é uma proposição empírica. Mas tal proposição tem por base uma intuição empírica, como também o objeto (*Objekt*) pensado como fenômeno. Parece então que, segundo a nossa teoria, a alma por inteiro e até mesmo absolutamente no pensamento, seria mudada em fenômeno e, desta forma, a nossa própria consciência, como simples ilusão deveria, na realidade, ser reduzida a nada.

O pensamento interpretado em si é simplesmente a função lógica, consequentemente, uma simples espontaneidade da ligação do diverso de uma intuição simplesmente possível e não apresenta, de nenhuma forma, o sujeito da consciência como fenômeno, simplesmente por esta única razão de não ter nenhuma relação com o modo da intuição quanto à questão de saber se é sensível ou intelectual. Eu também não me apresento a mim mesmo como sou nem como me aparento, mas imagino-me como todo objeto (*Objekt*) em geral, abstração feita do modo da intuição deste objeto. Quando eu aqui me represento como *sujeito* do pensamento ou até como *princípio* do pensamento, esses modos de representação não designam as categorias da substância ou da causa, pois essas são funções do pensamento (do juízo) que já aplicamos à nossa intuição sensível, da qual, sem dúvida, tenho absoluta necessidade para poder me *conhecer*. Ora, eu só quero me conhecer como pensante e deixo de lado a questão de saber como o meu próprio "eu" é dado na intuição, e então, ele poderia ser simplesmente um fenômeno para mim que penso, mas não enquanto penso. Na consciência que tenho de mim mesmo no simples pensamento, eu sou o *próprio ser*, mas desse ser nada me é dado por isso pelo pensamento.

Mas a proposição "eu penso", contanto que signifique *"eu existo pensante"*, não é uma função simplesmente lógica, mas determina o sujeito (que é ao mesmo tempo objeto [*Objekt*]) em relação à existência e não pode ocorrer sem o sentido interno cuja intuição fornece sempre o objeto (*Objekt*) não como coisa em si, mas simplesmente como fenômeno. Nessa proposição então, não se trata mais da simples espontaneidade do pensamento, mas da receptividade da intuição, ou seja, o pensamento de mim mesmo que é aplicado à intuição empírica do mesmo sujeito. É nesse último que o "eu" pensante deveria buscar as condições da aplicação de suas funções lógicas às categorias da substância, da causa, etc., e não somente para poder designar-se a si mesmo pelo "eu" como um objeto (*Objekt*) em si, mas também para determinar o modo de sua existência, ou seja, reconhecer-se como número, o que é impossível, pois a intuição empírica interna é sensível e só fornece *dados* do fenômeno, o qual não pode levar nada para o objeto (*Objekt*) da *consciência pura* com respeito ao conhecimento de sua existência separada e somente pode servir de apoio à experiência.

Por conseguinte, suponham que ela encontre não na experiência, mas em certas leis da prática da razão pura, estabelecidas *a priori* e referentes à nossa existência (leis que não são simples regras lógicas), uma ocasião para nos supor completamente *a priori* legisladores a respeito de nossa própria *existência*, e até determinando essa existência: assim se descobriria uma espontaneidade pela qual a nossa realidade seria determinável, sem que tivéssemos necessidade por isso das condições da intuição empírica e nos apercebêssemos então que na consciência de nossa existência *a priori* alguma coisa está contida, que pode servir para determinar essa existência para nós, que somente é absolutamente determinável de maneira sensível, determinando-a, no entanto, em relação a uma certa faculdade interna relativa a um mundo inteligível (de resto, simplesmente imaginado).

Entretanto, isso de nada serviria para todas as tentativas da Psicologia racional. De fato, graças a esse poder maravilhoso, que é o primeiro a me revelar a consciência da lei moral, eu teria da determinação de minha existência um princípio que seria puramente intelectual, mas através de quais predicados? Unicamente aqueles que devem me ser dados na intuição sensível. Então, eu voltaria ao ponto de vista onde eu estava na Psicologia racional, quero dizer, ainda precisaria das intuições sensíveis para dar um significado aos meus conceitos intelectuais de substância, de causa, etc., somente através dos quais posso ter um conhecimento de "mim"; mas essas intuições nunca podem ser-me úteis fora do campo da experiência. Entretanto, eu teria o direito de aplicar esses conceitos à liberdade e a seu sujeito, do ponto de vista do uso prático que se aplique sempre a objetos da

PRIMEIRO PARALOGISMO DA SUBSTANCIALIDADE

Aquilo cuja representação é o *sujeito absoluto* de nossos juízes e que portanto não pode ser usado como determinação de outra coisa, e SUBSTÂNCIA.

Eu, como ser pensante, sou o *sujeito absoluto* de todos os meus juízos possíveis, e essa representação de mim mesmo não pode servir de predicado para qualquer outra coisa.

Portanto, como ser pensante que sou (como alma) sou uma SUBSTÂNCIA.

CRÍTICA DO PRIMEIRO PARALOGISMO DA PSICOLOGIA PURA

Na parte analítica da Lógica transcendental, mostramos que as categorias puras (e entre essas, a própria categoria da substância) não têm em si mesmas qualquer significado objetivo, salvo se elas se basearem numa intuição pela qual podem ser aplicadas como funções da unidade sintética. Sem isto, elas são somente funções de um juízo sem conteúdo. Posso dizer de qualquer e de todas as coisas em geral que elas são uma substância, contanto que eu as distinga de simples predicados e de simples determinações das coisas. Ora, em todo pensamento, o nosso "*eu*" é o sujeito ao qual os pensamentos nele são inerentes somente em qualidade de determinações, e este "eu" não pode ser usado como a determinação de outra coisa. Cada um deve então se considerar ele mesmo como uma substância e seus pensamentos (*das Denken*) como simples acidentes de sua existência e das determinações de seu estado.

---

experiência, de acordo com o significado analógico que eles possuem na prática teórica. De fato, eu só me refiro às funções lógicas do sujeito e do predicado, do princípio e da consequência pelas quais são determinadas as ações ou os efeitos segundo essas leis, de tal forma que essas ações e esses efeitos possam sempre ser explicados, assim como as leis da natureza, por meio das categorias da substância e da causa, embora derivem de qualquer outro princípio. Dizemos isso para somente prevenir o mal-entendido ao qual é tão facilmente sujeita a doutrina de nossa intuição de nós mesmos como fenômenos. Em continuação teremos a oportunidade de fazer-lhe uso.

Mas que uso devo fazer desse conceito de uma substância? Não posso inferir de modo algum que eu, como ser pensante, *perdure* por mim mesmo, sem *nascer* nem *morrer* naturalmente e, no entanto, é somente para isso que pode servir o conceito da substancialidade do meu sujeito pensante, do qual, não fosse por isso, ele não me faria falta.

É importante que eu possa inferir essas propriedades da simples categoria pura de uma substância pois, do contrário, seríamos obrigados a tomar por princípio a permanência de um objeto dado extraído da experiência se quisermos aplicar-lhe o conceito de uma *substância* a fim de poder utilizá-lo empiricamente. Ora, não consideramos qualquer experiência como base da nossa proposição, mas unicamente inferimos, a partir do conceito da relação, que todo pensamento tem para o "eu" o mesmo que teria para o sujeito comum do qual ele é inerente.

Mesmo tomando uma experiência por base, não poderíamos demonstrar uma tal permanência através de uma observação segura. De fato, o "eu" está em todos os pensamentos; mas nessa representação não há o menor traço de intuição distinguindo o "eu" de outros objetos da intuição. Pode-se então observar, sem dúvida, que essa representação sempre está presente em todo pensamento, mas não que ela seja uma intuição fixa e permanente onde os pensamentos (como variáveis) se sucedem.

Segue-se então que o primeiro raciocínio da Psicologia transcendental só nos apresenta uma suposta nova luz ao dar-nos o sujeito lógico permanente do pensamento como sendo o conhecimento do sujeito real da inerência, sujeito do qual não temos nem podemos ter o menor conhecimento, pois a consciência é a única coisa que faz pensamentos de todas as nossas representações e portanto, como sujeito transcendental, todas as nossas percepções devem encontrar-se na consciência; mas além desse significado lógico do "eu", não temos nenhum conhecimento do sujeito em si que esteja na base do "eu" como de todos os pensamentos em qualidade de substrato. No entanto, a proposição *"a alma é uma substância"* pode muito bem ser mantida desde que se reconheça que esse conceito da alma como substância não nos leve mais longe ou que não possa nos proporcionar qualquer dedução habitual da Psicologia pseudo-racional, como por exemplo, a perpétua duração da alma em todas as suas mudanças e até mesmo depois da morte do homem, e que este conceito signifique assim uma substância unicamente em ideia, mas não em realidade.

SEGUNDO PARALOGISMO DA SIMPLICIDADE

Uma coisa cuja ação não pode jamais ser considerada como a concomitância de diversas coisas em ação é SIMPLES.

Ora, a alma ou o "eu" pensante é uma coisa desse gênero.

Portanto, etc.

CRÍTICA DO SEGUNDO PARALOGISMO DA PSICOLOGIA TRANSCENDENTAL

Este é o Aquiles de todos os raciocínios dialéticos da Psicologia pura, não simplesmente um jogo sofístico imaginado por qualquer dogmático para dar às suas afirmações uma ilusão fugidia, mas um raciocínio que parece dar suporte à análise mais penetrante e à reflexão mais profunda. Aqui está ele:

Toda substância *composta* é um agregado de várias, e a ação de um composto ou o que seja inerente a este composto como tal, é um agregado de várias ações ou acidentes repartidos entre a diversidade de substâncias. Ora, um efeito que resulte da participação de várias substâncias agindo é, sem dúvida, possível quando esse efeito é simplesmente externo (assim, por exemplo, o movimento de um corpo é o movimento combinado de todas as suas partes); mas com os pensamentos, como acidentes internos de um ser pensante, é diferente. De fato, vamos supor que o composto pense; cada uma de suas partes encerraria então uma parte do pensamento e todas juntas conteriam o pensamento por inteiro. Ora, isto é contraditório. De fato, devido a que as representações que são repartidas entre diferentes seres (por exemplo, as palavras particulares de um verso) jamais constituem um pensamento inteiro (um verso), o pensamento não pode ser inerente a um composto como tal. Portanto, ele só é possível em *uma* substância que não seja um agregado de várias e que, por conseguinte, seja absolutamente simples.(*)

O chamado *nervus probandi* desse argumento encontra-se na proposição: que várias representações devem ser contidas na unidade absoluta

---

(*) É muito fácil dar a essa prova a precisão da forma escolar habitual. Para o objetivo que me proponho, basta-me só apresentar esse argumento em uma forma bem popular.

do sujeito pensante para constituir um pensamento. Mas ninguém pode provar essa proposição *através de conceitos*. Mas por onde seria possível começar para conseguir isso? Esta proposição: um pensamento só pode ser o efeito da unidade absoluta do ser pensante, não pode ser tratada como analítica. Pois a unidade do pensamento que se compõe de várias representações é coletiva e pode se relacionar, do ponto de vista de simples conceitos, à unidade coletiva das substâncias que a produzem (assim, o movimento de um corpo é o movimento composto de todas as suas partes) assim como à unidade absoluta do sujeito. Segundo a regra da identidade, é impossível ver claramente a necessidade da suposição de uma substância simples de um pensamento composto. Mas que essa mesma proposição deve ser conhecida sinteticamente e absolutamente *a priori* através de puros conceitos, ninguém ousaria apoiá-la se conhecesse o princípio da possibilidade das proposições sintéticas *a priori*, da forma que a expusemos anteriormente.

Da mesma forma, também é impossível derivar da experiência essa unidade necessária do sujeito como condição da possibilidade de todo pensamento. De fato, a experiência não nos propicia qualquer conhecimento da necessidade, além do fato de que o conceito da absoluta unidade supera em muito o seu território. De onde então poderemos derivar essa proposição sobre a qual todo o raciocínio psicológico se baseia?

É evidente que se eu quero representar para mim mesmo um ser pensante, é preciso que eu me coloque em seu lugar e substitua o meu próprio sujeito pelo sujeito que procuro considerar (o que não ocorre em qualquer outro tipo de investigação), e que se exigirmos a unidade absoluta do sujeito de um pensamento, é unicamente porque do contrário não poderíamos dizer: "eu penso" (o diverso em uma representação). Efetivamente, embora tudo do pensamento possa ser repartido e distribuído entre vários sujeitos, o "eu" subjetivo nunca pode, dessa forma, ser repartido nem distribuído, e é esse "eu" que pressupomos em todos os pensamentos.

Aqui novamente, como no paralogismo precedente, a proposição formal da apercepção: *eu penso*, encontra-se também o fundamento sobre o qual a Psicologia racional apoia o desenvolvimento de seus conhecimentos, e essa proposição, sem dúvida, não é uma experiência, mas a forma da apercepção que é inerente a toda experiência e que a precede, embora só deva ser considerada em relação a um conhecimento possível em geral como sua *condição simplesmente subjetiva*, condição que nós confundimos com a condição da possibilidade de um conhecimento dos objetos em geral, ou seja, com um *conceito* do ser pensante em geral, pois não podemos representá-lo a nós mesmos sem nos colocarmos, com a fórmula de nossa consciência, no lugar de todo outro ser inteligente.

Mas a simplicidade de mim mesmo (como alma) também não é *inferida* realmente da proposição: "eu penso", mas ao contrário, é ela que primeiro se encontra em todo pensamento. A proposição: *eu sou simples,* deve ser considerada como uma expressão imediata da apercepção; assim como o que é referido ao raciocínio de DESCARTES: *cogito ergo sum,* que, na realidade, é tautológico, pois o *cogito* (*sum cogitans*) exprime imediatamente a realidade. *Eu sou simples* somente significa que essa representação, "eu", não contém em si mesma qualquer diversidade e que ela é uma unidade absoluta (embora simplesmente lógica).

Essa prova psicológica tão célebre é, portanto, unicamente fundada na *unidade* indivisível de uma representação que só dirige o verbo em relação a uma só pessoa. Mas é evidente que o sujeito da inerência é designado pelo "eu" ligado ao pensamento de uma maneira transcendental, sem que se observe a menor propriedade ou, em geral, sem que se conheça ou que se saiba qualquer coisa. Ele significa alguma coisa em geral (um sujeito transcendental) cuja representação deve ser absolutamente simples (*einfach*), pelo próprio fato de que nada se determine dele, nada podendo ser seguramente representado mais simplesmente (*einfacherer*) senão através do conceito de simples (*blosses*) alguma coisa. Mas a simplicidade (*die Einfachheit*) da representação de um sujeito não é por isso um conhecimento da simplicidade (*Einfachheit*) do próprio sujeito, pois fazemos total abstração de suas qualidades, quando o designamos unicamente pela expressão completamente vazia de conteúdo: "eu" (expressão que posso aplicar a todo sujeito pensante).

Dessa forma, é certeza que pelo "eu" percebo sempre uma unidade absoluta mas lógica do sujeito (uma simplicidade); mas não conheço por isso a simplicidade real do meu sujeito. Da mesma forma, a proposição "eu sou uma substância" nada mais significa que a categoria pura da qual não posso fazer qualquer uso (empiricamente) *in concreto* e, portanto, eu poderia dizer legitimamente que sou uma substância simples, ou seja, uma substância cuja representação nunca encerra uma síntese da diversidade; mas esse conceito, ou, se preferirmos, essa proposição, não nos ensina a menor coisa em relação a mim mesmo como objeto da experiência, pois o conceito da substância, ele mesmo, só é usado como função da síntese, sem que qualquer intuição lhe seja apresentada e, por conseguinte, sem objeto – pois somente tem uma validade relativa à condição do nosso conhecimento, mas não em relação a um objeto que possa ser indicado. Agora, tentaremos ver a pretensa utilidade dessa proposição.

Todos devem admitir que a afirmação da natureza simples da alma só pode ter alguma validade desde que eu possa por isso distinguir esse sujeito pensante de toda matéria e, dessa forma, isentá-la da dissolução à qual a matéria está sempre sujeita. De resto, é para esse uso que é propriamente destinada a proposição precedente; também ela é expressa a maioria das vezes desta outra forma: a alma não é corpórea. Ora, se eu posso mostrar que embora se atribua uma validade objetiva a essa proposição cardeal da Psicologia racional, tomando-a no sentido puro de um simples juízo da razão (por categorias puras) (tudo que pensa é uma substância simples), ainda não teríamos o menor uso dela com relação à heterogeneidade ou à homogeneidade da alma com a matéria: seria como se tivesse mostrado que esse pretendido conhecimento psicológico entrasse no campo das ideias simples às quais falta a realidade da prática objetiva.

Na Estética transcendental, estabelecemos de forma incontestável que os corpos são simples fenômenos do nosso sentido externo e não coisas em si. Com isso, podemos dizer com razão, que o nosso sujeito pensante não é corpóreo, ou seja, que, sendo representado como o objeto do nosso sentido interno, ele não pode, desde que pense, ser um objeto dos sentidos externos, um fenômeno no espaço. Isso quer dizer que seres pensantes nunca podem, *como tais*, apresentar-se a nós entre os fenômenos externos, ou que nós não possamos intuir externamente seus pensamentos, sua consciência, seus desejos, etc., pois todos eles pertencem aos sentidos internos. Este argumento, de fato, parece ser o argumento natural e popular sobre o qual o sentido comum sempre se apoiou e em virtude do qual desde cedo considerou as almas entidades totalmente diferentes dos corpos.

Mas embora a extensão, a impenetrabilidade, a coesão e o movimento, enfim, tudo que os sentidos externos possam nos fornecer, não são nem sentimento, nem inclinação, nem volição, ou que, se isso está ali contido, é somente em qualidade de coisas que, em nenhum caso, são objetos da intuição externa; entretanto, essa alguma coisa, que serve de fundamento aos fenômenos externos e que afeta o nosso sentido de tal maneira que recebe as representações de espaço, matéria, forma, etc., essa alguma coisa, a título de número (ou melhor, como objeto transcendental), poderia ser, ao mesmo tempo, o sujeito de seus próprios pensamentos, embora pela maneira pela qual o nosso sentido externo é afetado não tenhamos intuição de representações, volições, etc., mas simplesmente intuições do espaço e de suas determinações. Ora, essa alguma coisa não é nem estendida, nem impenetrável nem composta, pois todos esses predicados só dizem respeito à sensibilidade e à sua intuição, desde que sejamos afetados por objetos *(Objekten)* dessa natureza (que de resto nos são desconhecidos). Essas expressões não nos fazem conhecer o que é o próprio objeto *(was für ein Gegenstand es sei)*; elas somente nos mostram que esses predicados dos fenômenos externos não podem ser atribuídos a esse objeto considerado como tal, ou seja, em si mesmo, e sem qualquer relação com os sentidos externos. Mas os predicados do sentido interno, representações e pensamentos, não lhe são contraditórios. Ao mesmo tempo, atribuindo à alma humana a simplicidade natural, não podemos suficientemente distingui-la da matéria, relativamente a seu *substrato,* se (como deve ser feito) ela for considerada simplesmente como fenômeno.

  Se a matéria fosse uma coisa em si, ela seria, a título de ente composto, absoluta e completamente distinta da alma apreendida em qualidade de ente simples. Ora, ela é simplesmente um fenômeno externo do qual o substrato não é conhecido por qualquer predicado que possa ser indicado; por conseguinte, posso admitir desse substrato que ela é simples em si, – embora, segundo a maneira *(in der Art wie)* pela qual afeta os nossos sentidos, ela produz em nós a intuição do estendido e, por conseguinte, do composto, – e que a substância à qual se aplica o estendido, do ponto de vista do nosso sentido externo, contém em si mesma pensamentos que podem ser representados com consciência por seu próprio sentido interior. Dessa maneira, a mesma coisa que em um relacionamento seria chamada corpórea, ao mesmo tempo o seria em outro relacionamento, um ser pensante cujos pensamentos não podem, sem dúvida, ser intuídos, mas somente os seus sinais no fenômeno. Desta forma, cairia por terra a expressão que somente as almas pensam; seria melhor dizer, como é habitual, que os homens pensam, ou seja, que a mesma coisa que é estendida, enquanto fenômeno externo, é internamente (em si mesma) um sujeito não composto, mas, ao contrário, simples e que pensa.

  Mas, sem permitir-nos hipóteses desse tipo, é possível notar em geral que, se eu entendo por alma um ser pensante em si, a questão de saber se a alma é ou não da mesma natureza que a matéria (que não é uma coisa em si, mas somente um modo de representação em nós) já está mal colocada em si mesma, pois não é preciso dizer que uma coisa em si seja de outra natureza que as determinações que constituem simplesmente seu estado.

Mas se compararmos o "eu" pensante, não com a matéria mas com o que há nela de inteligível no fundamento do fenômeno externo ao qual damos o nome de matéria, também não podemos dizer, desconhecendo totalmente esse inteligível, que a alma intrinsecamente se distingue dela de alguma maneira.

Portanto, a consciência simples não é um conhecimento da natureza simples do nosso sujeito, porquanto deve distinguir-se tanto da matéria como de um ser composto.

Mas se no único caso em que esse conceito puder ser utilizado, quero me referir à comparação de si mesmo com os objetos da experiência *externa*, ele não estiver apto a determinar a própria índole e o distintivo da natureza desse "eu" não adianta pretender saber que o "eu" pensante, a alma (nome do objeto transcendental do sentido íntimo), seja simples; entretanto, essa expressão não tem uma utilidade que se possa estender a objetos reais e ela não pode, por conseguinte, aumentar o nosso conhecimento de forma alguma.

E assim, toda a Psicologia racional é envolvida no colapso de seu principal suporte e não podemos mais, tanto aqui como em outro lugar, esperar ampliar o nosso conhecimento através de simples conceitos (e muito menos pela simples forma subjetiva de todos os nossos conceitos, a consciência) sem uma relação com uma experiência possível, ainda mais que o próprio conceito de uma *natureza simples* seja de tal natureza que não pode ser encontrado em lugar algum na experiência e que não há, por conseguinte, qualquer meio de consegui-lo como um conceito objetivamente válido.

TERCEIRO PARALOGISMO DA PERSONALIDADE

O que tem consciência da identidade numérica de si mesmo em tempos diferentes, a esse respeito, é uma *pessoa*:
Ou, a alma, etc.
Portanto, trata-se de uma pessoa.

CRÍTICA DO TERCEIRO PARALOGISMO DA PSICOLOGIA TRANSCENDENTAL

Se eu quiser conhecer pela experiência a identidade numérica de um objeto externo, observarei o que nele há de permanente no fenômeno ao qual, a título de sujeito, todo o resto se relaciona como determinação, e observarei a identidade desse sujeito no tempo, onde todo o resto muda. Ora, acontece que sou um objeto do sentido interno e todo o tempo sou simplesmente a forma do sentido interno. Consequentemente, relaciono uma depois da outra *(alle und jede)* todas as minhas determinações sucessivas ao "eu" numericamente idênticas em todos os tempos, ou seja, na forma da intuição interna de mim mesmo. Com isso, a personalidade da alma não deveria jamais ser considerada concluída; seria o caso, ao contrário, de se considerá-la como uma proposição de todos os pontos idênticos da consciência de si; no tempo, isto faz com que ela seja válida *a priori*. De fato, tudo o que ela diz é, na realidade, que em todo o tempo que tenho consciência de mim mesmo tenho consciência desse tempo como pertencendo à unidade do meu "eu", o que quer dizer que todo esse tempo está em mim como em uma unidade individual ou que me encontro em todo esse tempo em uma identidade numérica.

Portanto, a identidade da pessoa se encontra infalivelmente em nossa própria consciência. Mas se para me considerar, coloco-me a partir do ponto de vista de um outro (que me olharia como um objeto de sua intuição externa), vejo que esse observador externo é o primeiro que *me* examina *no tempo*, pois na apercepção o *tempo* somente é propriamente representado *em mim*. Assim mesmo, ele admitiria o "eu" que acompanha, a todo tempo em *minha consciência,* todas as representações, e isso com uma perfeita identidade que é necessariamente ligada à minha consciência, que não é, pela mesma consciência, ligada à dele, ou seja à intuição externa do meu sujeito.

A identidade da consciência de mim mesmo em diferentes tempos não é senão uma condição formal dos meus pensamentos e de suas conexões e ela, de forma alguma, encontra a identidade numérica do meu sujeito no qual, apesar da identidade lógica do "eu", pode muito bem produzir-se uma mudança tal que não lhe permita mais conservar-lhe a identidade, ao mesmo tempo permitindo continuar a sempre dar-lhe o título homônimo de "eu", entendendo com isso aquilo que em outro estado, mesmo na mudança completa do sujeito, poderia sempre conservar o pensamento do sujeito precedente, e dessa maneira transmiti-la também ao seguinte.(*)

Embora a proposta de algumas escolas antigas pela qual "tudo é *passageiro* e nada há de *permanente* no universo", não seja mais aceita a partir do momento que se admitem as substâncias, no entanto, ela não é refutada pela unidade da autoconsciência. De fato, não podemos nós mesmos julgar através de nossa consciência se somos ou não permanentes como almas. Como atribuímos ao nosso "eu" idêntico somente aquilo do qual somos conscientes, devemos necessariamente julgar que somos os mesmos todo o tempo do qual temos consciência. Mas do ponto de vista de um observador externo, ainda não temos base suficiente para considerar esse juízo como válido, pois como o único fenômeno permanente que encontramos na alma é a representação do "eu" que acompanha e liga todos os outros fenômenos, não temos capacidade de provar que esse "eu" (um simples pensamento) também não seja passageiro tanto quanto os outros pensamentos que através dele se conectam uns aos outros.

Mas é de se notar que a personalidade e a suposição dessa personalidade: a permanência – e, por conseguinte, a substancialidade – da alma deva, *em primeiro lugar,* ser comprovada *agora*. De fato, se podíamos supô-la, não resultaria dela a continuidade da consciência, mas a possibilidade de uma consciência contínua em um sujeito permanente; e já é suficiente para a sua própria personalidade que não cessa de imediato somente porque sua ação foi interrompida durante algum tempo. Mas essa permanência não nos é dada antes da identidade numérica do nosso "eu", identidade que deduzimos da apercepção idêntica; ao contrário, é dela que a inferimos

---

(*) Uma bola elástica chocando-se com outra em linha reta transmite a ela todo o seu movimento e, por conseguinte, todo o seu estado (caso se considere unicamente as posições no espaço). Ora, admitindo por analogia com tais corpos, substâncias pelas quais uma fizesse passar para dentro de outra representações e, ao mesmo tempo, sua consciência, seria possível imaginar toda uma série de substâncias pelas quais a primeira comunicaria o seu estado, e junto com a consciência que tem dele, a uma segunda; essa, comunicaria o seu próprio estado, e aquele da substância precedente a uma terceira e, essa por sua vez, os estados de todas as precedentes com o seu próprio e a consciência de todos esses estados. A última substância teria assim consciência de todos os estados das substâncias que teriam mudado antes dela como sendo seus próprios, pois todos esses estados teriam passado nela com suas consciências; e, no entanto, ela não teria sido a mesma pessoa em todos esses estados.

antes (e é depois dela, se tudo estiver de acordo, que deveria, por primeiro, aparecer o conceito da substância, que só possui uma prática empírica). Ora, como essa identidade da pessoa não procede absolutamente da identidade do "eu" na consciência de todo o tempo onde eu me conheço, não poderíamos, anteriormente a este argumento, basear nela a substancialidade da alma.

Entretanto, como acontece com o conceito da substância e do simples, assim também o conceito da personalidade pode subsistir (contanto que ele seja simplesmente transcendental ou contanto que seja a unidade do sujeito que, aliás, nos é desconhecido, e cujas determinações são completamente conectadas mediante a apercepção); e, a esse respeito, esse conceito é até necessário e suficiente para o uso prático; mas jamais podemos contar com ele para um aumento do nosso conhecimento de nós mesmos pela razão pura que nos oferece a ilusão de uma continuidade ininterrupta do sujeito, deduzida do simples conceito do "eu" idêntico, pois esse conceito de substância gira sempre em volta de si mesmo e não nos deixa penetrar mais adiante em quaisquer das questões de interesse do conhecimento sintético. Que espécie de coisa em si mesma (de objeto transcendental) pode ser a matéria? Sem dúvida, nós o ignoramos totalmente; no entanto, a permanência como fenômeno pode ser observada pelo fato de que ela é representada como alguma coisa do exterior.

Mas desde que eu queira observar o simples "eu" na mudança de todas as representações, como não tenho outro *correlatum* para usar em minhas comparações senão eu mesmo com as condições gerais de minha consciência, eu só poderia dar respostas tautológicas a todas as questões, no sentido de que substituo o meu conceito e suas unidades pelas qualidades que me convêm a mim mesmo como objeto, e pelas quais suponho o que se deseja saber.

QUARTO PARALOGISMO DA IDEALIDADE DO RELACIONAMENTO EXTERNO

Aquilo cuja existência não pode ser inferida tal como a de uma causa de percepções dadas somente tem uma existência *duvidosa*.

Ora, todos os fenômenos externos são de tal natureza que sua existência não pode ser imediatamente percebida, mas somente inferida como a causa de percepções dadas.

Portanto, a existência de todos os objetos dos sentidos externos é duvidosa. A essa incerteza eu intitulo de idealidade dos fenômenos externos; a filosofia dessa idealidade tem o nome de *idealismo* e, em oposição a esse sistema, a afirmação de uma certeza possível com respeito aos objetos dos sentidos externos é chamada de *dualismo*.

CRÍTICA DO QUARTO PARALOGISMO DA PSICOLOGIA TRANSCENDENTAL

Comecemos examinando as premissas. Temos o direito de afirmar que somente pode ser imediatamente percebido o que está em nós mesmos, e que somente minha própria existência possa ser o objeto de uma simples percepção. Portanto, a existência de um objeto real fora de mim (se interpretarmos a palavra "mim" em seu sentido intelectual) nunca é dada diretamente na percepção; ao contrário, é unicamente em relação a essa percepção que é uma modificação do sentido interno, que pode ser entendida adicionalmente e, portanto, inferida em qualidade de causa externa dessa modificação. DESCARTES então tinha razão em limitar toda percepção no sentido mais rígido da proposição "eu sou" (como ser pensante). De fato, é claro que como o exterior não estando em mim, eu não posso encontrá-lo em minha apercepção nem, consequentemente, em uma percepção que, propriamente considerada, é simplesmente a determinação da apercepção.

Dessa forma, é impossível para mim perceber as coisas externas; ao contrário, eu só posso inferir de minha percepção interior a sua existência ao considerar essa percepção como o efeito do qual alguma coisa externa é a causa mais próxima. Ora, a inferência de um efeito dado a uma causa determinada é sempre incerta porque o efeito pode resultar de mais de uma causa. Por conseguinte, na relação da percepção com a sua causa, a questão de saber se essa causa seria interna ou externa é sempre duvidosa, ou seja, se todas as percepções chamadas externas não seriam um simples jogo do nosso sentido interno, ou se elas se relacionariam com objetos externos reais como às suas causas. Pelo menos, a existência desses objetos é tão-somente inferida e corre o risco de todas as inferências, enquanto, ao contrário, o objeto do sentido interno ("eu" mesmo com todas as minhas representações) é percebido imediatamente, e a sua existência não sofre absolutamente nenhuma dúvida.

Portanto, não se deve entender por *idealista* aquele que nega a existência dos objetos externos dos sentidos, mas somente aquele que não admite que ela possa ser conhecida pela percepção imediata e dela deduz que nunca podemos ter certeza plena de sua realidade por qualquer experiência possível.

Mas antes de expor o nosso paralogismo em sua ilusão enganosa devo, primeiramente, observar que é preciso necessariamente distinguir um duplo idealismo: o idealismo transcendental e o idealismo empírico. Por *idealismo transcendental* quero me referir a todos os fenômenos, a doutrina pela qual nós os confrontamos em seu conjunto como simples representações e não como coisas em si, teoria que faz do tempo e do espaço formas sensíveis de nossa intuição e não determinações dadas por si mesmas ou condições dos objetos considerados como coisas em si. A esse idealismo se opõe um *realismo* transcendental que considera o tempo e o espaço como alguma coisa dada em si (independentemente de nossa sensibilidade). O realista transcendental representa a si mesmo os fenômenos externos (se admitirmos a realidade) como coisas em si que existem independentemente de nós e de nossa sensibilidade e que estariam então fora de nós, segundo os conceitos puros do entendimento. Na verdade (*eigentlich*), é este realista transcendental que, na sequência, tem o papel de idealista empírico e que depois de ter falsamente suposto que, por serem externos, os objetos dos sentidos deveriam (*müssten*) ter neles mesmos sua existência, independentemente dos sentidos, sob esse ponto de vista, considera todas as nossas representações dos sentidos insuficientes para estabelecer sua realidade.

O idealista transcendental pode ser, ao contrário, um realista empírico e, consequentemente, como é chamado, um *dualista*, ou seja, admitir a existência da matéria sem sair da simples consciência de si mesmo e admitir alguma coisa além da certeza das representações em mim, ou seja, o *cogito, ergo sum*. De fato, como ele somente considera essa matéria e mesmo a sua possibilidade interna como um simples fenômeno que, separado de nossa sensibilidade, não é nada, ela só está nele como uma espécie de representações (uma intuição) que chamamos externas, não porque elas se referem a objetos *externos em si*, mas porque elas reportam suas percepções ao espaço onde todas as coisas existem umas fora das outras, enquanto o próprio espaço está em nós.

Desde o começo nós nos declaramos a favor desse idealismo transcendental. Com a nossa teoria, não há mais dificuldade em admitir a existência da matéria pelo simples testemunho de nossa própria consciência ou com isso declará-la ser comprovada da mesma forma que a existência de mim mesmo como ser pensante. De fato, é verdade que tenho consciência de minhas representações; essas representações, portanto, existem assim como eu também, pois possuo essas representações. Ora, os objetos externos (os corpos) são simplesmente fenômenos, e, por conseguinte, nada são fora deles. As coisas externas existem então assim como eu mesmo existo, e essas duas existências se baseiam no testemunho imediato de nossa consciência, com a única diferença de que a representação de mim mesmo, como sujeito pensante, é simplesmente reportada ao sentido interno, enquanto as representações que designam seres estendidos, são reportadas também ao sentido externo. Não tenho mais necessidade de raciocinar em relação à realidade dos objetos externos, senão em relação à realidade do objeto do meu sentido interno (dos meus pensamentos), que nada mais são que representações cuja percepção imediata (a consciência) é, ao mesmo tempo, uma prova suficiente da realidade.

O idealista transcendental é, portanto, um realista empírico; ele admite a matéria considerada como fenômeno, uma realidade que não precisa ser inferida, mas que é imediatamente percebida. O realismo transcendental, ao contrário, recai necessariamente em um grande embaraço, e se vê forçado a ceder um lugar ao idealismo empírico porque ele apreende os objetos dos sentidos externos por qualquer coisa de distinto dos próprios sentidos, e simples fenômenos por seres independentes que se encontram fora de nós, quando é evidente que, por mais excelente que seja a consciência que temos de nossa representação dessas coisas, ainda é preciso muito para que, se a representação existir, o objeto que lhe corresponda também exista; já em nosso sistema essas coisas externas, ou seja, a matéria com todas as suas formas e mudanças, são simples fenômenos, isto é, representações em nós mesmos da realidade das quais temos consciência imediatamente.

Ora, de acordo com o meu conhecimento, como todos os psicólogos presos ao idealismo empírico são realistas transcendentais, seguramente eles procederam de uma maneira totalmente consequente, dando grande importância ao idealismo *empírico* como a um dos problemas cuja razão humana pode dificilmente chegar a termo; pois se consideramos os fenômenos externos como representações produzidas em nós por seus objetos, a título de coisas que se encontram em si fora de nós, não podemos enxergar como seria possível conhecer a existência dessas coisas senão através da inferência do efeito à causa, onde permanece sempre duvidosa a questão de saber se a causa estaria em nós ou fora de nós. Ora, é possível admitir que nossas intuições externas tenham por causa alguma coisa que no sentido transcendental pode muito bem estar fora de nós, mas esse alguma coisa não é o objeto que entendemos ao falar das representações da matéria e das coisas corpóreas, pois essas são fenômenos, ou seja, simples modos de representação que sempre se encontram em nós e cuja realidade se baseia na consciência imediata assim como sobre a consciência dos meus próprios pensamentos. O objeto transcendental é igualmente desconhecido, quer se trate da intuição interna quer da intuição externa. Também não é mais questão desse objeto mas, ao contrário, do objeto empírico que se chama um objeto *externo*, quando representado *no espaço*, e um objeto *interno*, quando simplesmente representado *com relação ao tempo*; mas o espaço e o tempo só podem ser encontrados em *nós mesmos*.

Entretanto, como a expressão *fora de nós* pode levar a um equívoco inevitável, significando às vezes alguma coisa que exista *como coisa em si*, distinta de nós e outras vezes alguma coisa que pertença simplesmente ao fenômeno externo, para tirar a dúvida desse conceito no último sentido, que é aquele pelo qual se apreende propriamente a questão psicológica que diz respeito à realidade de nossa intuição externa, distinguiremos os objetos *empiricamente externos* daqueles que podem assim ser chamados no sentido transcendental, e com isso nós as chamaremos de coisas *que se encontram no espaço*.

Sem dúvida, o espaço e o tempo são representações *a priori* que residem em nós como formas de nossa intuição sensível, antes mesmo que um objeto real tenha determinado, pela sensação, o nosso sentido para representá-lo sob essas relações sensíveis. Mas esse alguma coisa de material ou de real, esse alguma coisa que deve ser intuído no espaço, supõe necessariamente a percepção e, independentemente dessa percepção, que mostra a realidade de alguma coisa no espaço, não pode nem ser fingida nem produzida por nenhuma imaginação. Portanto, a sensação é o que designa uma realidade no espaço e no tempo, conforme se reporte a uma ou a outra espécie de intuição sensível. Uma vez que a sensação é dada (ela recebe o nome de percepção, quando aplicada a um objeto em geral sem determiná-lo), é possível mediante sua diversidade, figurar-se na imaginação inúmeros objetos que, fora da imaginação, não têm nenhum lugar empírico no espaço ou no tempo. Indubitavelmente, isto é certo: que se tomem as sensações de prazer ou de dor, ou até mesmo coisas externas como cores, calor, etc., a percepção é aquilo pelo qual a matéria, necessária para imaginar os objetos de intuição sensível, deve antes de tudo ser dada. Essa percepção representa então (para nos mantermos desta vez nas intuições externas) alguma coisa de real no espaço. De fato, a percepção é antes a representação de uma simples possibilidade de coexistência. Em seguida, essa realidade é representada ao sentido externo, ou seja, no espaço. Enfim, o próprio espaço nada mais é que uma simples representação e, por conseguinte, só pode haver de real nele o que é representado, (*) e reciprocamente, o que lhe é dado, ou seja, representado pela percepção, que também é real; pois, se não fosse real, isto é, dado imediatamente pela intuição empírica, não poderia também ser imaginado, pois não se saberia imaginar *a priori* o real da intuição.

Portanto, toda percepção externa prova imediatamente alguma coisa de real no espaço; ou melhor, ela é o próprio real e, neste sentido, não há dúvida quanto ao realismo empírico, ou seja, alguma coisa de real no espaço corresponde à nossas intuições externas. Sem dúvida, o próprio espaço, com todos os seus fenômenos como representações, só existe em mim, mas nesse espaço, o real, ou a matéria de todos os objetos da intuição externa, é dado real e independentemente de toda ficção; e, de resto, é impossível que *nesse espaço* deva ser dado alguma coisa de *externo a nós* (no sentido transcendental), pois o próprio espaço não é nada fora de nossa sensibilidade. O mais rigoroso idealista não pode então exigir que se prove que à nossa percepção corresponda o objeto fora de nós (no sentido estrito da palavra); pois, no caso em que não houvesse objetos dessa natureza, não poderiam ser representados e intuídos como externos a nós, porque isso supõe o espaço, e que a realidade no espaço, que é uma simples representação, nada mais é que a própria percepção. O real (*das Reale*) dos fenômenos externos somente se encontra realmente na percepção e não pode ser real de nenhuma outra maneira.

(*) É preciso observar esta proposição paradoxal, mas exata: no espaço nada há além do que nele está representado. De fato, o próprio espaço não é outra coisa senão uma representação e, consequentemente, o que está nele deve ser contido na representação e absolutamente nada está no espaço que não esteja nele representado realmente. Eis uma proposição que deve incontestavelmente parecer estranha: uma coisa somente pode existir em sua representação; mas ela perde aqui o que tem de chocante, pois as coisas das quais tratamos não são coisas em si, mas somente fenômenos, ou seja, representações.

O conhecimento dos objetos pode ser extraído das percepções, ou por um simples jogo de imaginação, ou ainda mediante a experiência. Portanto, é possível, sem contradição, resultar dele representações enganosas às quais os objetos não correspondam e onde a ilusão possa ser atribuída às vezes a um prestígio da imaginação (no sonho), e outras vezes a um vício do juízo (dentro do que denominamos de erros dos sentidos). Para fugir aqui da falsa ilusão, é preciso seguir esta regra: *o que estiver conectado a uma percepção, de acordo com as leis empíricas, é real*. Mas esse engano, assim como o meio de se preservar dele, diz respeito tanto ao idealismo quanto ao dualismo, pois trata-se somente da forma da experiência. Para refutar o idealismo empírico como uma falsa incerteza que leva à realidade objetiva de nossas percepções externas, basta que a percepção externa prove imediatamente uma realidade no espaço, – e este espaço, embora ele mesmo seja uma simples forma de representação, possui realidade objetiva em relação a todos os fenômenos externos (que de resto, nada mais são que simples representações), – e quando é demonstrado que sem a percepção a própria ficção e o sonho não são possíveis e que, por conseguinte, os nossos sentidos externos, segundo os dados pelos quais pode resultar a experiência, têm no espaço seus objetos reais correspondentes.

Poderíamos chamar de *idealista dogmático* aquele que *nega* a existência da matéria, e de *idealista cético* aquele que *duvida* de sua existência por entendê-la como indemonstrável. O primeiro pode ser idealista por acreditar encontrar contradições na possibilidade de uma matéria em geral e por enquanto não iremos tratar dele. A seção a seguir, sobre os raciocínios dialéticos, seção que representa a razão na luta interna com relação aos conceitos que se faz da possibilidade daquilo que pertence à conexão da experiência, encontrará a mesma dificuldade. Mas o idealista cético que ataca simplesmente o princípio de nossa afirmação e que considera insuficiente a nossa convicção da existência da matéria que acreditamos basear-se na percepção imediata, esse idealista é um benfeitor da razão humana, no sentido de que ele nos obriga a abrir bem os olhos sobre o menor passo da experiência comum e a não aceitar de imediato, como posse adquirida, o que talvez obtivemos por simples acaso. A utilidade que nos proporcionam essas objeções idealistas agora salta aos olhos. Elas nos empurram com força, se não quisermos nos isolar em nossas afirmações mais comuns, a considerar todas as nossas percepções que se chamam internas e externas, simplesmente como uma consciência daquilo que pertence à nossa sensibilidade, e os objetos externos dessas percepções não como coisas em si, mas representações das quais podemos ter imediatamente consciência, como de toda outra representação que, no entanto, se chamam externas porque pertencem ao sentido que denominamos de sentido externo, cuja intuição é o espaço, sendo ele mesmo somente um modo interno de representações onde se conectam, umas às outras, certas percepções.

Tomando os objetos externos por coisas em si, então é totalmente impossível compreender como poderíamos chegar ao conhecimento de sua realidade fora de nós, apoiando-nos simplesmente na representação que está em nós. De fato, é evidente que não seja possível sentir fora de si, mas simplesmente em si mesmo, e toda consciência de nós mesmos somente nos fornece nossas próprias determinações. O idealismo cético nos obriga, portanto, a recorrer ao único abrigo que nos resta, ou seja, à idealidade de todos os fenômenos que já demonstramos na Estética transcendental, independentemente dessas consequências que não podíamos prever então. Se agora me perguntassem se com isso o dualismo somente se encontra na Psicologia, eu responderia: incontestavelmente; mas somente no sentido empírico, ou seja, na conexão da experiência, a matéria é realmente dada ao sentido externo como substância no fenômeno, assim como o "eu" pensante é dado igualmente como substância no fenômeno diante do sentido interior e que, de um lado e de outro, os fenômenos também devem estar ligados entre si segundo as regras que essa categoria introduz na conexão de nossas percepções, tanto externas como internas. Mas caso se quisesse ampliar, como acontece geralmente, o conceito do dualismo e considerá-lo no sentido transcendental, então nem este conceito nem o *pneumatismo* que lhe é oposto de um lado, nem tampouco o *materialismo* que lhe é oposto do outro, teriam o mínimo fundamento, pois então falsearíamos a determinação de seus conceitos e consideraríamos como diferença dessas próprias coisas a diferença do modo de representação dos objetos que nos permanecem desconhecidos do que sejam em si. O "eu", representado no tempo pelo sentido interior, e os objetos representados no espaço fora de mim são, na verdade, fenômenos específica e totalmente distintos, mas eles não são entendidos por isso como coisas diferentes. O *objeto transcendental* que serve de fundamento à intuição interna, não é nem matéria nem ser pensante em si, mas um princípio por nós desconhecido dos fenômenos que nos fornecem o conceito empírico da primeira, como também da segunda espécie.

Se então, como a presente Crítica evidentemente nos obriga a fazer, permanecermos fiéis à regra precedentemente estabelecida e não forçarmos as nossas questões além dos limites onde a experiência possível possa nos fornecer o objeto (*das Objekt*), não nos deixaremos levar nunca a nos perguntar o que os objetos dos nossos sentidos possam ser entre si, ou seja, independentemente de todo relacionamento com os sentidos. Mas, se o psicólogo entender os fenômenos como coisas em si, admitindo-os em sua teoria como coisas existentes em si mesmas, quer ele seja um materialista que admita em seu sistema nada além da matéria, ou um espiritualista que admita somente seres pensantes, ou seja, seres com a forma de nosso sentido interno, ou ainda um dualista que aceite ambos, ele é constantemente interrompido por um mal-entendido a respeito da maneira de provar sutilmente como pode existir em si o que, no entanto, não é uma coisa em si, mas somente a manifestação (o fenômeno) de uma coisa em geral.

REFLEXÃO SOBRE A PSICOLOGIA PURA COMO UM TODO EM CONSEQUÊNCIA DESSES PARALOGISMOS

Se compararmos a *Psicologia* como *fisiologia* do sentido interno, com a *somatologia* como fisiologia dos objetos dos sentidos externos, independentemente das muitas coisas que podem ser conhecidas empiricamente nas duas ciências, encontramos essa notável diferença; nessa última ciência é possível derivar *a priori* muitos conhecimentos do simples conceito de um ser estendido e impenetrável, enquanto na primeira, nada pode ser conhecido sinteticamente *a priori*, partindo do conceito de um ser pensante. Aqui está o motivo. Embora as duas sejam fenômenos, o fenômeno que se apresenta ao sentido externo tem, no entanto, alguma coisa de fixo e permanente, que fornece um substrato que serve de fundamento às determinações mutáveis e, consequentemente, um conceito sintético, ou seja, o conceito do espaço e de um fenômeno no espaço; enquanto o tempo, que é a única forma de nossa intuição interna, nada tem de durável e, por conseguinte, nos faz conhecer unicamente a mudança das determinações e não o objeto determinável. De fato, dentro do que chamamos de alma, tudo está num fluxo contínuo e nada há de permanente, com exceção talvez (se o quisermos absolutamente) do "eu" que não é tão simples porque essa representação não possui qualquer conteúdo e, por conseguinte, nada de diverso, o que faz com que ela pareça representar ou, melhor dizendo, designar um objeto simples. Seria preciso que esse "eu" fosse uma intuição que sendo pressuposta no pensamento em geral (antes de toda experiência), fornecesse como intuição *a priori*, proposições sintéticas, para que fosse possível constituir um conhecimento racional puro da natureza de um ser pensante em geral. Mas esse "eu" é tão pouco uma intuição quanto um conceito de um objeto qualquer; ele é a simples forma da consciência (o objeto [*Objekt*] que a nossa consciência desconhece) que pode acompanhar as duas espécies de representações e elevá-las ao grau de conhecimentos, desde que alguma outra coisa seja dada na intuição que forneça a *matéria* para uma representação do objeto. Toda a Psicologia racional como uma ciência que supera todas as forças da razão humana prova ser inadequada e só nos resta estudar a nossa alma pelo caminho da experiência e permanecer dentro dos limites das questões que não ultrapassem os limites do domínio onde a experiência interior possível possa fornecer-lhes o seu conteúdo.

Mas embora a Psicologia racional não possa ser utilizada para ampliar o conhecimento e que ela seja, a esse respeito, composta unicamente de paralogismos puros, não podemos, no entanto, negar-lhe uma grande utilidade, negativa quando a consideramos somente como um exame crítico dos nossos raciocínios dialéticos e até mesmo daqueles da razão comum e natural.

Que necessidade poderíamos ter de uma Psicologia simplesmente baseada em princípios puros da razão? Sem dúvida, nós a queremos principalmente para poder colocar o nosso "eu" pensante ao abrigo do perigo do materialismo. Mas para isso, o conceito racional que expusemos do nosso "eu" pensante é suficiente, pois através deste conceito não é preciso ter receio de ver sumir, caso se suprima a matéria, todo pensamento e a própria existência dos seres pensantes; ao contrário, está claramente demonstrado que, se eu suprimir o sujeito pensante, é preciso que todo o mundo corpóreo desapareça, como se existisse unicamente o fenômeno da sensibilidade do nosso sujeito e um modo de representação do sujeito.

Admito que isso não me proporcione condições de conhecer melhor esse "eu" pensante, quanto às suas qualidades, assim como não me permite perceber sua permanência, nem mesmo a independência de sua existência em relação a algum substrato transcendental dos fenômenos externos, pois este não me é menos desconhecido do que aquele. Entretanto, é possível que eu encontre motivos, em bases não especulativas, para as minhas expectativas de uma existência independente e contínua de minha natureza pensante por meio de todas as mudanças possíveis do meu estado. Nesse caso, muito seria ganho se ao confessar livremente minha própria ignorância eu estivesse ainda em condição de rechaçar os ataques dogmáticos de um oponente especulativo e mostrar que ele jamais conseguiria saber mais da natureza do meu sujeito ao negar a possibilidade de minhas esperanças, do que eu possa saber por estar fortemente preso a elas.

Sobre essa ilusão transcendental dos nossos conceitos psicológicos baseiam-se ainda três questões dialéticas que constituem o objetivo próprio da Psicologia racional e que só podem ser resolvidas pelas pesquisas precedentes. São aquelas: 1) da possibilidade da união da alma com um corpo orgânico, ou seja, da animalidade e do estado da alma na vida do homem; 2) do início dessa união, ou seja, da alma durante e antes do nascimento do homem; 3) do fim dessa união, ou seja, da alma durante e após a morte do homem (questão da imortalidade).

Ora, eu insisto que todas as dificuldades geralmente encontradas nessas questões e através das quais, como objeções dogmáticas, os homens procuram penetrar mais profundamente na natureza das coisas, o que a inteligência comum não consegue fazer, eu mantenho que todas essas dificuldades têm por base uma simples ilusão que consiste em hipostasiar o que existe simplesmente no pensamento e admiti-lo como um objeto real existindo fora do sujeito pensante, ou seja, eles consideram a extensão, que nada mais é que um fenômeno, como uma propriedade das coisas externas que subsistiria até independentemente de nossa sensibilidade, e o movimento como o seu efeito que realmente ocorre em si mesmo, independentemente dos nossos sentidos. De fato, a matéria cuja união com a alma levanta tão grandes dificuldades, nada mais é que uma simples forma ou um certo modo de representar um objeto desconhecido formado por meio daquela intuição que se denomina sentido exterior. Portanto, pode muito bem existir fora de nós alguma coisa à qual corresponda esse fenômeno que chamamos de matéria; mas em sua qualidade de fenômeno, ela não está fora de nós, mas existe unicamente a título de pensamento em nós, embora esse pensamento a represente como existindo fora de nós devido ao mencionado sentido externo. A matéria não significa então uma espécie de substância tão completamente diferente e totalmente heterogênea do objeto do sentido interno (da alma), mas somente a falta de conformidade *(Ungleichartigkeit)* dos fenômenos em relação a objetos (que nos são desconhecidos em si mesmos), cujas representações chamamos de externas em oposição àquelas que atribuímos ao sentido interno, embora, como todos os outros pensamentos, essas representações pertençam somente ao sujeito pensante; de fato, elas têm essa ilusão que, representando objetos no espaço, parecem destacar-se da alma e flutuar fora dela; no entanto, o próprio espaço onde elas são intuídas nada mais é que uma representação, e nenhuma contraparte da mesma qualidade pode absolutamente ser encontrada fora da alma. Consequentemente, a questão não recai mais sobre a comunhão da alma com outras substâncias conhecidas e estranhas fora de nós, mas simplesmente sobre a ligação das representações do sentido interno com as modificações de nossa sensibilidade externa e sobre a maneira pelas quais elas possam ser ligadas umas às outras segundo leis constantes, de modo a formar uma conexão em uma experiência.

Enquanto ligamos uns aos outros os fenômenos internos e externos, como simples representações na experiência, não encontramos nada de absurdo e nada que torne estranha a união dos nossos dois sentidos. Mas logo que hipostasiamos os fenômenos externos e os consideramos, não como representações, mas como *coisas que existam por si mesmas fora de nós, da mesma maneira (in derselben Qualität) que estão em nós*, e os reportamos ao nosso sujeito pensante, reportando também seus efeitos que os mostram como fenômenos em relação a uns com os outros, temos então causas eficientes fora de nós, um caráter que não pode mais afinar-se com os efeitos que elas produzem em nós, por ele se relacionar simplesmente com os sentidos externos, enquanto os efeitos se relacionam com o sentido interno e esses dois sentidos, por serem reunidos em um mesmo sujeito, são extremamente heterogêneos. Então, não temos mais outros efeitos externos salvo modificações de lugar e nenhuma força, mas tendências que levam a relações no espaço como também seus efeitos. Mas em nós, os efeitos são pensamentos onde não há lugar para uma relação de lugar, de movimento, de imagem ou de determinação espacial em geral e perdemos completamente o fio condutor que liga as causas aos efeitos que dele deveriam resultar no sentido interior. No entanto, deveríamos nos lembrar que os corpos não são objetos em si que nos sejam presentes, mas uma simples manifestação não sei de que objeto desconhecido; que o movimento não é o efeito dessa causa desconhecida, mas simplesmente a manifestação de sua influência sobre os nossos sentidos; que, por conseguinte, essas duas coisas nada são fora de nós, mas simples representações em nós, e que não é o movimento da matéria que produz em nós representações, mas que é ele mesmo, ao contrário (e, por conseguinte, também a matéria, que por isso se torna conhecível), uma simples representação, e que enfim toda dificuldade natural consiste em saber como e por meio de qual causa as representações de nossa sensibilidade são tão ligadas entre si a ponto de ser possível representar, segundo as leis empíricas, as representações que chamamos de intuições externas como objetos fora de nós; e essa questão não implica absolutamente a pretensa dificuldade de explicar a origem de nossas representações por meio de causas eficientes totalmente estranhas e que se encontrem fora de nós, tomando as manifestações de uma causa desconhecida pela causa fora de nós, o que só pode produzir confusão. Quanto aos juízos onde se encontra um mal-entendido enraizado por um longo hábito, é impossível corrigi-los com o grau de clareza que pode ser exigido nos outros casos, onde nenhuma semelhante e inevitável ilusão venha perturbar o conceito. Liberando a razão das teorias sofistas, também nos será difícil ter, a partir da abordagem, a clareza exigida para uma completa satisfação.

Creio poder atingir esse objetivo da seguinte maneira.

Todas as *objeções* podem se dividir em *dogmáticas, críticas e céticas*. A objeção dogmática é dirigida contra uma *proposição;* a objeção crítica contra a *prova* de uma proposição. A primeira precisa de um conhecimento perfeito da natureza própria do objeto (*einer Einsicht in die Beschaffenheit der Natur des Gegenstandes*) para poder afirmar o contrário do que a proposição enuncia desse objeto; então, ela mesma é dogmática e pretende conhecer melhor do que a parte adversa, a essência em questão. A objeção crítica, deixando de lado a proposição do ponto de vista de sua validade ou de sua falsidade e atacando somente a prova, não tem absolutamente necessidade de conhecer melhor o objeto nem de se arrogar um melhor conhecimento: ela se limita a mostrar que a afirmação não tem fundamento, mas não que não seja correta. A objeção cética opõe reciprocamente, uma à outra, a tese e a antítese como objeções de importância igual que podem servir alternadamente, uma para outra, de tese e de antítese; desta forma, ela é, aparentemente, dogmática dos dois lados opostos, a fim de reduzir a nada todo juízo sobre o objeto. As objeções dogmáticas e céticas devem então reivindicar um conhecimento de seu objeto o mínimo suficiente para pronunciar alguma coisa afirmativamente ou negativamente. Somente a objeção crítica é de tal natureza que, limitando-se a mostrar que se invoca, em apoio de sua afirmação, alguma coisa que não é nada ou que seja simplesmente imaginária, ela inverte a teoria removendo-lhe seu pretendido fundamento, sem querer decidir alguma coisa a respeito da natureza do objeto.

Ora, nós somos dogmáticos quanto aos conceitos ordinários de nossa razão em relação com a comunhão do nosso sujeito pensante com as coisas externas, e consideramos essas coisas como objetos verdadeiros subsistindo independentemente de nós, segundo um certo dualismo transcendental que, em vez de atribuir ao sujeito esses fenômenos externos em qualidade de representações, as transporta para fora de nós, em qualidade de objetos, tal como a intuição sensível no-las oferece, separando-as inteiramente do sujeito pensante. Ora, essa ilegalidade é o fundamento de todas as teorias sobre os relacionamentos da alma e do corpo, e nunca nos perguntamos se é bem verdade que essa realidade objetiva dos fenômenos seja tão completamente exata; mas supondo-a, ao contrário, como afinada, só raciocinamos sobre a maneira pela qual é preciso explicá-la e compreendê-la. Os três sistemas ordinários imaginados sobre este ponto, e os únicos que sejam realmente possíveis, são aqueles da *influência física*, da *harmonia* preestabelecida e da *assistência sobrenatural*.

As duas últimas maneiras de explicar a união da alma com a matéria se baseiam em objeções contra a primeira que é a representação do sentido comum, ou seja, que aquilo que aparece como matéria não saberia ser, por sua influência imediata, a causa de representações que são efeitos de uma espécie totalmente heterogênea. Mas então, é-lhes impossível juntar ao que nós entendemos por objeto dos sentidos externos, o conceito de uma matéria que somente é um fenômeno e que, por conseguinte, já é em si somente uma simples representação produzida por objetos externos quaisquer; pois, do contrário, elas diriam que as representações dos objetos externos (os fenômenos) não podem ser as causas externas das representações que se encontram em nosso espírito, o que seria uma objeção completamente vazia de sentido, pois ninguém sonharia em considerar como uma causa externa o que já havia sido reconhecido como uma simples representação. Portanto, segundo os nossos princípios, é preciso que elas agenciem suas teorias de maneira a estabelecer que aquilo que é o verdadeiro objeto (o objeto transcendental) dos nossos sentidos externos não saberia ser a causa das representações (dos fenômenos) que nós entendemos com o nome de matéria. Ora, como ninguém está no direito de pretender possuir um conhecimento qualquer da causa transcendental das representações dos nossos sentidos externos, sua afirmação é portanto desprovida de qualquer fundamento. Mas se os supostos corretores (*Verbesserer*) da doutrina da influência física queriam, em conformidade à maneira pela qual um dualismo transcendental se lhes apresenta, considerar a matéria dessa forma, como uma coisa em si (e não como a simples manifestação de uma coisa desconhecida) e objetivar em sua objeção a mostrar que um objeto externo desse gênero, que não revela nele qualquer outra causalidade senão aquela dos movimentos, não pode jamais ser a causa eficiente de representações, e que precisa então da intervenção de um terceiro ser para estabelecer entre os dois outros uma ação recíproca ou, pelo menos, uma correspondência e uma harmonia; mas argumentando dessa forma, eles começariam sua refutação admitindo em seu dualismo o *proton pseudos* da influência física e assim, através de sua objeção, não seria tanto a influência natural que eles refutariam, mas sua própria hipótese dualista. De fato, todas as dificuldades que dizem respeito à união da natureza pensante com a matéria resultam, sem exceção, unicamente dessa representação dualista ilícita: que a matéria, como tal, não é um fenômeno, ou seja, uma simples representação do espírito à qual corresponda um objeto desconhecido, mas o objeto em si como ele existe fora de nós e independentemente de toda sensibilidade.

Portanto, não se pode fazer à influência física geralmente aceita qualquer objeção dogmática. De fato, se o oponente admitir que a matéria e o seu movimento são somente simples fenômenos e, por conseguinte, somente representações, sua dificuldade estaria simplesmente no fato de que é impossível que o objeto desconhecido de nossa sensibilidade seja a causa das representações em nós. Entretanto, ele não tem o mínimo direito de reclamar, pois ninguém saberia dizer de um objeto desconhecido o que pode ou não pode fazer. Mas segundo as provas que demos anteriormente, é preciso que ele admita necessariamente esse idealismo transcendental caso não queira manifestamente hipostasiar representações e transportá-las para fora dele como coisas verdadeiras.

Contudo, pode-se fazer à imaginação habitual da teoria da influência física uma objeção crítica bem fundada. Esta hipótese da união entre dois tipos de substâncias, a substância pensante e a substância extensa, tem por fundamento um dualismo grosseiro e transforma essas substâncias que, no entanto, nada mais são que simples representações do sujeito pensante em coisas que subsistem por si. A falsa imaginação da influência física pode ser efetivamente derrubada uma vez que se demonstre que sua base é nula e ilícita.

A famosa questão da união entre o que é pensante e o que é estendido, se fizéssemos abstração de tudo o que é imaginação, resultaria simplesmente no seguinte: *como em um sujeito pensante em geral a intuição externa é possível?* (intuição externa = intuição do espaço, aquela que o preenche, molda e movimenta). Esta é uma questão que nenhum homem pode responder; e sem nunca preencher essa lacuna do nosso saber só podemos indicar com isso que se atribuem os fenômenos externos a um objeto transcendental que é a causa dessa espécie de representações, mas que desconhecemos totalmente e do qual jamais conseguiríamos derivar o menor conceito. Em todos os problemas que possam se apresentar no campo da experiência, tratamos esses fenômenos como objetos em si, sem nos preocuparmos com o primeiro princípio de suas possibilidades (como fenômenos). Mas se sairmos dos limites da experiência, o conceito de um objeto transcendental torna-se necessário.

Dessas observações a respeito da união do ser pensante com o ser extenso resulta, como consequência imediata, a solução de todas as dificuldades e de todas as objeções que dizem respeito ao estado da natureza pensante antes dessa união (antes da vida) ou depois de sua separação (na morte). A opinião de que o sujeito pensante pôde ter pensado antes de toda comunhão com corpos voltaria a dizer que anteriormente a esse modo de sensibilidade, por meio do qual alguma coisa nos aparece no espaço, pudemos, de uma maneira totalmente diferente, intuir esses objetos transcendentais que, no estado presente, nos aparecem como corpos. Mas a opinião de que a alma, depois da interrupção de toda comunhão com o mundo dos corpos, possa ainda continuar a pensar, se formularia desta maneira: se aquela espécie de sensibilidade pelo qual os objetos transcendentais e, atualmente, totalmente desconhecidos em si, nos aparecem em qualidade de mundo material vierem a desaparecer, toda intuição desses objetos não seria por isso suprimida e é perfeitamente possível que esses mesmos objetos continuassem conhecidos ao sujeito, mas certamente não em qualidade de corpo.

Ora, não há ninguém, na verdade, que possa derivar princípios especulativos dessa afirmação; nem mesmo a possibilidade do que é afirmado pode ser estabelecida; ela só pode ser suposta. Mas é da mesma forma impossível para qualquer um apresentar uma objeção dogmática válida a respeito, pois não haveria ninguém para opor-lhe uma objeção dogmática válida. De fato, não há ninguém que saiba mais do que eu, ou de qualquer um, a respeito da causa absoluta e intrínseca dos fenômenos externos e corpóreos. Portanto, ninguém tem uma base para pretender conhecer o fundamento da realidade dos fenômenos externos no estado presente (na vida), e consequentemente, não pode também afirmar que a condição de toda intuição externa, ou o próprio sujeito pensante se extingue depois deste estado (na morte).

Toda discussão sobre a natureza do nosso ser pensante e sobre sua comunhão com o mundo dos corpos resulta unicamente daquilo com que se preenche as lacunas de nossa ignorância com paralogismos da razão, transformando em coisas seus pensamentos e hipostasiando-os, o que dá origem a uma ciência imaginária, tanto no caso daquele que afirma quanto no caso daquele que nega, cada um pretendendo saber alguma coisa de objetos dos quais nenhum homem tem conceito, ou convertendo em objetos suas próprias representações, desta forma girando em torno de um círculo eterno de equívocos e de contradições. Somente o sangue frio de uma crítica severa, porém justa, pode nos libertar dessa ilusão dogmática de que, pela atração de uma felicidade imaginária, retém tantos homens nas teorias e nos sistemas e restringe todas as nossas pretensões especulativas ao único campo da experiência possível; e isso, não através de brincadeiras sem graça a respeito das tentativas frequentemente fracassadas, nem através de suspiros piedosos a respeito dos limites de nossa razão, mas mediante uma determinação exata dos limites da razão segundo princípios precisos, determinação que lhe designa com perfeita certeza o seu *nihil ulterius às colunas de Hércules* colocadas pela própria natureza para impedi-lo de aventurar-se em sua marcha, além das costas sempre contínuas da experiência que nos é impossível abandonar sem nos arriscarmos num oceano sem margens que, ao oferecer um horizonte sempre enganoso, acabaria por nos desencorajar e fazer-nos renunciar a todo esforço penoso e difícil.

Até aqui, ainda não demos uma explicação clara e geral da ilusão transcendental e, no entanto, natural que reside nos paralogismos da razão pura; também não elaboramos a distribuição sistemática desses raciocínios viciosos, distribuição que segue em marcha paralela, a tabela das categorias. Não teríamos conseguido empreendê-la no início desta seção sem o risco de cair na escuridão, ou desordenadamente antecipar o curso do nosso argumento. Procuraremos agora cumprir esta obrigação.

Podemos dizer que toda ilusão consiste em tratar a condição *subjetiva* do pensamento como sendo o conhecimento do objeto. Em nossa jornada, mostramos na introdução da Dialética transcendental, que a razão pura se preocupa unicamente com a totalidade da síntese das condições para um condicionado dado. Ora, como a ilusão dialética da razão pura não pode ser uma ilusão empírica que se apresenta em um conhecimento empírico determinado, ela deverá então se referir à generalidade das condições do pensamento e somente pode haver três casos de prática dialética da razão pura:

1º – A síntese das condições de um pensamento em geral;
2º – A síntese das condições do pensamento empírico;
3º – A síntese das condições do pensamento puro.

Nos três casos, a razão pura se preocupa simplesmente da totalidade absoluta desta síntese, ou seja, com a condição de que é a própria incondicionada. Sobre essa divisão baseia-se também a tripla ilusão transcendental que dá lugar às três seções da dialética e que fornece a ideia de outras tantas ciências aparentes extraídas da razão pura: Psicologia, Cosmologia e teologia transcendentais. Aqui, só precisamos nos ocupar da primeira.

Como na ação do pensamento em geral fazemos abstração de todo relacionamento do pensamento com um objeto qualquer (*auf irgend ein Objekt*) (seja dos sentidos, ou do entendimento puro), a síntese das condições de um pensamento em geral (nº 1) não é nem um pouco objetiva, mas simplesmente uma síntese do pensamento com o sujeito, síntese que mal interpretamos como uma representação sintética de um objeto.

Ora, disso resulta que a inferência dialética para a condição de todo pensamento em geral, ela mesma incondicionada, não comete erros quanto ao conteúdo (pois ela faz abstração de todo conteúdo ou de todo objeto [*Objekt*]), mas tem somente um vício de forma e deve ser chamada de paralogismo.

Além disso, como a única condição que acompanha todo pensamento, o "eu" está na proposição geral "eu penso", a razão devendo se ocupar desta condição, contanto que ela mesma seja incondicionada. Mas ela é tão-somente uma condição formal, ou seja, a unidade lógica de todo pensamento onde faço abstração de todo objeto e, no entanto, ela é representada como um objeto que eu penso, quero dizer eu mesmo, e a unidade incondicionada deste "eu".

Se alguém me fizesse esta pergunta de modo geral: De que natureza é uma coisa que pensa? Por não possuir nenhum conhecimento *a priori*, eu não poderia responder, pois a resposta deve ser sintética. (De fato, uma resposta analítica talvez explicasse melhor o pensamento, mas não fornece qualquer conhecimento desenvolvido daquilo em que esse pensamento se baseia, quanto à sua possibilidade).

Por outro lado, toda solução sintética exige a intuição que foi totalmente afastada do problema tão universal. Da mesma forma, ninguém poderia responder à seguinte questão, em sua generalidade: De que natureza deve ser uma coisa móvel? Porque a questão não tem nenhuma indicação da resposta quanto à extensão impenetrável (a matéria). Mas embora eu não conheça em geral uma resposta para essa pergunta, parece-me, no entanto, que possa dar uma num caso particular, na proposição que exprime a consciência de si: "eu penso". De fato, esse "eu" é o primeiro sujeito, ou seja, uma substância; ele é simples, etc. Desse modo, seriam somente puras proposições experimentais que, sem uma regra universal expressando as condições da possibilidade de pensar em geral e *a priori*, não poderiam conter predicados dessa natureza (que não seriam empíricos). Minha pretensão, inicialmente tão plausível, de julgar a natureza de um ser pensante por meio de puros conceitos, torna-se para mim suspeita, embora eu ainda não tenha detectado o erro dessa forma de pensar.

Mas as pesquisas ulteriores sobre a origem desses atributos, que eu mesmo me designo a título de ser pensante em geral, podem revelar em que consiste esse erro. Esses atributos não são outra coisa que categorias puras pelas quais nunca penso um objeto determinado, mas somente a unidade das representações para determinar-lhe o objeto. Sem uma intuição que lhe serve de base, a categoria não pode me fornecer o conceito de um objeto, pois é somente pela intuição que o objeto me é dado e que, em seguida, é pensado segundo a categoria. Para que eu defina uma coisa chamando-a de substância no fenômeno, é preciso que antes me sejam dados predicados de sua intuição e que lhe distinga o permanente do mutável e o substrato (a própria coisa) do qual é simplesmente inerente. Quando me refiro a uma coisa *simples* no fenômeno, entendo com isso que sua intuição é, na verdade, uma parte do fenômeno, mas que ela mesma não pode ser dividida, etc. Quando, ao contrário, alguma coisa só é conhecida como simples no conceito e não no fenômeno, então não tenho realmente por isso conhecimento do objeto, mas somente de meu conceito de alguma coisa em geral que não é suscetível de uma intuição propriamente dita. E somente digo que eu penso alguma coisa completamente simples *(ganz einfach)*, pois realmente não posso dizer nada além de que seja simplesmente alguma coisa.

Ora, a simples apercepção (o "eu") é substância no conceito, etc., e assim, todos os teoremas psicológicos têm uma precisão incontestável. Contudo, não se conhece, de modo algum, o que se quer propriamente saber da alma, pois todos esses predicados não são válidos para a intuição e, portanto, não podem ter consequências que sejam aplicáveis aos objetos da experiência; por conseguinte, eles são totalmente vazios. De fato, esse conceito da substância não me ensina que a alma perdure por si mesma, nem que ela seja uma parte das intuições externas que não seja mais divisível, e que, consequentemente, não possa nascer nem perecer através de qualquer mudança da natureza; essas propriedades são, no entanto, as únicas que me fariam conhecer a alma no contexto da experiência e que poderiam me abrir perspectivas sobre sua origem e sobre seu estado futuro. Então, se eu disser por simples categorias que a alma é uma substância simples, é claro que, como o conceito intelectual, sem qualquer substância, não contém nada além da exigência de que uma coisa deva ser representada como sujeito em si, sem ser, por sua vez, o predicado de outro sujeito, fica claro então que eu diga que nada pode ser inferido por isso em relação à permanência, que o atributo de simples não possa incluir esta permanência e, por conseguinte, disso nada pode ser aprendido quanto ao que possa se referir à alma nas mudanças do mundo. Se pudéssemos nos dizer que ela é uma *parte simples da matéria*, poderíamos então, servindo-nos do que a experiência nos ensina, derivar sua permanência e, combinando esta com a simplicidade da natureza, a sua indestrutibilidade. Mas o conceito do "eu" no princípio psicológico (eu penso) não nos diz nada a respeito.

Ora, o ser que pensa em nós, pretende ele mesmo se conhecer por meio de categorias puras e até por meio daquelas que exprimem a unidade absoluta em cada tipo de categoria, devido ao seguinte: a apercepção é, ela mesma, o princípio da possibilidade das categorias que, de seu lado, nada representam senão a síntese do diverso da intuição, contanto que esse diverso encontre sua unidade na apercepção. A consciência de si em geral é, portanto, a representação daquilo que é a condição de toda unidade, sendo ela mesma incondicionada. Consequentemente, pode-se dizer do "eu" pensante (da alma) que se representa como substância, como simples, como numericamente idêntica a todo tempo e como o correlativo de toda existência, de onde toda existência deve ser inferida, que, *em vez de ele mesmo se conhecer através das categorias*, ele conhece as categorias e, através delas, todos os objetos na unidade absoluta da apercepção e, consequentemente, *por si mesmo*. Ora, é bem evidente que eu não saberia conhecer como objeto (*als Objekt*) o que eu precisaria supor para conhecer em geral um objeto (*ein Objekt*) e que o "eu" determinante (o pensamento) deva ser distinto do "eu" determinado (o sujeito pensante), como o conhecimento do objeto. Contudo, nada é mais natural e mais atraente do que a ilusão que nos faz interpretar a unidade na síntese dos pensamentos como uma unidade realmente percebida no sujeito desses pensamentos. Seria possível chamar essa ilusão de sub-repção da consciência hipostasiada (*aperceptionis substantiatae*).

Se quisermos dar um título lógico ao paralogismo que se produz nos raciocínios dialéticos da Psicologia racional, contanto que tenham premissas corretas, poderíamos considerá-lo como um *sophisma figurae dictionis*, onde a premissa maior faz da categoria com relação à sua condição uma prática simplesmente transcendental, enquanto a premissa menor e a inferência fazem, com relação à alma subsumida, sob esta condição, uma prática empírica da mesma categoria. Dessa forma, por exemplo, o conceito de substância no paralogismo da simplicidade é um conceito intelectual puro que, sem a condição da intuição sensível, somente é uma prática transcendental, ou seja, de nenhum uso. Mas na premissa menor, o mesmo conceito é aplicado ao objeto de toda experiência interna, sem que antes tenha sido estabelecido nem tomado por princípio a condição de sua aplicação *in concreto*, quero dizer, a permanência do objeto e, consequentemente, é utilizada uma prática empírica que aqui não é admissível.

Enfim, para mostrar o contexto sistemático de todas essas afirmações dialéticas de uma Psicologia pseudo-racional na ordem da razão pura e fazer ressaltar a integralidade, se observará que a apercepção passa por todas as classes de categorias, mas somente em referência aos conceitos intelectuais que, em cada classe, servem aos outros de base para a unidade em uma percepção possível, quero dizer, às categorias de subsistência, realidade, unidade (não-pluralidade) e existência; a razão aqui, representa todas como condições da possibilidade de um ser pensante, condições que são incondicionadas. Portanto, a alma reconhece em si mesma:

1.
A unidade incondicionada
da *relação*, ou seja,
ela mesma, não como inerente,
mas como *subsistente*.

2.
A unidade incondicionada
da *qualidade*,
ou seja,
não como um do real
mas
como *simples*. (*)

3.
A unidade incondicionada
na pluralidade do tempo,
ou seja,
não diferente numericamente
mas como *um só* e
mesmo sujeito

4.
A unidade incondicionada
da *existência* no espaço, ou seja,
não como consciência de várias coisas fora dela,
mas unicamente da própria existência
e das outras coisas simplesmente,
como também de suas representações.

A razão é a faculdade dos princípios. As afirmações da Psicologia pura não contêm predicados empíricos da alma, mas predicados que, se forem reais, devem determinar o objeto em si mesmo, independentemente da experiência e, por conseguinte, por meio da simples razão. Elas então

---

(*) Eu não posso mostrar agora como o simples corresponde, por sua vez, à categoria da realidade, mas isto será demonstrado no próximo capítulo, na oportunidade de outra prática racional desse mesmo conceito.

deveriam se basear, no mínimo, sobre princípios e conceitos universais de naturezas pensantes em geral. Em vez disso, acontece que a representação singular "eu sou" rege-as todas; e essa representação, pelo próprio fato que exprime a fórmula pura de toda minha experiência (de maneira indeterminada), se pronuncia como uma proposição universal que seria válida para todos os seres pensantes e como ela, no entanto, é individual em todos os respeitos, carrega em si a ilusão de uma unidade absoluta das condições do pensamento em geral e, com isso, estende-se além dos limites da experiência possível.

Capítulo Segundo

A ANTINOMIA DA RAZÃO PURA

Na introdução desta parte de nossa obra, mostramos que toda ilusão transcendental da razão pura se baseia nas inferências dialéticas das quais a Lógica fornece o esquema nas três espécies formais de raciocínios em geral, quase como as categorias encontram o seu esquema lógico nas quatro funções de todos os juízos. A *primeira espécie* desses raciocínios sofísticos tendia à unidade incondicionada das condições *subjetivas* de todas as representações em geral (do sujeito ou da alma), em correspondência com os raciocínios *categóricos* cuja premissa maior enuncia, a título de princípio, a relação de um predicado com um *sujeito*. A *segunda espécie* de argumentos dialéticos terá então por conteúdo, por analogia com os *raciocínios hipotéticos*, a unidade incondicionada das condições objetivas no fenômeno. Quanto à *terceira espécie*, que fará parte do próximo capítulo, ela tem como tema a unidade incondicionada das condições objetivas da possibilidade dos objetos em geral.

Mas deve-se observar que o paralogismo transcendental somente produziu uma ilusão parcial em relação à ideia do sujeito do nosso pensamento e que a afirmação do contrário não recebe a mínima ilusão extraída de conceitos racionais. A vantagem está inteiramente do lado do pneumatismo, embora essa doutrina não possa negar o vício original que faz com que, a despeito de toda ilusão que lhe é favorável, ela vire fumaça no cadinho da Crítica.

Uma situação completamente diferente surge quando aplicamos a razão à *síntese objetiva* dos fenômenos; com muita ilusão, ela acredita tornar válido o seu princípio da unidade incondicionada, mas logo se embaralha em tantas contradições que é forçada a renunciar de suas pretensões em matéria cosmológica.

De fato, aqui se apresenta um novo fenômeno da razão humana, e refiro-me a uma antitética completamente natural onde ninguém precisa sutilizar e engenhosamente preparar armadilhas para ali levar a razão que, ao contrário, cai por si só e inevitavelmente; e, sem dúvida, ela se encontra preservada além da sonolência de uma persuasão imaginária, produzida por uma ilusão única, mas, ao mesmo tempo, corre o perigo de se abandonar ao desespero cético ou de assumir uma suficiência dogmática e teimar obstinadamente com certas afirmações, sem querer prestar ouvido às razões do contrário e fazer-lhes justiça. É a morte da sã Filosofia, mas pode-se dizer, no primeiro caso, que a razão encontra uma bela morte *(Eutanásia)*.

Antes de expor as cenas de desordem e de desdobramentos que criam esse conflito das leis (antinomia) da razão pura, daremos algumas explicações que poderão esclarecer e justificar o método pelo qual nos servimos na exposição do nosso sujeito. Denomino todas as ideias transcendentais, desde que se refiram à totalidade absoluta na síntese dos fenômenos, dos *conceitos cosmológicos;* de um lado, por causa dessa totalidade incondicionada sobre a qual se baseia o conceito do Universo, que nada mais é que uma ideia; do outro lado, porque tendem unicamente à síntese dos fenômenos e, por conseguinte, à síntese empírica; enquanto, ao contrário, a totalidade absoluta na síntese das condições de todas as coisas possíveis em geral, dá lugar a um ideal da razão pura que é totalmente diferente do conceito cosmológico, embora esteja em relação com ele. É por isso que, da mesma forma que os paralogismos da razão pura eram a base de uma Psicologia dialética, assim também a antinomia da razão pura exporá os princípios transcendentais de uma pretensa cosmologia pura (racional), sem dúvida não para achá-la válida e apropriar-se dela, mas como já o indica o termo de conflito da razão, para apresentá-la em sua ilusão *(Scheine)* deslumbrante embora falsa, como uma ideia que não pode se reconciliar com os fenômenos *(Erscheinung)*.

PRIMEIRA SEÇÃO

Sistema das ideias cosmológicas

Para poder enumerar essas ideias segundo um princípio e com uma precisão sistemática, devemos *antes* observar que é somente pelo entendimento que podem emanar conceitos puros e transcendentais; que a razão não produz adequadamente qualquer conceito, mas que apenas *livra* o *conceito do entendimento* das restrições inevitáveis de uma experiência possível e que assim ela procura estendê-la além dos limites do empírico, permanecendo ao mesmo tempo em relação com ele. Isso é alcançado da seguinte maneira: para um condicionado dado, a razão exige uma totalidade absoluta do lado das condições (às quais o entendimento submete todos os fenômenos da unidade sintética), e dessa forma ela faz da categoria uma ideia transcendental para proporcionar uma perfeição absoluta à síntese empírica, levando-a até o incondicionado (que jamais se encontra na experiência, mas somente na ideia). A razão o exige em virtude deste princípio: *Se o condicionado é dado, também a soma inteira das condições é dada e, por conseguinte, o incondicionado absoluto*, o único a tornar possível o condicionado. Assim, *primeiramente*, as ideias transcendentais não serão, propriamente falando, nada mais que categorias estendidas até o incondicionado e será possível juntá-las em uma tabela ordenada segundo os seus títulos. Mas *em segundo lugar* é preciso observar que nem todas as categorias são próprias para isso, e sim somente aquelas nas quais a síntese constitui uma *série*, e assim mesmo uma série de condições subordinadas (e não coordenadas) entre si; com relação a um condicionado, a totalidade absoluta somente é exigida pela razão desde que leve para a série ascendente condições necessárias para um condicionado dado, e não, por conseguinte, quando se trata da linha descendente das consequências e nem mesmo do conjunto de condições coordenadas relativamente às suas consequências. De fato, no caso do condicionado dado, condições já são pressupostas e devem ser consideradas como dadas nele. Por outro lado, como as consequências não tornam suas condições possíveis, mas ao contrário, as pressupõem, não é preciso se preocupar quando progredimos nas consequências (ou regredimos de uma condição dada para o condicionado) para considerar se a série cessa ou não; a questão relativa à sua totalidade não é absolutamente uma pressuposição da razão.

Imagina-se necessariamente como dado (embora para nós ele não seja determinável) um tempo completamente escoado até o momento presente. Mas como o tempo futuro não é a condição necessária para chegar ao tempo presente, é totalmente indiferente, para compreendê-lo, tratar o tempo futuro de tal ou qual maneira, ou seja, interrompê-lo em um certo momento ou prolongá-lo até o infinito. Na seguinte série *m, n, o*, onde *n* é dado como condicionado a *m*, mas ao mesmo tempo como condição de *o*, suponhamos que ela regrida do condicionado *n* para *m* (*l, k, j, i, etc.*) e avançando da condição de *n* até *o* (*p, q, r, etc.*): devo então supor a primeira série para considerar *n* como dado, e *n* só seria possível mediante essa série segundo a razão (a totalidade) das condições. Mas sua possibilidade não se baseia na série seguinte *o, p, q, r*, que, por conseguinte, não podemos considerar como dado, mas unicamente como *doável (dabilis)*.

Proponho chamar de *regressiva* a síntese de uma série que leva às condições, consequentemente, da condição mais próxima ao fenômeno para ascender às condições mais afastadas; e *progressiva*, aquela que do lado do condicionado se origina da consequência mais próxima para as consequências mais afastadas. A primeira leva aos antecedentes; a segunda, aos consequentes. Portanto, as ideias cosmológicas tratam da totalidade da síntese regressiva, remontam aos antecedentes e não descem para os consequentes. Descer para os consequentes seria tratar um problema arbitrário e não necessário da razão pura, pois para chegar à compreensão completa do que nos é dado no fenômeno precisamos de princípios, e não de consequências.

Para estabelecer a tabela das ideias segundo a tabela das categorias, tomaremos primeiro os dois *quanta* originários de toda a nossa intuição: o tempo e o espaço. O tempo é ele mesmo uma série (e a condição formal de todas as séries) e por isso é possível de distinguir *a priori*, em relação a um presente dado, os antecedentes como condições (o passado) dos consequentes (do futuro). A ideia transcendental da totalidade absoluta da série das condições para um condicionado dado somente leva ao tempo passado. Segundo a ideia da razão, todo tempo escoado será necessariamente pensado como dado em qualidade de condição do momento dado. Mas quanto ao espaço, não há como distinguir nele uma progressão ou regressão, pois ele constitui um *agregado* e não uma *série*, todas as suas partes existindo simultaneamente. Eu só posso considerar o momento presente como condicionado em relação ao tempo passado, mas nunca como condição desse tempo, pois esse momento só é produzido, antes de tudo, pelo tempo escoado (ou melhor, pelo escoamento do tempo precedente). Entretanto, como as partes do espaço não são subordinadas, mas coordenadas entre si mesmas, uma parte não é a condição da possibilidade de outra, e assim, o espaço não constitui em si mesmo uma série como o tempo. Entretanto, a síntese das diversas partes do espaço, mediante a qual nós a apreendemos, é sucessiva e, dessa forma, realiza-se no tempo e encerra uma série. E como nessa série de espaços agregados (por exemplo, os pés em uma vara), a partir de um espaço dado, aqueles que se agreguem pelo pensamento são sempre *a condição dos limites* desse espaço dado, a *medida* de um espaço também deve ser considerada como síntese de uma série das condições relativas a um condicionado dado, com a diferença de que o lado das condições não é diferente em si mesmo daquele onde se encontra o condicionado, e que no espaço a *regressão* e a *progressão* parecem idênticas. Entretanto, como uma parte do espaço não é dada, mas somente limitada pelas outras, precisamos *(muss)* considerar cada espaço desde que seja limitado, como sendo também condicionado, pois ele pressupõe outro espaço como condição de seus limites, e assim por diante. Do ponto de vista da limitação, a progressão no espaço também é uma regressão e a ideia transcendental da totalidade absoluta da síntese na série das condições também se aplica ao espaço. Então posso legitimamente fazer uma pergunta a respeito da totalidade absoluta do fenômeno no espaço, como também da totalidade absoluta do fenômeno no tempo escoado. Será que para essas perguntas existam respostas possíveis? É o que veremos mais tarde.

Em segundo lugar, a realidade no espaço, ou seja a *matéria*, é um condicionado cujas condições internas são suas partes do espaço, e as partes das partes suas condições remotas do espaço, de tal forma que aqui há uma síntese regressiva cuja totalidade absoluta é exigida pela razão. Isso somente pode ser conseguido por uma divisão completa pela qual a realidade da matéria se reduz a nada ou no que não é mais matéria, ou seja, o simples. Portanto, aqui ainda existe uma série de condições e uma progressão para o incondicionado.

Em terceiro lugar, no que diz respeito às categorias da relação real entre os fenômenos, a categoria da substância e de seus acidentes não convêm a uma ideia transcendental, ou seja, que com relação a essa categoria a razão não tem nenhum motivo para ir regressivamente até a condições. De fato, os acidentes, desde que sejam inerentes a uma substância única, são coordenados entre si e não formam uma série. Mesmo em sua relação com a substância, eles não lhe são subordinados, mas é o modo de existir da própria substância. O que aqui poderia parecer uma ideia da razão transcendental, seria o conceito do *substancial*. Entretanto, como isso nada mais significa do que o conceito do objeto em geral, o qual subsiste desde que pensemos nele simplesmente como sujeito transcendental independente de todos os predicados, enquanto aqui estamos tratando do incondicionado somente como poderia existir na série de fenômenos, é evidente que o substancial não pode ser um membro dessa série. O mesmo se aplica às substâncias na reciprocidade da ação que são simples agregados e não possuem expoentes de uma série, pois não são subordinadas entre si como condições de sua possibilidade, como era possível dizer dos espaços onde o limite jamais é determinado em si, mas sempre determinado por outro espaço. Só resta então a categoria da *causalidade*, que apresenta uma série de causas para um efeito dado, onde é possível ascender desse efeito, como condicionado, às suas causas, como condições, e responder à questão levantada pela razão.

Em quarto lugar, os conceitos do possível, do real e do necessário, não levam a nenhuma série senão no sentido de que o *contingente* na existência deve ser sempre considerado como condicionado e que, segundo a regra do entendimento, ele indique uma condição que nos remeta necessariamente a outra condição mais elevada, até que finalmente a razão encontre na totalidade dessa série a *necessidade* incondicionada.

Portanto, quando selecionamos aquelas categorias que necessariamente levam à síntese do diverso, verificamos que só existem quatro ideias cosmológicas correspondendo aos quatro títulos de categorias:

1. *A integridade absoluta*
DA COMPOSIÇÃO
do todo dado de todos os fenômenos.

2. *A integridade absoluta*
DA DIVISÃO
de um todo dado no fenômeno.

3. *A integridade absoluta*
DA ORIGEM
de um fenômeno em geral.

4. *A integridade absoluta*
DA DEPENDÊNCIA DA EXISTÊNCIA
do que há de mutável no fenômeno.

Aqui é preciso primeiro observar que a ideia da totalidade absoluta somente diz respeito à exposição dos *fenômenos* e, por conseguinte, não se refere ao conceito intelectual puro de um todo de coisas em geral. Portanto, os fenômenos são aqui considerados como dados, e a razão exige a integridade absoluta das condições de sua possibilidade, contanto que elas constituam uma série e, dessa forma, ela exige uma síntese absolutamente completa (ou seja, completa em todos os relacionamentos) que permita expor os fenômenos segundo as leis do entendimento.

Em seguida, é tão-somente o incondicionado que a razão procura nessa síntese das condições cuja série é regressiva, pois procura a integridade na série das premissas que juntas dispensam a necessidade de pressupor outras. Ora, este *incondicionado* é sempre contido na *totalidade absoluta da série*, quando no-la apresentamos na imaginação. Mas essa síntese absolutamente realizada novamente é só uma ideia, pois não podemos saber, pelo menos por antecipação, se tal síntese é possível nos fenômenos. Quando nos apresentamos toda e qualquer coisa por simples conceitos puros do entendimento, independentemente das condições da intuição sensível, pode-se dizer que para um condicionado dado, toda a série das condições subordinadas entre si também é dada, pois o primeiro condicionado somente é dado por essa última. Mas nos fenômenos encontra-se uma restrição particular referente à maneira pela qual as condições nos são dadas, e quero dizer que elas nos chegam mediante a síntese sucessiva do diverso da intuição, síntese que deve ser completamente regressiva. Ora, ainda é um problema saber se essa integridade seria possível no sensível (*sinnlich möglich*). Mas a ideia dessa integridade reside, no entanto, na razão, abstração feita da possibilidade ou da impossibilidade de ligar adequadamente os conceitos empíricos. É por isso que, como é na totalidade absoluta da síntese regressiva do diverso que se entra no fenômeno (segundo a direção das categorias que o representam como uma série de condições para um condicionado dado), o incondicionado é necessariamente contido, e como é possível deixar indecisa a questão de saber se e como essa totalidade pode ser realizada, a razão aqui toma a resolução de partir da ideia da totalidade, embora ela tenha propriamente o *incondicionado*, quer seja de um todo ou de uma parte dessa série, como objetivo final. Podemos então imaginar este incondicionado simplesmente como residente na série inteira, pelo qual, por conseguinte, todos os membros sem exceção são condicionados, e cujo conjunto é absolutamente incondicionado, e nesse caso, a regressão é considerada infinita; ou então, o incondicionado absoluto nada mais é que uma parte da série à qual os outros componentes dessa série são todos subordinados, mas que ela mesma não é submetida a nenhuma outra condição.(*) No primeiro caso, a série tem um primeiro termo que é o *começo do mundo* em relação ao tempo; o *limite do mundo* em relação ao espaço; o *simples* em relação às partes de um todo dado nesses limites; a *espontaneidade* absoluta (a liberdade) em relação às causas; a *necessidade natural* absoluta em relação à existência das coisas mutáveis.

Temos duas expressões, MUNDO e NATUREZA que algumas vezes interpretamos uma pela outra. A primeira significa o conjunto matemático de todos os fenômenos e a totalidade de sua síntese, tanto em grande quanto em pequeno, ou seja, no desenvolvimento progressivo dessa síntese assim como pela divisão. Mas esse mesmo mundo se chama natureza,(**) desde que seja considerado como um todo dinâmico e que não se recorra aqui à agregação, no espaço ou no tempo, para realizá-lo a título de quantidade, mas à unidade da *existência* dos fenômenos. Ora, a condição do que acontece é chamada de causa, e a causalidade incondicionada da causa no fenômeno recebe o nome de liberdade, enquanto a causalidade condicionada se chama causa natural em um sentido mais restrito. O condicionado na existência em geral se chama contingente, e o incondicionado, necessário. A necessidade incondicionada dos *fenômenos* pode se chamar necessidade natural.

As ideias que agora nos interessam denominei mais acima de ideias cosmológicas, em parte porque entendemos por mundo o conjunto de

---

(*) A totalidade absoluta da série de condições para um condicionado dado é sempre incondicionada, pois fora dela não há mais condições com relação às quais ele possa ser condicionado. Mas essa totalidade absoluta de uma série desse tipo nada mais é que uma ideia, ou melhor, um conceito problemático cuja possibilidade deve ser investigada, até mesmo no que se refira à maneira pela qual o incondicionado, a verdadeira ideia transcendental em questão, possa estar nela contido.

(**) A natureza no sentido *adjetivo* (*formaliter*), significa a conexão das determinações de alguma coisa realizada segundo um princípio interno da causalidade. Ao contrário, entende-se por natureza no sentido *substantivo* (*materialiter*) o conjunto dos fenômenos, desde que esses fenômenos, em virtude de um princípio interno da causalidade, se conectem universalmente. No primeiro sentido fala-se da natureza da matéria fluida, do fogo, etc. A palavra é então utilizada *adjetivamente*; ao contrário quando se fala das coisas da natureza temos em mente um todo subsistente.

todos os fenômenos, e é exclusivamente para o incondicionado nos fenômenos que nossas ideias se dirigem; em parte também porque a palavra mundo, no sentido transcendental, significa a totalidade *absoluta* do conjunto das coisas existentes, e a nossa atenção é dirigida unicamente para a integralidade da síntese, embora isso só seja alcançado no regresso às suas condições. Se considerarmos que, além disso, as ideias são todas transcendentais e que embora não superem o objeto *(Objekt)*, ou seja, o fenômeno quanto à *espécie*, mas se interessam unicamente pelo mundo sensível (não dos númenos), contudo elas levam a síntese a um *grau* que supera toda experiência possível, então em minha opinião é possível chamá-las todas de *conceitos cosmológicos*. Com respeito à distinção do absoluto matemático e do absoluto dinâmico para o qual a regressão tende, chamarei as duas primeiras ideias, num sentido mais rígido, de conceitos cosmológicos (do mundo do grande e do pequeno) e as outras duas de conceitos transcendentes da natureza. Neste momento, essa distinção ainda não é de grande importância, mas poderá vir a ser mais tarde.

SEGUNDA SEÇÃO

Antitética da razão pura

Se o nome "tético" é dado a um conjunto de doutrinas dogmáticas, "antitético" pode ser entendido significando não as dogmáticas afirmações do oposto, mas o conflito das doutrinas de um aparente conhecimento dogmático *(thesis cum antithesi)* pelo qual nenhuma afirmação pode estabelecer uma superioridade sobre outra. Portanto, a antitética não se preocupa com as afirmações unilaterais, mas trata somente do conflito das doutrinas da razão sob o ponto de vista do conflito entre si mesmas e das causas desse conflito. A antitética transcendental é uma pesquisa sobre a antinomia da razão pura, suas causas e seus resultados. Quando aplicamos a nossa razão, não simplesmente para a prática dos princípios do entendimento em objetos de experiência, mas procurando estender esses princípios além dos limites da experiência, surgem então doutrinas *pseudo-racionais* que não podem esperar uma confirmação nem tampouco temer uma contradição na experiência. Cada doutrina não somente é livre de contradição, mas encontra condições de sua necessidade na própria natureza da razão e, infelizmente, a afirmação do contrário, por seu lado, se fundamenta em bases tão válidas quanto necessárias.

As questões que se apresentam naturalmente nesse tipo de dialética pura são: 1º – Quais são exatamente as proposições onde a razão pura é inevitavelmente sujeita a uma antinomia? 2º – Quais são as causas dessa antinomia? 3º – Entretanto, nesse conflito, a razão poderia encontrar um caminho para a certeza? E como o poderia?

Uma doutrina dialética da razão pura deve então ser distinguida de todas as proposições sofísticas em dois aspectos. Ela não deve se referir a uma questão arbitrária que possa ser levantada por um propósito qualquer, mas para uma questão que toda razão humana deve necessariamente encontrar em seu progresso; em seguida, ela e o seu oposto não devem envolver nenhuma simples ilusão artificial que desapareceria uma vez detectada, mas uma ilusão natural e inevitável que, mesmo sem enganar, continua ainda a nos iludir e, por conseguinte, podemos tornar inofensiva sem jamais poder destruí-la.

Essa doutrina dialética da razão pura não terá nenhuma relação com a unidade do entendimento nos conceitos da experiência, mas com a unidade da razão nas simples ideias, e as condições dessa doutrina – pois essa unidade da razão envolve uma síntese que deve conformar-se, de acordo com as regras, com o entendimento e, em seguida, com a razão, como unidade absoluta dessa síntese – se ela for adequada à unidade da razão, serão grandes demais para o entendimento e, caso se conforme ao entendimento, serão pequenas demais para a razão; donde resulta necessariamente um conflito impossível de ser evitado, não importa o que se faça.

Essas afirmações sofísticas abrem então uma arena dialética onde o lado que tem permissão de tomar a ofensiva é invariavelmente vitorioso, enquanto o outro lado, limitado a agir defensivamente, é sempre derrotado. Consequentemente, os fortes guerreiros que lutam tanto pela causa boa quanto pela má, seguramente conseguirão conquistar a coroa de louros, se tiverem o cuidado de assegurar o privilégio de efetuar o derradeiro ataque sem precisar se sujeitar a um novo assalto do adversário. É fácil entender que esse campo de batalha foi muitas vezes contestado e que muitas vitórias foram conseguidas pelos dois lados, mas que para a última vitória que deve decidir o caso, sempre se cuidou para que o defensor da boa causa permanecesse como único senhor do terreno, impedindo que seu adversário levantasse as armas novamente. Como juiz imparcial do combate, devemos, por completo, deixar de lado a preocupação de saber se é pela boa ou má causa que esses contendores lutam e é necessário deixar que primeiro deem cabo de seus argumentos. Quem sabe, depois de muito se cansarem, mais do que feridos, reconhecerão por si mesmos a futilidade de suas disputas e acabarão ficando bons amigos.

Essa forma de assistir a um conflito de afirmações, em vez de provocá-lo, não com o propósito de decidir a favor de um ou de outro lado, mas para investigar se o objeto da controvérsia não é uma simples ilusão que cada um persegue futilmente sem nada ter a lucrar, mesmo que não houvesse qualquer resistência, este procedimento poderia ser chamado de *método cético*. Ele é totalmente diferente do *ceticismo*, esse princípio de ignorância artificial e científico que mina as bases de todo conhecimento, procurando destruir de todas as maneiras sua confiança e sua certeza. De fato, o método cético tem por objetivo a certeza (*Gewissheit*), pois procura descobrir, de maneira sincera, o ponto de discórdia das disputas que são conduzidas inteligente e eficientemente pelos dois lados, assim como, do embaraço de juízes em casos de litígio, esses sábios legisladores que procuram obter instrução a respeito dos defeitos e das ambiguidades de suas leis. A antinomia que se manifesta na aplicação das leis é para a nossa limitada sabedoria o melhor critério da legislação nomotética, graças à qual a razão que, na especulação abstrata não percebendo facilmente seus erros, torna-se atenta aos momentos da determinação de seus princípios.

Mas este método cético é essencialmente próprio à Filosofia transcendental, enquanto possa, eventualmente, ser dispensado em qualquer outro campo da investigação, mas não neste caso. Na Matemática, sua utilização seria absurda, pois nela nenhuma falsa afirmação pode ser escondida ou tornar-se invisível, porquanto as provas devem sempre proceder sob a orientação da intuição pura e por meio de uma síntese sempre evidente. Na Filosofia experimental, uma dúvida temporária pode ser bem útil; no entanto, não há mal-entendido que não possa ser removido, e é nessa experiência que finalmente devem encontrar-se os últimos meios de decidir a disputa, quer sejam encontrados mais cedo ou mais tarde. A Moral também pode dar, pelo menos nas experiências possíveis, todos os seus princípios *in concreto*, assim como as consequências práticas e dessa forma evitar o mal-entendido da abstração. Ao contrário, as afirmações transcendentais que aspiram conhecimentos que se estendam além do campo de todas as experiências possíveis, mesmo no caso onde sua síntese abstrata poderia ser dada em alguma intuição *a priori*, não são de tal natureza para que o mal-entendido possa ser descoberto por meio de alguma experiência. Portanto, o único referencial que a razão transcendental nos fornece é aquele que consiste de tentar conectar essas afirmações entre si e, em seguida, promover uma luta livre e sem obstáculos entre os contendores envolvidos. É o que faremos a partir de agora.(*)

(*) As antinomias serão apresentadas de acordo com a ordem das ideias transcendentais já mencionadas.

ANTINOMIAS DA RAZÃO PURA

PRIMEIRO CONFLITO DAS IDEIAS TRANSCENDENTAIS

Tese

O mundo tem um começo no tempo e também é limitado no espaço.

Prova

De fato, se admitirmos que o mundo não tenha começo no tempo, uma eternidade escoa a cada determinado momento e, por conseguinte, uma série infinita de estados sucessivos de coisas no mundo. Ora, a infinidade de uma série consiste precisamente em que essa série jamais possa ser concluída por uma série sucessiva. Portanto, uma série infinita escoada no mundo é impossível e, consequentemente, um começo do mundo é condição necessária de sua existência. Esse era o primeiro ponto a ser demonstrado.

Quanto ao segundo ponto, se admitirmos o ponto de vista contrário, o mundo seria um todo infinito de coisas existindo simultaneamente. Ora, não é possível conceber a magnitude de um quantum que somente é dado com limites determinados a uma intuição(*) por meio de uma síntese das

---

(*) Podemos intuir como um todo um quantum indeterminado, quando ele é encerrado dentro de limites sem precisar calcular o total medindo-o, ou seja, pela síntese sucessiva de suas partes. De fato, os limites já determinam essa totalidade pois eliminam qualquer outra quantidade.

partes e a totalidade desse quantum pela síntese completa ou pela adição repetida de unidade a unidade.(*) Portanto, para pensar como um todo em um mundo que preenche todos os espaços, seria preciso considerar como completa a síntese necessária das partes de um mundo infinito, ou seja, como se tivesse escoado um tempo infinito na enumeração de todas as coisas coexistentes, o que é impossível. Então, um agregado infinito de coisas reais não pode ser considerado como um todo dado, nem por conseguinte, como dado *ao mesmo tempo*. Portanto, um mundo quanto à sua extensão no espaço *não é infinito*, mas é encerrado dentro de limites. E este era o segundo ponto a ser demonstrado.

Antítese

O mundo não tem começo no tempo nem limite no espaço, mas é infinito tanto no tempo quanto no espaço.

Prova

De fato, admitamos que o mundo tenha começo. Como o começo é uma existência precedida de algo que havia, deve ter havido um tempo anterior em que o mundo não existia, ou seja, um tempo vazio. Ora, em um tempo vazio nenhum nascimento de alguma coisa é possível porque nenhuma parte desse tempo possui, em comparação com qualquer outra, uma condição distinta de existência em vez de não-existência (e isto se aplica tanto a algo que se supõe nascer de si mesmo ou de outra causa). Portanto, é bem possível que muitas séries de coisas comecem no mundo, mas o mundo ele mesmo não pode ter começo e, por conseguinte, ele é infinito com relação ao tempo passado.

Quanto ao segundo ponto, se antes admitirmos o ponto de vista contrário, ou seja que o mundo seja finito e limitado quanto ao espaço,

---

(*) O conceito da totalidade nada mais é, neste caso, que a representação da síntese completa de suas partes, pois é somente na intuição do todo (neste caso impossível) que só é possível derivar o conceito por meio da síntese das partes, levadas até o infinito.

ele se encontra em um espaço vazio que não é limitado. Por conseguinte, não haveria somente uma relação das coisas *no espaço*, mas uma relação *ao espaço*. Ora, como o mundo é um todo absoluto fora do qual não há qualquer objeto de intuição e portanto, nenhum correlativo do mundo com o qual ele esteja relacionado, a relação do mundo a um espaço vazio *não* seria uma relação do mundo a um *objeto*. Mas uma relação dessa natureza e, por conseguinte, a limitação do mundo por um espaço vazio não é nada; portanto, o mundo não é limitado quanto ao espaço, ou seja, ele é infinito em extensão.(*)

OBSERVAÇÃO SOBRE A PRIMEIRA ANTINOMIA

I. Sobre a tese

Nesses argumentos conflitantes, não procurei a ilusão para estabelecer uma prova de advogado, prova que se aproveita da imprudência do adversário e que se beneficia à vontade do apelo que se faz a uma lei equívoca para estabelecer as próprias pretensões injustas sobre a refutação dessa lei. Cada um desses argumentos é extraído da natureza das coisas, deixando de lado o proveito que poderia nos fornecer os paralogismos criados por conclusões errôneas a que chegaram dogmáticos das duas facções.

(*) O espaço é simplesmente a forma da intuição externa (a intuição formal), mas não um objeto real que possa ser intuído externamente. O espaço, antes de todas as coisas que o determinem (o preencham ou o limitem), ou melhor que dão uma *intuição empírica* que se regula sob sua forma com o nome de espaço absoluto é tão-somente a simples possibilidade dos fenômenos externos, desde que possam existir por si mesmos ou ser acrescidos a fenômenos dados. Portanto, a intuição empírica não é composta de fenômenos e do espaço (da percepção e da intuição vazia). Um não é o correlativo da síntese do outro, mas estão reunidos em uma só e mesma intuição empírica como matéria e forma dessa intuição. Se quiséssemos separar um desses elementos do outro (o espaço separado de todos os fenômenos), resultaria em todos os tipos de determinação vazia da intuição externa que, no entanto, não são percepções possíveis; por exemplo, o movimento ou o descanso do mundo em um espaço infinito e vazio, o que é uma determinação de relacionamento de duas coisas entre si que nunca pode ser percebida e que, por conseguinte, também é o predicado de um simples ser de razão.

Eu poderia também provar a tese aparentemente, apresentando, segundo o costume dos dogmáticos, um conceito viciado da infinidade de uma magnitude dada. Uma magnitude é *infinita* quando não é possível existir outra maior (ou seja, que ultrapasse a multiplicidade contida em uma unidade dada). Ora, nenhuma multiplicidade pode ser a maior porque é sempre possível acrescentar-lhe uma ou mais unidades. Portanto, uma magnitude infinita dada é impossível e, por conseguinte, também um mundo infinito (tanto na relação da série escoada quanto àquela da extensão); portanto, ele é limitado dos dois lados. Eu poderia ter apresentado minha prova dessa forma, mas esse conceito não está de acordo com o que entendemos por um todo infinito. Não é possível com isso representar *quão grande é esse todo* e, portanto, o seu conceito não é aquele de um *maximum*, mas percebe-se unicamente a sua relação com uma unidade escolhida arbitrariamente e em relação à qual ele é maior que qualquer número. Quer se considere a unidade maior, quer se considere a unidade menor, o infinito também será maior ou menor, mas a infinidade, consistindo simplesmente na relação com essa unidade dada, permanecerá sempre a mesma, embora a magnitude do todo não tenha sido conhecida dessa forma. De fato, esse conceito realmente não trata disso.

O verdadeiro conceito transcendental da infinidade é que a síntese sucessiva da unidade na medida de um quantum não possa nunca ser concluída.(*) Segue-se então que não é possível que se tenha escoado uma eternidade de estados reais que se sucedam uns aos outros até um determinado momento (o momento presente) e que dessa forma o mundo deve ter um começo.

Quanto à segunda parte da tese, a dificuldade de uma série infinita e no entanto escoada desaparece pois os elementos diversos de um mundo infinito em extensão são dados *simultaneamente*. Mas para perceber a totalidade dessa multiplicidade, como não podemos invocar limites que constituam por si mesmos essa totalidade na intuição, deveremos prestar conta do nosso conceito que, neste caso, não pode, de forma alguma, dirigir-se à multiplicidade determinada das partes, mas, ao contrário, deverá mostrar a possibilidade de um todo pela síntese sucessiva das partes. Ora, como essa síntese nunca saberia constituir uma série completa, não é possível imaginar uma totalidade antes dela, e por conseguinte nem tampouco por meio dela. De fato, o conceito da própria

---

(*) Ele também contém uma multiplicidade (em relação à unidade dada) que é maior que qualquer número, que é o conceito matemático do infinito.

totalidade nesse caso é a representação de uma síntese concluída das partes; ora, essa conclusão – e consequentemente o seu conceito – é impossível.

II . Sobre a antítese

A prova da infinidade da série dada do mundo e do conceito do mundo baseia-se no fato de que, na hipótese contrária, um tempo vazio, assim como um espaço vazio, deveriam formar os limites do mundo. Ora, não me é desconhecido o fato de que se procura fugir dessa consequência pretendendo que possa muito bem haver um limite do mundo, quanto ao tempo e quanto ao espaço, sem que haja necessidade de admitir com isso um tempo absoluto antes do início do mundo, ou um espaço absoluto que se estenda além do mundo real, o que é impossível. Estou perfeitamente de acordo com essa última parte, com a opinião sustentada pelos filósofos da escola de LEIBNIZ. O espaço é simplesmente a forma da intuição externa, mas não um objeto real que possa ser intuído externamente; também não é um correlativo dos fenômenos, mas a forma dos próprios fenômenos. O espaço não pode preceder absolutamente (sozinho) como alguma coisa determinante na existência das coisas, pois não é um objeto, mas unicamente a forma de objetos possíveis. Consequentemente, as coisas como fenômenos determinam bem o espaço, quero dizer que entre todos os seus predicados possíveis (magnitude e relação) fazem com que essas e aquelas pertençam à realidade, mas o espaço não pode, reciprocamente, como alguma coisa que exista por si, determinar a realidade das coisas em relação à magnitude ou à forma, pois nada tem de real em si mesmo. Então, é bem possível que um espaço (cheio ou vazio) (*) seja limitado por fenômenos, mas os fenômenos não podem ser *limitados por um espaço vazio* fora deles. Isso também é próprio do tempo. Ora, admitindo tudo isso, é portanto incontestável ser necessário admitir esses dois não-seres: o espaço vazio fora do mundo e o tempo vazio antes do mundo, assim que se admita um limite do mundo, quer seja quanto ao espaço, quer seja quanto ao mundo.

De fato, no que diz respeito ao subterfúgio por meio do qual queremos fugir da consequência que nos faz dizer, caso o mundo tenha limites (quanto ao tempo

---

(*) É fácil notar que com isso queremos dizer que *o espaço vazio enquanto limitado por fenômenos*, ou seja, espaço vazio dentro do mundo, não contradiz os princípios transcendentais e que, por conseguinte, ele poderia ser admitido em relação a esses princípios, embora a sua possibilidade não seja com isso afirmada.

ou quanto ao espaço), o vazio infinito deve determinar a existência das coisas reais quanto à sua grandeza; esse subterfúgio, sem dúvida, consiste em substituir o *mundo sensível* por um certo mundo inteligível do qual nada conhecemos; substituir o primeiro começo (uma existência que precede um tempo de não-existência) por uma existência que *não supõe nenhuma outra condição* no mundo; e finalmente, substituir os limites da extensão por *fronteiras* do Universo, evitando, desta forma, encontrar no caminho o tempo e o espaço. Mas estamos aqui tratando somente do mundo dos fenômenos e de sua magnitude, e portanto não se deve, de forma alguma, fazer abstração das condições já expostas da sensibilidade sem destruir a sua essência. Se o mundo sensível for limitado, ele reside necessariamente no vazio infinito. Se quisermos deixar esse vazio de lado e, por conseguinte, o espaço em geral na qualidade de condição *a priori* da possibilidade dos fenômenos, então todo o mundo sensível desaparece. Mas o mundo é tudo que nos é dado em nosso problema. O mundo inteligível nada mais é do que o conceito universal de um mundo em geral no qual se faz abstração de todas as condições de sua intuição, e portanto, a respeito do qual nenhuma proposição sintética, seja ela afirmativa ou negativa, pode possivelmente ser afirmada.

SEGUNDO CONFLITO DAS IDEIAS TRANSCENDENTAIS

Tese

Toda substância composta no mundo se compõe de partes simples e nada mais existe sem ser o simples e o que é composto dele.

Prova

De fato, se admitirmos que as substâncias não são compostas de partes simples, ao suprimir do pensamento toda composição, nenhuma parte composta subsistiria e (como não há partes simples) tampouco sobraria qualquer parte simples e, por consequência, absolutamente nada; por conseguinte, nenhuma substância seria dada. Então, ou é impossível suprimir pelo pensamento toda composição, ou é preciso que, após essa supressão, permaneça alguma coisa que subsista sem qualquer composição, isto é, o simples. Mas no primeiro caso o composto não se comporia de substâncias (pois nelas a composição é uma relação acidental das substâncias, sem a qual elas deveriam subsistir como seres existentes por si mesmos). Ora como esse caso contradiz a hipótese, nada mais resta que o segundo, ou seja, o composto substancial no mundo como formado de partes simples. Segue-se daí imediatamente que as coisas do mundo são todas seres simples, que a composição nada mais é que um estado externo dessas coisas e que, embora não possamos nunca derivar completamente essas substâncias elementares desse estado de unificação e isolá-las, a razão deve, entretanto, supô-las como os primeiros sujeitos de toda composição e, por conseguinte, como seres simples anteriormente a essa composição.

Antítese

Nenhuma coisa composta no mundo é formada de partes simples e nada de simples existe no mundo.

Prova

Suponhamos que uma coisa seja composta (uma substância) de partes simples. Como toda relação externa, assim como toda composição de substâncias somente são possíveis no espaço, o composto deve necessariamente ser formado de outras tantas partes quantas houver no espaço que ocupa. Ora, o espaço não se compõe de partes simples, mas de espaços. Dessa forma, toda parte do composto deve ocupar um espaço. Mas as partes absolutamente primeiras de todo o composto são simples. Assim, o simples ocupa um espaço. Ora, como tudo que é real ocupa um espaço, ele encerra em si elementos diversos que se encontram uns fora de outros e como, por conseguinte, ele é composto, e isso, é verdade, na qualidade de composto real, não de acidentes (pois os acidentes não podem ser externos uns para com os outros sem substância), mas de substâncias, segue-se que o simples seria um composto substancial; e isso é contraditório.

A segunda proposição da antítese, que no mundo nada existe de simples, deve aqui somente significar que a existência do absolutamente simples não pode ser comprovada por qualquer experiência nem por qualquer percepção, seja externa ou interna, e que assim o absolutamente simples é tão-somente uma simples ideia cuja realidade objetiva jamais pode ser demonstrada em qualquer experiência possível e que, por conseguinte, na exposição dos fenômenos ela não tem aplicação nem objeto. De fato, admitindo que se possa encontrar para essa ideia transcendental um objeto da experiência, seria preciso que a intuição empírica de algum objeto fosse reconhecida como uma intuição que não contivesse absolutamente elementos externos diversos uns dos outros e reconduzi-los à unidade. Ora, como daquilo que não temos consciência de um tal diverso, não é possível concluir com a inteira impossibilidade desses elementos diversos em alguma intuição de um objeto (*Objekt*) e que isso, portanto, é completamente necessário para a simplicidade absoluta; segue-se que essa simplicidade não pode ser concluída de nenhuma percepção qualquer que ela seja. Como a título de objeto (*Objekt*) absolutamente simples, nada pode jamais ser dado, não importa em que experiência possível e que o mundo sensível deva ser considerado como o conjunto de todas as experiências possíveis, nada havendo de simples que seja dado nele.

Portanto, a segunda proposição da antítese vai muito mais longe do que a primeira que somente suprime o simples da intuição do composto, enquanto esta a exclui de toda a natureza; consequentemente, não foi possível provar esta segunda proposição pelo conceito de um objeto dado da intuição externa (do composto), mas pela sua relação com uma experiência possível em geral.

OBSERVAÇÃO SOBRE A SEGUNDA ANTINOMIA

I . Sobre a tese

Quando falo de um todo que se compõe necessariamente de partes simples, quero me referir a um todo substancial como o próprio composto, ou seja, a unidade acidental do diverso que, *dada separadamente* (pelo menos no pensamento), é levada em conexão recíproca e, desse modo, forma um todo. Não deveríamos propriamente chamar o espaço de composto, mas de um todo, pois suas partes são possíveis somente no todo, e não o todo pelas partes. De qualquer forma, deveria ser chamado de composto ideal e não de composto real. Mas essa é uma mera sutileza. Como o espaço não é um composto de substâncias (nem mesmo de acidentes reais), se eu suprimir dele toda composição, nada deverá sobrar, nem mesmo o ponto, pois este somente é possível como limite de um espaço (e por conseguinte, de um *composto*). Portanto, o espaço e o tempo não se compõem de partes simples. O que pertence somente ao estado de uma substância, apesar de possuir uma magnitude (por exemplo, a alteração), também não se compõe do simples, ou seja, que certo grau de alteração não resulta de um acréscimo de várias alterações simples. Nossa inferência do composto ao simples somente se aplica às coisas que subsistem por si mesmas. Portanto, é fácil arruinar a prova da necessidade do simples, dado como formando as partes constitutivas de todo composto substancial e assim perder sua causa em geral, estendendo essa prova longe demais e querendo torná-la válida para todo composto sem distinção como, na realidade, já foi feito várias vezes.

Além disso, estou aqui falando somente do simples desde que seja dado necessariamente no composto, pois este pode ser resolvido no simples, como suas partes constitutivas. O significado correto da palavra *mônada* (no sentido que LEIBNIZ lhe dá) deveria referir-se somente ao simples que é *imediatamente* dado como substância simples (por exemplo, na consciência de si mesmo) e não como elemento do composto, elemento que seria melhor chamar de átomo. E como quero demonstrar as substâncias simples somente em relação ao composto do qual são os elementos, poderia nomear a tese da segunda antinomia de *atomística* transcendental. Mas como esse termo é utilizado há muito tempo para designar uma forma particular de explicação dos fenômenos corpóreos (*molecularum*) e que também supõe conceitos empíricos, poderemos chamá-la de princípio dialético da *Monadologia*.

II. Sobre a antítese

Contra essa proposição de uma divisão infinita da matéria cuja demonstração é simplesmente matemática, objeções foram levantadas por *monadistas*; entretanto, essas objeções colocam os monadistas sob suspeita por não quererem concordar com as mais claras provas matemáticas, a possibilidade de poderem adquirir algum conhecimento da natureza do espaço, contanto que seja, de fato, a condição formal da possibilidade de toda matéria e de não considerá-las, ao contrário, unicamente como consequências extraídas de conceitos abstratos, mas arbitrários, que não poderiam ser aplicados a coisas reais; tudo como se fosse possível imaginar outra espécie de intuição que não fosse aquela, dada na intuição originária do espaço e como se as determinações *a priori* desse espaço não atingissem ao mesmo tempo tudo que somente é possível para a condição de preencher esse espaço. Se os escutássemos, seria preciso, além do ponto matemático que é simples e que não é uma parte, mas simplesmente o limite de um espaço, imaginar ainda pontos físicos que, na verdade, também são simples, mas que têm o privilégio, como partes do espaço, de preenchê-lo por sua simples agregação. Sem aqui retomar as contradições comuns e claras desse absurdo, contradições que se apresentam em grande número, como de resto é totalmente fútil querer atacar sutilmente a evidência matemática com conceitos apenas discursivos, limito-me a observar que se a Filosofia aqui estiver em controvérsia com a Matemática, é unicamente porque ela esquece que nessa questão estamos tratando apenas dos fenômenos e de suas condições. Entretanto, não é suficiente encontrar para o *conceito intelectual* puro do composto, o conceito do simples, mas é preciso encontrar a *intuição* do simples para a intuição do composto (da matéria) e isto é completamente possível segundo as leis da sensibilidade e consequentemente também nos objetos dos sentidos. Então, podemos sempre admitir de um todo de substâncias, concebido simplesmente pelo entendimento puro, que devemos ter o simples antes de qualquer composição desse todo; mas isso não se aplica ao *totum substantiale phaenomenon* que, como intuição empírica no espaço, implica essa propriedade necessária de que nenhuma parte dele seja simples, pois nenhuma parte do espaço é simples. Entretanto, os monadistas foram hábeis a ponto de querer evitar essa dificuldade, não admitindo o espaço como uma condição da possibilidade dos objetos da intuição externa (dos corpos) e supondo, ao contrário, essa intuição e a relação dinâmica das substâncias em geral como condição da possibilidade do espaço. Ora, somente há um conceito dos corpos, contanto que sejam fenômenos e, como tais, eles supõem necessariamente o espaço como a condição da possibilidade de todo fenômeno externo. Essa fuga do problema é portanto fútil e já foi suficientemente desmascarada na Estética transcendental. Se os corpos fossem coisas em si, a prova dos monadistas seria incontestavelmente válida.

A segunda afirmação dialética tem essa particularidade de que contra ela há uma afirmação dogmática que, entre todas as afirmações sofísticas, ela seja a única que se preocupa em demonstrar peremptoriamente em um objeto da experiência a realidade do que enaltecemos no número de ideias transcendentais, ou seja, a simplicidade absoluta da substância, o que representa que o objeto do sentido interno, o "eu" que pensa, seja uma substância absolutamente simples. Sem querer estender-me agora sobre este ponto (que foi anteriormente examinado em detalhes), limito-me a observar que se alguma coisa for concebida simplesmente como objeto, sem nela acrescentar alguma determinação sintética de sua intuição (como acontece precisamente para a representação totalmente exposta, "eu") não posso seguramente perceber nada de diverso nem tampouco qualquer composição em uma tal representação. Além disso, como os predicados pelos quais concebo esse objeto são simplesmente intuições do sentido interno, nada posso encontrar neles que comprove uma diversidade de elementos externos entre si e, por conseguinte, nenhuma composição real. Portanto, a autoconsciência apresenta isto de particular que, pelo fato de que o sujeito que pensa ser ao mesmo tempo o seu próprio objeto (*Objekt*), ele não pode se autodividir (embora possa dividir as determinações que lhe são inerentes): pois em relação consigo mesmo, todo objeto é uma unidade absoluta. Também é verdade que se considerarmos esse sujeito *externamente* como um objeto da intuição, ele manifestará, no entanto, uma composição no fenômeno. Ora, é sempre desta forma que é preciso considerá-lo quando queremos saber se nele há ou não elementos diversos *externos* uns aos outros.

TERCEIRO CONFLITO DAS IDEIAS TRANSCENDENTAIS

Tese

Segundo as leis da natureza, a causalidade não é a única da qual possam ser derivados todos os fenômenos do mundo. Para explicar esses fenômenos é preciso ainda admitir que exista outra causalidade, a causalidade da liberdade.

Prova

Se admitirmos que não haja outra causalidade além daquela que se baseia nas leis da natureza, tudo *que acontece* supõe um estado precedente ao qual ele inevitavelmente segue de acordo com uma regra. Ora, o estado precedente deve ser ele mesmo alguma coisa que aconteceu (que veio a acontecer num tempo em que ele não existia anteriormente), pois, se ele sempre existiu, sua consequência também teria sempre existido e não simplesmente começado a existir. A causalidade da causa pela qual alguma coisa acontece é, portanto, ela mesma alguma coisa acontecida, o que supõe, por sua vez, segundo as leis da natureza, um estado precedente e sua causalidade e este, da mesma forma, supõe um estado ainda anterior, etc. Consequentemente, se tudo acontece segundo as simples leis da natureza, existe sempre um começo subalterno, mas nunca um primeiro início e, por conseguinte em geral, nenhuma integralidade da série do lado das causas que derivam umas das outras. Ora, a lei da natureza consiste em que nada acontece sem uma causa suficientemente determinada *a priori*. Dessa forma, esta proposição: "toda causalidade somente é possível segundo as leis da natureza", ela mesma se contradiz em sua generalidade ilimitada, e essa causalidade não pode consequentemente ser admitida como sendo a única.

Devemos então admitir uma causalidade pela qual alguma coisa acontece sem que a causa seja determinada de acordo com as leis necessárias por outra causa que a preceda, ou seja, uma *espontaneidade absoluta* das causas capaz *ela mesma* de iniciar uma série de fenômenos que se desenvolverá segundo as leis da natureza e, por conseguinte, uma liberdade transcendental sem a qual, mesmo no decurso da natureza, a série sucessiva de fenômenos jamais é completa do lado das causas.

Antítese

Não há liberdade, pois no mundo tudo acontece unicamente segundo as leis da natureza.

Prova

Suponhamos que haja uma *liberdade* no sentido transcendental, ou seja, um tipo particular de causalidade segundo o qual os acontecimentos do mundo poderiam ocorrer, um poder de absolutamente iniciar um estado e, portanto, também uma série de consequências desse estado; segue-se então que não somente uma série terá o seu absoluto início em virtude dessa espontaneidade, mas também deverá absolutamente iniciar a determinação dessa própria espontaneidade, devido à produção da série, ou seja, a causalidade, de tal forma que nada precede quem determina, segundo as leis constantes, essa ação que acontece. Mas todo início de ação pressupõe um estado de causa que ainda não está agindo e um primeiro início dinâmico de ação pressupõe um estado que não tenha nenhuma ligação de causalidade com o estado precedente dessa mesma causa, ou seja, que não derive dela de nenhuma forma. Por conseguinte, a liberdade transcendental é oposta à lei da causalidade, e a tal ligação de estados sucessivos de causas eficientes, segundo a qual nenhuma unidade da experiência é possível, unidade esta que não se encontra também em nenhuma experiência, nada mais é que um ser pensante vazio.

É somente na natureza que devemos buscar a conexão e a ordem dos acontecimentos do mundo. A liberdade (a independência) com respeito às leis da natureza é, em verdade, uma *liberação* da *compulsão*, como também da *orientação* de todas as regras. De fato, não podemos dizer que no lugar da natureza, as leis da liberdade se introduzem na causalidade do curso do mundo, pois se a liberdade fosse determinada em conformidade a leis ela não seria liberdade, mas tão-somente natureza. Natureza e liberdade transcendental diferem portanto entre si como a conformidade às leis e como a não conformidade às próprias. A natureza realmente impõe sobre o entendimento a dificuldade de sempre buscar mais além a origem dos acontecimentos na série das causas, pois sua causalidade é sempre condicionada. Mas em compensação ela promete, por sua vez, uma unidade de experiência universal e conforme à lei. Ao contrário, a ilusão da liberdade oferece um ponto de descanso ao entendimento que continua buscando a conexão das causas, levando-o a uma causalidade incondicionada que começa a agir por si mesma; mas como essa causalidade é cega, ela quebra a conexão das regras que tornam possível uma experiência universalmente ligada.

OBSERVAÇÃO SOBRE A TERCEIRA ANTINOMIA

I. Sobre a tese

A ideia transcendental da liberdade está longe de formar todo o conteúdo do conceito psicológico com esse nome, conceito que, em grande parte, é empírico; ela só constitui o conceito da espontaneidade absoluta da ação como fundamento próprio da imputabilidade dessa ação. Entretanto, ela é o verdadeiro empecilho da Filosofia que encontra dificuldades intransponíveis para admitir esse tipo de causalidade incondicionada. O que sempre confundiu muito a razão especulativa no tratamento da questão da liberdade da vontade é estritamente o aspecto *transcendental* cujo único objetivo é a questão de saber se deve ser admitido um poder capaz de iniciar por *si mesmo* uma série de coisas ou de estados sucessivos. Como poderia ser possível um tal poder? Neste caso, esta não é necessariamente uma pergunta que exige uma resposta, pois precisamos contentar-nos com a causalidade que ocorre segundo as leis naturais, reconhecer *a priori* que uma causalidade desse tipo deve ser pressuposta, embora não compreendamos absolutamente como é possível que, por meio de certa existência, a existência de outra coisa seja determinada e que nós nos achemos assim forçados a considerar unicamente a experiência. Ora, nós não demonstramos adequadamente a necessidade de criar da liberdade, um primeiro início de uma série de fenômenos que é tão indispensável para dar uma origem concebível ao mundo, enquanto todos os estados sucessivos possam ser tomados como uma derivação que resulta de simples leis naturais. Mas devido ao fato de que o poder de iniciar de forma totalmente espontânea uma série no tempo já foi comprovado uma vez (embora não fosse compreendido), também nos é permitido agora fazer começar espontaneamente, com relação à causalidade, diversas séries no decurso do mundo e atribuir às suas substâncias um poder de agir em virtude da liberdade. Ao mesmo tempo, não deixemos que esse mal-entendido nos impeça de chegar à conclusão de que, como uma série que acontece no mundo somente pode ter um início relativamente primeiro, o que é sempre precedido no mundo por um outro estado de coisas, nenhum primeiro início de uma série é possível durante o decurso do mundo. De fato, não estamos falando aqui de um início absolutamente primeiro quanto ao tempo, mas quanto à causalidade. Se (por exemplo) eu me levantar agora de meu assento com total liberdade e sem sofrer a influência necessariamente determinante de causas naturais, com este acontecimento e com todas as suas consequências naturais *ad infinitum*, começa absolutamente uma nova série, embora, com relação ao tempo, este acontecimento seja tão-somente a continuação de uma série precedente. Essa resolução e essa minha ação não fazem parte de uma sequência de efeitos puramente naturais e tampouco são uma sua mera continuação, mas as causas naturais determinantes cessam totalmente dentro da série com relação a esse acontecimento antes de ser completada, e esse acontecimento, sem dúvida, lhes sucede, mas não *deriva* delas; portanto, não é do ponto de vista do tempo que ele deve ser chamado de um início absolutamente primeiro de uma série de fenômenos, mas com relação à causalidade.

O que confirma amplamente onde se encontra *a necessidade* da razão em fazer apelo, na série das causas naturais, a um primeiro início que resulte da liberdade, fazendo com que seja claramente observado que todos os filósofos da Antiguidade (com exceção da escola epicúrea) viram-se obrigados a admitir, para os movimentos do mundo, um *primeiro motor*, ou seja, uma causa agindo livremente que por primeiro e por si mesmo iniciou uma série de estados. De fato, não fizeram nenhuma tentativa para tornar concebível um primeiro início por meio dos recursos da própria natureza.

II. Sobre a antítese

Aquele que defenderia a onipotência da natureza (*fisiocracia* transcendental) contra a doutrina da liberdade poderia opor às conclusões sofísticas dessa doutrina uma seguinte proposição: *Se não se admitisse no mundo nada de matematicamente primeiro com relação ao tempo, também não seria necessária alguma coisa de dinamicamente primeiro com relação à causalidade.* Quem os encarregou de imaginar um estado absolutamente primeiro do mundo e, por conseguinte, um início absoluto da série de fenômenos sucessivos, e impondo limites à natureza ilimitada a fim de buscar um ponto de descanso à sua imaginação? Visto que as substâncias sempre estiveram no mundo – pelo menos a unidade da experiência torna necessária tal suposição – não há nenhuma dificuldade em admitir também que a mudança de seus estados, ou seja, uma série de suas mudanças, sempre existiu e, portanto, não há necessidade de procurar um primeiro início, tanto matemático quanto dinâmico. Não é possível compreender como pode haver tal derivação infinita sem um primeiro membro em relação ao qual todos os outros lhe são meramente sucessivos. Mas se por este motivo se recusarem a reconhecer esses enigmas da natureza, vocês serão compelidos a rejeitar diversas propriedades fundamentais sintéticas (forças fundamentais) que lhes é tampouco possível permitido compreender, e até mesmo a possibilidade de uma mudança em geral deva lhes parecer chocante. De fato, não poderiam nunca imaginar *a priori* como é possível uma tal sucessão perpétua de ser e de não-ser.

Mesmo que uma faculdade transcendental de liberdade fosse admitida para iniciar as alterações do mundo, esse poder, em todo caso, teria de estar fora do mundo (embora esta seja sempre uma pretensão temerária de ser admitida, fora do conjunto de todas as intuições possíveis, um objeto que não possa ser dado em qualquer percepção possível). Mas no próprio mundo, nunca pode ser permitido que alguém atribua um tal poder às substâncias, pois desapareceria em grande parte a conexão dos fenômenos que entre si necessariamente se determinam segundo leis universais, conexão que denominamos natureza, e com essa conexão desapareceria o critério da verdade empírica que distingue a experiência do sonho. De fato, com esse tipo de poder de liberdade isento de leis, apenas é possível ainda pensar na natureza, pois as leis dessa natureza seriam infinitamente modificadas pela influência da liberdade, e o jogo dos fenômenos que seria uniforme e regular segundo a simples natureza seria reduzido à desordem e à incoerência.

QUARTO CONFLITO DAS IDEIAS TRANSCENDENTAIS

I. Tese

O mundo implica alguma coisa que seja como uma sua parte, ou como uma sua causa, um ser absolutamente necessário.

Prova

O mundo sensível como conjunto de todos os fenômenos contém ao mesmo tempo uma série de alterações. De fato, sem essa série, a própria representação da série do tempo como condição da possibilidade do mundo sensível não nos seria dada.(*)

(*) O tempo, como condição formal da possibilidade das alterações, é, de fato, objetivamente anterior a elas, mas subjetivamente e na realidade da consciência essa representação, como todas as outras, somente é dada em conexão com as percepções.

Mas toda alteração é submetida a uma condição que a precede no tempo e da qual é a sequência necessária. Ora, um todo condicionado que é dado pressupõe relativamente à sua existência uma série completa de condições até o incondicionado absoluto que é o único absolutamente necessário. É preciso que exista alguma coisa de absolutamente necessária para que uma alteração exista como sua consequência. Mas o necessário pertence ele mesmo ao mundo sensível. De fato, suponhamos que ele esteja fora do mundo, a série de alterações do mundo derivaria dele o seu início sem que, entretanto, essa causa necessária ela mesma pertencesse ao mundo sensível. Ora, isto é impossível. De fato, como o início de uma sequência somente pode ser determinado pelo que o precede no tempo, a condição suprema do início de uma série de mudanças deveria existir no tempo durante o qual essa série ainda não existisse (pois o início é uma existência que precede um tempo no qual a coisa que inicia ainda não existia). A causalidade da causa necessária das mudanças – por conseguinte, também a própria causa – pertence então ao tempo e, consequentemente, ao fenômeno (no qual somente o tempo é possível como a sua forma); portanto, não é possível concebê-la separada do mundo sensível, do conjunto de todos os fenômenos. Então, há no próprio mundo alguma coisa de absolutamente necessária (que seja a série inteira do mundo ou uma parte dessa série).

II. Antítese

Não existe em nenhum lugar, no mundo ou fora dele, um ser absolutamente necessário como sendo a sua causa.

Prova

Suponhamos que o mundo seja ele mesmo um ser necessário, ou que haja nele um ser necessário: haveria na série de suas alterações um início que seria absolutamente necessário, ou seja, sem causa, o que é contrário à lei dinâmica da determinação de todos os fenômenos no tempo; ou então, a própria série não teria qualquer início e, embora contingente e condicionada em todas as suas partes, ela, no entanto, seria no todo absolutamente necessária e incondicionada, o que é contraditório em si mesmo, pois a existência de uma multiplicidade não pode ser necessária quando nenhuma de suas partes possui em si mesma uma existência necessária.

Por outro lado, suponhamos que haja fora do mundo uma causa do mundo absolutamente necessária, então essa causa sendo o primeiro membro na *série das causas* da alteração do mundo, começaria a existência dessa última e de suas séries.(*) Mas então seria preciso que ela começasse também a agir e sua causalidade faria parte do tempo e, desta forma, pertenceria ao conjunto dos fenômenos, ou seja, ao mundo e, consequentemente, a própria causa não estaria fora do mundo, o que contradiz a hipótese. Portanto, não há no mundo nem fora dele (mas em conexão causal com ele) qualquer ser absolutamente necessário.

OBSERVAÇÃO SOBRE A QUARTA ANTINOMIA

I. Sobre a tese

Para provar a existência de um ser necessário, eu só posso me servir aqui de um argumento *cosmológico*, quero dizer de um argumento que se eleve do condicionado dos fenômenos para o incondicionado do conceito, considerando esse incondicionado como condição necessária da totalidade absoluta da série. É preciso que outro princípio da razão procure uma prova na simples ideia de um Ser Supremo entre todos os seres em geral, e essa prova deverá ser tratada separadamente.

Ora, o argumento cosmológico puro somente pode demonstrar a existência de um ser necessário deixando indecisa a questão de saber se esse ser é o próprio mundo ou se é uma coisa diferente do mundo. De fato, para resolver essa questão são necessários princípios que não mais sejam cosmológicos e que não se encontrem na série dos fenômenos; são necessários conceitos de seres contingentes em geral (considerados simplesmente

---

(*) A palavra "começar" pode ter dois sentidos; o primeiro é *ativo* e significa que como causa, ela começa *(infit)* uma série de estados que são seus efeitos. O segundo é *passivo* e significa que a causalidade começa *(fit)* na própria causa. Quero aqui me referir ao primeiro e ao último.

como objetos do entendimento) e um princípio que conecte esses seres a um ser necessário por simples conceitos, e tudo isto é de competência da Filosofia *transcendente* a respeito da qual não estamos ainda em condições de discutir.

Mas uma vez que comecemos a nos servir da prova cosmológica, tomando por fundamento a série de fenômenos e sua regressão segundo as leis empíricas da causalidade, não é mais possível deixá-la bruscamente e passar para alguma coisa que absolutamente não pertença à série como membro. De fato, é preciso que uma causa, em qualidade de condição, seja tomada no mesmo sentido em que foi tomada a relação do condicionado de acordo com sua condição na série que conduzia a essa condição suprema por meio de uma progressão contínua. Ora, se essa relação é sensível e pertence à prática empírica possível do entendimento, a condição ou a causa suprema só pode encerrar as regressões segundo as leis da sensibilidade e, por conseguinte, como pertencendo à série do tempo; e o ser necessário deve ser considerado como o membro mais elevado da série do mundo.

No entanto, alguns pensadores tomaram a liberdade de dar um salto parecido (μεταβασις εις αλλο γενος). A partir das alterações do mundo eles inferiram sua contingência empírica, ou seja, sua dependência de causas empiricamente determinantes conseguindo, desta forma, uma série ascendente de condições empíricas, o que de resto era totalmente correto. Mas como não era possível encontrar qualquer primeiro início nem tampouco um membro supremo, eles se afastaram subitamente do conceito empírico da contingência e trataram da categoria pura que forneceu então uma série simplesmente inteligível cuja integridade se baseava na existência de uma causa absolutamente necessária que, além disso, não estando mais ligada a qualquer condição sensível, encontrava-se também liberada da condição cronológica para ela mesma começar a sua causalidade; o procedimento é totalmente ilegítimo, como poderemos concluir pelo que segue.

No estrito significado da categoria, o contingente é assim chamado porque seu oposto contraditório é possível. Ora, não é absolutamente possível argumentar da contingência empírica para a contingência inteligível. O que muda é aquilo cujo oposto (o oposto de um estado) é real em outro tempo e portanto, também possível; consequentemente, esse estado não é o oposto contraditório de um estado precedente. Seria preciso que para isso, ao mesmo tempo em que se encontrasse o estado precedente, o contrário desse estado pudesse ter sido encontrado em seu lugar, o que não pode, de forma alguma, ser inferido da alteração. Um corpo que estava em movimento (= A) vem a descansar (= não-A). Ora, a partir do fato de que um estado oposto ao estado A siga esse estado A, não podemos argumentar que o oposto contraditório de A seja possível, e que A seja portanto contingente; pois para isso seria preciso que ao mesmo tempo em que o movimento ocorresse, o descanso pudesse ter ocorrido em seu lugar. Tudo o que sabemos é que o descanso foi real no tempo seguinte e, consequentemente, seria possível. Mas o início num tempo e o descanso em outro tempo não são opostos contraditoriamente entre si. A sucessão de determinações opostas, ou seja, a alteração não prova então, de forma nenhuma, a contingência segundo os conceitos do entendimento puro e, portanto, não pode conduzir segundo esses conceitos puros do entendimento para a existência de um ser necessário. A alteração somente prova as contingências empíricas, ou seja, que o novo estado, em virtude da lei da causalidade, não pode ocorrer por si mesmo sem nenhuma causa que pertença ao tempo precedente. Essa causa que assim mesmo seria considerada como absolutamente necessária deve, dessa forma, encontrar-se no tempo e fazer parte da série dos fenômenos.

II. Sobre a antítese

Se pensarmos encontrar dificuldades ao ascender a série de fenômenos para afirmar a existência de uma causa suprema absolutamente necessária, elas não devem se basear simples conceitos da existência necessária de uma coisa em geral e, por conseguinte, que resultem da conexão causal que somos forçados a admitir para uma série de fenômenos, a fim de encontrar para essa série uma condição que seja ela mesma incondicionada e, por conseguinte, elas devem ser cosmológicas e deduzidas segundo as leis empíricas. De fato, trata-se de mostrar que, ascendendo na série das causas (no mundo sensível), não devemos nunca parar em uma condição empiricamente incondicionada e do fato que o argumento cosmológico derivado da contingência dos estados do mundo, devido às suas alterações, seja contrário à suposição de uma causa primeira que inicia absolutamente a série.

Mas existe nessa antinomia um contraste surpreendente: o mesmo argumento que servia para inferir na tese a existência de um ser primordial, serve para inferir a sua não-existência na antítese com um mesmo rigor. Dizia-se antes: *Existe um ser necessário* porque todo o tempo passado contém a série de todas as condições e, por conseguinte, o incondicionado (o necessário); Agora dizem: *Não existe um ser necessário* justamente porque todo o tempo escoado contém a série de todas as condições (que, por conseguinte e por sua vez, são condicionadas). Aqui está o motivo. O primeiro argumento somente considera a *totalidade absoluta* da série das condições pelas quais uma determina a outra no tempo, e com isso adquire alguma coisa de incondicionado e de necessário. O segundo, ao contrário, considera *a contingência* de tudo que é determinado na *série do tempo* (pois anteriormente a toda determinação existe um tempo onde a própria condição, por sua vez, deve ser determinada como condicionada), o que faz com que desapareça completamente todo incondicionado e toda necessidade absoluta. No entanto, a maneira de inferir está, nos dois casos, totalmente em conformidade com a razão comum à qual ocorre muitas vezes dela mesma se contradizer ao considerar seu objeto sob dois pontos de vista diferentes. M. DE MAIRAN estimava que a disputa que havia surgido entre dois célebres astrônomos, disputa que tratava de uma dificuldade parecida sobre a determinação do ponto de vista, era um fenômeno bastante interessante para justificar o seu especial tratado a respeito. Um astrônomo dizia: *A Lua gira ao redor de seu eixo,* pois mostra constantemente à Terra o mesmo lado; e o outro dizia: *A Lua não gira ao redor de seu eixo,* justamente porque apresenta à Terra sempre o mesmo lado. As duas conclusões eram corretas segundo o ponto de vista do lugar que cada qual havia escolhido para observar a Lua.

TERCEIRA SEÇÃO

Do interesse da razão nesses conflitos

Temos agora diante de nós todo o jogo dialético das ideias cosmológicas que não permitem que um objeto correspondente lhes seja dado em uma experiência possível, nem mesmo que a razão as conceba em harmonia com as leis gerais da experiência e que, no entanto, não são imaginadas arbitrariamente, mas para as quais a razão é necessariamente conduzida no progresso contínuo da síntese empírica quando ela quer libertar de toda condição e abarcar em sua totalidade incondicionada o que somente pode ser determinado, condicionalmente, pelas regras da experiência. Essas afirmações dialéticas são outras tantas tentativas feitas para resolver quatro problemas naturais e inevitáveis da razão; esse número não é nem maior nem menor, pois não há mais do que quatro séries de suposições sintéticas que limitam *a priori* a síntese empírica.

    Nós somente apresentamos as brilhantes pretensões da razão estendendo seu domínio além de todos os limites da experiência, a partir de fórmulas secas que contêm simplesmente o princípio de suas legítimas exigências e, como convém a uma Filosofia transcendental, removemos todo elemento empírico, embora as afirmações da razão só possam brilhar em todo seu esplendor em virtude de sua conexão com esse empírico. Mas nessa aplicação e nessa extensão progressiva da prática da razão, a Filosofia, partindo do campo da experiência e ao elevar-se insensivelmente até essas ideias sublimes, mostra uma tal dignidade que, se ela pudesse tão somente sustentar suas pretensões, deixaria bem longe, para trás de si, todas as outras ciências humanas, pois promete proporcionar-nos fundamentos para maiores esperanças e abrir-nos visões das derradeiras finalidades para os quais devem definitivamente convergir todos os esforços da razão. Será que o mundo tem um início e um limite em sua extensão no espaço? Existe em algum lugar, quem sabe no "eu" pensante, uma unidade indissolúvel e indivisível ou somente existe o dissolúvel e o perecível? Serei eu livre de minhas próprias ações, ou como todos os outros seres serei eu conduzido pelo fio da natureza e do destino? Haverá, enfim, uma causa suprema do mundo, ou as coisas da natureza e sua ordem formariam o derradeiro objetivo onde devêssemos parar com todas as nossas considerações? Essas são questões cuja solução o matemático doaria de bom grado toda a sua ciência, pois ela não tem condição de nos proporcionar qualquer solução que satisfaça os objetivos mais elevados e mais importantes da humanidade. E no entanto, a dignidade que é própria da Matemática (esse orgulho da razão humana) se baseia no fato de que ela orienta a razão para o conhecimento da natureza em sua ordem e regularidade – tanto em tudo que é grande quanto em tudo que é pequeno – e na extraordinária unidade das forças que a movem, elevando-se para um grau de percepção bem além do que qualquer filosofia baseada na experiência comum nos levaria a esperar; e dessa forma torna possível e incentiva uma prática da razão que excede toda experiência e ao mesmo tempo fornece à Filosofia que trata dessas pesquisas os melhores materiais para apoiá-las, até onde sua natureza permita, sobre intuições convenientes.

Infelizmente para a especulação (mas talvez felizmente para o destino prático do homem), a razão em meio a suas grandes expectativas encontra-se tão comprometida pelo conflito de tantos princípios contraditórios que não podendo, seja por honra ou por interesse de sua segurança, recuar ou olhar com indiferença esse processo como um simples jogo, e podendo ainda menos contentar-se em pedir paz, por ser o objeto da disputa de tão grande interesse, só lhe resta refletir sobre a origem dessa luta da razão consigo mesma para verificar se, por acaso, um simples mal-entendido não seria a causa e se, uma vez resolvido esse mal-entendido, as pretensões orgulhosas das duas partes não desapareceriam para dar lugar ao reino durável e tranquilo da razão sobre o entendimento e os sentidos.

Antes de empreender essa explicação fundamental, examinaremos primeiramente de que lado gostaríamos de nos enfileirar se fôssemos obrigados, de alguma forma, a tomar partido nessa disputa. Como não consultamos nesse caso o critério lógico da verdade, mas simplesmente o nosso interesse, se esta investigação nada decidir em relação ao direito religioso dos dois partidos, ela ainda terá o benefício de fazer compreender por que aqueles que tomam parte dessa disputa favorecem mais um lado que o outro, sem serem levados por um conhecimento mais profundo do objetivo; por outro lado, ela terá ainda o benefício de esclarecer outras coisas, por exemplo: o zelo ardente de uma das partes e a fria afirmação da outra; também explicará porque o mundo aplaude calorosamente uma das partes, enquanto toma o partido de forma implacável e irrevogável contra a outra.

Entretanto, há alguma coisa nesse juízo provisório que determina o único ponto de vista pelo qual é possível estabelecê-lo com solidez conveniente, que é a comparação dos princípios sobre os quais as duas partes se baseiam. Observamos entre as afirmações da antítese uma conformidade perfeita na maneira de pensar e uma completa unidade de máximas, ou seja, um princípio do *empirismo* puro, não somente na explicação dos fenômenos que fazem parte do mundo, mas também na solução das ideias transcendentais do próprio Universo. Ao contrário, as afirmações da tese, além da forma empírica utilizada no decurso da série de fenômenos, tomam por fundamento outros princípios intelectuais e, dessa forma, sua máxima é complexa. Denominarei essa máxima, de acordo com sua característica essencial, de *dogmatismo* da razão pura.

Do lado do *dogmatismo*, na determinação das ideias cosmológicas da razão, isto é, do lado da tese, encontram-se então:

Em primeiro lugar, um certo *interesse prático* ao qual toma partido de todo coração o homem sensato que compreende o seu verdadeiro interesse. Que o mundo tenha um início; que o meu "eu" pensante seja de uma natureza simples e consequentemente incorruptível; que ele esteja ao mesmo tempo livre de suas ações voluntárias e elevado acima da sujeição da natureza e, enfim, que a ordem inteira das coisas que constitui o mundo derive de um ser primeiro que a tudo empreste sua unidade e sua conexão em vista dos objetivos, – estas são as tantas pedras fundamentais da moral e da religião. A antítese nos suprime, ou pelo menos parece suprimir, todos esses suportes.

Em segundo lugar, aqui também há um *interesse especulativo* da razão. De fato, admitindo e utilizando dessa forma as ideias transcendentais, é possível abarcar plenamente *a priori* a conexão inteira das condições e apreender a derivação do condicionado, pois parte-se do incondicionado; é o que não nos permite a antítese que, para ela, é uma recomendação desfavorável. Com relação à questão das condições de sua síntese, ela não pode dar qualquer resposta sem incorrer em um contínuo e interminável questionamento. Segundo a antítese, é preciso progredir de um início dado para outro mais elevado, cada parte conduz a outra ainda menor, cada acontecimento é sempre precedido por outro acontecimento, e as condições da existência em geral se apoiam sempre novamente sobre outras, sem jamais encontrar em uma coisa existente por si mesma, como ser primordial, um suporte ou um apoio incondicionado.

Em terceiro lugar, a tese tem a vantagem da *popularidade* que certamente não é o título inferior de sua recomendação. O sentido comum não encontra a mínima dificuldade nas ideias de um início incondicionado de toda síntese, pois, de resto, ele está mais acostumado a descer para as consequências do que subir para os princípios, e os conceitos do ser absolutamente primeiro (da possibilidade da qual ele não se preocupa nem um pouco) lhe parecem cômodos e lhe fornecem ao mesmo tempo um ponto firme onde pode amarrar o fio por meio do qual orientará os seus movimentos; enquanto ao contrário, ao se elevar constantemente do condicionado para a condição, ele sempre terá um pé no ar e nunca poderá encontrar o bem-estar.

Do lado do *empirismo* na determinação das ideias cosmológicas, ou do lado da *antítese,* encontramos:

Antes de tudo, nenhum interesse prático que resulte de princípios puros da razão, como aquele que contém a moral e a religião. Ao contrário, o simples empirismo parece tirar das duas toda força e toda influência. Se não houver um ser primeiro distinto do mundo; se o mundo for sem início e, por conseguinte, sem criador; se a nossa vontade não estiver livre, e se a alma for tão divisível e perecível quanto a matéria, então as ideias *morais* e seus princípios perderiam todo o seu valor e desabariam com as ideias transcendentais que constituem seus apoios teóricos.

Por outro lado, o empirismo oferece ao interesse especulativo da razão vantagens atraentes que vão muito além das vantagens que pode prometer o ensinamento dogmático das ideias racionais. De acordo com o princípio do empirismo, o entendimento está sempre em seu próprio território, ou seja, no domínio das experiências simplesmente possíveis, investigando suas leis e por meio delas ampliar indefinidamente os seus conhecimentos indubitáveis e evidentes. Aqui, o entendimento pode e deve representar o objeto, tanto para si mesmo quanto para seus relacionamentos, na intuição ou, pelo menos, em conceitos cuja imagem seja clara e distintamente apresentada dentro de intuições análogas dadas. Ele não precisa tão-somente abandonar essa corrente da ordem natural para se amarrar a ideias das quais desconhece os objetos, pois eles nunca podem ser dados a título de seres do pensamento; mas tampouco lhe é permitido abandonar a sua obra nem tampouco, com o pretexto de já ter sido completada, de passar para o domínio da razão idealizadora, nem de ascender aos conceitos transcendentais onde não mais seria obrigado a observar e a seguir, em suas investigações, as leis da natureza, e onde só teria de *pensar* e *inventar*, com a certeza de que nunca seria contestado pelos fatos da natureza, pois não dependeria mais de seu testemunho e teria, ao contrário, o direito de desprezá-las e de submetê-las a uma autoridade superior, ou seja, à autoridade da razão pura.

Portanto, o empirista nunca permitirá que qualquer época da natureza seja considerada como absolutamente primeira, nem considerar como último um limite imposto à sua percepção com relação à extensão da natureza. Tampouco permite qualquer transição aos objetos da natureza – que ele pode analisar pela observação e pela Matemática, e determinar sinteticamente na intuição (da extensão) – àqueles que nem os sentidos nem a imaginação possam jamais representar *in concreto* (ao simples); também não permitirá que se tome como fundamento *na natureza* um poder capaz de agir independentemente das leis da natureza (a liberdade) e que se deprecie assim a tarefa do entendimento, que é a de voltar por meio do fio das leis necessárias à origem dos fenômenos; e enfim, não permitirá que se busque fora da natureza a causa de qualquer coisa (um ser primeiro), pois nada mais conhecemos além dela, sendo ela a única coisa que pode nos fornecer objetos e instruir-nos sobre suas leis.

Se o único propósito do filósofo empírico é contestar a temeridade e a presunção da razão que desconhece sua verdadeira vocação e fizer um alarde de sua *percepção* e de seu *conhecimento* precisamente onde não há mais percepção nem conhecimento, pretendendo fazer considerar como um avanço do interesse especulativo, o que é válido somente em relação aos interesses práticos, e isso com o objetivo de poder, quando ele quiser, romper o fio das investigações físicas, e com o pretexto de estender o seu conhecimento, religar esse fio às ideias transcendentais que nos revelam, na verdade, *que não sabemos nada*; e, como eu disse, se o empirista se contentasse com isso, o seu princípio seria uma máxima que nos estabeleceria a moderação em nossas pretensões, a reserva em nossas afirmações e ao mesmo tempo a maior extensão possível do nosso entendimento sob a orientação do único mestre propriamente disponível: a experiência. De fato, neste caso não seríamos impedidos de usar as *pressuposições* intelectuais e a *fé*, necessárias ao nosso interesse prático; só que nunca lhes seria permitido assumir o título e a dignidade de ciência e de percepção racional, pois *o conhecimento* propriamente especulativo não pode ter outro objeto senão o da experiência, e caso transcendessem os seus limites, a síntese que investiga novos conhecimentos e independentes da experiência, não possuiria qualquer substrato de intuição onde ela possa ser aplicada.

Mas se o próprio empirismo se tornar dogmático com relação às ideias (como frequentemente acontece) e se ele negar incisivamente o que está além da tese de seus conhecimentos intuitivos, ele recai então no defeito da exageração que aqui é muito mais repreensível devido ao dano irreparável então causado ao interesse prático da razão.

O contraste entre o e*picurismo* (*) e o p*latonismo* é dessa natureza.

(*) No entanto, ainda é uma questão de saber se EPICURO chegou a apresentar esses princípios a título de afirmações objetivas. Se, por acaso, eles nada mais eram que máximas da prática especulativa da razão, ele teria demonstrado a este respeito um espírito filosófico mais genuíno do que qualquer sábio da Antiguidade. Que ao explicar os fenômenos é preciso proceder como se o campo da investigação não tivesse qualquer limite nem tampouco estivesse limitado por um início do mundo; que é preciso admitir a matéria do mundo como

Cada uma dessas filosofias diz mais do que sabe. A *primeira* incentiva e faz progredir o conhecimento, mas a prejuízo do interesse prático; a *segunda* fornece ao interesse prático princípios excelentes, mas, do ponto de vista de tudo que somente podemos ter de um conhecimento especulativo, ela permite à razão ligar-se a explicações idealistas dos fenômenos naturais e negligenciar, com relação a esses, a investigação física.

Quanto ao *terceiro* momento que podemos considerar como a escolha provisória entre as duas partes opostas, é totalmente estranho ver que o empirismo não goza absolutamente de qualquer popularidade, embora fôssemos tentados a acreditar que o sentido comum devesse apreender diligentemente um desígnio que promete satisfazê-lo unicamente com conhecimentos experimentais e com a sua conexão em conformidade com a razão, enquanto a dogmática transcendental o obriga a ascender a conceitos que ultrapassam de muito a percepção e o poder racional dos pensadores mais experientes. Mas é justamente o que obriga o sentido comum a tomar partido. De fato, ele se encontra em um estado onde os mais sábios não podem reivindicar nenhuma vantagem sobre ele. Se nada ou pouco entende de tudo isso, ninguém também poderá se gabar de entender mais e, embora não possa se expressar a respeito de maneira mais acadêmica, ele pode, no entanto, raciocinar bem mais que outros, porque fica vagando na região das ideias puras onde somos tão eloquentes, justamente porque *nada sabemos*, enquanto seria preciso permanecer de boca fechada quanto às investigações sobre a natureza e confessar a nossa ignorância. A indolência e a vaidade se juntam para dar um grande suporte a esses princípios. Além disso, embora seja difícil para um filósofo admitir um princípio para o qual não pode encontrar qualquer justificativa e muito menos introduzir conceitos cuja realidade objetiva ele não é capaz de estabelecer, no entanto, nada mais é habitual para o sentido comum. Ele quer ter alguma coisa de onde possa partir com toda segurança. A dificuldade de entender uma tal suposição

---

deve ser admitido se quisermos ser instruídos a respeito pela experiência; que não devemos investigar qualquer outra origem dos acontecimentos senão aquela que é determinada pelas leis imutáveis da natureza e que, finalmente, não devemos recorrer a qualquer causa distinta do mundo; esses são princípios válidos até hoje e muito corretos, mas muito pouco observados, que permitem ampliar o objetivo da Filosofia especulativa e ao mesmo tempo descobrir os princípios da Moral, independentemente de qualquer ajuda de fontes estranhas sem que, por esse motivo, aquele que desejar *ignorar* os princípios dogmáticos, enquanto estivermos tratando da simples especulação, possa ser acusado de querer *negá-los*.

nem sequer o incomoda, porque (como não sabe o que é compreender) ela nunca lhe vem ao espírito e, dessa maneira, ele considera como conhecido o que uma prática frequente lhe tornou familiar. Enfim, para ele todo interesse especulativo desaparece diante do interesse prático e imagina perceber e conhecer o que seus medos ou suas esperanças o levam a admitir e a acreditar. O empirismo da razão idealizadora, de forma transcendental, também é desprovido de toda popularidade e, por mais prejudicial que seja aos primeiros princípios práticos, no entanto não é preciso ter medo que invada os recintos das escolas e que consiga no mundo alguma autoridade e concilie o favor da multidão.

De acordo com a sua natureza, a razão humana é arquitetônica, ou seja, considera todos os conhecimentos como se pertencessem a um sistema possível que, consequentemente, permite unicamente princípios que não impeçam um conhecimento adquirido de se adequarem a outros em um sistema. Mas as proposições da antítese são de tal natureza que tornam absolutamente impossível a realização de uma edificação de conhecimentos. Segundo essas proposições existe sempre, além de cada estado do mundo, outro estado ainda mais antigo; em cada parte, ainda há outras igualmente divisíveis; anterior a cada acontecimento, outro acontecimento que, por sua vez, foi gerado da mesma forma por outro estado qualquer e, consequentemente, na existência em geral, tudo é condicionado sem que se possa reconhecer em qualquer parte uma existência incondicionada e primordial. Portanto, como a antítese não admite, de forma alguma, como primeiro ou o início de qualquer coisa que pudesse servir absolutamente de fundamento para a edificação, um sistema completo de conhecimento é totalmente impossível sob tais hipóteses. É por isso que o interesse arquitetônico da razão (que não exige uma unidade racional empírica, mas uma unidade racional pura *a priori*) contém uma recomendação natural a favor das afirmações da tese.

Mas se o homem pudesse se libertar de todo interesse e, indiferente a respeito de todas as consequências, somente considerasse as afirmações da razão de acordo com o valor de seus princípios, esse homem, presumindo que não conhecesse outro meio para sair do problema, adotasse uma ou outra doutrina presente da oposição, ele então se encontraria num estado de oscilação perpétua. Hoje ele estaria convencido de que a vontade humana é *livre*; amanhã, se ele considerasse a corrente indissolúvel da natureza, teria certeza que a liberdade é tão-somente uma ilusão do "eu" e que tudo é unicamente *natureza*. Entretanto, se ele fosse convocado a agir, esse jogo da razão meramente especulativa desapareceria como fantasmas de um sonho, e escolheria seus princípios somente segundo o interesse prático. No entanto, como convém a um ser reflexivo e investigador consagrar um certo tempo unicamente ao exame de sua própria razão, despojando-se de toda parcialidade e submetendo suas observações abertamente para que outros possam criticá-las, não se poderia repreender nem tampouco impedir que se apresentem teses e antíteses, pois, sem medo de ser ameaçado, é possível sustentá-las na presença de jurados do nosso mesmo nível (ou seja, na presença de homens falíveis).

QUARTA SEÇÃO

Dos problemas transcendentais da razão pura e da absoluta necessidade de uma solução

Querer resolver todos os problemas e responder a todas as perguntas é uma fanfarronada impertinente e uma presunção tão extravagante, que bastariam para pôr a perder de imediato toda a confiança. No entanto, existem ciências cuja natureza é tal que toda questão que se apresente deve absolutamente receber uma resposta a partir do que se conhece, pois é preciso que a resposta se origine das mesmas fontes da questão, e nessas ciências não é permitido pretender uma ignorância inevitável, mas ao contrário, a solução pode ser exigida. Devemos ter a capacidade em todos os casos possíveis, de saber o que é *certo* e o que é *errado* em virtude da regra, pois trata-se aqui da nossa obrigação; por outro lado, não temos obrigação nenhuma quanto ao que *nós não podemos saber*. E na explicação dos fenômenos da natureza, deve haver para nós muitas incertezas e muitas perguntas insolúveis, porque o que conhecemos da natureza está longe de ser suficiente para o que devemos explicar em todos os casos. Trata-se então de saber se na Filosofia transcendental existiria alguma pergunta que se refira a um objeto *(Objekt)* proposto à razão, que seja insolúvel precisamente por meio dessa mesma razão pura, e se teríamos o direito de lhe recusar uma resposta decisiva classificando seu objeto, desde que seja absolutamente incerto (segundo tudo o que podemos conhecer), entre as coisas a respeito das quais, de certo, temos muitas ideias para levantar uma questão, mas a elas não temos nenhum meio nem poder de jamais responder.

Ora, eu afirmo que a Filosofia transcendental tem isso de especial em todo o campo do conhecimento especulativo no qual nenhuma questão que diga respeito a um objeto dado à razão pura possa ser insolúvel para essa mesma razão humana, e para a qual não saberíamos pretender uma ignorância inevitável e a profundidade insondável do problema para livrar-se da obrigação de lhe responder de maneira plena e inteira, pois o mesmo conceito que nos coloca em situação de levantar uma questão também deve tornar-nos absolutamente capazes de responder a essa mesma questão, pois o objeto não está fora do conceito (como a propósito do certo e do errado).

Entretanto, na Filosofia transcendental só existem questões cosmológicas para as quais é possível exigir com razão uma resposta suficiente a respeito da natureza do objeto, sem que seja permitido ao filósofo de abster-se de responder com a desculpa de uma escuridão impenetrável, e essas questões devem referir-se exclusivamente às ideias cosmológicas. De fato, o objeto deve ser dado empiricamente, e a questão deve referir-se somente à sua conformidade com uma ideia. Por outro lado, se o objeto for transcendental e, por conseguinte, ele mesmo desconhecido; se, por exemplo, a questão é saber se essa alguma coisa, cujo fenômeno (em nós mesmos) for pensamento (a alma), é um ser simples em si mesmo; se existe uma causa absolutamente necessária para todas as coisas, etc., o que devemos fazer então é procurar para a nossa ideia um objeto que possamos confessar ser-nos desconhecido, mas sem que por isso ele seja impossível.(*) Somente as ideias cosmológicas possuem essa propriedade pela qual elas podem pressupor o seu objeto e a síntese empírica exigida para o conceito desse objeto como sendo dados. A questão que surge dessas ideias refere-se somente ao progresso dessa síntese, desde que contenha a totalidade

---

(*) É verdade que nenhuma resposta seja possível para a questão que se coloca sobre a natureza que pode ter um objeto transcendental, ou seja sobre *o que ele é*, mas é possível dizer que a própria *questão é nada*, por não possuir qualquer objeto dado. Pode-se responder a todas essas questões da Psicologia transcendental e respondem-se realmente, pois elas se relacionam com o sujeito transcendental de todos os fenômenos internos, e note-se que ele mesmo não é fenômeno e, por conseguinte, não é *dado* como objeto, e em relação ao qual nenhuma das categorias (sobre as quais, no entanto, refere-se a questão) pode encontrar condições que o tornem aplicável. Então, seria o caso de dizer, segundo uma expressão corrente, que a ausência de resposta também é uma resposta, ou seja, que uma questão sobre a natureza dessa alguma coisa que não podemos conceber por meio de qualquer predicado determinado, por encontrar-se totalmente fora da esfera dos objetos que podem ser-nos dados, é uma questão totalmente nula e vazia.

absoluta que nada mais tem de empírico, pois não pode ser dada em nenhuma experiência. Ora, como aqui estamos tratando unicamente de uma coisa como objeto de uma possível experiência e não como uma coisa em si mesma, a resposta à questão cosmológica transcendental não pode residir em nenhum lugar senão na ideia. Não estamos perguntando qual é a constituição de qualquer objeto em si mesmo, e a propósito da experiência possível; não estamos perguntando o que pode ser dado *in concreto* em alguma experiência, mas o que está na ideia da qual a síntese empírica deve simplesmente aproximar-se; é preciso então que essa questão possa ser resolvida somente pela ideia, pois ela nada mais é que uma simples criação da razão que, por conseguinte, não pode se recusar a responder dando como pretexto um objeto desconhecido.

Não é tão extraordinário quanto parece que uma ciência, sobre todas as questões que lhe dizem respeito (*quaestiones domesticae*) possa exigir e esperar unicamente soluções corretas, embora, de imediato, possam ainda não ter sido encontradas. Além da Filosofia transcendental existem outras duas ciências racionais puras, uma das quais possui somente um conteúdo especulativo, e a outra, um conteúdo prático: a *Matemática pura* e a *Moral pura*. Será que já se ouviu falar de alguém que se apoie, por assim dizer, sobre a ignorância necessária das condições para dar como incerta a relação perfeitamente exata do diâmetro com a circunferência em números racionais ou irracionais? Como nenhuma solução adequada é possível em termos de números racionais, e como nenhuma solução ainda não foi descoberta em termos de números irracionais, julgou-se então que pelo menos a impossibilidade de uma tal solução podia ser reconhecida com certeza, e dessa impossibilidade LAMBERT forneceu a prova exigida. Nos princípios gerais da Moral não pode haver nenhuma incerteza, porque as proposições podem ser totalmente nulas e vazias de sentido, ou devem derivar dos nossos conceitos racionais. Na Física, ao contrário, há uma infinidade de conjecturas a respeito das quais nunca se pode esperar uma certeza, porque os fenômenos naturais são objetos que nos são dados independentemente dos nossos conceitos e, por conseguinte, a chave não está em nós nem em nosso pensamento puro, mas fora de nós, de forma que por este motivo, em muitos casos não se saberia onde encontrá-la e portanto não se pode esperar uma certeza para qualquer solução. Deixo de lado as questões da Analítica transcendental que dizem respeito à dedução do nosso conhecimento puro, porque estivemos até agora tratando da certeza dos juízos em relação aos objetos e não em relação à origem dos nossos próprios conceitos.

Não podemos então declinar a obrigação de dar uma solução pelo menos crítica às questões racionais propostas, queixando-nos dos limites estreitos de nossa razão e confessando com o pretexto de um autoconhecimento humilde que está além do poder de nossa razão decidir se o mundo existe desde a eternidade ou se ele teve um início; se o espaço cósmico está infinitamente repleto de seres ou se ele está encerrado dentro de certos limites; se no mundo existe alguma coisa de simples ou se tudo pode ser dividido infinitamente; se existe uma geração ou produção livre, ou se tudo depende da corrente da ordem natural; finalmente, se existe um ser totalmente incondicionado e necessário em si mesmo ou se tudo está condicionado em sua existência e, por conseguinte, externamente dependente e contingente em si mesmo. De fato, todas essas questões dizem respeito a um objeto que só pode ser dado em nosso pensamento; quero me referir à totalidade absolutamente incondicionada da síntese dos fenômenos. Se com os nossos próprios conceitos nada podemos dizer ou decidir com certeza a esse respeito, não devemos nos ater à coisa que se oculta em nós, pois uma coisa dessa natureza (por não existir em nenhum lugar fora de nossa ideia) não pode absolutamente ser-nos dada, mas é preciso que se procure a causa dentro de nossa própria ideia que é um problema que não comporta qualquer solução e que nós nos obstinamos a tratar como se um objeto real lhe correspondesse. Uma exposição clara da dialética que reside em nosso próprio conceito nos conduziria logo a uma plena certeza a respeito do que devemos pensar sobre tal questão.

O pretexto de que não temos capacidade de ter certeza com respeito a esse problema pode provocar a seguinte pergunta, que deverá ser respondida claramente: de onde lhes chegam as ideias cuja solução os colocam em tão grande dificuldade? Trata-se, por acaso, de fenômenos que vocês precisariam explicar e para os quais somente precisariam procurar, segundo essas ideias, os princípios ou a regra de sua exposição? Admitindo que a natureza lhes seja totalmente desvelada, que nada seja ocultado aos seus sentidos e à consciência de tudo que é apresentado à sua intuição, não poderiam, no entanto, conhecer *in concreto* o objeto de suas ideias por qualquer experiência (pois ainda precisariam, além dessa intuição completa, uma síntese perfeita e a consciência de sua absoluta totalidade, a qual não é possível por meio de qualquer conhecimento empírico); consequentemente, a sua questão não pode absolutamente ser necessária para a explicação de um fenômeno que se lhes apresente nem uma explicação proposta pelo próprio objeto. De fato, o objeto nunca pode lhes-ser apresentado, pois ele não pode ser dado por meio de nenhuma experiência possível. Vocês permanecem sempre sujeitos, em todas as percepções possíveis, às *condições* do espaço e do tempo, e nunca chegam a nada de incondicionado que lhes permita decidir se esse incondicionado deve ser colocado em um absoluto início da síntese ou em uma absoluta totalidade da série sem qualquer início. Mas o todo (*Alles*) no sentido empírico é unicamente comparativo. O todo absoluto da quantidade (o Universo), da derivação, da divisão, da condição da existência em geral, e todas as questões de saber se ele resultaria de uma síntese finita ou de uma síntese que se estenderia no infinito, em nada se relacionam a qualquer experiência possível. Consequentemente, será para nós impossível explicar melhor ou até mesmo de outra forma os fenômenos de um corpo, ao admitir que se compõe de partes simples, ou supondo que ele seja composto de partes; pois nenhum fenômeno simples, de resto não mais do que uma composição infinita, pode jamais ser-nos apresentada. Os fenômenos só querem ser explicados desde que sejam dadas na percepção as condições de sua explicação, mas tudo que possa ser-lhe dado, incluído em um *todo absoluto*, não é ele mesmo nenhuma percepção. Ora, o todo é propriamente aquilo cuja explicação é solicitada nos problemas racionais transcendentais.

Portanto, visto que a própria solução dessas questões nunca pode se apresentar na experiência, vocês não podem dizer que não sabem o que deve aqui ser atribuído ao objeto. Pois o seu objeto somente existe em sua cabeça e não pode ser dado fora dela; só é preciso que cuidem para que concordem consigo mesmos e evitem a anfibologia que converte suas ideias em uma pretensa representação de um objeto (*Objekt*) empiricamente dado e consequentemente, tão suscetível de ser conhecido segundo as leis da experiência. Portanto, a solução dogmática não somente é incerta, mas impossível. A solução crítica, que pode ser perfeitamente certa, não considera a questão objetivamente, mas do ponto de vista do fundamento do conhecimento sobre o qual se baseia.

QUINTA SEÇÃO

Representação cética das questões cosmológicas pelas quatro ideias transcendentais

Nós mesmos deveríamos desistir de exigir que nossas perguntas sejam respondidas dogmaticamente, se desde o início compreendêssemos que, qualquer que fosse a resposta, ela só aumentaria a nossa ignorância; precipitando-nos de uma incompreensão a outra, de uma escuridão para outra ainda maior, levando-nos talvez até a contradições. Se a nossa pergunta comportar simplesmente uma afirmação ou uma negação, é preciso agir com prudência e deixar de lado as presumidas respostas, considerando antes o que se ganharia com uma resposta afirmativa ou negativa. Ora, se nos dois casos chegarmos a um resultado sem sentido (*Sinnleeres*), teremos então um motivo justo para examinar a nossa própria questão criticamente e verificar se ela não se basearia em uma suposição sem fundamento e se ela não estaria manipulando uma ideia cuja falsidade pode ser melhor detectada em sua aplicação e em suas consequências do que em sua representação abstrata. Esta é a grande utilidade que resulta da maneira cética de tratar as questões que a razão pura apresenta para a razão pura, e por esse meio podemos, com pouco custo, nos livrar de uma porção de inutilidades dogmáticas para substituí-la com uma crítica modesta que, como uma verdadeira catarse, fará desaparecer facilmente a presunção e, ao mesmo tempo sua companheira, a polimatia.

Portanto, se de uma ideia cosmológica eu pudesse prever para que lado ela se inclinaria no incondicionado da síntese regressiva dos fenômenos, ela, no entanto, *seria grande demais*, ou *pequena demais* para *todo conceito do entendimento*; eu compreenderia então que essa ideia, lidando somente com um objeto da experiência, objeto que deve estar conforme a um conceito possível do entendimento, deve estar inteiramente vazio e despojado de significado, pois o objeto não concorda com essa ideia, seja de que forma eu tente apropriá-la. Este é de fato o caso de todos os conceitos cosmológicos que justamente por isso retêm a razão, enquanto a eles ela se liga em uma antinomia inevitável. De fato, admitimos:

Em primeiro lugar: que o *mundo não tenha início*; então ele é *grande demais* para o nosso conceito, pois este, subsistindo em uma regressão necessária, não pode alcançar toda a eternidade escoada. Suponhamos *que tenha um início*; então ele é *pequeno demais* para o nosso conceito intelectual na regressão empírica necessária. De fato, como o início sempre pressupõe um tempo que o preceda, ele não é ainda incondicionado, e a lei da prática empírica do entendimento nos obriga ainda a buscar uma condição de tempo mais elevada e, por conseguinte, o mundo é agora pequeno demais para essa lei.

O mesmo ocorre para a dupla resposta fornecida para a questão que diz respeito à magnitude do mundo quanto ao espaço. Pois *se ele for infinito* e ilimitado, então é *grande demais* para todos os conceitos empíricos possíveis. *Se ele for finito* e limitado, com o devido direito pergunta-se ainda: o que é que determina esse limite? O espaço vazio não é um correlativo das coisas existentes por ele mesmo e não é uma condição com a qual seria possível parar e muito menos ainda uma condição empírica que constitui uma parte de uma experiência possível. (Pois quem poderia ter uma experiência do absolutamente vazio?). Mas a totalidade absoluta da síntese empírica exige sempre que o incondicionado seja um conceito experimental. Portanto, *um mundo limitado* é pequeno demais para o nosso conceito.

Em segundo lugar: que todo fenômeno no espaço (toda a matéria) se componha de *uma infinidade de partes* e a regressão da divisão será sempre *grande demais* para o nosso conceito; e se a divisão do espaço devesse parar em algum desses membros (ao simples), essa regressão seria *pequena demais* para a ideia do incondicionado. Pois esse membro deixa sempre espaço a uma regressão para um grande número de partes contidas nele.

Em terceiro lugar: se admitirmos que em tudo que acontece no mundo, nada há que não seja uma consequência das leis *da natureza*, então a causalidade da causa é sempre, por sua vez, alguma coisa que acontece e que nos obriga a continuar a nossa regressão para causas ainda mais elevadas e, consequentemente, ela sempre torna necessário o prolongamento da série das condições *a parte priori*. A simples *natureza* eficiente é portanto *grande demais* para o nosso conceito na síntese dos acontecimentos do mundo.

Se escolhermos aqui e ali acontecimentos *espontâneos*, ou seja, uma produção por meio da *liberdade*, estaremos então atormentados pela necessidade de encontrar uma explicação conforme a uma inevitável lei da natureza, e essa necessidade nos obriga a ultrapassar esse ponto em virtude da lei causal da experiência; e é possível achar, dessa forma, que uma tal totalidade de conexão seja *pequena demais* para o nosso conceito empírico necessário.

Em quarto lugar: se admitirmos um ser *absolutamente necessário* (que seja o próprio mundo, ou alguma coisa do mundo, ou a causa do mundo) nós o colocamos em um tempo infinitamente afastado de qualquer ponto dado do tempo, pois do contrário ele dependeria de outra existência mais antiga. Mas então essa existência é inacessível ao nosso conceito empírico e *grande demais* para que possamos alcançá-lo por qualquer regressão contínua.

Se, ao contrário, considerarmos que tudo que pertença ao mundo (seja em qualidade de condicionado, seja a título de condição) é *contingente*, toda existência que nos é dada é *pequena demais* para o nosso conceito. Pois ela nos obriga a investigar continuadamente outra existência da qual depende.

Dissemos, em todos esses casos, que a *ideia do mundo é grande* ou *pequena demais* para a regressão empírica e, consequentemente, para todo conceito possível do entendimento. Por que não invertermos os termos e por que não dizermos que no primeiro caso o conceito empírico é sempre pequeno demais para a ideia, mas grande demais no segundo caso e, por conseguinte, colocarmos a culpa na regressão empírica, em vez de acusar a ideia cosmológica de se afastar por excesso ou por falta de seu objetivo, da experiência possível? Aqui está o motivo: A experiência possível é a única coisa que pode proporcionar realidade aos nossos conceitos, e sem ela todo conceito é somente uma ideia sem verdade e sem relação com um objeto. É por isso que o conceito empírico possível era a medida segundo a qual seria preciso julgar a ideia para saber se seria uma simples ideia e um ser de razão, ou se ela encontraria seu objeto no mundo. Pois dizemos de uma coisa que é grande ou pequena demais em relação a outra coisa quando somente a consideramos por causa dessa última e que devemos dispô-la em sua justa medida. A questão que segue ainda era um jogo nas antigas escolas dialéticas: se uma bola não puder passar por um buraco, deve-se dizer que a bola é grande demais ou o buraco é pequeno demais? Neste caso, é indiferente expressar-se de uma forma ou de outra, pois não sabemos qual das duas existe em função da outra. Por outro lado, não poderemos dizer que um homem seja grande demais para a sua camisa, mas que a camisa é pequena demais para o homem.

Somos então levados a suspeitar, com razão, que as ideias cosmológicas, e com elas todas as afirmações sofísticas opostas umas às outras, talvez tenham por fundamento um conceito vazio e puramente imaginário sobre a maneira de como o objeto dessas ideias nos é dado, e essa suspeita pode nos colocar no caminho reto que nos permitirá descobrir a ilusão que nos desviou há tanto tempo.

SEXTA SEÇÃO

Do idealismo transcendental como chave da solução da dialética cosmológica

Temos suficientemente comprovado, na Estética transcendental, que tudo o que é intuído no espaço ou no tempo, consequentemente todos os objetos de uma experiência possível para nós, nada mais são que fenômenos, ou seja, simples representações que, desde que as representamos para nós mesmos como seres estendidos ou séries de alterações não possuam fora dos nossos pensamentos, uma existência independente. Este é o sistema que denomino de *idealismo transcendental*. (*) O realista, no sentido transcendental, trata essas modificações de nossa sensibilidade como coisas subsistentes por si mesmas e transforma, por conseguinte, *simples representações* em coisas em si.

Seria injusto para nós se quiséssemos nos atribuir esse idealismo empírico há tanto tempo desacreditado que, mesmo admitindo a própria realidade do espaço, nega a existência dos seres estendidos no espaço ou, pelo menos, lhe atribui dúvidas e não admite nesse ponto, entre o sonho e a realidade, uma diferença que possa ser suficientemente demonstrada. Quanto aos fenômenos do sentido interno do tempo, ele não encontra dificuldade em admiti-los como coisas reais, mas ele até mantém que essa experiência interna prova tão-somente e suficiente-

---

(*) Denominei-o também, algumas vezes, de idealismo *formal* para distingui-lo do idealismo *material*, ou seja, do idealismo comum que revoga duvidosamente ou que nega a existência das próprias coisas externas. Em muitos casos é mais sábio servir-se dessa última expressão do que da primeira, para evitar qualquer equívoco.

mente a existência real de seu objeto *(Objekt)* (em si mesma, assim como toda determinação de tempo).

Ao contrário, o nosso idealismo transcendental admite a realidade dos objetos da intuição externa exatamente como são intuídos no espaço, e todas as alterações no tempo como representadas pelo sentido interno. De fato, como o espaço já é uma forma da intuição que chamamos de externa e que sem objetos no espaço não haveria nenhuma representação empírica, podemos e devemos considerar os seres estendidos nele como reais; e o mesmo é verdadeiro quanto ao tempo. Mas esse próprio espaço assim como o tempo e, ao mesmo tempo, todos os fenômenos junto com eles não são em si mesmos *coisas*, mas, ao contrário, são unicamente representações que não podem existir fora do nosso espírito *(Gemüth)* e até mesmo a intuição interna e sensível do nosso espírito *(Gemüth)* (como um objeto da consciência), cuja determinação é representada pela sucessão de diferentes estados no tempo, também não é o verdadeiro "eu" tal como ele existe em si mesmo, ou o sujeito transcendental, mas somente um fenômeno que é dado à sensibilidade desse ser por nós desconhecido. A existência desse fenômeno interno, a título de coisa existente em si mesma, não pode ser admitida, pois ela é condicionada pelo tempo, e o tempo não pode ser uma determinação de uma coisa em si mesma. Mas no espaço e no tempo, a verdade empírica dos fenômenos é suficientemente assegurada e adequadamente distinguida do sonho, desde que sonhos e fenômenos sejam verdadeira e completamente coerentes em uma experiência de acordo com as leis empíricas.

Portanto, os objetos da experiência *nunca* são dados em *si mesmos*, mas somente na experiência e não têm nenhuma existência fora dela. Que possa haver habitantes na Lua, embora ninguém os tenha visto, sem dúvida, é preciso admiti-lo, mas isso significa somente que com o progresso da experiência é possível que cheguemos a vê-los. De fato, tudo que forma um contexto com uma percepção é real, segundo as leis do progresso empírico. Portanto, eles são reais quando se adequam a uma conexão empírica à minha consciência real apesar de não serem, por este motivo, reais em si mesmos, ou seja, fora desse progresso da experiência.

Nada mais nos é dado senão a percepção e a progressão empírica desta para outras percepções possíveis. Pois os fenômenos em si mesmos, como simples representações, são reais unicamente na percepção que, de fato, nada mais é que a realidade de uma representação empírica, ou seja, um fenômeno. Antes da percepção, chamar um fenômeno de coisa real significa que no progresso da experiência poderemos chegar a uma tal percepção, ou então não significaria absolutamente nada. Pois se estivermos falando de uma coisa em si mesma poderíamos, de fato, dizer que ela exista em si mesma sem relação com os nossos sentidos e a uma experiência possível. Mas trata-se simplesmente de um fenômeno no espaço e no tempo que não são determinações das coisas em si, mas somente de nossa sensibilidade; portanto, o que se encontra no espaço e no tempo (os fenômenos) não é alguma coisa em si mesma, mas simples representações que, no caso em que elas não nos sejam dadas (na percepção), não são encontradas em nenhum lugar.

  A propriedade sensível da intuição é tão-somente uma receptividade que nos torna capazes de sermos afetados, de certa maneira, por representações cuja relação recíproca é uma intuição pura do espaço e do tempo (simples formas de nossa sensibilidade) e que se chamam *objetos*, enquanto estejam ligados e determináveis nessa relação (no espaço e no tempo) segundo as leis da unidade da experiência. A causa não sensível dessas representações nos é totalmente desconhecida; portanto, não podemos intuí-la como objeto *(Objekt)*, pois um tal objeto não deveria ser representado no espaço nem no tempo (que são as simples condições da representação sensível), condições nas quais não saberíamos conceber qualquer intuição. No entanto, podemos chamar de objeto *(Objekt)* transcendental a causa simplesmente inteligível dos fenômenos em geral, mas simplesmente para ter alguma coisa que corresponda à sensibilidade considerada como uma receptividade. A esse objeto *(Objekt)* transcendental podemos atribuir toda a extensão e toda conexão de nossas percepções possíveis e dizer que é dado em si mesmo antes de toda experiência. Mas os fenômenos em relação a esse objeto não são dados em si mesmos, mas somente nessa experiência, pois eles são simples representações que como percepções podem indicar um objeto real desde que a percepção se conecte com todas as outras segundo as regras da unidade da experiência. Dessa forma, podemos dizer que as coisas reais do tempo passado são dadas no objeto transcendental da experiência; mas elas não são objetos para mim e são reais no tempo somente enquanto eu me represento que uma série regressiva de percepções possíveis (seja segundo o curso da História, seja segundo a trama das causas e efeitos), em virtude das leis empíricas, ou seja, o curso do mundo, conduza a uma série de tempo escoado como também à condição do tempo presente. Entretanto, essa série somente é representada como real na conexão de uma experiência possível e não em si mesma, de tal forma que todos os acontecimentos passados desde um tempo inconcebível, anteriormente à minha existência, nada mais signifiquem que a possibilidade de prolongar a corrente da experiência, ascendendo da percepção presente até às condições que a determinem no tempo.

Portanto, se eu me representar todos os objetos existentes dos sentidos, em todos os tempos e em todos os espaços, eu não os coloco em todo o espaço e em todo o tempo antes da experiência, mas essa representação nada mais é que o pensamento de uma experiência possível em sua integralidade absoluta. É somente nela que nos são dados esses objetos (que são simples representações). Mas quando dissermos que eles existem, antes de toda minha experiência, isso significa somente que devem encontrar-se na parte da experiência *para a qual* eu preciso antes *ascender* partindo da percepção. A causa das condições empíricas desse progresso e, por conseguinte, a questão de saber quais membros posso encontrar e ao mesmo tempo até onde posso achá-los na regressão, tudo isso é transcendental e, consequentemente, me é desconhecido. Também não pudemos tratar disso, mas somente da regra do progresso, da experiência, dentro da qual me são dados os objetos, ou seja, os fenômenos. Do ponto de vista do resultado, é indiferente se eu disser que na progressão empírica, eu posso chegar no espaço às estrelas que estejam cem vezes mais longe do que aquelas que eu vejo; ou se eu disser que é possível que existam estrelas no espaço do mundo, embora ninguém as tenha visto ou jamais as verá; pois, mesmo que fossem dadas como coisas em si mesmas e sem nenhuma relação a uma experiência possível em geral, no entanto, elas somente são alguma coisa para mim e, consequentemente, somente objetos, desde que sejam contidas na série da regressão empírica. Portanto, unicamente em uma outra relação, ou seja, quando os fenômenos devam servir para constituir a ideia cosmológica de um todo absoluto e que, por conseguinte, trata-se de uma questão que ultrapassa os limites de uma experiência possível, que a distinção da maneira pela qual se admite a realidade desses objetos dos sentidos seja importante para prevenir a opinião equivocada que inevitavelmente deverá resultar da falsa interpretação dos nossos conceitos de experiência.

SÉTIMA SEÇÃO

Decisão crítica do conflito cosmológico da razão consigo mesma

Toda a antinomia da razão pura se baseia sobre esse argumento dialético: quando o condicionado é dado, a série inteira de todas as suas condições também é dada. Ora, os objetos dos sentidos nos são dados como condicionados: portanto, etc. Esse silogismo cuja premissa maior parece tão natural e clara introduz, segundo a diversidade das condições (na síntese dos fenômenos), desde que constituam uma série, inúmeras ideias cosmológicas que postulam a totalidade absoluta dessas séries e, com isso, colocam inevitavelmente a razão em conflito consigo mesma. Mas, antes de descobrir o que há de capcioso nesse argumento sofístico devemos nos preparar, corrigindo, e determinando certos conceitos que aqui se apresentam.

Primeiro, a proposição que segue é clara e indubitavelmente correta: quando o condicionado é dado, uma regressão na série de todas as condições envolvidas nos é PROPOSTA; pois o conceito do condicionado já implica que alguma coisa esteja relacionada com uma condição e se essa condição, por sua vez, estiver condicionada, deve relacionar-se a uma outra mais afastada e assim por diante, para todos os membros da série. Essa proposição é portanto analítica e nada tem a temer por parte de uma crítica transcendental. Ela é um postulado lógico da razão que consiste em seguir e em continuar ao máximo possível, por meio do entendimento, com essa conexão de um conceito e de suas condições, conexão que já é inerente ao próprio conceito.

Em seguida, se o condicionado, assim como a sua condição, forem coisas em si mesmos, quando o primeiro é dado, não somente a regressão para a segunda é *proposta,* mas ao mesmo tempo essa mesma condição já é, por isso, realmente DADA; e como isso é válido para todos os membros da série, a série completa das condições também é dada – e consequentemente, também o incondicionado – ou melhor, ela é pressuposta pelo fato de que o condicionado é dado somente através dessa série completa. Aqui, a síntese do condicionado com a sua condição é uma síntese do simples entendimento que representa as coisas *tal como são,* sem se perguntar se e como podemos chegar a conhecê-los. Se, ao contrário, tratar-se de fenômenos que, como simples representações, não sejam dados de forma alguma quando não consigo chegar a conhecê-los (ou seja, a eles mesmos, pois são apenas conhecimentos empíricos), não posso dizer no mesmo sentido que, quando o condicionado é dado, todas as suas condições (como fenômenos) também são dadas e, portanto, não podem absolutamente inferir à totalidade absoluta de sua série. De fato, os *fenômenos* nada mais são, na própria apreensão, que uma síntese empírica (no espaço e no tempo), e é somente nela que eles são dados. Ora, não é possível que se o condicionado (no fenômeno) for dado, a síntese que constitui sua condição empírica também seja dada ou pressuposta; ao contrário, ela só ocorre na regressão e nunca fora dela. Mas é bem possível dizer, em tal caso, que uma *regressão* para as condições, ou seja, uma síntese empírica contínua do lado das condições, é imposta ou proposta e que nessa regressão não devam faltar condições dadas.

Essas considerações tornam claro que a premissa maior do silogismo cosmológico tome o condicionado no sentido transcendental de uma categoria pura e a premissa menor, no sentido empírico de um conceito do entendimento aplicado a simples fenômenos e que, por conseguinte, ali encontramos o erro dialético denominado *sophisma figurae dictionis*. Mas este erro não é intencional *(erkünstelt)*, e sim é antes uma ilusão completamente natural da razão comum. Pois por meio dela pressupomos (na premissa maior) as condições e sua série *sem o nosso conhecimento (gleichsam unbesehen)*, quando alguma coisa nos é dada como condicionada, fazendo com que simplesmente nos conformemos com a regra lógica que nos obriga a admitir premissas completas para uma conclusão dada; e como na conexão do condicionado à sua condição não encontramos qualquer ordem de tempo, nós as pressupomos *como* dadas *ao mesmo tempo*. Além disso, é bem natural (na premissa menor) considerar os fenômenos como coisas em si mesmas e também como objetos dados ao simples entendimento como fizemos na premissa maior, pois fizemos abstração de todas as condições da intuição sob as quais somente objetos podem ser dados. Mas aqui havíamos omitido de fazer uma distinção importante entre os conceitos. A síntese do condicionado com a sua condição e toda a série de condições (na premissa maior) não implicam absolutamente uma limitação pelo tempo e tampouco um conceito de sucessão. Ao contrário, a síntese empírica e a série de condições no fenômeno (subsumida na premissa menor) são necessariamente sucessivas, e são dadas no tempo apenas uma depois da outra. Portanto, não posso pressupor a *totalidade absoluta* da síntese e da série assim representada, tanto no primeiro quanto no segundo caso, pois é no primeiro caso que todos os membros da série são dados em si mesmos (sem condição de tempo), enquanto no segundo caso eles somente são possíveis pela regressão sucessiva que é dada quando for realizada realmente.

    Depois da prova convincente de um tal vício do argumento sobre o qual se baseiam normalmente as afirmações cosmológicas, as duas partes em litígio podem, de direito, ser rejeitadas por não apresentar a favor de suas pretensões qualquer fundamento sólido. Mas dessa forma, seu processo não terminou ainda pelo próprio fato de que possa ter sido provado ou que uma das partes ou que as duas partes fracassaram em suas reivindicações (na conclusão) por não terem sabido baseá-las sobre argumentos convenientes. No entanto, não há nada que pareça mais evidente que esta afirmação: Entre duas afirmações, onde uma sustenta que o mundo teve um início, e a outra que o mundo não teve um início, mas que ele existe por toda a eternidade, é preciso que pelo menos uma das partes esteja correta. Mas mesmo assim, como os argumentos são igualmente claros (dos dois lados), é impossível decidir qual das duas partes está certa, e o litígio continuará da mesma forma que antes, apesar do tribunal da razão ter rejeitado as duas. Portanto, não nos resta outra forma para acabar definitivamente com a discussão para a satisfação das duas partes senão convencê-los de que, sendo capazes de arguir tão bem mutuamente, estão simplesmente disputando uma certa miragem transcendental que lhes mostrou uma realidade inexistente. Esse é o caminho que empreenderemos para pôr um fim a uma disputa que não é da alçada dos tribunais.

    ZENÃO DE ELEIA, este sutil dialético, foi acusado por Platão de ser um sofista medíocre por ter procurado, para demonstrar sua habilidade, provar uma mesma proposição através de argumentos especiais e logo derrubá-la por meio de outros argumentos igualmente fortes. Ele afirmava que Deus (que para ele, nada mais era que o mundo) não é nem finito e nem infinito, que nem está em movimento nem em repouso, que não se parece e nem é diferente de qualquer outra coisa. Para os críticos que julgavam essa proposta, isso lhes parecia que ele tivesse a intenção de negar duas proposições mutuamente contraditórias, o que é absurdo. Mas eu não penso que essa acusação seja justificada. Logo examinarei a primeira dessas proposições mais a fundo. Quanto à outra, se pela palavra "Deus" ele entendia o Universo, ele deveria dizer incontestavelmente que ele (Deus) não está constantemente presente em seu lugar (em repouso), nem que mude de lugar, ou seja, em movimento, pois todos os lugares se encontram no Universo, enquanto o próprio universo não está *em nenhum lugar*. Se o Universo compreende tudo que existe, também não é nem parecido ou diferente de *qualquer outra coisa* com a qual possa ser comparado. Quando dois juízos opostos um ao outro pressupõem uma condição inadmissível, os dois caem por terra apesar de sua oposição (que, no entanto, não é uma verdadeira contradição), porque a condição que é a única que poderia valorizar cada juízo também cairia por terra.

Se alguém dissesse: Todos os corpos têm um bom ou um mau cheiro; haveria então um terceiro caso, ou seja, que os corpos não têm nenhum cheiro, e assim, as duas proposições contrárias poderiam ser falsas. Entretanto, se eu dissesse: Todos os corpos têm cheiro ou não têm cheiro (*vel suaveolens vel non suaveolens*), os dois juízos são opostos contraditoriamente e somente o primeiro é falso, enquanto o seu oposto contraditório, ou seja, que alguns corpos não têm cheiro, compreende os corpos *que não têm nenhum cheiro*. Na oposição precedente (*per disparata*) a condição acidental do conceito do corpo (o cheiro) não seria anulada pelo juízo oposto, mas permaneceria a ele ligada; os dois juízos não seriam relacionados como contraditoriamente opostos.

Portanto, se eu disser: O mundo é infinito quanto ao espaço, ou então, ele não é infinito (*non est infinitus*), se a primeira proposição é falsa, é preciso que seu oposto contraditório, o mundo não é infinito, seja verdadeiro. Dessa forma, eu estaria negando a existência de um mundo infinito sem afirmar em seu lugar um mundo finito. Mas se eu disser: O mundo ou é infinito ou finito (*non-infini*), essas duas proposições poderiam ser falsas. Pois eu estaria considerando o mundo como determinado em si mesmo quanto à sua magnitude, porque na proposição oposta eu não elimino simplesmente o infinito e junto com ele toda a sua própria existência, mas acrescento ainda uma determinação ao mundo, como a uma coisa real em si mesma, o que pode ser igualmente falso no caso em que o mundo não devesse *de forma alguma* ser dado *como uma coisa em si mesma* e, por conseguinte, nem como infinito nem como finito quanto à sua magnitude. Peço a permissão de denominar essa espécie de *oposição dialética*, e aquela da contradição de *oposição analítica*. Dois juízos opostos dialeticamente um ao outro podem portanto ser ambos falsos, pois um não contradiz simplesmente o outro, mas expressa alguma coisa a mais que é necessária para a contradição.

Se considerarmos as duas proposições: O mundo é infinito em magnitude, o mundo é finito em magnitude, como opostas contraditoriamente, admitimos então que o mundo (a série inteira dos fenômenos) é uma coisa em si mesma que permanece mesmo que eu suprima a regressão infinita ou finita na série de seus fenômenos. Mas se eu descartar essa pressuposição ou essa ilusão transcendental e negar que o mundo seja uma coisa em si mesma, a oposição contraditória das duas afirmações muda então para uma oposição simplesmente dialética, e como o mundo não existe de forma alguma em si mesmo (independentemente da série regressiva de minhas representações), ele não existe nem como um *todo infinito em si mesmo*, nem como um *todo finito em si mesmo*. Ele só pode ser encontrado na regressão empírica da série de fenômenos e não em si mesmo. Portanto, se essa série for sempre condicionada, ela nunca é inteiramente dada, e o mundo não é um todo incondicionado, e tampouco existe como tal, nem com uma magnitude infinita nem com uma magnitude finita.

O que aqui foi dito da primeira ideia cosmológica, ou seja, da totalidade absoluta da magnitude do fenômeno, aplica-se também a todas as outras. A série de condições só pode ser encontrada na própria síntese regressiva, ela não reside em si mesma no fenômeno como em uma coisa própria dada antes de toda regressão. Eu deveria dizer também que a quantidade de partes em um fenômeno dado não é em si mesma nem algo finito nem infinito; pois o fenômeno não é algo existente em si mesmo, e suas partes são dadas em primeiro lugar pela regressão da síntese de decomposição e nessa regressão, que nunca é dada absolutamente *por inteiro*, nem como finita e nem como infinita. O mesmo ocorre com a série das causas subordinadas umas às outras, ou com a série das existências condicionadas até a existência incondicionada, que nunca pode ser considerada nem como finita nem como infinita em si mesma em relação à sua totalidade, pois a título de série de representações subordinadas ela só subsiste na regressão dinâmica e nunca pode existir em si mesma antes dessa regressão e como uma série de coisas que subsistiriam por si mesmas.

Assim desaparece a antinomia da razão pura em suas ideias cosmológicas, quando foi mostrado que ela é simplesmente dialética, e um conflito que resulta, de uma ilusão que surge da aplicação da ideia da totalidade absoluta, válida somente como condição da coisa em si, aos fenômenos que só existem na representação e quando eles constituem uma série na regressão sucessiva, e nunca de outra forma. Por outro lado, é possível tirar dessa antinomia um grande benefício, sem dúvida não dogmático, mas crítico e doutrinário; quero dizer que é possível com isso provar indiretamente a idealidade transcendental dos fenômenos, no caso em que alguém não ficou satisfeito, por acaso, com a prova direta dada na Estética transcendental. A prova consistiria deste dilema: se o mundo for um todo existente em si mesmo, ele é finito ou infinito; ora, a primeira hipótese – assim como a segunda – é falsa (basta reportar-se às provas estabelecidas anteriormente pela antítese de um lado, e pela tese do outro). Portanto, também é falso que o mundo (o conjunto de todos os fenômenos) seja um todo existente em si mesmo, pois a partir disso segue-se que os fenômenos em geral nada são fora das nossas representações, e é exatamente o que queríamos dizer ao falar de sua idealidade transcendental.

Essa observação é importante. É possível ver com isso que as provas das quatro antinomias dadas anteriormente não eram ilusórias, mas bem fundadas na hipótese onde os fenômenos, ou o mundo sensível que os contém todos, seriam coisas em si mesmas. Mas o conflito das proposições que delas resultam revela que essa hipótese contém uma falsidade e nos leva dessa forma a descobrir a verdadeira constituição das coisas como objetos dos sentidos. A Dialética transcendental não proporciona, portanto, qualquer ajuda ao ceticismo, mas ao método cético que pode mostrar dessa dialética um exemplo de sua grande utilidade. Pois quando os argumentos da razão são permitidos oporem-se uns aos outros em total liberdade, apesar de não nos proporcionar o que estamos buscando, no entanto fornecem sempre alguma coisa de útil, apta a nos ajudar e a corrigir os nossos juízos.

OITAVA SEÇÃO

**Princípio regulador da razão pura
em relação às ideias cosmológicas**

Como o princípio cosmológico da totalidade não *dá* qualquer máxima da série de condições num mundo sensível considerado como uma coisa em si mesma, mas que essa máxima só pode ser *proposta* na regressão dessa série, o princípio da razão pura restabelecido em seu significado legítimo conserva todo o seu valor, sem dúvida, não como um *axioma* que nos serviria para conceber como real a totalidade do objeto, mas como um problema para o entendimento e consequentemente para o sujeito, levando-o a estabelecer e a continuar em conformidade à integralidade da ideia, a regressão na série das condições de um condicionado dado. De fato, na sensibilidade, ou seja, no espaço e no tempo, toda condição à qual podemos chegar na exposição de fenômenos dados é, por sua vez, condicionada, porque esses fenômenos não são objetos em si mesmos onde o absolutamente incondicionado possa encontrar lugar, mas simplesmente representações empíricas que devem sempre encontrar sua condição na intuição que as determina quanto ao espaço ou quanto ao tempo. Portanto, o princípio da razão é propriamente uma *regra* que, na série das condições dos fenômenos dados, estabelece uma regressão para a qual nunca é permitido parar no absolutamente incondicionado. Então ele não é um princípio da possibilidade da experiência e do conhecimento empírico dos objetos dos sentidos e, por conseguinte, nem tampouco um princípio do entendimento; pois toda experiência está encerrada em seus limites (em conformidade à intuição dada) e também não é um *princípio constitutivo* da razão servindo para ampliar o conceito do mundo sensível para além de toda experiência possível, mas um princípio que permita perseguir e ampliar a experiência ao máximo possível e segundo o qual nenhum limite empírico pode ter o valor de um limite absoluto; portanto, é um princípio da razão que postula *como regra* o que devemos fazer na regressão e não *antecipa* o que é dado em si mesmo no *objeto (Objekt)*, antes de qualquer regressão. É por isso que o denomino um princípio *regulador* da razão, enquanto, ao contrário, o princípio da totalidade absoluta da série de condições, considerada como dada em si mesma no objeto *(Objekt)* (nos fenômenos), seria um princípio cosmológico constitutivo, do qual já mostrei a nulidade por meio dessa mesma distinção, com o objetivo de evitar que se atribua, como isso acontece inevitavelmente (por uma sub-repção transcendental), uma realidade objetiva para uma ideia que serve simplesmente de regra.

Para determinar convenientemente o sentido dessa regra da razão pura é preciso antes observar que ela não pode dizer o que é esse objeto *(Objekt)*, mas *como é preciso ordenar a regressão empírica* para chegar ao conceito completo do objeto *(Objekt)*. Pois se o primeiro caso se apresentasse, seria então um princípio constitutivo e um tal princípio nunca é possível pela razão pura. Portanto, não poderíamos nunca ter a intenção de dizer com isso que a série das condições de um condicionado dado seja em si mesma finita ou infinita; pois, dessa maneira, a simples ideia da totalidade absoluta que só existe nessa ideia, pensaria um objeto que não pode ser dado em nenhuma experiência, pois se atribuiria a uma série de fenômenos uma realidade objetiva independente da síntese empírica. A ideia racional se limitará então a estabelecer à síntese regressiva, na série das condições, uma regra que lhe permita passar do condicionado para o incondicionado por meio de todas as condições subordinadas entre si, embora o incondicionado nunca seja alcançado; pois o absolutamente incondicionado não se encontra de forma alguma na experiência.

Devemos primeiro determinar exatamente a síntese de uma série, desde que ela nunca seja completa. Para isto, servimo-nos normalmente de duas expressões que têm por objetivo estabelecer uma distinção sem que saibamos justamente indicar o motivo dessa distinção. Os matemáticos falam unicamente de um *progressus in infinitum*. Aqueles que perscrutam os conceitos (os filósofos) querem suplantá-lo pela expressão *progressus in indefinitum*, que para eles é a única que tem validade. Sem me prolongar com uma análise do escrúpulo que lhes sugeriu essa distinção e sem examinar se o uso que se faz é bom ou inútil, procurarei determinar exatamente esses conceitos em relação ao meu objetivo.

Pode-se dizer com razão de uma linha reta que ela pode ser prolongada até o infinito e aqui a distinção do infinito e do indefinido (*progressus in indefinitum*) seria uma simples sutileza. De fato, quando dizemos: tracem uma linha, seria sem dúvida melhor acrescentar *in indefinitum* (indefinidamente), em vez de dizer *in infinitum* (infinitamente), porque a primeira expressão significa somente: tracem uma linha à medida *que quiserem*, enquanto a segunda significaria: não devem parar de traçar uma linha (o que não é previsto aqui); portanto, quando é simplesmente uma questão de *poder*, a primeira expressão é de todo correta, pois é sempre possível estender a linha até o infinito. E isso ocorre em todos os casos onde só se fala da progressão, ou seja, da passagem progressiva da condição para o condicionado: esse progresso possível estende-se ao infinito na série dos fenômenos. Partindo de um casal de ancestrais e seguindo uma linha descendente de geração é possível avançar sem fim e perceber muito bem que dessa forma ela continua realmente no mundo, pois aqui, a razão nunca precisa da totalidade absoluta da série, porque ela não a pressupõe como condição e como *dado* (*datum*), mas somente como algo de condicionado que somente é doável (*dabile*) e acresce sem fim.

Tudo é diferente na questão de saber até onde se estende a regressão que remonta em uma série, do condicionado dado até suas condições. É possível dizer que ela é uma *regressão infinita* ou uma *regressão indefinida* (*in indefinitum*)?

Por exemplo, é possível ascender a partir de homens atualmente vivos na série de seus ancestrais até o infinito, ou se devemos nos limitar a dizer que, por mais longe que eu remonte, não conseguirei jamais um princípio empírico que me permita considerar em algum lugar a série como limitada, de tal forma que eu seja autorizado e ao mesmo tempo obrigado a pesquisar para cada ancestral ainda outros ancestrais, embora não possa precisamente pressupô-los.

Digo então que se tudo é dado na intuição empírica, a regressão segue até o infinito na série de suas condições internas. Mas se é dado somente um membro da série e que a regressão deva primeiro ir desse membro para a totalidade absoluta, só existe uma regressão indefinida (*in indefinitum*). Consequentemente, devemos dizer que a divisão de uma matéria dada com seus limites (de um corpo) segue até o infinito. Pois essa matéria é dada por inteiro e, por conseguinte, com todas as suas partes possíveis na intuição empírica. Ora, como a condição desse todo é a sua parte e a condição dessa parte, parte da parte, etc.; e que nessa regressão da decomposição jamais se encontre um membro incondicionado (indivisível) dessa série de condições, não há nenhum princípio empírico para pararmos na divisão, mas os membros mais afastados da divisão a serem procurados são eles mesmos empiricamente dados anteriormente à essa divisão contínua, ou seja, que a divisão segue até o infinito. Ao contrário, a série de ancestrais para um homem dado não é dada por qualquer experiência possível em sua totalidade absoluta, mas a regressão, no entanto, passa por cada membro dessa geração para um membro mais elevado, de tal forma que não há limite empírico que represente um membro como absolutamente incondicionado. Mas como os membros que aqui poderiam fornecer a condição não residem na intuição empírica do todo, antes da regressão, essa não segue até o infinito (na divisão do dado), mas estende-se indefinidamente na busca de vários membros como condição dos membros dados que, por sua vez, jamais seriam dados senão como condicionados.

Em nenhum dos dois casos, tanto na regressão *in infinitum* quanto na regressão *in indefinitum*, a série de condições pode ser considerada como dada infinitamente no objeto (*objekt*). Não são coisas dadas em si mesmas, mas somente fenômenos que, como condições uns dos outros, somente são dados na própria regressão. Portanto, a questão não é mais de saber quão grande é em si mesma essa série de condições, se ela é finita ou infinita, pois ela nada é em si mesma, mas como devemos dispor a regressão empírica e até onde devemos seguir adiante. É preciso fazer uma distinção importante com relação à regra desse progresso. Se o todo for dado *empiricamente*, é *possível* ascender até *o infinito* na série de suas condições internas. Mas se não for dado ou se ele deveria sê-lo pela regressão empírica, posso unicamente dizer que é *possível até o infinito* ascender ainda a condições mais elevadas da série. No primeiro caso eu poderia dizer: há sempre mais membros empiricamente dados do que eu possa alcançar através da regressão da decomposição; mas no segundo caso, devo limitar-me a dizer: posso sempre ir mais longe na regressão porque nenhum membro é empiricamente dado como absolutamente incondicionado e que, por conseguinte, há sempre um membro mais elevado que permanece como possível e a respeito do qual devo necessariamente me informar. No primeiro caso, seria necessário *encontrar* um número maior de membros da série, mas, no segundo caso, como nenhuma experiência é absolutamente limitada, é sempre necessário *encontrar* ainda mais membros. De fato, ou vocês não têm uma percepção que limite absolutamente sua regressão empírica e então não devem considerar sua regressão terminada ou então possuem uma percepção de uma forma que limite a sua série e nessa medida tal percepção não pode ser parte de sua série realizada (porque *o que limita* deve ser diferente do *que serve para limitar*); e, por conseguinte, vocês devem continuar com sua regressão para essa condição, e assim por diante.

A próxima seção colocará essas observações em sua luz verdadeira por meio de sua aplicação.

NONA SEÇÃO

Da prática empírica do princípio regulador da razão em relação a todas as ideias cosmológicas

Já demonstramos em várias ocasiões que não há uma prática transcendental dos conceitos puros tanto do entendimento quanto da razão, e como a totalidade absoluta das séries de condições no mundo sensível se baseia unicamente em uma prática transcendental da razão que exige essa totalidade incondicionada do que ela presume ser uma coisa em si mesma, e como, por outro lado, o mundo sensível não contém nada de parecido, então não pode haver mais justificativa para investigar a respeito da magnitude absoluta das séries neste mundo, nem de saber se elas poderiam ser *em si mesmas* limitadas ou ilimitadas, mas somente até onde deveríamos ascender na regressão empírica que restabelece a experiência às suas condições a fim de não pararmos, segundo a regra da razão, em qualquer outra solução dessas questões senão naquela que esteja em conformidade com o objeto.

Não nos resta então outro *valor* do *princípio da razão* senão aquele de uma regra relativa à progressão e à magnitude de uma experiência possível, pois comprovamos suficientemente que não teria valor a título de princípio constitutivo dos fenômenos em si mesmos. Também, se pudéssemos manter esse valor em relevância, o conflito da razão consigo mesma teria acabado totalmente, pois, por meio dessa solução crítica, não somente a ilusão que a dividia em si mesma seria dissipada, mas substituída pelo sentido onde ela se afinaria consigo mesma e cujo único equívoco que causava o conflito teria sido estabelecido, e o princípio até então dialético seria transformado em um princípio *doutrinário*. De fato, se não pudermos justificar o sentido subjetivo desse princípio que consistiria em determinar a maior prática possível do entendimento na experiência, em conformidade aos objetos dessa experiência, seria precisamente como se, enquanto axioma (o que é impossível pela razão), determinasse *a priori* os objetos em si mesmos; pois tal axioma não poderia, com relação aos objetos *(Objekt)* da experiência, exercer uma maior influência sobre a extensão e a correção do nosso conhecimento do que a influência de aplicar sua atividade na mais estendida prática empírica do nosso entendimento.

I. – Solução da ideia cosmológica da totalidade dos fenômenos contidos em um universo

Aqui, como nas outras questões cosmológicas, o fundamento do princípio regulador da razão é essa proposição que na regressão empírica, não é possível encontrar *qualquer experiência de um limite absoluto* e, por conseguinte, de qualquer condição que, como tal, seja do ponto de vista empírico *absolutamente incondicionada*. O motivo é que nesse tipo de experiência nada deveria limitar os fenômenos ou então seriam limitados pelo vazio para o qual deveria ser conduzida a regressão sempre continuada por meio de uma percepção: o que é impossível.

Ora, essa proposição que significa que na regressão empírica, eu somente consigo chegar a uma condição que deve ela mesma, por sua vez, ser considerada como empiricamente condicionada contém, *in terminis*, essa regra que, por mais que eu a ela consiga chegar na série ascendente, devo sempre pesquisar um membro mais elevado da série, seja ele conhecido ou não pela experiência.

Para resolver o primeiro problema cosmológico é preciso unicamente decidir se na regressão para a magnitude incondicionada do Universo (no tempo e no espaço), essa ascensão que não tem limite poderia ser chamada de *regressão ao infinito* ou simplesmente *regressão indefinida (in indefinitum)*.

A simples representação geral da série de todos os estados passados do mundo, até mesmo aquela das coisas que estão simultaneamente no espaço do mundo, não é ela mesma outra coisa senão uma regressão empírica possível que eu possa conceber, embora de forma ainda indeterminada e da qual somente pode resultar o conceito de uma tal série de condições para a percepção dada.(*) Ora, eu somente tenho o Universo como conceito, mas nunca na intuição (como um todo). Portanto, não posso definir a magnitude do Universo pela magnitude da regressão, determinando essa última de acordo com a primeira; ao contrário, somente pela referência

---

(*) Essa série do mundo não pode ser nem maior nem menor que a regressão empírica possível sobre a qual se baseia o seu conceito. E como este não pode dar um infinito determinado nem um finito determinado (absolutamente limitado), resulta claramente que não podemos admitir a magnitude do mundo nem como finita nem como infinita, porque a regressão (por meio da qual ela é representada) não permite nenhuma das duas hipóteses.

da magnitude da regressão empírica é que eu teria condição de formar um conceito da magnitude do mundo. Mas dessa regressão empírica, o máximo que eu poderia saber é que para cada membro dado da série de condições tenho sempre de avançar empiricamente para um membro mais elevado (mais remoto). A magnitude do conjunto de fenômenos não é, portanto, absolutamente determinada; consequentemente, não podemos dizer que essa regressão siga até o infinito; pois estaríamos antecipando membros que a regressão ainda não alcançou, representando-os com um número tão grande que nenhuma síntese empírica poderia alcançar e, por conseguinte, seria *determinar* a magnitude do mundo antes da regressão (embora só negativamente), o que é impossível. Como o mundo não me é dado por qualquer intuição (em sua totalidade), também sua magnitude não me é dada antes da regressão. Portanto, não podemos dizer absolutamente nada da magnitude do mundo em si, nem tampouco que haja uma regressão *in infinitum*, mas precisamos buscar o conceito de sua magnitude segundo a regra que determina nele a regressão empírica. Mas essa regra nada mais diz que, por mais longe que tenhamos chegado na série das condições empíricas, nunca devemos admitir um limite absoluto, mas subordinar todo fenômeno condicionado a outro como à sua condição e, consequentemente, continuar a avançar para essa condição. Esta é a regressão *in indefinitum* que, não determinando qualquer magnitude no objeto (*Objekt*), distingue-se bem claramente da regressão *in infinitum*.

Portanto, não posso dizer que o mundo seja *infinito* quanto ao tempo ou quanto ao espaço, pois esse conceito de magnitude, como conceito de uma infinidade dada, é impossível na experiência (*empirisch unmöglich*); consequentemente, também em relação ao mundo, como um objeto dos sentidos, ele é absolutamente impossível. Também não direi que a regressão de uma percepção dada a tudo que a limita em uma série, assim como no espaço e no tempo, estenda-se até o *infinito*, pois pressupõe a magnitude infinita do mundo, nem tampouco que é *finita*, pois o limite absoluto é igualmente impossível na sua experiência. Portanto, nada posso dizer de todo objeto da experiência (do mundo sensível), mas somente da regra segundo a qual a experiência deve ser instituída e perseguida em conformidade com esse objeto.

A primeira resposta à questão cosmológica a respeito da magnitude do mundo é, portanto, esta resposta negativa: o mundo não tem um primeiro início no tempo nem limite extremo no espaço.

De fato, no caso contrário o mundo seria limitado de um lado pelo tempo vazio e do outro, pelo espaço vazio. Ora, como fenômeno, ele não pode ser limitado em si mesmo por qualquer um dos dois, pois o fenômeno não é uma coisa em si mesmo; precisaria então admitir como possível uma percepção da limitação formada por um tempo absolutamente vazio ou por um espaço vazio, uma percepção pela qual esses limites do mundo seriam dados em uma experiência possível. Mas uma experiência desse gênero, estando vazia de conteúdo é impossível. Portanto, um limite absoluto do mundo é empiricamente e por conseguinte, absolutamente impossível.(*)

Disso resulta, ao mesmo tempo, a seguinte resposta *afirmativa*: a regressão na série dos fenômenos do mundo, na qualidade de determinação da magnitude do mundo, segue *in indefinitum*; o que significa que o mundo sensível não possui uma magnitude absoluta, mas que a regressão empírica (pela qual ele somente pode ser dado, do lado de suas condições) tem a sua regra, ou seja, aquela que requer que se passe sempre de cada membro da série, como de um condicionado, para outro membro ainda mais remoto (seja por meio de uma própria experiência, seja por meio do curso da história, ou seja, pela corrente dos efeitos e de suas causas) e que nunca se dispense de estender a prática empírica possível de seu entendimento, o que é a própria e única tarefa da razão em seus princípios.

Uma regressão empírica determinada que avançasse continuamente em uma certa espécie de fenômenos não é prescrita por essa regra; por exemplo, não nos é prescrito, a partir de um homem vivo, ascender cada vez mais alto em uma série de ancestrais sem esperar encontrar um primeiro casal, ou de avançar na série dos corpos do mundo sem admitir um sol extremo; ao contrário, o que nos é unicamente imposto é avançar de fenômenos em fenômenos, mesmo que eles não nos forneçam qualquer

---

(*) Poderemos observar que a prova aqui é conduzida de maneira diferente da prova dogmática, já mencionada na antítese da primeira antinomia. Ali havíamos apresentado o mundo sensível segundo a representação comum e dogmática, como uma coisa que era dada em si mesma, antes de toda regressão, em sua totalidade, e lhe havíamos recusado, se não ocupasse todos os tempos e todos os espaços, todo o lugar determinado no tempo e no espaço. A conclusão era portanto bem diferente do que está aqui mencionado, ou seja, de que ela conduzia para a infinidade real do mundo.

percepção real (se a percepção for fraca demais para a nossa consciência e para se tornar uma experiência), porque apesar disso, os fenômenos pertencem à experiência possível.

Todo início está no tempo e todo limite do que é estendido está no espaço. Mas o espaço e o tempo pertencem somente ao mundo sensível. Por conseguinte, os fenômenos são limitados *no mundo* unicamente de maneira condicionada, enquanto o próprio mundo não é limitado nem condicionalmente nem de maneira incondicionada.

É precisamente por esse motivo que nem o mundo nem a própria série das condições para um condicionado dado como série cosmológica não podem nunca *ser inteiramente dados* e que o conceito da magnitude do mundo somente é dado pela regressão e não em uma intuição coletiva, antes dessa regressão. Mas ela subsiste unicamente na *determinação* da magnitude e, por conseguinte, não fornece um conceito *determinado* nem, portanto, um conceito de uma magnitude que seria infinita relativamente a certa medida; dessa forma, ela não segue para o infinito (dado de alguma forma) mas para o indefinido, para dar (à experiência) uma magnitude que só é real por meio dessa regressão.

II. – Solução da ideia cosmológica da totalidade da divisão de um todo dado na intuição

Quando divido um todo que é dado na intuição, passo de um condicionado para as condições da possibilidade. A divisão das partes (*subdivisio* ou *decompositio*) é uma regressão na série dessas condições. A totalidade absoluta dessa *série* só seria dada se a regressão pudesse chegar a partes *simples*. Mas se, por sua vez, todas as partes são sempre divisíveis, a decomposição levada até o infinito, a divisão, isto é, a regressão segue infinitamente do condicionado para as suas condições; pois as condições (as partes) são contidas no próprio condicionado e, como esse condicionado é totalmente dado em uma intuição encerrada em seus limites, elas também são dadas todas juntas com ele. Portanto, a regressão não deve ser chamada simplesmente de uma regressão *in indefinitum*, única regressão que permite a ideia cosmológica precedente, pois eu deveria seguir do condicionado para as suas condições que, estando fora dele, não seriam, por conseguinte, dadas ao mesmo tempo que ele, mas somente se apresentaria na regressão empírica. Apesar disso, não é permitido de forma alguma afirmar a respeito desse todo, que é divisível ao infinito, que ele *se compõe de um número infinito de partes*. Pois embora todas as partes estejam inteiramente contidas na intuição do todo, *toda a divisão* não é nela contida, pois ela somente subsiste na decomposição sempre continuada, ou na própria regressão, que antes torna real a série. Ora, como essa regressão é infinita, todos os membros (as partes) que ela alcança são contidos como *agregados* no todo dado, mas não a *série inteira da divisão* que é sucessivamente infinita, mas nunca inteira, e, por conseguinte, não pode apresentar uma multiplicidade infinita nem qualquer combinação de uma multiplicidade infinita num todo.

Esta observação geral se aplica obviamente ao espaço. Todo espaço intuído em seus limites é um todo cujas partes fornecidas pela decomposição são sempre, por sua vez, espaços e, por conseguinte, é divisível ao infinito.

Disso resulta naturalmente a segunda aplicação a um fenômeno externo encerrado em seus limites (ao corpo). A divisibilidade desse corpo se baseia na divisibilidade do espaço que constitui a possibilidade do corpo com um todo estendido. O corpo é portanto divisível ao infinito sem, no entanto, consistir de um número infinito de partes.

Pode parecer, de fato, que como um corpo deve ser representado na qualidade de substância no espaço, ele seja distinto dele no que diz respeito à lei da divisibilidade do espaço; pois é possível concordar que a decomposição nunca possa excluir toda a composição do espaço, porque então todo o espaço que, na realidade, nada tem de subsistente em si, desapareceria (o que é impossível); mas que nada absolutamente restaria ao suprimir pelo pensamento toda composição da matéria, o que não parece ser compatível com o conceito de uma substância que deveria ser propriamente o sujeito de toda composição e subsistir em seus elementos, mesmo que a união desses elementos no espaço pela qual eles formam um corpo, seja removida por completo. Mas o que chamamos de substância no fenômeno não é o mesmo que pensaríamos de uma coisa em si por um conceito puro do entendimento. Essa substância não é um sujeito absoluto, mas uma imagem permanente da sensibilidade, nada mais sendo que uma intuição em que nada se encontra de incondicionado.

Ora, embora essa regra da progressão *in infinitum* aplica-se, sem dúvida, ao subdividirmos um fenômeno como se estivéssemos preenchendo um espaço, ela não pode mais ser válida quando queremos, de certa forma, estendê-la na multiplicidade das partes já separadas de um todo dado e que constituam um *quantum discretum*. Admitir que em um todo organizado (*organisirlen*) cada parte seja também organizada e que, desta maneira, na divisão das partes ao infinito descobrimos sempre novas partes organizadas, em uma palavra, que o todo seja organizado ao infinito, isso nos é totalmente impossível. De fato, é verdade que as partes da matéria em sua decomposição ao infinito podem ser organizadas, pois a infinidade da divisão de um fenômeno dado no espaço baseia-se unicamente no fato de que, por meio dessa infinidade, somente a divisibilidade (em si mesma absolutamente indeterminada quanto ao número de suas partes) é dada – as próprias partes, dadas e determinadas somente por meio da subdivisão. Portanto, a multiplicidade de partes que uma divisão possa determinar em um todo dependerá de até onde queremos progredir na regressão da divisão. Por outro lado, no caso de um corpo concebido como organizado ao infinito, o todo é representado como já dividido em partes e nos proporciona, antes de qualquer regressão, uma multiplicidade de partes determinada, mas infinita; e, consequentemente, estamos nos contradizendo, pois esse desenvolvimento infinito é considerado como uma série inatingível (infinita) e que, no entanto, é ainda considerado como realizado quando é apreciado em seu conjunto. A divisão infinita designa o fenômeno como um *quantum continuum* e ela é inseparável pelo fato de preencher o espaço, pois é precisamente neste fato de preencher o espaço que reside o princípio da divisibilidade infinita. Mas desde que se admita alguma coisa na qualidade de *quantum discretum*, a multiplicidade das unidades é nela determinada, e portanto ela é sempre equivalente a um número. Até onde se estende a organização de um corpo organizado, somente a experiência pode decidir; e ela jamais chegaria com certeza a qualquer parte inorgânica; entretanto, tais partes deveriam residir pelo menos na experiência possível. Mas, por mais longe que se estenda a divisão transcendental de um fenômeno em geral, isto de forma alguma diz respeito à experiência, mas é um princípio da razão que é de nunca chegar a completar a regressão empírica na decomposição do que é estendido, realizada em conformidade à natureza desse fenômeno.

OBSERVAÇÃO FINAL SOBRE A SOLUÇÃO DAS IDEIAS TRANSCENDENTAIS-MATEMÁTICAS, E OBSERVAÇÃO PRELIMINAR SOBRE A SOLUÇÃO DAS IDEIAS TRANSCENDENTAIS-DINÂMICAS

Ao representar em uma tabela a antinomia produzida na razão pura por todas as ideias transcendentais, ao mostrar o princípio desse conflito e o único meio de fazê-lo desaparecer, meio que consistia em mostrar que as duas afirmações opostas eram falsas, apresentamos em todos os casos as condições como pertencentes ao seu condicionado segundo as relações do espaço e do tempo, sobre os quais se baseava também todo o conflito. Com esse ponto de vista, todas as representações dialéticas da totalidade na série das condições de um condicionado dado eram absolutamente *da mesma espécie*. Era sempre uma série na qual a condição era ligada ao condicionado como a um membro da série e onde, consequentemente, eles eram *da mesma espécie*, pois a regressão jamais era concebida como completada ou, caso isso acontecesse, seria preciso que um membro condicionado em si mesmo fosse falsamente admitido, a título de membro primeiro e, por conseguinte, como incondicionado. Portanto, sem dúvida, não era o objeto *(Objekt)*, ou seja, o condicionado, mas a série de condições desse condicionado que examinávamos por toda parte, simplesmente em sua magnitude; e então a dificuldade que não podíamos resolver por qualquer comparação, mas unicamente cortando o nó consistia em que a razão dava ao entendimento um objeto *longo demais ou curto demais*, de forma que o entendimento jamais podia chegar a igualar a ideia da razão.

Aqui, nós nos esquecemos de uma distinção essencial que é dominante entre os objetos, ou seja, entre os conceitos do entendimento que a razão se esforça de elevar para o nível de ideia, a saber, que, segundo o nosso quadro de categorias precedente, dois desses conceitos implicam uma síntese *matemática*, e os outros dois, uma síntese *dinâmica* dos fenômenos. Até aqui, pudemos muito bem dispensar essa distinção, pois como na representação geral de todas as ideias transcendentais estivemos tratando sempre das condições *do fenômeno*, também não tínhamos nas duas antinomias matemáticas transcendentais nenhum outro objeto senão aquele que está no fenômeno. Mas agora que passamos aos conceitos *dinâmicos* do entendimento que devem se adequar à ideia da razão, essa distinção se torna importante e abre uma perspectiva totalmente nova em relação ao processo no qual a razão está envolvida, processo que anteriormente havia sido *descartado* porque ambos os lados se baseavam em falsas suposições. Mas agora que na antinomia dinâmica uma pressuposição compatível com a pretensão da razão possa talvez ser encontrada e que o juiz possa eventualmente preencher as lacunas dos pleitos que os dois lados desconheciam, a partir deste ponto de vista o processo pode ser encerrado a contento de ambos os lados, um procedimento impossível no caso das antinomias matemáticas.

Se considerarmos unicamente a extensão das séries de condições para verificar se as séries são adequadas à ideia, ou se são grandes demais ou pequenas demais para ela, nesse respeito todas as séries são de fato homogêneas. Mas o conceito do entendimento que serve de fundamento para essas ideias pode conter simplesmente uma *síntese do homogêneo* (aquilo que é pressuposto em toda magnitude, em sua composição assim como em sua divisão), ou além disso uma síntese do *heterogêneo*, síntese que pode muito bem se apresentar, pelo menos, na síntese dinâmica da ligação causal e naquela do necessário e do contingente.

Disso resulta que na conexão matemática das séries de fenômenos somente é possível introduzir uma condição sensível, ou seja, uma condição que seja ela mesma uma parte da série, desde que a série dinâmica das condições sensíveis permita outra condição heterogênea que não seja parte da série, mas que, puramente *inteligível*, resida fora da série, o que satisfaz à razão e coloca o incondicionado à testa dos fenômenos, sem atrapalhar a série desses fenômenos sempre condicionados e sem por isso quebrá-la, contrariamente aos princípios do entendimento.

Ora, pelo fato de que as ideias cosmológicas permitam uma condição dos fenômenos fora de sua série, ou seja, uma condição que não seja ela mesma um fenômeno, acontece alguma coisa totalmente distinta da consequência da antinomia matemática. Essa antinomia fazia com que duas afirmações dialéticas opostas devessem ser declaradas falsas. Ao contrário, o universalmente condicionado das séries dinâmicas condicionadas que é inseparável dessas séries consideradas como fenômenos, unido à condição empiricamente não condicionada, mas também *não sensível*, pode dar satisfação, de um lado, ao *entendimento* e, do outro, à *razão*.(*) Os argumentos dialéticos que procuravam de uma maneira ou de outra a totalidade incondicionada nos simples fenômenos caem por terra; e as duas proposições racionais, depois que lhes corrigimos a interpretação, podem ser *ambas verdadeiras*. Isto não pode acontecer com as ideias cosmológicas que dizem respeito simplesmente à unidade matematicamente incondicionada, porque nessas ideias somente é possível encontrar a condição da série dos fenômenos que é ela mesma um fenômeno e que constitui por essa razão um membro da série.

III. – Solução das ideias cosmológicas que fazem derivar de suas causas a totalidade dos acontecimentos do mundo

Somente é possível conceber duas espécies de causalidades com relação ao que acontece: a causalidade segundo a *natureza* ou a causalidade que surge da *liberdade*. A primeira é a conexão no mundo sensível de um estado com um estado precedente que ele segue segundo uma regra.

A primeira é, no mundo sensível, a conexão de um estado com o estado precedente ao qual ela segue segundo uma regra; como a *causalidade* do fenômeno se baseia nas condições de tempo, e o estado precedente, caso tenha sempre existido, não poderia ter produzido um efeito que venha a existir pela primeira vez no tempo, a causalidade da causa do que acontece ou venha a existir deve ela própria ter também *vindo a existir* e segundo o princípio do entendimento ela mesma precisa, por sua vez, de uma causa.

Por outro lado, eu entendo por liberdade, no sentido cosmológico, a faculdade de iniciar *espontaneamente* um estado cuja própria causalidade não está subordinada, por sua vez, a outra causa que a determine no tempo,

---

(*) De fato, entre os fenômenos, o entendimento não permite uma condição que fosse ela mesma incondicionada empiricamente. Mas se pudéssemos conceber de um condicionado (no fenômeno) uma condição *inteligível*, que, por conseguinte, não pertencesse à série dos fenômenos, como membro, sem quebrar absolutamente a série das condições empíricas, essa condição poderia ser admitida como empiricamente incondicionada, de tal forma que a regressão empírica continuada não fosse quebrada de forma alguma.

segundo a lei da natureza. Neste sentido, a liberdade é uma ideia transcendental pura que, em primeiro lugar, nada contém de emprestado da experiência e, em segundo lugar, refere-se a um objeto que não pode ser determinado ou dado em qualquer experiência, porque "tudo que acontece tem uma causa" é uma lei universal, condicionando a própria possibilidade de toda experiência.

Consequentemente, a própria causalidade da causa que *acontece* ou venha a existir, também deve ter uma causa e, desta forma, todo o campo da experiência em toda a sua extensão, é transformado em um todo que nada mais é que Natureza. Mas como na relação da causalidade não conseguimos obter a totalidade absoluta das condições, a razão cria a ideia de uma espontaneidade que poderia começar a agir por si mesma, sem que outra causa a preceda para determiná-la à ação, segundo a lei da conexão causal.

É principalmente notável que sobre essa ideia *transcendental da liberdade* se baseie o conceito prático dessa liberdade e que é essa ideia que constitui, nessa liberdade, o ponto exato das dificuldades que envolveram até aqui a questão de sua possibilidade. A *liberdade no sentido prático* é a independência da vontade em relação *à restrição* das tendências da sensibilidade. Pois uma vontade é sensível enquanto ela é *afetada patologicamente* (por motivos da sensibilidade); ela se denomina *animal (arbitrium brutum)* quando ela pode ser *patologicamente necessitada*. A vontade humana é, em verdade, um *arbitrium sensitivum,* mas não um *arbitrium brutum;* é um *arbitrium liberum,* pois a sensibilidade não torna necessária a sua ação, mas há no homem o poder de se autodeterminar independentemente da restrição das tendências sensíveis.

É possível ver facilmente que, se toda causalidade fosse simplesmente Natureza no mundo sensível, cada acontecimento seria determinado por outro no tempo, segundo as leis necessárias e, por conseguinte, como os fenômenos, enquanto determinem a vontade, deveriam tornar toda ação necessária como sua sequência natural; a negação da liberdade transcendental eliminaria ao mesmo tempo toda liberdade prática. Pois essa liberdade pressupõe que, embora uma coisa não tenha acontecido, no entanto ela *deveria ter* acontecido e, por conseguinte, a sua causa no fenômeno não era portanto tão determinante a ponto de excluir uma causalidade de nossa vontade – uma causalidade que, independentemente dessas causas naturais, e até contrária ao seu poder e influência, possa produzir alguma coisa de determinado na ordem do tempo, segundo as leis empíricas, ou seja, de começar uma série de acontecimentos *totalmente por si mesma*.

Portanto, acontece aqui o que se encontra em geral no conflito de uma razão que se arrisca além dos limites de uma experiência possível, no sentido de que o problema não é propriamente *fisiológico*, mas transcendental. A questão da possibilidade da liberdade é então de interesse da Psicologia, mas como ela se baseia sobre argumentos dialéticos da simples razão pura, cabe somente à Filosofia transcendental tratar de resolvê-la. Ora, para colocar essa filosofia em condição de dar a esse sujeito uma resposta satisfatória que não possa ser recusada, devemos primeiro procurar determinar por meio de uma observação o método que se deve seguir nesse problema.

Se os fenômenos fossem coisas em si mesmos e se, por conseguinte, o espaço e o tempo fossem formas de existência das coisas em si mesmas, as condições e o condicionado pertenceriam sempre, como membros, a uma só e mesma série e com isso resultaria, no caso presente, a antinomia que é comum a todas as ideias transcendentais, ou seja, que essa série deveria ser inevitavelmente grande demais ou pequena demais para o entendimento. Mas os conceitos dinâmicos da razão com os quais nos ocupamos neste número e no seguinte têm isto de particular que, por não estarem tratando de um objeto considerado como magnitude, mas somente de sua *existência*, também seja possível fazermos abstração da magnitude da série de condições e somente considerar a relação dinâmica da condição ao condicionado, de tal forma que na questão da natureza e da liberdade já encontremos a dificuldade de saber se somente a liberdade é possível e, no caso que o fosse, se ela poderia se adequar à universalidade da lei natural da causalidade e, por conseguinte, se ela é uma proposição exatamente disjuntiva em relação à seguinte: "todo efeito no mundo deve resultar da natureza ou da liberdade", ou então, se *as duas* agiram ao mesmo tempo de um ponto de vista diferente, em um só e mesmo acontecimento. A precisão deste princípio que requer que todos os acontecimentos do mundo sensível constituam uma conexão universal, segundo as leis universais da natureza, já está firmemente estabelecida como um princípio da analítica transcendental e não sofre nenhuma exceção. A questão então é somente saber se, apesar desse princípio, em um efeito já determinado segundo a natureza, a liberdade também poderia ser encontrada ou se ela não é completamente excluída dessa regra inviolável. E aqui, a hipótese comum mas enganosa da *realidade absoluta* dos fenômenos logo mostra a sua influência perniciosa que confunde a razão. De fato, se os fenômenos forem coisas em si mesmos, não há como salvar a liberdade. A natureza é então a causa completa e em si suficientemente determinante de cada acontecimento, e a condição de cada acontecimento está sempre contida unicamente na série de fenômenos que são ao mesmo tempo seus efeitos, necessariamente sujeitos às leis da natureza. Mas se, ao contrário, os fenômenos forem para nós o que eles são de fato, a saber, não coisas em si, mas simples representações que se conectem segundo leis empíricas, então é preciso que eles mesmos tenham fundamentos que não sejam fenômenos. Mas essa causa inteligível não é determinada relativamente à sua causalidade por fenômenos, embora seus efeitos se manifestem e possam ser também determinados por outros fenômenos. Portanto, essa causa, assim como a sua causalidade, está fora da série; seus efeitos, ao contrário, encontram-se na série das condições empíricas. Desta forma, o efeito pode ser considerado em relação à sua causa inteligível como livre e, ao mesmo tempo, com relação aos fenômenos como uma consequência desses mesmos fenômenos segundo a necessidade da natureza. Essa distinção, representada e, em geral, de maneira totalmente abstrata, deve parecer extremamente sutil e obscura, mas ela se esclarecerá na aplicação. Aqui eu quis propor esta observação: que a conexão universal de todos os fenômenos em um contexto da natureza sendo uma lei indispensável, essa lei deveria necessariamente derrubar toda a liberdade, se quiséssemos nos ligar obstinadamente à realidade dos fenômenos. Aqueles que seguem aqui a opinião comum, jamais conseguirão conciliar a natureza e a liberdade.

Possibilidade da causalidade através da liberdade, em harmonia com a lei Universal da necessidade natural

O que em um objeto dos sentidos não seja ele mesmo um fenômeno, eu denomino *inteligível*. Portanto, se aquilo que deve ser considerado como fenômeno no mundo sensível tem também em si mesmo um poder que não seja um objeto da intuição sensível, mas pelo qual ele pode ser uma causa de fenômenos, podemos então considerar a *causalidade* desse ser de dois pontos de vista: como *inteligível* quanto à sua ação, ou como causalidade de uma coisa em si; e como *sensível* quanto aos efeitos dessa ação, ou como causalidade de um fenômeno num mundo sensível. Portanto, nós não faríamos a propósito do poder de um tal sujeito um conceito empírico e, ao mesmo tempo, um conceito intelectual de sua causalidade, pois esses dois conceitos se encontram em um só e mesmo efeito. Essa dupla maneira de conceber o poder de um objeto dos sentidos não contradiz qualquer dos conceitos com os quais tratamos os fenômenos e uma experiência possível pois, como esses fenômenos não são coisas em si, devem ter por fundamento um objeto transcendental que os determine como simples representações; nada impede de atribuir a este sujeito transcendental, além da propriedade que ele tem de nos aparecer, uma *causalidade* que ainda não é fenômeno, embora seu efeito se encontre no fenômeno. Mas toda causa eficiente deve ter um *caráter*, ou seja, uma lei de sua causalidade, sem a qual ela não seria uma causa. E então, nós teríamos em um sujeito do mundo sensível primeiramente um *caráter empírico* pelo qual seus atos, como fenômenos, seriam absolutamente conectados com outros fenômenos, segundo as leis constantes da natureza e poderiam deles derivar, como também de suas condições e, por conseguinte, por meio de suas conexões com eles, constituir os membros de uma série única de ordem natural. Em seguida, seria preciso lhe atribuir ainda um *caráter inteligível* pelo qual ele seria a causa de seus atos, como fenômenos, mas ele mesmo não estaria sujeito às condições da sensibilidade e também não seria um fenômeno. Poderíamos também denominar o primeiro: o caráter dessa coisa no fenômeno; e o segundo: o caráter da coisa em si.

Portanto, esse sujeito ativo não estaria subordinado, quanto ao seu caráter inteligível, às condições de tempo, pois o tempo é tão-somente a condição dos fenômenos, mas não das coisas em si. Nele não *nasceria* nem *pereceria* qualquer *ato* e, consequentemente, também não estaria sujeito à lei de toda determinação de tempo, de tudo que é alterado, que diz que tudo o que acontece tem a sua causa nos fenômenos (do estado precedente). Em uma palavra, sua causalidade, enquanto intelectual, não se enquadraria absolutamente na série das condições empíricas que tornam o acontecimento necessário no mundo sensível. Esse caráter inteligível jamais poderia, em verdade, ser conhecido imediatamente, pois somente podemos perceber uma coisa desde que apareça, mas deveria, entretanto, ser concebida de conformidade com o caráter empírico, da mesma maneira que devemos, em geral, colocar no pensamento, como fundamento dos fenômenos, um objeto transcendental, embora na verdade não saibamos nada do que ele seja em si mesmo.

Segundo o seu caráter empírico, o sujeito seria então, como fenômeno, subordinado a todas as leis da determinação operada pela conexão causal, e nada mais seria que uma parte do mundo sensível cujos efeitos, como qualquer outro fenômeno, decorreriam inevitavelmente da natureza. Da mesma forma que os fenômenos externos influem sobre ele, assim também o seu caráter empírico (ou seja, a lei de sua causalidade) seria conhecido pela experiência, todas as suas ações deveriam ter condição de serem explicadas segundo as leis da natureza e todas as condições requeridas para a sua determinação completa e necessária deveriam se encontrar em uma experiência possível.

Ao contrário, de acordo com o seu caráter inteligível (embora em verdade só poderíamos ter o conceito geral), o mesmo sujeito deveria, no entanto, ser isento de toda influência da sensibilidade e de toda determinação por meio de fenômenos; e como nada acontece nele enquanto ele seja um *númeno*, e que não se encontre qualquer alteração que exija uma determinação dinâmica de tempo, e, consequentemente, qualquer conexão com os fenômenos como causas, esse ser ativo seria, em suas ações, independente e livre de toda necessidade natural como aquela que se encontra unicamente no mundo sensível. Diríamos, bem precisamente, que começam *dele mesmo* seus efeitos no mundo sensível sem que o ato comece *nele mesmo*, e isso seria verdadeiro sem que os efeitos devessem por isso começar deles mesmos no mundo sensível, pois eles são sempre determinados anteriormente por condições empíricas no tempo passado, mas, no entanto, unicamente através do caráter empírico (que é simplesmente a manifestação do inteligível), e que esses efeitos somente são possíveis na qualidade de continuação da série das causas da natureza. E assim, liberdade e natureza, cada um com seu sentido perfeito, se encontrariam juntos e sem conflitos de qualquer espécie nas mesmas ações, dependendo de como as aproximemos de sua causa inteligível ou de sua causa sensível.

Esclarecimento da ideia cosmológica de uma liberdade em conexão com a necessidade universal da natureza

Eu pensei antes em traçar um esboço rápido da solução do nosso problema transcendental, a fim de que possamos melhor acompanhar o curso da razão na solução desse problema. Primeiramente, vamos decompor os vários fatores envolvidos nesta solução em seus diversos momentos e examinaremos cada um detalhadamente.

"Tudo que acontece tem uma causa", é uma lei da natureza. Como a causalidade dessa causa, ou seja, a *ação*, é anterior no tempo com relação ao efeito que *começou a existir*, não pode ela própria ter sempre existido, mas deve ter acontecido, e entre os fenômenos ela deve ter uma causa pela qual é determinada e, por conseguinte, todos os acontecimentos são determinados empiricamente dentro de uma ordem natural; essa lei, pela qual somente os fenômenos podem constituir uma *natureza* e fornecer os objetos de uma experiência, é uma lei do entendimento em que não é permitido, sob qualquer pretexto, de se afastar ou de abstrair qualquer fenômeno, pois do contrário colocaríamos esse fenômeno fora de toda experiência possível, distinguindo-o com isso de todos os objetos da experiência possível para torná-lo um simples ser da razão e uma ficção.

Isto parece implicar a existência de uma corrente de causas que não permite qualquer *totalidade absoluta* na regressão orientada a essas condições; no entanto, essa dificuldade não nos atrapalha, pois ela já foi superada na discussão geral da antinomia da razão ao passar para o incondicionado na série dos fenômenos. Se quisermos ceder à ilusão do realismo transcendental, não sobra nem natureza nem liberdade. Admitindo que na série inteira de todos os acontecimentos somente haja necessidade natural, seria ainda possível considerar esses acontecimentos como sendo, de um lado, nada mais que um simples efeito natural e, do outro, um efeito da liberdade, ou existiria entre as duas espécies de causalidade uma contradição absoluta?

Entre as causas do fenômeno, seguramente nada pode haver que possa absolutamente começar uma série e de si mesmo. Cada ação, como fenômeno, desde que produza um acontecimento é ela mesma um acontecimento ou um acidente que pressupõe um outro estado, onde é possível encontrar a sua causa e, dessa forma, tudo que acontece é tão-somente uma continuação da série, e nada que comece por si mesmo um possível membro da série. Todas as ações das causas naturais, na sucessão temporal, são então elas próprias, por sua vez, efeitos que pressupõem igualmente a sua causa na série do tempo. Uma ação *primitiva* pela qual acontecesse alguma coisa que não existia anteriormente é o que não se deve esperar da conexão causal dos fenômenos.

Ora, admitindo que os efeitos sejam fenômenos e que sua causa também seja um fenômeno, seria realmente necessário que a causalidade de sua causa fosse exclusivamente empírica? E, ao contrário, não seria possível que, apesar de todo efeito no fenômeno exigir absolutamente uma conexão com sua causa, segundo as leis da causalidade empírica, essa mesma causalidade empírica, sem interromper a sua conexão com as causas naturais, possa ser, no entanto, o efeito de uma causalidade não empírica, mas inteligível? Ou seja, da ação primitiva em relação aos fenômenos de uma causa que, com relação a isso, não seja, portanto, um fenômeno, mas inteligível quanto a esse poder, embora, de resto, ela deva ser incluída como um elo da corrente da natureza no mundo sensível.

O princípio da conexão causal dos fenômenos é exigido para poder buscar e determinar as condições naturais de acontecimentos naturais, ou seja, suas causas nos fenômenos. Se esse princípio for admitido sem ser atenuado por qualquer restrição, então o entendimento que em sua prática empírica visualiza, com todo o direito, somente a natureza em todos os acontecimentos, possui tudo que ele possa exigir, e as explicações físicas seguem seu curso sem encontrar obstáculo. Ora, não é para lhe causar qualquer agravo o fato de admitir por simples ficção que entre as causas naturais existam aquelas que só têm um poder inteligível, pois o que o determina, a ação, nunca se baseia em condições empíricas, mas em simples princípios do entendimento, de tal forma que a *ação no fenômeno* dessa causa esteja em conformidade com todas as leis da causalidade empírica. De fato, dessa maneira, o sujeito ativo, como *causa phaenomenon*, seria conectado com a natureza por uma dependência indissolúvel de todos os seus atos, e somente o *númeno* desse sujeito (com toda a sua causalidade no fenômeno) encerraria certas condições que, se quiséssemos ascender do objeto empírico ao objeto transcendental, deveriam ser consideradas simplesmente inteligíveis. De fato, entre os fenômenos, se for unicamente através do que possa ser causa que seguimos a regra da natureza, não podemos nos preocupar com o que, no sujeito transcendental que nos é desconhecido empiricamente, seja concebido como um princípio desses fenômenos e de sua conexão. Esse princípio inteligível não considera de forma alguma as questões empíricas, mas envolve, de alguma forma, o pensamento no entendimento puro e, embora os efeitos desse pensamento e dessa ação do entendimento puro se reúnam nos fenômenos, eles devem ter a capacidade de uma completa explicação causal no fenômeno, segundo as leis naturais, pois seguimos o seu caráter simplesmente empírico como princípio supremo da explicação e consideramos como desconhecido o caráter inteligível que é a causa transcendental do primeiro, exceto quando ele nos é indicado pelo caráter empírico, como também pelo seu sinal sensível. Apliquemos isso à experiência. O homem é um dos fenômenos do mundo sensível e também uma das causas naturais cuja causalidade deve estar sujeita às leis empíricas. Como tal, ele deve então ter também um caráter empírico como todas as outras coisas da natureza. Observemos esse caráter pelas forças e faculdades que ele manifesta em seus efeitos. Na natureza inanimada ou simplesmente animal não encontramos nenhuma razão de conceber qualquer outro poder senão aqueles que são condicionados de maneira simplesmente sensível. Mas o homem que, de resto, não conhece a natureza a não ser pelos sentidos, conhece a si mesmo pela simples apercepção e, na verdade, em atos e determinações internas que ele não pode atribuir à impressão dos sentidos; seguramente, ele mesmo é de um lado fenômeno e de outro, do ponto de vista de certas faculdades, ele é um objeto simplesmente inteligível, pois sua ação não pode, de forma alguma, ser atribuída à receptividade da sensibilidade. Denominamos esses poderes: entendimento e razão; principalmente a razão se distingue propriamente, e de maneira particular, de todas as outras forças empiricamente condicionadas, pois ela examina seus objetos segundo as ideias e , em conformidade a essas ideias, ela determina o entendimento que então faz de seus conceitos (apesar de puros) uma prática empírica.

    Que a nossa razão tenha causalidade ou que pelo menos a representemos para nós mesmos como tendo causalidade, é algo evidente pelos *imperativos* que estabelecemos como regras às nossas faculdades ativas em tudo que se refere à conduta. *Dever* (obrigação) exprime uma espécie de necessidade e de conexão com os princípios que não se apresentem em outro lugar em toda a natureza. O entendimento somente pode conhecer o que *está, foi ou será*. É impossível que alguma coisa deva ser outra coisa senão o que ela realmente é, em tais e quais relações com o tempo; que além disso o *dever,* quando temos simplesmente diante dos olhos o curso da natureza, não tem absolutamente qualquer significado. Não podemos perguntar o que *deve* acontecer na natureza senão perguntar que propriedade um círculo *deva* ter; mas podemos perguntar o que acontece na natureza ou quais as propriedades do círculo.

Esse "dever" exprime uma ação possível cujo princípio nada mais é que um simples conceito, enquanto o princípio de uma simples ação natural deve sempre ser um fenômeno. Ora, é de toda necessidade que a ação seja possível sob as condições naturais quando o "dever" nela se aplica; mas essas condições naturais não dizem respeito à determinação da própria vontade, mas somente ao seu efeito e à sua consequência no fenômeno. Por mais numerosas que sejam as razões naturais que me levem a *querer*; e por mais numerosos que sejam os impulsos sensíveis, eles não podem produzir o *dever*, mas somente um querer que está longe de ser necessário, e é sempre condicionado; enquanto o *dever* proclamado pela razão impõe, ao contrário, um limite e uma finalidade, e até mesmo uma proibição e uma autoridade. Que se trate de um objeto da simples sensibilidade (o agradável) ou também da razão pura (o bem), a razão nunca cede ao princípio que é dado empiricamente e tampouco segue a ordem das coisas como elas se apresentem no fenômeno; mas ela faz para si mesma, com uma perfeita espontaneidade, uma ordem própria segundo ideias às quais adaptará as condições empíricas e segundo as quais considera até como necessárias as ações que, no entanto, *não aconteceram* e talvez não aconteçam; e, ao mesmo tempo, a razão pressupõe que ela possua a causalidade com respeito a todas essas ações, pois sem isso nenhum efeito empírico poderia ser esperado de suas ideias.

Ora, em vista dessas considerações, admitamos pelo menos como possível que a razão tenha realmente uma causalidade em relação aos fenômenos. Apesar de se tratar da razão, é preciso, no entanto, que ela mostre um caráter empírico, porque toda causa pressupõe uma regra que certos fenômenos seguem como efeitos, e que toda regra exige uma uniformidade de efeitos que fundamenta o conceito da causa (como faculdade), caráter que podemos denominar de caráter empírico da causa. Esse caráter é constante, mas seus efeitos, segundo a diversidade das condições concomitantes e, em parte, limitantes, aparecem em formas mutáveis.

Portanto, o homem possui um caráter empírico de sua vontade que nada mais é que uma certa causalidade de sua razão, desde que ela mostre em seus efeitos, no fenômeno, uma regra segundo a qual é possível deduzir os motivos racionais e suas ações quanto aos seus tipos e graus, e julgar os princípios subjetivos da vontade. Como esse caráter empírico, com efeito, deve ser ele mesmo extraído dos fenômenos e de suas regras que nos fornecem a experiência, todas as ações do homem no fenômeno são determinadas segundo a ordem da natureza pelo seu caráter empírico e pelas outras causas concomitantes e, se pudéssemos analisar a fundo todos os fenômenos de sua vontade, não haveria uma única ação humana que não pudéssemos prever com certeza e reconhecer como necessária, segundo suas condições anteriores. Do ponto de vista desse caráter empírico não há, portanto, liberdade, e é somente a partir desse ponto de vista que podemos considerar o homem quando queremos unicamente observar e examinar fisiologicamente as causas determinantes de seus atos, como é feito na Antropologia.

Mas se examinarmos essas mesmas ações do ponto de vista da razão e não da razão especulativa pela qual nos esforçamos em *explicar* suas origens, desde que a razão seja a causa capaz de *produzi-*las, em uma palavra, se nós as compararmos com os padrões da razão do ponto de vista *prático*, encontraremos uma regra e uma ordem completamente diferentes do que é a ordem da natureza. Pois é provável que tudo que *aconteceu* no curso da natureza, e que de acordo com seus princípios empíricos era inevitável que acontecesse, *não deveria ter acontecido*. Mas às vezes achamos, ou pelo menos acreditamos achar, que as ideias da razão tenham realmente dado prova de causalidade com relação às ações do homem consideradas como fenômenos e que aconteceram porque eram determinadas, não por causas empíricas, mas pelos princípios da razão.

Suponhamos então que possamos dizer que a razão possui causalidade em relação aos fenômenos; poderia a sua ação ser considerada livre quando ela é exatamente determinada e necessária em seu caráter empírico (na maneira de sentir)? Este caráter empírico é, por sua vez, determinado no caráter inteligível (na maneira de pensar). Ora, nós não conhecemos este, mas o designamos por fenômenos que só nos deixam saber de imediato a maneira de sentir (o caráter empírico).(*) A ação, contanto que deva ser atribuída ao modo de pensar assim como à sua causa, no entanto, não

---

(*) A moralidade própria das ações (o mérito e a falta) – e mesmo aquela de nossa própria conduta – permanece para nós totalmente oculta. Nossas imputações podem se reportar unicamente ao caráter empírico. Até que ponto é preciso atribuir o efeito puro à liberdade, ou à natureza e aos vícios involuntários do temperamento, ou ainda às suas felizes disposições (mérito, fortuna), é o que ninguém saberia descobrir nem, por conseguinte, julgar com justiça plena.

resulta segundo as leis empíricas, ou seja, de tal forma que ela não seja precedida pelas condições da razão pura, mas unicamente pelos seus efeitos no fenômeno do sentido interno. A razão pura, como faculdade simplesmente inteligível, não está sujeita à forma do tempo nem, por conseguinte, às condições da sucessão no tempo. A causalidade da razão no caráter inteligível não *nasce* ou não inicia em um certo tempo para produzir um efeito. Pois ela mesma estaria sujeita à lei natural dos fenômenos, desde que essa lei determine séries causais no tempo, e a causalidade seria então natureza e não liberdade. Podemos então dizer: se a razão pode ter causalidade em relação aos fenômenos é porque ela é uma faculdade pela qual começa, antes de tudo, a condição sensível de uma série empírica de efeitos. De fato, a condição que reside na razão não é sensível e, por conseguinte, ela mesma não começa. Aqui então encontramos o que procurávamos em vão em todas as séries empíricas, isto é: a *condição* de uma série sucessiva de acontecimentos que seja ela mesma empiricamente incondicionada. Pois a condição está aqui *fora* da série dos fenômenos (no inteligível) e, consequentemente, não está sujeita a qualquer condição sensível e a qualquer determinação do tempo através de uma causa anterior.

No entanto, essa mesma causa pertence também, em outra relação, à série dos fenômenos. O homem é ele mesmo um fenômeno; sua vontade possui um caráter empírico que é a causa (empírica) de todas as suas ações. Não há nenhuma das condições que determinem o homem em conformidade com esse caráter, que não seja contido na série dos efeitos naturais e que não obedeça à sua lei segundo a qual não encontramos qualquer causalidade empiricamente incondicionada do que acontece no tempo. Consequentemente, nenhuma ação dada (porque toda ação só pode ser percebida como fenômeno) não saberia começar absolutamente por si mesma. Mas não podemos dizer da razão que o estado pelo qual ela determine a vontade seja precedido de outro estado pelo qual esse mesmo estado é determinado. Pois a razão, não sendo ela mesma um fenômeno e não estando sujeita de forma alguma às condições da sensibilidade, resulta que mesmo com respeito à sua causalidade não há nela qualquer sequência de tempo; e que, por conseguinte, a lei dinâmica da natureza que determina a sucessão no tempo segundo regras não pode lhe ser aplicada.

Portanto, a razão é a condição permanente de todos os atos voluntários pelos quais o homem se manifesta. Cada um de seus atos é determinado no caráter empírico do homem antes mesmo de acontecer. Do ponto de vista do caráter inteligível, do qual o primeiro é tão-somente o esquema sensível, não há nem *antes* nem *depois*, e toda ação, independentemente da relação do tempo onde ela se encontra com outros fenômenos, é o efeito imediato do caráter inteligível da razão pura que, por conseguinte, age livremente sem ser determinada dinamicamente na corrente das causas naturais por princípios externos ou internos, mas que a precedem no tempo; e essa liberdade da razão não pode ser considerada somente de uma forma negativa como a independência a respeito das condições empíricas (pois então cessaria a faculdade que a razão tem de ser uma causa dos fenômenos), mas é possível também caracterizá-la de maneira positiva como faculdade de começar por si mesma uma série de acontecimentos, de tal forma que nela mesma nada comece, mas que como condição incondicionada de todo ato voluntário, ela não sofre em si mesma qualquer das condições anteriores quanto ao tempo, embora seu efeito comece na série dos fenômenos, mas sem poder constituir nela um início absolutamente primeiro.

Para esclarecer o princípio regulador da razão por meio de um exemplo extraído da prática empírica, não para confirmá-lo – pois não convém tentar provar proposições transcendentais por meio de exemplos – tomemos um ato voluntário, por exemplo, uma mentira maliciosa pela qual um homem causou certa confusão na sociedade. Primeiro, procuramos descobrir os motivos de sua origem e, em seguida, à luz desses motivos, seguimos determinar até que ponto essa ação e suas consequências podem ser imputadas ao culpado. Com respeito à primeira questão, procuramos determinar o caráter empírico da ação em suas fontes, encontrando-as na provável má educação, más companhias, em parte também na insensível natureza à vergonha, leviandade e insensatez, sem esquecer de considerar as circunstâncias ocasionais que possam ter influenciado a ação. A partir daí, procede-se como é feito geralmente, isto é, define-se para um efeito natural dado a série de suas causas determinantes. Mas apesar de acreditarmos que a ação seja assim determinada na pesquisa da série das causas determinantes de um efeito natural dado, ainda culpamos o agente, não realmente por causa de sua infeliz disposição, nem por causa de sua vida pregressa, tampouco pelas circunstâncias que possam tê-lo influenciado, pois imaginamos que possamos deixar de considerar o que esse modo de vida possa ter sido, que possamos considerar a série passada de condições como não tendo acontecido e a ação em si como sendo completamente incondicionada por qualquer estado precedente, como se o próprio agente tivesse iniciado nessa ação uma série totalmente nova de consequências. A nossa acusação se baseia em uma lei da razão pela qual ela é considerada como uma causa que podia e devia ter determinado ao indivíduo outro tipo de conduta, independentemente de todas as condições empíricas mencionadas. Não consideramos a causalidade da razão como uma espécie de cooperação, mas completa em si mesma, mesmo quando os motivos sensíveis não lhe seriam de modo algum favoráveis mas totalmente contrários; a ação é atribuída ao caráter inteligível do autor: ele é completamente culpado no instante em que mente; por conseguinte, apesar de todas as condições empíricas da ação, a razão estava plenamente livre, e esse ato deve ser atribuído inteiramente à sua negligência.

É facilmente possível ver por esse juízo de imputabilidade que nesse mesmo juízo temos no pensamento que a razão de nenhuma forma é afetada por toda essa sensibilidade; que ela não se modifica (embora seus fenômenos se modifiquem, refiro-me à maneira pela qual ela se mostra em seus efeitos); que não há nela um estado anterior que determine o próximo; por conseguinte, ela não pertence absolutamente à série de condições sensíveis que tornam necessários os fenômenos segundo as leis naturais; essa razão está presente e é idêntica em todas as ações que o homem cumpre em todas as circunstâncias de tempo, mas ela mesma não está no tempo e não cai, por assim dizer, em um novo estado no qual ela não se encontrasse anteriormente; ela é *determinante*, mas não determinável em relação a todo estado novo. Podemos então perguntar: por que a razão não se determinou de maneira diferente? mas somente: por que ela não determinou de maneira diferente os *fenômenos* por meio de sua causalidade? Ora, para isso não há resposta possível, pois outro caráter inteligível teria dado outro caráter empírico, e quando dizemos que apesar de toda a sua conduta anterior o agente poderia, no entanto, abster-se de mentir, isto só significa que ele estaria imediatamente sob o poder da razão; que a razão em sua conduta não está sujeita à qualquer condição do fenômeno e do curso do tempo; que a diferença do tempo pode, é verdade, constituir uma diferença capital entre os fenômenos respectivos, mas como esses fenômenos não são coisas e, por conseguinte, causas em si, ela não pode constituir qualquer diferença entre as ações com relação à razão.

Portanto, ao julgarmos ações livres com relação à sua causalidade, somente podemos ascender *até a causa inteligível*, mas não *além*; podemos reconhecer que essa causa é livre, ou seja, determinada independentemente da sensibilidade e que, dessa maneira, ela pode ser a condição incondicionada do ponto de vista sensível dos fenômenos. Mas para explicar por que justamente nas presentes circunstâncias o caráter inteligível daria esses fenômenos e esse caráter empírico transcende todas as faculdades de nossa razão, e de fato todos os direitos de questionamento, como se estivéssemos por perguntar por que o objeto transcendental de nossa intuição sensível externa proporciona somente intuição *no espaço* e não outro tipo de intuição. Mas o problema que temos de resolver não nos obriga a responder a essa questão. O nosso problema era saber somente: se a liberdade e a necessidade natural podem co-existir sem conflito em uma só e mesma ação; e isso foi suficientemente respondido. Demonstramos que como a liberdade pode estar em relação a um tipo bem diferente de condições daquelas da necessidade natural, a lei desta não afeta a anterior e, consequentemente, as duas podem existir independentemente uma da outra, sem qualquer interferência entre si.

É preciso bem observar que não quisemos com isso demonstrar a *realidade* da liberdade como de uma das faculdades que contém a causa dos fenômenos do nosso mundo sensível; pois como essa questão não trata unicamente de conceitos, ela não seria uma consideração transcendental. Além disso, ela não poderia ter tido êxito pelo fato de que nunca podemos inferir da experiência qualquer coisa que não possa ser pensada de acordo com as leis da experiência. Também não foi a nossa intenção provar a *possibilidade* da liberdade, pois isso também não teria êxito porque não podemos conhecer em geral a possibilidade de qualquer princípio real e de qualquer causalidade por meio de simples conceitos *a priori*. A liberdade aqui é tratada como uma ideia transcendental pela qual a razão pensa começar absolutamente pelo incondicionado sensível a série de condições no fenômeno, e se envolve em uma antinomia com aquelas mesmas leis que ela estabelece para a prática empírica do entendimento. Que essa antinomia se baseie em uma simples ilusão e que a natureza não contradiga a causalidade pela liberdade, era a única coisa que pudemos provar e a única coisa que nos importava.

IV. – SOLUÇÃO DA IDEIA COSMOLÓGICA DA TOTALIDADE DA DEPENDÊNCIA
DOS FENÔMENOS QUANTO À SUA EXISTÊNCIA EM GERAL

No número precedente consideramos as alterações do mundo sensível em sua série dinâmica, onde cada uma é sujeita a outra como à sua causa. Agora essa série de estados só nos serve de direção para chegar a uma existência que possa ser a condição suprema de tudo que é mutável, e refiro-me ao ser *necessário*. Aqui não se trata da causalidade incondicionada, mas da existência incondicionada da própria substância. A série que vimos é propriamente uma série de conceitos e não uma de intuições, enquanto uma seja a condição da outra.

É fácil ver que como tudo é mutável no conjunto dos fenômenos e, por conseguinte, condicionado na existência, não pode haver em nenhum lugar, na série da existência dependente, um membro incondicionado cuja existência fosse absolutamente necessária e que consequentemente, se os fenômenos fossem coisas em si e que com isso sua condição pertencesse, com o condicionado, a uma só e mesma série de intuições, jamais poderia haver nela um ser necessário que fosse a condição da existência dos fenômenos do mundo sensível.

Mas a regressão dinâmica tem isso de particular, e o que a distingue da regressão matemática, pois a regressão matemática lida somente com a composição para constituir um todo, ou com a decomposição do todo em partes; as condições dessa série devem sempre ser consideradas como partes da mesma série e portanto, como homogêneas e como fenômenos. A regressão dinâmica, ao contrário, não trata da possibilidade de um todo incondicionado formado de partes dadas, ou de uma parte incondicionada de um todo dado, mas da maneira pela qual um estado derive de sua causa, ou da existência contingente da substância de sua existência necessária; a condição não deve necessariamente constituir com o condicionado uma série empírica.

Resta-nos então, uma questão aberta na antinomia aparente da qual tratamos, pois as duas teses contraditórias podem ser verdadeiras ao mesmo tempo com pontos de vista diferentes, de tal forma que todas as coisas do mundo sensível sejam absolutamente contingentes e, por conseguinte, é tão-somente uma existência empiricamente condicionada, embora haja também para toda a série uma condição não empírica, ou seja, um ser absolutamente necessário. De fato, este, enquanto condição inteligível, não pertenceria de forma alguma à série como um membro da mesma série (nem mesmo em qualidade de primeiro membro), e não tornaria também qualquer membro da série em empiricamente incondicionado, mas deixaria para todo o mundo sensível a sua existência empiricamente condicionada por meio de todos os seus membros. Esta maneira de dar por fundamento aos fenômenos um ser incondicionado se distingue, portanto, da causalidade empiricamente incondicionada (da liberdade) do artigo precedente, no sentido de que na liberdade a própria coisa fazia parte, em qualidade de causa (*substantia phaenomenon*), da série das condições e de que somente a sua *causalidade* era concebida como inteligível, enquanto o ser necessário deve ser concebido completamente fora da série do mundo sensível (como *ens extramundanum*) e como simplesmente inteligível, o que lhe impede de estar ele mesmo sujeito à lei da contingência e da dependência de todos os fenômenos.

O *princípio regulador* da razão é, portanto, com relação ao nosso problema, que tudo no mundo sensível tenha uma existência empiricamente condicionada e que não haja nele em nenhum lugar, em relação a qualquer propriedade, uma necessidade incondicionada; que para cada membro da série de condições devemos esperar e procurar ao máximo uma condição empírica em alguma experiência possível; e que nada nos autoriza a derivar uma existência qualquer de uma condição colocada fora da série empírica ou até considerá-la em seu lugar dentro da série como absolutamente independente e subsistente por si mesma. Ao mesmo tempo, esse princípio de forma alguma nos impede de reconhecer que toda a série possa se basear em algum ser inteligível que está livre de todas as condições empíricas, e contendo ele mesmo a base da possibilidade de todos os fenômenos.

Com essas observações, a nossa intenção não é demonstrar a existência incondicionalmente necessária de um ser, nem mesmo de estabelecer unicamente a possibilidade de uma condição simplesmente inteligível da existência dos fenômenos do mundo sensível, mas somente, sempre limitando a razão de tal forma que ela não abandone o curso das condições empíricas e não se precipite em princípios de explicação *transcendentes* e que não sejam suscetíveis de representações *in concreto*, como também restringir por outro lado, a lei da prática simplesmente empírica do entendimento, de maneira que ele não decida sobre a possibilidade das coisas em geral e que, com isso, ele não considere *como impossível* o inteligível, embora esse último não possa nos servir para a explicação dos fenômenos. Somos então limitados a mostrar com isso que a contingência universal de todas as coisas da natureza e de todas as suas condições (empíricas) pode muito bem subsistir ao mesmo tempo que a hipótese arbitrária de uma condição necessária, embora simplesmente inteligível e que, por conseguinte, não pode haver uma contradição verdadeira entre essas afirmações, mas que *as duas* podem ser verdadeiras. Que um tal ser inteligível absolutamente necessário seja impossível em si, é o que não podemos concluir, de forma alguma, da contingência universal e da dependência de tudo o que pertence ao mundo sensível, nem tampouco do princípio que requer que não paremos em qualquer membro particular desse mundo, enquanto ele é contingente, e que não apelemos a uma causa fora do mundo. A razão segue seu caminho na prática empírica e seu caminho particular na prática transcendental.

O mundo sensível somente encerra fenômenos, e esses são representações que, por sua vez, são sempre condicionadas de maneira sensível, e como aqui nunca temos por objeto coisas em si, não seria surpresa o fato de nunca sermos autorizados a pular de um membro da série empírica, qualquer que seja, para fora da conexão da sensibilidade, como se fossem coisas em si que existissem fora de sua base transcendental e que pudéssemos abandoná-las para procurar a causa de sua existência fora delas; o que acabaria incontestavelmente por acontecer nas *coisas* contingentes, mas não nas simples *representações* das coisas cuja própria contingência seja um fenômeno, e não saberia conduzir para qualquer outra regressão senão àquela que determina os fenômenos, ou seja, unicamente à regressão empírica. Mas conceber um princípio inteligível dos fenômenos, ou seja, do mundo sensível e concebê-lo livre de sua contingência é o que não é contrário nem à regressão empírica na série dos fenômenos nem à sua contingência universal. Mas também é a única coisa que podemos fazer para remover a antinomia aparente, e isso só poderia ser feito dessa maneira.

Pois, se cada condição para cada condicionado (quanto à existência) for sensível e pertencer à série, ela mesma é por sua vez condicionada (como comprova a antítese da quarta antinomia). Precisaria então deixar subsistir um conflito com a razão que exige o incondicionado, ou então colocar o incondicionado fora da série no inteligível cuja necessidade não existe nem sofre qualquer condição empírica e que é, por conseguinte, incondicionalmente necessária com relação aos fenômenos.

A prática empírica da razão (relativamente às condições da existência no mundo sensível) não é afetada pela concessão que fazemos a um ser simplesmente inteligível, mas ela vai, segundo o princípio da contingência universal, de condições empíricas para condições mais elevadas que são sempre totalmente empíricas. Mas esse princípio regulador também não exclui a admissão de uma causa inteligível que não se encontre na série, quando se trata da prática pura da razão (com relação aos objetivos). De fato, essa causa inteligível significa somente o transcendental e para nós uma área desconhecida da possibilidade da série sensível em geral. Sua existência, independente de todas as condições sensíveis e, com respeito a essas condições, incondicionalmente necessária, não é absolutamente inconsistente com a sua contingência ilimitada dos fenômenos, ou seja, com a regressão infinita na série das condições empíricas.

OBSERVAÇÃO FINAL SOBRE TODA A ANTINOMIA DA RAZÃO PURA

Desde que a razão em seus conceitos tenha por único objetivo a totalidade das condições no mundo sensível e considere quais benefícios ela pode conseguir para eles, as nossas ideias são, na verdade, tanto transcendentais como *cosmológicas*. Mas assim que colocamos o incondicionado (e é disso que estamos realmente tratando) no que está totalmente fora do mundo sensível, consequentemente fora de toda experiência possível, as ideias se tornam então *transcendentes*: elas não somente servem para completar a prática empírica da razão (realização que é sempre uma ideia que nunca chega a ser realizada e que, no entanto, precisa ser perseguida), mas, ao contrário, elas se separam completamente da experiência e se transformam em objetos cuja matéria não é extraída da experiência, e cuja realidade objetiva não se baseia tampouco na realização da série empírica, mas sobre conceitos puros *a priori*. Ideias transcendentes parecidas possuem um objeto simplesmente inteligível que nos é, sem dúvida, permitido adequar como objeto (*Objekt*) transcendental, do qual, de resto, nada sabemos a respeito, sem que tenhamos para concebê-lo como coisa determinável por meio de seus predicados característicos e essenciais, os princípios de sua possibilidade (a título de coisa independente de todos os conceitos da experiência), e sem que sejamos autorizados a admiti-lo como tal objeto; consequentemente, ele é tão-somente um simples ser de razão. Entretanto, entre todas as ideias cosmológicas, aquela que deu origem à quarta antinomia nos leva a arriscar esse passo. De fato, a existência dos fenômenos, que de nenhuma maneira se baseie nela mesma, mas que é sempre condicionada, nos convida a investigar ao nosso redor alguma coisa de distinto de todos os fenômenos, por conseguinte, um objeto inteligível onde cessa essa contingência. Mas, uma vez que tomemos a liberdade de admitir fora do campo de toda a sensibilidade uma realidade existente por si mesma, como devemos sempre considerar os fenômenos unicamente como modos contingentes de representação de objetos inteligíveis segundo os quais seres que são eles mesmos inteligências representam objetos inteligíveis; por conseguinte, o único recurso que nos resta é a analogia segundo a qual fazemos uso dos conceitos da experiência para poder formar algum conceito das coisas inteligíveis, coisas que, no que são em si mesmas, desconhecemos totalmente. Como somente aprendemos a conhecer o contingente por meio da experiência, e por se tratar aqui da questão de coisas que não podem ser, de forma alguma, objetos da experiência, deveremos fazer derivar dele o conhecimento do que é necessário em si, ou seja, conceitos puros das coisas em geral. O primeiro passo que empreendemos fora do mundo sensível nos obriga então a começar os nossos novos conhecimentos pela busca do ser absolutamente necessário, derivando do conceito desse ser os conceitos de todas as coisas, desde que sejam simplesmente inteligíveis; esse é o ensaio que passaremos a considerar no próximo capítulo.

Capítulo Terceiro

O IDEAL DA RAZÃO PURA

PRIMEIRA SEÇÃO

Do ideal em geral

Pudemos então ver que os *conceitos* puros do *entendimento*, independentemente de todas as condições da sensibilidade, não podem, de forma alguma, apresentar-nos objetos (*keine Gegenstände*), pois lhes faltam as condições da realidade objetiva e nada se encontra neles senão a simples forma do pensamento. Entretanto, é possível apresentá-los *in concreto* quando são aplicados a fenômenos, pois os fenômenos constituem para eles a própria matéria exigida para o conceito da experiência que nada mais é que um conceito do entendimento *in concreto*. Mas as *ideias* são ainda mais afastadas da realidade do que as *categorias*; pois não é possível encontrar fenômenos onde elas possam ser representadas *in concreto*. Elas contêm uma certa perfeição que nenhum conhecimento empírico possível conseguiria alcançar; e a razão só visualiza nelas uma unidade sistemática pela qual ela procura aproximar a unidade empírica possível, mas sem jamais alcançá-la plenamente.

O que denomino *ideal* parece estar ainda mais afastado da realidade objetivada que a ideia e, com isso, refiro-me à ideia não simplesmente *in concreto*, mas *in individuo*, ou seja, considerada como uma coisa singular determinável ou completamente determinada unicamente pela ideia.

A ideia da humanidade, em toda a sua perfeição, contém não só todas as propriedades essenciais que pertençam a essa natureza, e que constituem o conceito que temos dela, levadas até a perfeita conformidade com seus objetivos, – o que seria a nossa ideia de humanidade perfeita – mas ela contém também tudo que, além deste conceito, pertença à determinação completa da ideia; pois, de todos os predicados opostos, há um único que possa convir à ideia do homem perfeito: o que para nós é um ideal, para Platão era uma *ideia do entendimento divino*, um objeto particular da intuição pura desse entendimento, a perfeição de cada espécie de seres possíveis e o protótipo de todas as cópias do fenômeno.

Mas, sem nos elevarmos tanto, devemos confessar que a razão humana não contém somente ideias, mas também *ideais* que não possuem, é verdade, como aqueles de Platão, a força criadora, mas que têm a força *prática* (como princípios reguladores) que serve de base à possibilidade da perfeição de certas *ações*. Os conceitos morais não são completamente conceitos puros da razão, pois em sua base encontra-se alguma coisa de empírico (prazer ou dor). No entanto, com respeito ao princípio pelo qual a razão estabelece limites à liberdade que é em si mesma sem leis (por conseguinte, caso prestemos atenção unicamente à sua forma), pode muito bem servir de exemplo de conceitos puros da razão. A virtude em toda a sua pureza e, com ela, a sabedoria humana, são ideias. Mas o sábio (do estoico) é um ideal, ou seja, um homem que só existe no pensamento, mas que corresponde plenamente à ideia da sabedoria. Da mesma forma que a ideia fornece a *regra*, o ideal serve de *arquétipo* para a determinação completa da cópia, e para julgar as nossas ações não temos outra regra senão a conduta desse homem divino que está em nós e com o qual nos comparamos para nos julgarmos e nos corrigirmos, mas sem jamais poder atingir a perfeição. Esses ideais, embora não possamos lhe atribuir uma *realidade* objetiva (de existência), não devem, no entanto, ser considerados como ficção; ao contrário, eles fornecem à razão uma medida que lhe é indispensável, pois ela precisa do conceito do que é absolutamente perfeito em sua espécie para apreciar, medir e referir-se até que ponto o imperfeito se aproxima ou se afasta da perfeição. Quanto a querer realizar o ideal num exemplo, ou seja, no fenômeno, de certa forma como o sábio de um romance, ele é impraticável e parece pouco sensato e pouco edificante em si, porque os limites naturais que agridem continuamente a perfeição existente na ideia tornam impossível qualquer ilusão dessa tentativa e com isso nos conduzem até a suspeitar do bem que está na ideia e a considerá-lo como simples ficção.

Dessa forma, o ideal da razão pura deve sempre se basear em conceitos determinados e servir de regra e de arquétipo, tanto para a ação como para o juízo. Os produtos da imaginação são de natureza totalmente diferente e ninguém pode explicá-los ou arriscar um conceito inteligível: tal como os *monogramas*, um simples conjunto de qualidades particulares e não determinados por qualquer regra específica, eles formam um desenho flutuante, por assim dizer, a partir de experiências diversas, em vez de uma imagem determinada – uma representação parecida com aquela que os artistas e os fisionomistas pretendem ter em sua cabeça, e que tratam como sendo um fantasma incomunicável de suas criações ou até mesmo de seus juízos. É possível, apesar de impróprio, chamá-los de ideais da sensibilidade, porque devem ser o modelo inimitável das intuições empíricas possíveis e porque, no entanto, não especificam qualquer regra suscetível de definição e de análise.

O que a razão se propõe com seu ideal é, ao contrário, operar a determinação completa segundo regras *a priori*; desta forma, ela concebe um objeto que deva ser completamente determinável segundo certos princípios – embora na experiência faltem condições suficientes a este respeito – sendo o próprio conceito, por conseguinte, transcendente.

SEGUNDA SEÇÃO

Do Ideal transcendental
(Prototypon transcendantale)

Todo *conceito*, em relação ao que não é contido nele, é indeterminado e sujeito a esse princípio da *determinabilidade (Bestimmbarkeit)*: que de dois predicados contraditoriamente opostos um só pode lhe convir; princípio que se baseia no princípio de contradição e que, por conseguinte, é um princípio simplesmente lógico fazendo abstração de todo o conteúdo do conhecimento para somente considerar a forma lógica.

Mas toda *coisa*, quanto à sua possibilidade, é ainda sujeita ao princípio da *determinação completa*, segundo a qual, de *todos* os predicados *possíveis das coisas*, desde que sejam comparados com os seus contrários, somente um deve lhe convir. Isto não se baseia simplesmente no princípio de contradição pois, além da relação de dois predicados contraditórios, considera-se ainda cada coisa em sua relação com a *possibilidade inteira* concebida como o complexo de todos os predicados das coisas em geral; e ao pressupor essa possibilidade como condição *a priori*, apresenta-se cada coisa como se ela derivasse de sua própria possibilidade, da parte que a ela retorna nessa possibilidade total.(*) Portanto, o princípio da determinação completa diz respeito ao conteúdo e não simplesmente à forma lógica. Ele é o princípio da síntese de todos os predicados que devem constituir o conceito integral de uma coisa e não simplesmente aquele da representação analítica feita por um dos dois predicados opostos; enfim, ele é uma pressuposição transcendental, aquela da matéria de toda *possibilidade*, a qual deve conter *a priori* os *dados* necessários à possibilidade *particular* de cada coisa.

Esta proposição: *toda coisa existente é completamente determinada*, significa que não somente de cada par de predicados contraditórios *dados*,

---

(*) Através desse princípio, toda coisa é então reportada a um *correlativo* comum, e quero me referir à possibilidade total que (sendo a matéria de todos os predicados possíveis), pelo fato de que ela se encontraria na ideia de uma só coisa, deveria comprovar uma afinidade de todo possível pela identidade do princípio de sua determinação completa. A *determinabilidade* de todo *conceito* está sujeita à *universalidade (universalitas)* do princípio que exclui todo o meio entre dois predicados opostos, mas a *determinação* de uma *coisa* está sujeita à *totalidade (universitas)* ou ao complexo de todos os predicados possíveis.

mas também de todos os predicados *possíveis*, há sempre um que lhe convém. Por meio dessa proposição, não somente os predicados são comparados entre si logicamente, mas compara-se também transcendentalmente a própria coisa e o complexo de todos os predicados possíveis.

Isso significa que para conhecer integralmente uma coisa é preciso conhecer todas as possibilidades e determiná-la por ela mesma, seja afirmativa, seja negativamente. A determinação completa é, por conseguinte, um conceito que nunca podemos representar *in concreto*, quanto à sua totalidade e, consequentemente, ela se baseia em uma ideia cuja única sede é a razão que estabelece ao entendimento a regra de sua prática integral.

Ora, embora essa ideia de *conjunto de toda possibilidade*, desde que esse conjunto estabeleça a determinação completa de cada coisa, ainda esteja indeterminada relativamente aos predicados que possam constituir este conjunto, e embora com isso pensemos somente em um conjunto de todos os predicados possíveis em geral, ao examiná-lo mais de perto descobrimos, no entanto, que essa ideia, na qualidade de conceito primitivo, exclui uma grande quantidade de predicados que já são dados por outros como derivados ou que não possam subsistir juntos, e descobrimos que ela se depura até formar um conceito completamente determinado *a priori*, tornando-se com isso o conceito de um objeto singular que é completamente determinado pela simples ideia e que, portanto, deve chamar-se de *ideal* da razão pura.

Se considerarmos todos os predicados possíveis, não simplesmente do ponto de vista lógico, mas do ponto de vista transcendental, ou seja, quanto ao conteúdo que pode ser concebido neles *a priori*, descobrimos que alguns representam um ser e outros um simples não-ser. A negação lógica, marcada unicamente pela palavra "não", nunca leva propriamente a um conceito, mas somente à relação desse conceito com outro conceito no juízo e, por conseguinte, é insuficiente para determinar um conceito com respeito ao seu conteúdo. A expressão não-mortal não nos capacita a declarar que estejamos representando no objeto um simples não-ser; a expressão não afeta o seu conteúdo. Por outro lado, uma negação transcendental significa uma não-existência em si mesma e é oposta à afirmação transcendental que é alguma coisa cujo próprio conceito já exprime em si mesmo uma existência. Portanto, a afirmação transcendental é chamada de realidade porque é unicamente por meio dela, e na extensão de sua esfera, que os objetos são alguma coisa (coisas), enquanto a negação oposta designa uma simples falta e, desde que ela seja tão-somente pensamento, representa a anulação de todas as coisas.

Ora, ninguém pode conceber uma negação de uma maneira determinada sem ter considerado como fundamento a afirmação oposta. O cego de nascimento é incapaz de imaginar a escuridão porque ele não consegue imaginar a luz; o selvagem não pode imaginar a pobreza, pois não tem ideia do que seja a opulência.(*) O ignorante não faz ideia de sua ignorância, porque não tem nenhuma ideia da ciência, etc. Todos os conceitos das negações são, portanto, também conceitos derivados, e as realidades contêm os dados e, por assim dizer, a matéria ou o conteúdo transcendental da possibilidade e da determinação completa de todas as coisas.

Dessa forma, se a determinação completa tiver por fundamento em nossa razão um substrato transcendental que contém toda a provisão de matéria de onde possam ser extraídos todos os predicados possíveis das coisas, esse substrato nada mais é que a ideia de um todo da realidade (*omnitudo realitatis*). Todas as negações verdadeiras são tão-somente limites, o que não poderíamos dizer se elas não tivessem por fundamento o que existe sem limites (o todo).

Mas o conceito do que possui essa realidade inteira é somente o conceito de uma *coisa em si mesma* completamente determinada, e o conceito de um ser soberanamente real (*entis realissimi*) é o conceito de um ser singular, pois de todos os predicados opostos possíveis, um só, aquele que pertence absolutamente à existência, encontra-se em sua determinação. Portanto, é um *ideal* transcendental que serve de base à determinação completa que, necessariamente, se encontra em tudo que existe e constitui a condição material suprema e perfeita de sua possibilidade, condição à qual todo pensamento dos objetos em geral, quanto ao seu conteúdo, deve ser reconduzido. Mas também é o único ideal verdadeiro do qual a razão humana é capaz, pois é unicamente nesse caso que um conceito

---

(*) As observações e os cálculos dos astrônomos nos ensinaram muitas coisas notáveis, mas o serviço que mais lhes devemos é ter descoberto o abismo da *ignorância* que a razão humana, sem esses conhecimentos, jamais poderia ter imaginado que fosse tão profundo; a reflexão sobre essa ignorância deve produzir uma grande mudança na determinação das finalidades a serem atribuídas à prática de nossa razão.

universal em si de uma coisa é determinado completamente e é conhecido como a representação de um indivíduo.

A determinação lógica de um conceito pela razão baseia-se no silogismo disjuntivo cuja premissa maior contém uma divisão lógica (a divisão da esfera de um conceito geral), a premissa menor limita essa esfera em uma parte e a conclusão determina o conceito por meio dessa parte. O conceito universal de uma realidade em geral não pode ser dividido *a priori* porque sem a experiência não se conhecem as espécies determinadas de realidades incluídas nesse gênero. A premissa maior transcendental da determinação completa de todas as coisas nada mais é que a representação do conjunto de toda a realidade; ela não é simplesmente um conceito que compreende, *abaixo dele*, todos os predicados segundo seu conteúdo transcendental, mas um conceito que os compreende *em si mesmo*, e a determinação completa de cada coisa se baseia na limitação desse *todo* da realidade, pois um pouco dessa realidade é atribuído à coisa, enquanto o resto é excluído, um procedimento compatível com o "*ou*" repetido da premissa maior disjuntiva e com a determinação do objeto por meio de um dos membros dessa divisão, na premissa menor. A prática pela qual a razão fornece o ideal transcendental como base para sua determinação de todas as coisas possíveis é análoga à prática segundo a qual ela procede nos silogismos disjuntivos, o que é o princípio que mencionei anteriormente como fundamento da divisão sistemática de todas as ideias transcendentais e segundo o qual essas ideias são produzidas de maneira paralela e correspondente aos três tipos de silogismos.

É óbvio que a razão, para atingir esse objetivo, ou seja, para se representar unicamente a determinação necessária e completa das coisas, não pressupõe a existência de um ser conforme ao ideal, mas somente a ideia de um ser desse gênero, a fim de derivar, de uma totalidade incondicionada da determinação completa, a totalidade condicionada, ou seja, a totalidade do limitado. Portanto, para ela o ideal é o arquétipo (*prototypon*) de todas as coisas que, todas juntas, como cópias imperfeitas (*ectypa*), extraem a matéria de sua possibilidade e ao se aproximarem aparentemente do ideal continuam sempre infinitamente longe de seu alcance.

Dessa forma, toda possibilidade das coisas (da síntese do diverso quanto ao seu conteúdo) é considerada como derivada, e a possibilidade que contém em si toda a realidade é somente considerada como original. De fato, todas as negações (que, no entanto, são os únicos predicados pelos quais todo o resto se distingue do ser real por excelência) são simples limitações de uma realidade maior e definitivamente da mais alta realidade; portanto, elas pressupõem essa realidade e são, quanto ao seu conteúdo, derivadas dela. Toda a diversidade das coisas é tão-somente uma maneira igualmente diversa de limitar o conceito da realidade suprema que é o seu substrato comum; da mesma forma, todas as figuras só são possíveis a título de formas diferentes de limitar o espaço infinito. Isso porque o objeto, do qual é o ideal e que reside simplesmente na razão, possui também o nome de *ser original (ens originarium)*; desde que não haja nenhum ser acima dele, ainda é denominado de *Ser Supremo (ens summum)*, e desde que tudo lhe seja sujeito como condicionado, é chamado de *ser dos seres (ens entium)*. Ora, tudo isto não designa a relação objetiva de um objeto real com outras coisas, mas a relação da ideia com conceitos, e permanecemos assim em uma completa ignorância quanto à existência de um ser de tão eminente superioridade.

Como também não é possível dizer que um ser primordial seja composto de diversos seres derivados, pois como esses últimos pressupõem o anterior, eles mesmos não podem constituí-lo. É preciso então que o ideal do ser original seja também concebido como simples.

Consequentemente, a derivação de toda outra possibilidade desse ser primordial não pode, estritamente falando, ser considerada uma *limitação* de sua realidade suprema e, de forma alguma, uma *divisão* sua; pois o ser primordial seria considerado um simples agregado de seres derivados, o que, segundo o que precede, é impossível, embora no início tenhamos apresentado a coisa dessa forma em um primeiro esboço grosseiro. A realidade suprema serviria de base para a possibilidade de todas as coisas, mais a título de *princípio* do que de *conjunto*, e a diversidade das coisas não se basearia na própria limitação do ser primordial, mas em seu desenvolvimento perfeito, do qual a nossa sensibilidade toda também faria parte com toda a realidade incluída no fenômeno, sem que ela pudesse pertencer, em qualidade de ingrediente *(als Ingredienz)*, à ideia do Ser Supremo.

Ora, se nós levarmos essa ideia mais adiante e dela fizermos uma hipóstase, poderemos determinar o ser primordial por meio do conceito da realidade suprema, como um ser uno, simples, suficiente a tudo, eterno, etc., em uma palavra, determiná-lo em sua perfeição incondicionada por meio de todos os predicados. O conceito de um tal ser é o de *Deus* concebido num sentido transcendental, e assim o ideal da razão pura é o objeto de uma *teologia* transcendental, como indiquei anteriormente.

Entretanto, essa prática da ideia transcendental ultrapassaria os limites de seu propósito e de sua validade. Pois a razão somente a aplicou como um *conceito* de toda a realidade para dela fazer a base da determinação completa das coisas em geral, sem pedir que toda essa realidade seja dada objetivamente e constitua, ela mesma, uma coisa. Essa última coisa é uma simples ficção pela qual reunimos e realizamos em um ideal, como em um ser particular, o diverso de nossa ideia, sem que nada nos autorize e sem que tenhamos o direito de admitir absolutamente a possibilidade dessa hipótese. Ocorre o mesmo com todas as consequências que decorrem desse ideal; elas tampouco dizem respeito à determinação completa das coisas em geral, sendo necessária para isso somente a ideia, e sobre ela não têm a mínima influência.

Não é suficiente descrever os procedimentos de nossa razão e de sua dialética, é preciso também procurar as fontes dessa dialética para poder explicar essa mesma ilusão como um fenômeno do entendimento; pois o ideal do qual falamos está baseado em uma ideia natural e não em uma ideia arbitrária. Por isso eu pergunto: como é possível que a razão considere toda a possibilidade das coisas como sendo derivada de uma única possibilidade fundamental da qual é o fundamento, quero dizer, daquela da realidade suprema, e pressupô-la contida em um ser primordial individual?

A própria resposta decorre do que discutimos na Analítica transcendental. A possibilidade dos objetos dos sentidos é uma relação desses objetos com o nosso pensamento onde alguma coisa (isto é, a forma empírica) pode ser concebida *a priori*, mas onde deve também ser dado o que constitui a matéria, a realidade no fenômeno (o que corresponde à sensação), sem o qual não poderia, de forma alguma, ser concebido, e tampouco sua possibilidade poderia ser representada. Ora, um objeto dos sentidos somente pode ser determinado completamente quando é comparado com todos os predicados do fenômeno e representado por eles afirmativa ou negativamente. Mas como o que constitui a própria coisa, ou seja, o real no campo dos fenômenos, deve ser dado – do contrário a coisa não poderia jamais ser concebida – e como o que está no real de todos os fenômenos é dado e é a única experiência que abarca tudo, a matéria para a possibilidade de todos os objetos dos sentidos deve ser pressuposta como dada em um todo; e é sobre a limitação desse conjunto que podem se basear toda a possibilidade dos objetos empíricos, sua diferença recíproca e sua completa determinação. Nenhum outro objeto senão os objetos dos sentidos podem, de fato, ser-nos dados e isto somente no contexto de uma experiência possível; consequentemente, nada é *para nós* um objeto se ele não pressupor o conjunto de toda a realidade empírica como condição de sua possibilidade. Por meio de uma ilusão natural consideramos isso como um princípio que se aplica a todas as coisas em geral, enquanto esse princípio somente pode ser aplicado adequadamente às coisas dadas como objetos dos nossos sentidos. Por conseguinte, omitindo essa limitação fazemos do princípio empírico dos nossos conceitos da possibilidade das coisas como fenômenos um princípio transcendental da possibilidade das coisas em geral.

Portanto, se continuamos a hipostasiar essa ideia do conjunto de toda realidade, isso decorre do fato de que convertemos dialeticamente a unidade *distributiva* da prática experimental do entendimento em uma unidade *coletiva* de um todo da experiência e de que nesse todo do fenômeno concebemos uma coisa individual que contém toda a realidade empírica e que, por meio da sub-repção transcendental que já discutimos, transforma-se em conceito de uma coisa situada no ápice da possibilidade de todas as coisas para a determinação completa das quais ela fornece condições reais.(*)

TERCEIRA SEÇÃO

Os argumentos da razão especulativa como prova da existência de um Ser Supremo

Não obstante essa premente necessidade que a razão tem de pressupor alguma coisa que seja capaz de servir completamente de princípio ao entendimento para realizar a determinação inteira de seus conceitos,

---

(*) Esse ideal do Ser soberanamente real é, portanto, embora seja uma simples representação, primeiramente *realizado*, ou seja, transformado em objeto; em seguida é *hipostasiado* por meio de um progresso natural da razão para a realização da unidade, *personificado*, como veremos logo adiante; é que a unidade reguladora da experiência não repousa nos próprios fenômenos (na sensibilidade unicamente), mas na conexão do que há de diverso neles por meio do *entendimento* (em uma apercepção), e que consequentemente a unidade da suprema realidade e a completa determinabilidade (possibilidade) de todas as coisas parecem residir em um entendimento supremo, ou seja, em uma Inteligência.

ela denota assim mesmo, bem facilmente, o que há de ideal e de simplesmente fictício nessa pressuposição para que fosse persuadida a admitir de imediato, como um ser real, uma simples criação do seu pensamento, se ela não fosse forçada a procurar em algum lugar o seu repouso na regressão do condicionado dado para o incondicionado; de fato, este incondicionado não é dado como sendo ele mesmo real, nem tampouco como tendo uma realidade que resulte em seu simples conceito; no entanto, ele é o único que pode completar a série de condições reconduzidas ao seu princípio. Esse é o curso natural que a nossa razão humana, por sua própria natureza, nos leva a adotar, apesar de não ser perseguido por todos. Ele não começa por meio de conceitos, mas pela experiência comum e, por conseguinte, toma por base alguma coisa de existente. Mas essa base desaba quando não repousa na rocha imóvel do absolutamente necessário. Por sua vez, este permanece ele mesmo sem apoio, se houver um espaço vazio fora e abaixo dele e se ele próprio não o preencher todo, a fim de não deixar qualquer espaço para qualquer questionamento e para que tenha uma realidade infinita.

Se admitirmos alguma coisa como existente, não importa o que seja, devemos também admitir que alguma exista *necessariamente*. Pois o contingente só existe na condição de outro contingente existente, a título de causa, e o mesmo raciocínio se aplica a essa causa até atingir uma causa que não é mais contingente e que, por isso mesmo, exista necessariamente sem condições.

Esse é o argumento sobre o qual a razão baseia sua progressão para o ser primordial.

Ora, a razão procura um conceito que se adeque a um modo de existência tão supremo quanto aquele da necessidade incondicionada, cujo propósito não é inferir *a priori* do conceito a existência desse ser (pois se ela estiver tentando proceder dessa forma deveria limitar suas buscas entre simples conceitos, sem precisar tomar por fundamento uma existência dada), mas unicamente para poder encontrar, entre todos os conceitos das coisas possíveis, aquele que nada tem em si mesmo de contrário com a necessidade absoluta. Que deve existir, de fato, alguma coisa de absolutamente necessária, é o que ela já tem como estabelecido para o primeiro raciocínio. Portanto, se ela pode afastar tudo o que não seja compatível com essa necessidade, salvo uma coisa, essa coisa será o ser absolutamente necessário, seja ou não possível compreendermos a sua necessidade, isto é, derivá-la somente de seu conceito.

Parece que aquilo que em seu conceito contém a razão de todas as coisas, uma razão que de nenhuma forma e sob nenhum ponto de vista seja defeituosa, e que seja de toda forma suficiente como condição, seja precisamente o ser para quem convém a necessidade absoluta, pois, possuindo ele mesmo todas as condições de todo o possível, não precisa de qualquer condição e, por conseguinte, pelo menos nesse aspecto específico, satisfaz o conceito da necessidade incondicionada, o que não poderia fazer como nenhum outro conceito que, sendo defeituoso e faltando-lhe complemento, nunca mostra em si mesmo a característica de independência com respeito a todas as condições ulteriores. É verdade que disso ainda não podemos inferir seguramente que o que não encerra em si mesmo a condição suprema e perfeita em todos os aspectos é portanto condicionado quanto à sua existência; entretanto, podemos dizer que lhe falte aquela característica por meio da qual somente a razão é capaz de reconhecer um ser incondicionado através de um conceito *a priori*.

O conceito de um ser dotado de realidade suprema seria, por conseguinte, entre todos os conceitos de coisas possíveis, aquele que melhor conviria ao conceito de um ser incondicionalmente necessário e então, mesmo que não satisfaça plenamente, não temos outra opção e nos vemos forçados, ao contrário, a mantê-lo, porque não podemos jogar ao vento a existência de um ser necessário; mas ao admitir essa existência, nada podemos encontrar, no entanto, em todo o campo da possibilidade, que possa reivindicar uma pretensão baseada nessa prerrogativa no modo de sua existência.

Assim é então o procedimento natural da razão humana. Antes de tudo, ela se convence da existência de algum ser necessário. Ela reconhece nesse ser uma existência incondicionada. Ora, ela busca o conceito do que é independente de toda condição e o encontra no que é em si mesma a condição suficiente de todo o resto, ou seja, naquilo que contém toda a realidade. Mas o todo sem limites é unidade absoluta e implica o conceito de um ser único, ou seja, do Ser Supremo; e a razão infere assim que o Ser Supremo, como princípio fundamental de todas as coisas, exista de uma maneira absolutamente necessária.

Não se saberia recusar a esse conceito certa solidez quando se trata de *decidir*, ou seja, uma vez que a existência de algum ser necessário seja admitida e que se concorde que é preciso chegar a uma decisão quanto ao que ele seja, então é preciso que seja concedida à maneira anterior de pensar certa força moral. Pois neste caso não é possível fazer uma escolha mais conveniente, ou melhor, não temos nenhuma escolha, mas somos forçados a decidir a favor da unidade absoluta da realidade perfeita, como fonte derradeira da possibilidade. Entretanto, caso não sejamos exigidos a tomar uma decisão e preferimos deixar o assunto aberto até que o peso da evidência nos obrigue a consentir, em outras palavras, o que temos a fazer é simplesmente *estimar* o quanto realmente conhecemos sobre o assunto e o quanto simplesmente nos gabamos de saber, então o argumento anterior está longe de parecer tão vantajoso, e um favor especial é requerido para compensar a falta de títulos legítimos. Mas se nada nos obrigue a decidir e se preferíssemos deixar de lado este assunto até sermos forçados a concordar com o único ponto dos argumentos, ou seja, que não se trata senão de *julgar* simplesmente o que estimamos saber desse problema e o que simplesmente nos gabamos de saber, então é preciso muito para que o raciocínio precedente se mostre numa postura igualmente vantajosa, e ele precisa que o favor compense a sua falta de legitimidade.

    De fato, admitamos como bem estabelecido tudo o que nos é aqui apresentado, a saber que, primeiramente, de alguma existência dada (poderia ser simplesmente minha própria existência) poderíamos inferir legitimamente a existência de um ser incondicionalmente necessário e que, em segundo lugar, devemos considerar como absolutamente incondicionado um ser que contenha toda a realidade e, por conseguinte, também toda a condição, e que nesse conceito de uma coisa à qual convém a necessidade absoluta encontremos uma coisa à qual possamos atribuir uma necessidade absoluta; no entanto, não podemos de forma alguma inferir que o conceito de um ser limitado, que não possua a realidade suprema, seja por esse motivo incompatível com a necessidade absoluta. Pois embora eu não encontre no conceito desse ser o incondicionado que está envolvido na totalidade das condições, não podemos, no entanto, inferir que sua existência deva ser por esse motivo condicionada; assim como não posso dizer, no caso de um raciocínio hipotético: onde não existe uma certa condição (a saber, a perfeição segundo conceitos), também não existe o condicionado. Ao contrário, ser-nos-á permitido dar todos os outros seres limitados como também incondicionalmente necessários, mesmo que não possamos inferir sua necessidade do conceito geral que temos deles. Mas dessa forma esse argumento não nos fornece o mínimo conceito das propriedades de um ser necessário e, de fato, ele é totalmente ineficaz.

Esse argumento conserva todavia certa importância e certo decoro que, apesar de sua insuficiência objetiva, não podem lhe ser tirados de repente. Pois, suponhamos obrigações totalmente rigorosas na ideia da razão, mas que não teriam nenhuma realidade de aplicação em relação a nós mesmos, ou seja, sem motivos, salvo na suposição de que exista um Ser Supremo capaz de dar às leis práticas seu efeito e sua influência *(Nachdruck)*; teríamos também nesse caso a obrigação de seguir os conceitos que, embora podendo ser insuficientes, são, no entanto, decisivos quanto à medida de nossa razão, e em comparação com as quais nada conhecemos de melhor nem de mais convincente. O dever de escolher colocaria um fim, dessa forma, à irresolução da especulação por meio de uma adição prática, e mesmo a razão, em qualidade de juiz bem vigilante, não encontraria nela mesma qualquer justificativa se, sob a influência de motivos prementes, por mais insuficiente que fosse a sua percepção, ela não seguisse esses princípios de seu juízo que são, pelo menos, os melhores que podemos conhecer.

Embora esse argumento seja, de fato, transcendental, pois se baseia na insuficiência intrínseca do contingente, no entanto, ele é tão simples e tão natural que é adequado ao mais trivial sentido comum, desde que ele lhe seja apresentado. Podemos ver as coisas mudarem, nascerem e perecerem; é preciso então que essas coisas ou, pelo menos seu estado, tenham uma causa. Mas toda causa, que pode nunca ser dada na experiência, por sua vez traz à tona a mesma questão. Ora, onde mais precisamente colocaremos a causalidade *suprema* senão no que é também *a mais alta* causalidade, ou seja, no Ser que encerra primordialmente em si mesmo a razão suficiente de todo efeito possível e cujo conceito também é determinado *(zu Stande kommt)* bem facilmente por meio do único atributo de uma perfeição infinita. Portanto, consideramos essa causa suprema como absolutamente necessária, porque pensamos que seja absolutamente necessário nos elevarmos até ela e que não temos nenhum motivo para ultrapassá-la. E dessa forma, em todos os povos podemos ver brilhar através do politeísmo mais cego algumas centelhas do monoteísmo a que eles são levados não pela reflexão ou pelas profundas especulações, mas somente por um progresso natural do sentido comum que se esclarece paulatinamente.

Portanto, existem três provas possíveis da existência de Deus por meio da razão especulativa

Todos os caminhos que conduzem a esse objetivo ou começam pela experiência determinada e da natureza específica do nosso mundo sensível que a experiência nos faz conhecer e, segundo as leis da causalidade, elevam-se dali até à causa suprema que reside fora do mundo, ou tomam como ponto de partida empírico uma experiência indeterminada, ou seja, uma existência qualquer; ou ainda, eles fazem abstração de toda experiência e inferem, totalmente *a priori*, simples conceitos à existência de uma causa suprema. A primeira prova é a prova *físico-teológica*, a segunda é a prova *cosmológica*, e a terceira, a prova *ontológica*. Não há, nem tampouco existem, outras provas.

Demonstrarei que a razão não progride mais num caminho (no caminho empírico) do que no outro (no caminho transcendental) e que ela estende em vão suas asas para se elevar acima do mundo sensível pelo simples poder da especulação. Quanto à ordem pela qual essas diversas provas devem ser examinadas, ela será precisamente o inverso daquela que segue a razão ao se desenvolver aos poucos e que já apresentamos anteriormente. De fato, veremos que, mesmo sendo a experiência que proporciona a primeira ocasião para essa investigação, é o *conceito transcendental* que orienta a razão nesse empenho e que determina o objetivo que ela se propôs. Começarei então pelo exame da prova transcendental e, por conseguinte, verei o que a adição do empírico pode acrescentar à sua força demonstrativa.

QUARTA SEÇÃO

Da impossibilidade de uma prova ontológica da existência de Deus

É evidente que, com o que foi apresentado, o conceito de um ser absolutamente necessário é um conceito puro da razão, ou seja, uma simples ideia cuja realidade objetiva está longe de ser comprovada simplesmente pelo fato da razão precisar dessa prova, que, de resto, nos indica somente certa perfeição inacessível e que serve propriamente a limitar o entendimento em vez de estendê-lo para novos objetos. Ora, há aqui alguma coisa de estranho e paradoxal: é que o raciocínio concludente de uma existência dada em geral a qualquer existência absolutamente necessária parece ser premente e legítimo, e que, no entanto, temos contra nós todas as condições necessárias para que o entendimento forme um conceito dessa necessidade.

Em todos os tempos falou-se do ser *absolutamente necessário*, mas ninguém se deu ao trabalho de compreender se, e como, é possível conceber uma coisa dessa espécie unicamente para provar a sua existência. Ora, é verdade que seja muito fácil dar uma definição verbal desse conceito, dizendo que é alguma coisa cuja não-existência é impossível; mas isso não proporciona nenhuma percepção com respeito às condições que tornam impossível considerar a não-existência de uma coisa como absolutamente inconcebível e que seja propriamente o que queremos saber, e com isso quero dizer que não sabemos se por meio desse conceito estamos pensando ou não em alguma coisa em geral. De fato, eliminar pela palavra *incondicionado* todas as condições, das quais o entendimento sempre precisa para considerar alguma coisa como necessária, não é suficiente para me fazer compreender se, por meio desse conceito de um ser incondicionalmente necessário, eu ainda pensaria alguma coisa ou se, talvez, não pensasse absolutamente nada.

Acreditou-se ainda poder explicar esse conceito por meio de inúmeros exemplos, inicialmente de maneira confusa, mas que depois se tornou completamente familiar, de tal forma que toda investigação ulterior sobre a sua inteligibilidade parecesse totalmente inútil. Toda proposição de Geometria, por exemplo, que um triângulo tem três ângulos, é absolutamente necessária; e falou-se assim de um objeto que é completamente fora da esfera do nosso entendimento, como se tivéssemos perfeitamente compreendido o que se queria dizer pelo conceito desse objeto.

Todos os exemplos alegados são extraídos, sem exceção, dos *juízos* e não das coisas e de suas existências. Mas a necessidade incondicionada dos juízos não é uma necessidade absoluta das coisas. Pois a necessidade absoluta do juízo é uma necessidade condicionada da coisa ou do predicado do juízo. A proposição anterior não dizia que três ângulos existam de uma maneira absolutamente necessária, mas que, se colocarmos a condição de que um triângulo exista (seja dado), também há nele três ângulos necessariamente. Contudo, essa necessidade lógica mostrou um poder de ilusão tão grande que depois de se formar de uma coisa um conceito *a priori*, de tal forma a incluir a existência no escopo de seu significado (*das Dasein mit seinen Unfang begriff*), acreditou-se inferir seguramente que, como a existência pertence necessariamente ao objeto desse conceito, ou seja, com a condição que eu estabeleça essa coisa como dada (como existente), sua existência também é estabelecida necessariamente (em virtude da regra da identidade) e que esse ser é, por conseguinte, ele mesmo absolutamente necessário, porque sua existência foi concebida em um conceito arbitrário e com a condição de que eu estabeleça o objeto.

Se eu eliminar o predicado em um juízo idêntico e mantiver o sujeito, resultaria uma contradição, e é por isso que digo que esse predicado convém necessariamente ao sujeito. Mas se eu eliminar o sujeito e ao mesmo tempo o predicado, não há mais contradição, pois *nada mais* há que a contradição possa afetar. Estabelecer um triângulo suprimindo os três ângulos é contraditório; mas fazer desaparecer ao mesmo tempo o triângulo e os três ângulos faz com que desapareça também a contradição. Acontece exatamente a mesma coisa com o conceito de um ser absolutamente necessário. Eliminando a existência, elimina-se a própria coisa com todos os seus predicados. De onde então poderia vir uma contradição? Não há nada exteriormente que possa entrar em contradição com ele, pois a coisa não deve ser externamente necessária; também não há nada internamente, pois suprimindo a própria coisa, suprimimos ao mesmo tempo o que se encontra interiormente. Deus é todo poderoso: este é um juízo necessário. A onipotência não pode ser suprimida desde que se estabeleça uma divindade, ou seja, um ser infinito com o conceito do qual esse atributo é idêntico. Mas se dissermos: *Deus não existe*, nem a onipotência nem qualquer outro de seus predicados é dado, pois todos foram suprimidos junto com o sujeito e não existe a mínima contradição nesse pensamento.

Vimos então que, se eu suprimir o predicado de um juízo e ao mesmo tempo o sujeito, jamais poderá resultar daí uma contradição interna, qualquer que seja esse predicado. Ora, só nos resta dizer que: existem sujeitos que não podem, de forma alguma, ser suprimidos e que, por conseguinte, eles devem subsistir. Mas isso significaria dizer que existem sujeitos absolutamente necessários, pressuposição cuja legitimidade eu precisamente contestei, e da qual gostariam de tentar me demonstrar a possibilidade. Pois para mim, é impossível formar o mínimo conceito de uma coisa que, mesmo suprimida, assim como todos os seus predicados, ainda dê margem à contradição e, além da contradição, eu não tenho, por meio de simples conceitos puros *a priori,* qualquer critério da impossibilidade.

Apesar de todas essas considerações com as quais todos devemos concordar, podemos ser desafiados com um caso apresentado como prova de que, de fato, a contradição existe, ou seja, há um só conceito, na verdade o único, com referência ao qual a rejeição de seu objeto é ela mesma contraditória, ou seja, o conceito do ser infinitamente real. Dizem que esse conceito possui toda a realidade e que temos o direito de admitir esse ser como possível (com o que eu concordo no momento, embora a ausência de contradição desse conceito ainda esteja longe de comprovar a possibilidade do objeto).(*) Ora, a própria existência está incluída em *toda realidade:* portanto, a existência é contida no conceito de uma coisa que é possível. Consequentemente, se essa coisa for suprimida, a possibilidade interna da coisa também é suprimida, o que é contraditório.

Respondo: Já existe uma contradição quando se introduziu o conceito da existência, disfarçado sob qualquer nome, no conceito de uma coisa concebida unicamente do ponto de vista de sua possibilidade. Se isso for permitido como legítimo, uma aparente vitória foi ganha, mas na verdade nada foi dito, pois a afirmação é uma simples tautologia. Então, devemos perguntar se esta proposição: *tal coisa ou tal outra* (que eu concordo como possíveis, quaisquer fossem) *existe,* seria uma proposição analítica ou uma proposição sintética? Se ela for analítica pela existência da coisa, nada se agrega ao pensamento da coisa e então, de duas uma: ou o pensamento que está em nós deve ser a própria coisa, ou então estamos pressupondo uma existência como pertencendo ao reino da possibilidade e com isso, inferimos sua existência a partir de sua possibilidade interna, o que nada mais é que uma pobre tautologia. A palavra realidade que, no conceito da coisa, soa totalmente diferente daquela da existência no conceito do predicado, não resolve essa questão. Pois, se chamarmos

---

(*) O conceito é sempre possível quando ele não é contraditório. É o critério lógico da possibilidade, e, com isso, seu objeto distingue-se do *nihil negativum.* Mas ele pode, entretanto, ser um conceito vazio, quando a realidade objetiva da síntese pela qual o conceito é produzido não é especificamente demonstrada, e essa demonstração, como já vimos, baseia-se sempre em princípios da experiência possível e não no princípio da análise (o princípio da contradição).

também realidade tudo o que estabelecemos (sem determinar o que se estabelece), já se estabeleceu e admitimos como real no conceito do sujeito a própria coisa acompanhada de todos os seus atributos; no predicado, o que fazemos é simplesmente repeti-lo. Se ao contrário confessarmos, como todo homem racional deve racionalmente fazê-lo, que toda proposição da existência é sintética, como podemos pensar em sustentar que o predicado da existência não pode ser suprimido sem contradição? Esse é um aspecto encontrado unicamente em proposições analíticas e é de fato o que constitui precisamente o seu caráter analítico.

Sem dúvida, eu deveria esperar ter acabado com essas disputas de uma forma direta, por meio de uma determinação exata do conceito da existência, se eu não tivesse descoberto que a ilusão causada pela confusão de um predicado lógico com um predicado real (ou seja, com a determinação de uma coisa) esteja quase além de qualquer esclarecimento. Tudo pode servir indistintamente de predicado lógico, e mesmo o sujeito pode servir-se a si mesmo de predicado, pois a lógica faz abstração de todo o conteúdo. Mas a *determinação* é um predicado acrescentado ao conceito do sujeito e o aumenta. Portanto, ela não deve estar nele contida.

Ser, evidentemente, não é um predicado real, ou seja, um conceito de alguma coisa que possa ser acrescentada ao conceito de uma coisa. É simplesmente a posição de uma coisa ou de certas determinações em si. Na prática lógica, nada mais é que a cópula de um juízo. Esta proposição: *Deus é onipotente,* encerra dois conceitos que possuem seus objetos: Deus e onipotência; a palavra "é" não é por si mesma, de forma alguma ainda um predicado, e é unicamente o que coloca o predicado *em relação* ao sujeito. Ora, se eu considerar o sujeito (Deus) com todos os seus predicados (cuja onipotência também faz parte) e que eu diga: *Deus é,* ou ele é um Deus, não acrescento qualquer novo predicado ao conceito de Deus, mas só estabeleço o sujeito em si mesmo com todos os seus predicados e, ao mesmo tempo, o *objeto* que corresponda ao meu *conceito.* Os dois devem exatamente conter a mesma coisa e, consequentemente, nada mais pode ser acrescentado ao conceito que exprime simplesmente a possibilidade, pelo simples fato de que eu conceba (pela expressão: ele é) o objeto desse conceito como dado absolutamente. E, dessa forma, o real nada mais contém do que o simples possível. Cem táleres (moeda alemã) reais contêm nada mais do que cem táleres possíveis. Pois, como os táleres possíveis exprimem o conceito e os táleres reais o objeto e sua posição nele mesmo, no caso em que esse contivesse mais do que aquele, o meu conceito não expressaria o objeto por inteiro e, consequentemente, também não seria o conceito adequado. Entretanto, eu seria mais rico com cem táleres reais do que com seu simples conceito (ou seja, com sua possibilidade). Na realidade, de fato, o objeto não é simplesmente contido analiticamente em meu conceito, mas ele se acrescenta sinteticamente ao meu conceito (que é uma determinação de meu estado), sem que, por essa existência fora do meu conceito, esses cem táleres concebidos sejam minimamente aumentados.

Dessa forma, quando eu concebo uma coisa, quaisquer que sejam e por mais numerosos que sejam os seus predicados pelos quais eu a penso (mesmo na determinação completa), acrescentando ainda que essa coisa exista, eu não acrescento absolutamente nada a essa coisa. Pois, ao contrário, o que existiria não seria exatamente o que eu havia concebido em meu conceito, mas algo a mais, e eu não poderia dizer que é precisamente o objeto do meu conceito que existe. Se eu também concebo em uma coisa toda a realidade salvo uma, do fato de que eu diga que tal coisa defeituosa exista, a realidade que falta não lhe é acrescentada, mas, ao contrário, essa coisa existe exatamente com o mesmo defeito que a afetava quando eu a concebi, pois, do contrário, existiria outra coisa diferente do que eu tenha concebido. Ora, se eu conceber um ser a título de realidade suprema (sem defeito), resta sempre saber se esse ser existiria ou não. De fato, embora em meu conceito nada falte do conteúdo real possível de uma coisa em geral, no entanto, falta ainda alguma coisa em relação a todo o meu estado do pensamento, ou seja, que o conhecimento desse objeto também seja possível *a posteriori*. E aqui encontramos a fonte de nossa presente dificuldade. Se fosse questão de um objeto dos sentidos, eu não poderia confundir a existência da coisa com o seu simples conceito. Pois, por meio do conceito, o objeto é pensado somente em conformidade às condições universais de um conhecimento empírico possível em geral, enquanto por meio de sua existência é pensado como pertencendo ao contexto da experiência como um todo; portanto, se pela sua conexão com o conteúdo de toda a experiência, o conceito do objeto não é absolutamente aumentado, pelo menos o nosso pensamento recebe ainda uma percepção possível. Se, ao contrário, queremos pensar a existência unicamente pela pura categoria, não é surpresa o fato de que não possamos indicar qualquer critério para distingui-la da simples possibilidade.

Portanto, quaisquer que sejam a natureza e a extensão do nosso conceito de um objeto precisamos, no entanto, sair desse conceito para atribuir ao objeto a sua existência. Para os objetos dos sentidos, isso ocorre por meio de sua conexão com algumas de nossas percepções, segundo leis empíricas; mas para objetos (*Objekte*) do pensamento puro, não há absolutamente qualquer meio de conhecer sua existência, porque ela deveria ser conhecida inteiramente *a priori*, quando a nossa consciência de toda a existência (que ela venha, seja imediatamente da percepção, seja de raciocínios que ligam alguma coisa à percepção) pertença inteira e absolutamente à unidade da experiência e que, se uma existência fora desse campo não puder, na verdade, ser absolutamente declarada impossível, ela seria, no entanto, uma pressuposição que não podemos absolutamente justificar.

O conceito de um Ser Supremo é, em muitos aspectos, uma ideia muito útil, mas por ser uma simples ideia ela é totalmente incapaz, em si mesma, de expandir o nosso conhecimento com relação ao que exista. Ela nem tem competência para nos instruir quanto à possibilidade de qualquer existência além daquela conhecida por meio da experiência. O caráter analítico de uma possibilidade como consistindo no princípio de que simples posições (realidades) não gerem qualquer contradição, sem dúvida, não pode lhe ser contestado; mas como as realidades, não nos são dadas especificamente, pois mesmo que o fossem, não estaríamos em posição de expressar qualquer juízo; e como o critério da possibilidade do conhecimento sintético nunca deve ser buscado senão na experiência à qual o objeto de uma ideia não pode pertencer; a conexão de todas as propriedades reais em uma coisa é uma síntese da qual não podemos julgar *a priori* a sua possibilidade; e dessa forma, o célebre LEIBNIZ está longe de ter conseguido alcançar o que pretendia, ou seja, conhecer *a priori* a possibilidade de um ser ideal tão elevado.

Consequentemente, a prova ontológica (cartesiana) tão célebre, que pretende demonstrar por meio de conceitos a existência de um Ser Supremo, é tão-somente um trabalho e um esforço perdidos; ninguém saberia, por meio de simples ideias, enriquecer seus conhecimentos, não mais do que um comerciante se enriqueceria se, para aumentar a sua fortuna, acrescentasse alguns zeros ao estado de sua conta corrente.

QUINTA SEÇÃO

Da impossibilidade de uma prova cosmológica da existência de Deus

Tentar derivar de uma ideia puramente arbitrária a existência de um objeto que lhe corresponda é totalmente contra a natureza e uma simples inovação do espírito escolástico (*Schulwitzes*). Essa tentativa nunca seria feita se não houvesse anteriormente, por parte da razão, a necessidade de admitir para a existência em geral algo de necessário (onde a nossa regressão pudesse terminar) e se, como essa necessidade deveria ser incondicionada e verdadeira *a priori,* a razão não tivesse sido forçada, como consequência, a procurar um conceito que satisfizesse, na medida do possível, essa exigência e desse a conhecer uma existência, perfeitamente *a priori.* Ora, acreditou-se ter encontrado esse conceito na ideia de um ser soberanamente real, e essa ideia foi portanto usada unicamente para obter um conhecimento mais determinado daquele ser necessário, do qual estávamos convencidos ou persuadidos que existisse. Entretanto, esse processo natural da razão foi disfarçado e, em lugar de parar nesse conceito, tentou-se começar por ele para lhe derivar a necessidade da existência à qual, no entanto, estava destinado a completar. E foi assim que surgiu a infeliz prova ontológica que nada contém da natureza para satisfazer o entendimento natural e sadio, nem tampouco às exigências científicas (*Schulgerechte*).

A *prova cosmológica* que agora vamos examinar, mantém a união da necessidade absoluta com a realidade suprema, mas em vez de raciocinar, como na prova precedente, da realidade suprema para a necessidade da existência, ela raciocina antes da necessidade incondicionada anteriormente dada de algum ser, para a sua realidade ilimitada. Dessa maneira, ela segue o curso de um raciocínio do qual não sabemos se é racional ou sofístico, mas pelo menos é natural e leva consigo a maior persuasão, não somente para o entendimento comum, mas também para o entendimento especulativo. De resto, é evidente o pensamento que esboçou para todos os argumentos da teologia natural os primeiros delineamentos que sempre seguimos e que sempre seguiremos, independentemente dos ornamentos com que os decoremos e dos disfarces que superficialmente lhe agreguemos. É essa prova que LEIBNIZ chamava também de *a contingentia mundi,* que iremos agora expor e submeter à nossa análise.

Ela se formula da seguinte maneira: Se alguma coisa existe, também é preciso que exista um ser absolutamente necessário. Ora, eu pelo menos existo. Portanto, existe um ser absolutamente necessário. A premissa menor contém uma experiência; a premissa maior infere de uma experiência em geral a existência do necessário.(*) Então, a prova começa propriamente pela experiência e, por conseguinte, ela não é totalmente deduzida *a priori* ou ontologicamente; e como o objeto de toda experiência possível é o mundo, ela é, por este motivo, chamada de prova *cosmológica.* Como, de resto, ela faz abstração de toda propriedade particular dos objetos da experiência pelos quais este mundo se distingue de qualquer outro possível, ela já se distingue, pelo seu próprio título, da prova físico-teológica que utiliza como argumentos observações extraídas da constituição particular do nosso mundo sensível.

Mas a prova vai ainda mais longe e infere que há somente uma forma de determinar o ser necessário, ou seja, que de todos os predicados possíveis opostos, um só predicado pode determiná-lo e, por conseguinte, precisa que seja *completamente* determinado pelo seu conceito. Ora, somente pode haver um só conceito de coisas que determinem completamente essa coisa *a priori,* ou seja, do conceito do *ens realissimum;* portanto, o conceito do ser soberanamente real é o único pelo qual um ser necessário possa ser concebido, ou seja, que exista necessariamente um Ser Supremo.

Nessa prova cosmológica apresentam-se tantas proposições sofísticas que a razão especulativa parece ter exposto toda a sua arte dialética a fim de produzir a maior ilusão transcendental possível. Deixaremos de lado esta análise por um momento para colocar em evidência o artifício com o qual a razão apresenta como novo um velho argumento revestido diferentemente e pelo qual um apelo é feito para a concordância de dois testemunhos: um testemunho é da razão pura e o outro é do empírico (da

---

(*) Esta argumentação é muito conhecida para que seja necessário apresentá-la aqui em maiores detalhes. Ela se apoia nessa lei natural supostamente transcendental da causalidade: que todo *contingente* tem a sua causa que, se ela, por sua vez, for contingente, deve também ter uma causa, até que a série das causas subordinadas umas às outras termine em uma causa absolutamente necessária, sem a qual ela nunca seria completa.

experiência). Na realidade, é somente o primeiro que se pronuncia em nome da razão pura, num esforço de apresentar-se como um segundo testemunho mudando de hábito e de voz. Para se proporcionar uma base sólida, essa prova se apoia na experiência e apresenta-se como sendo diferente do argumento ontológico que coloca toda a sua confiança em simples conceitos puros *a priori*. Mas a prova cosmológica somente se serve dessa experiência para dar um único passo no argumento, ou seja, para elevar-se à existência de um ser necessário em geral. O argumento empírico nada pode aprender a respeito dos atributos desse ser; e então, a razão o abandona por completo e procura descobrir em simples conceitos quais devem ser os atributos de um ser absolutamente necessário em geral, ou seja, de um ser que, entre todas as coisas possíveis, encerre as condições essenciais (*requisita*) para uma necessidade absoluta. Ora, ela não acredita encontrar essas condições unicamente no conceito de um ser soberanamente real e conclui então que esse ser é o ser absolutamente necessário. Mas é claro que aqui se supõe que o conceito de um ser da realidade mais perfeita satisfaça plenamente o conceito da necessidade absoluta da existência, ou seja, que este possa ser inferido do anterior; essa é a proposição que dava suporte ao argumento ontológico. Este é então introduzido na prova cosmológica à qual servirá de base, quando na realidade isso se queria evitar. A necessidade absoluta é, de fato, uma existência extraída de simples conceitos. Se eu disser que o conceito do ser soberanamente real (*enti realissimi*) é um conceito dessa espécie sendo o único conforme e adequado à existência necessária, devo também admitir que a existência necessária possa ser inferida deste conceito. Portanto, é tão-somente na prova ontológica por meio de simples conceitos que reside toda a força do que se pretende ser uma prova cosmológica. O apelo à experiência é totalmente inútil; a experiência talvez possa nos levar ao conceito da necessidade absoluta – mas é incapaz de demonstrar essa necessidade em uma coisa determinada. De fato, desde que esse objetivo seja por nós proposto, é preciso abandonar toda experiência e buscar entre os conceitos puros aquele que possa realmente conter as condições da possibilidade de um ser absolutamente necessário. Dessa maneira, é suficiente que se enxergue a possibilidade de um ser dessa espécie para que a sua existência seja assim demonstrada; pois isso significa que dentro de todo o possível exista um ser que implica a necessidade absoluta, ou seja, que esse ser exista de uma maneira absolutamente necessária.

É muito fácil demonstrar todas as ilusões contidas nesse raciocínio, restabelecendo seus argumentos na forma silogística. Pode ser feito da seguinte maneira:

"Todo ser absolutamente necessário é ao mesmo tempo o ser soberanamente real de todos os seres" (e esse é o *nervus probandi* da prova cosmológica); se essa proposição for correta deve poder, como todos os juízos afirmativos, converter-se pelo menos *per accidens*, e então, teremos: alguns seres soberanamente reais são ao mesmo tempo seres absolutamente necessários. Ora, um *ens realissimum* não difere de outro e, consequentemente, o que se aplica a *alguns* seres contidos nesse conceito se aplica a *todos*. Portanto, eu poderia (neste caso) converter também a proposição absolutamente e dizer: todo ser soberanamente real é um ser necessário. Ora, como essa proposição é determinada *a priori* por seus únicos conceitos, é preciso que o simples conceito do ser mais real implique a necessidade absoluta desse ser; é exatamente o que afirmava a prova ontológica e o que a prova cosmológica não queria admitir, embora baseasse nisso suas conclusões, mas de forma oculta.

Assim, o segundo caminho que a razão especulativa segue para provar a existência do Ser Supremo não somente é tão enganador quanto o primeiro, mas, além disso, ele tem o defeito de cair no *ignoratio elenchi*, pois ela promete conduzir-nos por um novo caminho, mas que após um pequeno desvio ela nos reconduz àquele mesmo caminho que havíamos abandonado a seu pedido.

Eu disse antes que nesse argumento cosmológico escondia-se todo um nicho de pretensões dialéticas que a crítica transcendental pode facilmente descobrir e destruir. Agora, vou me limitar a indicá-las e deixar ao leitor, já suficientemente exercitado, a tarefa de analisar mais a fundo e de rejeitar os princípios ilusórios.

Assim encontramos, por exemplo: 1º – O princípio transcendental que nos faz inferir do contingente uma causa, princípio que só é aplicável no mundo sensível e que fora dele não tem nenhum sentido. Pois o conceito puramente intelectual do contingente não pode produzir qualquer proposição sintética como essa da causalidade, e o princípio dessa última não possui qualquer valor nem critério de sua prática senão unicamente no mundo sensível; ora, aqui ele deveria servir justamente para sair do mundo sensível. 2º – O princípio que nos serve para inferir a impossibilidade de uma série infinita de causas dadas, umas acima das outras, no mundo sensível.

Os princípios da prática da razão não justificam essa conclusão até mesmo no mundo da experiência, e muito menos além dele, onde essa série nunca pode ser estendida. 3º – A falsa satisfação que a razão experimenta em relação à realização dessa série. A remoção de todas as condições, sem as quais nenhum conceito da necessidade é possível, é interpretada pela razão como sendo a realização do conceito da série, com base no fato de que não possamos conceber mais nada. 4º – A confusão da possibilidade lógica de um conceito de toda a realidade reunida (sem contradição interna) com a possibilidade transcendental; ora, esta, para operar uma síntese desse gênero precisa de um princípio que, por sua vez, só pode ser aplicado no domínio da experiência possível, etc.

O artifício da prova cosmológica tem por simples objetivo evitar a prova da existência de um ser necessário *a priori* por meio de simples conceitos, prova que deveria ser ontologicamente deduzida, e essa é uma tarefa para a qual nos sentimos totalmente incompetentes. Com esse objetivo concluímos, até onde é possível, uma existência real de alguma condição absolutamente necessária dessa existência. Não precisamos então explicar-lhe a possibilidade, pois se for comprovado que ele exista, a questão de sua possibilidade torna-se totalmente inútil. Ora, se quiséssemos determinar de maneira mais precisa esse ser necessário dentro de sua essência, não estaríamos buscando o que é suficiente para compreender por seu conceito a necessidade da existência; se pudéssemos fazer isso não teríamos, de fato, necessidade de qualquer suposição empírica. Não, estamos buscando unicamente a condição negativa (*conditio sine qua non*) sem a qual um ser não seria absolutamente necessário. Ora, isso serviria bem a todos os outros tipos de raciocínios, ascendendo de uma consequência dada até o seu princípio. Infelizmente, a condição exigida pela necessidade absoluta só pode se encontrar em um ser único que, por conseguinte, deveria conter em seu conceito tudo que é exigido pela necessidade absoluta e que, por conseguinte, torna possível uma conclusão *a priori* dessa necessidade, ou seja, que eu deveria também poder concluir reciprocamente que a coisa à qual esse conceito (da realidade suprema) convenha é absolutamente necessária e, se eu não puder concluir dessa forma (o que devo confessar, se eu quiser evitar o argumento ontológico), também me encontro desamparado nesse novo caminho e me reencontro aqui, novamente, em meu ponto de partida. O conceito do Ser Supremo satisfaz *a priori* a todas as questões que possam ser propostas a respeito das determinações internas de uma coisa, e é também por esse motivo que ele é um ideal único, pois o conceito geral o designa ao mesmo tempo como um indivíduo entre todas as coisas possíveis. Entretanto, ele não satisfaz à questão levantada quanto à sua própria existência, e era justamente essa a única coisa que lhe era exigida; então, se alguém admitisse a existência de um ser necessário e quisesse somente saber qual coisa entre todas as outras deveria ser considerada como tal, seria impossível de lhe responder: aqui está o ser necessário.

Pode muito bem ser permitido *admitir* a existência de um ser soberanamente suficiente como causa de todos os efeitos possíveis, para facilitar à razão a unidade dos princípios da explicação que ela procura. Mas ousar permitir-se dizer que um *tal ser exista necessariamente* não é mais a modesta expressão de uma hipótese permitida, ao contrário, é a pretensão orgulhosa de uma certeza apodítica; pois o conhecimento do que nos gabamos conhecer como absolutamente necessário deve também comportar uma necessidade absoluta. Todo o problema do ideal transcendental resulta então em encontrar, seja um conceito para a necessidade absoluta, seja para o conceito de uma coisa qualquer, a absoluta necessidade dessa coisa. Caso um seja possível, o outro também deve sê-lo; pois a razão só reconhece como absolutamente necessário o que é necessário segundo o seu conceito. Entretanto, os dois ultrapassam inteiramente todos os esforços que podemos empreender para *satisfazer*, nesse ponto, o nosso entendimento assim como todas as nossas tentativas para tranquilizá-lo sobre a sua impotência a esse respeito.

A necessidade incondicionada que nos é indispensável como último suporte de todas as coisas é o verdadeiro abismo da razão humana. A própria eternidade, apesar de todo o horror sublime com o qual HALLER podia retratá-la, está longe de causar em nossa alma a mesma impressão de vertigem; pois ela só serve para *medir* a duração das coisas, mas não as sustenta. Não podemos ignorar e, no entanto, não podemos suportar o pensamento pelo qual, um ser que para nós representa o mais elevado de todos os seres possíveis, afirme para si mesmo e de alguma forma: Eu sou toda a eternidade; fora de mim, nada existe, exceto o que existe pela minha vontade; *mas então de onde sou eu?* Aqui, tudo desaba abaixo de nós, e a maior perfeição junto com a menor perfeição flutuam sem apoio diante da razão especulativa para quem não custa nada fazer desaparecer uma e outra sem o menor impedimento.

Muitas forças da natureza manifestam sua existência através de certos efeitos que para nós permanecem impenetráveis, pois não podemos acompanhá-los tão longe por meio da observação. O objeto transcendental que serve de fundamento aos fenômenos e com ele a razão para a qual a nossa sensibilidade está sujeita a essas condições supremas, mais que a outras, são e permanecem para nós impenetráveis, embora a coisa ela mesma seja dada, mas sem ser percebida. Ora, um ideal da razão pura não pode ser expresso como impenetrável, pois ele não pode oferecer outra garantia de sua realidade senão a necessidade que a razão tem de completar toda a unidade sintética através dele. Portanto, como ele não é dado a título de objeto concebível, também não é, nessa medida, impenetrável; mas, ao contrário, é preciso que como uma ideia simples, ele possa ter a sua sede e encontrar a sua solução na natureza da razão e, por conseguinte, ser penetrado; pois a razão consiste precisamente em poder dar conta de todos os nossos conceitos, opiniões ou afirmações, seja por princípios objetivos, seja, quando se trate de uma simples ilusão, por meio de princípios subjetivos.

Descoberta e explicação da ilusão da dialética de todas as provas transcendentais da existência de um ser necessário

As duas provas utilizadas até aqui eram transcendentais, ou seja, independentes de princípios empíricos. De fato, embora a prova cosmológica se baseie em uma experiência em geral, ela, no entanto, não é extraída de alguma qualidade particular da experiência, mas de princípios puros da razão, que se relacionam com uma existência dada pela consciência empírica em geral, e ela abandona esse ponto de partida para apoiar-se em simples conceitos puros. Então, nessas provas transcendentais, qual é a causa da ilusão dialética mais natural que liga os conceitos da necessidade e da realidade suprema, e que realiza e substancia o que, no entanto, não saberia ser senão uma ideia?

Qual é a causa que nos obriga a admitir, entre as coisas existentes, algo de necessário em si mesmo e que nos faz, ao mesmo tempo, recuar temerosos diante da existência desse Ser, como se estivéssemos diante de um abismo? E como é que a razão consegue compreender-se sobre esse ponto e sair da indecisão de uma afirmação temerosa e sempre retraída, para se expor totalmente?

Há alguma coisa muito estranha no fato de que ao assumirmos que alguma coisa exista, não podemos deixar de concluir que alguma coisa existe necessariamente. O argumento cosmológico se baseia nessa conclusão natural (apesar de não muito segura). Por outro lado, qualquer que seja o conceito de uma coisa que eu admita, encontro que a existência dessa coisa nunca pode ser por mim representada como absolutamente necessária e que nada me impede, qualquer que seja a coisa que exista, de eu conceber a sua não-existência e, por conseguinte, vejo que preciso sem dúvida admitir algo de necessário para o que existe em geral, mas que não posso conceber qualquer coisa como necessária em si. Isso significa que eu jamais poderei *completar* a regressão para as condições da existência sem admitir um Ser necessário, mas que eu nunca saberia *começar* por esse ser.

Se eu devo conceber alguma coisa de necessário para as coisas existentes em geral, mas sem ter o direito de conceber qualquer coisa como necessária em si, inevitavelmente resulta que a necessidade e a contingência não devem dizer respeito e atingir as próprias coisas, pois do contrário apresentar-se-ia uma contradição; por conseguinte, nenhum desses dois princípios é objetivo, mas nunca podem ser senão princípios subjetivos da razão. Um deles faz com que procuremos alguma coisa necessária como uma condição de tudo que é dado como existente, ou seja, não parar até que não tenhamos chegado a uma explicação completa *a priori;* o outro nos proíbe esperar por essa realização, ou seja, proíbe-nos de tratar qualquer coisa empírica como incondicionada e com isso isentar-nos da tarefa de uma maior derivação. Vistos desta forma, os dois princípios como heurísticos e *reguladores* que tratam somente do interesse formal da razão podem muito bem subsistir um ao lado do outro. Um deles estabelece que devemos filosofar sobre a natureza *como* se para tudo que pertence à existência houvesse um primeiro princípio necessário, mas somente a fim de colocar a unidade sistemática em nosso conhecimento, perseguindo sempre essa ideia como um princípio supremo imaginário. Enquanto o outro princípio nos adverte em não admitir como princípio supremo desse gênero, isto é, como absolutamente necessário, qualquer determinação que diz respeito à existência das coisas, mas manter sempre aberto o caminho para uma explicação ulterior e, por conseguinte, jamais considerar qualquer determinação particular senão como condicionada. Mas se é preciso que consideremos como condicionalmente necessário tudo que é percebido nas coisas, nenhuma delas (que possa ser dada empiricamente) poderia ser considerada como absolutamente necessária.

Ora, resulta disso que devemos admitir o absolutamente necessário *fora do mundo*, pois ele deve somente servir de princípio à maior unidade possível dos fenômenos a título de razão suprema, e que nós nunca poderíamos alcançar essa unidade no mundo; a segunda regra ainda nos ordena a sempre considerar como derivadas todas as causas empíricas da unidade.

Os filósofos da Antiguidade consideravam todas as formas da natureza como contingentes e a matéria, a juízo da razão comum, como primordial e necessária. Se eles tivessem considerado a matéria, não de maneira relativa, como substrato dos fenômenos, mas em si mesma quanto à sua existência, a ideia da necessidade absoluta logo desapareceria. Pois não há nada que prenda absolutamente a razão a essa existência, e ela pode sempre e sem contestação suprimi-la pelo pensamento; também era somente no pensamento que residia, para eles, a necessidade absoluta. Era preciso então nessa persuasão, que um certo princípio regulador servisse de fundamento. De fato, a extensão e a impenetrabilidade (cuja reunião constitui o conceito da matéria) também são o princípio empírico supremo da unidade dos fenômenos, e esse princípio, desde que seja empiricamente incondicionado, possui as propriedades de um princípio regulador. No entanto, como toda determinação da matéria que constitui o que é real nos fenômenos, inclusive a impenetrabilidade, é um efeito (uma ação) que deve ter a sua causa e que, portanto, é sempre apenas derivada, a matéria não é compatível com a ideia de um ser necessário como princípio de toda unidade derivada, pois cada uma de suas propriedades reais é tão-somente, enquanto derivada, condicionalmente necessária e que, dessa forma, permite que seja suprimida, em si e com ela, toda a existência da matéria; e finalmente, se assim não fosse, teríamos empiricamente atingido o princípio supremo da unidade, para nós proibido pelo segundo princípio regulador. Segue-se então, que a matéria e o que pertence ao mundo em geral não são aplicáveis à ideia de um ser primeiro necessário como simples princípio da maior unidade empírica, mas que é preciso colocar esse ser fora do mundo para que possamos sempre derivar arrojadamente os fenômenos do mundo e a sua existência de outros fenômenos, como se não houvesse um ser necessário, e tender incessantemente à realização da derivação como se esse ser fosse pressuposto na qualidade de princípio supremo.

Segundo essas considerações, o ideal do Ser Supremo nada mais é que um *princípio regulador* da razão, princípio que nos leva a considerar toda conexão no mundo como resultando de uma causa necessária e absolutamente suficiente. Podemos basear no ideal a regra de uma unidade sistemática e necessária segundo as leis gerais, na explicação dessa conexão; mas o ideal não é uma afirmação de uma existência necessária em si mesma. Ao mesmo tempo, não podemos evitar a sub-repção transcendental pela qual esse princípio formal é representado como um princípio constitutivo e pela qual essa unidade é hipostatizada. Aqui prosseguimos exatamente como fazemos no caso do espaço. O espaço é somente um princípio da sensibilidade, mas como ele é a fonte e a condição primária de todas as formas que nada mais são que limitações suas, ele é considerado absolutamente necessário, existindo em seu próprio direito e como um objeto dado *a priori* em si mesmo. Da mesma forma, como a unidade sistemática da natureza não pode ser de nenhuma forma estabelecida como princípio da prática empírica de nossa razão, exceto até pressupormos a ideia de um ser soberanamente real como causa suprema, é natural que essa ideia deva ser representada como um objeto real que com sua característica de condição suprema também é necessário, transformando assim um princípio *regulador* em princípio *constitutivo*. Essa substituição torna-se manifesta quando consideramos como uma coisa em si esse Ser Supremo que, em relação ao mundo é absolutamente (incondicionalmente) necessário. Essa necessidade não é suscetível de qualquer conceito e, por conseguinte, ela pode ser encontrada em minha razão unicamente na qualidade de condição formal do pensamento e não como condição material e hipostática da existência.

SEXTA SEÇÃO

Da impossibilidade da prova físico-teológica

No caso em que nem o conceito das coisas em geral nem a experiência de qualquer *existência em geral* possam dar o que é exigido, só nos resta um meio, que é o de procurar se uma *experiência determinada*, aquela das coisas deste mundo, sua natureza e seu ordenamento, poderia fornecer uma prova que pudesse nos conduzir seguramente à convicção da existência de um Ser Supremo. Uma prova desse gênero, nós a chamaríamos de prova *físico-teológica*. Se essa prova fosse ela mesma impossível, não haveria absolutamente qualquer prova suficiente extraída da razão simplesmente especulativa a favor da existência de um ser correspondente à nossa ideia transcendental.

Segundo todas essas observações, será possível perceber imediatamente que a solução dessa questão deve ser fácil e sólida. Como é possível que qualquer experiência seja adequada à uma ideia? A natureza peculiar dessa última consiste justamente no fato de que nenhuma experiência pode lhe ser adequada. A ideia transcendental de um ser primordial necessário, absolutamente suficiente, é tão imensamente grande e tão elevada acima de tudo o que é empírico e sempre condicionado que, de um lado, nunca saberíamos encontrar na experiência matéria suficiente para satisfazer esse conceito e que, por outro lado, tateamos sempre entre o condicionado e o incondicionado que sempre procuramos em vão e a respeito do qual nenhuma lei de uma síntese empírica nos fornece um exemplo nem o menor indício.

Se o Ser Supremo se encontrasse nessa corrente de condições, ele mesmo seria um elo dessa série e, assim como ele é colocado à testa dos membros inferiores, ele exigiria ainda uma busca ulterior de um princípio mais elevado do qual ele dependa. Se, ao contrário, quiséssemos separá-lo dessa corrente e não incluí-lo, a título de ser simplesmente inteligível, na série das causas naturais, qual seria a ponte que a razão poderia engendrar para chegar a ele? Pois todas as leis da transição dos efeitos às causas, e até mesmo toda a síntese e toda a extensão do nosso conhecimento em geral, nos levam unicamente à experiência do possível, ou seja, aos objetos do mundo sensível que, separados, não têm qualquer significado.

O mundo nos apresenta um teatro de variedade imensurável, ordem, propósito e beleza expostos igualmente em sua extensão infinita e na divisibilidade ilimitada de suas partes, que até com o conhecimento que nosso fraco entendimento pôde adquirir, somos levados diante de maravilhas tão grandes que qualquer discurso perderia a sua força, os números, seu poder de medir, os nossos pensamentos, toda definição, de tal forma que o nosso juízo a respeito do todo se resolve em uma perplexidade sem palavras, e no entanto, tão eloquente. Podemos enxergar em todos os lugares uma corrente de efeitos e de causas, de meios e fins, uma regularidade no aparecimento e no desaparecimento das coisas e, como nada de si mesmo alcance o estado onde ele se encontra, mas sempre indica uma outra coisa como a sua causa que, por sua vez, torna a mesma questão necessária, de tal forma que todo o universo afundaria no abismo do nada, caso não admitíssemos alguma coisa que, existindo por si originalmente e de uma forma independente fora desse infinito contingente, servisse de suporte a esse *todo* e que, dele sendo a origem, garantisse ao mesmo tempo a sua duração. Essa causa suprema (em relação a todas as coisas do mundo), de que grandeza deveríamos concebê-la? Não conhecemos o mundo quanto ao seu conteúdo total e muito menos podemos apreciar-lhe a grandeza, ao compará-lo a tudo o que é possível. Mas como não podemos, com respeito à causalidade, dispensar um derradeiro Ser Supremo, o que nos impediria de lhe atribuir um grau de perfeição se o colocássemos acima de tudo que é possível? Isso nós podemos facilmente fazer, por meio do esboço de um conceito abstrato, representando-nos esse ser combinando nele mesmo toda a perfeição possível como em uma única substância. Esse conceito favorável às exigências de nossa razão na economia dos princípios não está sujeito em si a qualquer contradição, e também contribui para a extensão da prática da razão dentro da experiência, pois tal ideia nos conduz para a ordem e para a finalidade, sem nunca ser abertamente contrária a uma experiência.

    Esse argumento merece sempre ser nomeado com respeito. É o mais antigo, o mais claro, o mais apropriado à razão comum. Ele vivifica o estudo da natureza, assim como deriva dela a sua existência, obtendo vigor constante e renovado dessa fonte. Ele sugere finalidades e propósitos onde a nossa observação não os teria detectado por si mesma e estende o nosso conhecimento da natureza por meio do fio condutor de uma unidade particular cujo princípio se encontra fora da natureza. Ora, esses conhecimentos agem por sua vez sobre a sua causa, ou seja, sobre a ideia que os provoca, e fortificam a nossa fé em um supremo autor do mundo até torná-lo uma convicção irresistível.

    Portanto, não somente seria desconfortável mas também totalmente inútil tentar diminuir de alguma forma a autoridade dessa prova. A razão constantemente elevada por meio de argumentos tão poderosos, embora empíricos, não pode ser tão diminuída pela dúvida de uma especulação sutil e abstrata que não deva ser arrancada como de um sonho, de toda indecisão sofística, ao olhar de relance as maravilhas da natureza e a majestade do universo, ascendendo de grandeza em grandeza, até a maior magnitude de todas, e, de condições em condições, até o autor supremo e incondicionado. Embora nada tenhamos a objetar contra o que há de racional e de útil nesse procedimento, mas ao contrário, recomendá-lo e ampliá-lo, não podemos, entretanto, aprovar, por este motivo, as pretensões que elevariam esse argumento a uma certeza apodítica e a uma adesão que não teria necessidade de qualquer favor nem tampouco de qualquer apoio de outras partes: não saberíamos prejudicar a boa causa relembrando a linguagem dogmática de um sofista fanático ao tom moderado e modesto convenientes a uma crença adequada para aquietar as nossas dúvidas, mas que não leve a uma submissão incondicional. Portanto, eu afirmo que essa prova físico-teológica jamais poderá, por si mesma, estabelecer a existência de um Ser Supremo, e deve sempre deixar ao argumento ontológico (ao qual ela serve somente de introdução) a tarefa de preencher esta lacuna e, por conseguinte, esse argumento ontológico permanece sempre a *única prova possível* (mesmo que exista uma prova especulativa, que nenhuma razão humana poderia dispensar).

Os principais momentos dessa prova físico-teológica são os seguintes:

1º – existe em todo o mundo sinais evidentes de uma ordem executada de acordo com um desígnio determinado com grande sabedoria e em um todo de uma variedade indescritível, tanto por seu conteúdo quanto por sua magnitude ilimitada de sua extensão;

2º – essa ordem, adequada a finalidades, não é inerente às coisas do mundo e somente lhe pertencem de uma maneira contingente, ou seja, a natureza das coisas diversas não poderia, por tantos meios concordantes, adaptar-se por ela mesma a objetivos determinados se esses meios não tivessem sido propriamente escolhidos e apropriados a este objetivo por um princípio racional que ordenasse as coisas tomando por base certas ideias;

3º – existe então uma (ou mais de uma) causa sublime e sábia que deve ser a causa do mundo, não simplesmente como natureza todo-poderosa agindo cegamente pela sua *fecundidade*, mas como *inteligência* agindo por meio de sua *liberdade*;

4º – a unidade dessa causa conclui-se da unidade da relação recíproca das partes do mundo consideradas como as diversas peças de uma obra de arte e é concluída, com certeza, nas coisas que atingem a nossa observação e, além disso, com veracidade segundo todos os princípios da analogia.

Não precisamos aqui criticar a razão natural a respeito do raciocínio por meio do qual, da analogia que existe entre algumas produções naturais e o que a arte humana produz quando violenta a natureza e a obriga a dobrar-se aos nossos propósitos em vez de agir segundo as suas próprias finalidades – da natureza – (da analogia dessas produções com nossas casas, nossos barcos, nossos relógios), ela conclui que a natureza deve precisamente ter, por princípio, uma causalidade do mesmo gênero, ou seja, uma inteligência e uma vontade, fazendo derivar ainda de outra arte, mas de uma arte sobre-humana, a possibilidade da natureza (a qual, no entanto, torna possível por primeiro todas as artes e talvez também a razão) – raciocínio que provavelmente não suportaria uma crítica transcendental rigorosa. Entretanto, é preciso admitir que se alguma vez precisamos especificar uma causa, seguramente poderemos aqui proceder segundo a analogia com suas obras intencionais desse gênero, as únicas cujas causas e o modo de produção nos são conhecidos. A razão não saberia justificar-se aos seus próprios olhos, no caso em que quisesse passar da causalidade que ela conhece para princípios de explicação obscuros e indemonstráveis que ela desconhece.

Segundo esse raciocínio, a finalidade e a harmonia de um número tão grande de disposições da natureza deveriam simplesmente provar a contingência da forma, não aquela da matéria, ou seja, da substância do mundo; pois seria exigido para estabelecer o último ponto, que pudesse ser comprovado que as coisas do mundo seriam por si mesmas, segundo as leis gerais, impróprias a essa ordem e a essa harmonia, se elas não fossem mesmo em sua substância, o produto de uma sabedoria suprema; o que exigiria ainda outra prova além daquela que se baseia na analogia com a arte humana. Essa prova poderia então, no máximo, demonstrar um *arquiteto do mundo* que seria sempre muito limitado pela capacidade da matéria que ele empregaria na obra, mas não um *criador do mundo*, à ideia do qual tudo lhe seria subordinado; o que está longe de ser suficiente para o grande objetivo que nos propusemos e que é a prova de um Ser Supremo suficiente a tudo. Se quiséssemos comprovar a contingência da própria matéria precisaríamos recorrer a um argumento transcendental, o que no entanto foi justamente necessário evitar aqui.

Portanto, a conclusão é que a ordem e a finalidade que se observam em todo o mundo podem ser consideradas como uma organização totalmente contingente à existência de uma causa que *lhes é proporcionada*. Mas o conceito dessa causa deve nos fazer conhecer alguma coisa completamente *determinada*, e então só pode ser aquela de um ser que possui todo o poder, toda a sabedoria, etc., em uma palavra, toda a perfeição, a título de ser suficiente a tudo. Pois os predicados de poder e de excelência muito grandes, admiráveis, imensos, não proporcionam absolutamente um conceito determinado e não especificam propriamente o que é a coisa em si mesma; ao contrário, são representações relativas da magnitude do objeto que o observador (do mundo) compara consigo mesmo e com a sua propriedade de compreender e que correspondam ao mesmo valor, seja engrandecendo o objeto, seja diminuindo-o, em relação a ele mesmo, o indivíduo que observa. Do momento que se trate da magnitude (da perfeição) de uma coisa em geral, não há conceito determinado senão aquele que compreenda toda a perfeição possível e somente exista o todo *(omnitudo)* da realidade que é determinado universalmente no conceito.

Ora, não quero esperar que alguém possa ter a pretensão de compreender a relação da magnitude do mundo observada por ele (quanto à extensão e quanto ao conteúdo) com a onipotência, da ordem do mundo com a sabedoria suprema, da unidade do mundo com a unidade absoluta de seu autor, etc. A teologia física não pode proporcionar um conceito determinado da causa suprema do mundo nem, por conseguinte, ser suficiente para constituir um princípio da teologia que, por sua vez, possa constituir a base da religião.

O passo que nos leva à totalidade absoluta é totalmente impossível pelo caminho empírico. Esse passo, no entanto, é dado no argumento físico-teológico. Então, qual é o meio que podemos utilizar para atravessar esse abismo tão grande?

Depois de ter chegado a admirar a magnitude da sabedoria, do poder, etc., do autor do mundo e que não possamos ir mais longe, de repente abandonamos esse argumento, que se baseava em provas empíricas, e passamos à contingência do mundo igualmente concluída, a partir da abordagem de sua ordem e de sua finalidade. Unicamente dessa contingência, agora nos elevamos por meio de conceitos exclusivamente transcendentais, para a existência de um ser absolutamente necessário e passamos do conceito da necessidade absoluta da causa primeira ao conceito desse ser que é universalmente determinado ou determinante, e quero me referir ao conceito de uma realidade que abarca tudo. A prova físico-teológica se encontra então parada em sua empresa, e, para sair desse passo mal dado, ela salta de repente para a prova cosmológica; mas esta sendo uma prova ontológica, a outra não atinge realmente o seu objetivo senão por meio da razão pura, apesar de que no início ela lhe tenha negado qualquer parentesco e quisesse basear tudo sobre provas brilhantes extraídas da experiência.

Os partidários da teologia física não têm, portanto, motivos para desprezar tanto a prova transcendental e de olhá-la de cima com a presunção dos naturalistas clarividentes, como uma teia de aranha tramada por espíritos tanto sutis quanto obscuros. De fato, se eles quisessem somente examinar-se a si mesmos, descobririam que depois de ter percorrido um grande espaço no solo da natureza e da experiência, e vendo-se ainda tão afastados do objeto que aparece diante de sua razão, abandonem de repente esse terreno e passem para as regiões das simples possibilidades onde poderiam esperar, sobre as asas das ideias, aproximar-se do que havia sido subtraído de todas as suas pesquisas empíricas. E quando finalmente imaginarem, graças a um salto tão grande, ter pousado pé em solo firme, eles estendam sobre todo o campo da criação o conceito agora determinado (em poder do qual eles chegaram sem saber como) e expliquem pela experiência o ideal que nada mais era que um produto da razão pura, de uma maneira bem difícil e indigna de seu objeto, sem, no entanto, querer confessar que conseguiram esse conhecimento ou essa hipótese por meio de outro caminho sem ser o da experiência.

Assim, a prova físico-teológica tem por fundamento a prova cosmológica que, por sua vez, tem por fundamento a prova ontológica da existência de um único ser primordial como Ser Supremo; e como fora desses três caminhos não há outro que esteja aberto à razão especulativa, a prova ontológica extraída de simples conceitos puros da razão é a única prova possível se, de fato, qualquer prova de uma proposição tão extraordinariamente elevada acima de toda prática empírica do entendimento seja realmente possível.

SÉTIMA SEÇÃO

Crítica de toda teologia baseada em princípios especulativos da razão

Se eu interpretar por teologia o conhecimento do Ser Supremo, esse conhecimento procede da simples razão *(theologia rationalis)*, ou da revelação *(revelata)*. Ora, a primeira concebe simplesmente o seu objeto pela razão pura, por meio de puros conceitos transcendentais *(ens originarium, realissimum, ens entium)* e se chama teologia transcendental, ou então ela o concebe como a inteligência suprema por meio de um conceito que ela deriva da natureza (de nossa alma) e denomina-se teologia natural. Quem admite somente uma teologia transcendental é chamado *deísta*, e quem aceita também uma teologia natural é chamado *teísta*. O primeiro concorda com que possamos conhecer a existência de um ser primeiro pela simples razão, mas que o conceito que temos dele é simplesmente transcendental, ou seja, que somente o concebamos como um ser que possui toda realidade, mas sem nunca poder determiná-lo de uma forma mais específica. O segundo afirma que a razão tem condição de determinar mais especificamente o objeto pela analogia com a natureza, ou seja, como um ser contendo em si mesmo, por meio, de seu entendimento e de sua liberdade, o princípio primeiro de todas as outras coisas. Dessa forma, o deísta representa este ser simplesmente como a *causa do mundo* (sem decidir se seria pela necessidade de sua natureza ou pela sua liberdade); enquanto o teísta o representa como o *autor do mundo*.

A teologia transcendental sonha em derivar a existência de um Ser Supremo de uma experiência em geral (sem nada determinar de mais preciso do mundo ao qual pertence) e se denomina *cosmoteologia*; ou então imagina conhecer-lhe a existência por simples conceitos sem a ajuda da mínima experiência e denomina-se então *ontoteologia*.

A *teologia natural* infere os atributos e a existência de um autor do mundo da constituição, da ordem e da unidade que se encontram no mundo, onde é preciso admitir uma dupla espécie de causalidade assim como a regra de uma e da outra: a natureza e a liberdade. Ela então se eleva deste mundo para a inteligência suprema como ao princípio de toda ordem ou de toda perfeição, seja na natureza, seja no domínio moral. No primeiro caso, denomina-se *teologia física,* e no segundo, *teologia moral.*(*)

Mas como no conceito de Deus temos o hábito de interpretar não simplesmente uma natureza eterna agindo cegamente em qualidade de raiz das coisas, mas um Ser Supremo que deva ser o criador das coisas por meio de sua inteligência e de sua liberdade, e como é somente este o conceito que nos interessa, poderíamos a rigor recusar ao *deísta* toda crença em Deus, deixando-lhe unicamente a afirmação de um ser primeiro ou de uma causa suprema. Entretanto, como ninguém deve ser acusado de querer negar totalmente uma coisa pelo fato de não ousar afirmá-la, é mais correto e mais justo dizer que o *deísta* acredita em *Deus,* enquanto o *teísta* acredita num Deus *vivo (summam intelligentiam).* Vamos agora procurar as fontes possíveis de todas essas tentativas da razão.

Eu me contentarei aqui em definir o conhecimento teórico: um conhecimento pelo qual conheço *o que é* (ou *o que está*), e o conhecimento prático: aquele pelo qual eu me represento *o que deveria ser* (ou *o que deveria estar*). A partir daí, a prática teórica da razão é aquela pela qual conheço *a priori* (como necessário) que alguma coisa *é (está),* enquanto o uso prático é aquele que me deixa conhecer *a priori* o que eu devo fazer. Ora, se for indubitavelmente certo que uma coisa é (está) ou que deva ser (estar), mas essa certeza é ao mesmo tempo somente condicional, então uma sua certa condição determinada tanto pode ser absolutamente necessária, quanto pode ser uma pressuposição opcional e contingente. No primeiro caso, a condição é postulada *(per thesin),* e sem efeito no segundo caso, ela é presumida *(per hypothesin).* Como existem leis práticas que são absolutamente necessárias (as leis morais), caso essas leis pressuponham necessariamente alguma existência como condição da possibilidade de sua força *obrigatória,* é preciso que essa existência seja postulada porque, de fato, o condicionado de onde parte o raciocínio para chegar a essa condição determinada é ele mesmo conhecido *a priori* como absolutamente necessário. A respeito das leis morais mostraremos, mais adiante, que elas não pressupõem somente a existência de um Ser Supremo, mas como elas são absolutamente necessárias a outro ponto de vista elas ainda a postulam

---

(*) Eu não me refiro à Moral teológica, pois esta, de fato, contém leis morais que pressupõem a existência de um Supremo Mestre do Mundo, enquanto a teologia moral baseia em leis morais a sua convicção da existência de um Ser Supremo.

com o justo título de postulado, em verdade, unicamente prático; por enquanto deixaremos ainda de lado essa espécie de raciocínio.

Quando estivermos tratando do que simplesmente é (e não do que deve ser), o condicionado que nos é dado na experiência é sempre concebido como contingente, a condição que lhe é própria não pode ser conhecida por isso como absolutamente necessária e, ao contrário, ela serve somente como uma pressuposição relativamente necessária, ou melhor, como hipótese indispensável para o conhecimento racional do condicionado, mas que em si mesma e *a priori* é arbitrária. Portanto, se a necessidade absoluta de uma coisa deve ser conhecida no conhecimento teórico, isto poderia ocorrer somente por meio de conceitos *a priori*, mas nunca como a necessidade absoluta de uma causa com relação a uma existência dada pela experiência.

Um conhecimento teórico é *especulativo* quando ele se referir a um objeto ou aos conceitos de um objeto que não possam ser alcançados em qualquer experiência. Ele é oposto ao *conhecimento físico* que não se estende a outros objetos ou a outros predicados senão àqueles que são suscetíveis de serem dados em uma experiência possível.

O princípio por meio do qual inferimos o efeito de uma causa com relação ao que acontece (do que é empiricamente contingente) é um princípio do conhecimento físico, mas não do conhecimento especulativo. De fato, se dele fizermos abstração, como de um princípio que encerre a condição da experiência possível em geral e, deixando de lado todo o empírico, queiramos aplicá-lo ao contingente em geral, não há nenhum meio de justificar uma proposição sintética parecida para mostrar com isso como poderíamos passar de alguma coisa que existe para alguma coisa totalmente diferente (chamada causa); além disso, o conceito de uma causa, como também o conceito do contingente, perde nessa prática simplesmente especulativa todo o significado cuja realidade objetiva pode ser compreendida *in concreto*.

Ora, inferir da existência das *coisas* no mundo a existência de sua causa não é um raciocínio que pertença à prática *natural* da razão, mas à sua prática especulativa; pois o primeiro tipo de conhecimento não relaciona a alguma causa as próprias coisas (as substâncias), mas somente o que *acontece* e, por conseguinte, os seus *estados* considerados empiricamente contingentes. Dizer que a própria substância (a matéria) seja contingente quanto à sua existência, seria um conhecimento simplesmente especulativo da razão. Assim mesmo seria somente questão da forma do mundo, do modo de ligação deste mundo e de suas mudanças, e, se eu quisesse inferir uma causa totalmente diferente do mundo, isso também nada mais seria que um juízo da razão simplesmente especulativa, pois o objeto aqui não é um objeto da experiência possível. Mas então o princípio da causalidade, que só tem valor no campo das experiências e fora desse campo não teria utilidade nem mesmo qualquer significado, e seria completamente desviado de sua própria função.

Ora, eu sustento com relação à teologia que todas as tentativas de uma prática simplesmente especulativa da razão sejam completamente infrutíferas e ao mesmo tempo nulas e sem valor quanto à natureza interna dessa ciência; que, por outro lado, os princípios de sua prática natural não nos levem a qualquer teologia e que, por conseguinte, a única teologia da razão possível é a que se baseia nas leis morais ou procura orientação por meio delas. De fato, todos os princípios sintéticos do entendimento são de uma prática imanente, enquanto o conhecimento de um Ser Supremo exige desses princípios uma prática transcendental à qual o nosso entendimento de forma alguma está preparado. Para que a lei da causalidade, válida na experiência, possa conduzir ao ser primeiro, precisaria que esse ser fizesse parte da corrente dos objetos da experiência; mas então ele mesmo seria, por sua vez, condicionado como todos os fenômenos. De resto, admitindo que nos seja permitido pular fora dos limites da experiência por meio da lei dinâmica da relação dos efeitos para as suas causas, que conceito esse procedimento poderia nos fornecer? Evidentemente, não é o conceito de um Ser Supremo, pois a experiência nunca nos fornece o maior de todos os efeitos possíveis (como se devesse apresentar evidência de sua causa). Se nos fosse permitido, simplesmente para não deixar lacunas em nossa razão, preencher essa falta de completa determinação por meio de uma simples ideia da mais alta perfeição e da necessidade original, isto seria um favor a nós concedido, mas não um direito que possa ser exigido como se decorresse de um argumento irrefutável. A prova físico-teológica poderia então proporcionar mais peso às outras (se houver), ligando a especulação à intuição, mas ela sozinha não tem capacidade para completar essa obra e somente serve para preparar o entendimento para o conhecimento teológico e fornecer-lhe uma tendência natural nessa direção.

De tudo isso podemos então concluir que as questões transcendentais permitem somente respostas transcendentais, ou seja, baseadas em puros conceitos *a priori*, sem a mínima mistura empírica. Mas aqui a questão é manifestamente sintética e requer que estendamos o nosso conhecimento além de todos os limites da experiência, ou seja, que o nosso conhecimento se eleve até a *existência de um ser* que deva corresponder a uma nossa simples ideia à qual nenhuma experiência pode se adequar. Ora, de acordo com nossas provas anteriores, todo conhecimento sintético *a priori* somente é possível desde que manifeste as condições formais de uma experiência possível e todos os princípios tenham somente uma validade imanente, ou seja, que se relacionem unicamente com objetos do conhecimento empírico ou, em outras palavras, a fenômenos. Portanto, também não conseguimos nenhum resultado por meio do método transcendental com relação à teologia de uma razão simplesmente especulativa.

Mas se alguém preferisse questionar todas as provas precedentes da Analítica em vez de ser roubado de toda a confiança da convicção dos argumentos há tanto tempo utilizados, ele não poderia entretanto se recusar a satisfazer minhas reclamações quando exijo que se justifique, pelo menos, quanto aos meios e à iluminação pelos quais ele acredita ser capaz de se elevar acima de toda experiência possível, nas asas de simples ideias. Eu pediria que me concedessem novas provas ou um remanejamento das anteriores. Pois, embora não tenhamos muita escolha porque definitivamente todas as provas simplesmente especulativas são restabelecidas em uma só, ou seja, à prova ontológica, por conseguinte não preciso temer ser sobrecarregado pela fértil ingenuidade dos campeões dogmáticos dessa razão eximida dos sentidos; entretanto, não me furtarei ao desafio de descobrir em toda tentativa desse gênero o paralogismo oculto e, dessa forma, rebater suas pretensões. No entanto, como a esperança de um melhor êxito nunca abandona plenamente aqueles que já estão acostumados às persuasões dogmáticas, ainda sustento esta única e justa reclamação: que se justifique por meio de motivos gerais e extraídos da natureza do entendimento humano, assim como de todas as outras fontes de conhecimento, a maneira engendrada para estender completamente *a priori* o nosso conhecimento e levá-lo até um ponto onde nenhuma experiência seja para nós possível e onde, portanto, não haja nenhum meio de estabelecer a realidade objetiva de qualquer conceito formado por nós mesmos. Independentemente da maneira como o entendimento chegou a esse conceito, a existência do objeto não pode ser encontrada nele analiticamente, pois o conhecimento da *existência* do objeto (*des Objekts*) consiste precisamente no fato de que esse objeto seja colocado em si *fora do pensamento*. Mas é completamente impossível de sair por si mesmo por meio de um conceito e de chegar, sem seguir a conexão empírica (que fornece somente fenômenos), à descoberta de novos objetos e de seres transcendentais.

Ora, embora a razão em sua prática simplesmente especulativa não seja capaz de tão grande empreendimento, ou seja, de demonstrar a existência de um Ser Supremo, ela ainda é de grande utilidade para *retificar* o conhecimento desse ser que pode ser derivado de outras fontes, tornando-o compatível consigo mesmo e com todos os objetos inteligíveis, purificando-o de tudo que poderia ser contrário ao conceito de um ser original e excluindo toda a mistura de limitações empíricas.

Portanto, a teologia transcendental ainda é, apesar de toda a sua insuficiência, de uma grande utilidade negativa; ela é uma censura contínua de nossa razão quando esta trata simplesmente com ideias puras que, justamente por este motivo, não permitem outro critério senão o transcendental. Se em qualquer outra relação, talvez do ponto de vista prático, a hipótese de um Ser Supremo e suficiente a tudo como inteligência suprema afirmasse a sua validade sem contradição, seria então da maior importância determinar exatamente esse conceito pelo seu lado transcendental como conceito de um ser necessário e soberanamente real afastando tudo que é contrário à realidade suprema, o que pertence ao simples fenômeno (ao antropomorfismo no sentido mais amplo) e, ao mesmo tempo, de se livrar de todas as afirmações contrárias, sejam elas *ateístas, deístas* ou *antropomórficas*: o que é muito fácil num tratado crítico desse gênero, pois as mesmas provas que demonstram a impotência da razão humana em relação à *afirmação* da existência desse ser, também são suficientes necessariamente para demonstrar a nulidade de toda *afirmação contrária*. De fato, como é possível pela especulação pura da razão ver claramente que não haja um Ser Supremo como princípio de tudo, ou que qualquer das propriedades que nós nos representemos de acordo com seus efeitos como análogas às realidades dinâmicas de um ser pensante não lhe convenham e que, caso lhe conviessem, elas deveriam estar sujeitas a todas as limitações que a sensibilidade impõe inevitavelmente às inteligências que conhecemos pela experiência?

Portanto, o Ser Supremo representa para a prática simplesmente especulativa da razão um simples ideal, mas um *ideal sem defeitos*, um conceito que completa e coroa todo o conhecimento humano; a objetiva realidade desse conceito não pode, sem dúvida, ser comprovada dessa maneira, mas também não pode ser refutada; e, se deva haver uma teologia moral capaz de preencher essa lacuna, a teologia transcendental que antes era somente problemática prova então o quanto ela é indispensável para a determinação de seu próprio conceito e para a censura incessante à qual ela sujeita a razão tantas vezes enganada pela sensibilidade e que nem sempre está em harmonia com as suas próprias ideias. A necessidade, a infinidade, a unidade, a existência fora do mundo (não como alma do mundo), a eternidade sem as condições do tempo, a onipotência, etc., são predicados puramente transcendentais, e por esse motivo os conceitos deles depurados e indispensáveis a toda teologia são extraídos unicamente da teologia transcendental.

APÊNDICE

Da prática reguladora das ideias da razão pura

O resultado de todas as tentativas dialéticas da razão pura não somente confirma o que já comprovamos na Analítica transcendental, a saber: que todas aquelas nossas conclusões que queiram nos conduzir além do campo da experiência possível são enganosas e sem fundamento; mas ela nos ensina ao mesmo tempo esta outra lição: que a razão humana tem uma tendência natural a sair desses limites, que as ideias transcendentais lhe são tão naturais quanto o são as categorias para o entendimento, com a diferença de que enquanto as categorias conduzem à verdade, ou seja, à adequação dos nossos conceitos com o objeto (*dem Objekte*), as ideias transcendentais produzem somente uma simples mas inevitável ilusão da qual conseguimos com dificuldade neutralizar a ilusão por meio da mais penetrante crítica.

Tudo que se baseia na natureza de nossas faculdades deve ser apropriado a uma finalidade e ser consistente com a sua prática legítima, desde que possamos evitar certo mal-entendido e descobrir a direção própria dessas faculdades. Então, de acordo com toda conjectura, as ideias transcendentais terão a sua boa função e consequentemente a sua prática *imanente*, embora, no caso em que seu significado seja desconhecido e elas sejam interpretadas como conceitos de coisas reais, tornem-se transcendentes na aplicação e, por esse mesmo motivo, enganosas. Pois não é a ideia em si mesma, mas simplesmente a prática que se faz dela que, em relação à experiência possível em geral, pode ser *transcendente* ou *imanente*, dependendo da forma como é aplicada essa ideia, se diretamente a um objeto que deve lhe corresponder, ou somente à prática do entendimento em geral com respeito aos objetos tratados pelo próprio entendimento, e todos os vícios da sub-repção devem ser sempre atribuídos a um defeito de julgamento, mas nunca ao entendimento ou à razão.

A razão nunca se relaciona diretamente com um objeto, mas simplesmente com entendimento e por meio dele com sua própria prática empírica; portanto, ela não *cria* conceitos de objetos, mas limita-se a ordená-los fornecendo-lhes a unidade que possam ter em sua maior extensão possível, ou seja, em relação à totalidade das séries, totalidade essa que nunca visa o entendimento que trata somente da conexão *por meio da qual séries* de condições são constituídas de acordo com conceitos. Portanto, a razão tem como único objetivo o entendimento e a sua efetiva aplicação; assim como o entendimento unifica por meio de conceitos o diverso no objeto *(im Objekt)*, a razão unifica o diverso dos conceitos por meio de ideias, propondo uma certa unidade coletiva como objetivo das atividades do entendimento que, sem isso, precisariam somente se preocupar com a unidade distributiva.

Por conseguinte, eu sustento que as ideias transcendentais nunca têm uma prática constitutiva que forneça a si própria conceitos de certos objetos e que, no caso de serem consideradas dessa forma errada, sejam tão-somente conceitos sofísticos (dialéticos). Mas, por outro lado, elas possuem uma prática reguladora excelente e indispensavelmente necessária: aquela de dirigir o entendimento para um certo objetivo para o qual convergem as linhas de direcionamento que seguem todas as suas regras como em um determinado ponto de intersecção que, por ser unicamente uma ideia *(focus imaginarius)*, ou seja, um ponto donde os conceitos do entendimento não procedem realmente – por ele se encontrar completamente fora dos limites da experiência possível – serve, no entanto, para proporcionar a esses conceitos a maior unidade com a maior extensão. Surge então para nós uma ilusão de que todas essas linhas têm como fonte um objeto real situado fora do campo do conhecimento empírico possível (da mesma forma que objetos refletidos num espelho por nós percebidos atrás da superfície de um espelho); mas essa ilusão (que, no entanto, é possível impedir de enganar) não é menos inevitavelmente necessária se, além dos objetos que estão diante de nossos olhos, queiramos ver, ao mesmo tempo, aqueles que se encontram distantes atrás de nós, ou seja, se quisermos, no caso presente, levar o entendimento acima de toda experiência dada (fazendo parte de toda a experiência possível) e, dessa forma, assegurar a extensão maior possível e a mais excêntrica.

Ao apreciarmos toda a extensão do conhecimento obtido pelo nosso entendimento, acharemos que a parte que propriamente contenha a razão ou o que ela procure constituir é a *sistematização* do conhecimento, ou seja, sua conexão em virtude de um princípio. Essa unidade racional pressupõe sempre uma ideia: aquela da forma de um todo do conhecimento que precede o conhecimento determinado das partes e que contenha as condições necessárias para determinar *a priori* a cada parte sua posição e sua relação com as outras partes. Portanto, essa ideia postula uma unidade perfeita do conhecimento intelectual que não faça simplesmente desse conhecimento um agregado acidental, mas um sistema conectado segundo leis necessárias. Não é possível dizer que essa ideia seja o conceito de um objeto (*von Objekte*), mas tão-somente o da unidade completa desses conceitos, desde que essa unidade sirva de regra para o entendimento. Conceitos racionais desse gênero não são extraídos da natureza; ao contrário, questionamos a natureza segundo essas ideias e consideramos o nosso conhecimento como defeituoso enquanto ele não se adeque a elas. Afirma-se que é difícil encontrar *terra pura, água pura, ar puro*, etc., e, no entanto, precisamos dos conceitos dessas coisas (os quais, por conseguinte, no que diz respeito à pureza perfeita, extraem sua origem unicamente da razão), a fim de determinar propriamente a parte que cada uma dessas causas naturais tenha no fenômeno; dessa forma, reduzimos todas as matérias a terras (quanto ao simples peso), a sais e a substâncias combustíveis (quanto à força), e à água e ao ar como veículos (às máquinas por meio das quais agem os elementos precedentes), a fim de explicar as ações químicas das matérias entre si segundo a ideia de um mecanismo. De fato, embora não nos expressamos realmente dessa forma, essa influência da razão sobre as divisões dos físicos é, no entanto, muito fácil de ser percebida.

Sendo a razão a faculdade de deduzir o particular do geral, pode ocorrer uma de duas coisas: ou o geral já é uma *certeza em si* e já é dado, então só o *juízo* é exigido para executar o processo da subsunção e o particular é dessa forma necessariamente determinado; chamarei a isso de prática apodíctica da razão. Ou então, o geral somente é admitido de maneira *problemática* e nada mais é que uma simples ideia; o particular tem a certeza, mas a generalidade da regra relativa a essa consequência ainda é um problema. Aproximamos então da regra vários casos particulares, todos inequívocos, para verificar se eles decorreriam dela e, neste caso, se parecer que todos os casos particulares que possam ser citados decorram da regra, conclui-se a universalidade da regra e, em seguida, dessa para todos os casos que não são dados em si. A isso denominarei de prática hipotética da razão.

A prática hipotética da razão, que se baseia em ideias admitidas como conceitos problemáticos não é, propriamente dita, *constitutiva,* ou seja, ela não é de tal natureza que a julgar com todo rigor possamos dela deduzir a verdade da regra geral tomada por hipótese. Pois, como podemos saber, de fato, todas as consequências possíveis que, derivando do mesmo princípio comprovem sua universalidade? A prática hipotética é tão-somente reguladora, ou seja, seu único objetivo, desde que seja possível, é levar unidade aos conhecimentos particulares e a *aproximar* a regra da universalidade.

A prática hipotética da razão tem, portanto, por objetivo a unidade sistemática dos conhecimentos do entendimento, e essa unidade é a *pedra de toque da verdade* das regras. Reciprocamente, a unidade sistemática (como simples ideia) é unicamente uma unidade *projetada* que devemos considerar não como dada, mas problemática, e que serve para encontrar um princípio para o diverso e para a prática particular do entendimento e, com isso, dirigir essa prática para os casos que não sejam dados, tornando-a mais coesa.

Ora, a única conclusão que podemos tirar dessas considerações é que a unidade sistemática ou racional dos diversos conhecimentos do entendimento seja um princípio *lógico* que serve, quando o entendimento não consiga sozinho estabelecer regras, para ir ao seu auxílio por meio de ideias e procurar, ao mesmo tempo, para a diversidade de suas regras, uma unidade baseada num princípio (uma unidade sistemática) e, dessa forma, uma coesão a mais estendida possível. Quanto a decidir se a natureza dos objetos, ou a natureza do entendimento que as reconheça como tais, for destinada em si à unidade sistemática, e se for possível, em certa medida, postular essa unidade *a priori* sem referência a qualquer interesse especial da razão e dizer, por conseguinte, que todos os conhecimentos possíveis do entendimento (inclusive os conhecimentos empíricos) tenham sua unidade racional e estejam sujeitos a princípios comuns de onde eles possam ser derivados apesar de sua diversidade: isto seria um princípio *transcendental* da razão que tornaria a unidade sistemática necessária não simplesmente de maneira subjetiva e lógica, como método, mas inclusive objetivamente.

Isso, vamos explicá-lo por meio de um caso da prática da razão. Entre as diversas espécies de unidade que se baseiam nos conceitos do entendimento também se encontra essa unidade da causalidade de uma substância que chamamos de poder. Os diversos fenômenos de uma mesma substância mostram à primeira vista tanta heterogeneidade que é preciso desde o início admitir quase tantas espécies de poderes quanto se apresentem de efeitos, como na alma humana, a sensação, a consciência, a imaginação, a memória, o espírito, a faculdade de discernimento, o prazer, o desejo, etc. Ora, há uma máxima lógica que requer que se reduza, desde que seja possível, essa diversidade aparente descobrindo por comparação a identidade oculta e procurando verificar se a imaginação conectada à consciência não seria memória, espírito, discernimento, talvez até entendimento e razão. A ideia de uma *faculdade fundamental* cuja lógica, de resto, não demonstra a existência, é no mínimo o problema de uma representação sistemática da diversidade das faculdades. O princípio lógico da razão exige, desde que seja possível, que essa unidade seja realizada e, quanto mais fenômenos dessa e de outra faculdade forem encontrados idênticos entre si, tanto mais se torna provável que nada mais sejam do que manifestações diversas de uma só e mesma faculdade que pode ser chamada (comparativamente) de faculdade fundamental. O mesmo processo é feito com as outras faculdades.

Os poderes relativamente fundamentais devem, por sua vez, ser comparados entre si a fim de descobrir sua harmonia, aproximando-os de um poder fundamental único e radical, ou seja, absoluto. Mas essa unidade racional é simplesmente hipotética. Não se afirma que tal poder deva ser encontrado na realidade, mas é preciso procurá-lo no interesse da razão, ou seja, a fim de reconduzir para certos princípios as diversas regras que a experiência possa nos fornecer e que até onde for possível é preciso, dessa maneira, procurar introduzir uma unidade sistemática em nosso conhecimento.

Ora, prestando atenção à prática transcendental do entendimento, percebemos que essa ideia de um poder fundamental em geral não é simplesmente determinada como um problema para a prática hipotética, mas representa uma realidade objetiva que postula a unidade sistemática dos diversos poderes de uma substância e que constitui um princípio apodítico da razão. De fato, sem ter procurado ainda a harmonia dos diversos poderes, e mesmo depois de ter falhado em todas as tentativas que tinham por objetivo descobri-la, ainda pressupomos que essa unidade realmente exista; ali mesmo onde há muitas substâncias, mas substâncias análogas até um certo grau, como na matéria em geral, a razão pressupõe a unidade sistemática de diversos poderes, pois as leis físicas particulares são sujeitas a leis gerais, e a economia dos princípios não é somente um princípio de economia da razão, mas também uma lei interna da natureza.

De fato, é difícil compreender como poderia haver um princípio lógico da unidade racional das regras se não fosse pressuposto também um princípio transcendental por meio do qual uma unidade sistemática desse gênero, desde que seja inerente aos próprios objetos, é admitida como necessária. Pois com que direito a razão poderia pedir, em sua prática lógica, que tratemos como uma unidade simplesmente dissimulada a diversidade dos poderes que a natureza demonstra e de derivá-los, desde que esteja nela, de algum poder fundamental, se lhe fosse permitido concordar que é igualmente possível que todos os poderes sejam heterogêneos e que a unidade sistemática de sua derivação pode não estar conforme à natureza? Pois então, ela agiria contrariamente à sua própria vocação propondo-se como objetivo uma ideia completamente oposta à constituição da natureza. Também não podemos dizer que ela derivou primeiro essa unidade da constituição contingente da natureza, segundo os princípios da razão. De fato, a lei da razão que nos obriga a procurá-la é necessária, pois sem ela não haveria mais razão; sem razão não haveria nenhuma prática sistemática do entendimento, e sem essa prática, nenhum critério suficiente da verdade empírica, e por causa disso devemos absolutamente pressupor a unidade sistemática da natureza como objetivamente válida e necessária.

Essa pressuposição transcendental é encontrada também escondida, de maneira surpreendente, nos princípios dos filósofos, embora eles nem sempre a reconhecessem e tampouco a admitissem para si mesmos. Que todas as diversidades das coisas individuais não excluem a identidade da *espécie*; que as diferentes espécies devem ser tratadas somente como determinações diferentes de um pequeno número de *gêneros*, e esses como derivando de *classes* ainda mais elevadas, etc., e, resumindo, que é preciso buscar certa unidade sistemática de todos os conceitos empíricos possíveis, desde que possam ser derivados de conceitos mais elevados e mais generalizados: esta é uma regra clássica ou um princípio lógico sem o qual não haveria mais uma prática da razão, pois somente é possível concluir do geral para o particular desde que tomemos por fundamento as propriedades gerais das coisas como sendo a base sobre a qual repousam as propriedades particulares.

Mas que essa harmonia também se encontre na natureza, é o que pressupõem os filósofos na regra escolástica tão conhecida: não se deve multiplicar os princípios sem necessidade (*entia praeter necessitatem non esse multiplicanda*). Essa máxima declara que a própria natureza das coisas oferece uma matéria à unidade racional e que a diversidade de ilusão infinita não deve nos impedir de suspeitar, por trás dela, a unidade das propriedades fundamentais cuja diversidade somente pode ser derivada por meio de diversas determinações. Embora essa unidade seja uma simples ideia, em todos os tempos ela foi procurada com tanto ardor que pareceu ser mais necessário moderar a tendência que a ela nos leva, do que incentivá-la. Houve um grande avanço quando os químicos conseguiram juntar todos os sais em dois gêneros principais: os ácidos e os álcalis; entretanto, eles ainda se esforçam para mostrar que até essa diferença é uma simples variedade ou uma manifestação diversa de um só e mesmo material fundamental. Procurou-se sucessivamente juntar em três e finalmente em duas as diferentes espécies de terras (o material das pedras e até mesmo dos metais); mas não satisfeitos ainda, eles não conseguem se desfazer da ideia de pressentir, por detrás dessas variedades, um gênero único e até mesmo absoluto, um princípio comum às terras e aos sais. Talvez fosse possível acreditar que este seja simplesmente um processo econômico empregado pela razão para evitar, ao máximo possível, qualquer problema e uma tentativa hipotética que ao se conseguir se proporciona, por meio dessa unidade, certa veracidade ao presumido princípio de explicação. Mas é muito fácil distinguir um tal propósito egoísta da ideia segundo a qual cada um pressupõe que essa unidade racional esteja em conformidade com a própria natureza e que aqui a razão não se faça mendicante mas, ao contrário, comande, embora não possa determinar os limites dessa unidade.

Se houvesse, entre os fenômenos que se nos apresentem, uma diversidade tão grande – não me refiro à forma (pois nesse aspecto eles podem se assemelhar), mas quanto ao conteúdo, ou seja, quanto à diversidade dos seres existentes – que o mais penetrante entendimento humano nunca pudesse encontrar, ao compará-los uns com os outros, a mínima semelhança entre eles (uma possibilidade bem concebível), então não haveria mais espaço para a lei lógica das espécies, e tampouco haveria mais um conceito do gênero ou um conceito geral e, por conseguinte, nenhum entendimento, pois o entendimento somente tem a ver com tais conceitos. O princípio lógico dos gêneros pressupõe então um princípio transcendental para poder ser aplicado à natureza (e aqui, com esta palavra, refiro-me somente aos objetos que nos são dados). De acordo com esse mesmo princípio, na diversidade de uma experiência possível será necessário pressupor uma homogeneidade (embora não possamos determinar-lhe o grau *a priori*), pois sem ela não haveria mais conceitos empíricos e, por conseguinte, nenhuma experiência seria possível.

Ao princípio lógico dos gêneros que postula a identidade se opõe outro princípio: aquele das espécies que, apesar da concordância das coisas do mesmo gênero, precisa de sua diversidade e de sua variedade, e que estabelece ao entendimento de prestar atenção tanto às espécies quanto aos gêneros. Esse princípio (de penetração ou de discernimento) coloca um limite à indiscrição do princípio anterior (do espírito), e a razão mostra aqui dois interesses opostos: de um lado, o interesse da *extensão* (da universalidade) com relação aos gêneros; do outro, aquele da *compreensão* (da determinação) com relação à variedade das espécies, pois o entendimento, no primeiro caso, pensa muitas coisas *sob* os seus conceitos e, no segundo caso, pensa mais *dentro* de cada um deles. Isto se manifesta também nos métodos bem diversificados dos físicos; aqueles que são principalmente especulativos, de alguma forma hostis à heterogeneidade, pesquisam sempre a unidade do gênero; os outros, principalmente os espíritos empíricos, procuram incessantemente diferenciar a natureza em tantas variedades que precisaria quase abandonar a esperança de determinar os seus fenômenos segundo os princípios gerais.

Esse último método tem manifestamente por fundamento um princípio lógico que tem por objetivo a integridade sistemática de todos os nossos conhecimentos para os quais tendemos quando, começando pelo gênero, descemos para o diverso que pode estar nele contido e que, dessa maneira, procuramos assegurar uma extensão para o sistema; da mesma forma que no primeiro caso, procurávamos ascendendo ao gênero proporcionar-lhe simplicidade. De fato, a esfera do conceito que designa um gênero, assim como o espaço que pode ocupar a matéria, não saberia fazer-nos compreender até onde é possível prosseguir com a divisão física de suas partes. Portanto, todo *gênero* exige diversas espécies que, por sua vez, exigem diversas *subespécies* e como nenhuma destas está, por sua vez, sem esfera (uma extensão como *conceptus communis*), a razão em toda a sua extensão exige que nenhuma espécie seja considerada em si mesma como a mais inferior, pois, sendo sempre um conceito que continha o que é comum a diversas coisas, esse conceito não é universalmente determinado. Portanto, ele também não pode ser relacionado diretamente a um *individuum* e, por conseguinte, deve sempre conter outros conceitos, ou seja, subespécies. Essa lei da especificação poderia ser expressa desta forma: *entium varietates non temere esse minuendas*.

Mas é fácil ver que essa lei lógica não teria mais sentido e aplicação se ela não tivesse por fundamento uma *lei* transcendental da *especificação*; essa lei, na verdade, não exige coisas que podem se tornar objetos para nós, uma *infinidade* real em relação às diversidades; pois o princípio lógico, desde que se limite a afirmar a *indeterminação* da esfera lógica com relação à divisão possível, não proporciona oportunidade para essa afirmação; mas ela impõe ao entendimento a obrigação de procurar subespécies em cada espécie que se nos apresente, e, em cada diferença, diferenças menores. De fato, se não houvesse conceitos inferiores não haveria os superiores. Ora, o entendimento nada conhece sem os conceitos; por conseguinte, por mais longe que leve o processo de divisão, ele nada conhece por meio da intuição, mas sempre por meio de conceitos *inferiores*. O conhecimento dos fenômenos em sua determinação universal (a qual é possível somente pelo entendimento) exige uma especificação infinitamente contínua de seus conceitos e uma progressão constante para as diferenças remanescentes e das quais fazemos abstração no conceito das espécies, e mais ainda no conceito do gênero.

Essa lei da especificação também não pode ser derivada da experiência que não saberia nos proporcionar perspectivas tão extensas. A especificação empírica logo chega a uma parada na distinção do diverso quando ela não é guiada pela lei transcendental da especificação que, precedendo-a, a título de princípio da razão, nos leva a procurar essa diversidade e a sempre suspeitá-la, mesmo que ela não se manifeste aos sentidos. Para descobrir que existem terras absorventes de diversas espécies (as terras calcárias e as terras muriáticas), foi necessária uma regra anterior da razão que propusesse ao entendimento a tarefa de procurar a diversidade, presumindo a natureza rica o suficiente para que se pudesse imaginá-la. De fato, nenhum entendimento é possível para nós se não presumirmos diferenças na natureza, assim como o entendimento só é possível na condição de que seus objetos apresentem uma homogeneidade entre si; pois é a diversidade do que pode ser compreendido sob um conceito que precisamente proporciona a ocasião para a prática do conceito e o exercício do entendimento.

Portanto, a razão prepara o campo para o entendimento: 1º – por um princípio (*Prinzip*) da *homogeneidade* do diverso de acordo com os gêneros mais elevados; 2º – por um princípio (*Grundsatz*) da variedade do homogêneo de acordo com as espécies inferiores; e para completar a unidade sistemática, ela ainda acrescenta, 3º – a lei da *afinidade* de todos os conceitos, ou seja, uma lei que manda passar continuamente de cada espécie a cada outra, pelo acréscimo gradual da diversidade. Podemos chamá-los de princípios da *homogeneidade,* da *especificação* e da *continuidade* das formas. O último desses princípios resulta da união que se estabelece entre os dois primeiros quando, alcançando-se a gêneros mais elevados ou descendo para espécies inferiores, realizou-se a conexão sistemática; pois então, todas as diversidades são ligadas umas às outras porque derivam, todas juntas, de um único gênero supremo, passando por todos os degraus da determinação estendida.

A unidade sistemática dos três princípios lógicos pode ser ilustrada da seguinte maneira: É possível considerar cada conceito como um ponto que, semelhante ao ponto onde se encontra um observador, tem o seu horizonte, ou seja, uma variedade de coisas que, desse ponto, podem ser representadas e observadas. É preciso que esse horizonte contenha um número infinito de pontos, cada um dos quais possuindo o seu horizonte mais estreito, ou seja, que toda espécie encerre subespécies segundo o princípio da especificação e que o horizonte lógico se componha somente de horizontes menores (de subespécies), mas não de pontos sem qualquer extensão (de indivíduos). Mas para horizontes diferentes, ou seja, diferentes gêneros, cada qual determinado por seu próprio conceito, é possível imaginar um horizonte comum do qual todos sejam observados, como de um ponto central comum; e desse gênero mais elevado é possível prosseguir até chegar finalmente ao mais elevado dos gêneros que é o horizonte universal e verdadeiro, determinado do ponto de vista do mais elevado conceito e que encerra em si toda a variedade de gêneros, espécies e subespécies.

É para esse mais elevado ponto de vista que somos levados pela lei da homogeneidade, enquanto a lei da especificação nos leva para todos os pontos de vista inferiores e para a variedade maior. Mas como dessa maneira não há vazio em toda a esfera de todos os conceitos possíveis, e como nada pode ser encontrado fora dessa esfera, surge da pressuposição desse horizonte geral, e de sua divisão completa, este princípio: *non datur vacuum formarum*, ou seja, não há diferentes gêneros originais e primeiros que sejam, de alguma forma, isolados e separados uns dos outros (por um vazio intermediário), mas que todos os diversos gêneros sejam divisões de um só gênero supremo e universal. Desse princípio decorre esta consequência imediata: *datur continuum formarum*, ou seja, todas as diferenças das espécies se limitam reciprocamente e não permitem dar um salto de uma para outra; em uma palavra, não há espécies ou subespécies que sejam (no conceito da razão) as mais aproximadas umas das outras, mas espécies intermediárias são ainda possíveis que difiram menos umas das outras do que uma das precedentes se diferencie de uma outra.

Dessa forma, a primeira lei impede que nos percamos na variedade dos diferentes gêneros originais e recomenda a homogeneidade; a segunda, ao contrário, limita essa tendência à uniformidade e impõe que se distingam as subespécies antes de prosseguir com seu conceito geral para os indivíduos. A terceira reúne as duas precedentes, estabelecendo a homogeneidade até a maior variedade pela transição gradativa de uma espécie para outra, o que indica um tipo de relacionamento entre as diferentes ramificações que brotam todas de um mesmo tronco.

Essa lei lógica do (*continuum specierum formarum logicarum*) pressupõe uma lei transcendental (*lex continui in natura*), sem a qual esse preceito somente induziria ao erro a prática do entendimento, que talvez enveredasse por um caminho totalmente contrário à natureza. Portanto, essa lei deve se basear em princípios puros transcendentais e não em princípios empíricos. Pois caso se baseasse em princípios empíricos ela somente chegaria depois dos sistemas, enquanto, ao contrário, é ela que por primeiro produziu o que há de sistemático no conhecimento da natureza. Também não há por detrás dessas leis nenhum propósito oculto para fazer, a título de simples ensaio, um tipo de prova, embora na verdade, quando essa conexão se manifeste, ele nos fornece uma forte evidência para considerar como fundada a unidade hipoteticamente concebida e que, por conseguinte, essas leis tenham também, de acordo com essa relação, a sua utilidade; mas é evidente que as leis julgam racionais em si e de acordo com a natureza a economia das causas primeiras, a diversidade dos efeitos e, como consequência, a afinidade dos membros da natureza. Consequentemente, esses princípios se recomendam diretamente e não somente como procedimentos do método.

Mas é fácil ver que essa continuidade das formas é uma simples ideia para a qual jamais saberíamos indicar na experiência um objeto correspondente, *não somente* porque as espécies são realmente divididas na natureza e, por conseguinte, devem formar em si um *quantum discretum* e que, se a progressão gradativa em sua afinidade fosse contínua, haveria também uma verdadeira infinidade de membros intermediários entre duas espécies dadas, o que é impossível; *mas ainda* porque não podemos fazer dessa lei qualquer prática empírica determinada, pois ela não nos indica o menor critério da afinidade que nos serve para procurar a sequência gradativa de sua diversidade e mostrar-nos até onde é possível chegar, mas, ao contrário, ela se limita a nos dar uma indicação geral de que devemos procurá-la.

Se colocássemos esses princípios da unidade sistemática na ordem apropriada à sua *prática da experiência*, eles se apresentariam da seguinte maneira: *diversidade, afinidade* e *unidade*, mas cada uma considerada como ideia no grau mais elevado de sua perfeição. A razão pressupõe os conhecimentos do entendimento que são imediatamente aplicados à experiência, e ela busca a unidade desse conhecimento segundo ideias que vão muito além de toda experiência possível. A afinidade do diverso, apesar de sua diversidade de acordo com um princípio da unidade, não diz respeito somente às coisas, mas muito mais às simples qualidades e propriedades das coisas. Quando, por exemplo, o curso dos planetas nos é dado em uma experiência (que ainda não é plenamente justificada) e somos levados a considerá-lo como circular, se detectarmos algum desvio, rastreamos então os desvios que possam alterar o círculo em virtude de uma lei constante, por meio de todos os graus intermediários até o infinito, em uma de suas divergentes órbitas. Isso quer dizer que presumimos que os movimentos não circulares dos planetas se aproximem, mais ou menos, das propriedades do círculo, e dessa forma chegamos à ideia da elipse. Os cometas mostram ainda maior diferença em suas órbitas, pois (desde que se possa julgar pela observação) eles não se movimentam em círculo, mas suspeitamos um curso parabólico que é próximo da elipse e que não pode ser distinguido em todas as nossas observações, quando o grande eixo da elipse é indefinidamente estendido. É dessa forma que descobrimos, segundo esses princípios, uma unidade nas formas genéricas das órbitas e, por conseguinte, a unidade nas causas de todas as leis do movimento planetário (a gravitação). E então ampliamos nossas investigações, procurando explicar pelo mesmo princípio todas as variedades e todas as aparentes derrogações dessas regras. E, finalmente, continuamos adicionando, mais do que a experiência possa jamais confirmar, para imaginar, segundo as regras da afinidade, o trânsito hiperbólico dos cometas no curso do qual esses corpos abandonam completamente o nosso sistema solar e, passando de sol em sol, conectam as partes mais distantes de um sistema do mundo (o universo), que para nós é sem limites e ligado por uma única e uma mesma força motriz.

    O que há de notável nesses princípios e que unicamente nos dizem respeito é que parecem ser transcendentais e, embora contenham somente simples ideias para a realização da prática empírica da razão, – ideias que essa prática somente pode seguir, por assim dizer, por assíntota, ou seja, de forma puramente aproximada, sem jamais atingi-los – no entanto, eles possuem, como princípios sintéticos *a priori*, uma validade objetiva mas indeterminada, e servem de regra à experiência possível. Eles podem ainda ser utilizados com grande vantagem na elaboração da experiência como princípios heurísticos, sem que se possa fazer deles uma dedução transcendental; pois, como comprovamos mais acima, essa dedução nunca é possível em relação às ideias.

    Na Analítica transcendental diferenciamos, entre os princípios do entendimento, os princípios *dinâmicos* como princípios puramente reguladores da *intuição*, dos princípios *matemáticos* que são constitutivos em relação à *experiência*, pois tornam possíveis *a priori* os conceitos sem os quais não pode haver qualquer experiência. Os princípios da razão pura, ao contrário, não podem ser constitutivos mesmo em relação aos conceitos empíricos, porque nenhum esquema correspondente da sensibilidade pode lhes ser dado e, desta forma, não podem ter qualquer objeto *in concreto*. Ora, se desistimos de nos servir empiricamente desses princípios, como princípios constitutivos, como podemos querer assegurar-lhes uma prática reguladora, e com essa prática alguma validade objetiva, e qual poderá ser o sentido desta prática?

    O entendimento em relação à razão tem o mesmo papel que a sensibilidade em relação ao entendimento. O objetivo da razão é de constituir a unidade sistemática de todas as ações empíricas possíveis do entendimento, assim como o objetivo do entendimento é o de conectar por meio de conceitos o diverso dos fenômenos e submetê-lo a leis empíricas. Ora, assim como as ações do entendimento sem os esquemas da sensibilidade são *indeterminadas*, assim também a *unidade da razão* é por si mesma *indeterminada* com relação às condições sob as quais o entendimento deve conectar sistematicamente os seus conceitos e até onde deve fazê-lo. Embora não possamos encontrar na *intuição* um esquema para a unidade sistemática completa de todos os conceitos do entendimento, o análogo de um esquema desse gênero, no entanto, pode e deve ser dado, e é a ideia do *maximum* da divisão e da unificação do conhecimento do entendimento em um só princípio. De fato, o maior e absolutamente perfeito podem ser concebidos de maneira determinada, pois todas as condições restritivas que fornecem uma diversidade indeterminada são descartadas. E assim, a ideia da razão é o análogo de um esquema da sensibilidade, mas com a diferença de que a aplicação dos conceitos do entendimento ao esquema da razão não é um conhecimento do próprio objeto (como a aplicação das categorias para com seus esquemas sensíveis), mas somente uma regra ou um princípio da unidade sistemática de toda prática do entendimento. Ora, como todo princípio que assegura *a priori* ao entendimento a unidade total de sua prática, também se aplica, apesar de indiretamente, ao objeto da experiência, da mesma forma, os princípios da razão pura possuem uma realidade objetiva com respeito a esse objeto; é verdade que não é para *determinar* nele alguma coisa, mas somente para indicar o procedimento pelo qual a prática experimental empírica e determinada do entendimento pode estar em completa harmonia consigo mesma. Isso só pode ser conseguido colocando a sua prática, tanto quanto possível, em conexão com o princípio da unidade universal e determinando o seu procedimento à luz desse princípio.

Todos os princípios objetivos que não são derivados da natureza do objeto (*des Objekts*), mas do interesse da razão com respeito a uma certa perfeição possível do conhecimento desse objeto (*dieses Objekts*), eu os denomino *máximas* da razão. Portanto, há máximas da razão especulativa que se baseiam unicamente no interesse dessa razão, embora elas pareçam ser princípios objetivos.

Quando simples princípios reguladores são considerados como constitutivos e usados como princípios objetivos, eles podem ser contraditórios. Mas quando são considerados simplesmente como máximas, não há mais nenhuma contradição verdadeira, mas simplesmente um interesse diferente da razão que motiva a divergência na maneira de pensar. De fato, a razão somente tem um interesse, e o conflito de suas máximas é unicamente uma diferença e uma limitação recíproca dos métodos cujo objetivo é satisfazer esse interesse.

Dessa forma, para um *certo* pensador é o interesse pela diversidade que o enleva (segundo o princípio da especificação) e para outro, o interesse pela *unidade* (segundo o princípio da agregação). Cada um acredita derivar o seu juízo do ponto de vista do objeto *(aus der Einsicht des Objekts)* e o estabelecem unicamente em sua maior ou menor relação a um dos dois princípios, e como nenhum dos dois se baseia em fundamentos objetivos, mas somente no interesse da razão, melhor seriam chamados de máximas do que princípios. Quando observamos pessoas de valor arguindo a respeito da característica dos homens, dos animais ou das plantas e até mesmo dos corpos do reino mineral, uns admitindo, por exemplo, que existam certas características especiais nacionais baseadas na origem, ou ainda diferenças decisivas e hereditárias de família, de raça, etc., enquanto outros se preocupam mais com a ideia de que a natureza agiu de uma mesma maneira em todo lugar e que todas as diferenças se baseiem unicamente em acidentes externos *(auf äusseren Zufälligkeiten)*, então temos de considerar somente a natureza do objeto *(die Beschaffenheit des Gegenstandes)* para compreender que ela se encontra profundamente oculta para poder falar a respeito com algum conhecimento da natureza do objeto *(in die Natur des Objekts)*. Nada mais é do que o duplo interesse da razão, pelo qual cada lado leva a peito ou adota um dos dois interesses e, por conseguinte, a diferença das máximas que dizem respeito à diversidade ou à unidade da natureza que podem muito bem se unir absolutamente, mas que, enquanto elas forem consideradas como percepções objetivas, não somente causam um conflito, como ainda são obstáculos que atrasam a verdade até que não seja encontrado um meio de conciliar os interesses opostos e de tranquilizar a razão a esse respeito.

As mesmas observações são utilizadas para defender ou para atacar essa famosa lei da *escala contínua* das criaturas que LEIBNIZ divulgou e que BONNET tão admiravelmente apoiou; ela é uma consequência do princípio da afinidade baseado no interesse da razão, pois a observação e a percepção das *disposições* da natureza não saberiam fornecê-la a título de afirmação objetiva. Os degraus dessa escala, como a experiência pode nos demonstrar, estão afastados demais uns dos outros e as nossas pretensas pequenas diferenças são geralmente, na própria natureza, abismos tão vastos que nada podemos esperar das observações desse gênero como desígnio da natureza (principalmente numa grande variedade de coisas onde é sempre muito fácil encontrar certas analogias e certas aproximações). Ao contrário, o método que consiste em procurar a ordem na natureza segundo um princípio e a máxima que estabelece que consideremos essa ordem como baseada em uma natureza em geral, sem no entanto determinar em que lugar e até onde ela se estende, é certamente um princípio regulador legítimo e excelente da razão que, como tal, vai muito mais longe para que a experiência ou a observação possam lhe ser adequadas, mas que, sem nada determinar, delineia o caminho da unidade sistemática.

DO OBJETIVO DA DIALÉTICA NATURAL DA RAZÃO HUMANA

As ideias da razão pura nunca podem ser dialéticas em si mesmas; somente o abuso que se faz delas é que necessariamente causa para nós uma aparente fonte enganosa; pois elas nos são fornecidas pela natureza de nossa razão, e é impossível que esse tribunal supremo de todos os direitos e de todas as pretensões de nossa especulação encerre ele próprio ilusões e prestígios originais. Portanto, é provável que elas possuam sua boa e apropriada vocação conforme é determinado pela disposição natural de nossa razão. Entretanto, a turba de sofistas levanta seus habituais gritos de absurdos e de contradições contra a razão e, apesar de não conseguir penetrar seus planos mais íntimos, assim mesmo investem contra as suas prescrições. No entanto, é às benéficas influências exercidas pela razão que devem a possibilidade de sua própria afirmação e, de fato, àquela própria cultura que os capacita culpar e condenar o que a razão deles exige.

Não podemos fazer uso de um conceito *a priori* com segurança sem ter feito dele uma dedução transcendental. As ideias da razão pura não permitem uma dedução semelhante àquela das categorias, mas se elas devessem ter pelo menos alguma validade objetiva seria somente uma validade indeterminada, e para evitar que elas representem simplesmente seres vazios de razão (*entia rationis ratiocinantis*), de qualquer forma é preciso que uma dedução seja possível, mesmo supondo que ela seja muito diferente da dedução que podemos fazer das categorias. É isso que completa a obra crítica da razão e este é o objetivo que agora vamos tentar alcançar.

Há uma grande diferença entre uma coisa ser dada à nossa razão como um *objeto absolutamente* e aquela simplesmente dada a título de *objeto na ideia*. No primeiro caso, os nossos conceitos têm por objetivo determinar o objeto; no segundo, só existe realmente um esquema ao qual nenhum objeto é dado diretamente, nem mesmo hipoteticamente, mas que serve para nos representar outros objetos em sua unidade sistemática por meio da relação com essa ideia, por conseguinte, de maneira indireta. Assim, eu digo que o conceito de uma inteligência suprema é uma simples ideia, ou seja, que sua realidade objetiva não deve consistir daquilo que se relaciona diretamente a um objeto (pois, dessa maneira, não poderíamos justificar a validade objetiva), mas é somente um esquema do conceito de uma coisa em geral, ordenado segundo as condições da maior unidade racional e que somente serve para manter a maior unidade sistemática na prática empírica de nossa razão de onde derivamos, de alguma forma, o objeto da experiência do objeto imaginário dessa ideia, como de seu princípio ou de sua causa. Por exemplo, declaramos que as coisas do mundo devem ser consideradas como se elas recebessem sua existência de uma inteligência suprema. Dessa maneira, a ideia é propriamente um conceito heurístico e não um conceito ostensivo; ela não mostra como é constituído um objeto, mas como, sob sua direção, devemos *procurar* determinar a natureza e a conexão dos objetos da experiência em geral. Ora, se for possível mostrar, embora as três espécies de ideias transcendentais (*psicológica, cosmológica* e *teológica*) não se relacionem diretamente com qualquer objeto que lhes corresponda e nem à sua *determinação*, que todas as regras da prática empírica da razão nos conduzam, pela pressuposição de tal *objeto na ideia*, para a unidade sistemática e ampliam sempre o conhecimento experimental sem jamais poder lhe ser contrárias, podemos então concluir que é uma *máxima* necessária da razão de proceder sempre segundo ideias desse tipo. E é nisso que consiste a dedução transcendental de todas as ideias da razão especulativa, não como princípios *constitutivos* da extensão do nosso conhecimento de mais objetos que a experiência possa dar, mas como princípios *reguladores* da unidade sistemática do diverso do conhecimento empírico em geral, mais adequadamente estabelecido e mais assegurado em seus próprios limites do que isso poderia ser feito, sem essas ideias, pela simples prática dos princípios do entendimento.

Tentarei ser mais claro. Ao tomar por princípios o que nós chamamos de ideias, *primeiro*, em Psicologia, ligaremos ao fio condutor da experiência interna todos os fenômenos, todas as ações e toda receptividade de nossa alma, *como se* ela fosse uma substância simples, subsistindo (pelo menos em vida) com a identidade pessoal, enquanto seus estados, dos quais aqueles do corpo só fazem parte em qualidade de condições externas, mudam continuamente. *Em segundo lugar,* em cosmologia, é preciso prosseguirmos na pesquisa das condições dos fenômenos naturais, tanto internos quanto externos, considerando-a, como sempre, irrealizável, *como se* ela fosse infinita em si mesma e não tivesse termos primeiro ou supremo, sem negar por isso que, fora de todos os fenômenos, existam causas primeiras simplesmente inteligíveis, mas também sem jamais poder introduzi-las no conjunto das explicações naturais por serem completamente desconhecidas. *Em terceiro lugar* e, finalmente, do ponto de vista da teologia, precisamos considerar tudo o que possa pertencer ao contexto da experiência possível, *como se* ela constituísse uma unidade absoluta, embora totalmente dependente e sempre condicionada nos limites do mundo sensível, no entanto e ao mesmo tempo, *como se* o conjunto de todos os fenômenos (o próprio mundo sensível) tivesse, fora de sua esfera, um princípio supremo e suficiente a tudo, ou seja, uma razão subsistente, de alguma forma e por si mesma original e criadora, segundo a qual, à luz dessa ideia criadora, orientamos a prática empírica de nossa razão em sua maior extensão, como se os próprios objetos tivessem saído desse protótipo de toda razão, ou seja: não é de uma substância pensante simples da qual os fenômenos internos da alma derivam, mas é de acordo com a ideia de uma substância simples que eles derivam uns dos outros; não é de uma inteligência suprema que derivam a ordem do mundo e a sua unidade sistemática, mas é da ideia de uma causa soberanamente sábia que extraímos a regra segundo a qual a razão deve proceder para a sua maior satisfação, na conexão das causas e dos efeitos no mundo.

Ora, nada nos impede de *admitir* que essas ideias também sejam objetivas e hipostáticas, com exceção unicamente da ideia cosmológica onde a razão se choca com uma antinomia ao querer realizá-la. A ideia psicológica e a ideia teológica não contêm nenhuma antinomia dessa espécie e, de fato, não há contradição nelas. Então, como alguém poderia contestar sua realidade objetiva, pois aquele que negar sua possibilidade deve fazê-lo com tão pouco conhecimento dessa possibilidade quanto temos de conhecimento para afirmá-la. Entretanto, para admitir alguma coisa não basta encontrar nela algum obstáculo positivo e não pode nos ser permitido introduzir, como objetos reais e determinados, seres de razão que superem todos os nossos conceitos sem contradizê-los, e isso simplesmente com a autoridade de uma razão especulativa que procura completar a sua obra. Portanto, não devemos admiti-los em si mesmos, mas somente atribuir-lhes a realidade de um esquema que serve de princípio regulador à unidade sistemática de todo conhecimento natural; consequentemente, devemos tomá-los por fundamento somente como analogias de coisas reais, mas não como coisas reais em si. Removemos do objeto da ideia as condições que limitam o conceito fornecido pelo nosso entendimento, mas que são também as únicas que nos permitem ter um conceito determinado de qualquer coisa. E então pensamos alguma coisa da qual não temos absolutamente nenhum conceito quanto ao que ela seja é em si, mas da qual concebemos, no entanto, uma relação com o conjunto dos fenômenos, relação análoga àquela que os fenômenos têm entre si.

Quando admitimos seres ideais dessa espécie, não é propriamente desta forma que ampliamos o nosso conhecimento além dos objetos (*Objekte*) da experiência, mas estamos estendendo somente a unidade sistemática dessa experiência, cujo esquema nos é dado pela ideia que, por conseguinte, não tem a validade de um princípio constitutivo, mas somente a validade de um princípio regulador. De fato, ao apresentar uma coisa correspondente à ideia, – alguma coisa ou um ser real, – não quer dizer que queiramos estender o nosso conhecimento das coisas por meio dos conceitos transcendentais; pois esse ser é tomado por fundamento somente na ideia e não em si e, por conseguinte, unicamente para expressar a unidade sistemática que deve servir-nos de regra na prática empírica da razão sem, no entanto, nada mais decidir a respeito do princípio dessa unidade ou da natureza íntima desse ser que, a título de causa, dele é o fundamento.

Dessa forma, o conceito transcendental, o único conceito determinado que a razão simplesmente especulativa nos fornece de Deus, é *deísta*, no sentido mais absoluto, ou seja, a razão nunca nos dá a validade objetiva desse conceito, mas somente a ideia de alguma coisa sobre a qual toda a realidade empírica baseia sua unidade suprema e necessária, e que não podemos conceber de outra maneira senão pela analogia de uma substância real que seria, segundo as leis racionais, a causa de todas as coisas quando nos aventuramos a concebê-lo absolutamente como um objeto particular e que não preferimos, satisfazendo-nos com a simples ideia do princípio regulador da razão, deixar de lado, considerando-o grande demais para o entendimento humano, a realização de todas as condições do pensamento; o que, de resto, é inconsistente com o objetivo de uma perfeita unidade sistemática em nosso conhecimento, unidade à qual a razão não impõe qualquer limite.

É assim então que, ao admitirmos um ser divino, não temos o mínimo conceito da possibilidade interna de sua suprema perfeição nem da necessidade de sua existência, mas que, no entanto, podemos apresentar uma resposta que satisfaça a todas as outras questões que dizem respeito ao contingente e procurar, dessa forma, para a razão, a mais perfeita satisfação com relação à maior unidade que ela possa estar buscando em sua prática empírica. Entretanto, o fato de não termos a capacidade de satisfazer a razão com respeito a essa própria suposição mostra que é o interesse especulativo da razão, e não qualquer percepção que a autorize, a partir de um ponto bem acima de sua esfera, a observar os seus objetos como constituindo um todo perfeito.

Aqui então se mostra uma diferença de método em uma só e mesma suposição, uma distinção um tanto sutil, mas que, no entanto, é de grande importância na Filosofia transcendental. Eu posso ter um motivo suficiente para admitir alguma coisa relativamente (*suppositio relativa*) sem, no entanto, ter o direito de admiti-la absolutamente (*suppositio absoluta*). Essa distinção apresenta-se quando estamos lidando simplesmente com um princípio regulador a respeito do qual conhecemos a necessidade em si, mas não a fonte dessa necessidade, e que admitimos então uma causa suprema (*obersten Grund*) simplesmente com o objetivo de conceber, de maneira ainda mais determinada, a universalidade do princípio, por exemplo, quando idealizo como existente um ser que corresponda a uma simples ideia, uma ideia transcendental. Porque então eu jamais poderei admitir em si a existência dessa coisa, pelo fato de que os conceitos por meio dos quais eu posso idealizar um objeto qualquer como determinado seja suficiente para esse propósito e que as condições da validade objetiva de meus conceitos são excluídas pela própria ideia. Os conceitos da realidade, da substância, da causalidade, até mesmo aqueles da necessidade na existência, fora da prática onde tornam possível o conhecimento empírico de um objeto, não têm absolutamente qualquer sentido que determine qualquer objeto *(irgend ein Objekt)*. Então, eles podem servir, sem dúvida, para explicar a possibilidade das coisas no mundo sensível, mas não aquela da possibilidade de um *próprio universo*, porque precisaria que esse princípio de explicação estivesse fora do mundo e que, por conseguinte, ele não saberia ser um objeto da experiência possível. Ora, eu posso, no entanto, admitir, com relação ao mundo sensível, um ser incompreensível dessa espécie: o objeto de uma simples ideia, mas não poderia admiti-lo em si. De fato, se uma ideia (aquela da unidade sistematicamente completa, da qual logo falarei a respeito mais precisamente) serve de fundamento à maior prática empírica possível de minha razão e essa ideia jamais pode ser em si representada adequadamente na experiência, embora ela seja indispensavelmente necessária para aproximar a unidade empírica do mais alto grau possível, então, não somente terei o direito, mas ainda serei obrigado a realizar essa ideia, ou seja, de lhe pressupor um objeto real, mas somente na qualidade de qualquer coisa em geral que desconheço totalmente em si e à qual é unicamente a título de princípio dessa unidade sistemática, e com relação a essa unidade, que eu proporciono propriedades análogas aos conceitos do entendimento em sua prática empírica. Idealizarei então, por analogia às realidades do mundo, às substâncias, à causalidade e à necessidade, um ser que possui tudo isso na perfeição suprema e, como essa ideia se baseia simplesmente na minha razão, poderei idealizar esse ser com razão independente que, por meio das ideias de harmonia e de unidade supremas, seja a causa do universo. Desta forma, deixo de lado todas as condições que limitam a ideia, unicamente a fim de tornar possível com a ajuda de um princípio original desse gênero, a unidade sistemática do diverso contida no universo e, por meio dessa unidade, a maior prática empírica possível da razão, considerando todas as conexões dos fenômenos *como se* fossem disposições de uma razão suprema da qual a nossa é uma débil imagem. Eu então me represento esse Ser Supremo por meio de puros conceitos que têm sua aplicação somente no mundo sensível; mas como também não tenho recurso a essa suposição transcendental senão em vista de uma prática relativa – ou seja, para que ela me forneça o substrato da maior unidade possível da experiência, – posso muito bem idealizar um ser (que diferencio do mundo) por meio de atributos que pertencem unicamente ao mundo sensível. De fato, não pretendo nem tenho o direito de pretender conhecer esse objeto de minha ideia quanto ao que ele possa ser em si; pois não tenho nenhum conceito para isso e mesmo os conceitos de realidade, de substâncias, de causalidade, como também o da necessidade na existência perdem todo sentido e são unicamente títulos vazios de conceitos sem qualquer conteúdo, quando me arrisco a sair com eles do domínio dos sentidos *(ausser dem Felde der Sinne)*. Eu idealizo a relação de um ser, que em si é para mim totalmente desconhecido, na maior unidade sistemática do universo somente para fazer desse ser um esquema do princípio regulador da maior prática empírica possível de minha razão.

Se olharmos agora para o objeto transcendental de nossa ideia podemos ver que não podemos pressupor sua existência *em si mesmo*, em virtude dos conceitos de realidade, de substância, de causalidade, etc., porque esses conceitos não têm a mínima aplicação em alguma coisa de inteiramente distinto do mundo dos sentidos. A suposição que a razão faz de um Ser Supremo como causa primeira é, portanto, simplesmente relativa e concebida a favor da unidade sistemática do mundo dos sentidos; ela é simplesmente alguma coisa em ideia da qual nada sabemos quanto ao que ela é *em si mesma*. Isso também explica porque precisamos, com relação ao que é dado aos sentidos como existente, da ideia de um ser primordial necessário em si, mas também porque nunca saberíamos formar o mínimo conceito desse ser e de sua absoluta *necessidade*.

Estamos agora em condição de ter uma visão clara do resultado de toda a Dialética transcendental e de determinar exatamente o objetivo derradeiro das ideias da razão pura que somente se tornam dialéticas devido a um mal-entendido e a uma falta de atenção. A razão pura, na realidade, somente se preocupa consigo mesma; ela não pode ter outra vocação, pois não são os objetos que lhe são dados para a unidade do conceito da experiência mas, ao contrário, os conhecimentos do entendimento para a unidade do conceito da razão, ou seja, da conexão em um só princípio. A unidade racional é a unidade do sistema e essa unidade sistemática não tem uma utilidade objetiva para a razão – a utilidade de um princípio que serve para estendê-la sobre os objetos – mas a utilidade subjetiva de uma máxima que a aplique a todo conhecimento empírico possível dos objetos. Entretanto, a conexão sistemática que a razão pode dar à prática empírica do entendimento não favorece unicamente a extensão, mas garante ao mesmo tempo a precisão, e o princípio dessa unidade sistemática também é subjetivo, mas de maneira indeterminada (*principium vagum*), não como princípio constitutivo que serviria para determinar alguma coisa relativamente ao seu objeto direto, mas como princípio simplesmente regulador e como máxima própria servindo para favorecer e a fortalecer ao infinito (de uma maneira indeterminada) a prática empírica da razão, abrindo-lhe novos caminhos que o entendimento desconhece, sem jamais contrariar as leis da prática empírica.

Mas a razão não saberia idealizar essa unidade sistemática sem dar, ao mesmo tempo, à sua ideia um objeto que não pode, entretanto, ser dado por qualquer experiência, pois uma experiência jamais proporciona um exemplo de unidade sistemática perfeita. Ora, esse ser de razão (*ens rationis ratiocinatae*) é tão-somente uma simples ideia e, por conseguinte, ele não é admitido absolutamente e *em si*, como alguma coisa de real, mas nós somente o tomamos por fundamento de maneira problemática (pois não podemos alcançá-lo por qualquer um dos conceitos do entendimento), a fim de poder visualizar toda conexão das coisas do mundo sensível como se essas coisas tivessem seu fundamento nesse ser de razão, mas unicamente com o objetivo de fundar a unidade sistemática que é indispensável à razão e que pode ser, de toda maneira, vantajosa para o conhecimento empírico da razão, sem jamais interferir para contrariá-lo.

Nós interpretamos mal o sentido dessa ideia se a considerarmos como a afirmação ou até como a suposição de uma coisa real à qual gostaríamos de atribuir o princípio da constituição sistemática do mundo; ao contrário, deixamos totalmente indeterminada a questão de saber qual é, em si, a natureza desse princípio que se furta aos nossos conceitos e tomamos uma ideia somente como um ponto de vista de onde é possível única e exclusivamente estender essa unidade tão essencial à razão e tão salutar ao entendimento; em uma palavra, essa coisa transcendental é simplesmente o esquema do princípio pelo qual a razão, contanto que esteja em seu poder, estende a unidade sistemática sobre toda experiência.

O primeiro objeto (*Objekt*) dessa ideia é o próprio "eu", considerado simplesmente como natureza pensante (como alma). Se eu quiser pesquisar as propriedades com as quais um ser pensante existe em si é preciso que eu interrogue a experiência, pois somente posso aplicar qualquer das categorias a esse objeto desde que o esquema seja dado na intuição sensível. Mas, dessa forma, eu jamais consigo chegar a uma unidade sistemática de todos os fenômenos do sentido interno. Portanto, em lugar do conceito experimental (daquilo que a alma é realmente) que não pode nos conduzir muito longe, a razão toma o conceito da unidade empírica de todo pensamento (*alles Denkens*) e, ao idealizar essa unidade como incondicionada e original, faz dela um conceito racional (a ideia) de uma substância simples que, imutável em si (pessoalmente idêntica), está em relação com outras coisas reais fora dela, isto é, de uma inteligência simples subsistente por si mesma. Mas aqui, o que ela tem em vista nada mais são que princípios da unidade sistemática que servirão para explicar os fenômenos da alma, e isso considerando as determinações como existentes em um sujeito único, todas as faculdades, tanto quanto possível, como derivadas de uma faculdade fundamental única, toda mudança como sendo parte dos estados de um só e mesmo ser permanente, e todos os *fenômenos* no espaço como inteiramente distintos dos atos do *pensamento (des Denkens)*. Essa simplicidade da substância, etc., deveria ser o esquema desse princípio regulador, e não se pressupõe que ela seja o princípio real das propriedades da alma. De fato, essas propriedades podem basear-se também sobre todas as outras causas que desconhecemos por completo, como também não saberíamos propriamente conhecer a alma em si mesma por meio desses predicados que presumimos, nem mesmo se os considerarmos como absolutamente válidos com respeito a ela, pois eles constituem uma simples ideia que não pode, de forma alguma, ser representada *in concreto*. Ora, essa ideia psicológica assim concebida só pode oferecer vantagens se tomarmos o cuidado para que não seja tomada por alguma coisa além de uma simples ideia, ou seja, além de uma ideia simplesmente relativa à prática sistemática da razão em relação aos fenômenos de nossa alma. Pois então, as leis empíricas dos fenômenos corpóreos que são de uma espécie totalmente diferente não interfeririam na explicação do que pertence exclusivamente ao *sentido interno;* nenhuma dessas vãs hipóteses de geração, de destruição e palingênese das almas, etc., será permitida. A consideração desse objeto do sentido íntimo é totalmente pura e sem mistura de propriedades heterogêneas; além disso, a investigação da razão tende a reunir, tanto quanto possível, em um princípio único nesse sujeito, os princípios da explicação. Tudo isso é melhor realizado por meio de um esquema desse gênero, como se fosse um ser real. A ideia psicológica não pode tampouco significar outra coisa senão o esquema de um conceito regulador. Pois se eu quisesse somente perguntar se a alma não é em si de natureza espiritual, essa questão não teria sentido. De fato, por meio de tal conceito não estou descartando somente a natureza corpórea, mas toda a natureza de maneira geral, ou seja, todos os predicados de toda experiência possível e, por conseguinte, todas as condições necessárias para conceber um objeto a um conceito desse gênero ou, em outros termos, tudo que unicamente permite dizer que esse conceito tem um sentido.

A segunda ideia reguladora da razão simplesmente especulativa é o conceito do mundo em geral. De fato, a natureza é propriamente o único objeto dado (*das enzige gegebene Objekt*) em relação ao qual a razão precisa de princípios reguladores. Essa natureza é de dois tipos: a natureza pensante e a natureza corpórea. Mas para conceber essa última quanto à sua possibilidade interna, ou seja, para determinar a aplicação das categorias a essa natureza, não precisamos de qualquer ideia, ou seja, de nenhuma representação que supere a experiência; como também nenhuma ideia é possível nessa conexão, pois ao tratarmos da natureza corpórea somos guiados tão-somente pela intuição sensível, o que é diferente do conceito fundamental psicológico (o "eu") que compreende *a priori* certa forma de pensamento, ou seja, a unidade do pensamento. Portanto, para a razão pura só nos resta a natureza em geral e a integralidade das condições segundo algum princípio. A totalidade absoluta das séries dessas condições na derivação de seus membros é uma ideia que, na verdade, nunca pode ser perfeitamente realizada na prática empírica da razão, mas que, no entanto, nos fornece a regra que devemos seguir a esse respeito, a saber, que na explicação dos fenômenos dados devemos proceder (ao regredir e ao ascender) como se a série fosse em si infinita, ou seja, *in indefinitum*, mas que no caso em que a própria razão seja considerada como causa determinante (na liberdade) e, por conseguinte, nos princípios práticos, devemos fazer *como se* tivéssemos à nossa frente não um objeto (*Objekt*) dos sentidos, mas um objeto do entendimento puro onde as condições não podem mais ser inseridas na série dos fenômenos, mas fora dela, e onde a série dos estados pode ser considerada como se ela iniciasse absolutamente (por meio de uma causa inteligível): todas as coisas que comprovam que as ideias cosmológicas são unicamente princípios reguladores que estão muito longe de inserir, de maneira constitutiva, uma totalidade real desse gênero de séries. O assunto completo é tratado no capítulo da Antinomia da Razão Pura.

A terceira ideia da razão pura que contém uma suposição simplesmente relativa de um ser considerado como a causa única e perfeitamente suficiente de todas as séries cosmológicas é o conceito racional de Deus. Não temos a mínima razão de admitir absolutamente o objeto dessa ideia (*de presumi-lo em si*); pois o que poderia nos dar o poder ou somente o direito de acreditar ou de afirmar em si um ser da mais alta perfeição e absolutamente necessário pela sua própria natureza, simplesmente baseados em seu conceito? É unicamente por meio de sua relação com o mundo que podemos tentar estabelecer a necessidade dessa suposição; torna-se então evidente que a ideia desse ser, como todas as ideias especulativas, nada signifique senão que a razão exige que se considere cada conexão do mundo segundo os princípios de uma unidade sistemática, ou seja, *como se* todas tivessem saído de um ser único abarcando tudo, ou seja, de uma causa suprema e perfeitamente suficiente. Está claro com isso que a razão aqui só pode ter por objetivo a sua própria regra formal na extensão de sua prática empírica, mas nunca uma extensão *além de todos os limites da prática empírica* e que, por conseguinte, de acordo com essa ideia não se esconda qualquer princípio constitutivo de sua prática apropriada a uma experiência possível.

Essa unidade formal suprema, que se baseia exclusivamente em conceitos racionais, é a unidade intencional das coisas, e o interesse especulativo da razão nos obriga a considerar toda a disposição do mundo como se resultasse do propósito de uma razão suprema. Um tal princípio abre, de fato, à nossa razão aplicada ao campo das experiências, visões inteiramente novas que nos fazem conectar as coisas do mundo segundo leis teleológicas e nos levam, com isso, à maior unidade sistemática das coisas. A hipótese de uma inteligência suprema como causa absolutamente única do universo, mas que, na verdade, somente está na ideia, pode sempre beneficiar a razão sem, no entanto, jamais prejudicá-la. Pois se em relação ao formato da Terra (redonda e, no entanto, um pouco achatada) (*), das montanhas,

---

(*) A vantagem que surge do formato esférico da terra é bastante conhecida; mas poucos são aqueles que sabem que seu achatamento em formato esferoide é o único obstáculo que impede que as elevações continentais, ou até mesmo as pequenas montanhas que podem ser originadas por tremores de terra, desloquem continuamente o eixo da terra e de forma apreciável em pouco tempo; é o que aconteceria se a protuberância da Terra na linha do Equador não fosse uma montanha de grande porte para que o ímpeto de qualquer outra montanha nunca pudesse modificar notavelmente a sua situação em relação ao eixo da Terra. E, no entanto, explica-se sem hesitação essa sábia disposição pelo equilíbrio da massa terrestre que antes era fluida.

dos mares, etc., admitirmos que seja o resultado de propósitos sábios por parte de um Autor Supremo, podemos então fazer, dessa maneira, uma quantidade de descobertas. E desde que nos restrinjamos a essa suposição como a um princípio simplesmente *regulador*, o próprio erro não pode nos prejudicar. De fato, o pior que pode acontecer é que onde esperávamos uma conexão teleológica (*nexus finalis*), encontraríamos uma conexão simplesmente mecânica ou física (*nexus effectivus*). Nesse caso, simplesmente deixamos de encontrar uma unidade adicional, mas sem destruirmos a unidade racional em sua prática empírica. Este próprio contratempo lamentável não poderia afetar a lei em seu objetivo geral e teleológico. Pois, embora seja verdade que um anatomista possa ser convencido do erro ao relacionar alguns órgãos do corpo de um animal com uma finalidade que claramente não leva a qualquer resultado, no entanto, é totalmente impossível *provar* que uma disposição da natureza, qualquer que ela seja, não tenha realmente uma finalidade. Da mesma forma, a Fisiologia médica estende o seu conhecimento empírico muito limitado quanto às finalidades da estrutura de um corpo orgânico por meio de um princípio simplesmente fornecido pela razão pura e que vai longe a ponto de admitir com ousadia, mas também com o consentimento geral, de que tudo no animal tem sua utilidade e uma boa finalidade. Essa suposição não saberia ser constitutiva, pois ela vai muito além do que possam nos permitir as observações feitas até aqui; consequentemente, é possível ver que ela não é outra coisa senão um princípio regulador da razão para chegar à mais alta unidade sistemática, por meio da ideia da causalidade final da causa suprema do mundo, *como se* essa causa, como inteligência suprema, tivesse feito tudo segundo o mais sábio dos planos.

Entretanto, se deixamos de restringir essa ideia à prática simplesmente reguladora, a razão se extravia de várias maneiras, pois ela deixa o terreno da experiência que unicamente pode conter os sinais que marcam o seu próprio curso, arriscando-se além desse terreno, até o incompreensível e o insondável e até para as alturas onde ela é necessariamente tomada de vertigens ao ver-se, desse ponto de vista, inteiramente privada de toda prática que seja conforme à experiência.

Quando não fazemos simplesmente uma prática reguladora da ideia de um Ser Supremo, mas também (o que é contrário à natureza de uma ideia) uma prática constitutiva, o primeiro inconveniente que resulta disso é a razão preguiçosa *(ignava ratio)* (*). Podemos chamar assim todo princípio que faz com que se considere a sua investigação da natureza, qualquer que seja o assunto, como absolutamente realizada e que a razão se dedique ao repouso como se tivesse concluído plenamente a sua obra. Portanto, a própria ideia psicológica quando a utilizamos como um princípio constitutivo para explicar os fenômenos de nossa alma e, consequentemente, para estender ainda mais o nosso conhecimento do ego além dos limites da experiência (para conhecer seu estado depois da morte) realmente simplifica a tarefa da razão, mas ela corrompe e arruína completamente o nosso uso da razão ao lidarmos com a natureza sob a orientação de nossas experiências. É assim que o espiritualista dogmático explica a unidade permanente da pessoa que persiste imutavelmente através de todas as mudanças de estados, pela unidade da substância pensante, que ele acredita perceber imediatamente no "eu", ou pelo interesse que temos às coisas que somente devem acontecer depois da morte, pela consciência da natureza imaterial de nosso sujeito pensante, etc. Dessa forma, ele dispensa toda pesquisa natural das causas físicas capazes de explicar esses fenômenos interiores, deixando de lado, em virtude da decisão soberana de uma razão transcendental, as fontes imanentes do conhecimento experimental, sem dúvida para sua maior comodidade, mas em detrimento de suas percepções. Esta lamentável consequência se manifesta ainda mais claramente no dogmatismo de nossa ideia de uma inteligência suprema e do sistema teológico da natureza (na física-teológica) sobre o qual ele se baseia falsamente. De fato, todas as intenções que se manifestem na natureza, e que muitas vezes são inventadas por nós mesmos, servem para deixar-nos mais à vontade na investigação das causas, e quero dizer que em vez de procurá-las em leis gerais do mecanismo da matéria apelamos diretamente aos decretos insondáveis da sabedoria suprema e que consideramos o trabalho da razão como terminado, quando na realidade simplesmente dispensamos a sua prática que é completamente dependente de orientação da ordem da natureza e da série de suas alterações que nos são dadas de acordo com as leis internas e gerais. É possível evitar esse erro não considerando simples-

---

(*) É dessa forma que os antigos dialéticos denominavam o paralogismo que dizia: se é o teu destino te recuperares dessa doença, tu te recuperarás, quer empregues um médico quer não. CÍCERO dizia que essa maneira de raciocinar foi assim denominada porque se nós nos conformássemos a ela, a razão não teria nenhuma utilidade na vida. Eis o motivo pelo qual eu dei esse nome ao argumento sofístico da razão pura.

mente, do ponto de vista das intenções, algumas partes da natureza, por exemplo, a divisão do continente, sua estrutura, a natureza e a posição das montanhas, ou a organização do reino vegetal e do reino animal, mas tornando *completamente universal* essa unidade sistemática da natureza com relação à ideia de uma inteligência suprema. Pois então, estaremos tomando por fundamento uma finalidade regulada por leis universais da natureza às quais nenhum ajuste particular é uma exceção, por mais difícil que seja estabelecer isto em qualquer caso específico. Temos então um princípio regulador da unidade sistemática de uma conexão teleológica, uma conexão que, entretanto, não predeterminamos. O que devemos fazer é seguir a conexão físico-mecânica de acordo com leis universais na esperança de descobrir o que a conexão teleológica realmente é. É somente dessa maneira que o princípio da unidade intencional pode sempre estender a prática racional com relação à experiência sem, de forma alguma, ser-lhe prejudicial.

  O segundo vício que resulta da falsa interpretação do princípio da unidade sistemática é aquele da razão inversa (*perversa ratio, υστερον προτερον*). A ideia da unidade sistemática deveria servir somente a título de princípio regulador, para procurar essa unidade na conexão das coisas segundo as leis gerais da natureza e, portanto, precisamos acreditar que à medida que se encontre alguma coisa pela via empírica, nos aproximamos da integralidade da perfeição de sua prática, embora jamais possamos alcançá-la de fato. Em vez de agir dessa forma, fazemos tudo ao contrário: começamos por tomar por fundamento a realidade de um princípio da unidade intencional considerada hipostática, e por determinar, de maneira antropomórfica, o conceito de uma inteligência suprema, porque esse conceito é em si mesmo completamente inacessível e, em seguida, para impor intenções à natureza de uma forma violenta e ditatorial em vez de procurá-las, como é conveniente, pela via da investigação física. Dessa forma, a teleologia que deveria servir simplesmente para completar a unidade da natureza segundo as leis universais não somente tende antes a fazer desaparecer essa unidade, mas também impede a razão de realizar o seu objetivo, que é o de provar por meio da natureza a existência de uma causa suprema inteligente desse gênero. De fato, se não for possível pressupor *a priori* a mais completa finalidade da natureza, ou seja, como pertencendo à sua essência, então como podemos ser exigidos que a procuremos e, por meio de todos os seus degraus, nos aproximemos da suprema perfeição de um criador, uma perfeição que, como absolutamente necessária, deve ser conhecida *a priori*? O princípio regulador requer que a unidade sistemática como uma *unidade natural* que não é conhecida só empiricamente, mas pressuposta *a priori*, embora de forma indeterminada, seja pressuposta absolutamente e, por conseguinte, como derivando da essência das coisas. Entretanto, se eu começar tomando por fundamento um ser ordenador supremo, então a unidade natural é suprimida pelo próprio fato, pois ela é completamente estranha à natureza das coisas e contingente, e não pode mais ser conhecida por meio das leis gerais da natureza. Disso resulta um círculo vicioso na demonstração, pois estamos supondo o que deveríamos propriamente demonstrar.

Assumir o princípio regulador da unidade sistemática da natureza como um princípio constitutivo e admitir hipostaticamente como causa o que serve, simplesmente na ideia, de fundamento da consistente prática uniforme da razão, é simplesmente confundir a razão. A investigação da natureza segue o seu caminho acompanhando simplesmente a corrente das causas naturais que são sujeitas às leis gerais da natureza e, se ela introduz a ideia de um criador supremo, não é para deduzir dela a finalidade que incessantemente persegue, mas para obter conhecimento da existência desse Autor a partir dessa finalidade que ela procura na essência das coisas da natureza e até mesmo, tanto quanto possível, na essência de todas as coisas em geral e, por conseguinte, procura conhecer esse Ser Supremo como absolutamente necessário. Que essa empresa seja bem-sucedida ou não, a ideia permanece sempre verdadeira em si mesma e justificada em sua prática, desde que seja restrita às condições de um princípio simplesmente regulador.

A unidade intencional perfeita é a perfeição (considerada absolutamente). Se não a encontrarmos na essência das coisas que constituam todo o objeto da experiência, ou seja, nas leis gerais e necessárias da natureza, como podemos querer inferir diretamente dessa unidade a ideia de uma perfeição suprema e absolutamente necessária de um Ser Supremo que seja a fonte de toda a causalidade? A maior unidade sistemática e, por conseguinte, também a unidade intencional, é a escola e até mesmo a base da possibilidade da maior prática da razão humana. Sua ideia é, portanto, ligada inseparavelmente à essência de nossa razão. Essa mesma ideia tem para nós força de lei, e é muito natural admitir uma razão legisladora que lhe corresponda *(intellectus archetypus)* e de onde toda a unidade sistemática da natureza é derivada, como do objeto de nossa razão.

Por ocasião da antinomia da razão pura, dissemos que todas as questões que a razão pura levanta devem inevitavelmente receber uma resposta e que a desculpa relativa aos limites do nosso conhecimento e que, em muitas questões físicas, é tanto inevitável quanto justa, não pode ser admitida, pois aqui não se trata da natureza das coisas, mas somente da natureza da razão e unicamente de sua constituição interna. Podemos agora confirmar essa afirmação, que à primeira vista pode parecer audaciosa, relativamente às duas questões às quais a razão pura tem o maior interesse e completar, dessa forma, totalmente as nossas considerações sobre a dialética dessa razão pura.

Se com relação a uma teologia transcendental(*) perguntarmos, *em primeiro lugar*, se existe alguma coisa de distinto do mundo que contenha o fundamento da ordem do mundo e de sua conexão de acordo com as leis universais, é preciso responder: *sim, sem dúvida*. De fato, o mundo é uma soma de fenômenos; portanto, deve haver para esses fenômenos um princípio transcendental, ou seja, simplesmente concebível ao entendimento puro. *Em segundo lugar*, se a pergunta for se esse ser é uma substância da mais alta realidade, uma substância necessária, etc., eu responderia que *esta questão não tem nenhum sentido*. De fato, todas as categorias por meio das quais tentamos formar o conceito de um objeto desse gênero não têm outra prática senão uma prática empírica e perdem todo significado quando não as aplicamos a objetos (*Objekte*) da experiência possível, ou seja, ao mundo sensível. Fora desse campo elas são simplesmente títulos de conceitos que podemos admitir, mas pelos quais, no entanto, nada podemos compreender. *Em terceiro lugar*, se a questão for se não podemos, pelo menos, idealizar esse ser distinto do mundo por *analogia* com os objetos da experiência, eu responderia: *sim, certamente*, mas somente como objeto em ideia e não em realidade, ou seja, exclusivamente enquanto seja um substrato por nós desconhecido dessa unidade sistemática, dessa ordem e dessa finalidade da constituição do mundo, do qual a razão deve formar um princípio regulador em sua investigação da natureza. Além disso, nessa

---

(*) Depois do que eu já disse mais acima da ideia psicológica e de sua própria vocação, em qualidade de princípio da prática simplesmente reguladora da razão, não preciso me ater mais sobre a ilusão transcendental segundo a qual essa unidade sistemática de toda a diversidade do sentido interno é representada hipostaticamente. O método aqui é completamente análogo àquele que a Crítica seguiu em relação ao Ideal Teológico.

ideia podemos afirmar corajosamente e sem medo de censura certos antropomorfismos que são indispensáveis ao princípio regulador, pois se trata sempre de uma ideia que não está diretamente relacionada a um ser distinto do mundo, mas ao princípio regulador da unidade sistemática do mundo, o que só pode acontecer por meio de um esquema dessa unidade, ou seja, o esquema de uma inteligência suprema que, ao originar o mundo, age de acordo com propósitos sábios. Quanto ao que é em si esse primeiro princípio da unidade do mundo, não saberíamos concebê-lo com isso, mas podemos idealizar como devemos utilizá-lo ou melhor, nos servir de sua ideia relativamente à prática sistemática da razão em relação às coisas do mundo.

Mas dessa maneira, podemos contudo (e continuaremos nos perguntando) admitir um único Criador do mundo, sábio e onipotente? *Sem dúvida alguma;* e não somente podemos como *devemos* assim admiti-lo. Mas então, não estaríamos estendendo o nosso conhecimento para além do campo da experiência possível? *De forma alguma.* Pois o que fizemos foi simplesmente supor uma coisa qualquer da qual não temos absolutamente qualquer conceito a respeito do que seja em si (um objeto simplesmente transcendental), mas, em relação à ordem sistemática e final da construção do mundo, que devemos supor quando estudamos a natureza, nós somente idealizamos esse ser para nós desconhecido *por analogia* com uma inteligência (que é um conceito empírico), ou seja, que em relação às finalidades e à perfeição que se baseiam sobre esse ser, nós precisamente o dotamos de propriedades que podem conter, segundo as condições de nossa razão, o fundamento de uma unidade sistemática desse gênero. Portanto, essa ideia é inteiramente fundada *relativamente à prática cosmológica* de nossa razão. Mas se quiséssemos lhe atribuir uma validade absolutamente objetiva, esqueceríamos que é simplesmente um ser em ideia que concebemos e, começando então por um princípio que não pode de forma alguma ser determinado pela contemplação do mundo seríamos, por isso mesmo, colocados fora do estado de aplicar convenientemente esse princípio à prática empírica da razão.

Mas ainda será perguntado desta maneira: posso fazer uso do conceito e da pressuposição de um Ser Supremo na consideração racional do mundo? *Sim!* E é propriamente por isso que essa ideia foi colocada em princípio pela razão. Mas posso então considerar como finalidades das disposições que se parecem com finalidades, derivando-as da vontade divina, embora seja pela intermediação de disposições particulares estabelecidas para esse efeito no mundo? Sim, é possível, com a condição que nos seja indiferente ouvir dizer que a sabedoria divina assim ordenou tudo e para as suas finalidades supremas, ou que a ideia da sabedoria suprema seja um regulador na investigação da natureza e um princípio da unidade sistemática e final dessa natureza segundo as leis físicas gerais, até mesmo nos casos em que não temos capacidade de detectar essa unidade, ou seja, que deve ser-nos absolutamente indiferente dizer, quando percebemos essa unidade: Deus assim quis em sua sabedoria, ou então: a natureza assim ordenou sabiamente. De fato, a mais alta unidade sistemática e final que a nossa razão desejava dar por fundamento, em qualidade de princípio regulador para toda investigação da natureza, era precisamente o que nos autorizava a tomar por fundamento a ideia de uma inteligência suprema em qualidade de esquema do princípio regulador, e agora, quanto mais encontramos de finalidades no mundo em conformidade a esse princípio, tanto mais veremos confirmar-se a legitimidade de nossa ideia. Mas como esse princípio tinha por único objetivo guiar-nos na procura de uma unidade necessária, e a maior possível na natureza, na verdade devemos isto, desde que alcancemos essa unidade, à ideia de um Ser Supremo, mas não podemos sem cair em contradição, negligenciar as leis gerais da natureza em relação às quais unicamente a ideia foi tomada por fundamento, e considerar essa finalidade da natureza como contingente e hiper-física quanto à sua origem; pois não tínhamos o direito de admitir, acima da natureza, um ser dotado com esses atributos, mas somente de adotar a ideia desse ser a fim de considerar, por analogia com uma determinação causal, os fenômenos como sistematicamente conectados uns aos outros.

    E assim, somos então autorizados não somente a conceber a causa do mundo segundo um antropomorfismo mais sutil (sem o qual nada poderíamos conceber a seu respeito), como um ser dotado de entendimento, com sentimentos de prazer e de dor e, consequentemente, de desejos e de vontade, mas ainda atribuindo-lhe uma perfeição infinita que supera de muito aquela perfeição para a qual podemos ser levados pelo conhecimento empírico da ordem do mundo. De fato, o princípio regulador da unidade sistemática requer que estudemos a natureza como se, em todo lugar, se encontrasse ao infinito uma unidade sistemática e final na maior variedade possível, pois, embora só descobríssemos ou alcançássemos pouca coisa dessa perfeição do mundo, no entanto, cabe ao poder legislador de nossa razão procurá-la e presumi-la em todo lugar; e deve ser-nos sempre benéfica e nunca prejudicial, para orientar, segundo esse princípio, as nossas investigações na natureza. Mas nessa representação em ideia de um Criador supremo, tomada por fundamento, também é claro que não é a existência e o conhecimento desse ser, mas é somente a sua ideia que me serve de fundamento e que, consequentemente, nada derivo propriamente desse ser, mas simplesmente da ideia desse ser, ou seja, da natureza das coisas do mundo de acordo com essa ideia. Também uma certa consciência, embora confusa, da prática legítima desse conceito de nossa razão, parece ter dado origem à linguagem modesta e racional dos filósofos de todos os tempos que falam da sabedoria e da previdência da natureza, ou da sabedoria divina, como se fossem expressões sinônimas e que preferem mesmo a primeira expressão, desde que tenham de lidar unicamente com a razão simplesmente especulativa, porque ela modera as pretensões para afirmar mais do que temos o direito de fazê-lo e que, ao mesmo tempo, reconduz a razão ao seu próprio campo: a natureza.

Dessa forma, a razão pura que no início parecia prometer-nos nada menos que a extensão dos conhecimentos além de todos os limites da experiência, nada mais contém, se a entendermos bem, do que princípios reguladores que na verdade estabelecem uma maior unidade do que aquela que pode ser realizada pela prática empírica do entendimento, mas que, pelo próprio fato de colocarem tão longe o objetivo do qual a própria prática procura se aproximar, levam para o mais alto grau, graças à unidade sistemática, a afirmação dessa prática consigo mesma. Se, ao contrário, interpretarem-se mal esses conceitos e forem tomados por princípios constitutivos de conhecimentos transcendentais, eles produzem, por meio de uma ilusão brilhante mas enganosa, uma persuasão e um saber imaginário que, por sua vez, criam contradições e disputas eternas.

* * *

Portanto, todo o conhecimento humano começa pelas intuições, em seguida eleva-se para os conceitos e termina com as ideias. Embora para esses três elementos ele tenha fontes de conhecimento *a priori* que à primeira vista parecem rechaçar os limites de toda experiência, uma crítica completa, entretanto, nos convence de que toda razão na prática especulativa nunca pode, com esses elementos, superar o campo da experiência possível e que a própria vocação desse poder supremo do conhecer é de servir-se de todos os métodos e de todos os princípios desses métodos com o único propósito de penetrar os mais íntimos segredos da natureza, segundo todos os princípios possíveis da unidade, cujo principal é aquele das finalidades, mas nunca sair dos limites da natureza, fora dos quais não há mais *para nós* senão um espaço vazio. Na verdade, o exame crítico de todas as proposições que podem ampliar o nosso conhecimento para além da experiência real nos convenceu suficientemente, na Analítica transcendental, que elas nunca podem nos conduzir a nada mais do que uma experiência possível. Não fosse o fato de que somos desconfiados, até mesmo com as doutrinas abstratas e gerais mais claras, e se perspectivas atraentes e especiais não nos levassem a rejeitar a compulsão impostas por essas doutrinas, certamente poderíamos nos eximir de interrogar penosamente todas as testemunhas dialéticas que uma razão transcendente apresenta em apoio a suas pretensões; pois sabíamos desde o início e com plena certeza que todos os seus pretextos, imaginados possivelmente com toda honestidade, deviam ser inúteis, pois trata-se aqui de um conhecimento que nenhum homem saberia adquirir. Mas não há fim para essa discussão se não chegarmos à causa verdadeira da ilusão, que pode surpreender até mesmo os espíritos mais sábios. Além disso, a resolução de todo o nosso conhecimento transcendente em seus elementos (como um estudo de nossa natureza interior) tem em si mesma um certo valor e essa resolução para o filósofo é, de fato, uma questão de dever. Consequentemente, por mais infrutífero que fosse, não somente era necessário examinar detalhadamente todo o esforço da razão especulativa até suas fontes primárias, mas além disso, a ilusão dialética que não só é ilusória quanto ao juízo, mas também quanto ao interesse que temos no juízo, possui uma atração natural que continuará possuindo sempre no futuro, e achamos aconselhável elaborar em detalhe o que podemos descrever como sendo os registros desse processo e depositá-los nos arquivos da razão humana para evitar erros semelhantes no futuro.

II

TEORIA TRANSCENDENTAL DO MÉTODO

SEGUNDA PARTE

TEORIA TRANSCENDENTAL DO MÉTODO

Se considerarmos o conjunto constituído por todo o conhecimento da razão pura e especulativa como um edifício a respeito do qual temos em nós pelo menos a ideia, podemos dizer que na Teoria Transcendente dos Elementos avaliamos os materiais e determinamos o tipo de edifício, a altura e a solidez, necessários para essa construção. Sem dúvida, embora tivéssemos a intenção de construir uma torre que deveria elevar-se até o céu, descobrimos que a provisão de materiais era suficiente apenas para construir uma residência grande o bastante para convir aos nossos trabalhos ao nível da experiência e alta o necessário para que pudéssemos observar tudo com um olhar, e que o nosso plano audacioso estava fadado a fracassar por falta de materiais, sem mencionar ainda a confusão de línguas que certamente dividiria os trabalhadores no plano a ser seguido e dispersando-os pelo mundo todo para que cada um erigisse uma construção para si mesmo e à sua maneira. Nesse momento, não é tanto do material, mas é do plano que devemos nos ocupar, e apesar de termos sido avisados para não nos aventurarmos em um projeto arbitrário e cego que poderia superar todos os nossos recursos, no entanto é impossível renunciar a construir uma habitação sólida para nós, e para isso é preciso que elaboremos o projeto de um edifício em conformidade aos materiais que temos e próprios para a nossa necessidade.

Portanto, por Teoria Transcendental do Método eu entendo a determinação das condições formais de um sistema completo da razão pura. Com este objetivo deveremos tratar de uma *disciplina,* de um *cânon,* de uma *arquitetônica* e, finalmente, de uma *história* da razão pura e desenvolveremos, de um ponto de vista transcendental, o que as Escolas tentam desenvolver mas executam mal, o que é chamado de *lógica prática* em relação à prática do entendimento, porque a lógica geral, não sendo restrita a qualquer espécie particular de conhecimento intelectual (por exemplo, ao conhecimento puro), nem tampouco a certos objetos, nada mais pode fazer sem se emprestar conhecimentos de outras ciências, senão apresentar títulos para *métodos possíveis* e expressões técnicas que são usadas para fins de sistematização em todos os tipos de ciências; e isso serve somente para familiarizar, por antecipação, o aluno com os nomes de que ele virá a aprender mais tarde a penetrar o significado e a conhecer a prática.

Capítulo Primeiro

DISCIPLINA DA RAZÃO PURA

Os juízos negativos, não somente do ponto de vista de sua forma lógica, mas também quanto à sua matéria, não gozam, junto ao desejo do saber que os homens têm, de nenhuma consideração particular; ao contrário, são considerados até como inimigos ciumentos da tendência que nos impulsiona constantemente a ampliar os nossos conhecimentos, precisando quase de uma apologia para ser simplesmente tolerados, e uma razão ainda mais forte para lhes conciliar a estima e o favor.

É verdade que podemos expressar *logicamente* de forma negativa todas as proposições que quisermos; mas com respeito ao conteúdo do nosso conhecimento em geral, que tanto pode estar ampliado quanto restrito por um juízo, a única função das proposições negativas é de impedir o erro. Consequentemente, as proposições negativas destinadas a prevenir um falso conhecimento, onde nunca há margem de erro possível, são de fato verdadeiras mas vazias, ou seja, não são mais adequadas à sua função, e por esse motivo são frequentemente absurdas, como a proposição de que Alexandre Magno não teria conseguido suas conquistas sem exércitos.

Mas onde os limites de nosso conhecimento possível são muito estreitos; onde a tendência a julgar é grande; onde a ilusão que se oferece é muito enganosa e o dano causado pelo erro é considerável, uma instrução *negativa* que serve unicamente a nos prevenir dos erros, tem ainda mais importância que muitas instruções positivas pelas quais o nosso conhecimento é acrescido. A *restrição,* que reprime e acaba por destruir a tendência constante que nos impulsiona a desobedecer certas regras chama-se *disciplina*. Ela se distingue da *cultura (Cultur)* que deve simplesmente dar-nos uma *aptidão (eine Fertigkeit)* sem suprimir outra já existente. A disciplina contribuirá na formação *(zu der Bildung)* de um talento que por si mesmo já tem uma propensão para se manifestar, mas de maneira negativa,(*) enquanto a cultura e a doutrina contribuirão de maneira positiva.

Que o temperamento assim como as disposições naturais que se permitem voluntariamente uma atividade livre e ilimitada (como a imaginação e o espírito) tenham em muitos respeitos necessidade de uma disciplina, é algo com que todo mundo concordará facilmente. Mas que a razão, que tem por obrigação própria de estabelecer uma disciplina a todas as outras tendências, tenha ela própria necessidade de uma disciplina, é o que pode parecer bastante estranho e, de fato, até agora escapou dessa humilhação, porque devido ao seu estado solene e imponente, ninguém podia suspeitá-la de futilmente substituir, num jogo frívolo, conceitos por imagens e coisas por palavras.

Não há necessidade de uma crítica da razão na prática empírica porque nesse domínio seus princípios estão sempre sujeitos ao teste da experiência que lhes serve de base; também ela não é necessária na Matemática, onde seus conceitos devem ser representados imediatamente *in concreto* na intuição pura e onde tudo o que é sem fundamento e arbitrário é exposto de imediato. Mas onde nem a intuição empírica nem

---

(*) Sei muito bem que na linguagem das Escolas continuou-se a usar a palavra *disciplina* como sinônimo de instrução. Entretanto, existem muitos outros casos onde a disciplina, no sentido de *correção (Zucht),* é cuidadosamente diferenciada da instrução que significa *ensinamento (Belehrung)* e, de resto, a natureza das coisas exige que se reserve, a favor dessa distinção, as únicas expressões convenientes. Portanto, espero que nunca se permita usar essa palavra de qualquer outra forma senão no sentido negativo.

tampouco a intuição pura mantêm a razão de maneira perfeitamente visível, ou seja, quando a razão é considerada em sua prática transcendental onde ela procede por meio de simples conceitos, ela precisa tanto de uma disciplina que reprima a sua tendência além dos estreitos limites da experiência possível e a preserve de todo desvio e de todo erro, que toda a Filosofia da razão pura não tem outro objetivo senão essa utilidade negativa. É possível remediar os erros particulares pela *censura (durch Censur)*, e às suas causas, pela crítica. Mas onde encontramos todo um sistema de ilusões e de prestígios bem ligados entre si e reunidos de acordo com princípios comuns, como na razão pura, parece então ser indispensável uma legislação negativa especial que com o nome de *disciplina* estabeleça, baseada na natureza da razão e dos objetos de sua prática pura, um sistema de ponderação e de análise de si mesma diante do qual nenhuma ilusão falsa e sofística possa subsistir, mas logo denuncie qualquer pretexto que ela ridiculamente assume.

Mas é preciso observar que nesta segunda parte da Crítica transcendental, a disciplina da razão pura não é dirigida para o conteúdo, mas simplesmente para o método do conhecimento por meio da razão pura. A primeira tarefa foi preenchida na Teoria dos Elementos. Mas a prática da razão, independentemente de qualquer objeto à qual possa ser aplicada, é tão semelhante a si mesma e ao mesmo tempo, desde que seja transcendental, ela é tão essencialmente distinta de qualquer outra que, sem as advertências de uma doutrina negativa que encerre uma disciplina especialmente estabelecida para esse efeito, não saberíamos evitar os erros que devem necessariamente resultar de uma aplicação inadequada dos métodos que, de fato, podem muito bem convir à razão em outros campos, mas não nessa esfera transcendental.

PRIMEIRA SEÇÃO

Disciplina da razão pura na prática dogmática

A Matemática fornece o exemplo mais esplêndido de uma razão pura que conseguiu com êxito estender-se por si mesma e sem a assistência da experiência. Os exemplos são contagiosos, principalmente porque eles elogiam essa faculdade que foi bem-sucedida em um caso e espera conseguir o mesmo resultado em outros. Assim também a razão pura espera poder estender-se em sua prática transcendental com a mesma satisfação e segurança que conseguiu em sua prática matemática, principalmente quando ela recorre ao mesmo método que lhe foi de tão evidente utilidade na Matemática. Portanto, é muito importante saber se o método que conduz à certeza apodíctica e que denominamos *matemática* é idêntica à que serve para procurar essa mesma certeza na Filosofia e que, aqui, deveria ser chamada *dogmática*.

O conhecimento *filosófico* é o *conhecimento racional* por *conceitos* e o conhecimento matemático é um conhecimento racional por *construção* dos conceitos. Mas *construir* um conceito é representar (*darstellen*) a priori a intuição que lhe corresponda. A construção de um conceito exige uma intuição *não empírica* que, por conseguinte, como intuição, seja um objeto (*Objekt*) *singular*, mas que, no entanto, como construção de um conceito (de uma representação geral), deve expressar na representação (*Vorstellung*) alguma coisa de universal que se aplique a todas as intuições possíveis que pertencem a esse conceito. E assim, eu construo um triângulo ao representar o objeto correspondente a esse conceito, seja pela simples imaginação (*Einbildung*) – na intuição pura, – seja, segundo essa mesma imaginação, sobre o papel – na intuição empírica, – mas nos dois casos, inteiramente *a priori*, sem o empréstimo do modelo de uma experiência qualquer. A figura singular que desenhamos é empírica e, no entanto, ela serve para expressar o conceito apesar de sua generalidade, porque nessa intuição empírica consideramos somente o ato da construção do conceito e fazemos abstração das muitas determinações como aquelas da magnitude dos lados e dos ângulos, que são completamente indiferentes e que não alteram o conceito do triângulo.

Portanto, o conhecimento filosófico considera o particular somente no geral e o conhecimento matemático, o geral no particular e até mesmo na instância singular, mas *a priori* e por meio da razão, de tal forma que, assim como o objeto singular é determinado sob certas condições gerais da construção, assim também o objeto do conceito, ao qual esse objeto singular somente corresponde como esquema, deve ser concebido como universalmente determinado.

Por conseguinte, é dessa forma que consiste a diferença essencial desses dois modos de conhecimentos racionais e não é na diferença das matérias ou dos objetos de cada um que ela se baseia. Aqueles que acreditaram distinguir a Filosofia da Matemática dizendo que a Filosofia somente tem por objeto (*zum Objekte*) a qualidade, e a Matemática, a *quantidade*, erroneamente tomaram o efeito pela causa. A forma do conhecimento matemático é a causa que faz com que esse conhecimento possa unicamente se relacionar com as quantidades (*auf Quanta*). De fato, é o conceito das quantidades que somente permite ser construído, ou seja, representar *a priori* na intuição; ao contrário, as qualidades são representadas somente na intuição empírica. Consequentemente, um conhecimento racional dessas qualidades somente é possível por meio de conceitos. E assim, ninguém poderia obter uma intuição correspondente ao conceito de realidade sem ser por meio da experiência; e nunca o conseguiríamos *a priori* com os nossos próprios recursos e anteriormente à consciência empírica dessa intuição.

Podemos fazer da forma cônica um objeto de intuição sem qualquer ajuda empírica, simplesmente segundo o conceito, mas a cor desse cone deverá ser dada previamente em uma ou outra experiência. Eu posso representar na intuição o conceito de uma causa em geral somente em um exemplo que a experiência me proporcione, e assim por diante com outros conceitos. De resto, a Filosofia trata das quantidades tanto quanto a Matemática, por exemplo, da totalidade, da infinidade, etc. A Matemática também trata da diferença das linhas e das superfícies, assim como de espaços de qualidade diversa e da continuidade da extensão como uma de suas qualidades. Mas apesar de que em tais casos essas duas ciências tenham um objeto comum, a maneira como a razão trata esse objeto é completamente diferente na meditação filosófica e na reflexão matemática. A Filosofia se limita simplesmente a conceitos gerais; a Matemática nada pode fazer com o simples conceito, mas se apressa em recorrer à intuição onde ela considera o conceito *in concreto*, não de forma empírica, mas simplesmente numa intuição que ela apresenta *a priori*, ou seja, que ela construiu e na qual, o que resulta das condições gerais da construção, deve aplicar-se também de maneira geral ao objeto (*Objekt*) do conceito construído.

Suponhamos que se dê a um filósofo o conceito de um triângulo e que o encarreguemos de encontrar à sua maneira qual pode ser a relação de seus ângulos com o ângulo reto. Tudo o que ele tem é o conceito de uma figura encerrada entre três linhas retas e, nesta figura, o conceito de um igual número de ângulos. Por mais que ele medite sobre esse conceito, nunca produzirá alguma coisa de novo. Ele pode analisar e tornar claro o conceito da linha reta ou aquele de um ângulo, ou aquele do número três, mas nunca chegará a outras propriedades que já não estejam contidas nesses conceitos. Agora deixemos que um geômetra se encarregue desta questão. Ele começa por construir um triângulo. Sabendo que a soma de dois ângulos retos equivale à soma de todos os ângulos adjacentes que podem ser traçados de um ponto qualquer de uma linha reta, ele prolonga um lado de seu triângulo e obtém dois ângulos adjacentes cuja soma equivale a dois ângulos retos. Em seguida ele divide o ângulo externo traçando uma linha paralela ao lado oposto do triângulo e verifica que resulta um ângulo adjacente que é igual a um ângulo interno, etc. Dessa maneira ele chega, por meio de uma corrente de raciocínios sempre guiados pela intuição, à solução perfeitamente clara e, ao mesmo tempo, geral da questão.

Mas a Matemática não constrói simplesmente grandezas (des *quanta*), como a Geometria; ela constrói também a simples grandeza (la *quantitas*), como é o caso da Álgebra onde ela faz inteira abstração da natureza do objeto que deve ser concebido segundo um certo conceito de grandeza. Ela escolhe então um sistema de numeração para todas as construções de grandezas em geral (números), como os sistemas que indicam a adição, a subtração, etc., a extração de raízes; e depois de ter designado o conceito geral das grandezas segundo as relações diferentes dessas grandezas, ela apresenta na intuição, segundo certas regras gerais, toda a operação engendrada ou modificada pela quantidade. Por exemplo, quando uma grandeza deve ser dividida por outra, ela combina os símbolos das duas, segundo o sinal que designa a divisão, etc., e, desta forma, a Álgebra por meio de uma construção simbólica, assim como a Geometria por meio de uma construção ostensiva ou geométrica (dos próprios objetos), conseguimos chegar a resultados que o conhecimento discursivo nunca poderia alcançar por meio de simples conceitos.

Qual pode ser a causa dessa tão radical diferença que diz respeito a dois artesãos da razão, um dos quais prossegue *(seinen Weg nimmt)* por meio de conceitos e o outro por meio de intuições que ele apresenta *a priori* de acordo com conceitos? Segundo as teorias transcendentais expostas acima, essa causa é clara. Aqui não se trata de proposições analíticas que podem ser engendradas por uma simples análise de conceitos (onde certamente o filósofo teria vantagem sobre o seu rival), mas proposições sintéticas que, na verdade, devem ser conhecidas *a priori*. De fato, não tenho de considerar o que penso realmente em meu conceito do triângulo (que nada mais é que a simples definição); ao contrário, devo ir além, para propriedades que não estão contidas nesse conceito, mas que, no entanto, lhe pertencem. Ora, isso é impossível, a não ser que eu determine o meu objeto segundo as condições da intuição empírica ou da intuição pura. O primeiro procedimento (pela medida dos ângulos do triângulo) nos forneceria somente uma proposição empírica que não encerraria qualquer generalidade e, muito menos, qualquer necessidade e portanto, ele não serviria absolutamente ao nosso propósito. O segundo procedimento é o da construção matemática e, mesmo aqui, a construção geométrica por meio da qual eu combino em uma intuição pura, como também em uma intuição empírica, o diverso que pertence ao esquema de um triângulo em geral e, por conseguinte, ao seu conceito. É por meio desse método que devem ser produzidas as proposições sintéticas universais.

Portanto, seria fútil eu filosofar sobre o triângulo, ou seja, pensar a seu respeito discursivamente, e não poderei ultrapassar de forma alguma a simples definição pela qual, no entanto, eu justamente deveria ter começado. Existe realmente uma síntese transcendental feita de puros *(lauter)* conceitos com a qual somente o filósofo teria êxito; mas ela se relaciona somente a uma coisa em geral, de maneira a definir as condições sob as quais a percepção pode ser subordinada por pertencer à experiência possível. Mas nos problemas matemáticos não se trata absolutamente disso nem, em geral, da existência; trata-se, sim, das propriedades dos objetos em si mesmos, unicamente se estiverem ligadas ao conceito desses objetos.

Pelo exemplo citado, procuramos tornar evidente a grande diferença entre a prática discursiva da razão procedente de conceitos e a sua prática intuitiva baseada na construção dos conceitos. Ora, isso leva naturalmente a perguntar qual é a causa que torna necessária essa dupla prática da razão e em quais condições seria possível reconhecer se é o primeiro ou o segundo método que está sendo utilizado.

Finalmente, todo o nosso conhecimento se relaciona com intuições possíveis, pois é somente por meio delas que um objeto é dado. Ora, um conceito *a priori* (um conceito não empírico) ou já contém uma intuição pura e neste caso ele pode ser construído, ou então só contém a síntese de intuições possíveis que não são dadas *a priori*, e então podemos *sem dúvida* formar por meio desse conceito um juízo sintético e *a priori,* mas somente o faremos discursivamente segundo conceitos e nunca intuitivamente, pela construção do conceito.

Ora, a única intuição dada *a priori* é a da simples forma de fenômenos: espaço e tempo; e é possível apresentar *a priori* na intuição, ou seja, construir um conceito do espaço e do tempo, considerados como *quanta* ao mesmo tempo que sua qualidade (sua figura) ou sua quantidade (a simples síntese do diverso homogêneo) simplesmente por números. Mas a matéria dos fenômenos pela qual as *coisas* nos são dadas no espaço e no tempo pode ser apresentada unicamente na percepção, partindo *a posteriori*. O único conceito que apresenta *a priori* esse conteúdo empírico dos fenômenos é o conceito da *coisa* em geral, e o conhecimento sintético *a priori* desse conceito nada mais pode fornecer senão a simples regra da síntese do que a percepção pode dar *a posteriori*, e ela nunca fornece *a priori* a intuição do objeto real, porque deve necessariamente ser empírica.

As proposições sintéticas relativas às *coisas* em geral cuja intuição não pode ser dada *a priori* são transcendentais. É por isso que as proposições transcendentais nunca podem ser dadas pela construção de conceitos, mas somente segundo conceitos *a priori*. Elas contêm simplesmente a regra segundo a qual devemos procurar empiricamente certa unidade sintética daquilo que é incapaz de ser apresentado intuitivamente *a priori* (as percepções). Mas esses princípios sintéticos não saberiam, em qualquer caso específico, apresentar nenhum de seus conceitos *a priori;* ao contrário, eles somente o fazem *a posteriori* através da experiência que definitivamente só é possível de acordo com essas proposições sintéticas.

Para que um conceito seja julgado sinteticamente, é preciso ir além dele e até mesmo recorrer à intuição dentro da qual ele é dado. De fato, se considerássemos somente o que está contido no conceito, o juízo seria simplesmente analítico, ou seja, ele seria uma explicação do pensamento de acordo com o que está realmente contido nele. Mas eu posso passar do conceito para a intuição pura ou empírica que lhe corresponde a fim de examiná-lo *in concreto* e reconhecer *a priori* ou *a posteriori* o que convém ao objeto desse conceito. No método *a priori,* temos o conhecimento racional e matemático pela construção do conceito; no método *a posteriori,* simplesmente o conhecimento empírico (mecânico) que é incapaz de proporcionar proposições necessárias e apodícticas. E assim, poderei analisar o meu conceito empírico de ouro sem ganhar nada senão a simples enumeração de tudo o que penso realmente ao utilizar essa palavra e, dessa forma, aprimoro o caráter lógico do meu conhecimento, mas sem que eu consiga com isso acrescentar-lhe nada. Ora, eu tomo essa matéria que se apresenta com este nome e junto a ela percepções que forneçam diversas proposições sintéticas, mas empíricas. Construirei então o conceito matemático de um triângulo, ou seja, eu o darei *a priori* na intuição, e assim obterei um conhecimento sintético, mas racional. Mas quando o conceito transcendental de uma realidade, de uma substância, de uma força, etc., me é dado, ele não designa uma intuição empírica nem uma intuição pura, mas unicamente a síntese das intuições empíricas (intuições que portanto, não podem ser dadas *a priori*) e como a síntese não pode elevar-se *a priori* para a intuição que lhe corresponda, nenhuma proposição sintética determinante pode resultar desse conceito, mas somente um princípio da síntese(*) de intuições empíricas possíveis. Uma proposição transcendental é então um conhecimento racional sintético por simples conceitos e, no entanto, ela é discursiva, pois é com isso unicamente que toda unidade sintética do conhecimento é possível, mas ela não nos fornece qualquer intuição *a priori*.

Portanto, há duas práticas da razão que, apesar da universalidade do conhecimento e de sua origem *a priori,* duas coisas que lhes são comuns, no entanto, são muito diferentes em seu progresso, e é por isso que, no fenômeno, em termos do qual todos os objetos nos são dados, existem dois elementos: a forma da intuição (espaço e tempo) que pode ser conhecida e determinada completamente *a priori* e a matéria (elemento físico) ou o conteúdo que significa alguma coisa que se encontra no espaço e no tempo e que, por conseguinte, encerra uma existência e corresponde à sensação. No que diz respeito a esse elemento material que nunca pode ser dado de maneira determinada senão empiricamente, nada podemos ter dele *a priori* senão conceitos indeterminados da síntese de sensações possíveis, desde que pertençam à unidade da apercepção (em uma

---

(*) Com o conceito da causa eu realmente vou além do conceito empírico de um evento (algo acontecendo), mas sem chegar à intuição que apresenta *in concreto* o conceito da causa; eu chego tão-somente às condições de tempo em geral que poderiam ser encontradas na experiência de acordo com o conceito da causa. Eu prossigo então por conceitos e não saberia prosseguir pela construção dos conceitos, pois o conceito é uma regra da síntese das percepções que não são intuições puras e que, por conseguinte, não podem ser dadas *a priori*.

experiência possível). Quanto ao elemento formal, podemos determinar *a priori* os nossos conceitos na intuição, à medida que criamos para nós, por meio de uma síntese uniforme, os próprios objetos no espaço e no tempo, considerando-os simplesmente como *quanta*. A primeira prática da razão é a prática por meio de conceitos e, nessa prática, o que podemos fazer é unicamente ordenar de acordo com os conceitos, quanto ao seu conteúdo real, os fenômenos que só podem ser determinados empiricamente, ou seja, *a posteriori* (mas de acordo com esses conceitos como regras de uma síntese empírica); a segunda é a prática da razão pela construção de conceitos e, nessa prática, seus conceitos, que já se relacionam com uma intuição *a priori*, podem também ser dados na intuição pura de uma maneira determinada *a priori* e independentemente de todos os dados (*data*) empíricos. Examinar tudo que existe (uma coisa no espaço ou no tempo) para saber se e até que ponto é ou não é um quantum; se uma existência ou a falta dela deve ser nele representada; até que ponto essa alguma coisa (que preenche o espaço ou o tempo) é um primeiro substrato ou uma simples determinação; se há uma relação de existência com qualquer outra coisa, a título de causa ou de efeito; e, finalmente, se é isolado ou se tem uma dependência recíproca com outras coisas quanto à existência; resumindo: examinar a possibilidade dessa existência, sua realidade e sua necessidade ou seus contrários, tudo isso pertence ao *conhecimento racional por conceitos*, que é chamado *filosófico*. Mas determinar uma intuição *a priori* no espaço (a figura), dividir o tempo (a duração) ou simplesmente conhecer o resultado geral da síntese de uma só e mesma coisa no tempo e no espaço, e a magnitude que resulte de uma intuição em geral (o número), essa é uma *operação racional* por construção de conceitos, e ela se denomina *Matemática*.

O grande sucesso que a razão consegue pela Matemática nos leva naturalmente a presumir que o método empregado por essa ciência, senão a própria ciência, também seria conseguido fora do campo das grandezas, pois ela reconduz todos os seus conceitos para intuições que ela pode dar *a priori* e que com isso ela se torna, por assim dizer, senhora da natureza, enquanto a Filosofia pura, com conceitos discursivos *a priori*, procura conseguir uma percepção a respeito do mundo natural, incapaz de intuir *a priori* e, consequentemente, de confirmar a sua realidade. Também não parece haver, por parte dos peritos em Matemática, qualquer falta de confiança em si mesmos quanto a esse procedimento, e o público sempre teve grandes esperanças quanto às suas habilidades todas as vezes que eles se empenharam na realização de seus projetos. De fato, como eles dificilmente filosofaram sobre a sua matemática (uma tarefa difícil!), a diferença específica entre uma e outra de suas práticas da razão nunca lhes ocorreu, e nem sequer fazem qualquer ideia dela. As regras comuns e empiricamente aplicadas que extraem da razão comum, eles as consideram como axiomáticas. De onde podem chegar-lhes os conceitos de espaço e de tempo com os quais eles se preocupam (como únicas grandezas primitivas)? Isso pouco lhes importa, e lhes parece até inútil investigar a origem dos conceitos puros do entendimento e, por conseguinte, de determinar também a extensão de sua validade; eles querem é unicamente servir-se deles. Em tudo isso eles estão certos, desde que não ultrapassem os limites que lhes são designados, e refiro-me aos limites impostos pela natureza. Do contrário, estarão se arriscando, fora do campo da sensibilidade e sobre o terreno inseguro dos conceitos puros e até mesmo transcendentais, onde não encontram nenhuma terra onde pisar e nenhuma água que lhes permita nadar *(instabilis tellus, innabilis unda)* e onde seus rastros serão logo apagados pelo tempo; enquanto na Matemática, ao contrário, o seu progresso abre um grande caminho que a posteridade mais recente pode ainda seguir com confiança.

De fato, assumimos o dever de determinar exata e certamente os limites da razão pura em sua prática transcendental, mas a tendência tem isso de particular que, apesar das advertências mais prementes e mais claras, os homens ainda se deixam iludir por falsas esperanças e, portanto, adiam o abandono total das propostas tentativas de ir além dos limites da experiência para as regiões sedutoras do mundo intelectual. Dessa forma, torna-se necessário cortar a última âncora dessas esperanças fantásticas e mostrar que o método matemático nesse tipo de conhecimento não pode proporcionar a menor vantagem, senão aquela de descobrir-lhe suas próprias fraquezas: que a Geometria e a Filosofia são duas coisas totalmente diferentes e, embora elas se dêem as mãos na ciência da natureza, os procedimentos de uma nunca podem ser imitados pela outra.

A precisão das matemáticas se baseia em definições, axiomas e demonstrações. Eu me contentarei em mostrar que nenhum desses elementos, no sentido pelo qual eles são compreendidos pelo matemático, pode ser fornecido ou imitado pela Filosofia; que o geômetra, ao seguir o seu método na Filosofia só construiria castelos de cartas, e que a Filosofia, ao aplicar o seu método no terreno da Matemática, só resultaria em uma prosa. Entretanto, a Filosofia tem um papel a cumprir na Matemática: ela revela os limites, e o próprio matemático, quando o seu talento já não está limitado pela natureza e confinado ao seu próprio campo, não pode ignorar as advertências da Filosofia nem tampouco se elevar acima delas.

1. – DAS DEFINIÇÕES – *Definir*, como a própria expressão indica, seria, propriamente falando, expor originalmente o conceito explícito de uma coisa *in concreto*.(*) De acordo com essas condições, um conceito *empírico* não pode ser absolutamente definido, mas simplesmente *explicado*. De fato, como só encontramos nele algumas características de uma certa espécie de objeto dos sentidos, nunca sabemos de maneira segura se não estaríamos usando a palavra que designa esse mesmo objeto para representar às vezes mais e às vezes menos características. Dessa forma, no conceito do ouro, além do peso, da cor, da maleabilidade, uma pessoa pode pensar ainda na propriedade que o ouro tem de não enferrujar, enquanto outro homem pode não saber absolutamente nada a seu respeito. Somente fazemos uso de certas características desde que sejam suficientes para o propósito de fazer distinções; mas novas observações fazem desaparecer algumas e acrescentam outras, de tal forma que o conceito nunca está encerrado dentro de limites seguros. De resto, para que serviria a definição de um conceito desse gênero? Por exemplo, quando se trata da água e de suas propriedades, não nos atemos, de fato, ao que é concebido com esta palavra: água; mas recorremos às experiências e, no caso, a palavra com as poucas características que lhe são próprias, não deve constituir senão uma *designação* e não um conceito da coisa; consequentemente, a pretensa definição nada mais é do que uma explicação da palavra. Em segundo lugar, estritamente falando, não podemos definir qualquer conceito dado *a priori*, por exemplo, aqueles de substância, de causa, de direito, de equidade, etc. Pois nunca posso ter certeza de que a representação clara de um conceito (ainda confuso) dado, foi explicitamente desenvol-

---

(*) *Ser explícito* significa possuir clareza e suficiência de características; os *limites* designam a precisão de tal forma que não haja mais características do que aquelas contidas no conceito explícito; *originalmente* exige que essa determinação de limites não seja derivada de qualquer outra coisa e que, por conseguinte, não precise de outra prova, o que tornaria a pretendida definição incapaz de se posicionar à testa de todos os juízos sobre um objeto.

vida, a não ser que eu saiba que ela é adequada ao seu objeto. Mas como o conceito desse objeto, tal como é dado, pode conter muitas representações obscuras que omitimos na análise, embora façamos sempre uso dele na aplicação, a questão de saber se a análise do meu conceito está correta e completa é sempre duvidosa e só pode tornar-se *provável* por meio de um grande número de exemplos com o qual se relacione, mas nunca é apoditicamente precisa. Em vez da palavra definição, prefiro usar a palavra *exposição* que é mais modesta e com a qual o crítico pode, até certo ponto, aceitar a definição conservando ainda dúvidas quanto à sua inteira exatidão. Portanto, como nem os conceitos empíricos nem os conceitos dados *a priori* podem ser definidos, só restam aqueles que são arbitrariamente pensados e sobre os quais é possível tentar essa operação. Neste caso, eu posso sempre definir o meu conceito, pois devo bem saber o que eu quis pensar ao utilizá-lo devido ao fato de que eu mesmo o formei deliberadamente e ele não me foi dado nem pela natureza do entendimento nem pela experiência; mas não posso dizer que com isso defini um objeto verdadeiro. De fato, se o conceito se baseia em condições empíricas, por exemplo, aquele de um relógio de navio, este meu conceito arbitrário não me assegura a existência do objeto e de sua possibilidade; também não sei, com isso, se esse conceito realmente tem um objeto e a minha definição é mais uma declaração (do meu projeto) do que a definição de um objeto. Portanto, não restam outros conceitos suscetíveis de definição senão aqueles que encerrem uma síntese arbitrária que admite uma construção *a priori*; consequentemente, a Matemática é a única ciência que possui definições. De fato, o objeto que as definições pensam, elas o exibem também *a priori* na intuição, e esse objeto seguramente não pode conter nada mais e nada menos que o conceito, pois o conceito do objeto foi dado pela definição originalmente, ou seja, sem que essa definição tenha derivado de qualquer outra fonte. Para as expressões *exposição, explicação, declaração* e *definição* a língua alemã só possui um termo equivalente que é: *Erklärung*; e é por isso que precisamos desistir da severidade que nos faz recusar o título de definições para as explicações (*Erklärungen*) filosóficas; consequentemente, limitaremos essa observação para fazer notar que: as definições filosóficas são unicamente exposições de conceitos dados, enquanto as definições matemáticas representam a construção de conceitos originalmente formados; as definições filosóficas são produzidas analiticamente por meio da decomposição (cuja integralidade não é apoditicamente segura), enquanto as definições matemáticas são formadas sinteticamente e constituem, por conseguinte, o próprio conceito que as filosóficas unicamente *explicam*. Disso resulta que:

a) Na Filosofia, não se deve imitar a Matemática começando pelas definições, a não ser que seja a título de simples ensaio. De fato, como essas definições são somente análises de conceitos dados, elas pressupõem a prévia presença dos conceitos, embora de maneira confusa, e a exposição imperfeita precede a exposição perfeita, de tal forma que, de algumas características derivadas de uma análise ainda incompleta podemos concluir várias outras antes de chegar à exposição perfeita, ou seja, à definição. Em resumo, na Filosofia, a definição com toda a sua clareza apropriada deve ocorrer no final e não no começo de nossas investigações.(*) Na Matemática, ao contrário, não temos nenhum conceito que preceda a definição, pois é por meio dela que o conceito é dado em primeiro lugar; portanto, a Matemática pode e deve sempre começar com a definição.

b) As definições matemáticas nunca podem ser falsas. Pois, como o conceito é primeiramente dado pela definição, ele contém exatamente o que a definição quer que se pense por este conceito. Mas se nada pode ser encontrado de falso quanto ao conteúdo, no entanto ele pode algumas vezes, mas muito raramente, conter alguma coisa de defeituoso na forma (pela qual ele se apresenta) no que diz respeito à precisão. E assim, a definição comum da circunferência pela qual se diz que ela é uma linha *curva* cujos pontos são equidistantes de um só ponto (o centro), tem o defeito de introduzir inutilmente a determinação da *curva*. Pois deve haver um teorema particular que derive da definição e fácil de demonstrar, a

---

(*) A Filosofia está cheia de definições defeituosas, principalmente definições que, embora contenham certos elementos da definição, ainda não os contêm por completo. Ora, se não é possível começar absolutamente nada partindo de um conceito enquanto ele não for definido, seria muito difícil filosofar. Mas como é sempre possível, considerando a sua validade, fazer uma prática boa e segura dos elementos (da análise), também é possível utilizar com vantagem as definições incompletas, ou seja, proposições que não são ainda propriamente definições, mas que, no entanto, são verdadeiras e consequentemente são aproximações de definições. Na Matemática, a definição pertence *ad esse*, na Filosofia *ad melius esse*. É desejável, mas frequentemente muito difícil conseguir uma definição adequada. Os jurisconsultos procuram ainda uma definição para o seu conceito do direito.

saber: que toda linha cujos pontos são todos equidistantes de um único ponto (o centro) é curva (que nenhuma parte é reta). Por outro lado, as definições analíticas, podem ser falsas de várias formas, seja incluindo características que não se encontravam realmente no conceito, seja não indicando todas aquelas que ele encerra e, dessa forma, é desprovido de integridade que se trata do aspecto essencial de uma definição. É por isso que o método seguido pela Matemática nas definições *(im Definiren)* não pode ser aplicado à Filosofia.

2. – DOS AXIOMAS – Os axiomas são princípios *(Grundsätze)* sintéticos *a priori* que são imediatamente exatos. Ora, um conceito não pode ser ligado a outro de maneira sintética, como também de forma imediata, porque para que possamos sair de um conceito é preciso um terceiro conhecimento intermediário. Como a Filosofia é simplesmente o conhecimento por conceitos, não há nele qualquer princípio que mereça o nome de axioma. A Matemática, ao contrário, é suscetível de axiomas, porque por meio da construção de conceitos na intuição do objeto, ela pode ligar *a priori* e imediatamente os predicados desse objeto; por exemplo: três pontos estão sempre dentro de um plano. Mas um princípio sintético baseado simplesmente em conceitos nunca pode ser exato imediatamente – por exemplo esta proposição: tudo que acontece tem uma causa – porque é preciso que eu me relacione com uma terceira coisa, refiro-me à condição da determinação de tempo em uma experiência e que eu não poderia conhecer esse princípio direta e imediatamente baseando-me exclusivamente em conceitos. Portanto, os princípios discursivos são bem diferentes dos princípios intuitivos, ou seja, dos axiomas. Os princípios discursivos exigem sempre uma dedução, enquanto os princípios intuitivos podem dispensá-la por completo; e como por este mesmo motivo eles são evidentes, uma pretensão que os princípios filosóficos com toda a sua certeza nunca podem pretender, é preciso infinitamente que uma proposição sintética qualquer da razão pura e transcendental seja também tão manifesta (como é costume dizer falsamente) quanto esta proposição: duas vezes dois é igual a quatro. É verdade que na Analítica, também mencionei alguns axiomas da intuição na tabela dos princípios do conhecimento puro, mas o princípio que ali citei não era ele mesmo um axioma; ele somente serviu para fornecer o fundamento *(Principium)* da possibilidade dos axiomas em geral e ele mesmo era um princípio derivado de conceitos

(*ein Grudsatz aus Begriffen*). Pois até mesmo a possibilidade da Matemática deve ser demonstrada na Filosofia transcendental. Portanto, a Filosofia não tem axiomas e nunca tem o direito de impor tão absolutamente os seus princípios *a priori*; ao contrário, ela deve preocupar-se em justificar os seus títulos a esse respeito por uma dedução meticulosa e sólida.

3. – DAS DEMONSTRAÇÕES – Somente uma prova apodíctica, desde que seja intuitiva, pode chamar-se de demonstração. A experiência nos ensina bem o que é, mas não nos ensina o que não poderia ser outra coisa senão o que realmente é. Consequentemente, os argumentos empíricos não podem fornecer qualquer prova apodíctica. Mas a certeza intuitiva (*anschauende*), ou seja, a evidência, nunca pode resultar de conceitos *a priori* (no conhecimento discursivo), por mais apodicticamente exata que ela possa ser, isto é, o juízo. Portanto, somente a Matemática contém demonstrações, porque ela não deriva o seu conhecimento de conceitos, mas da construção de conceitos, ou seja, da intuição que pode ser dada *a priori* como correspondente aos conceitos. O próprio método algébrico com suas equações de onde ele deduz por redução a verdade e, ao mesmo tempo, a prova, não é ele próprio de natureza geométrica, mas ainda é uma construção característica da ciência pela qual, com a ajuda de símbolos apresenta os conceitos na intuição, principalmente aqueles que dizem respeito às quantidades, e esse método, além de suas vantagens heurísticas, assegura todos os raciocínios contra o erro, colocando cada um deles diante dos nossos olhos. Ao contrário, o conhecimento filosófico é privado necessariamente dessa vantagem, pois ele sempre deve considerar o geral *in abstracto* (por meio de conceitos), enquanto a Matemática pode considerá-lo *in concreto* (na intuição singular) e, no entanto, por meio de uma representação pura *a priori* pela qual todo passo em falso é evidenciado. Portanto, prefiro dar às provas filosóficas o nome de provas *acroamáticas* (discursivas), pois só podem ser feitas por simples palavras (pelo objeto no pensamento), do que *demonstrações* porque, como a própria expressão indica, elas penetram na intuição do objeto.

Consequentemente, resulta não ser conveniente à natureza da Filosofia, principalmente no campo da razão pura, assumir um procedimento dogmático e títulos e insígnias da Matemática, pois ela não pertence à ordem dessa ciência, embora, na verdade, ela tenha condições de esperar estar junto com ela em uma união fraternal. Tais pretensões são vãs reivindicações que nunca podem ser satisfeitas, mas que devem melhor dirigir a Filosofia em sentido contrário ao seu objetivo que é o de descobrir as ilusões de uma razão que desconhece os seus limites e reconduzir, por meio de uma explicação suficiente de nossos conceitos, as presunções da especulação para o conhecimento modesto, mas sólido, de si mesma. Em suas investigações transcendentais, a razão não poderá então apressar-se com tantas expectativas, como se o caminho que percorreu levasse diretamente ao objetivo e contar com tanta temeridade com as premissas que ela tomou por fundamento, como se não lhe fosse necessário olhar com mais frequência para trás e ver se, por acaso, não venha a descobrir no curso de seus raciocínios, erros que poderiam ter escapado aos princípios e que a obrigariam a melhor determinar esses princípios, ou a alterá-los completamente.

Eu divido todas as proposições apodícticas (que sejam demonstráveis ou imediatamente exatas) em *dogmata* e *mathemata*. Uma proposição diretamente sintética por conceitos é um *dogma*, enquanto uma proposição sintética pela construção de conceitos é um *mathema*. Os juízos analíticos nos ensinam nada mais propriamente sobre o objeto do que o que já está contido no conceito do sujeito; eles unicamente esclarecem esse conceito. Portanto, não podem ser propriamente chamados dogmas (palavra que poderíamos talvez traduzir como *sentenças*). Mas desses dois tipos de proposições sintéticas a priori, aquelas que pertencem ao conhecimento filosófico são as únicas que, segundo a linguagem comum, podem ser chamadas dogmas; dificilmente chamaríamos dogmas as proposições da Aritmética ou da Geometria. Essa forma de falar confirma a explicação que demos ao dizer que somente os juízos por conceitos, e não os juízos pela construção de conceitos, podem ser chamados dogmáticos.

Ora, toda a razão pura em sua prática simplesmente especulativa não encerra um único juízo diretamente sintético por conceitos. De fato, já demonstramos que as ideias não podem formar a base de qualquer juízo sintético objetivamente válido; no entanto, por meio dos conceitos do entendimento, ela estabelece princípios exatos não diretamente por conceitos, mas indiretamente pela relação desses conceitos com essa certa coisa totalmente contingente, que é a *experiência possível*; pois, quando essa experiência (alguma coisa como objeto de experiências possíveis) é pressuposta, esses princípios podem ser, sem dúvida, apodicticamente exatos, mas em si mesmos eles não podem (diretamente) ser conhecidos *a priori*. E assim, nesta proposição: tudo que acontece tem a sua causa, ninguém saberia penetrá-la a fundo unicamente por esses conceitos dados. Portanto, ela não é um dogma, embora por outro ponto de vista e unicamente no campo de sua prática possível, ou seja da experiência, ela possa muito bem ser comprovada apodicticamente. Entretanto, ela é chamada de *princípio (Grundsatz)* e não *teorema (Lehrsatz)*, porque ela tem essa propriedade particular de tornar possível a sua própria experiência que é a sua prova e que nessa experiência ela sempre deve ser pressuposta.

Dessa forma, se não há dogmas na prática especulativa da razão pura, até quanto ao conteúdo, nenhum método *dogmático* que possa ter sido emprestado da Matemática ou que tivesse a sua própria característica saberia em si mesmo lhe ser adequado. De fato, este tipo de método somente oculta os defeitos e os erros e ele engana a Filosofia cujo objetivo próprio é colocar em total evidência todos os passos da razão. No entanto, o método pode sempre ser sistemático. De fato, a nossa própria razão é (subjetivamente) um sistema, embora em sua prática pura, que ocorre por meio de simples conceitos, ela nada mais é que um sistema pelo qual as nossas investigações podem ser conduzidas de acordo com princípios de unidade, cujo material é proporcionado unicamente pela *experiência*. Mas não podemos discutir aqui o método próprio da Filosofia transcendental, pois, no momento, estamos tratando somente de uma crítica de nossas faculdades a fim de saber se com materiais que possuímos (os conceitos puros *a priori*), é possível erigir e até que altura, o nosso edifício.

SEGUNDA SEÇÃO

Disciplina da razão pura
em relação à sua prática polêmica

Em todos os seus empreendimentos, a razão deve submeter-se à crítica; se limitasse a liberdade da crítica com qualquer proibição, ela se prejudicaria e atrairia para si suspeitas desfavoráveis; nada há de tão importante com relação à utilidade, nada de tão sagrado que possa escapar a esse exame profundo e rigoroso que não respeita ninguém. É sobre essa mesma liberdade que se baseia a existência da razão que não tem absolutamente uma autoridade ditatorial, mas cuja decisão nada mais é que o acordo de cidadãos livres por meio do qual cada um deve poder manifestar, sem obstáculos, as suas dúvidas e até mesmo o seu poder de *veto*.

Ora, embora a razão nunca possa se *recusar* à crítica, no entanto, ela nem sempre tem motivo para *temê*-la. Mas a razão pura em sua prática dogmática (e não em sua prática matemática) não tem tanta consciência da observação bem precisa de suas leis supremas para que não se sinta constrangida em comparecer com timidez e até mesmo inteiramente desprovida de todos os seus pretendidos ares dogmáticos, diante do tribunal de uma razão mais elevada que a examina com o olho crítico de um juiz.

Entretanto, a situação é bem diferente quando ela não tem de tratar com a decisão do juiz, mas com as pretensões de seus concidadãos e contra as quais ela só precisa agir em autodefesa. De fato, como eles querem ser tanto dogmáticos na negação quanto ela o seja na afirmação, ocorre então uma justificativa (κατ' ανθρωπον) que a assegura de todo prejuízo e lhe proporcione uma posse regular que nada tem a temer das pretensões estranhas, embora ela não possa ser ela mesma comprovada de maneira suficiente (κατ' αληθειαν).

Pela prática polêmica da razão, quero me referir à defesa de suas proposições contra as negações dogmáticas. Portanto, aqui não se trata de saber se as afirmações, por acaso, não poderiam também ser falsas, mas constatar que ninguém possa jamais afirmar o contrário com uma certeza apodíctica (nem mesmo com a maior probabilidade). Pois não é totalmente de graça que permanecemos com nossa posse quando temos um título, embora esse título seja insuficiente, e quando temos absoluta certeza de que ninguém jamais poderá demonstrar a ilegitimidade dessa posse.

É triste e humilhante o fato de que possa haver em geral um antitético da razão pura e que essa razão que representa o tribunal supremo que julga todas as disputas, no entanto, possa cair em contradição consigo mesma. É verdade que em um capítulo anterior vimos esta antitética aparente, mas chegamos a reconhecer que ela se baseava em um mal-entendido. De acordo com o preconceito comum, tomavam-se os fenômenos como coisas em si mesmos e exigia-se então uma absoluta perfeição de sua síntese, de uma maneira ou de outra, mas com igual impossibilidade nos dois casos, uma exigência que com respeito aos fenômenos não é permitida de forma alguma. Portanto, não havia nenhuma *contradição* real da razão consigo mesma nestas proposições: a série dos fenômenos *dados em si mesmos* tem um início absolutamente primordial; esta série é absolutamente e *em si mesma* sem qualquer início; pois as duas proposições coexistem muito bem juntas, visto que os *fenômenos* quanto à sua existência (como fenômenos) nada são absolutamente *em si mesmos,* ou seja, que neste ponto de vista eles são alguma coisa de contraditório e que, por conseguinte, sua suposição deve levar naturalmente a consequências contraditórias.

Mas esse mal-entendido não pode ser alegado e o conflito da razão não pode terminar desta maneira quando, por acaso, se afirma com os teístas *que um Ser Supremo exista* e por outro lado com os ateus, *que um Ser Supremo não existe,* ou então quando na Psicologia se afirma que tudo o que pensa é uma unidade absoluta e permanente, e distinta, por conseguinte, de toda unidade material e perecível, ou que a essa afirmação se oponha esta outra: a alma não é uma unidade imaterial e, portanto, sujeita à morte. De fato, o objeto da questão é independente de todo elemento estranho que seria contrário à sua natureza, e o entendimento trata tão-somente das *coisas em si* e não dos fenômenos. Portanto, aqui haveria uma verdadeira contradição se, apesar de tudo, a razão pura tivesse algo para dizer do lado da negação que pudesse resultar em uma base positiva para as suas alegações negativas. Pois no que diz respeito à crítica dos argumentos do dogmatismo afirmativo, ela pode muito bem ser admitida sem, no entanto, renunciar a essas proposições que o interesse da razão tem por elas, um interesse que o adversário não poderia invocar.

Na verdade, eu não compartilho dessa opinião tão frequentemente expressa por homens excelentes e profundos (como SULZER) que sentiam a fraqueza das provas até aqui empregadas, de que podemos esperar um dia encontrar demonstrações evidentes das duas proposições cardeais da razão pura: existe um Deus; existe uma vida futura. Ao contrário, tenho certeza absoluta de que isto nunca acontecerá. De fato, de onde a razão conseguiria uma base para o princípio dessas afirmações sintéticas que não se relacionam com objetos da experiência e com a sua possibilidade interna? Mas também é apodicticamente certo que nunca haverá alguém que possa afirmar o *contrário* com a mínima ilusão de razão e muito menos dogmaticamente. Pois, podendo unicamente demonstrá-lo por meio da razão pura, ele deveria procurar provar que um Ser Supremo ou que o sujeito que pensa em nós, como inteligências puras, são *impossíveis.* Mas de onde ele conseguiria os conhecimentos que o autorizem a julgar sinteticamente coisas fora de toda experiência possível? Portanto, não temos motivos para temer que alguém possa nos provar o contrário e, por conseguinte, não precisamos, por esse motivo, recorrer a argumentos escolásticos, mas podemos sempre admitir essas proposições que se afinam perfeitamente com o interesse especulativo de nossa razão na prática empírica e que, além disso, são os únicos meios que temos de conciliá-lo com o interesse prático. Contra o adversário (que aqui não deve ser considerado simplesmente como crítico), temos à nossa disposição o nosso *non liquet* que deve infalivelmente confundi-lo. Ao mesmo tempo, não o impedimos de retorquir esse argumento contra nós, pois sempre temos como reserva a máxima subjetiva da razão que necessariamente falta ao nosso oponente e sob sua proteção podemos olhar para suas inúteis investidas com uma tranquila indiferença.

Dessa maneira, não há mais, propriamente falando, nenhuma antitética da razão pura, pois a arena dessa antitética deveria ser procurada no campo da teologia e da Psicologia puras; mas nesse domínio nenhum oponente pode estar suficientemente equipado ou munido de armas poderosas que precisemos temer. Seu equipamento é constituído de zombaria e de bravatas do qual podemos caçoar como num jogo de crianças. Essa é uma consideração reconfortante que proporciona à razão uma coragem renovada. De resto, com o que ela poderia contar se ela, sendo a única que pode ser chamada para fazer desaparecer todos os erros, estivesse abalada em si mesma sem expectativas de paz e de uma posse tranquila?

Tudo que a própria natureza estabelece é bom para algum propósito. Os próprios venenos servem para vencer outros que se infiltram em nossos próprios humores e, por conseguinte, devem ter o seu lugar em uma coleção completa de remédios (em uma farmácia). As objeções a serem feitas contra as persuasões e as pretensões de nossa razão simplesmente especulativa são dadas pela própria natureza dessa razão e, por conseguinte, devem ter o seu bom uso e um bom propósito que não podem ser desprezados. Por que a providência colocou tantos objetos ligados ao nosso interesse supremo a tal altura que só é permitido entrevê-los em uma percepção obscura e duvidosa para nós e que mais excita do que satisfaz a nossa curiosidade? Será que vale a pena arriscar nesses pontos de vista do espírito determinações arrojadas? Isto é um tanto incerto e pode até mesmo ser perigoso. Em todos os casos, e sem nenhuma dúvida, é útil dar completa liberdade à razão investigadora como também à razão crítica, para que possa, sem entraves, ocupar-se de seu próprio interesse que requer que ela estabeleça limites às suas especulações, como também exige que ela os estenda e que sempre sofre quando mãos estranhas interferem para desviá-la de seu próprio caminho para empurrá-la para propósitos impostos.

Portanto, deixem seu oponente falar unicamente em nome da razão e enfrentem-no com as armas da razão. De resto, fiquem tranquilos com respeito à boa causa (do interesse prático), pois ela nunca está em jogo em uma disputa unicamente especulativa. O conflito serve para revelar uma única certa antinomia da razão que, baseando-se em sua natureza, deve ser necessariamente levada em consideração e examinada. Esta luta é até benéfica à razão de tal forma que ela obriga a considerar o seu objeto sob dois pontos de vista e retifica o seu juízo restringindo-o. O que está aqui em disputa não é a *coisa*, mas o *tom*. Pois sempre temos o meio de falar a linguagem de uma *fé* sólida justificada pela mais rígida razão, assim mesmo será preciso que abandonemos a linguagem da *ciência*.

Se tivéssemos perguntado ao sério DAVID HUME, este homem tão bem constituído no equilíbrio do julgamento, o que o havia levado a solapar, à força de dúvidas penosamente acumuladas, a persuasão tão consoladora e tão benéfica para os homens, a ponto de que as luzes da razão bastassem para afirmar a existência de um Ser Supremo e formar um conceito determinado, ele teria respondido: "Unicamente a intenção de fazer com que a razão avançasse um passo a mais no conhecimento de si mesma e até uma certa indignação pela violência causada à razão quando ela é exaltada sobremaneira e que, ao mesmo tempo, é impedida que confesse honestamente as fraquezas que ela descobre ao se auto-examinar". Se, ao contrário, interrogássemos PRIESTLEY, este piedoso e zeloso professor de religião acostumado tão-somente a se servir dos princípios da prática empírica da razão e oposto a toda especulação transcendental e lhe perguntássemos quais motivos o levaram a derrubar a liberdade e a imortalidade de nossa alma (a esperança de uma vida futura nada mais é para ele do que a espera de um milagre da ressurreição), essas duas grandes colunas de toda religião, ele responderia que é unicamente no interesse da razão, que sofre todas as vezes que procuramos eximir certos objetos das leis da natureza material, as únicas que possamos conhecer e determinar. Pareceria injusto denunciar PRIESTLEY que sabia aliar seu ensinamento paradoxal ao objetivo da religião e de chamar de anátema um homem de bem por ser incapaz de encontrar o seu caminho, do momento que ele se extraviou fora do campo da ciência da natureza. E o mesmo favor deve ser concedido a HUME, cujas intenções eram igualmente boas e cujo caráter moral era irrepreensível, mas que não pôde se desvencilhar da especulação abstrata porque ele pensava, com razão, que o objeto dessa especulação está totalmente fora dos limites da ciência da natureza, no domínio das ideias puras. Então, o que deve ser feito principalmente em relação ao perigo que parece ameaçar, dessa forma, os melhores interesses do público? Nada é mais natural, nada é mais racional do que a resolução que temos de tomar a este respeito. Deixemos esses pensadores livres para seguir sua própria linha de pensamento: se eles demonstrarem talento; se eles iniciarem uma investigação profunda e nova; se, em uma palavra, eles fizerem prova de razão, a razão sempre será beneficiada. Se recorrermos a outros meios senão àqueles de uma razão livre de toda restrição; se levantarmos o grito de alta traição; se, como se quiséssemos apagar um incêndio, pedíssemos a ajuda do público, que nada entenderia desses trabalhos tão sutis, seríamos simplesmente ridículos. De fato, aqui não se trata absolutamente de saber o que pode ser vantajoso ou prejudicial ao bem-comum, mas somente até onde a razão pode seguir adiante em sua especulação, independentemente de todo interesse e, se for possível, de maneira geral, contar com ela para qualquer coisa, ou se não seria ainda melhor abandoná-la em troca da prática. Portanto, em vez de nos envolvermos na disputa com uma espada na mão, devemos nos contentar em apreciar tranquilamente, do assento seguro da crítica, essa disputa que para os contendores deve ser cansativa, mas para nós pode ser um passatempo agradável e cujo resultado certamente não será sangrento, mas de grande benefício para o nosso conhecimento. É algo totalmente absurdo esperar da razão uma iluminação e, assim mesmo, estabelecer-lhe com antecedência qual lado ela necessariamente deve favorecer. De resto, a razão já é tão fortemente reprimida e tão confinada nos limites que ela mesma estabeleceu, que não precisamos chamar a guarda para opor a força pública ao partido cuja influência preponderante nos parece perigosa. Nessa dialética não há vitória ganha que possa causar ansiedade.

 A razão precisa absolutamente de um mesmo tipo de debate e seria de desejar que esse debate tivesse sido instituído muito antes e com uma autoridade pública e sem limites. Pois, nesse caso, a crítica teria amadurecido antes, e com essa aparição teria derrubado todas essas disputas, pois os contendores teriam aprendido a reconhecer sua ilusão e os preconceitos que os colocaram em oposição.

Na natureza humana há uma certa falsidade (*Unlauterkeit*) que definitivamente deve, como tudo que vem da natureza, levar a boas finalidades, isto é, uma tendência a ocultar os nossos verdadeiros sentimentos e a expor certos outros supostos sentimentos que consideramos bons e honrados. Essa tendência de nos ocultarmos assumindo, ao mesmo tempo, uma ilusão vantajosa, não somente nos *civilizou*, mas também nos *moralizou* pouco a pouco, em uma certa medida, porque ninguém podia enxergar através da dissimulação da decência, da honradez e da moralidade. Encontramos então, nos pretensos bons exemplos que enxergávamos ao nosso redor, uma escola de auto-aperfeiçoamento. Mas essa disposição, de nos apresentarmos melhores do que realmente somos e de manifestar sentimentos que não possuímos, serve só *provisoriamente* para nos despojar do estado de rudeza e nos proporcionar pelo menos a *ilusão* (*die Manier*) do bem que conhecemos; pois, uma vez desenvolvidos os bons princípios e passados na maneira de pensar, essa falsidade deve ser paulatinamente combatida com vigor, do contrário, ela corrompe o coração e sufoca os bons sentimentos pela embriaguez da bela ilusão.

É-me penoso observar essa mesma falsidade, essa dissimulação e essa hipocrisia até nas manifestações do pensamento especulativo onde, no entanto, encontramos bem menos obstáculos para admitir os nossos pensamentos abertamente, de bom grado e sem ocultar nada, e onde não temos nenhuma vantagem para agir dessa forma. De fato, o que pode haver de mais prejudicial aos conhecimentos do que o fato de comunicar reciprocamente de uma forma falsa até mesmo os nossos pensamentos, de ocultar as dúvidas que sentimos a respeito de nossas afirmações, ou de dar a ilusão de evidência aos argumentos que nós mesmos reconhecemos serem insuficientes? Entretanto, desde que a simples vaidade privada suscite esses artifícios secretos (o que é normalmente o caso dos juízos especulativos que não estão ligados a qualquer interesse particular e que são facilmente suscetíveis de uma certeza apodítica), ela é neutralizada no processo de angariar a *aceitação pública* pela vaidade dos outros e, finalmente, o resultado é o mesmo que teria sido obtido, muito antes, por meio de uma atenção leal e um sentimento sincero. Mas quando o público é de opinião que sofistas sutis tendem a nada menos que abalar os fundamentos do bem-estar geral, não somente é prudente, mas também é permitido e perfeitamente honrado ajudar a boa causa por meio de argumentos sofísticos, em vez de deixar a seus pretensos antagonistas a vantagem de forçar-nos a moderar o tom de nossas palavras em uma convicção puramente prática e de obrigar-nos a admitir a falta de certeza especulativa e apodíctica. Entretanto, eu estaria disposto a pensar que nada é tão completamente incompatível com o propósito de manter uma boa causa do que a falcatrua, a dissimulação e a mentira. Na apreciação dos princípios racionais da simples especulação, tudo deve ser exposto honestamente: é o mínimo que possa ser exigido. Mas se tão-somente fosse possível contar com isso com segurança, o conflito da razão especulativa a respeito das graves questões de Deus, da imortalidade (da alma) e da liberdade, teria terminado há muito tempo, ou não tardaria a terminar. Dessa forma, frequentemente a pureza dos sentimentos encontra-se em razão inversa à bondade da causa, e esta talvez tenha mais adversários que defensores leais e sinceros.

Portanto, presumo que haja leitores que não desejem que uma causa justa seja defendida de maneira injusta e, por conseguinte, eles concordarão, segundo os princípios de nossa Crítica, a não considerar o que normalmente acontece, mas o que deveria justamente acontecer; não deve haver, propriamente falando, nenhuma polêmica da razão pura. De fato, como duas pessoas poderiam encetar uma discussão a respeito de uma coisa cuja realidade nenhuma das duas possa representar em uma experiência real ou até mesmo simplesmente possível, sendo obrigadas a refletir sobre a ideia da coisa para poder derivar dela algo mais do que uma ideia, a saber: a realidade do próprio objeto? Com que meios elas terminarão sua controvérsia, se nenhuma das duas pode tornar a sua tese imediatamente compreensível e exata, mas pode unicamente atacar e arruinar a causa de seu adversário? Este é o destino de todas as afirmações da razão pura: que, transcendendo as condições de toda experiência possível, fora das quais não existe nenhuma autenticação da verdade e devendo servir-se assim mesmo das leis do entendimento que são simplesmente destinadas à prática empírica, mas sem as quais não saberíamos dar um passo na prova sintética, nenhuma das duas partes pode evitar de expor a sua fraqueza e cada qual pode tirar vantagem da fraqueza do outro.

Podemos considerar a Crítica da razão pura como o verdadeiro tribunal de todas as controvérsias dessa faculdade; pois não deve envolver-se nessas disputas, disputas que imediatamente dizem respeito a objetos (*auf Objekte*), mas é estabelecida para determinar e julgar os direitos da razão em geral, segundo os princípios de sua primeira instituição.

Sem essa Crítica, a razão permanece de alguma forma no estado de natureza e, para tornar válidas e garantir as suas afirmações e suas pretensões, ela não pode recorrer senão à *guerra*. A Crítica, ao contrário, derivando todas as suas decisões das regras fundamentais de sua própria instituição e cuja autoridade deve ser reconhecida por todo o mundo, nos procura a tranquilidade de um estado legal onde as disputas devem ser tratadas pelos métodos reconhecidos de um *processo legal*. No primeiro estado, é a *vitória* que põe fim às disputas, por ela as duas partes se vangloriam e o estado de vitória geralmente é seguido de uma paz pouco segura, estabelecida pela intervenção de uma autoridade superior; no segundo estado, ao contrário, é uma *sentença judicial* que, baseando-se na raiz dos conflitos, deve assegurar uma paz eterna. As disputas intermináveis de uma razão simplesmente dogmática nos obrigam elas mesmas a procurar alívio em uma crítica dessa própria razão e em uma legislação baseada nessa crítica. Como o próprio HOBBES afirma, o estado de natureza é um estado de injustiça e de violência que deve ser necessariamente abandonado para submetermo-nos à restrição da Lei que limita a nossa liberdade unicamente para torná-la compatível com a liberdade alheia e com o bem-estar público.

Essa liberdade levará consigo o direito de submeter a julgamento público os pensamentos e as dúvidas quando nos achamos incapacitados de esclarecê-los nós mesmos, sem que por isso sejamos reputados cidadãos turbulentos e perigosos. É o que resulta do direito primitivo da razão humana que não conhece outro juiz senão a própria razão comum pela qual cada um tem o direito de se pronunciar. E como é disso que deve decorrer todo aperfeiçoamento do qual o nosso estado é suscetível, esse direito é sagrado e não deve (*darf*) ser abolido. Portanto, não é sensato proclamar perigosas certas afirmações arriscadas ou certos ataques audaciosos que dizem respeito a coisas que já possuam a aceitação da maior ou da melhor parte do público, pois do contrário estaremos lhes proporcionando uma importância que elas nunca deveriam ter. Sempre que ouço dizer que um escritor de espírito incomum arruinou (com seus argumentos) a liberdade da vontade humana, a esperança de uma vida futura e a existência de Deus, preocupo-me em ler o seu livro, pois espero que o seu talento estenda ainda mais os meus conhecimentos. Sei perfeitamente de antemão e com certeza que ele não chegou a justificar qualquer de suas teorias; não é porque acredito possuir provas irrefutáveis para apoiar essas proposições fundamentais, mas a crítica transcendental que me revelou todos os materiais de nossa razão pura me persuadiu plenamente de que, se a razão é completamente incapaz de estabelecer nesse campo declarações afirmativas, ela é muito mais incapaz de estabelecer qualquer conclusão negativa a respeito dessas questões. De fato, de onde esse livre pensador de espírito forte derivaria, por exemplo, esse conhecimento de que não existe nenhum Ser Supremo? Essa proposição está fora do campo da experiência possível e, portanto, fora dos limites de todo o conhecimento humano. No entanto, eu não deverei ler a resposta do defensor dogmático da boa causa, porque eu sei de antemão que ele atacará tão-somente os argumentos sofísticos de seu oponente para preparar o caminho para os seus; e também sei que uma linha bem familiar de falsos argumentos oferece menos matéria às novas observações do que um espetáculo extraordinário e engenhosamente elaborado. Esse adversário da religião, dogmático à sua maneira, também me forneceria uma boa oportunidade para aplicar e retificar os princípios de minha Crítica, sem que eu precise ter medo de que esses princípios estejam em qualquer tipo de perigo.

Mas será que a juventude, confiada ao ensinamento acadêmico, não deveria ser, pelo menos, prevenida contra tais escritos e preservada do conhecimento prematuro de proposições tão perigosas, até que a sua faculdade de julgamento amadurecesse, ou melhor, até que a doutrina que queremos lhe inculcar esteja bem arraigada para poder resistir vitoriosamente a toda opinião contrária, de qualquer parte que venha?

Se devêssemos nos ater ao procedimento dogmático das coisas da razão pura e se o meio de refutar o adversário fosse simplesmente polêmico, ou seja, de tal natureza que devêssemos entrar no conflito armando-nos de argumentos a favor de afirmações contrárias, certamente esse procedimento seria mais razoável *nesse momento,* mas também seria mais inútil e mais estéril *para o futuro* do que colocar em tutela a razão dos jovens por um tempo, e protegê-los da perversão, pelo menos durante esse tempo. Mas se mais tarde a curiosidade ou a moda da época colocar em suas mãos escritos desse gênero, as convicções da jovem idade suportariam ainda o choque? Aquele que somente possui armas dogmáticas para rechaçar os ataques de seu adversário e que não saiba descobrir a dialética oculta que se encontra tanto nele quanto em seu antagonista, está em situação perigosa. Ele enxerga razões capciosas que têm a vantagem de a novidade se opor a outras razões capciosas que não têm essa vantagem, mas que, ao contrário, fazem nascer nele a suspeita de que foi abusado na credulidade de sua juventude. Ele acredita que a melhor forma de demonstrar que se desvinculou da disciplina da infância (*dass er der Kinderzucht entwachsen sei*) é rejeitando as sábias e bem intencionadas advertências e, acostumado ao dogmatismo, ele introduz em si e bebe a grandes goles o veneno que corrompe dogmaticamente os seus princípios.

No ensino acadêmico devemos seguir o curso exatamente oposto ao que se aconselha aqui, com a condição de que se suponha por fundamento uma instrução sólida na Crítica da razão pura. De fato, para que o jovem aplique, o quanto antes, os princípios dessa natureza e para que veja que eles têm a capacidade de resolver a maior ilusão dialética, é absolutamente necessário dirigir contra a razão, sem dúvida ainda fraca mas iluminada pela crítica, os ataques que para o dogmatista parecem terríveis e examinar ponto por ponto, segundo esses princípios, as afirmações sem fundamento do adversário. Não lhe será difícil reduzi-las a pó; e assim, ele sentirá a força de assegurar-se plenamente contra as ilusões nocivas desse gênero que acabarão perdendo aos seus olhos todo o prestígio. E o fato de que os golpes que derrubam a estrutura do inimigo sejam igualmente funestos à estrutura especulativa que ele porventura gostaria de construir não o incomoda absolutamente, porque ele não precisa desse tipo de alojamento e ainda possui boas expectativas na esfera prática onde pode confiante esperar encontrar uma base mais firme para nela implantar o seu sistema racional e salutar.

Portanto, propriamente falando, não há nenhuma polêmica no campo da razão pura. As duas partes se debatem futilmente e lutam contra suas próprias sombras, pois saem dos limites da natureza para se dirigir a uma região onde não há nada que possam apreender e manter em suas garras (*Griffe*) dogmáticas. Por mais que lutem, as sombras que eles estilhaçam se reúnem em um piscar de olhos, como os heróis do Valhalla, e podem sempre se dar ao prazer de combates tão pouco sangrentos.

Ao mesmo tempo não saberíamos admitir uma prática cética da razão pura, prática que poderíamos chamar de princípio da *neutralidade* em todas as controvérsias. Provocar a razão contra si mesma, proporcionar-lhe armas dos dois lados e então apreciar tranquilamente, com um ar de deboche, essa luta ardente, do ponto de vista dogmático não é um espetáculo digno de se ver, mas parece denotar um espírito maligno e malévolo. Entretanto, se considerarmos a obstinação e o orgulho invencíveis dos sofistas, que nenhuma crítica consegue temperar, realmente não há outra coisa a fazer senão se opor à jactância de uma das partes e tomar o partido da parte oposta que se baseia nos mesmos direitos, a fim de que a razão, surpresa pela resistência de um inimigo, conceba algumas dúvidas em suas pretensões e preste atenção à crítica. Entretanto, mantermo-nos inteiramente nessas dúvidas e querermos recomendar a convicção e a admissão de nossa ignorância, não somente como remédio contra a complacência dogmática, mas também como um meio para acabar com o conflito da razão consigo mesma, é um projeto perfeitamente inútil e jamais suficiente para sobrepujar a agitação da razão; ao contrário, este é tão-somente um meio excelente de acordá-la de seu sonho dogmático para incitá-la a examinar atentamente o seu estado. No entanto, como essa forma cética de sair de tal situação incômoda da razão parece ser, de alguma forma, o caminho mais curto para alcançar uma paz filosófica durável ou, pelo menos, o caminho escolhido por aqueles que acreditem assumir um ar filosófico por meio de um desprezo zombeteiro de todas as investigações dessa espécie, em minha opinião, é necessário expor essa forma de pensar em sua verdadeira luz.

DA IMPOSSIBILIDADE DE UMA SATISFAÇÃO CÉTICA DA RAZÃO PURA EM SEUS CONFLITOS INTERNOS

A consciência de minha ignorância (se essa ignorância não for, ao mesmo tempo, reconhecida como necessária), em vez de pôr fim às minhas investigações é, ao contrário, a verdadeira causa que as provoca. Toda ignorância refere-se àquela das coisas ou àquela da determinação e dos limites do meu conhecimento. Ora, quando a ignorância é acidental, ela deve me levar, no primeiro caso, a uma investigação *dogmática* das coisas (dos objetos) e no segundo caso, a pesquisar *de maneira crítica* os limites do meu conhecimento possível. Mas que a minha ignorância seja absolutamente necessária e, por conseguinte, me dispense de toda pesquisa ulterior, é o que não podemos estabelecer empiricamente pela *observação*, mas unicamente de maneira crítica *sondando* as fontes primeiras do nosso conhecimento. Portanto, a determinação dos limites de nossa razão somente pode ser feita segundo princípios *a priori*, mas podemos conhecer *a posteriori* que ela é limitada, – pois nada mais é que um conhecimento indeterminado de uma ignorância para sempre invencível, – pelo que ainda resta saber de todas as ciências. O primeiro conhecimento da ignorância da razão, que só é possível por meio da própria crítica da razão, é portanto uma *ciência*; o segundo é uma *percepção* da qual não podemos dizer até que ponto se estende por si mesma. Se eu me represento a superfície terrestre (segundo a ilusão sensível) como uma superfície plana, não posso saber até onde ela se estende. Mas a experiência me ensina que, onde quer que eu vá, vejo sempre ao meu redor um espaço onde eu poderia ainda avançar; reconheço, por conseguinte, os limites do meu conhecimento sempre real da Terra, mas não os limites de toda descrição possível da Terra. No entanto, se consegui chegar tão longe para saber que a Terra é um globo e que a sua superfície é esférica, posso então conhecer de maneira determinada, e segundo princípios *a priori*, através de uma pequena parcela dessa superfície e da grandeza de um grau, por exemplo, o diâmetro da Terra, e por meio desse diâmetro a sua área total, ou seja sua total superfície; e, embora eu seja ignorante em relação aos objetos que podem estar contidos nessa superfície, não o sou, no entanto, do ponto de vista da área que os contém, quanto à sua magnitude e seus limites.

Para nós, o efeito do conjunto de todos os objetos possíveis do nosso conhecimento parece ser uma superfície plana que tem seu horizonte aparente, isto é, o que engloba toda a extensão ou o que denominamos conceito racional da totalidade incondicionada. Alcançar esse conceito empiricamente é impossível, e todas as tentativas que fizemos para determiná-lo *a priori* segundo um princípio exato, provaram ser inúteis. Entretanto, todas as questões de nossa razão pura se relacionam com o que pode estar fora desse horizonte ou, no máximo, com o que se encontra em seus limites.

O renomado DAVID HUME foi um desses geógrafos da razão humana; ele acreditou ter suficientemente respondido ao conjunto dessas questões, relegando-as para além desse horizonte da razão que, no entanto, ele não pôde determinar. Hume se dedicou particularmente ao princípio da causalidade e observou muito justamente que a verdade desse princípio (como também, de resto, que a validade objetiva do conceito de uma causa eficiente em geral) não se baseia sobre nenhum conhecimento claro, ou seja, em nenhum conhecimento *a priori* e que, consequentemente, não pode ser atribuída à sua necessidade, mas simplesmente à sua utilidade geral no decurso da experiência e à necessidade subjetiva que dela resulta, necessidade que ele chamava de hábito, que perfazem toda a autoridade desse princípio. Ora, da impotência de nossa razão para fazer desse princípio uma prática que supere toda experiência, ele conclui com a vaidade de todas as pretensões que a razão possui de se elevar em geral acima do empírico.

Esse tipo de método que consiste em sujeitar os fatos da razão ao exame e, se preciso for, à repreensão, pode receber o nome de *censura* da razão. É incontestável que essa censura conduz inevitavelmente à *dúvida* em relação a toda prática transcendente dos princípios. Mas esse nada mais é que o segundo passo que ainda está longe de terminar a obra. O primeiro passo nas coisas da razão pura que marca a sua infância é *dogmático*. O segundo passo, do qual já falamos, é *cético* e indica que a experiência tornou o nosso juízo mais sábio e mais circunspecto. Mas ainda é necessário um terceiro passo, que pertence unicamente ao juízo maduro e viril apoiado em máximas sólidas e de uma universalidade a toda prova: ele consiste em sujeitar ao exame não *os fatos* da razão, mas a própria razão no que diz respeito a todo o seu poder e a toda a capacidade que ela tem de chegar a conhecimentos puros *a priori*. Aqui não se trata mais da censura, mas da crítica da razão, e esta não se satisfaz em conjecturar simplesmente sobre os limites de nossa razão, mas demonstra por meio de princípios os *limites* determinados; não demonstra simplesmente a ignorância em relação a tal e qual ponto, mas em relação a todas as questões possíveis de certa espécie. E assim, o ceticismo é para a razão humana um lugar de descanso onde ela pode sonhar com o caminho dogmático que percorreu e observar a região onde se encontra, para poder doravante escolher a sua via com maior segurança. Mas esse não é um alojamento onde ela possa se fixar, visto que só pode estabelecer residência em uma perfeita certeza, seja do conhecimento dos próprios objetos, seja do conhecimento dos limites em que está contido todo o nosso conhecimento dos objetos.

A nossa razão não é um plano de uma extensão indefinida e do qual conhecemos os limites somente de forma geral; ela deve ser melhor comparada a uma esfera cujo raio pode ser encontrado pela curva do arco em sua superfície (pela natureza das proposições sintéticas *a priori*) e cujo conteúdo e limites podem ser determinados por isso com precisão. Fora dessa esfera (o campo da experiência) não há mais objeto (*Objekt*) para ela, e as próprias questões a respeito desses pretensos objetos somente se relacionam a princípios subjetivos de uma determinação universal das relações que possam apresentar-se, nos limites dessa esfera, entre os conceitos do entendimento.

Estamos realmente de posse de conhecimentos sintéticos *a priori*, como comprovam os princípios do entendimento que antecipam a experiência. Ora, se alguém não puder compreender a possibilidade, ele pode, é verdade, duvidar primeiro que elas estejam realmente em nós *a priori*, mas não pode por isso declará-las impossíveis pelas simples forças do entendimento e considerar como nulos todos os passos empreendidos pela razão sob sua orientação. Tudo o que ele pode dizer é que, se percebêssemos a origem e a verdade, poderíamos determinar a extensão e os limites da razão; mas antes que isso ocorra, todas as afirmações da razão são feitas aleatoriamente. E dessa forma, justifica-se totalmente uma dúvida universal a respeito de toda a Filosofia dogmática que segue o seu caminho sem fazer a crítica da própria razão. Mas apesar disso, não poderíamos inteiramente recusar à razão o direito de seguir adiante, uma vez que lhe preparamos e asseguramos o caminho pelo fato de que nos apoiaríamos em princípios melhores. Pois todos os conceitos e até mesmo todas as questões que a razão pura nos apresenta não têm sua origem na experiência, mas exclusivamente na razão e, por isso, é preciso que possamos resolvê-las e compreender sua validade ou sua nulidade. Também não temos o direito de ignorar esses problemas como se a sua solução dependesse realmente da natureza das coisas ou, alegando incapacidade, recusar-nos à sua investigação derradeira, pois é a razão unicamente que engendrou essas ideias em seu seio e, por conseguinte, tem de prestar contas de sua validade ou de sua ilusão dialética.

Toda polêmica cética é unicamente dirigida contra o dogmático que, sem desconfiar de seus primeiros princípios objetivos, ou seja, sem a assistência da Crítica, prossegue seriamente o seu caminho, e o único objetivo dessa polêmica é confundir os seus planos e reconduzi-lo ao conhecimento de si mesmo. Essa polêmica em si nada decide em relação ao que sabemos e ao que não podemos saber. Todas as vãs tentativas dogmáticas da razão são *fatos* que é sempre útil submeter à censura do cético. Mas isso nada pode decidir quanto à expectativa que a razão tem de alcançar, no futuro, um melhor resultado para seus esforços e de evocar pretensões a esse respeito; portanto, a simples censura não pode jamais terminar com a disputa que diz respeito aos direitos da razão humana.

Como HUME talvez seja o mais engenhoso de todos os céticos e, sem contradição, o mais notável do ponto de vista da influência que possa ter o método cético para provocar um exame fundamental da razão, então vale bem a pena de expor, desde que isso convenha ao meu intento, o curso de seus raciocínios e os erros de um homem tão profundo e apreciado, erros que, no entanto, nasceram no caminho da verdade.

HUME provavelmente pensava, embora jamais tenha se explicado plenamente a respeito, que nos juízos de certa espécie ultrapassamos o nosso conceito do objeto. É para esses juízos que dei o nome de *sintéticos*. Não há nenhuma dificuldade em sair, por meio da experiência, do conceito que já possuo. A própria experiência é uma síntese de percepções que aumentam, com outras percepções que nela acrescentam, o conceito que eu já consegui por meio de uma percepção. Mas nós também acreditamos poder sair *a priori* do nosso conceito e ampliar o nosso conhecimento. Tentamos fazê-lo seja por meio do entendimento puro em relação ao que pode ser um *objeto (Objekt) da experiência*, seja pela razão pura em relação às propriedades de coisas, seja em relação à existência de objetos que nunca possam apresentar-se na experiência. O nosso cético não distinguiu esses dois tipos de juízos, como, no entanto, deveria tê-lo feito e considerou imediatamente como impossível esse aumento de conceitos por si mesmos e, por assim dizer, esse parto espontâneo do nosso entendimento (e de nossa razão) sem a fecundação da experiência. Então ele considerou como imaginários os pretensos princípios *a priori* da razão e acreditou que nada mais eram que um hábito resultando da experiência e de suas leis, ou seja, dos princípios simplesmente empíricos das regras contingentes em si, às quais atribuímos, sem motivo, a necessidade e a universalidade. Mas para afirmar essa estranha proposição, ele se referia ao princípio universalmente admitido da relação da causa ao efeito. De fato, como nenhuma faculdade do entendimento pode nos conduzir do conceito de uma coisa para a existência de alguma outra coisa que seja dada assim universal e necessariamente, ele acreditou poder concluir que sem a experiência não há nada que possa aumentar o nosso conceito e autorizar-nos a propor um juízo que se amplie ele mesmo *a priori*. Que a luz do sol derreta a cera e ao mesmo tempo a clareie enquanto endurece o barro, é o que nenhum entendimento poderia adivinhar e, muito menos ainda, chegar regularmente (*gesetzmässig*) a conclusões por meio dos conceitos que já possuíamos dessas coisas;

somente a experiência pode nos ensinar essa lei. Ao contrário, pudemos ver na Lógica transcendental que, embora nunca possamos *imediatamente* sair do conteúdo do conceito que nos é dado, no entanto, podemos conhecer plenamente *a priori* a lei da conexão de uma coisa com outras, mas em relação a uma terceira coisa que é a experiência possível e, por conseguinte, *a priori*. Portanto, quando a cera, antes sólida, derrete, posso saber *a priori* que alguma coisa deve ter precedido (por exemplo, o calor do sol), pela qual a fusão foi a consequência, segundo uma lei constante, embora eu não possa *a priori* e sem o ensinamento da experiência conhecer *de maneira determinada,* nem a causa pelo efeito, nem tampouco o efeito pela causa. Dessa forma, HUME estava enganado ao inferir da contingência de nossa determinação, *de acordo com a Lei,* a contingência da própria Lei e confundia o fato de passar do conceito de uma coisa para a experiência possível (que ocorre *a priori* e constitui a realidade objetiva desse conceito) com a síntese dos objetos da experiência real que, na verdade, é sempre empírica. E, desta forma, ele fazia de um princípio da afinidade, que tem a sua sede no entendimento e que exprime uma conexão necessária, uma regra de associação que se encontra somente na imaginação reprodutora e pode representar unicamente conexões contingentes e não objetivas.

Mas os erros céticos desse singularmente profundo pensador resultavam principalmente de um defeito comum entre todos os dogmáticos, ou seja, que ele não considerava sistematicamente todas as sínteses *a priori* do entendimento. Pois ele teria descoberto que o *princípio da permanência,* para mencionar um dos exemplos, assim como o da causalidade, é um princípio que antecipa a experiência. Dessa maneira, ele poderia ter designado limites determinados às atividades pelas quais o entendimento e a razão pura se estendem *a priori*. Mas, ao contrário, ele simplesmente restringe (*einschränkt*) o nosso entendimento sem designar-lhe limites (*begrenzen*) e, dando lugar a uma desconfiança geral, ele deixa de fornecer um conhecimento determinado de nossa ignorância que, para nós, é inevitável. Pois ao submeter certos princípios do entendimento à censura sem submeter-lhe o próprio entendimento, relativamente a todo o seu poder, à pedra de toque da crítica, e ao recusar ao entendimento o que na realidade não pode dar, ele segue negando-lhe todo o poder de se estender *a priori*, embora não tivesse examinado esse poder por completo; e então ocorre o que sempre derruba o ceticismo, ou seja, o seu próprio sistema é colocado em dúvida, pois suas objeções se baseiam unicamente em fatos contingentes e não em princípios capazes de nos obrigar a renunciar ao direito das afirmações dogmáticas.

Além disso, HUME não estabelece nenhuma diferença entre os direitos estabelecidos do entendimento e as pretensões dialéticas da razão contra as quais são principalmente dirigidos os seus ataques, e a razão, cujo desenvolvimento não foi absolutamente abalado, mas somente travado temporariamente; sente que o espaço diante dela não está bloqueado e que ela nunca pode ser inteiramente impedida de tentar estender-se, embora seja refreada aqui e ali. De fato, é preciso armar-se para se defender de novos ataques e, em seguida, levanta-se orgulhosamente a cabeça para estabelecer certas pretensões. Mas uma revisão completa de todo o seu poder e a convicção dela obtida, de possuir com certeza uma pequena propriedade, apesar da vaidade das pretensões mais elevadas, fazem com que se coloque um fim ao litígio e nos induzam a contentar-nos com essa propriedade limitada, mas incontestada.

Para o dogmático sem crítica que não mediu a esfera de seu entendimento nem, por conseguinte, determinou segundo os princípios os limites de seu conhecimento possível, esses ataques céticos não somente são perigosos, mas até fatais. Pois se ele encontrar uma afirmação que não possa justificar e pela qual ele também não possa explicar a ilusão por princípios, a suspeita recairá sobre todas as suas afirmações, por mais persuasivas que elas sejam.

E assim, o cético é o supervisor que conduz o pensador dogmático a uma crítica sadia do entendimento e da própria razão. A partir desse momento, não precisamos mais temer qualquer ataque, pois aprendemos a distinguir nossas posses reais daquelas que estão totalmente fora delas; e como não apresentamos mais pretensões sobre esse domínio, não podemos mais envolver-nos em disputas. Dessa forma, o método crítico em si mesmo não *satisfaz*, na verdade, as questões da razão, mas *prepara o caminho* para resolvê-las, incitando a razão à vigilância e mostrando-lhe os meios adequados para assegurar-se de sua posse legítima.

TERCEIRA SEÇÃO

Disciplina da razão pura em relação às hipóteses

Como sabemos finalmente por meio da Crítica da razão que em sua prática pura e especulativa nada podemos realmente saber, ela não deveria então abrir um campo mais vasto para as *hipóteses*, visto que temos a liberdade de, pelo menos, criar teorias e opiniões onde não temos o direito de fazer afirmações?

Para que a imaginação não *sonhe,* mas possa *imaginar* sob a estrita vigilância da razão, é preciso que ela sempre se apoie antes em algo de perfeitamente seguro e que não seja imaginário ou simplesmente uma questão de opinião, e esse algo é a *possibilidade* do próprio objeto. Então é permitido recorrer à opinião que diz respeito à realidade desse objeto, mas essa opinião, para não ficar sem fundamento deve ser conectada como princípio de explicação com o que é realmente dado e, por conseguinte, certo; e então ela pode ser chamada de *hipótese*.

Ora, como não podemos formar o menor conceito da possibilidade da conexão dinâmica *a priori* e que a categoria do entendimento puro não é suficiente para encontrá-la, mas somente para entendê-la quando ela se encontra na experiência, não saberíamos imaginar originalmente, em conformidade com essas categorias, qualquer objeto em termos de uma natureza nova e que não possa ser empiricamente dado, nem dar essa possibilidade do objeto por fundamento a uma hipótese permitida; pois seria submeter à razão ilusões fúteis em lugar de conceitos das coisas. Portanto, não é permitido imaginar novas faculdades originais como um entendimento que teria o poder de intuir o seu objeto sem a ajuda dos sentidos, ou uma força de atração independente do contato, ou uma nova espécie de substâncias, por exemplo, uma sub-substância que esteja presente no espaço sem ser impenetrável, nem, por conseguinte, uma composição de substâncias diferente de todas aquelas que a experiência nos fornece; nenhuma presença senão no espaço; nenhuma duração que não seja temporal. Em uma palavra, a nossa razão pode servir-se unicamente das condições da experiência possível, como de condições da possibilidade das coisas, mas ela não pode absolutamente criar conceitos de coisas independentemente dessas condições, pois conceitos desse gênero, apesar de não conter contradições, estariam sem objeto.

Como já dissemos, os conceitos racionais são simples ideias e evidentemente não possuem nenhum objeto em uma experiência qualquer, mas não designam, a esse respeito, objetos fictícios que seriam ao mesmo tempo considerados como possíveis. Eles são concebidos problematicamente a fim de estabelecer, de acordo com seu ponto de vista (em qualidade de ficções heurísticas), princípios reguladores da prática sistemática do entendimento no campo da experiência. Se sairmos desse campo, nada mais são que simples seres de razão cuja possibilidade não é demonstrável nem podem, por conseguinte, ser dados como fundamento por hipótese para a explicação dos fenômenos reais. É perfeitamente lícito *pensar* a alma como simples a fim de dar, segundo essa *ideia*, como princípio de nossa interpretação de seus fenômenos internos, uma unidade integral e necessária de todas as faculdades humanas, apesar do fato de que essa unidade nunca possa ser percebida *in concreto*. Mas *admitir* a alma como uma substância simples (o que é um conceito transcendente), seria uma proposição não somente indemonstrável (como o são a maioria das hipóteses físicas), mas totalmente arbitrária e cega, porque o simples não pode apresentar-se em nenhuma experiência e, se aqui entendermos por substância o objeto permanente da intuição sensível, a possibilidade de um *fenômeno simples* não pode absolutamente ser percebida. Não poderíamos admitir, a título de opinião, baseando-nos em uma autorização segura da razão, que existam seres simplesmente inteligíveis ou que existam propriedades simplesmente inteligíveis das coisas do mundo sensível, apesar do fato de que (privados que somos de todo conceito de sua possibilidade ou de sua impossibilidade) não podemos reivindicar qualquer percepção que nos justifique a dogmaticamente negá-los.

Para explicar os fenômenos dados não podemos utilizar outros princípios de explicação senão aqueles que dizem respeito às coisas ou aos princípios dados, segundo as leis já conhecidas dos fenômenos. Uma *hipótese transcendental* por meio da qual uma simples ideia da razão nos serviria para explicar as coisas naturais, não seria então uma explicação, pois o que não compreendermos suficientemente pelos princípios empíricos conhecidos procuraríamos explicar por meio de alguma coisa da qual nada compreendemos absolutamente. Além disso, o princípio de uma hipótese desse gênero somente serviria para satisfazer a razão e nunca para apoiar o progresso da prática do entendimento em relação aos objetos. A ordem e a finalidade que se mostram na natureza devem ser explicadas por causas naturais e segundo as leis da natureza *(aus Naturgründen und nach Naturgesetzen)*, e aqui as hipóteses, mesmo as mais grosseiras, desde que sejam físicas, são mais suportáveis que uma hipótese hiperfísica, ou seja, o apelo a um criador divino suposto simplesmente para efeito de uma explicação. De fato, esse seria o princípio da razão preguiçosa *(ignava ratio)* que, de repente, deixaria de lado todas as causas pelas quais é possível aprender a conhecer por uma experiência progressiva a realidade objetiva, pelo menos quanto à possibilidade, para se acomodar em uma simples ideia, uma ideia muito confortável para a razão. Mas com respeito à totalidade absoluta do princípio da explicação na série dessas causas, essa totalidade não pode ser um obstáculo com relação aos objetos do mundo, porque esses objetos, sendo unicamente fenômenos, nada podem realizar na síntese das séries de condições.

Não pode ser permitido, na prática especulativa da razão recorrer-se às hipóteses transcendentais e tomar a liberdade de se servir de princípios hiperfísicos para suprir a falta de princípios físicos de explicação. A objeção a esse procedimento tem dois lados: o primeiro é que ele não beneficia absolutamente o progresso da razão, mas ao contrário, ela é detida em todo o desenvolvimento de sua prática; o segundo é que essa licença a privaria de todos os frutos da cultura de seu próprio domínio, ou seja, da experiência. De fato, se de tempos em tempos a explicação natural se torna difícil, sempre temos em mãos um princípio transcendente de explicação que nos dispensa dessa procura e coloca um fim à nossa investigação, sem dúvida não por meio de um conhecimento claro, mas pela total incompreensão de um princípio preconcebido de maneira a encerrar o conceito do que é absolutamente primordial.

A segunda condição exigida para que se possa admitir uma hipótese é que ela seja suficiente para determinar *a priori* as consequências que são dadas. Se para esse propósito somos obrigados a recorrer a outras hipóteses, elas incorreriam na suspeita de uma simples ficção, pois cada uma delas em si precisa dessa justificativa, como é necessário para a hipótese fundamental e, portanto, não estariam em condição de prestar um testemunho confiável. Se, ao supor uma causa infinitamente perfeita, não nos faltem princípios para explicar a finalidade, a ordem e a magnitude presentes no mundo, essa causa precisa ainda de novas hipóteses para se salvar das objeções que derivam das anomalias e dos males que, segundo os nossos conceitos, se mostram nessas coisas. Se objetarmos, quanto à substancialidade simples da alma humana que foi dada como fundamento aos seus fenômenos, as dificuldades que nascem das analogias de seus fenômenos com as mudanças da matéria (o crescimento e o decrescimento), seria preciso recorrer então a novas hipóteses que sejam realmente plausíveis, mas que ainda não merecem qualquer confiança senão o que lhes é conferido por essa opinião: a hipótese fundamental que tomamos por fundamento e que deve proporcionar o suporte necessário.

Se as afirmações da razão tomadas aqui como exemplo (a unidade incorpórea da alma e a existência de um Ser Supremo), não devam ter a validade de hipótese, mas devem ser consideradas como dogmas comprovados *a priori*, então não será mais uma questão de hipóteses. Mas neste caso é preciso tomar cuidado para que a prova tenha a certeza apodíctica de uma demonstração. Pois querer tornar *provável* a realidade de suas ideias é uma empresa tão absurda quanto se sonhássemos provar, de maneira simplesmente provável, uma proposição geométrica. A razão separada de toda experiência pode conhecer proposições completamente *a priori* e necessariamente, ou não conhece absolutamente nada. Por conseguinte, o seu juízo nunca é uma opinião, mas é uma abstenção de todo juízo ou uma certeza apodíctica. Opiniões ou juízos prováveis a respeito do que convém às coisas não podem se apresentar senão como princípios de explicação do que é realmente dado, ou como consequências que derivam segundo as leis empíricas do que serve de fundamento a título de real, ou seja, unicamente na série dos objetos da experiência. Fora desse campo, formar *opiniões* é simplesmente jogar com pensamentos, a menos que não se acredite que, ao seguir um caminho incerto, o juízo talvez encontre a verdade.

Entretanto, embora nas questões simplesmente especulativas da razão pura não haja hipóteses disponíveis para nelas basear proposições, as hipóteses ainda são totalmente permissíveis para o propósito de defender as proposições, ou seja, na prática polêmica e não na prática dogmática. Por defesa de proposições não quero dizer aumentar as provas de suas afirmações, mas simplesmente anular as razões aparentes pelas quais o adversário pretende destruir a nossa própria afirmação. Ora, todas as proposições sintéticas da razão pura têm isto de particular, que se aquele que afirma a realidade de certas ideias nunca saiba o suficiente para tornar a sua proposição segura, de outro lado, o adversário não saberia mais para suportar o contrário. A razão humana mantém a balança igual dos dois lados; ela não favorece nenhuma das duas partes no conhecimento especulativo e, consequentemente, é o campo de batalha adequado para seus intermináveis conflitos. Mas mostraremos a seguir que, no entanto, com relação ao *uso prático*, a razão tem o direito de admitir alguma coisa que ela não estaria absolutamente autorizada a assumir sem provas suficientes no campo da simples especulação, porque todas as suposições desse gênero fazem falta à perfeição da especulação, cujo interesse prático não se preocupa nem um pouco. No campo prático, a razão tem o direito de posse do qual não precisa provar a legitimidade e do qual ela não poderia, de fato, comprovar. Portanto, a tarefa da prova pertence ao adversário, e, como ele conhece tão pouco do objeto colocado em dúvida, ao tentar demonstrar a sua não-existência, assim como é o primeiro em afirmar a sua realidade, é evidente que a vantagem está do lado daquele que afirma alguma coisa a título de suposição praticamente necessária *(melior est conditio possidentis)*. De fato, ele está livre de recorrer para defender a boa causa como se estivesse em estado de legítima defesa, com os mesmos meios que o adversário utiliza contra essa mesma causa, ou seja, hipóteses que não podem absolutamente servir para fortificar a prova, mas somente para mostrar que o adversário conhece muito pouco a respeito do objeto em debate para poder gabar-se de uma vantagem com respeito ao conhecimento especulativo.

    Portanto, as hipóteses são permitidas no campo da razão pura somente em qualidade de armas de guerra; elas não servem para estabelecer um direito, mas somente para defendê-lo. Mas aqui devemos sempre buscar o adversário em nós mesmos. Pois a razão especulativa em sua prática transcendental é *em si mesma* dialética. As objeções que poderíamos temer encontram-se em nós mesmos. Devemos procurá-las como faríamos com antigas pretensões que jamais caducam, a fim de suprimi-las e assim estabelecer uma paz permanente. A aquiescência é simplesmente aparente. A raiz das hostilidades que reside na natureza da razão humana deve ser extirpada; mas como poderíamos extirpá-la se não lhe proporcionamos a liberdade e até mesmo os meios que lhe são necessários para se revelar e, assim que a descobríssemos, pudéssemos destruí-la completamente? Portanto, devemos imaginar objeções que o adversário nunca teria imaginado e emprestar-lhe, de fato, as nossas armas, concedendo-lhe a posição mais favorável que ele possa desejar. Nada temos a temer com tudo isso, mas muito por esperar, e quero dizer que devemos procurar assim uma posse que nunca mais seja contestada.

Para nos armarmos completamente precisaremos também das hipóteses da razão pura; embora elas somente sejam armas de chumbo (porque nunca são enganadas por qualquer lei da experiência), no entanto, elas são sempre tão poderosas quanto aquelas utilizadas por qualquer adversário contra nós.

Portanto, quando admitimos (para algum outro ponto de vista não-especulativo) uma natureza da alma imaterial e não sujeita às mudanças do corpo, encontramos essa dificuldade que, no entanto, a experiência parece provar que o acréscimo e o decréscimo de nossas faculdades espirituais sejam simplesmente modificações diversas de nossos órgãos; podemos enfraquecer a força dessa prova admitindo que o nosso corpo nada mais é que o fenômeno fundamental ao qual, no estado atual (na vida), serve de condição para o poder inteiro da sensibilidade e, com ele, todo pensamento. Portanto, a separação do corpo pode ser considerada como o fim dessa prática sensível de nossa faculdade de conhecimento e o início da prática intelectual. O corpo não seria então a causa do pensamento, mas a condição restritiva do pensamento e, por conseguinte, seria preciso considerá-lo, sem dúvida, como um instrumento da finalidade sensível e animal, mas, por esse mesmo fato, um obstáculo para a vida pura e espiritual. A dependência do animal e do sensível com relação à constituição corpórea nada provaria para a dependência de toda a nossa vida inteira com relação ao estado de nossos órgãos. Mas podemos ainda ir mais longe e encontrar novas dúvidas que não foram propostas ou que até agora jamais foram suficientemente desenvolvidas.

O que há de contingente nas gerações que, tanto nos homens quanto nas criaturas não-racionais, depende de oportunidades e frequentemente também da suficiência de alimento, do modo de vida com seus caprichos e suas fantasias e até mesmo do vício, constitui também uma grande dificuldade contra a opinião da duração eterna de uma criatura cuja vida iniciou-se primeiramente em circunstâncias tão insignificantes e tão inteiramente deixadas à nossa liberdade. Quanto à continuidade de toda a espécie (aqui na Terra), essa dificuldade tem pouca importância, porque no caso individual o acidente ainda está sujeito a uma lei geral; mas em relação a cada indivíduo parece certamente duvidoso esperar um efeito tão considerável de causas tão medíocres. Ora, contra essa dificuldade podemos invocar esta hipótese transcendental: que toda a vida é propriamente inteligível e não é absolutamente sujeita às vicissitudes do tempo;

que ela não começou com o nascimento e não terminará com a morte; que esta vida nada mais é que um simples fenômeno, ou seja, uma representação sensível da vida puramente espiritual e que o mundo sensível é uma simples imagem que se oferece ao nosso modo atual de conhecer e que, assim como uma mentira, não possui em si uma realidade objetiva; que, se pudéssemos intuir as coisas e a nós mesmos *como elas são e como nós somos*, enxergaríamo-nos em um mundo de naturezas espirituais onde a verdadeira comunidade não se originou com o nascimento e não deve ter fim com a morte, pois tanto o nascimento como a morte são simples fenômenos.

Apesar de nada sabermos de tudo que aqui pleiteamos hipoteticamente para poder rechaçar todo ataque sem nada afirmarmos seriamente e, apesar disso tudo não ser nem mesmo uma ideia racional, mas simplesmente um conceito *imaginado* para a nossa defesa, prosseguimos então de maneira totalmente conforme à razão, pois ao adversário que pensa ter esgotado toda possibilidade alegando falsamente a falta de condições empíricas dessa possibilidade como prova da inteira impossibilidade daquilo em que nós acreditamos, demonstramos somente que ele não pode mais abarcar, pelas simples leis da experiência, o campo inteiro das coisas possíveis em si, cuja posse assegurada para a nossa razão somente podemos adquirir fora da experiência. Quem utilizar esses meios hipotéticos para enfrentar as pretensões de um adversário convicto da negação não deve por isso ser considerado um homem que queira apropriar-se delas como suas verdadeiras opiniões. Ele as abandona assim que descarta a presunção dogmática de seu adversário. De fato, caso nos mostremos modestos e moderados quando nos limitamos a rejeitar e a negar as afirmações alheias, desde que queiramos fazer valer suas objeções em qualidade de provas do contrário, emitimos uma pretensão tão orgulhosa e imaginária como se tivéssemos abraçado o partido da afirmação.

Portanto, é evidente que na prática especulativa da razão, as hipóteses não possuam nenhuma validade como opiniões em si, mas simplesmente com relação a pretensões transcendentais opostas. De fato, estender os princípios da experiência possível à possibilidade das coisas em geral não é menos transcendente que afirmar a realidade objetiva de conceitos que somente podem encontrar seus objetos fora dos limites de toda experiência possível. O que a razão pura julga assertoricamente (como tudo que a razão conhece) deve ser necessário ou então não é absolutamente nada. Portanto, na realidade ela não encerra nenhuma opinião.

Mas as hipóteses aqui referidas são unicamente juízos problemáticos que, ao menos, não são refutados, embora não possam evidentemente ser comprovados e que, por conseguinte, são puras *(reine)* opiniões privadas, apesar de poderem facilmente escapar (mesmo do ponto de vista da tranquilidade interna) aos escrúpulos que as perseguem. É preciso conservar-lhes essa qualidade e tomar o cuidado para que não sejam dadas como prováveis em si mesmas e como possuindo uma validade absoluta, e para que elas não sufoquem a razão com ficções e ilusões.

QUARTA SEÇÃO

Disciplina da razão pura
com relação às suas demonstrações

As provas das proposições transcendentais e sintéticas têm isso de particular entre todas as provas de um conhecimento sintético *a priori*, que a razão por meio de seus conceitos, não deve aplicar-se diretamente ao objeto, mas demonstrar anteriormente *a priori* a validade objetiva dos conceitos e a possibilidade de sua síntese. Essa não é simplesmente uma regra tornada necessária simplesmente por considerações de prudência, mas é essencial para a própria possibilidade das provas. Sair *a priori* do conceito de um objeto não é possível sem a ajuda de algum tipo de orientação encontrado fora desse conceito. Na Matemática é a intuição *a priori* que orienta a minha síntese e, dessa forma, todas as conclusões podem ser extraídas imediatamente da intuição pura. No conhecimento transcendental, onde simplesmente temos de tratar com conceitos do entendimento, essa regra é a experiência possível. De fato, a prova não mostra que o conceito dado (por exemplo, aquele do que acontece) conduz diretamente a outro conceito (ao de uma causa), pois essa transição seria um salto que não saberíamos justificar; mas ela mostra que a própria experiência e, por conseguinte, o objeto *(Objekt)* da experiência seria impossível sem tal conexão. A prova deveria então mostrar, ao mesmo tempo, a possibilidade de acontecer sinteticamente e *a priori* para um certo conhecimento das coisas que não estava contido em seu conceito. Sem esse cuidado, como águas que rompem violentamente seus diques e se espalham pelos campos, as provas se precipitam onde a inclinação de uma associação oculta as levam aleatoriamente. A ilusão da convicção que se baseia sobre causas subjetivas da associação, e que é considerada como percepção de uma afinidade natural, não saberia equilibrar o escrúpulo que surgiria justamente de um passo tão arriscado. A esse respeito, de acordo com o que todos os envolvidos admitiram em geral, todas as tentativas para provar o princípio da razão suficiente foram infrutíferas. Antes do aparecimento da crítica transcendental, como esse princípio fundamental não podia ser abandonado, foi considerado melhor apelar com ousadia ao sentido comum (refúgio que prova sempre que a causa da razão é duvidosa) em vez de tentar novas provas dogmáticas.

Mas se a proposição a ser comprovada é uma afirmação da razão pura e se eu estiver me propondo a passar além dos meus conceitos empíricos por meio de simples ideias, a legitimação desse passo em uma síntese (supondo que seja possível) é muito mais necessária, como pré-condição de qualquer tentativa para comprovar a própria proposição. E assim, por mais plausível que possa ser a alegada prova da demonstração da natureza simples de nossa substância pensante, demonstração derivada da unidade da apercepção, ela se depara com uma dificuldade inevitável: é que, como a simplicidade absoluta não é um conceito que se possa relacionar imediatamente a uma percepção, mas como ideia deveria ser simplesmente inferida, não é possível enxergar como a simples consciência que é ou que, pelo menos, possa ser contida *em todo pensamento,* embora seja uma simples representação, ela deve me conduzir à consciência e ao conhecimento de uma coisa *na qual* somente o pensamento pode ser contido. De fato, se eu represento para mim mesmo a força de um corpo em movimento, para mim o corpo é uma unidade absoluta e minha representação dele é simples; portanto, posso expressar essa força pelo movimento de um ponto, pois o volume do corpo aqui não é uma consideração relevante e pode ser pensado, sem redução da força do movimento, tão pequeno quanto eu queira e até mesmo como existindo em um ponto. No entanto, eu não posso concluir disso que se nada me fosse dado senão a força motriz de um corpo, eu poderia pensar o corpo como substância simples, simplesmente porque sua representação faz abstração de toda magnitude do conteúdo espacial e, por conseguinte, é simples. Ora, como o simples na abstração é totalmente diferente do simples como objeto e que o "eu" considerado na abstração não contém *em si* qualquer diversidade, ele pode ser considerado em seu outro sentido, como significando a própria alma; trata-se de um conceito muito complexo, ou seja, contendo e designando muitas coisas *sob ele mesmo* e que aqui indica um paralogismo. Mas para podermos nos armar contra esse paralogismo (pois sem qualquer pré-aviso não teríamos qualquer suspeita a respeito da prova) é indispensavelmente necessário ter constantemente à mão um critério da possibilidade das proposições sintéticas que devem provar mais do que a experiência possa proporcionar; esse critério consiste em não relacionar diretamente à prova o predicado desejado, mas somente relacioná-lo por meio de um princípio da possibilidade de estender *a priori* o nosso conceito dado até às ideias e de realizá-las. Se usássemos sempre essa precaução, se, antes de procurar a prova, começássemos por examinar sabiamente em si mesmo, como e com que motivo de esperança podemos esperar da razão pura essa extensão e, neste caso, por meio desta percepção que não pode ser derivada nem pode ser antecipada em relação à experiência possível, economizaríamos muitos esforços penosos mas estéreis, pois não atribuiríamos mais à razão o que é manifestamente acima de seu poder, ou então submeteríamos à disciplina da temperatura essa faculdade que não se modera voluntariamente nos impulsos provocados pelo seu desejo da extensão especulativa.

Portanto, a *primeira* regra é não tentar qualquer prova transcendental sem antes ter refletido e sem se ter dado conta da fonte da qual derivaremos os princípios sobre os quais queremos baseá-la e do direito que autoriza a esperar dela um bom resultado de suas conclusões. Caso se trate de princípios do entendimento (por exemplo, daquele da causalidade) é inútil querer chegar por meio deles a ideias da razão pura, pois eles são válidos somente para objetos da experiência possível. Se, ao contrário, se tratar de princípios derivados da razão pura, todo esforço é perdido. Pois a razão, sem dúvida, tem princípios desse gênero, mas como princípios objetivos eles todos são dialéticos e não podem, em todos os casos, ter validade senão como princípios reguladores da prática sistemática da experiência. Mas se essas pretensas provas forem propostas, é preciso então enfrentar seu poder enganoso de persuasão com o *non-liquet* de nosso juízo amadurecido e, apesar do fato de que não possamos ainda detectar a ilusão envolvida, estamos ainda em nosso direito de exigir que nos forneçam a dedução dos princípios neles utilizados e, se esses princípios tiverem sua fonte unicamente na razão, a nossa exigência jamais será cumprida. E assim, não temos necessidade de nos preocupar em desenvolver e refutar cada ilusão falsa; podemos, ao contrário, desprezar de uma só vez toda essa dialética inesgotável de artifícios diante do tribunal de uma razão crítica que insiste nas leis.

A *segunda* peculiaridade das demonstrações transcendentais é que para cada proposição transcendental somente é possível encontrar *uma só* prova. Quando eu não devo inferir de conceitos, mas da intuição que corresponda a um conceito – que seja uma intuição pura, como na Matemática, ou uma intuição empírica, como na física – então a intuição que serve de base me fornece uma matéria diversa para as proposições sintéticas que eu posso conectar de várias formas e, como posso começar a partir de mais de um ponto, posso chegar à mesma proposição por diferentes caminhos.

Mas toda proposição transcendental começa unicamente de um só conceito e ela exprime a condição sintética da possibilidade do objeto de acordo com esse conceito. Portanto, só pode ter nele um só argumento porque fora desse conceito não há nada por meio do qual o objeto possa ser determinado e, por conseguinte, a prova não pode encerrar nada mais que a determinação de um objeto em geral, de acordo com esse conceito que também é único. Na Analítica transcendental, por exemplo, derivamos este princípio de que "tudo que acontece tem uma causa", da condição única da possibilidade objetiva de um conceito do que acontece em geral, ou seja, demonstrando que a determinação de um evento no tempo e portanto, o evento como pertencendo à experiência, seria impossível se não fosse subordinado a uma regra dinâmica desse gênero. Ora, também é o único argumento possível, pois é somente porque um objeto é determinado para o conceito por meio da lei da causalidade que o evento representado possui uma validade objetiva, ou seja, da verdade. É verdade que outras provas foram tentadas para esse princípio, aquelas que derivam, por exemplo, da contingência; mas considerando-as mais de perto, não é possível encontrar nelas outros critérios de contingência senão o *fato de acontecer*, ou seja, a existência precedida da não-existência do objeto; e assim, voltamos sempre ao mesmo argumento. Quando se trata de provar esta proposição: "tudo o que pensa é simples", não nos detemos ao que há de diverso no pensamento, mas nos ligamos simplesmente ao conceito do "eu" que é simples e ao qual toda ação do pensamento deve ser reconduzida. O mesmo ocorre com a prova transcendental da existência de Deus, que se baseia unicamente na reciprocidade dos conceitos do Ser soberanamente real e necessário, e que não deve ser procurada em qualquer outro lugar.

Essa observação preventiva reduz a bem pouca coisa a crítica das afirmações da razão. Onde a razão faz a sua obra com simples conceitos, uma só prova é possível, se todavia possa haver uma que o seja. Assim, quando vemos o dogmático apresentar dez provas, podemos ter certeza de que não tem nenhuma. De fato, se ele tivesse uma que demonstrasse apodicticamente (como deve ser o caso nas coisas da razão pura), que necessidade ele teria de outras? Seu objetivo, como aquele de um advogado, é simplesmente ter um argumento diferente para cada indivíduo, ou seja, aproveitar-se da fraqueza de seus juízes que, sem se aprofundar demais na causa e querendo rapidamente definir o caso, baseiam-se no primeiro argumento que lhes cai nas mãos e decidem em consequência.

A *terceira* regra particular da razão pura, quando ela é subordinada a uma disciplina em relação às provas transcendentais, é que as suas provas nunca devem ser *apagógicas,* mas sempre *ostensivas.* A prova direta ou ostensiva, em toda espécie de conhecimento, é aquela que junta à convicção da verdade a percepção das fontes dessa verdade, enquanto a prova apagógica pode, sem dúvida, produzir a certeza, mas não a compreensão da verdade do ponto de vista da conexão das razões de sua possibilidade. É por isso que essas últimas espécies de provas são mais uma ajuda em caso de urgência do que um procedimento que satisfaça a todas as percepções da razão. Entretanto, elas têm, com relação à evidência, uma vantagem sobre as provas diretas, no fato de que a contradição leva sempre consigo mais clareza na representação que a melhor síntese não saberia fazer e que ela se aproxima ainda mais da certeza intuída de uma demonstração.

O verdadeiro motivo das provas apagógicas serem utilizadas em diversas ciências é que, quando os princípios dos quais é preciso derivar certo conhecimento são numerosos ou profundamente ocultos, procuramos verificar se não se poderia consegui-lo por meio das consequências. Ora, o *modus ponens* que infere a verdade de um conhecimento a partir da verdade de suas consequências somente é permitido se todas as consequências possíveis que delas decorram são verdadeiras; pois então não pode haver senão um só princípio que é, por conseguinte, o verdadeiro. Mas esse procedimento é impraticável porque está acima de nossas forças percebermos todas as consequências possíveis de uma proposição admitida, qualquer que ela seja; no entanto, servimo-nos dessa maneira de raciocinar, embora com certa modificação especial, quando se trata de comprovar simplesmente alguma coisa a título de hipótese, ao admitir esse raciocínio por analogia que, se todas as consequências que examinamos concordem com o princípio admitido, todas as outras consequências possíveis deverão também concordar com ele. É por isso que uma hipótese nunca pode ser assim transformada em verdade demonstrada. O *modus tollens* dos raciocínios que inferem consequências aos princípios não somente prova rigorosamente, mas ainda com muita facilidade. Pois é suficiente que uma só consequência falsa possa ser derivada de um princípio para que esse princípio seja falso. Se, em lugar de pesquisar em uma prova ostensiva toda a série dos princípios que podem conduzir à verdade de um conhecimento graças à completa inteligência de sua possibilidade, encontrarmos uma só consequência falsa entre aquelas que decorrem do princípio contrário, esse contrário também é falso e, por conseguinte, o conhecimento que havíamos comprovado é verdadeiro.

Mas a demonstração apagógica somente pode ser permitida nas ciências onde é impossível *substituir* o subjetivo de nossas representações pelo objetivo, e refiro-me ao conhecimento que está no objeto. Onde domina o objetivo deve acontecer frequentemente, ou pode ocorrer o contrário, que certa proposição contradiga simplesmente as condições subjetivas do pensamento, mas não o objeto, ou então que as duas proposições se contradigam mutuamente sob uma condição subjetiva que se considere falsamente como objetiva; e que, como a condição é falsa, as duas podem ser falsas, sem que da falsidade de uma a verdade da outra possa ser deduzida.

Na Matemática essa sub-repção é impossível; é por isso que as provas apagógicas encontram nela o seu lugar verdadeiro. Na Física, onde tudo se baseia sobre intuições empíricas, essa sub-repção pode, na maioria das vezes, ser prevenida por um grande número de observações comparadas; no entanto, essa argumentação, quase sempre, não tem validade nenhuma. Mas as tentativas transcendentais da razão pura são todas feitas no domínio da ilusão dialética, ou seja, no subjetivo que se oferece ou até mesmo se impõe à razão como objetivo em suas premissas. Ora, no que diz respeito às proposições sintéticas, não pode ser aqui permitido justificar suas afirmações ao refutar-lhe o contrário. De fato, ou essa refutação nada mais é que a simples representação do conflito da opinião oposta com as condições subjetivas, de acordo com as quais qualquer coisa pode ser concebida por nossa razão (assim como, por exemplo, devemos reconhecer que, embora a necessidade incondicionada da existência de um ser seja para nós totalmente inconcebível, e que é justo opor-se a toda prova especulativa de um Ser Supremo necessário com uma base *subjetiva*, no entanto, não temos o direito de negar a possibilidade desse ser primordial *em si mesmo*); ou então as duas partes, tanto aquela que afirma quanto aquela que nega, enganadas pela ilusão transcendental, tomam por base um conceito impossível do objeto, e então aplica-se a regra *non entis nulla sunt praedicata*, ou seja, que aquilo que se afirma e o que se nega do objeto é, de parte e de outra, inexata, e que é impossível chegar apagogicamente por meio da refutação do contrário, ao conhecimento da verdade. E assim, caso se suponha, por exemplo, que o mundo sensível é dado em *si* quanto à sua totalidade, ele é falso, pois ou deve ser infinito no espaço, ou então finito e limitado; mas as duas suposições são falsas. Pois os fenômenos (como simples representações) que, no entanto, seriam dados *em si* (como objetos = *Objekte*) é algo impossível, e o infinito desse todo imaginário seria incondicionado, mas (como nos fenômenos tudo é condicionado) ele seria contraditório com a determinação quantitativa incondicionada que, no entanto, é pressuposta no conceito.

  A demonstração apagógica da prova também é o verdadeiro prestígio ao qual se deixaram prender aqueles que admiram a solidez dos nossos pensadores dogmáticos; ela é, por assim dizer, a defensora que quer provar a honra e o direito incontestáveis do partido que abraçou, lutando contra todos aqueles que os questionam, embora essa fanfarronada nada prove quanto ao mérito da questão, mas somente diz respeito à garra dos respectivos adversários ou unicamente à força dos agressores. Os espectadores, observando alternadamente vencedor e vencido, aproveitam frequentemente para duvidar de forma cética do próprio objeto da contenda. Entretanto, eles não têm razão, e é suficiente para declarar aos contendores: *Non defensoribus istis tempus eget*. Cada um deve defender a sua causa por meio de uma prova conduzida legitimamente pela dedução transcendental dos argumentos, ou seja, diretamente, para que se veja o que suas pretensões racionais podem alegar em seu favor. De fato, se o adversário se apoiar em princípios subjetivos, ele pode facilmente refutá-los, mas sem que o dogmático possa derivar qualquer vantagem, pois ele está mesmo preso geralmente aos princípios subjetivos do juízo, podendo ser igualmente encurralado pelo seu adversário. Mas se as duas partes prosseguirem pelo método direto, ou elas mesmas descobrirão a dificuldade e até mesmo a impossibilidade de demonstrar a base de suas afirmações e serão deixadas com o único recurso de apelar a alguma autoridade formal, ou então a crítica descobrirá facilmente a ilusão dogmática e obrigará a razão pura a abandonar suas pretensões exageradas na prática especulativa e a se fechar dentro dos limites do domínio que lhe é próprio, refiro-me aos princípios práticos.

Capítulo Segundo

O CÂNON DA RAZÃO PURA

É humilhante para a razão humana não realizar nada em sua prática pura e ainda precisar de uma disciplina que reprima suas extravagâncias e impeça as ilusões que delas resultem. Mas, por outro lado, há alguma coisa que a eleva e faz com que recupere a confiança em si mesma: é ver que ela mesma pode e deve aplicar essa disciplina sem admitir outra censura. Acresçamos a isso que os limites que ela é obrigada a impor à sua prática especulativa limitam ao mesmo tempo as pretensões sofísticas de todos os seus adversários e, portanto, podem assegurar contra todos os ataques tudo o que ainda possa restar à razão de suas pretensões anteriormente exageradas. O maior e talvez o único proveito da Filosofia da razão pura é, sem dúvida, negativo; é que ela não é um órgão que serve para ampliar os conhecimentos, mas uma disciplina que serve para determinar-lhe os limites e, em vez de descobrir a verdade, ela somente possui o mérito silencioso de prevenir os erros.

Entretanto, deve haver uma fonte de conhecimentos positivos que pertençam ao domínio da razão pura e que provavelmente são motivo de erros pelo efeito de um mal-entendido, mas que na realidade constituem o objetivo almejado pela razão. Pois, do contrário, a que causa atribuir o desejo inesgotável de encontrar um terreno seguro além dos limites da experiência? Ela pressente objetos que têm por ela um grande interesse. Ela penetra no caminho da especulação pura para se aproximar deles;

mas eles fogem diante dela. Ela pode, sem dúvida, esperar uma sorte melhor no único caminho que ainda lhe resta, aquele do uso *prático*.

Entendo por cânon o conjunto dos princípios *a priori* para a prática legítima de certas faculdades do conhecimento em geral. Assim, a Lógica geral em sua parte analítica é um cânon para o entendimento e para a razão em geral, mas somente quanto à forma, pois ela faz abstração de todos os conteúdos. Desse modo, a Analítica Transcendental foi o cânon do *entendimento* puro; este, de fato, é o único capaz de verdadeiros conhecimentos sintéticos *a priori*. Mas onde não é possível qualquer prática legítima de uma faculdade do conhecimento, não há nenhum cânon. Ora, todo conhecimento sintético da *razão* pura em sua prática especulativa, de acordo com as provas apresentadas até aqui, é absolutamente impossível. Portanto, não há cânon da prática especulativa da razão (pois esta prática é totalmente dialética), e toda lógica transcendental, a partir deste ponto de vista, nada mais é que disciplina. Consequentemente, se em qualquer lugar houver uma prática legítima da razão pura, neste caso também deve haver um *cânon* dessa razão que não deverá dizer respeito à prática especulativa, mas ao *uso prático da razão*, que agora é preciso investigar.

PRIMEIRA SEÇÃO

Objetivo final da prática pura de nossa razão

A razão é impelida por uma tendência de sua natureza a sair da experiência para lançar-se, em uma prática pura e com a ajuda de simples ideias, até os limites extremos de todo conhecimento e a somente se satisfazer com a realização de seu complexo em um todo sistemático subsistindo por si mesmo. Ora, essa tendência estaria ela simplesmente baseada no interesse especulativo da razão ou unicamente em seu interesse prático?

Deixarei de lado o sucesso que a razão pura tem, do ponto de vista especulativo, para tratar dos problemas cuja solução constitui o seu objetivo final – quer ela possa alcançá-lo, quer não – objetivo com relação ao qual todos os outros devem ser considerados como simples meios. Por sua vez, esses objetivos supremos, segundo a natureza da razão, devem ter sua unidade a fim de fazer progredir em comum esse interesse da humanidade que não é subordinado a nenhum outro mais elevado.

O objetivo final ao qual definitivamente se reporta a especulação da razão na prática transcendental diz respeito a três objetos: a liberdade da vontade, a imortalidade da alma e a existência de Deus. Com relação a esses três objetos, o interesse simplesmente especulativo da razão é muito fraco e, em vista desse interesse, dificilmente empreenderíamos um trabalho tão cansativo e tão cheio de obstáculos quanto aquele da investigação transcendental, porque é impossível fazer de todas as descobertas que poderíamos empreender a esse respeito qualquer uso que prove sua utilidade *in concreto*, ou seja, no estudo da natureza. Mesmo admitindo que a vontade seja livre, isso somente diz respeito à causa inteligível de nossa volição. Quanto às manifestações fenomenais da vontade, ou seja, as ações, uma máxima inviolável, sem a qual não poderíamos aplicar qualquer prática empírica da razão, estabelece uma lei de acordo com a qual devemos explicar essas manifestações da mesma forma que explicamos todos os outros fenômenos da natureza, ou seja, segundo as leis imutáveis da natureza. Em segundo lugar, admitindo que a natureza espiritual da alma pudesse ser apercebida (e com ela, a sua imortalidade), não saberíamos, no entanto, fazer qualquer uso dessa apercepção para explicar os fenômenos da vida presente e tampouco a natureza específica da vida futura, porque o conceito que temos de uma natureza incorpórea é negativo e em nada amplia o nosso conhecimento, pois ele contém nenhuma matéria da qual pudéssemos derivar outras consequências senão aquelas que somente teriam a validade de ficções que não poderiam ser sancionadas pela Filosofia. Em terceiro lugar, se a existência de um Ser Supremo fosse comprovada, poderíamos compreender, sem dúvida, a finalidade na disposição e na ordem do mundo em geral, mas não estaríamos absolutamente autorizados a derivar dela qualquer disposição ou ordem particulares nem tampouco a inferi-los audaciosamente onde não são percebidos, porque se trata de uma regra necessária da prática especulativa da razão que é a de não passar por cima das causas naturais e de não abandonar o que pode nos ser instruído pela experiência para deduzir alguma coisa que conhecemos de algo que transcende todos os nossos conhecimentos. Resumindo, essas três proposições permanecem sempre transcendentes para a razão especulativa e não permitem qualquer prática imanente, ou seja, a prática em relação a objetos da experiência e, por conseguinte, de alguma maneira realmente útil para nós; mas, essas proposições consideradas em si mesmas, apesar dos grandes esforços que elas impõem à nossa razão, são totalmente inúteis.

Portanto, se essas três proposições cardeais não forem absolutamente necessárias do ponto de vista do *saber* e, no entanto, se elas nos forem fortemente recomendadas pela nossa razão, sua importância deverá propriamente referir-se unicamente à ordem *prática*.

Considero "prático" tudo que seja possível através da liberdade. Ora, se as condições do exercício de nosso livre arbítrio forem empíricas, a razão somente pode ter uma prática reguladora a seu respeito e pode servir unicamente para efetuar a unidade de leis empíricas. É assim, por exemplo, que na doutrina da prudência, a união de todas as finalidades nos são dadas por nossas tendências em uma só finalidade: a *felicidade* e a coordenação dos meios para alcançá-la constituem toda a obra da razão que, para esse efeito, só pode fornecer leis *pragmáticas* de nossa conduta livre, próprias para nos fazer alcançar as finalidades que nos são recomendadas pelos sentidos, mas não pode fornecer leis puras completamente determinadas *a priori*. Leis desse último tipo, leis práticas puras cujo objetivo é dado completamente *a priori* pela razão e que dirigem, não de maneira empiricamente condicionada, mas de forma absoluta, seriam produtos da razão pura. Ora, essas são as leis *morais* que pertencem tão-somente ao uso prático da razão pura e comportam um cânon.

Todo o equipamento da razão na disciplina que podemos chamar de Filosofia pura tem de fato por objetivo os três problemas enunciados. Entretanto, estes, por sua vez, têm ainda outra finalidade, a saber: *o que é preciso fazer* se a vontade estiver livre, se existir um Deus e se houver uma vida futura. Ora, como aqui se trata da nossa conduta em relação à finalidade suprema, o objetivo final das sábias disposições da natureza previdente na constituição de nossa razão pertence unicamente à Moral.

Mas como temos em vista um objeto que é estranho(*) à Filosofia transcendental, é preciso tomar cuidado para não nos desviarmos em episódios para detrimento da unidade do sistema, assim como para não tirar

---

(*) Todos os conceitos práticos se relacionam com os objetos da satisfação ou da aversão, ou seja, do prazer ou da dor, e, consequentemente, pelo menos indiretamente com os objetos do nosso sentimento. Mas como o sentimento não é uma faculdade representativa das coisas e se encontra fora da faculdade inteira do conhecer, os elementos dos nossos juízos, desde que se relacionem ao prazer ou à dor, pertencem à Filosofia prática e não à Filosofia transcendental em seu conjunto, que só se ocupa dos conhecimentos puros *a priori*.

nada da clareza ou da persuasão, dizendo muito pouco a respeito desse novo tópico. Espero evitar esses dois perigos mantendo-me o mais próximo do transcendental e deixando inteiramente de lado o que poderia haver aqui de psicológico, ou seja, de empírico.

Devo observar primeiro que doravante não utilizarei mais o conceito da liberdade senão no sentido prático e que aqui deixo de lado, como comentei anteriormente, o sentido transcendental desse conceito que não pode ser empiricamente pressuposto como um princípio de explicação dos fenômenos, mas que aqui é um problema para a razão. De fato, uma vontade *simplesmente animal (arbitrium brutum)* é aquela que somente pode ser determinada pelos impulsos sensíveis, ou seja, *patologicamente*. Mas aquela que pode ser determinada independentemente dos impulsos sensíveis, ou seja, por meio de motivos que são representados unicamente pela razão, recebe o nome de *livre-arbítrio (arbitrium liberum)*, e tudo que lhe é relacionado, seja como princípio, seja como consequência, é chamado de *prático*. A liberdade prática pode ser demonstrada pela experiência. Pois não é simplesmente o que atrai, ou seja, o que afeta imediatamente os sentidos, que determina a vontade humana; ao contrário, temos a faculdade de superar por meio das representações do que é útil ou nocivo, até mesmo de maneira indireta, as impressões produzidas sobre a nossa faculdade sensível do desejo; mas essas reflexões sobre o que é desejável em relação a todo o nosso estado, ou seja, sobre o que é bom e útil, baseiam-se na razão. É por isso que a razão promove leis que são imperativas, ou seja, *leis* objetivas da *liberdade* que exprimem *o que deve acontecer*, embora isso provavelmente possa nunca ocorrer, distinguindo-se assim das *leis naturais* que somente tratam *do que acontece* e que, por este motivo, também são chamadas de leis práticas.

Mas a questão de saber se a própria razão, nas ações pelas quais ela estabelece as leis, não seria determinada por sua vez por outras influências e se o que se chama liberdade em relação aos impulsos sensíveis não poderiam novamente ser natureza em relação a causas eficientes mais elevadas e mais remotas, essa questão não nos diz respeito do ponto de vista prático, pois nada pedimos à razão senão a *regra* da conduta; essa é uma questão simplesmente especulativa que podemos deixar de lado desde que estejamos considerando o que deve e o que não deve ser feito. Pela experiência já reconhecemos a liberdade prática como uma das causas naturais, ou seja, uma causalidade da razão na determinação da vontade; enquanto a liberdade transcendental exige uma independência dessa mesma razão (do ponto de vista de sua causalidade ao iniciar uma série de fenômenos) em relação a todas as causas determinantes do mundo sensível e que, a esse respeito, ela parece ser contrária à lei da natureza e, por conseguinte, a toda experiência possível, e, portanto, permanece em estado de problema. No entanto, esse problema não pertencendo à razão no uso prático e em um cânon da razão pura, só precisamos nos preocupar com duas questões que dizem respeito ao interesse prático da razão pura e com relação às quais um cânon desse uso deve ser possível, a saber: Existe um Deus? Existe uma vida futura? A questão relativa à liberdade transcendental diz respeito unicamente ao saber especulativo e podemos deixá-la de lado como totalmente indiferente quando se trata do que é prático; quanto ao resto, já demos explicações suficientes sobre o assunto na Antinomia da Razão Pura.

SEGUNDA SEÇÃO

Do ideal do Bem Supremo como princípio que determina o fim supremo da razão

Em sua prática especulativa, a razão nos conduziu pelo campo das experiências, e como não podia encontrar uma satisfação completa nesse campo, ela nos levou às ideias especulativas que por sua vez nos reconduziram à experiência e que, desta forma, cumpriram seu objetivo de forma útil, mas de forma alguma de acordo com nossas expectativas. Ora, resta-nos ainda uma tentativa a fazer, que é de indagar se a razão pura também poderia encontrar-se no uso prático e se nesse uso ela nos conduz para as ideias que alcançam os objetivos supremos da razão pura que acabamos de indicar, e se a razão não poderia, portanto, do ponto de vista de seu interesse prático, proporcionar o que ela nos recusa completamente do ponto de vista da prática especulativa.

Todos os interesses de minha razão (tanto especulativa quanto prática) estão contidos nessas três questões:

1. *O que posso saber?*
2. *O que devo fazer?*
3. *O que me é permitido esperar?*

A primeira questão é simplesmente especulativa. Posso me orgulhar pelo fato de termos esgotado todas as respostas relativas a essa questão, encontrando enfim aquela resposta com a qual a razão é obrigada a se satisfazer e pela qual ela tem, de resto, todos os motivos de ficar satisfeita desde que não se envolva com o interesse prático. Entretanto, ficamos muito afastados das duas grandes finalidades para as quais tende todo o esforço da razão pura, como se por comodidade tivéssemos nos recusado a empreender esse trabalho de investigação desde o começo. Portanto, caso se trate do conhecimento, isto pelo menos é certo e bem estabelecido que, com respeito a essas duas questões, este conhecimento para nós é inalcançável.

A segunda questão é puramente prática. Como tal, ela pode realmente se enquadrar no escopo da razão pura, mas mesmo assim, ela não é transcendental mas moral e, por conseguinte, ela não pode em si mesma fazer parte de nossa Crítica.

A terceira questão – "se eu fizer o que devo fazer, o que me é permitido esperar?" – é tanto prática quanto teórica, de forma que a ordem prática somente serve como um indício que nos leva à resposta da questão teórica e dali para a questão especulativa. De fato, toda *esperança* tende à felicidade e a ordem prática e a lei moral têm a mesma relação que o conhecimento e a lei natural possuem em relação ao conhecimento teórico das coisas. A esperança chega finalmente à conclusão de que alguma coisa *está* (que determina o derradeiro objetivo possível), *porque alguma coisa deve acontecer*; e o conhecimento chega à conclusão de que alguma coisa *está* (que age como causa suprema), *porque alguma coisa acontece*.

A felicidade é a satisfação de todos os nossos desejos, (*extensiva* com respeito à sua variedade e à sua duração e *intensiva* quanto ao seu grau). Chamo de pragmática (regra da prudência) a lei prática que tem por motivo a *felicidade*, e moral (ou lei dos costumes), se é que existe, a lei que somente tem por motivo indicar *como podemos nos tornar dignos de ser felizes* (*die Würdigkeit, glücklich zu sein*). A primeira aconselha o que temos de fazer se quisermos alcançar a felicidade; a segunda dirige a maneira pela qual devemos nos comportar para poder merecer a felicidade. A primeira se baseia em princípios empíricos, pois somente através da experiência posso saber quais os desejos que querem ser satisfeitos e quais as causas naturais que podem operar essa satisfação. A segunda faz abstração dos desejos e dos meios naturais para satisfazê-los e considera somente a liberdade de um ser racional, em geral, e as condições necessárias sem as quais não poderia haver harmonia, segundo os princípios, entre essa liberdade e a distribuição da felicidade; por conseguinte, ela pode, no mínimo, basear-se em simples ideias da razão pura e ser conhecida *a priori*.

Admito que existam realmente leis morais puras que determinem inteiramente *a priori* (sem considerar os motivos empíricos, ou seja, a felicidade) o que deve e o que não deve ser feito, ou seja, a prática da liberdade de um ser racional em geral, e que essas leis são mandantes *de maneira absoluta* (e não simplesmente de forma hipotética, na suposição de outras finalidades empíricas) e, por conseguinte, necessárias em todos os respeitos. De direito, quero aqui sugerir essa tese pela qual posso apelar não somente às provas dos mais esclarecidos moralistas, mas ainda ao juízo moral de qualquer homem, desde que ele se esforce em pensar claramente uma lei desse gênero.

Portanto, a razão pura contém, não realmente em sua prática especulativa, mas em certo uso prático que também é moral, princípios da *possibilidade da experiência*, isto é, ações que, de acordo com os princípios morais, poderiam ser encontradas na *história* do homem. De fato, como a razão proclama que essas ações devam ocorrer, é preciso também que elas possam acontecer, então, é necessário que um tipo particular de unidade sistemática seja possível, e quero me referir à unidade moral, porquanto a unidade sistemática natural não pôde ser demonstrada *por meio de princípios especulativos* da razão, porque se a razão tem causalidade com respeito à liberdade em geral, ela não tem nenhuma com respeito à natureza como um todo. E que, se princípios morais da razão podem produzir ações livres, as leis da natureza não podem. Portanto, os princípios da razão pura, em seu uso prático e notadamente em sua prática moral, têm uma realidade objetiva.

Eu considero o mundo um *mundo moral* desde que ele esteja em conformidade com todas as leis morais (tal como ele *pode* ser de acordo com a *liberdade* dos seres racionais e como *deve* ser segundo as leis necessárias da *moralidade*). Esse mundo é, por isso, simplesmente pensado como um mundo inteligível, pois fazemos dele abstração de todas as condições (ou finalidades) da moralidade e até de todos os obstáculos que nele se encontrem (fraqueza ou corrupção da natureza humana). Nesse sentido, ele nada mais é que uma simples ideia, mas uma ideia prática que pode e deve realmente ter influência sobre o mundo sensível a fim de torná-lo, tanto quanto seja possível, conforme a essa ideia. A ideia de um mundo moral tem, portanto, uma realidade objetiva, não como se ela se reportasse a um objeto da intuição inteligível (não temos capacidade de pensar tal objeto), mas por sua relação com o mundo sensível, considerado como somente um objeto da razão pura em seu uso prático, ou seja, como um *corpus mysticum* dos seres racionais nele, desde que o livre-arbítrio de cada ser, sob o domínio das leis morais, tenha uma unidade sistemática universal tanto consigo mesmo quanto com a liberdade de qualquer outro ser.

Esta é a resposta à primeira das duas questões levantadas pela razão pura e que dizem respeito ao interesse prático: *Faça o que pode torná-lo digno de ser feliz*. Ora, a segunda questão, a saber, comportando-me de maneira digna de ser feliz, eu posso esperar conseguir a felicidade? Para responder a essa questão, trata-se de saber se os princípios da razão pura que estabelecem a lei *a priori* também incluam necessariamente essa esperança.

Eu então digo que da mesma forma que os princípios morais são necessários de acordo com a razão em seu uso *prático*, também é necessário, segundo a razão em seu uso *teórico*, admitir que todos temos condições de esperar pela felicidade na mesma medida em que cada um se torne digno por meio de sua conduta e que, por conseguinte, o sistema da moralidade é inseparavelmente ligado àquele da felicidade, mas somente na ideia da razão pura.

Ora, em um mundo inteligível, ou seja, em um mundo moral, no conceito do qual fazemos abstração de todos os obstáculos opostos à moralidade (os desejos), esse sistema de felicidade proporcionalmente ligado à moralidade pode ser concebido como necessário, pois a liberdade, de um lado instigada e de outro restringida pelas leis morais, seria ela mesma a causa da felicidade universal e, por conseguinte, os próprios seres racionais seriam, sob direção desses princípios, os autores de seu próprio bem-estar constante e, ao mesmo tempo, do bem-estar dos outros. Mas esse sistema de moralidade que se auto-recompensa é tão-somente uma ideia cuja realização se baseia na condição de que cada um *faça* o que deve fazer, ou seja, que todas as ações dos seres racionais aconteçam como se elas originassem de uma vontade suprema que nela, ou subordinada a ela, engloba todas as vontades particulares. Ora, como a obrigação que decorre da lei moral permanece válida para a prática particular da liberdade de cada um, mesmo que os outros não se conformem com essa lei, nem a natureza das coisas do mundo nem a causalidade das próprias ações e sua relação com a moralidade, determinam a maneira pela qual as suas consequências se relacionam com a felicidade, e a razão, se considerarmos a natureza como fundamento, não saberia reconhecer a conexão necessária, da qual já falamos, que existe entre a esperança de ser feliz e o esforço incessante que é feito para se tornar digno da felicidade, mas ela não pode esperá-lo senão colocando em princípio, como causa da natureza, uma *razão suprema* que governe segundo as leis morais.

A ideia de uma tal inteligência, onde a vontade moral mais perfeita, gozando da suprema felicidade, é a causa de toda a satisfação do mundo, enquanto essa felicidade está em estreita relação com a moralidade (ou seja, com o que torna digno de ser feliz), essa ideia, eu a intitulo de *ideal do bem supremo*. Portanto, a razão pura somente pode encontrar no ideal do bem supremo *original* o princípio de conectividade praticamente necessário dos dois elementos do bem supremo derivado, ou seja, de um mundo inteligível ou *moral*. Ora, como devemos nos representar a nós mesmos de maneira necessária pela razão como fazendo parte de um mundo desse tipo, embora os sentidos somente nos apresentem um mundo de fenômenos, devemos admitir esse mundo como uma consequência de nossa conduta no mundo sensível onde essa conexão entre merecimento e felicidade não é exibida e, portanto, ele é para nós um mundo futuro. Consequentemente, Deus e uma vida futura, segundo os princípios da razão pura, são duas suposições inseparáveis da obrigação que nos impõe essa mesma razão.

A moralidade em si mesma constitui um sistema, mas não ocorre o mesmo com a felicidade, a menos que a distribuição não seja exatamente proporcional à moralidade. Mas essa proporção não é possível senão no mundo inteligível regido por um sábio criador. A razão se vê forçada a admitir esse ser, assim como a vida num mundo que devemos considerar como um mundo futuro, ou de considerar as leis morais como uma ficção vazia do cérebro, pois a consequência necessária que ela mesma proporciona a essas leis deveria desaparecer sem essa suposição. É por isso que cada um considera as leis morais como *ordens*, o que não poderiam ser se elas não juntassem *a priori* às suas regras certas consequências adequadas e, por conseguinte, não levassem consigo *promessas* e *ameaças*. Mas é também o que não poderiam fazer caso não residissem em um ser necessário, como bem supremo, que é o único que pode tornar possível essa unidade em proporção (*zweckmässige*).

LEIBNIZ intitulava o mundo, desde que nele se considerem unicamente os seres racionais e suas conexões segundo as leis morais, sob o governo do bem supremo, *o reino da graça,* distinguindo-o assim do *reino da natureza* onde os seres são sujeitos às leis morais, mas não esperam qualquer outra consequência de sua conduta senão aquela que resulte do curso natural do nosso mundo sensível. Portanto, é uma ideia praticamente necessária da razão de se considerar como fazendo parte do reino da graça onde toda a felicidade nos espera, a menos que nós mesmos limitemos a nossa parte da felicidade, tornando-nos indignos da felicidade.

As leis práticas, desde que sejam ao mesmo tempo razões subjetivas de ação, ou seja, princípios subjetivos, se denominam *máximas*. A *apreciação* da moralidade, segundo a sua pureza e suas consequências, se efetua de acordo com *ideias*, mas a *observância* de suas leis ocorre de acordo com as *máximas*.

É necessário que todo o nosso modo de vida seja subordinado às máximas morais; mas, ao mesmo tempo, é impossível que isso ocorra se a razão não se conectar à lei moral que nada mais é que uma simples ideia, uma causa eficiente que determina, segundo a nossa conduta com relação a essa lei, um resultado que corresponda exatamente, seja nesta vida, seja em outra, às nossas finalidades mais elevadas. Sem um Deus e sem um mundo atualmente invisível para nós, mas que no entanto esperamos, as magníficas ideias da Moral poderiam muito bem ser objetos de aprovação e de admiração, mas não são motivos de intenção e de ação, porque elas não preenchem toda a finalidade que é natural a todos os seres racionais e que é determinada *a priori* e tornada necessária pela própria razão pura.

Mas para a nossa razão, a felicidade sozinha está longe de ser o bem supremo completo. A razão somente aprova a felicidade (por mais que a nossa tendência a deseje) desde que esteja em concordância com o merecimento de ser feliz, ou seja, com a boa conduta moral. Por outro lado, a moralidade sozinha e com ela a simples *qualidade de ser digno* de ser feliz (*Würdigkeit glücklich zu sein*), também está longe de ser o bem supremo. Para que o bem seja perfeito, é preciso que aquele que se comportou de maneira a se tornar digno da felicidade possa esperar que dela participará. A própria razão, livre de toda consideração pessoal, não pode julgar diferentemente quando, sem dizer respeito a qualquer interesse particular, ela se coloca no lugar de um ser que poderia distribuir toda a felicidade aos outros; pois, na ideia prática, os dois elementos são essencialmente ligados, mas de tal forma que é a disposição moral que condiciona e torna possível a participação da felicidade e não o contrário, ou seja, a perspectiva da felicidade, a intenção moral. De fato, nesse último caso, a intenção não seria moral e, por conseguinte, ela não seria digna de toda felicidade que não conhece outros limites senão aqueles que se originam de nossa própria conduta imoral.

Portanto, a felicidade, em proporção exata com a moralidade dos seres racionais com a qual eles se tornam dignos, constitui o único bem supremo de um mundo onde devemos, segundo os preceitos da razão pura, mas prática, nos inserir completamente e que, por evidente, mais não é que um mundo inteligível, pois o mundo sensível não nos permite atingir, da natureza das coisas, uma tal unidade sistemática de finalidades, e a realidade só pode se basear na pressuposição de um bem supremo original; uma razão subsistindo por si mesma e dotada de todo o poder de uma causa suprema que aí funda, mantém e cumpre, segundo a mais perfeita finalidade, a ordem universal das coisas, embora essa ordem nos seja profundamente oculta no mundo sensível.

Ora, essa teologia moral tem sobre a teologia especulativa essa vantagem particular que nos conduz infalivelmente ao conceito de um ser primordial *único, soberanamente perfeito e racional,* conceito que a teologia especulativa nem mesmo nos *indica* através de seus princípios objetivos e da existência do qual, com mais forte razão, ela é incapaz de nos convencer. De fato, nem na teologia transcendental nem na teologia natural, por mais longe que a razão possa nos conduzir, encontramos qualquer motivo importante que nos autorize a admitir um ser *único* e não teríamos qualquer motivo suficiente para colocá-lo acima de todas as causas naturais, e ao mesmo tempo fazendo com que todas essas causas, sob todas as relações tornem-se dependentes dele. Por outro lado, se considerarmos do ponto de vista da unidade moral, como uma lei necessária do mundo, qual deva ser a causa que unicamente pode proporcionar a essa lei o seu efeito adequado e, por conseguinte, para nós uma força obrigatória, somente pode haver uma vontade única suprema que compreenda em si todas essas leis. De fato, como encontrar em vontades diferentes uma perfeita unidade de finalidades? Essa vontade deve ser onipotente, a fim de que toda a natureza e sua relação com a moralidade no mundo lhe sejam sujeitas; onisciente, a fim de conhecer os nossos sentimentos mais secretos e o seu mérito moral; onipresente, a fim de prestar assistência imediata que o bem supremo exige; eterna, a fim de que essa harmonia da natureza e da liberdade nunca falte, etc.

Mas essa unidade sistemática das finalidades neste mundo das inteligências que, considerado como simples natureza, só pode ser chamado de mundo sensível, mas que, como sistema de liberdade, merece o nome de mundo inteligível, ou seja, Moral *(regnum gratiae)*, essa unidade conduz infalivelmente a uma unidade intencional de todas as coisas que constituem esse grande todo baseado em leis naturais gerais, assim como ela mesma se baseia em leis morais universais e necessárias e conecta a razão prática à razão especulativa. O mundo deve ser representado como tendo sido originado de uma ideia para que esteja de acordo com essa prática da razão, sem a qual deveríamos nos considerar indignos da razão, ou seja, com a prática Moral que se baseia absolutamente na ideia do bem supremo. Dessa forma, toda investigação da natureza tende a assumir a forma de um sistema de finalidades e em seu maior desenvolvimento torna-se uma teologia física. Ora, essa teologia partindo da ordem Moral, como de uma unidade baseada na essência da liberdade e que não é estabelecida acidentalmente por ordens externas, reconduz a finalidade da natureza para princípios que devem ser indissoluvelmente ligados *a priori* à possibilidade interna das coisas e, dessa forma, para uma *teologia transcendental* que faz do ideal da perfeição ontológica suprema um princípio de unidade sistemática, por meio do qual todas as coisas são ligadas segundo as leis naturais, universais e necessárias, pois todas elas têm sua origem na absoluta necessidade de um Ser primordial único.

Que *uso* podemos fazer do nosso entendimento, até mesmo em relação à experiência, se não nos propormos finalidades? Ora, as finalidades supremas são aquelas da Moralidade que nos são fornecidas unicamente pela razão pura. Mas mesmo com a ajuda dessas finalidades, e sob sua orientação, não podemos fazer qualquer prática final do conhecimento da natureza com relação ao desenvolvimento do conhecimento, sem que a própria natureza apresente a unidade da finalidade. De fato, sem essa última, nem sequer teríamos razão, pois não teríamos escola para a razão e seríamos privados da cultura pelos objetos que poderiam nos fornecer matéria para conceitos desse gênero. Ora, a primeira unidade intencional é necessária e baseada na própria essência da vontade e a segunda, que contém a condição da aplicação *in concreto* dessa unidade, deve então sê-lo também, e, dessa forma, a ampliação transcendental do nosso conhecimento racional não seria a causa, mas simplesmente o efeito da finalidade prática que nos impõe a razão pura.

E assim, temos, na história da razão humana que antes que os conceitos morais fossem suficientemente depurados e determinados e que a unidade sistemática das finalidades fosse considerada segundo esses conceitos, e de acordo com os princípios necessários, o conhecimento da natureza e até mesmo um considerável desenvolvimento da razão em muitas outras ciências que, de um lado, não puderam produzir senão conceitos grosseiros e incoerentes da divindade e, de outro, deixaram os homens em uma indiferença surpreendente com respeito a todos esses assuntos. Um estudo mais profundo das ideias morais, conduzido necessariamente pela lei moral infinitamente pura de nossa religião, tornou a razão mais perceptiva de seu objeto por meio do interesse que ela o obrigou a assumir. E isso ocorreu independentemente de qualquer influência exercida por perspectivas mais ampliadas da natureza ou por percepções corretas e confiáveis (que sempre faltaram). Foram as ideias morais que deram origem àquele conceito da natureza divina que hoje consideramos como verdadeiro, não porque a razão especulativa nos tivesse convencido de sua exatidão, mas por ele estar em perfeita harmonia com os princípios morais da razão. E assim, é sempre à razão pura, mas somente em seu uso prático, que pertence o mérito de conectar ao nosso interesse supremo um conhecimento que a simples especulação somente pode imaginar, mas não pode estabelecer, e apresentando, dessa forma, não um dogma demonstrado, mas uma pressuposição absolutamente necessária para as suas finalidades essenciais.

    Quando a razão prática alcança esse ponto sublime, ou seja, o conceito de um ser primordial e único, como bem supremo, ela não tem absolutamente o direito de fazer como se ela se estivesse elevada acima de todas as condições empíricas de sua aplicação e como se ela tivesse adquirido o conhecimento imediato de novos objetos, ou seja, de partir desse conceito e dele derivar as próprias leis morais. De fato, é precisamente a necessidade prática interna dessas leis que nos levou a supor uma causa subsistente por si mesma ou um sábio governante do mundo, a fim de dar a essas leis o seu efeito e, por conseguinte, não podemos mais considerá-las, por sua vez, como contingentes e como derivadas de uma simples vontade, sobretudo de uma vontade da qual não teríamos absolutamente qualquer conceito se nós mesmos não o tivéssemos formado de acordo com essas leis. Por mais longe que a razão prática tenha o direito de nos conduzir, não consideraremos as nossas ações como obrigatórias, porque elas são mandamentos de Deus, mas não as consideraremos como mandamentos divinos, porque temos para com elas uma obrigação interna. Estudaremos a liberdade sob a unidade intencional segundo princípios da razão, e não nos acreditaremos de acordo com a vontade divina enquanto a considerarmos como santa, a lei Moral que nos ensina a razão pela natureza das próprias ações, e que não acreditaremos obedecer a essa lei senão trabalhando pelo bem do mundo, em nós e nos outros. Portanto, a teologia Moral só possui uma prática imanente, ou seja, devemos servir-nos dela para cumprir o nosso destino neste mundo, adaptando-nos ao sistema de todas as finalidades e não para nos lançarmos a um iluminismo extravagante, ou até mesmo totalmente repreensível, abandonando a orientação de uma razão que dita as leis morais para a boa conduta da vida, a fim de ligar imediatamente esse modo de vida à ideia do Ser Supremo, o que proporcionaria uma prática transcendente, uma prática que, como aquela da simples especulação, deve perverter e frustrar as derradeiras finalidades da razão.

TERCEIRA SEÇÃO

Da opinião, da ciência e da fé

A crença (*das Fürwahrhalten*) é um fato do nosso entendimento suscetível de se estabelecer sobre princípios objetivos, mas que exige também causas subjetivas no espírito daquele que julga. Se o juízo for válido para todos, desde que pelo menos tenha razão, o seu princípio é objetivamente suficiente e a crença é denominada *convicção*. Se ela tem seu fundamento unicamente na natureza particular do indivíduo, ela é denominada *persuasão*.

A persuasão é uma simples ilusão porque o princípio do juízo que está unicamente no indivíduo é considerado como objetivo. Esse juízo tem somente uma validade particular, e a sua crença não permite que ele seja comunicado. Mas a verdade depende da concordância com o objeto e, por conseguinte, com relação a esse objeto, os juízos de todos os entendimentos devem estar de acordo entre si (*consentientia uni tertio, consentiunt inter se*). A pedra de toque pela qual distinguimos se a crença é uma convicção ou simplesmente uma persuasão é portanto externa e consiste na possibilidade de comunicar sua crença e de considerá-la válida para toda a razão humana, pois então seria o caso de, pelo menos, presumir que a causa da concordância de todos os juízos, apesar da diversidade de características dos indivíduos, se baseará em um princípio comum, ou seja, no objeto *(nämlich dem Objekte)* com o qual, por conseguinte, todos os indivíduos estarão de acordo com esse objeto de maneira a provar dessa forma a verdade do juízo.

Portanto, na verdade a persuasão não pode ser distinguida subjetivamente da convicção, se o indivíduo se representar a crença simplesmente como um simples fenômeno de seu próprio espírito; mas o ensaio que fazemos para testar o entendimento dos outros princípios que para nós são válidos, a fim de verificar se eles têm o mesmo efeito sobre a razão dos outros como sobre a nossa, é um meio que, mesmo sendo somente subjetivo, serve para descobrir a validade particular do juízo e não para produzir a convicção, ou seja, o que nele nada mais é que simples persuasão.

Se além disso podemos explicar as *causas* subjetivas do juízo, causas que tomamos por *razões* objetivas e, por conseguinte, explicar a crença enganosa como um fenômeno do nosso espírito, sem precisar para isso da natureza do objeto, descobrimos então a ilusão e não mais seremos enganados por ela, embora ela possa sempre nos tentar, em certa medida, se a causa subjetiva dessa ilusão for inerente à nossa natureza.

Eu não posso *afirmar*, ou seja, expressar como um juízo necessariamente válido para todos, senão o que produz convicção. Posso guardar para mim a persuasão se eu quiser, mas não posso nem devo tentar impô-la a outros.

A crença, ou a validade subjetiva do juízo, em relação à convicção (que, ao mesmo tempo, tem uma validade objetiva), apresenta os três graus seguintes: a *opinião*, a *fé* e a *ciência*. A *opinião* é uma crença que tem consciência de ser insuficiente *tanto* subjetiva *quanto* objetivamente. Se a crença é tão somente subjetivamente suficiente e se ela é, ao mesmo tempo, considerada como objetivamente insuficiente, ela é chamada de *fé*. Enfim, a crença suficiente tanto subjetiva quanto objetivamente, é chamada de *ciência*. A suficiência subjetiva denomina-se *convicção* (para eu mesmo) e a suficiência objetiva, *certeza* (para todos os outros). Não vou aqui esclarecer esses conceitos mais claramente do que já o estão.

Não tenho jamais o direito de *ter uma opinião* sem ter pelo menos algum *conhecimento* por meio do qual o juízo simplesmente problemático em si se encontre ligado à verdade por uma relação que, sem ser completa, no entanto, é alguma coisa mais que uma ficção arbitrária. Além disso, a lei desse gênero de conexão deve ser exata. Pois se com respeito a essa lei eu tenho apenas uma simples opinião, tudo nada mais é que um jogo da imaginação sem a menor relação com a verdade. Nos juízos da razão pura não há nenhum lugar para a *opinião*, pois como as opiniões não se apoiam em princípios da experiência, mas onde tudo é necessário e tudo deve ser conhecido *a priori*, o princípio da conexão exige a universalidade e a necessidade e, por conseguinte, uma certeza inteira sem a qual não haveria nenhum caminho que leve à verdade. E assim, é absurdo expressar opiniões na Matemática pura; é preciso saber ou então abster-se de enunciar qualquer juízo. O mesmo ocorre no caso dos princípios da Moralidade, pois não temos o direito de arriscar uma ação, baseados na simples opinião de que seja *permitida*, mas é preciso saber que ela realmente seja permitida.

Na prática transcendental da razão a opinião é, na verdade, um termo aplicável muito fraco, enquanto o termo saber é por demais forte. Portanto, na esfera meramente especulativa não podemos absolutamente julgar, pois os princípios subjetivos da crença, como aqueles que também podem produzir a fé, não merecem qualquer crédito nas questões especulativas, considerando que eles não se mantêm independentes de qualquer ajuda empírica e que não saberiam se comunicar com os outros no mesmo nível.

É sempre do *ponto de vista prático* que a crença teoricamente insuficiente pode ser chamada de fé. Ora, este ponto de vista prático ou é aquele da *competência* ou o da *moralidade*; o primeiro se reporta a finalidades arbitrárias e contingentes, e o segundo, às finalidades absolutamente necessárias.

Quando uma finalidade é proposta, as condições para obtê-la são hipoteticamente necessárias. Essa necessidade é subjetiva e, no entanto, ela é relativamente suficiente quando desconheço outras condições para atingir o objetivo, mas é suficiente, absolutamente e para todos, quando sei com certeza que ninguém pode conhecer outras condições que conduzam ao objetivo proposto. No primeiro caso, minha hipótese com minha crença em certas condições é simplesmente uma fé contingente e, no segundo caso, uma fé necessária. Um médico precisa fazer alguma coisa para um doente que está em perigo, mas ele não conhece a natureza de sua doença. Ele observa os sintomas e, sem encontrar alternativas, julga tratar-se de um caso de tuberculose. Sua fé, mesmo segundo o seu próprio juízo, é simplesmente contingente; outro observador poderia talvez chegar a uma melhor conclusão. Uma fé contingente desse gênero, mas uma fé que serve de base à prática real dos meios para certas ações, eu a denominarei de *fé pragmática*.

A pedra de toque comum, graças à qual reconhecemos se o que esse alguém afirma é uma simples persuasão ou, pelo menos, uma convicção subjetiva, isto é, a sua crença, é uma pura *aposta*. Frequentemente, alguém exprime suas proposições com uma audácia tão confiante e tão intratável que ele parece ter inteiramente banido todo temor ao erro. Uma aposta o faz refletir. Ele se mostra algumas vezes bastante persuadido em avaliar a sua persuasão em um ducado (moeda), mas não em dez. De fato, ele poderá arriscar o primeiro ducado, mas então começará a perceber o que não havia notado antes: saber que poderia possivelmente ter-se enganado. Se alguma vez imaginarmos estar apostando a felicidade de toda a nossa vida, o tom triunfante do nosso juízo se ofuscaria totalmente e nos tornaríamos extremamente temerosos; começaríamos então a descobrir que a nossa fé não vai tão longe assim. A fé pragmática, portanto, existe sempre em algum grau específico, que pode ser grande ou pequeno, segundo a natureza do interesse que está em jogo.

Mas em muitos casos, quando estamos tratando de um objeto para o qual nada podemos fazer, e com respeito ao qual o nosso juízo é portanto puramente teórico, podemos conceber e imaginarmos uma atitude para a qual presumimos ter suficiente base, apesar de não haver ainda nenhum meio de alcançar a certeza sobre o assunto. Dessa forma, mesmo nos juízos puramente teóricos existe algo de *análogo* com os juízos *práticos*, à crença dos quais convém a palavra *fé*, e que podemos chamar de *fé doutrinal*. Se fosse possível estabelecê-lo por meio de alguma experiência, eu poderia muito bem apostar toda a minha fortuna ao afirmar que existem habitantes pelo menos em um dos planetas que podemos enxergar. Portanto, não é uma opinião, mas uma grande fé (à verdade da qual eu arriscaria muitos bens de minha vida) que me faz dizer que outros mundos também são habitados.

Ora, devemos admitir que a doutrina da existência de Deus pertence à fé doutrinal. De fato, no que diz respeito ao conhecimento teórico do mundo, eu nada posso *citar* que possa pressupor necessariamente esse pensamento como condição de nossas explicações sobre os fenômenos do mundo, mas que, por outro lado, sou obrigado a servir-me de minha razão como se tudo fosse mera natureza. Portanto, a unidade intencional é uma condição tão grande da aplicação da razão à natureza, que não posso absolutamente ignorá-la quando, de resto, a experiência me oferece tantos exemplos. Ora, para essa unidade que a razão supre como orientação no estudo da natureza, não conheço outra condição senão a de supor que uma inteligência suprema tudo ordenou segundo as mais sábias finalidades. Consequentemente, supor um sábio criador do mundo é a condição de um objetivo, em verdade contingente, mas assim mesmo muito importante: aquele de ter uma orientação na investigação da natureza. Além disso, o êxito de minhas pesquisas confirma tão frequentemente a utilidade dessa suposição, pois nada pode ser alegado de decisivo contra ela, que eu direi muito pouco ao chamar minha crença de simples opinião, mas posso dizer, mesmo nessa relação teórica, que acredito firmemente em Deus. No entanto, essa fé, estritamente falando, não é prática e deve ser chamada de fé doutrinal que deve produzir necessariamente em todos os lugares a *teologia* da natureza (a teologia física). Do ponto de vista dessa mesma sabedoria e considerando os dons brilhantes da natureza humana e a brevidade da vida tão pouco apropriada a esses dons, podemos também encontrar um motivo suficiente a favor de uma fé doutrinal na vida futura da alma humana.

Em tais casos, a palavra fé é um termo de modéstia do ponto de vista *objetivo*; entretanto, ele é, ao mesmo tempo, a expressão de uma firme confiança do ponto de vista *subjetivo*. Se eu quisesse dar à crença simplesmente teórica o nome de uma hipótese a respeito da qual eu teria o direito de admitir, daria a entender com isso que eu pudesse ter da natureza de uma causa do mundo e de uma outra vida um conceito mais perfeito do que aquele que eu poderia realmente demonstrar. Pois, para admitir alguma coisa simplesmente a título de hipótese, é preciso pelo menos que eu conheça suficientemente suas propriedades para não precisar imaginar o *conceito*, mas unicamente a *existência*. Mas a palavra *fé* se refere tão-somente à orientação que me é dada por uma ideia e a influência subjetiva que ela exerce sobre o desenvolvimento das ações de minha razão e que me fortifica nessa ideia, embora eu não esteja, graças a ela, em posição de lhe prestar contas do ponto de vista especulativo.

Ora, a fé simplesmente doutrinal tem em si alguma coisa de instável; somos frequentemente afastados dela pelas dificuldades que se apresentam na especulação, apesar de sempre e inevitavelmente voltarmos a ela.

Tudo é diferente com a *fé moral*. De fato, é absolutamente necessário neste caso que alguma coisa aconteça, ou seja, que eu obedeça em todos os pontos à lei moral. O objetivo é indispensavelmente fixado e só há uma única condição possível para o meu ponto de vista que permita que esse objetivo se conecte com todas as outras finalidades e que, dessa forma, lhe proporcione uma validade prática, a saber, que há um Deus e um mundo futuro; tenho absoluta certeza que ninguém conhece outras condições que conduzam à mesma unidade das finalidades sob a lei moral. Mas como o preceito moral, ao mesmo tempo, é a minha máxima (como a razão ordena que seja), acredito infalivelmente na existência de Deus e em uma vida futura, e tenho certeza de que nada possa desestabilizar essa fé porque isso inverteria os meus próprios princípios morais aos quais não posso renunciar sem me tornar digno de desprezo aos meus próprios olhos.

Dessa maneira, apesar do fracasso de todas as tentativas ambiciosas de uma razão que se perde além dos limites de toda experiência, ainda há porque ficarmos satisfeitos do ponto de vista prático. Com certeza ninguém pode vangloriar-se de *saber* que há um Deus e uma vida futura; pois se souber, este é precisamente o homem que procuro há muito tempo. Todo saber (quando diz respeito a um objeto da simples razão) pode ser comunicado e eu poderia, por conseguinte, instruído por ele, esperar ver estender-se maravilhosamente a minha ciência. Não, a convicção não é uma certeza *lógica*, mas uma certeza *moral*; e como ela se baseia em princípios subjetivos (sobre a disposição moral), não devo dizer: *é* moralmente certo que existe um Deus, etc., mas: *eu tenho* uma certeza moral, etc. Isto é dizer que a fé em um Deus e em um outro mundo é tão ligada à minha disposição moral que não corro mais o risco de perder esta fé e que não tenho o mínimo temor de jamais ser despojado dessa disposição.

A única dificuldade que se apresenta é que essa fé racional se baseia na suposição de sentimentos morais; a questão que propõe a razão torna-se então um problema para a especulação e, portanto, ela pode muito bem apoiar-se em fortes motivos derivados da analogia, mas não sobre motivos aos quais deve render-se a dúvida mais obstinada.(*) Mas nessas questões, não há homem que esteja livre de todo interesse. De fato, por

---

(*) O espírito humano (isso acontece necessariamente, em minha opinião, a todo ser racional) toma um interesse natural pela moralidade, apesar de esse interesse ser compartilhado e praticamente preponderante. Se confirmarmos e aumentarmos esse interesse, acharemos a razão muito instrutiva e em si mesma mais esclarecida quanto à conexão do interesse prático com o interesse especulativo. Mas se não tomarmos o cuidado de tornar os homens bons, pelo menos em alguma medida, nunca faremos deles homens sinceramente crentes.

falta de bons sentimentos, ele seria estranho ao interesse moral e, no entanto, não poderia evitar *temer* um Ser Divino e um futuro. Basta para isso não poder alegar a *certeza* de que Deus não exista, nem tampouco uma vida futura; e essa certeza, como essas duas coisas deveriam ser comprovadas pela simples razão e, por conseguinte, apodicticamente, nos obrigaria a demonstrar a impossibilidade tanto de uma, quanto de outra, o que certamente nenhum homem racional pode empreender. Consequentemente, seria uma fé *negativa* que, sem dúvida, não poderia engendrar a moralidade e bons sentimentos, mas que, no entanto, produziria alguma coisa de análogo, ou seja, alguma coisa capaz de impedir vigorosamente a eclosão de maus sentimentos.

Mas poderá ser perguntado: é isso o que a razão pura realiza ao abrir perspectivas além dos limites da experiência? Nada mais que dois artigos de fé? O sentido comum poderia muito bem fazer o mesmo sem precisar consultar os filósofos a respeito!

Não quero aqui enfatizar os serviços que a Filosofia prestou à razão humana pelo esforço laborioso de sua crítica, mesmo que o resultado deva ser negativo; pois teremos ainda a ocasião de falar um pouco a respeito na seção seguinte. Mas eu posso responder de imediato: Vocês realmente exigem que um conhecimento de interesse de toda a humanidade transcenda o entendimento comum e lhes seja revelado somente por filósofos? A sua repreensão é a melhor confirmação da precisão das afirmações apresentadas até aqui, pois revela o que no início não poderíamos ter previsto, ou seja, que em assuntos que dizem respeito a todos os homens sem distinção a natureza não pode ser acusada de distribuir com parcialidade os seus dons e que, em relação às finalidades essenciais da natureza humana, a mais alta Filosofia não pode ir além do que é possível sob a orientação que a natureza confiou ao entendimento comum.

Capítulo Terceiro

ARQUITETÔNICA DA RAZÃO PURA

Por *arquitetônica* eu entendo a arte dos sistemas. E, como a unidade sistemática é o que converte o conhecimento comum em ciência, ou seja, o que coordena em sistema um simples agregado desses conhecimentos;

portanto, a arquitetônica é a teoria do que há de científico em nosso conhecimento em geral e ela pertence necessariamente à metodologia.

Sob a direção da razão os nossos conhecimentos em geral não saberiam formar uma rapsódia, mas elas devem formar um sistema no qual somente elas podem apoiar e favorecer as finalidades essenciais da razão. Ora, eu entendo por sistema a unidade de diversos conhecimentos dentro de uma ideia. Essa ideia é o conceito racional da forma de um todo, desde que o conceito determine *a priori* somente o escopo de seu múltiplo conteúdo, mas também as posições que as partes ocupam relativamente entre si. O conceito racional científico contém, por conseguinte, a finalidade e a forma do todo que concorde com essa exigência. A unidade da finalidade à qual todas as partes se reportam e na ideia da qual elas se relacionam umas às outras torna possível para nós determinarmos o nosso conhecimento das outras partes, se qualquer uma esteja faltando, e prevenir qualquer inserção arbitrária, ou com respeito à sua integralidade qualquer indeterminação que não esteja em conformidade com os limites que são, desta forma, determinados *a priori*. Portanto, o todo é um sistema orgânico (*articulatio*) e não um conjunto desordenado (*coacervatio*); na verdade ele pode crescer por dentro (*per intussusceptionem*), mas não por fora (*per appositionem*), como o corpo de animal cujo crescimento não agrega nenhum membro, mas torna, sem nada mudar em suas proporções, cada membro mais forte e mais apropriado para suas finalidades.

Para ser realizada, a ideia precisa de um *esquema*, ou seja, de uma diversidade e de uma ordem das partes que são essenciais e determinadas *a priori*, segundo o princípio da finalidade. O esquema que não é esboçado segundo uma ideia, ou seja, segundo uma finalidade capital da razão, mas empiricamente, segundo finalidades que se apresentam acidentalmente (cujo número não pode ser previsto), nos proporciona uma unidade *técnica;* enquanto o esquema que resulta de uma ideia (onde a razão fornece *a priori* as finalidades e não as atende empiricamente) serve de base para uma unidade *arquitetônica*. O que denominamos ciência não pode basear-se tecnicamente em virtude da analogia dos elementos diversos ou das aplicações contingentes do conhecimento *in concreto* a todo tipo de finalidade externa arbitrária, mas arquitetonicamente em virtude da afinidade das partes e de sua derivação de uma única finalidade suprema e interna, e o seu esquema deve conter, em conformidade à ideia, ou seja, *a priori*, o esboço (*monogramma*) do todo e a sua divisão em partes, e distingui-lo seguramente e segundo princípios de todos os outros.

Ninguém tenta estabelecer uma ciência sem ter uma ideia como base. Mas na execução dessa ciência, o esquema e mesmo a definição que são fornecidos desde o começo dessa ciência, muito raramente correspondem à ideia, pois ela reside na razão como um germe onde todas as partes ainda não são desenvolvidas e são muito escondidas e apenas reconhecíveis na observação microscópica. É por isso que todas as ciências, sendo concebidas do ponto de vista de um certo interesse geral, precisam ser definidas e determinadas, não de acordo com a descrição que o autor lhes dá, mas segundo a ideia que se encontra baseada na própria razão da unidade natural das partes que ele conseguiu juntar. Pois descobrimos que o autor e até mesmo seus últimos sucessores se enganam sobre a ideia a respeito da qual não se preocuparam em tornar clara e que, por conseguinte, não puderam determinar o próprio conteúdo, a articulação (a unidade sistemática) e os limites da ciência.

É uma pena que somente depois de passar muito tempo coletando materiais de uma forma aleatória sob a orientação de uma ideia escondida em nossa mente e, depois de um grande período de tempo, termos conseguido juntar os materiais de maneira simplesmente técnica, torna-se então possível discernirmos a ideia mais claramente e esboçar um Todo (*ein Ganzes*) arquitetonicamente de acordo com as finalidades da razão. Os sistemas parecem ser formados da mesma maneira que organismos inferiores por meio de uma *generatio aequivoca,* da simples confluência de conceitos montados; inicialmente imperfeitos, eles gradualmente se completam. Entretanto, todos tinham o seu esquema, como um germe primitivo, na razão que se autodesenvolve. Portanto, não somente cada sistema é articulado de acordo com uma ideia, mas são todos harmoniosamente unidos uns com os outros, em um sistema do conhecimento humano como membros de um todo e permitem uma arquitetônica de todo o conhecimento humano que, agora que tantos materiais já estão reunidos ou podem ser extraídos das ruínas de antigos edifícios, não somente seria possível, mas também não apresentariam grandes dificuldades. Limitamo-nos aqui a realizar a nossa obra, ou seja, a esboçar simplesmente a *arquitetônica* de todos os conhecimentos provenientes da *razão pura* e somente partimos do ponto onde a raiz comum de nossa faculdade de conhecer se divide e forma duas ramificações, uma das quais é a *razão*. Ora, por razão eu entendo todo poder superior de conhecer e, por conseguinte, coloco em oposição o racional com o empírico.

Se eu faço abstração de todo o conteúdo do conhecimento considerado objetivamente, todo o conhecimento é então subjetivamente, histórico ou racional. O conhecimento histórico é *cognitio ex datis* e o conhecimento racional *cognitio ex principiis*. Um conhecimento dado originalmente, qualquer que seja sua origem, é portanto histórico naquele que o possui, quando não seria nada mais do que aquilo que lhe foi dado por outra parte, quer o tenha aprendido pela experiência imediata, quer tenha sido transmitido por alguém, ou ainda adquirido por meio da instrução (dos conhecimentos gerais). Assim, aquele que especialmente *aprendeu* um sistema de Filosofia, o sistema de WOLF, por exemplo, teria em mente todos os princípios, todas as definições e as demonstrações, assim como a divisão de toda a doutrina, e poderia enumerar de alguma forma todas as suas partes na ponta dos dedos; no entanto, ele teria unicamente um conhecimento *histórico* completo da Filosofia de WOLF; ele não saberia e não julgaria senão o que lhe foi dado. Se lhe contestarmos uma definição, ele não saberia onde conseguir outra. Ele formou a sua mente de acordo com uma razão estranha, mas o poder de imitação não é o poder de invenção, ou seja, que o conhecimento não emanou nele *da* razão e, embora objetivamente ele é, sem dúvida, um conhecimento racional, e no entanto, subjetivamente, ele é unicamente um conhecimento histórico. Ele compreendeu bem e conseguiu manter, ou seja, ele aprendeu bem, e desta forma, ele é simplesmente o molde de um homem vivo. Os modos do conhecimento racional que são racionais objetivamente (ou seja que só podem resultar originalmente da própria razão do homem), não podem ter então esse mesmo nome subjetivamente a não ser que tenham sido extraídos das fontes gerais da razão, isto é, de princípios, donde pode também resultar a intenção de criticar e até de rejeitar o que foi aprendido.

Ora, todo conhecimento racional é um conhecimento por conceitos ou por construção de conceitos; chamamos o primeiro de filosófico e o segundo de matemático. Eu já mencionei no primeiro capítulo a respeito da diferença intrínseca que existe entre eles. Um conhecimento pode então ser objetivamente filosófico e, no entanto, subjetivamente histórico, como é o caso da maior parte dos estudantes e de todos aqueles que nunca enxergam além de sua Escola e permanecem estudantes a vida toda. Entretanto, é preciso observar que o conhecimento matemático, de qualquer forma que tenha sido aprendido, também pode ser considerado subjetivamente, em qualidade de conhecimento racional, e que, portanto, com respeito ao conhecimento matemático, não há essa distinção senão no conhecimento filosófico. O motivo é que as fontes de conhecimento onde somente o mestre pode derivar o seu conhecimento, somente se encontram nos princípios essenciais e verdadeiros da razão e que, por conseguinte, esse conhecimento não pode ser adquirido pelos estudantes de qualquer outra fonte, e não pode ser contestado de nenhuma maneira porque a prática da razão é feita aqui *in concreto* embora *a priori*, ou seja, na intuição pura, e que por isso mesmo é infalível, excluindo todas as ilusões e todos os erros. Portanto, entre todas as ciências racionais (*a priori*) somente as matemáticas podem ser aprendidas, mas nunca a Filosofia (a não ser historicamente); quanto ao que diz respeito à razão, o máximo que podemos fazer é aprender a *filosofar*.

O sistema de todo o conhecimento filosófico é a *Filosofia*. Devemos admiti-lo objetivamente se com isso entendemos o modelo da apreciação de todas as tentativas feitas para filosofar, apreciação que deve servir para julgar toda a Filosofia subjetiva cuja edificação é frequentemente tão diversa e tão mutável. Dessa forma, a Filosofia é uma simples ideia de uma ciência possível que não existe em nenhum lugar *in concreto*, mas junto à qual procuramos nos aproximar por diferentes caminhos até descobrirmos o único caminho certo obstruído pelos produtos da sensibilidade, e a imagem até então infrutífera, realiza a semelhança do arquétipo, desde que isso seja permitido ao homem. Até aqui não podemos aprender nenhuma filosofia, pois onde ela estará, quem a possui e como reconhecê-la? Na realidade, só podemos aprender a filosofar, ou seja, a exercer o talento da razão na aplicação de seus princípios gerais em certas tentativas que se fazem na Filosofia, mas sempre com a reserva do direito que a razão tem de investigar, confirmar ou rejeitar esses princípios em suas próprias fontes.

Até aqui o conceito da Filosofia é tão-somente um *conceito escolástico*, ou seja, o conceito de um sistema de conhecimento que é procurado como ciência sem ter por objetivo senão a unidade sistemática dessa ciência e, por conseguinte, a perfeição *lógica* do conhecimento. Mas ainda há um *conceito cósmico (conceptus cosmicus)* que sempre serviu de base a essa denominação, principalmente quando era personificado, por assim dizer, e seu arquétipo era representado no *filósofo* ideal. Desse ponto de vista a Filosofia é a ciência do relacionamento que todo conhecimento tem das finalidades essenciais da razão humana (*teleologia rationis humanae*), e o filósofo não é um artista da razão, mas o legislador da razão humana. Nesse sentido, seria vaidade demais autodenominar-se de filósofo e pretender ter chegado a igualar o tipo que só existe na ideia.

O matemático, o físico e o lógico, por mais brilhante êxito que possam ter os primeiros de modo geral no conhecimento racional e os segundos particularmente no conhecimento filosófico, no entanto, nada mais são que artistas da razão. Ainda há um mestre no ideal que os reúne todos e que deles se serve para favorecer as finalidades essenciais da razão humana. Esse é o único que deveríamos chamar de filósofo; mas como ele próprio não é encontrado em lugar algum, enquanto a ideia de sua legislação está em todo lugar em toda razão humana, dedicar-nos-emos unicamente a essa última e determinaremos mais de perto o que a Filosofia estabelece, segundo esse conceito cósmico,(*) do ponto de vista das finalidades, para a unidade sistemática.

As finalidades essenciais não são como tais as finalidades supremas; devido à exigência da razão por uma completa unidade sistemática, somente uma delas pode ser assim descrita. Portanto, ou elas são o objetivo final, ou finalidades subordinadas que são necessariamente conectadas ao objetivo final como meios. O primeiro nada mais é que a vocação total do homem e a filosofia dessa vocação se denomina Moral. Devido a essa superioridade que a Filosofia moral tem sobre todas as outras ocupações da razão, os antigos, em seu uso do termo filósofo, sempre entenderam mais especificamente, o *moralista*, e até nos dias de hoje somos levados por uma certa analogia, a intitular "filósofo" qualquer um que pareça exibir autocontrole sob a orientação da razão, por mais limitado que seja o seu conhecimento.

A legislação (*die Gesetzgebung*) da razão humana (a Filosofia) tem dois objetos: a natureza e a liberdade e, por conseguinte, ela abarca tanto a lei física quanto a lei moral, primeiro em dois sistemas particulares e depois, em um só sistema filosófico. A Filosofia da natureza se relaciona com tudo que existe, e aquela da moral, somente com o que deva existir.

(*) Chama-se *conceito cósmico* aquele que diz respeito ao que interessa a todos; consequentemente, determino o objetivo de uma ciência de acordo com *conceitos escolásticos* quando somente a considero uma das disciplinas para certas finalidades arbitrárias.

Toda filosofia da razão pura ou é *propedêutica* (ou exercício preliminar) que examina o poder da razão em relação a todo o conhecimento puro *a priori* e chama-se *crítica*, ou então ela é, em segundo lugar, o sistema da razão pura (a ciência), todo o conhecimento filosófico (verdadeiro assim como aparente) da razão pura em uma conexão sistemática, e chama-se *Metafísica*; entretanto, esse nome pode ser dado também a toda a Filosofia pura, inclusive à crítica e, ao mesmo tempo, abarca a pesquisa de tudo o que nunca pode ser conhecido *a priori* senão a exposição do que constitui um sistema dos conhecimentos filosóficos puros desse gênero, mas que se distingue de toda prática empírica assim como de toda prática matemática da razão.

A Metafísica se divide em Metafísica da prática *especulativa* e Metafísica do uso *prático* da razão pura e, por conseguinte, ou ela é uma *Metafísica da natureza* ou uma *Metafísica da moral*. A primeira contém todos os princípios puros da razão que, por meio de simples conceitos (e, por conseguinte, à exclusão da Matemática), diz respeito ao conhecimento teórico de todas as coisas; a segunda, os princípios que determinam *a priori* e tornam necessário o *fazer* e o *não fazer*. Ora, a moralidade é a única conformidade das ações à lei que possa ser plenamente derivada *a priori* de princípios. A Metafísica da moral também é a própria Moral pura onde não é tomada por fundamento qualquer antropologia (qualquer condição empírica). A Metafísica da razão especulativa é, portanto, o que se costuma chamar de Metafísica no *sentido estrito* da palavra; mas, como a Moral pura forma realmente parte desse ramo especial do conhecimento humano e filosófico derivado da razão pura, nós lhe conservaremos este título de Metafísica. Entretanto, vamos deixá-la aqui de lado por não ser necessária ao nosso objetivo *neste momento*.

É da maior importância *isolar* os vários modos de conhecimentos que são diferentes dos outros de acordo com sua espécie e sua origem, e impedi-los cuidadosamente para que não se misturem e que se confundam com outros, com os quais são geralmente conectados em nosso uso deles. É o que faz o químico na análise das substâncias, o matemático em sua teoria pura das grandezas, e o filósofo é ainda mais levado a fazê-lo a fim de poder determinar seguramente a parte que uma forma particular de conhecimento tem na prática corrente do entendimento, suas próprias validade e sua influência. Também a razão humana, desde que começou a pensar ou melhor a refletir, nunca pôde abrir mão de uma Metafísica, mas também nunca soube liberá-la suficientemente de todo elemento estranho. A ideia de uma tal ciência é tão antiga quanto a razão especulativa do homem; e qual é o ser racional que não especule, seja de maneira escolástica, seja de maneira popular? Entretanto, é preciso admitir que a distinção dos dois elementos do nosso conhecimento, dos quais um é inteiramente *a priori* em nosso poder, enquanto o outro só pode ser derivado *a posteriori* da experiência, nunca foi clara, nem mesmo para os pensadores profissionais e que, por conseguinte, nunca se conseguiu realizar a delimitação de um tipo especial de conhecimento nem tampouco a justa ideia de uma ciência que há tanto tempo e tão grandemente preocupou a razão humana. Quando a Metafísica foi declarada a ciência dos primeiros princípios do conhecimento humano, a intenção não era designar uma espécie totalmente particular de princípio, mas simplesmente certa precedência com respeito à generalidade, que não era suficiente para distingui-lo claramente do empírico; pois até mesmo entre os princípios empíricos existem alguns mais genéricos e, por conseguinte, de grau mais elevado que outros e, na série dessa hierarquia (onde não se distingue o que é plenamente conhecido *a priori* do que é somente conhecido *a posteriori*), onde devemos traçar a linha que distingue a *primeira* parte da *última* e os membros superiores dos inferiores, ou subordinados? O que diríamos se a cronologia distinguisse as épocas do mundo somente dividindo-as em primeiros séculos e em séculos seguintes? Poderíamos perguntar se o quinto, se o décimo século, etc., fazem parte dos primeiros séculos. Da mesma forma, pergunto: O conceito de extensão pertence à Metafísica? E vocês respondem: Sim! E aquele do corpo fluido? Vocês se surpreendem, pois se isso continuar assim, tudo acabará pertencendo à Metafísica. Consequentemente, é possível ver que o simples grau de subordinação (o particular sob o geral) não saberia fixar limites a uma ciência, mas que aqui a heterogeneidade absoluta e a diferença de origem se fazem necessárias. Mas o que de um lado ainda obscurecia a ideia fundamental da Metafísica era a semelhança que tem, como conhecimento *a priori*, com a Matemática; essa semelhança, no que diz respeito à origem *a priori*, indica certo parentesco entre as duas ciências; mas quando consideramos a diferença entre o conhecimento filosófico e o matemático, ou seja, que um é derivado de conceitos enquanto o outro é conseguido por meio da construção de conceitos *a priori*, constatamos uma heterogeneidade absoluta que sempre foi sentida, embora nunca pôde ser definida por meio de qualquer critério evidente. Assim, aconteceu que como os filósofos fracassaram na tarefa de desenvolver até a ideia de sua ciência, não puderam dar a seus trabalhos um objetivo determinado e uma orientação segura e que, com um plano arbitrariamente traçado, ignorando o caminho que deviam tomar e sempre em desacordo sobre as descobertas que cada um pretendia ter feito em seu percurso distinto, tornaram a sua ciência desprezível aos outros e acabaram por desprezá-la eles mesmos.

Todo conhecimento puro *a priori*, graças ao poder particular do conhecimento onde ele tem exclusivamente a sua sede, constitui então uma unidade particular, e a Metafísica é a Filosofia que deve expor esse conhecimento nessa unidade sistemática. A parte especulativa dessa ciência que particularmente se apropriou desse nome, ou aquela que chamamos de *Metafísica da natureza*, e que examina tudo segundo conceitos *a priori*, desde que *ele é* (e não o que deve ser), é dividida da seguinte maneira:

No sentido estrito da palavra, a Metafísica consiste da *Filosofia transcendental* e da *fisiologia* da razão pura. A primeira somente considera o *entendimento* e a própria razão em um sistema de todos os conceitos e de todos os princípios que se relacionam a objetos em geral, sem admitir objetos (*Objekte*) que *seriam dados* (*ontologia*). A segunda considera a *natureza*, ou seja, o conjunto dos objetos *dados* (seja aos sentidos, seja, se quisermos, a outra espécie de intuição): dessa forma, ela é uma *fisiologia* (mas somente *rationalis*). Ora, a prática da razão nessa reflexão racional da natureza, ou é física, ou hiperfísica, ou, melhor dizendo, *imanente* ou *transcendente*. A primeira tem por objeto a natureza, desde que o conhecimento possa ser aplicado na experiência (*in concreto*); a segunda tem por objetivo essa conexão dos objetos da experiência que transcende toda experiência. Essa fisiologia *transcendente* tem, portanto, por objeto uma conexão *interna* ou *externa*; as duas, no entanto, transcendendo a experiência possível. E assim, ou ela é a fisiologia de toda a natureza, ou seja, a *cosmologia transcendental*, ou a fisiologia da união de toda a natureza com um ser acima da natureza, ou seja, a *teologia transcendental*.

A fisiologia imanente considera, ao contrário, a natureza como o conjunto de todos os objetos dos sentidos, por conseguinte, tal como ela *nos* é dada, mas somente segundo as condições *a priori* sob as quais ela pode nos ser dada em geral.

Ora, há somente duas espécies de objetos dos sentidos: 1. Aqueles dos sentidos externos e, consequentemente, o conjunto desses objetos, a *natureza corpórea*. 2. O objeto do sentido interno, a alma, e, segundo os conceitos fundamentais da alma em geral, a *natureza pensante*. A Metafísica da natureza pensante se chama *Psicologia* e, pela mesma razão, não se trata aqui senão do *conhecimento racional* da alma.

Portanto, o sistema todo da Metafísica contém quatro partes principais:

1. A *ontologia*.
2. A *Psicologia racional*.
3. A *cosmologia racional*.
4. A *teologia racional*.

A segunda parte, ou seja, a fisiologia da razão pura, compreende duas divisões: a *physica rationalis*(*) e a *pshychologia rationalis*.

A ideia original de uma Filosofia da razão pura estabelece, ela mesma, essa divisão que, portanto, é *arquitetônica* e de acordo com as finalidades essenciais da razão e não somente *técnica*, ou seja, estabelecida segundo afinidades acidentalmente percebidas e traçadas aleatoriamente. Dessa forma, a divisão também é imutável e de autoridade legisladora. Mas existem alguns pontos que poderiam levantar dúvidas e enfraquecer a convicção de sua legitimidade.

Em primeiro lugar, como posso esperar ter um conhecimento *a priori*, e portanto uma Metafísica, de objetos que são dados aos nossos sentidos e, por conseguinte, *a posteriori*? E como é possível, segundo princípios *a*

(*) Não devem pensar que com isso eu entendo o que normalmente é chamado de *physica generalis* que é mais Matemática do que Filosofia da natureza. De fato, a Metafísica da natureza se distingue inteiramente da Matemática e, se ela está longe de ter o que oferecer para ampliar o nosso conhecimento da mesma forma que a Matemática, ela ainda é importante do ponto de vista da crítica do conhecimento intelectual puro em geral, em sua aplicação à natureza; pois pela falta da Metafísica, os próprios matemáticos presos a certos conceitos comuns que na realidade são metafísicos, inconscientemente sobrecarregaram a Física de hipóteses que desaparecem diante de uma crítica de seus princípios, sem no entanto causar o mínimo dano à prática da Matemática nesse campo (prática que é totalmente indispensável).

priori, conhecer a natureza das coisas e chegar a uma fisiologia *racional*? A resposta é que só apreendemos da experiência nada mais do que nos é necessário para nos dar um objeto, seja do sentido externo, seja do sentido interno; o primeiro, por meio do simples conceito de matéria (extensão impenetrável e sem vida), e o segundo, por meio do conceito de um ser pensante (na representação empírica interna: eu penso). Quanto ao resto, em toda a metafísica desses objetos, devemos dispensar completamente todos os princípios empíricos que professem agregar a esses conceitos alguma outra experiência mais especial visando enunciar juízos sobre os objetos.

Em segundo lugar, como devemos considerar a *Psicologia empírica* que sempre reclamou o seu lugar na Metafísica e da qual, até mesmo nos dias atuais, esperou-se tantas coisas para o avanço dessa ciência, depois de ter perdido a esperança de nada estabelecer de bom *a priori*? Minha resposta é que ela pertence onde a física propriamente dita (a física empírica) pertence, a saber, do lado da Filosofia *aplicada*, os princípios *a priori* dos quais são contidos na Filosofia pura e com a qual, por conseguinte, ela deve ser ligada, mas não confundida. É preciso então que a Psicologia empírica seja inteiramente banida do domínio da Metafísica; de fato, ela já é inteiramente excluída pela própria ideia dessa ciência. Entretanto, deveríamos deixar-lhe sempre, de acordo com a prática escolástica, algum tipo de lugar (mas somente a título de episódio) na Metafísica, e isso por motivos econômicos, porque ela não é ainda rica o suficiente para constituir um estudo por si mesma e, no entanto, é importante demais para que se possa excluí-la totalmente ou conectá-la a outra parte com a qual teria ainda menos afinidade com a Metafísica. Portanto, nada mais é que uma estranha admitida depois de muito tempo, à qual concedemos um prazo temporário até que seja possível estabelecer seu próprio domicílio em uma antropologia detalhada (que seria o pendente da física empírica).

Essa é então a ideia geral da Metafísica. No início, muito era esperado do que poderia racionalmente ser exigido dela, e durante algum tempo embalou-se com as mais lindas esperanças. Mas essas esperanças provaram ser enganosas e acabaram provocando seu descrédito geral. O argumento de nossa Crítica, considerado como um todo, deve ter suficientemente convencido o leitor de que, se a Metafísica não pode ser o fundamento da religião, no entanto, ela deve permanecer sempre um baluarte, e de que a razão humana, dialética pela tendência de sua natureza, nunca pode abrir mão dessa ciência que a refreia e que, por um conhecimento científico e plenamente convincente, impede as devastações que uma razão especulativa, liberta de toda restrição, inevitavelmente causaria na moral, como também na religião. Podemos então estar seguros de que, por mais arrogantes e desprezíveis sejam aqueles que julgam uma ciência, não de acordo com sua natureza, mas somente de acordo com seus efeitos acidentais, sempre voltaremos à Metafísica, como a uma amante com a qual brigamos porque, como aqui se trata de finalidades essenciais, a razão deve trabalhar sem descanso seja para conseguir percepções genuínas delas, seja para refutar aquelas que declaram tê-las alcançado.

A Metafísica, aquela da natureza como também aquela da moral e principalmente a crítica da razão que serve como introdução ou propedêutica da Metafísica, sozinha constitui propriamente o que podemos denominar Filosofia no verdadeiro sentido da palavra. Sua única preocupação é a sabedoria, mas pelo caminho da ciência, o único caminho que uma vez empreendido não se fecha mais e não permite qualquer desvio. A Matemática, a Física e até mesmo o conhecimento empírico do homem têm um grande valor como meios de alcançar principalmente as finalidades acidentais da humanidade e, se elas acabam por nos conduzir às suas finalidades necessárias e essenciais, é unicamente por meio de um conhecimento racional por simples conceitos. Ora, este conhecimento, por qualquer nome que o designemos, nada mais é que a Metafísica.

Dessa forma, a Metafísica é o complemento de toda a *cultura* da razão humana e, mesmo deixando de lado a sua influência como ciência, com relação a certas finalidades determinadas, ela é uma disciplina indispensável. De fato, ela considera a razão segundo seus elementos e suas máximas supremas que devem servir de base à *possibilidade* de algumas ciências e à *prática* de todas elas. Se, como simples especulação, ela servir mais para prevenir os erros do que ampliar o conhecimento, isso em nada prejudica o seu valor, mas lhe proporciona dignidade e consideração, tornando-o um censor que mantém a ordem pública, a harmonia geral e até mesmo o bom estado da república científica, impedindo que seus trabalhos fecundos se desviem da finalidade principal, a felicidade universal.

CAPÍTULO QUARTO

HISTÓRIA DA RAZÃO PURA

Este título é colocado aqui unicamente para designar uma lacuna que permanece no sistema e que deverá ser preenchido mais tarde. Eu me contento em apreciar, de um ponto de vista transcendental, isto é, do ponto de vista da natureza da razão pura, o conjunto de trabalhos que ela realizou até aqui, o que sem dúvida revela estruturas, mas estruturas em ruína.

É bastante notável o fato de que, na infância da Filosofia, embora isso não pudesse naturalmente ocorrer de outra maneira, os homens começaram por onde gostaríamos mais de terminar, quero dizer, estudando o conhecimento de Deus e a esperança, ou até mesmo a natureza de outro mundo. Por mais grosseiras que fossem as ideias religiosas introduzidas pelas antigas práticas que subsistiam ainda do estado bárbaro dos povos, isso não impediu que os mais esclarecidos se dedicassem a livres pesquisas sobre esse assunto, e compreendeu-se facilmente que não pode haver maneira mais sólida e mais segura de satisfazer o poder invisível que governa o mundo, e de assim ser feliz, pelo menos em outro mundo, do que a boa conduta. A teologia e a moral eram então os dois motivos, ou melhor, os dois pontos convergentes de todas as especulações racionais para os quais os homens vieram a se dedicar incessantemente. No entanto, foi propriamente a primeira que passo a passo comprometeu a razão puramente especulativa em uma ocupação que, consequentemente, tornou-se célebre com o nome de Metafísica.

Eu não quero aqui tentar especificar os períodos da história em que ocorreram tal ou qual revolução na Metafísica, mas somente apresentar, num rápido esboço, as ideias que causaram as principais revoluções. E aqui me deparo com um triplo objetivo em vista do qual ocorreram as mudanças mais importantes no decurso das consequentes controvérsias.

1º. *Com respeito ao objeto* de todos os nossos conhecimentos racionais, alguns *filósofos* foram simplesmente *sensualistas* e outros, simplesmente *intelectualistas.* EPICURO pode ser chamado do mais célebre filósofo da sensibilidade; PLATÃO, da Filosofia intelectual. Mas essa distinção das

Escolas, por mais sutil que seja, já havia começado desde os tempos mais remotos e foi mantida desde então em uma continuidade ininterrupta. Os primeiros desses filósofos afirmavam que não há realidade senão nos únicos objetos dos sentidos e que todo o resto é imaginação; os segundos, ao contrário, diziam que nos sentidos só existe ilusão e que somente o entendimento sabe o que é verdadeiro. No entanto, os primeiros não negavam a realidade aos conceitos do entendimento, mas essa realidade para eles era unicamente *lógica*, enquanto ela era *mística* para os outros. Os primeiros aceitavam *conceitos intelectuais*, mas somente admitiam *objetos sensíveis*. Os segundos queriam que os verdadeiros objetos fossem simplesmente *inteligíveis* e admitiam uma intuição do entendimento produzindo-se sem a ajuda de algum sentido, mas segundo eles, somente de maneira confusa.

2°. *Com respeito à origem* dos conhecimentos racionais puros, a questão era saber se eles derivavam da experiência ou se tinham sua fonte na razão independentemente da experiência. ARISTÓTELES pode ser considerado chefe dos *empiristas* e PLATÃO o dos *noologistas*. LOCKE, que nos tempos modernos seguiu os passos de ARISTÓTELES, e LEIBNIZ, os de PLATÃO (apesar do considerável desacordo com seu sistema místico), não puderam levar esse conflito a qualquer conclusão definitiva. EPICURO foi pelo menos muito mais consistente em seu sistema sensualista (pois ele jamais ultrapassou os limites da experiência) do que ARISTÓTELES e LOCKE (principalmente esse último) que, depois de ter derivado todos os conceitos e todos os princípios da experiência, estende tanto a sua prática que chega a afirmar ser possível demonstrar a existência de Deus e a imortalidade da alma (embora esses dois objetos estejam totalmente fora dos limites da experiência possível) tão evidentemente quanto qualquer teorema matemático.

3°. *Com respeito ao método.* – Para ter o direito de dar o nome de método a alguma coisa, é preciso que essa coisa seja um procedimento elaborado *de acordo com princípios*. Ora, é possível dividir o método que prevalece atualmente nesse campo da investigação em método *natural* e método *científico*. O naturalista da razão pura adota por princípio que, pela razão comum (que ele denomina de sã razão), e sem ciência, ele é capaz de, com respeito a essas mais sublimes questões que formam o problema da Metafísica, realizar muito mais do que é possível através da especulação. Portanto, ele afirma que podemos mais seguramente determinar o tamanho e a distância da Lua pela simples medida da observação do que pelos recursos matemáticos. Trata-se aqui apenas de uma misologia colocada como princípio, e o mais absurdo é que o abandono de todos os meios técnicos são recomendados como o verdadeiro *método* para ampliar os conhecimentos. Pois para aqueles que se mostram naturalistas *por falta* de melhores percepções nada podemos imputar com justiça. Eles seguem a razão comum, sem se vangloriar de sua ignorância como de um método que deve encerrar o segredo de derivar a verdade do profundo poço de DEMÓCRITO. O... *Quod sapio, satis est mihi; non ego curo esse quod Arcesilas aerumnosique Solones* (PERSIUS) é o seu lema; com isso, podem viver contentes e dignos de aprovação sem se preocupar com a ciência e sem interferir em suas obras.

Quanto àqueles que observam um método científico, têm a opção de escolher entre o método *dogmático* e o método *cético,* mas nos dois casos sempre têm a obrigação de proceder *sistematicamente*. Ao mencionar aqui o célebre WOLF para os primeiros e DAVID HUME para os segundos, posso deixar de mencionar outros filósofos para o meu presente objetivo. Somente o caminho da crítica continua aberto. Se o leitor teve a cortesia e a paciência de percorrê-lo até aqui em minha companhia, neste momento será capaz de julgar se gostaria de ajudar a transformá-lo em um caminho real, o que tantos séculos não conseguiram realizar e que não poderia ser conseguido antes do final deste século, ou seja, tentar conseguir para a razão humana a satisfação completa com relação a este assunto que sempre atiçou a sua curiosidade e que ela, tão ansiosamente buscou em vão.

ÍNDICE

INTRODUÇÃO, 5
    I. Da distinção entre conhecimento puro e conhecimento empírico, 5
    II. O senso comum não dispensa certos conhecimentos "a priori", 6
    III. A necessidade da Filosofia é ter uma ciência que defina tudo de todos os conhecimentos "a priori", 8
    IV. Distinção entre juízo analítico e sintético, 10
    V. São sintéticos os juízos matemáticos, 11
    VI. O problema geral da Razão Pura, 14
    VII. Idéia e divisão de uma ciência especial sob o nome de uma Crítica da Razão Pura, 16

I – TEORIA TRANSCENDENTAL DOS ELEMENTOS, 21
PRIMEIRA PARTE – ESTÉTICA TRANSCENDENTAL, 23
    Primeira Seção. Da Estética Transcendental do Espaço, 26
    Segunda Seção. Da Estética Transcendental do Tempo, 30

SEGUNDA PARTE – LÓGICA TRANSCENDENTAL, 45
    I. Da Lógica em geral, 45
    II. Da Lógica Transcendental, 48
    III. Divisão da Lógica Geral em Analítica e Dialética, 50

IV. Divisão da Lógica Transcendental em Analítica e Dialética Transcendental, 52

PRIMEIRA DIVISÃO – Analítica Transcendental, 55

LIVRO PRIMEIRO. Analítica dos conceitos, 57

    Capítulo Primeiro. Orientação para a descoberta dos conceitos puros do entendimento, 57

        Primeira Seção. Do uso lógico do entendimento em geral, 58

        Segunda Seção. Da função lógica do entendimento no juízo, 59

        Terceira Seção. Dos conceitos puros do entendimento ou categorias, 63

    Capítulo Segundo. Dedução dos conceitos puros do entendimento, 71

        Primeira Seção. Dos princípios de uma dedução transcendental em geral, 71

        Segunda Seção. Dedução transcendental dos conceitos puros do entendimento, 78

LIVRO SEGUNDO. Analítica dos princípios, 99

    Introdução. Do juízo transcendental em geral, 100

    Capítulo Primeiro. Do esquematismo dos conceitos puros do entendimento, 102

    Capítulo Segundo. Sistema de todos os princípios do Entendimento puro, 109

        Primeira Seção. Do princípio supremo de todos os juízos analíticos, 110

        Segunda Seção. Do princípio supremo de todos os juízos sintéticos, 112

        Terceira Seção. Representação sistemática de todos os princípios sintéticos do entendimento puro, 114

            I. Axiomas da Intuição, 117

            II. Antecipações da Percepção, 120

            III. Analogias da Experiência, 126

                A. Princípio da permanência da substância, 130

B. Princípio da sucessão do tempo segundo a lei da causalidade, 134

C. Princípio da simultaneidade segundo a lei da ação e reação ou da reciprocidade, 147

IV. Postulados do pensamento empírico em geral, 152

Refutação do idealismo, 157

Observação geral sobre o sistema dos princípios, 165

Capítulo Terceiro. Do princípio da distinção de todos os objetos em geral em fenômenos e númenos, 169

SEGUNDA DIVISÃO – Dialética Transcendental, 205

I. Da ilusão transcendental, 205

II. Da razão pura como sede da ilusão transcendental, 208

A. Da razão em geral, 208

B. Da prática lógica da razão, 211

C. Do uso da razão, 212

LIVRO PRIMEIRO. Dos conceitos da razão pura, 215

Primeira Seção. Das idéias em geral, 216

Segunda Seção. Das idéias transcendentais, 221

Terceira Seção. Sistema das idéias transcendentais, 228

LIVRO SEGUNDO. Dos raciocínios dialéticos da razão pura, 233

Capítulo Primeiro. Dos paralogismos da razão pura, 234

Primeiro Paralogismo da substancialidade, 248

Segundo Paralogismo da simplicidade, 250

Terceiro Paralogismo da personalidade, 255

Quarto Paralogismo da idealidade do relacionamento externo, 258

Capítulo Segundo. A antinomia da razão pura, 280

Primeira Seção. Sistema das idéias cosmológicas, 282

Segunda Seção. Antitética da razão pura, 288
   Primeiro conflito das idéias transcendentais, 293
   Segundo conflito das idéias transcendentais, 298
   Terceiro conflito das idéias transcendentais, 303
   Quarto conflito das idéias transcendentais, 308
Terceira Seção. Do interesse da razão nesses conflitos, 313
Quarta Seção. Dos problemas transcendentais da razão pura e da absoluta necessidade de uma solução, 321
Quinta Seção. Representação cética das questões cosmológicas pelas quatro idéias transcendentais, 326
Sexta Seção. Do idealismo transcendental como chave da solução da dialética cosmológica, 329
Sétima Seção. Decisão crítica do conflito cosmológico da razão consigo mesma, 333
Oitava Seção. Princípio regulador da razão pura em relação às idéias cosmológicas, 338
Nona Seção. Da prática empírica do princípio regulador da razão em relação a todas as idéias cosmológicas, 343

CAPÍTULO TERCEIRO. O ideal da razão pura, 371
   Primeira Seção. Do ideal em geral, 371
   Segunda Seção. Do ideal transcendental, 374
   Terceira Seção. Os argumentos da razão especulativa como prova da existência de um ser supremo, 380
   Quarta Seção. Da impossibilidade de uma prova ontológica da existência de Deus, 385
   Quinta Seção. Da impossibilidade de uma prova cosmológica da existência de Deus, 392
   Sexta Seção. Da impossibilidade da prova físico-teológica, 401
   Sétima Seção. Crítica de toda teologia baseada em princípios especulativos da razão, 408

II – TEORIA TRANSCENDENTAL DO MÉTODO, 449
SEGUNDA PARTE – TEORIA TRANSCENDENTAL DO MÉTODO, 451

Capítulo Primeiro. Disciplina da razão pura, 452

Primeira Seção. Disciplina da razão pura na prática dogmática, 454

Segunda Seção. Disciplina da razão pura em relação à sua prática polêmica, 469

Terceira Seção. Disciplina da razão pura em relação às hipóteses, 487

Quarta Seção. Disciplina da razão pura com relação às suas demonstrações, 494

Capítulo Segundo. O Cânon da razão pura, 501

Primeira Seção. Objetivo final da prática pura de nossa razão, 502

Segunda Seção. Do ideal do Bem Supremo como princípio que determina o fim supremo da razão, 506

Terceira Seção. Da opinião, da ciência e da fé, 515

Capítulo Terceiro. Arquitetônica da razão pura, 521

Capítulo Quarto. História da razão pura, 533

Impressão e acabamento
Imprensa da Fé